股票短线交易
的24堂精品课 上册

第3版

超越技术分析的
投机之道

the Speculation Method Beyond
the Technical Analysis

高　山　　何江涛
魏强斌　　杨基泓 ——————————— 著

经济管理出版社
ECONOMY & MANAGEMENT PUBLISHING HOUSE

图书在版编目（CIP）数据

股票短线交易的 24 堂精品课：超越技术分析的投机之道/高山等著. —3 版. —北京：经济管理出版社，2021.1（2023.11重印）

ISBN 978-7-5096-7708-7

Ⅰ. ①股… Ⅱ. ①高… Ⅲ. ①外汇交易—基本知识 Ⅳ. ①F830.92

中国版本图书馆 CIP 数据核字（2021）第 021998 号

策划编辑：勇　生
责任编辑：勇　生　刘　宏
责任印制：黄章平
责任校对：张晓燕

出版发行：经济管理出版社
　　　　　（北京市海淀区北蜂窝 8 号中雅大厦 A 座 11 层　　100038）
网　　　址：www. E-mp. com. cn
电　　　话：(010) 51915602
印　　　刷：唐山昊达印刷有限公司
经　　　销：新华书店
开　　　本：787mm×1092mm/16
印　　　张：24
字　　　数：441 千字
版　　　次：2021 年 8 月第 3 版　　2023 年 11 月第 2 次印刷
书　　　号：ISBN 978-7-5096-7708-7
定　　　价：138.00 元（上、下册）

我来到中原就是要找一位不受人惑的人！——达摩

奥地利经济学派认为，用人的动机描述图画要比用事件描述更加完整而彻底。在股票交易中未尝不是如此，如果我们能够学着站在对手的角度去揣摩他们的动机和能力，将会无往不利。选择一条参与大众期待最少的路线，当一次尝试失败之后，不要沿着同一路线或者采取同一形式再发动进攻，这就是"试探—加仓"与兵法暗合之处。**本书是圈内顶尖高手们历时 3 年的心血之作**，他们要告诉大家的真相是：**交易其实就是揣摩对手盘的意图，并且进行试探，成功后加码的过程。**本书将围绕这一精髓展开，让你领略迥异于大众观念的股票交易盈利策略——真正的赢家之道！

当然，赢只是一种社会性收益，学会享受交易带来的快乐吧！只有从交易过程中找到金钱之外的快乐，你才能不断地创造属于自己的传奇！

读者赞誉（第一、第二版）

经典书籍（多次再版）必有干货！看了《短线法宝》后，觉得魏老师写的书很好，果断买了全套进行系统学习。这套书内容格局比较大，需要慢慢看慢慢消化。整套书全是一个体系介绍，短线交易的功夫博大精深，需要不断学习、实践、修正优化。感谢作者带来该作品。

——u***F

这本书第一版在六年前就看了，最少看了十遍以上，《股票短线交易的24堂精品课》在三年前应当是中国所有股票书里面最有价值的一本。书都不知道看了多少遍，第一版和第二版都买了，尤其是第一版看了不止一二十遍，所以才在三年前第二版出来立即就买了。这次买是送朋友的。

——jd_650420129

新出版的和这个时代相接近的好书，值得多看几遍。先看了电子版觉得写得实在是太好了，必须买纸质版反复看。内容丰富，思路特立，立意深远，是一本值得细看的好书！

——阔儿兜0813

这是我见过写得最好的一本书，写得非常好、非常全面！这本书一共24课，非常不错，和市面上的书很不一样，从宏观到微观提供了股市、股票市场之道。我已经是第二次购买该书。

——濡***璑

魏老师的关于外汇和黄金及本书的第一版都买了。很好！对书的内容极为满意，绝对是一本很有价值的股票类书籍。适合有一定技术基础和炒股实践经验的人，对提高眼界和能力有十分大的帮助。

——hnyydp

名家名作，值得学习和阅读。好书，绝对超值，语意未尽。续集快来，在线等。不玩投资（机）的人肯定不会买这类书，强烈推荐好好看看魏老师的系列产品，不要

买那些看似各种盘口各种技术指标各种抓牛抓涨停的乱弹琴者，这些人胡说八道还打草稿。

——Yaxu1982

跟其他讲技术的书不一样，都是从更深层次的理念来阐述的！前面看了一本也很不错，纯技术面的东西很容易让人操作起来死板，只有跟着题材、跟着主流的资金才能吃到肉……每次有强题材的时候做一下，没有的时候就休息！书上说得很对，经常操作的人，哪怕不盈不亏，也是给券商打工了！抓住题材做一波，买入，持有，卖出！这才是交易的本质！

——网购无限好

魏强斌的书很值得反复看，都第二版了，说明确实有干货！经典好书值得收藏和慢慢阅读。本书是很系统的一本炒股书籍。值得去研读！

——d***2

超越技术分析的投机之道，解密股市终极逻辑。非常好的书，里面有很多非常经典的案例，值得学习！因为A股市场的不完善，各类黑天鹅事件比较多，所以最近短线交易的书看得非常多。这本书是朋友推荐的。从很新颖的角度讲述交易，非常不错。股票短线交易主要讲题材，就是围绕题材展开。题材首先改变了个股和板块的风险溢价，其次对于业绩预期也有一定影响，不过前者是首要的。题材提供了一个格局，聪明的资金会识别出一个潜在的有利格局，然后采取恰当的行动。聪明资金的看法是一个有影响的预期，这个预期会引导资金的流动，这就是重要对手盘。

——江 *** 主

买过最好的股票书，慢慢学习！这本书有整体性思维，值得推荐！经典必读！

——锻尤鞯榛勤

非常不错的书，适用于中级以上交易员！

——Shenzhenlong

终于看完了，这两本书很好。适合翻来覆去地看，每一个课程讲一个主题，作者还讲了使用的工具，非常实用，对建立股市交易体系很有帮助。

——h*** 烧

可操作性强！这是一本非常好的书，十分值得去读一读。

——Ylzshang

通俗易懂，观点独特！很好，很喜欢，很实惠，一套准备买完。

——jack_choi

书很好，确实很好！好用，值得收藏！

——jince

很好的一本书，难得的基础理论！AMIS系统的格局思维相当精辟！！！

——h***g

一直在找的一本书，很好，值得收藏！非常好的书，通俗易懂，很实用，股友们应该多看看。

——Tonoagudo119

很少看国内写的关于股市的书籍，有的把盈利看得太容易，吹得太夸张了；有的纸上谈兵，不切实际。但这套书全面、系统，是有实战经验的高手之作，值得认真阅读，仔细体会。

——jd_7059f860c6b34

刚看了这本书的目录和感兴趣的几章，大部分都是干货，不过识货的人真是太少了。

——如月之恒

第一版看过，第二版赶上活动又买了，好书要多读几遍。

——澶ч

昨日刚给一本股票书打了个零分，今天要给这本一个高分，里面真有不少干货。

——cheqinmin

干货满满，从最开始的外汇到黄金，再到股票，作者的书严重影响了我的投资。喜欢魏老师的书，有深度！尤其喜欢N字系列，简单实用。

——璧风

非常好的书，相当实用。挺厚的两大本，可以看好久。没有别的形容词，就是好，两本其实真的挺重的，印刷非常好，内容也好。

——晨光短笛

物美价廉，名家名作，值得股票交易者推荐和阅读。

——Nicob

这套书的实用性强，是好书，值得仔细品味！之前看过一些魏强斌的投资书籍，觉得很专业，不是空谈的那种作家。内容翔实，大开眼界。

——杨立娜

格局大，非同一般，有一定基础才能看懂！

——Momoh

　　书写得很好、很有深度，是一本有含金量的教科书，少有的股票实战书。不错不错！很高深，也很经典，很专业，要慢慢读，才有味道！

——篮球风子

　　书很好，道出了很多知识上的盲点。本书提供了一个全新的视觉，看看游资、机构什么逻辑，虽然这个逻辑有时候看起来很可笑。

——田园牧夫

　　明显地比别的股票书籍有一定的深度。书的内容不错，有许多值得学习的地方。值了！

——luoyi

　　书很好，高手之旅！！！

——Striv

　　内容丰富，理论深刻，值得一读和思考。

——Future

　　没有经济学基础的就不用看了，对基本面分析不感兴趣的也不用看。 想找股市必胜技巧的也不用看了。本书只适合一定水平且对经济基本面感兴趣的交易者。

——痞子单

　　这是我买的第一本股票类书籍，很满意！书中的分析对我很有帮助！

——新鲜水果茶

　　书籍纸张质量不错，内容丰富，正在学习过程中，感觉对我还是很有帮助的，感觉书中资料收集得很详细，相应网站等都列举出来，能从书籍中读到很多东西，同时能在书籍提供的网站上学到更多内容，值得购买。

——Mrswi

　　这本书非常好看，非常满意！！！

——二大爷的哥

　　值得阅读的一部书，可以扩大不少视野！

——龙杰054

　　书非常好，值得一读，值得收藏。不学不知道，学了就知道差距在哪儿了。

——Hsxnf

　　魏老师出品，必属精品！慢慢学习吧，开拓一下思路，不是太好懂！要多看几遍！

——Marsm

　　这套书我在书城看过，先看了几页觉得这是不为大众所接受的书，《股票短线交易

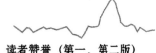
的 24 堂精品课》不是讲什么技术和指标的，也不是讲形态，只是说眼光放长远一点脱离大多数人。要是新手就别买了，看不懂。学技术的也可以不用买了。建议去看断头大哥和黑心王子的，比较合大众口味，但如果你觉得要再前进一步走出炒股这个烂泥潭来看问题的时候，本书的对理念是有帮助的。

——阿骚扬

更多侧重于基本面的讲解，从更宏观的层面来看待市场，讲到了市场本质的一些东西，值得阅读！

——Alexl

这将是一本注定不被大多数人喜欢的书！就像是太畅销的书都拿不到诺贝尔文学奖一样。中国人很喜欢出奇制胜，于是各类战胜庄家、投机速成的书都摆在书店的醒目位置上，翻开来看，大多讲的不过是些所谓技术分析的东西，然后再配上些案例，所以经常感叹现在出书实在是太容易了，甚至容易得可笑。很多人买了这样的书来读，甚至有时还没读完就感觉股票交易不过如此，似乎自己已经可以运筹帷幄了，可是实际操作当中效果往往不尽如人意，于是换了一本又一本。多年下来除了对技术指标知道得更多以外，绩效上却没什么突破。

中国人喜欢"奇"，喜欢一叶知秋，"奇"没错，一叶知秋更有可能，但是大多数人都忽略了，以"正"合，才能以"奇"胜，一叶知秋也得先晓时节。股票也是如此，首先得明白什么阶段会酝酿什么样的行情，然后才能制定出有效的交易策略，而不是看到均线多头排列，看到放量就追进去。不谋天下者不足以谋一域，不谋万世者不足以谋一时。这本书不会告诉你什么必胜的形态，也不会告诉你如何战胜庄家。它只会让你从综合的角度，了解什么样的环境下会滋养主力，什么样的环境下主力会选择离开，让你以主力的思维来思考事情。毕竟主力建仓需要选择时机，更不可能单纯依靠技术指标来建仓。知道主力什么时候会干什么事，那么剩下的就看自己发挥了。

——Hunter

无论是价格投机还是价值投资，少数的赢家其实都利用了对手盘的本能和冲动！

——于波

适合有经验并对股市有深入研究兴趣的人阅读。

——Luwei

内容不错，很好，但是不适合初学者。

——覃圣

好书！如果你有 3 年股龄再看就会明白。

——落升

非常难得的一本超越技术分析的书，这是一本高于技术分析的书，从本质看市场，魏老师的书写得都非常不错，期望新书出版。

——吴迪

很不错，内容深刻独到，值得推荐阅读！

——dinner78

炒股必看，买过十几套了，为了送朋友。

——慧语

真的太好了，是我正在寻找的那个答案。

——j***9

博弈的思维，如何利用对手盘是关键，主力散户都是如此，如何提高自己的竞争优势在市场中胜出，这点非常好，值得一看！

——rad5674226

不同于以往的图表式分析，好多都是第一次看到的观点，但是很实用的。比较适合有一定操盘经验的投资者。

——j***g

一本好书！分析得还是蛮有道理的！

——董祥

对于炒股的朋友来说是一本很值得看的书，受益匪浅。

——liu150

值得珍藏和反复学习的一套书！！！

——小莎

内容不错，值得学习，一直放在床头，有时间就读读。

——野虎

迄今为止，唯一看到没有差评的书籍。

——m***n

此书重大势，视点高，难得的好书！！！

——cWj

内容翔实，图文并茂，值得学习，并有所获！

——梦涵

写得不错，值得一看，比那些瞎吹的要强多了。

——白鹭白鹭飞

书写得不错，对炒股有指导作用，我喜欢这书。

——Z-MIRROR

这本书，从头到尾全部读完了。真的是很难得的书。给初入股市者以最有价值的指导。从上到下、从里到外地讲解。非常实用。绝不同于一般的技术指导书。一句看长做短，值得反复品味。如作者开篇所言，此书不是给那些还没在股市里走一遭的纯新手。因为只有经历一段时间，才知道这本书的价值和意义。

——帅 ing

牛人写的牛书，开阔了视野，也给出了很多实践操作的方法，特别是一些数据的获取方法和分析方法。

——舜姚重华

从大的框架上来说，这本书很好。希望能写一本期货方面的书。

——极品陈先生

很认同这本书的观点，质量也不错！

——伴 *** 涯

这书写得非常好，确实是操盘手写的，为什么买的人那么少呢?!

——jd 枫琅

必须精读，此书乃难得的好书!!!

——无师

好书！传统的市场分析理论往往侧重于技术层面，而缺乏心理和宏观流动性的研究。

——YP0913

对于学习炒股是很不错的书，短线交易，强!!!

——bridgestone-10357

书很好，很实用，好书，好书，好书，儿子、老公都喜欢，认为有参考价值。

——lsq650723

非常棒的一本书！我非常喜欢！

——cyg118

近年难得的好书，针对中国股市，很接地气，贵得有道理！

——杨杰西卡

股票短线交易必读的教材！！！

——王中王187

这种书，看得懂的人看是真觉得好！

——jd_1595991529

挺好的一本书，一直拿在手边，操作的时候看看。

——Springdaisy

此书专业性很强，需要结合实际理解，需要多读几遍才会懂，对炒股很有帮助。

——不二时代

非常不错的书，从理论到实际操作都说得很清楚，很有实战价值！

——Atril

好书需要慢慢看，才能产生共鸣！

——fmj310

很好，很强大！值得一读！

——anchor-xu

一本精品的金融书，很值得读！！！

——冰原216

这两本书写得有点水平，超乎我意料，绝对是实战操盘手出身！

——徐显峰

书的内容特别专业，炒股的书里面这是我看过的质量最高的一套。

——普林之梦

格局不对不要出手——全书的中心思想。

——朱烨祎

很系统、很全面的一套书，很好！

——chevil01

书中有点真东西，无论基金公司还是券商其实都是沿着上市公司的业绩爆发周期在研究的。不错不错！

——如零向动

适合有经验者修正自己的观点和完善自己的系统！！！

——huangkun_j

可以看一下，国内对市场这么有层次感的书不多。

——幸福的方向120168888

书很好！这一系列的我都买了。

——淡水先生

难得一见的好书！讲出了很多的秘密！

——jd_232227408

超棒的股票类书籍。逻辑清晰，论证严谨，观点前卫，功底扎实。开拓了思路，弥补了不足。难得的好书。学习了，进步了。要说一声：老师，谢谢！

——jd_好心地

浅显易懂，有理有据，内容充实。

——jd188252wls

观点很前卫，内容很全面！

——珊瑚谐礁

主要就是想买这个，很有深度！理解消化中。

——打酱油的小盆友

虽然只看了一半，但学到很多以前没有学到过的知识。非常不错的一本书！

——jd_648261482

全面，系统，权威。好书，准备一边二刷一边做思维导图。

——憨人、倔强

真正的干货！看过这本书的人很少，但是我觉得是这本书的名字害了这本书。这本书是我看过有关基本面分析最好的书，对我来说是这样。

所谓投资投机都是要看天吃饭的。本书没有学院派的迂腐，招招实用！

买卖也不再是红红绿绿的K线，而是提供更加踏实更加有效的方法。

此书的分析手法不只是用在股票上，期货、外汇、债券都可以应用。

可惜识货的人少，这部书的作者出过一系列水准非常高的书，看起来晦涩，但是是真正的干货！我想从这本书的热度就可以知道为何大部分人都在亏钱。有时候真不必迷信所谓的国外投资经典！

——多隆

本书很好，没什么可说的，对我影响最大的是下册的两个重要知识点，感谢作者无私分享。

——Cangoru

绝对好书！分析了短线、行业、题材、资金、政策之间的关系，讲的都是真语、

实话。准备投资股市者的确应该好好研读几遍。推荐！

——机辨来琛出

这书真心不错，干货。对股票初学者有帮助，初步建立了对股市和股票行情的认知。对树立炒股的原则有益。我有十几本股市的书，这两本是真心教东西了。总之是一套好书。

——芥滐灞

买了《题材投机》这本书后感觉很实用，就把这套书一起买了，现在看来还是很不错的。股票24堂课绝对值得看！

——szx 姹

国内为数不多、有干货可读的交易书籍！书很好，宜深读！分析了短线、行业、题材、资金、政策之间的关系，讲的都是真语，实话。

——n***

国内交易类图书中的精品！非常实用！非常有帮助的短线操作教材！

——Wychrzh09

干货满满！很不错，全套都买了，十分有用。静下心来阅读受益良多！

——ssmmq

本书有条理，也有很多干货，我个人而言，比较受用。与众不同的思维模式值得一读。

——灏忙稴2012

非常棒的书，值得反复读，但需要慢慢领会贯通。值得推荐！

——x***i

内容全面，方法可行。非常好的一本书，只有好好学习，才能不断地更新炒股技术。想炒好股票，真的需要好好学习和实践。

——閈 *** 粹

很有价值的书，需要一定的基础才能读透！很喜欢，受益匪浅！

——PYTHON520

魏老师的书，必属精品！基本齐了，不错！希望继续出下一本！

——Paciencia2u

第一次看到这样写金融书的，很好的作品！非常好，看了很有感触！又买了很多本送朋友。

——s***7

强烈推荐的好书！可操作性很强！整体感觉性价比很高。值得一看，但不适合没有基础的。

——u***GG

魏老师的书功力很深，道出了股市的真谛，值得学习和掌握，快递服务态度好，都给点赞。

——姵1234

只能说，如获至宝！有良心的书，有良心的作者！对书的内容极为满意，绝对是一本很有价值的股票类书籍。适合有一定技术基础和炒股实践经验的人，对提高其眼界和能力有十分大的帮助。

——Godmother

此书大有来头，不错，要好好品读！值得购买！值得认真学习！！！值得收藏！！！有经济学和一定炒股知识的人才适合。

——happy4599

魏老师系列书非常好，不知为什么看到他的每本书都很亲切。强调了很多容易忽略的要点，值得一看，心怀格局，方能做大。

——chris11008

读了本书前面内容，觉得很好，感觉层次开阔了不少。此书专业性很强，需要结合实际理解，需要多读几遍才会懂，对炒股很有帮助。

——星***月

相当棒的书，好久之前就想看了，内容很犀利，高手分析的还是厉害。高手的投资心得体会，部分观点可借鉴，重点加粗一目了然，适合有一定交易经验的人，强烈推荐！

——z***3

短线是世界上最难的，也是最暴利的，充分学习，充分实践。看了半本，之前看过几本这个作者的书，比较欣赏他的思维框架，不会碎片化，都是一整套的逻辑思维。非常好的一套实用书籍，值得推荐。

——蓝***啦

很有启发的一套书，对短线交易、波段交易都很有帮助，站在大师的肩膀上看得更远，内容翔实，指导性强。适合有一定基础的朋友阅读参考。

——大海游鱼

冲着作者高山去的，内容虽然没看完，但是能确定的是这是不同于绝大多数短线

交易的书，很不错！股票书籍里难得的有干货的书，值得研究。非常好的作品，多次在京东购买！

——z***1

内容丰富，表达详细，颇有深度，值得阅读！很不错的一本书，真的是被名字耽误了的感觉，有干货！这本书阅读需要具有一定的经济学基础以及股票投资的部分经验，不过认真读后会发现本书内容甚是精华。之前看过第一版，但没有细看，这次买了一套要好好学习了。

——j***p

超级实用的工具书，很少有股票书能写得这么全面，自成一体。买了魏强斌的一整套图书，读了之后对炒股影响很大，考虑的方面就全了，帮助很大！

——P***U

魏强斌老师的书很不错，大师之作，看了他的书写得很好，买这两本学习。分析到位，内容实用，阅读后收获很多，炒股水平有提高。

——1***n

第三版序言
交易范式的转变：从迷信到科学

　　金融交易属于一门技能，但是这门技能却很难基于刻意练习的普遍原则来掌握。在这本股票短线的教程再版过程中，我们进行了一些底层逻辑的思考，为什么金融交易如此难以掌握呢？

　　为什么金融交易中绝大多数人都是亏损的呢？

　　为什么赢家基本上都耗费了十年的光阴才有了今天的技能水平呢？

　　金融交易，无论是投机还是投资，本质上都是一项零和游戏。在投机中，输家损失了资本；在投资中，输家则损失了未来收益的贴现。金融市场的运作涉及许多成本，手续费、佣金、价差和印花税等支出都在消耗这个市场的资本，这意味着即便价格博弈没有输家，也会因为成本而损失本金。

　　人是社会性的动物，这表明千百万年进化形成的群居本能已经蚀刻在了我们的"生物芯片"之中，无论是潜意识还是基因都已经深深地打上了特定的烙印。除了少数因为变异或者环境迥异而变得古怪或者特立独行的人之外，绝大多数人的行为是趋同的。

　　在金融市场中，绝大多数人是相向而行的，他们倾向于做出相同或者近似的决策，采取同样的操作，持有同向的仓位。在大多数人恐慌的时候，他们会恐慌；在大多数人亢奋的时候，他们也会亢奋。

　　那么，市场应该将利润分配给他们吗？倘若在市场的零和游戏中，总是盲从群体的人获胜，那么人类就必然缺乏任何变异和革新。再往更高的层面和更广阔的范围去追问这个问题：

　　如果宇宙奖赏那些盲从和因循守旧的倾向，惩罚思考和革新的倾向，那么最终宇宙会变成什么样呢？一滩死水！

　　如果市场奖励盲从群体的大多数人，惩罚思考的少数人，最终这个市场中的胜利者就是懒惰者和怯弱者。越是懒惰和怯弱的人，越能够从市场中赚钱，最终会怎么样

呢？市场会因此崩溃。任何人都可以在懒惰和愚蠢上达到极致，只要他愿意。但却无法在勤奋和聪明上达到极致，即便他愿意。

市场与宇宙一样，都是在对个体的进化进行有效激励。你想要在这场游戏中胜出，就必须培养出大多数人都无法企及的优势。

想要培养出这种优势，就必须进行视角或者范式的转变。我们必须从以前那种"艺术范式"转变为"科学范式"。

任何我们称之为艺术的东西，是因为我们还没有完全洞悉其本质。任何艺术性太强的东西，都意味着我们还没有找到驾驭它的有效法则和流程。

我们将交易称为艺术，那是因为我们对于如何培养交易的能力显得力不从心。用"交易的艺术"这块遮羞布可以很好地掩饰这一点。"艺术"这个词高深莫测，用来装点门面很不错，用来糊弄大众也不错，但是对于追求实际效果的人而言却是最大的绊脚石。

什么是艺术？艺术的最大特点是"多元评判"。甲之砒霜，乙之蜜糖。梵高在世的时候，其作品乏人问津，后来却大红大紫，成为一代大师。所谓"文无第一""文人相轻"也是这个道理。

什么是好的艺术？没有人能够找到亘古不变的衡量标准，每个时代、每个阶级，甚至每个人都有自己的标准。艺术是不可证伪的。

但是，交易却是可以用利润来衡量的。一种交易策略的好坏也可以通过足够的收益样本来衡量。因此，如果我们以艺术的态度去对待金融交易的话，就从本质上误判了其中的不同之处。

交易的衡量标准只有一个，业绩如何，业绩统计特征如何。我们可以用平均收益率、标准差等统计指标客观地度量一个策略的绩效，这与科学毫无二致。

科学与艺术不同，科学是"一元评判"的和"可证伪"的。

我们必须摒弃艺术的视角，从科学的视角去看待和完善交易，才能走上正途。

交易的评判标准是一元的，交易是可证伪的。研究交易应该抱着科学的态度，而非艺术的态度。只有这样，交易者才能登堂入室。

如果你抱着艺术的态度去对待和学习交易，那么很容易陷入"迷信"的陷阱。在技术分析上，我们有太多的迷信，这就是所谓的艺术范式导致的。

许多技术分析基于太多的主观认识，太少的客观检验。技术分析就像一个"黑箱"一样，只有输入和输出，缺乏逻辑，甚至毫无逻辑。技术分析花费了大量时间提出各种假设，但却没有努力去检验这些假设。

艺术不介意迷信，只要大多数人认可和追捧即可。但是，金融交易者最怕的就是与大多数人的认可高度一致。在缺乏独立思考和科学精神时，人陷入迷信之中。

技术分析是一个中性的对象，是好是坏，取决于你是以科学还是艺术的态度对待它。科学的态度，意味着从统计和因果出发；艺术的态度，意味着从大众和迷信出发。

科学可以提供稳步的提升之路，艺术则意味着你需要靠那些捉摸不定的灵感和天赋。

我们都不能自认为是天才，因此适合我们的交易进阶之路应该更多基于科学，而非艺术。

以前，交易是一门众说纷纭的宗教，里面有太多似是而非的经验和假设，因此没人能够避免走弯路。今天，我们希望完成这种范式的根本转变：从艺术转向科学。

基于科学的原则和态度去对待交易。

在科学的范式下，股票交易应该有什么样的新原则呢？

商业是当代人类社会的核心。股票是商业经营的金融表征，无论何种股票交易，无论是投资还是投机，都必须重视这个核心前提。股价的根本驱动力和逻辑是商业，直接驱动力是资金。短线交易中更重视资金和预期，重视情绪周期和技术结构，但是要想赚大钱，还是必须吃透逻辑。短线重题材和盘面，强大的题材必然是基于深厚的逻辑，特别是关于业绩的逻辑。

在本书再版的时候，我们谈了一下股票交易的底层逻辑。简单来讲，底层逻辑有这三条：

第一，物竞天择，市场筛选少数最强者，赢家少数定律和盲点利润定律是永恒的。

第二，交易应该采取科学视角和态度，从"艺术范式"转向"科学范式"。

第三，股票交易的新范式应该符合"商业乘势，盘面当机，杠杆借力"的基本原则。

股票短线交易的"短线"二字是持仓时间短，并非分析视角短，否则就会误入歧途。商业始终在影响股价，不仅仅是财报公布前后。盘面是重要的，但却很难决定趋势。基本面决定趋势，盘面提供时机，投机可以适当加杠杆。

在阅读任何股票书籍的时候，请务必带上科学的视角，实现交易范式的彻底转变，这就是我们倡导的"交易范式革命"！

魏强斌

2020 年 2 月 2 日

第二版序言

本书第一版是 2013 年 4 月出版的，现在修订再版。在修订过程中，我们重新阅读了整本书，最大的感触就是这些内容的价值仍旧与当初一样，特别是关于格局和对手的论述，以及对具体分析手段和工具的介绍。

借着修订的机会，我们谈一下题材投机与价值投资的区别。我们知道股价是由三个因素决定的：每股收益、无风险基准利率以及风险溢价。每股收益我们一般称为业绩因素，业绩预期越好，则股价越高。无风险基准利率和风险溢价一般称为估值因素，就 A 股而言，央行的基准利率越低，则股价越高；同时，风险偏好情绪越高，风险溢价越低，则股价越高。价值投资主要看业绩因素，而题材投机主要看估值因素，特别是其中的风险溢价。

股票短线交易讲什么？主要讲题材，股票短线交易就是围绕题材展开，题材首先改变了个股和板块的风险溢价，其次对于业绩预期也有一定影响，不过前者是最为主要的。

题材提供了一个格局，聪明的资金持有者会识别出一个潜在的有利格局，然后采取恰当的行动。聪明的资金持有者的看法是一个有影响的预期，这个预期会引导资金的流动，这就是重要对手盘的行动。

题材投机表明了投机的对象是题材，这正如价值投资表明了投资的对象是价值一样。个股、板块和大盘三个层次都会受到题材的影响，而这三个层次之间也是相互影响的，这就要求我们必须基于三个层次来分析和研究题材，研究在特定题材下各路玩家的意图和动向，这就是资金流的变化，同时推断股价和指数未来的走势，这就是价量形态的未来走向。

琢磨题材必然要知道题材的来源，如经济周期、政策、重大公共事件、大宗商品价格变化等。很多证券书都沉迷于价格走势和技术指标本身，这与我们亲身的交易实践经验相去甚远，所以这类理论肯定不是源自交易本身，只不过是"金融巫术"而已。

当然，技术分析不仅有局限性，也有用武之地，关键看你能否明白交易的博弈本

质。价格走势不是天体运行，交易不是木工匠艺。交易是下棋，你的输赢不是由棋盘上的棋子决定的，而是由你和对手的决策和行为决定的。

技术分析原教旨主义者是一个沉迷于打沙袋的拳击手，但是拳击赛中的"沙袋"不仅能够躲闪你的攻击，还能攻击你。市场中，你面对的不是一个沙袋，而是无数全力以赴的对手。

沙袋可以任你摆布，对手盘会吗？对这个问题的回答，表明了你对交易的根本看法，这个看法也决定了你的成败！

魏强斌　高山　青城山

2016 年 7 月 24 日　星期日

前　言

股票短线交易者的制胜秘诀：预期、资金流向和仓位

任何成就都不能靠"容易"来堆砌，所有的"苦难"只为铺垫你最终的辉煌！

股票短线交易的学习者绝不是在一个月之内就能踏上持续盈利之路的，即使你接受类似美国股市交易员的强化训练过程，也只能奢望在半年之后成为那百里挑一的"速成高手"。但是，在 A 股市场上绝不可能像美国股市日内交易者那么幸运，因为这里不可能当日冲销，更不可能享受低至 0 元的手续费。在这个市场中，你要在头脑中抵御住"股票巫术派"的蛊惑，更要独辟蹊径，选择"少有人走的路"，最终你只能在"孤独中成就你的使命"。

"独上高楼，望尽天涯路"只是你打开这本书的开始，后面的路需要你自己去一步一步地完成，短线交易确实能够盈利，这靠的是另类分析和有效的交易管理。短线交易可能暴利，但这完全依赖于市场环境。如果你碰上 2006 年前后的 A 股牛市，并且选择了诸如权证这样的杠杆品种，而且仓位管理水平高超，那么你的收益肯定有几十倍以上的增长，这种人在我们身旁绝对算不上稀有。**杠杆就是足够湿度的雪，而趋势则是足够长的坡**，这就是通常所谓的投机，与价值投资中的滚雪球也有异曲同工之妙。

短线交易不容易，我们完成本书也非常不容易，因为本书的完稿之路是曲折的，能够与大家见面实属不易。业界的朋友一直对我们外汇和黄金交易策略的绩效赞不绝口，不过也有另外一种声音，那就是股票未必是你们的强项。其实，早在投身货币交易界之前，我们已经在腥风血雨的股票市场上一路走来，其间的艰辛冷暖只有自己才能体会，真的是"躺下自己把忧伤抚摸"。我们在经历了几轮牛市、熊市之后逐渐成熟，并且能够在股票市场中依靠长短结合的方式稳定持续获利。做交易的人不在乎别人对自己一两单盈亏的评价，但是却不能安于别人从根本上藐视你的交易水平，这是

本书能够完成的第一个目的。

不过这本书最终能够出版发行还是因为"看不惯"市面上绝大多数的股票书籍，如果这些"狗皮膏药"真正能够在股票市场上赚钱的话，那岂不是对真正赢家的嘲笑。所谓的神奇指标和必涨形态是绝对不存在的，**简单的东西被绝对化之后就会形成迷信风潮**，而这正是当下股票市场"短线秘籍"和"盘口宝典"横行于世的深刻写照。揭露和反击这些股票交易界的"江湖术士"和"万灵丹药"是我们完成本书的第二个目的。其实，这第二个目的就是教学相长，交易无止境，没有什么不能说的基本原理，撰写的过程就是厘清自己思路、总结自己成功经验的过程。

虽然有编辑的热切敦促，但是为了能更好地实现上述两个目的，使得我们这本本来应该在 2010 年就出版的书今天才得以面世。其实本书也是应江浙多个私募要求进行的内部授课的文字整理。现在言归正传，谈谈本书的核心所在。只有把握了这个核心，你才能够游刃有余。

短线交易的核心并不在于技术分析本身，这与绝大多数市场参与者的想法相悖。为什么技术分析并不是短线交易的核心所在呢？

第一个理由是源于我们自身的体会以及观察到的大量事实。股票短线操作成功的模式基本上可以归纳为"追击涨停股"、"题材投机"等几种，这几种成功了的短线模式都不是纯技术分析的，甚至基本上以非技术分析为主。因为这些模式是源于既有成功案例，而不是源于"理论上的推导"，这就更具有说服力了，这表明**股票市场上盈利的模式超越了技术分析为主导的范畴**。它从事实的角度来证明股票短线交易的核心并不在技术分析本身。有一种错误的认识广泛在短线交易者圈子中流传——"短线交易者没有必要关注大局和大势，没有必要关心基本面和政策面，甚至不用关心资金流向"。我们接触过的成功短线交易者都非常注重宏观变量和基本面对行情的影响，在每天盘前和盘后的分析工作中成功的短线交易者都在殚精竭虑地思考各种基本面因素对市场参与者的影响，同时通过价格行为来反推此前和当下的市场参与者心理。简而言之，人是市场的核心，**基本分析和技术分析都是用来帮助我们推断参与者心理的**。

第二个理由是从博弈论和市场竞争本身的角度来证明。大家随便到证券类书籍的书架前走一圈，可以看到关于股票短线操作的书籍，甚至可以说所有关于股票操作的书籍中 98% 都是关于纯技术分析的，这些书籍通篇都在讲各种技术指标、技术图形和 K 线，少部分谈到成交量，有时候也大而化之地介绍一下所谓的"心态"和"风险控制"。**当市场上绝大多数参与者都将焦点放在技术分析上的时候，技术分析能够带来的**

"超额收益"就消失了，谁也别想用大多数人已经掌握的东西来获得超越大多数人的绩效水平。在股票市场上，所谓的"平均收益"其实是负的，也就是说这个市场上的绝大多数参与者是亏损的。

为什么这个市场上绝大多数人是亏损的，其实即使没有股价的波动，交易者也需要为每次交易缴纳佣金等费用，这就使得参与者平进平出也必然亏损。股票市场就是一个达尔文机制主导的场所，资源是有限的，要生存下来就必须超过其他竞争者。人无我有，你才能成功，别人忽视的环节就是他们的"软肋"，避实击虚才能战胜对手盘。从这个角度来讲，今天的股票短线操作要想取胜就必须超越技术分析本身，纯技术分析的角度不可能在这个市场上长久取胜。

只有超越股价图才能战胜对手盘，超越的路径有两条：第一条是定量交易，以定量高频交易最为著名；第二条是将技术分析整合进其他手段，如心理分析和基本分析等。定量交易的名家主要是西蒙斯，他的大奖章基金就是通过数学模型来把握市场中的微小机会，积小胜为大胜，这是技术分析从"经验"到"科学"的一条康庄大道。对于绝大多数参与者而言，这条路非常艰难，因为无论是自身的学术造诣还是硬件设备都无法达到此要求。所以，本书选择从第二条路径入手来战胜对手盘，基于 AIMS 框架来获得研判和操作优势。

第三个理由是与科学的思维有关，现有的诸多技术分析工具和理论都是建立在经验的基础上，并未经过有效的统计。你在市面上看到的绝大多数所谓技术分析其实都是非统计性的结论，很多都是"看图说话"。当然，肯定存在不少在某一时期有效的"图形"和"指标"，比如在横盘整理行情中，RSI 等震荡指标就非常有效，而在强势单边上扬中，均线等趋势指标就非常有效。但是，整体而言，我们缺乏对技术分析有效性的统计。这一工作有不少"宽客"在做，但是结论并不乐观，也不稳定。

从上述三个理由出发，我们立足于超越单纯的技术分析。那么什么是我们这套方法的核心呢？在短线交易中，除了必要的技术分析辅助之外，我们认为"预期"、"资金流向"和"仓位"是最为核心的三个要素，是我们从事短线交易时要重点关注的。之所以选择这三个要素作为短线操作的核心，不仅是逻辑推导的结论，更是身边众多短线高手证明了的事实。

下面，我们就对这三个短线操作的核心要素进行一个高度概括的介绍，每个要素的具体分析和操作手段将在本书后面的 24 堂课程中深入展开。在短线交易中，股价的走势最为直接的触发因素是市场参与者们的"预期"，以及由此而来的"资金流向"。资金流向与股价变动基本上是同时发生的，对于短线交易者而言，如果仅仅依靠"跟

随"的策略往往容易掉进游资布下的"陷阱"中。市场上资金量很大的私募基金和大户往往并不都是善于揣摩其他市场参与者的心理状况和预期。

既然"预期"先于"资金流向"发生，那么我们就先从"预期"谈起。市场上有很多参与者，但是可以归纳为几类，如散户、私募基金、公募基金、社保基金、汇金公司、产业资本、QFII等。这些参与者都有一些偏好，比如散户的特点是"浮萍"，往往等行情走出来甚至快要结束的时候才敢参与，在行情的两头基本上都会判断错误，对市场主题和题材的研判，往往是后知后觉，喜欢"炒剩饭"。**散户的预期往往是直线的**，所以，在行情见顶的时候，他们还预测会往上走；在行情见底的时候，他们还预测会往下走。

私募基金的特征则是喜欢抓题材，而不是做主题。**题材是短期行情中"预期"把握的对象，主题则是中长期行情中"预期"把握的对象**。以社保基金、汇金公司为代表的"国家队"以及产业资本则是善于把握"主题"行情。这些资金的思维特征是善于抓住一波牛市的主要驱动因素，善于做大布局，对趋势的感知能力强，先知先觉。公募基金这么多年来其实基本上仍旧是"散户思维"，除了少数公募基金之外，操作方式基本上与散户没有太大差异，所以这也使得公募基金的仓位成了股市牛熊分界点的反向指标。公募基金仓位见顶的时候，指数往往也已经或者快要见顶；公募基金仓位见底的时候，指数往往也已经或者快要见底了。关于基金仓位的问题其实也涉及了资金流向范畴，在本书中都会有详细的介绍和运用指南。总而言之，"预期"是市场各个参与主体对大盘、板块和个股未来走势的看法，这个看法往往受制于一个"题材"或者"主题"，我们从事短线交易往往需要把握住这一"题材"或者"主题"。**每一段行情都有一个核心的"预期"在起作用，如果你能够尽早发现这一"预期"，那么就能够无往不利**。这个"预期"的概念绝不是纸上谈兵或者是想当然的概念，这是一个A股市场成功者们每次交易都离不开的核心要素之一。

明白了"预期"就能够先发制人，这是短线高手的不传之秘。但是，这还不够，我们还需要足够的保障和"交叉验证"。"资金流向"能帮助我们做到这一点，因为**市场各个参与者的"预期"只有体现为"资金的流动"才能对大盘和个股造成影响**。那么，如何判断资金的流向呢？可以通过开户数变动趋势、银行间市场资金的紧张程度、大类别资产的相对收益差别、居民家庭资产负债表变化、央行资产负债表变动情况、股票成交量等指标来研究资金的流向。还有一些高明的技术指标使用者，他们懂得从"心理"的角度来看待股价指标的含义。如"双顶"这个形态的具体心理含义，这个形态背后体现出来的市场心理和资金流动，然后结合其他因素进行"交叉检验"，这样才能避免知其然，不知其所以然，避免见到"双顶"就断定指数或者股价见顶了。资金的流动是短线操作中非常关键的要素，但是市面上绝大多数书籍对此触及甚少。我们这本书就要对此进行充分的展开，不仅让你明白原理，更为重要的是让你知道如何运用一些具体的工具。

当你通过解读市场"预期"和剖析"资金流向"做出判断之后，你需要根据这一判断进行操作。股票的操作并不是简单地买入，其中涉及仓位管理问题，简而言之，就是"**进出加减**"的问题，如果是期货操作还要涉及"对冲"的仓位管理问题，由于本书是股票短线操作的专门教程，所以我们围绕"买入"（进场）、"卖出"（出场）以及"加仓"和"减仓"来阐述仓位管理的基本原理和指导思想。要落实"进出加减"的具体问题，就不得不涉及技术分析的工具，所以**技术分析其实是仓位管理的基础之一**。彻底地讲，**技术分析的度量价值远远超过其预测价值，而度量则是股票操作中仓位管理的核心**。

通过深入地观察和剖析"预期"以及"资金流向"，我们其实是在选择进场和出场的时机。关于市场择时有非常多的对立意见，巴菲特虽然反对市场择时，但其实他是最明智的市场择时交易者之一。他的妻子曾经详细披露了巴菲特多年来的股票购买清单，然后她对这一清单背后的思想进行了分析和总结，称为"选择性反向"，具体而言就是在市场和公司出现极端悲观情绪时选择进场，这其实也是**通过对"预期"的研判来选择较安全的进场时机**。而巴菲特反对的市场择时，其实是根据宏观经济数据和技术面走势来选择进场时机。由于巴菲特自己的交易哲学在不断进步，所以他现在其实也并不反对根据宏观经济和行业发展周期来择时。以前他对科技股和新兴产业敬而远之，现在却大举介入比亚迪和IBM，这其实表明他的交易思想和策略并不是一成不变的，而是随着自己对投资的理解在逐步深化和提高。

讲到市场择时，不得不提美林公司。美林公司对于市场择时的态度和观点在短短几年内发生了重大的转变，从这一转变也可以看出一个趋势，那就是随着交易者和机构对市场的了解越来越深入，一些曾经被认为是不可能的做法重新被认识、发展和完善。早在1998年11月10日，美林公司在《华尔街日报》上刊发了一篇名为Timing is Nothing的文章，这篇文章占据了1/3的版面。这篇文章认为市场择时对于交易者而言毫无帮助，它直截了当地给出了自己的观点："只要还有金融市场存在，交易者们就会煞费苦心地进行所谓的市场择时，他们试图预测股票市场什么时候开始上涨，接下来又会在什么时候开始下跌。交易者进行市场择时要么是因为盲目自信，要么是因为亏损套牢后的恐惧不安……其实，市场择时根本没有任何作用……"这篇文章的发表代

表了整个美林公司对市场择时的主流看法。

但是几年之后，美林公司却来了一个180°大转弯，它们提出"Investment Clock"，也就是现在通常所说的"美林投资时钟"。这个理论为股票市场的择时提供了坚实的基本面基础，在本书中我们会涉及这一模型。这其实是最近10年来经济学界朝向**资产宏观定价**努力的成果之一。经济学不能够给出未来资产的涨跌预测，这是百年来令经济学家颇为难堪的事情。就连宏观经济学奠基人约翰·梅纳德·凯恩斯在股票交易的时候，都是利用社会心理学，而不是宏观经济学的理论在操作。但是，随着以"美林投资时钟"为代表的一系列"资产宏观定价模型"的提出，宏观经济学开始为金融交易提供有效的指引。本书主要围绕"预期"和"资金流向"展开，其实这两个因素都会受到经济周期的制约。**经济周期会影响不同资产的收益率水平**，比如在经济复苏阶段上市公司的每股收益上升，股权投资的收益率上升，这样就会改变整个交易界的预期，从而引发资金流向股票市场。随着经济过热，对于原材料的需求增加，这会使得大宗商品的预期价格上涨，这就提高了商品期货的预期收益率，进而引发资金流向商品期货市场。当然，**经济周期除了会引发大资产之间的预期收益差变化之外，还能够改变整个投资交易群体的风险偏好变化**。例如，从2005年到2007年，由于外汇占款增加，使得中国内地的流动性大幅增加，社会资金宽裕就使得投资群体更加愿意追求高收益和高风险的资产标的，这就使得股票、收藏品、房地产和普洱茶等高风险的资产价格大幅上涨。接着，由于美国次贷危机和中国内地央行持续紧缩，使得社会的流动性变得紧张，这就降低了大众的风险偏好，因此大量资金从高风险的资产撤出。此后，由于4万亿元投资计划的提出，以及央行超历史纪录地供给货币，社会大众的风险偏好再度上升，中小板和房地产再度飙升，创出新高……我们提到过"**风险偏好，收益率差和资产负债表变化**"，其实这三个要素都是随着经济周期发生有规律的变化的，而这**三者的有规律变化会引发大众预期和资金流向的有规律变化，进而引发股票、商品和债券等金融市场有规律的中期涨跌**。不要被上面这些有些理论化的陈述吓坏了，更不要因此认为这些东西跟主流经济学一样是"马后炮"和"事后解释工具"。第一印象往往是错误的，这是金融市场的一个普遍规律，所以不要轻易否认上面这些东西，如果你能够深入其中，自然获益颇丰。

本书就是围绕"预期"、"资金流向"和"仓位管理"三个核心展开的，这与绝大多数股票书籍都不相同。**本书非常强调研究对手盘，因为短线交易的得失完全取决于你了解对手盘的程度**。当年吕梁坐庄失败，最为关键的原因就是没有了解对手盘（见前图1-1）。

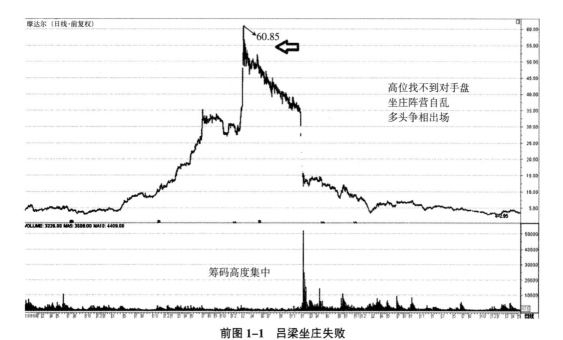

摩达尔（日线·前复权）

60.85

高位找不到对手盘
坐庄阵营自乱
多头争相出场

筹码高度集中

前图 1-1 吕梁坐庄失败

《孙子兵法》中非常重要的一句是："知己知彼，百战不殆"，这其实就是告诉将军需要搞清楚对手，而对于短线交易者而言，要想在零和游戏中获胜，就必须战胜对手盘，**而要战胜对手盘就需要了解对手盘。技术分析如果没有落脚到了解对手盘，那么就会沦为"金融巫术"**，这就好比通过占卜来决定如何作战一样，不败才怪呢！但是，现在市面上绝大多数的股票书籍却恰恰落入了"金融巫术"的陷阱，讲述的东西基本不从博弈的角度出发，不考虑博弈的大背景，也不考虑对手盘，同时也没有进行指标有效性统计，最终只能让那些采用纯技术手段的散户一败再败，越败越战，执迷不悟！

股票市场上大多数人都在亏钱，无论是散户还是公募基金，这表明大多数人行动中一致认可的观念和方法其实是有问题的。**而股票书中绝大多数的方法和观念也是有问题的，它们之所以畅销就是因为迎合了大多数人的观念，而这些观念其实与市场运行的机制是相悖的**。市场运行的最根本一条机制是维护自己的存在，股票市场要维护自己的存在就必须有"各种手续费"的"供体"，这就意味着即使短期内没有股价的波动，股票市场要存在也必须让大多数参与者亏损。要让绝大多数参与者亏损，市场就必须让多数参与者持有错误的观念、采用错误的策略，**这个市场上最大的错误就是咬定单纯的技术分析手段可以让你战胜对手盘！真正的股票短线赢家必然超越了技术分析**！让我们一起超越简单的技术分析范畴，步入持续盈利的殿堂吧！最终的赢家必然

属于那些特立独行者，从来都没有人是靠盲从人群而胜出的。股票交易是博弈，而不是艺术，让我们用科学博弈的工具来战胜对手！人生的悲哀在于，自己掌握了正确的东西，却不能克服一些小小的困难而去坚持，东找西找、东试西试，浪费了生命。

高山　何江涛　魏强斌　杨基泓　陈杰

于杭州莫干山

2012 年 8 月 8 日

导言　成为伟大交易者的秘密

◇ 伟大并非偶然！

◇ 常人的失败在于期望用同样的方法达到不一样的效果！

◇ 如果辨别不正确的说法是件很容易的事，那么就不会存在这么多的伪真理了。

　　金融交易是全世界最自由的职业，每个交易者都可以为自己量身定做一套盈利模式。从市场中"提取"金钱的具体方式各异，而这却是金融市场最令人神往之处。但是，正如大千世界的诡异多变由少数几条定律支配一样，仅有的"圣杯"也为众多伟大的交易圣者所朝拜。现在，我们就来一一细数其中的最伟大代表吧。

　　作为技术交易（Technical Trading）的代表性人物，理查德·丹尼斯（Richard Dannis）闻名于世，他以区区 2000 美元的资本累积了高达 10 亿美元的利润，而且持续了十数年的交易时间。更令人惊奇的是，他以技术分析方法进行商品期货买卖，也就是以价格作为分析的核心。但是，理查德·丹尼斯的伟大远不止于此，这就好比亚历山大的伟大远不止于建立地跨欧、亚、非的大帝国一样，理查德·丹尼斯的"海龟计划"使得目前世界排名前十的 CTA 基金经理有六位是其门徒。"海龟交易法"从此名扬天下，纵横寰球数十载，今天中国内地也刮起了一股"海龟交易法"的超级风暴。其实，"海龟交易"的核心在于两点：一是"周规则"蕴含的趋势交易思想；二是资金管理和风险控制中蕴含的机械和系统交易思想。所谓"周规则"（Weeks' Rules），简单而言就是价格突破 N 周内高点做多（低点做空）的简单规则，"突破而做"（Trading as Breaking）彰显的就是趋势跟踪交易（Trend Following Trading）。深入下去，"周规则"其实是一个交易系统，其中首先体现了"系统交易"（Systematic Trading）的原则，其次体现了"机械交易"（Mechanical Trading）的原则。对于这两个原则，我们暂不深入，让我们看看更令人惊奇的事实。

　　巴菲特（Warren Buffett）和索罗斯（Georgy Soros）是基本面交易（Fundamental Investment & Speculation）的最伟大代表，前者 2007 年再次登上首富的宝座，能够时隔

多年后再次登榜，实力自不待言，后者则被誉为"全世界唯一拥有独立外交政策的平民"，两位大师能够"登榜首"和"上尊号"基本上都源于他们的巨额财富。从根本上讲，是卓越的金融投资才使得他们能够"坐拥天下"。巴菲特刚踏入投资大门就被信息论巨擘认定是未来的世界首富，因为这位学界巨擘认为巴菲特对概率论的实践实在是无人能出其右，巴菲特的妻子更是将巴菲特的投资秘诀和盘托出，其中不难看出巴菲特系统交易思维的"强悍"程度。套用一句时下流行的口头禅"很好很强大"，恐怕连那些以定量著称的技术投机客都要俯首称臣。巴菲特自称85%的思想受传于本杰明·格雷厄姆的教诲，而此君则是一个以会计精算式思维进行投资的代表，其中需要的概率性思维和系统性思维不需多言便可以看出"九分"！巴菲特精于桥牌，比尔·盖茨是其搭档，桥牌游戏需要的是严密的概率思维，也就是系统思维，怪不得巴菲特首先在牌桌上征服了信息论巨擘，随后征服了整个金融界。以此看来，巴菲特在金融王国的"加冕"早在桥牌游戏中就已经显出端倪！

索罗斯的著作一大箩筐，以《金融炼金术》最为出名，其中他尝试构建一个投机的系统。他师承卡尔·波普和哈耶克，两人都认为人的认知天生存在缺陷，所以索罗斯认为情绪和有限理性导致了市场的"盛衰周期"（Boom and Burst Cycles），而要成为一个伟大的交易者则需要避免受到此种缺陷的影响，并且进而利用这些波动。索罗斯力图构建一个系统的交易框架，其中以卡尔·波普的哲学和哈耶克的经济学思想为基础，"反身性"是这个系统的核心所在。

还可以举出太多以系统交易和机械交易为原则的金融大师们，比如伯恩斯坦（短线交易大师）、比尔·威廉姆（混沌交易大师）等，太多了，实在无法一一述及。

那么，从抽象的角度来讲，我们为什么要迈向系统交易和机械交易的道路呢？请让我们给出几条显而易见的理由吧。

第一，人的认知和行为极易受到市场和参与群体的影响，当你处于其中超过5分钟时，你将受到环境的催眠，此后你的决策将受到非理性因素的影响，你的行为将被外界接管。而机械交易和系统交易可以极大地避免这种情况的发生。

第二，任何交易都是由行情分析和仓位管理构成的，其中涉及的不仅是进场，还涉及出场，而出场则涉及盈利状态下的出场和亏损状态下的出场，进场和出场之间还涉及加仓和减仓等问题。此外，上述操作还都涉及多次决策，在短线交易中更是如此。复杂和高频率的决策任务使得带有情绪且精力有限的人脑无法胜任。疲累和焦虑下的决策会导致失误，对此想必每个外汇和黄金短线客都是深有体会的。系统交易和机械交易可以流程化地反复管理这些过程，省去了不少人力成本。

　　第三，人的决策行为随意性较强，更为重要的是每次交易中使用的策略都有某种程度上的不一致，这使得绩效很难评价，因为不清楚 N 次交易中特定因素的作用到底如何。由于交易绩效很难评价，所以也就谈不上提高。这也是国内很多炒股者十年无长进的根本原因。任何交易技术和策略的评价都要基于足够多的交易样本，而随意决策下的交易则无法做到这一点，因为每次交易其实都运用了存在某些差异的策略，样本实际上来自不同的总体，无法用于统计分析。而机械交易和系统交易由于每次使用的策略一致，这样得到的样本也能用于绩效统计，所以很快就能发现问题。比如，一个交易者很可能在 1，2，3，…，21 次交易中，混杂使用了 A、B、C、D 四种策略，21 次交易下来，他无法对四种策略的效率做出有效评价，因为这 21 次交易中四种策略的使用程度并不一致。而机械交易和系统交易则完全可以解决这一问题。所以，要想客观评价交易策略的绩效，更快提高交易水平，应该以系统交易和机械交易为原则。

　　第四，目前金融市场飞速发展，股票、外汇、黄金、商品期货、股指期货、利率期货，还有期权等品种不断翻出新花样，这使得交易机会大量涌现，如果仅仅依靠人的随机决策能力来把握市场机会无异于杯水车薪。而且大型基金的不断涌现，使得单靠基金经理临场判断的压力和风险大大提高。机械交易和系统交易借助编程技术"上位"已成为这个时代的既定趋势。况且，期权类衍生品根本离不开系统交易和机械交易，因为其中牵涉大量的数理模型运用，靠人工是应付不了的。

　　中国人相信人脑胜过电脑，这绝对没有错，但也不完全对。毕竟人脑的功能在于创造性解决新问题，而且人脑的特点还在于容易受到情绪和最近经验的影响。在现代的金融交易中，交易者的主要作用不是盯盘和执行交易，这些都是交易系统的责任，交易者的主要作用是设计交易系统，定期统计交易系统的绩效，并做出改进。这一流程利用了人的创造性和机器的一致性。交易者的成功，离不开灵机一动，也离不开严守纪律。当交易者参与交易执行时，纪律成了最大问题；当既有交易系统让后来者放弃思考时，创新成了最大问题。但是，如果让交易者和交易系统各司其职，则需要的仅仅是从市场中提取利润！

　　作为内地最早倡导机械交易和系统交易的理念提供商（Trading Ideas Provider），希望我们策划出版的书籍能够为你带来最快的进步。当然，金融市场没有白拿的利润，长期的生存不可能夹杂任何的侥幸，请一定努力！高超的技能、完善的心智、卓越的眼光、坚韧的意志、广博的知识，这些都是一个至高无上的交易者应该具备的素质。请允许我们助你跻身于这个世纪最伟大的交易者行列！

Introduction   Secret to Become a Great Trader!

◇ Greatness does not derive from mere luck!

◇ The reason that an ordinary man fails is that he hopes to achieve different outcome using the same old way!

◇ There would not be so plenty fake truths if it was an easy thing to distinguish correct sayings from incorrect ones.

Financial trading is the freest occupation in the world, for every trader can develop a set of profit –making methods tailored exclusively for himself. There are various specific methods of soliciting money from market; while this is the very reason that why financial market is so fascinating. However, just like the ever–changing world is indeed dictated by a few rules, the only "Holy Grail" is worshipped by numerous great traders as well. In the following, we will examine the greatest representatives among them one by one.

As a representative of Techincal Trading, Richard Dannis is known worldwide. He has accumulated a profit as staggering as 1 billion dollar while the cost was merely 2000 bucks! He has been a trader for more than a decade. The inspiring thing about him is that he conducted commodity futures trading with a technical analysis method which in essence is price acting as the core of such analysis. Never the less, the greatness of Richard Dannis is far beyond this which is like the greatness of Alexander was more than the great empire across both Europe and Asia built by him. Thanks to his "Turtle Plan", 6 out of the world top 10 CTA fund managers are his adherents. And the Turtle Trading Method is frantically well–known ever since for a couple of decades. Today in mainland China, a storm of "Turtle Trading Method" is sweeping across the entire country. The core of Turtle Trading Method lies in two factors: first, the philosophy of trendy trading implied in "Weeks' Rules"; second, the philosophy of mechanical trading and systematic trading implied in fund manage-

ment and risk control. The so-called "Weeks' Rules" can be simplified as simples rules that going long at high and short at low within N weeks since price breakthrough. While Trading as breaking illustrates trend following trading. If we go deeper, we will find that "Weeks' Rules" is a trading system in nature. It tells us the principle of systematic trading and the principle of mechanical trading. Well, let's just put these two principles aside and look at some amazing facts in the first place.

The greatest representatives of fundamental investment and speculation are undoubtedly Warren Buffett and George Soros. The former claimed the title of richest man in the world in 2007 again. You can imagine how powerful he is; the latter is accredited as "the only civilian who has independent diplomatic policies in the world". The two masters win these glamorous titles because of their possession of enormous wealth. In essence, it is due to unparalleled financial trading that makes them admired by the whole world. Fresh with his feet in the field of investment, Buffett was regarded by the guru of Information Theory as the richest man in the future world for this guru considered that the practice by Buffett of Probability Theory is unparallel by anyone; Buffett' wife even made his investment secrets public. It is not hard to see that the trading system of Buffett is really powerful that even those technical speculators famous for quantity theory have to bow before him. Buffet said himself that 85% of his ideas are inherited from Benjamin Graham who is a representative of investing in a accountant's actuarial method which requires probability and systematic thinking. The interesting thing is that Buffett is a good player of bridge and his partner is Bill Gates! Playing bridge requires mentality of strict probability which is systematic thinking, no wonder that Buffett conquered the guru of Information Theory on bridge table and then conquered the whole financial world. From these facts we can see that even in his early plays of bridge, Buffett had shown his ambition to become king of the financial world.

Soros has written a large bucket of books among which the most famous is *The Alchemy of Finance*. In this book he tried to build a system of speculation. His teachers are Karl Popper and Hayek. The two thought that human perception has some inherent flaws, so their students Soros consequently deems that emotion and limited rationality lead to "Boom and Burst Cycles" of market; while if a man wants to become a great trader, he must overcome influences of such flaws and furthermore take advantage of them. Soros tried to build a systematic framework for trading based on economic ideas of Hayek and philosophic thoughts of

Karl Popper. Reflexivity is the very core of this system.

I may still tell you so many financial gurus taking systematic trading and mechanical trading as their principles, for instance, Bernstein (master of short line trading), Bill Williams (master of Chaos Trading), etc. Too many. Let's just forget about them.

Well, from the abstract perspective, why shall we take the road to systematic trading and mechanical trading? Please let me show you some very obvious reasons.

First, A man's perception and action are easily affected by market and participating groups. When you are staying in market or a group for more than 5 minutes, you will be hypnotized by ambient setting and ever since that your decisions will be affected by irrational elements.

Second, Any trading is composed of situation analysis and account management. It involves not only entrance but exit which may be either exit at profit or exit at a loss, and there are problems such as selling out and buying in. All these require multiple decision-makings, particularly in short line trading. Complicated and frequent decision-making is beyond the average brain of emotional and busy people. I bet every short line player of forex or gold knows it well that decision-making in fatigue and anxiety usually leads to failure. Well, systematic trading and machanical trading are able to manage these procedures repeatedly in a process and thus can save lots of time and energy.

Third, People make decisions in a quite casual manner. A more important factor is that people use different strategies in varying degrees in trading. This makes it difficult to evaluate the performance of such trading because in that way you will not know how much a specific factor plays in the N tradings. And the player can not improve his skills consequently. This is the very reason that many domestic retail investors make no progress at all for many years. Evaluation of trading techniques and strategies shall be based on plenty enough trading samples while it's simply impossible for tradings casually made for every trading adopts a variant strategy and samples accordingly derive from a different totality which can not be used for calculating and analysis. On the contrary, systematic trading and mechanical trading adopt the same strategy every time so they have applicable samples for performance evaluation and it's easier to pinpoint problems, for instance, a player may in first, second... twenty-first tradings used strategies A, B, C, D. He himself could not make effective evaluation of each strategy for he used them in varying degrees in these tradings, but systematic

trading and mechanical trading can shoot this trouble completely. Therefore, if you want to evaluate your trading strategies rationally and make quicker progress, you have to take systematic trading and mechanical trading as principles.

Fourth, Currently the financial market is developing at a staggering speed. Stock, forex, gold, commodity, index futures, interest rate futures, options, etc., everything new is coming out. So many opportunities! Well, if we just rely on human mind in grasping these opportunities, it is absolutely not enough. The emergence of large-scale funds makes the risk of personal judgment of fund managers pretty high. Take it easy, anyway, because we now have mechanical trading and systematic trading which has become an irrevocable trend of this age. Furthermore, derivatives such as options can not live without systematic trading and mechanical trading for it involves usage of large amount of mathematic and physical models which are simply beyond the reach of human strength.

Chinese people believe that human mind is superior to computer. Well, this is not wrong, but it is not completely right either. The greatness of human mind is its creativity; while its weakness is that it's vulnerable to emotion and past experiences. In modern financial trading, the main function of a trader is not looking at the board and executing deals—these are the responsibilities of the trading system—instead, his main function is to design the trading system and examine the performance of it and make according improvements. This process unifies human creativity and mechanical uniformity. The success of a trader is derived from tow factors: smart idea and discipline. When the trader is executing deals, discipline becomes a problem; when existing trading system makes newcomers give up thinking, creativity becomes dead. If, we let the trader and the trading system do their respective jobs well, what we need to do is soliciting profit from market only!

As the earliest Trading Ideas Provider who advocates mechanical trading and systematic trading in the mainland, we hope that our books will bring real progress to you. Of course, there is no free lunch. Long-term existence does not merely rely on luck. Please make some efforts! Superb skill, perfect mind, excellent eyesight, strong will, rich knowledge—all these are merits that a great trader shall have to command. Finally, please allow us to help you squeeze into the queue of the greatest traders of this century!

目　录

上　册

第一阶段　大势和大盘

- 经济运行的不同阶段会引发各大类资产相对收益的变化，所以经济周期与
  跨市场分析是紧密相连的。在不同的经济周期阶段，股市与其他资产市场
  的相对收益呈现出规律性的变化。通过所处的经济周期阶段和其他资产市
  场走势的变化，我们可以间接地推断出股市整体的运行态势和所处阶段，
  这就给我们一个非常大的优势。

- 一般而言，股市会提前半年左右的时间反映基本面的情况，股市的拐点要
  比经济基本面拐点提前半年左右的时间出现。也就是说，股市的低点先于
  经济增长的低点出现，而股市的高点先于经济增长的高点出现。

- 流动性决定了 A 股市场的估值中枢。流动性充裕，风险偏好就强，利率也
  低，相应的 E/P 就低，反过来 P/E（市盈率）就高；流动性缺乏，风险偏
  好就弱，利率也高，相应的 E/P 就高，反过来 P/E 就低。

● 货币供应量的增加会导致对股票的需求增加，随着货币供应增加而对货币的需求大体不变，这样就会导致人们调整自己的资产负债表，进而将多余的货币投入到其他资产上，而股市就是这些资产中最为重要的一种。

政府当局也是股市博弈的参与者，既然我们参与股市交易这个棋局，那么就不能忽略政府这个对手盘的意图和行动。

● 任何交易者如果不能充分地理解政策对股市的影响，那么就很难驾驭大势，离开了大势，一切股票短线交易都是"无头苍蝇式"的操作。

● 交易的本质是利用对手盘，而 A 股市场中最为重要的对手盘之一可能就是"国家队"。"国家队"在资金和信息上占据最大的优势，而我们作为短线交易参与者必须发挥柔道精神，顺应这些大型选手的力量，而不是与之对抗。

● "国家队"具有信息优势，因为他们善于解读政策，我们要明白的一点是中国股市的政治属性很强，经济属性也很强，股市从来都是为经济改革和发展服务的。

● 关于底部有两个比较有效的法则：第一个是市净率法则；第二个是三底序列法则。市净率法则是美股百年来都有效的法则，对于具有 30 年历史的 A 股市场也存在一致的效果。三底序列法则属于 A 股市场自身一个独特的规律，三底序列法则也可以延伸为三顶序列法则。

● 政策底是"假底部"，市场底对于交易者而言才是真正的底部。政策发出见底信号时，市场的恐慌盘并没有完全宣泄出来，只有当市场大众看到政策也无济于事的时候才会将最后的抛盘脱手，最恐慌的情况出现，这时候才能真正见底。市场底的特征是股指恐慌性加速下跌，任何利好政策似乎都不起作用了。

● 高度的背离往往是行情中转折点将要出现的信号，无论是成交量和价格的背离，还是基本面和技术面的背离，甚至市场间的背离。

● 比较小的时间框架上运用效果稍差，比较大的时间框架上运用效果较好，

这是一个技术分析中普遍存在的规律。因为在较大的时间框架上，驱动面、心理面和技术面趋向于一致，而在较小的时间框架上，三者则往往趋向于不一致。

- 牛市在悲观中诞生，在怀疑中成长，在乐观中成熟，在亢奋中死亡，最悲观的时刻恰好是最佳的买进时机，最乐观的时刻恰好是最佳的卖出时机。
- 在这个市场上最大的忌讳就是假定自己比对手占优势。要建立自己的优势而不是认为自己具有优势，在这个市场上的新参与者没有任何优势，你只有抱着这种态度才能真正建立起优势。聪明的人很多，有钱的人也不缺，这个市场上缺的是真正的优势。

下 册

第二阶段 板块和机构

- A股市场的一个显著特征是板块轮动,这对于指数和个股走势都具有重大的现实意义。板块轮动中,每一轮上涨都有一个最强势的板块,这个板块中的个股很容易超越指数走势,因此个股的选择要立足于板块,指数的走势也要立足于板块,板块是枢纽。

- 心理分析是分析环节中的枢纽,板块是分析层面中的枢纽。心理分析可以帮助你不被经济学家和理论家所害,也可以帮助你避免技术分析的机械和迂腐。而板块则可以帮助你更好地判断指数的走势,同时更准确地选择要操作的个股。

- 你要比别人更深层次地理解在市场上出现的信息,进行深入的分析和判断,前瞻地预测接下来可能发生的事情,最后就是要有重仓的胆识了。我每年会重点盯着《政府工作报告》,看看哪些行业已饱和,哪些行业是国家鼓励的。

- 过去如此,将来也将如此,每一次重大运动背后必然存在一股不可阻挡的力量。而这股不可阻挡的力量往往与板块有关,因为市场的重大运动都是以板块的形式展开的,个股业绩拐点或者是重组题材只有放在热门板块中才会更加强势。

- A股的客观现实就是流动性为王,中短期内趋势比估值更加有影响力。

而决定股价的最直接因素是资金流的偏好，而资金流是由众多对手盘控制的。当总体流动性没有大的变化时，我们就要考虑流动性的分配问题。

● 市场主流资金的偏好才是股价的中枢所在，做中短线股票最为重要的就是了解主流资金的偏好和动向，而这离不开对题材和热点的分析。识别出围绕某一股市题材或热点形成的群，并且清楚这一群体所处的运动阶段，做到了这两步我们就能在洞悉行情方面有过人之处。

● 板块的宏观相关性套利是一个很少被短线股票书籍提到的策略，但是在江浙一带的题材炒家和游资那里，却经常成为一个短线快速获利的工具。而且不仅是短线交易者，很多中线交易者也会注意这种宏观上的相关性对板块走势的持续影响。

● 几乎A股的所有上市公司都受到大宗商品走势的影响，只是某些板块受到的影响更加显著而已。除了大宗商品价格对部分板块形成影响之外，一些其他宏观变量，比如利率和汇率也对相应板块有相应的影响。

● 狙击重组股的策略分为两个基本类型：第一类是潜在重组股狙击；第二类是实质重组股狙击。无论是狙击潜在重组股还是狙击实质重组股，都要遵循以下操作上的通行原则：第一个原则是采用格雷厄姆式的分散资金介入法；第二个原则是避免高位买入；第三个原则是有必要的耐心，这是狙击重组股的前提；第四个原则是重组狙击者应顺应重组过程中不同阶段的特征。

● 要找到这些可能的重组股，必须知道它们容易出现的板块、共同的特征，要进行换位思考、合理推测。我们要告诉大家的是，重组可以通过系统分析抓住，多看公告和相关报告、新闻，像侦探破案一样抓住重组股。

● 涨停板是市场异动的典型特征之一，而"异动"本身和背后都存在重大的获利机会。

● 无论是抓涨停技术还是追涨停技术都面临三个方面的研判，它们分别是驱动面涨停研判、资金面涨停研判和行为面涨停研判。

● 驱动面研判无论对于抓涨停技术还是追涨停技术都是非常重要的环节。与绝大多数散户想象的相反，游资在制造涨停板的时候往往更加注重基本面（驱动因素）而不是技术面（价格行为）。

第三阶段　个股和公司的竞争优势

● 技术分析的精髓不在于几何地推断市场，而在于解读市场的预期和资金的流向。技术指标是我们洞悉对手盘的工具，而不是进行所谓"市场物理学"研究的对象。市场就是"人性"，一切都要围绕这两个字展开，拿掉了"人性"，机械地比较，企图运用"复杂而纯粹的市场几何学"只是误人误己而已。

● 市场如果存在物理学和几何学一样的规律，那么绝大多数参与者都能获利，结果就是市场崩溃。在赌场中，如果绝大多数人都能获利，那么利润从哪里来呢？

● 我们要搞清楚主力的真实意图，就需要看价量盘偏离基准线的程度和频率，而基准线有两条：一是大盘；二是个股历史行情正态分布。

● 不对称局势，是指挑战者利用强大对手所固有的弱点而采取的一系列战略行动，让后者无法做出有效的反应而形成的有利于挑战者、不利于强大对手的非竞争局势。

● 对于投资来说，关键不是确定某个产业对社会的影响力有多大，或者这

个产业将会增长多少，而是要确定所选择的一家企业的竞争优势，而且更重要的是确定这种优势的持续性。我在投资时考虑的最重要一点是我一定要理解该公司所在行业的经济动力机制。

● 盘口只是另外一扇让我们观察对手盘的窗口而已，并不是买卖信号自动发生装置。透过这扇窗口去观察对手盘的意图和实力，而不是止步于窗口本身。

● 价量盘的异常背后往往隐藏着最有价值的对手盘信息。"异象背后必有真相"，背离是一种异象，利多不涨是异象，利空不跌是异象，脉冲式放量是异象，地量是异象，涨停板是异象，跌停板是异象，异常的信息是最有价值的信息。非自然状态的交易背后往往都有主力的身影。

● 起涨点的分析必须建立在大盘分析的基础上，同时也应该建立在个股趋势分析的基础上。搞清楚个股每一阶段的逻辑主线，搞清楚个股波段运行的题材以及阶段趋势的主题是每个股票短线高手的首要任务。个股的第一个起涨点必然与逻辑主线上的转换有关，比如利空出尽，个股开始出现持续利好等。如果没有搞清楚这种逻辑主线，没有搞清楚驱动因素，没有搞清楚到底是谁在开始介入，我们就会被表象所迷惑。

● 市面上绝大多数关于起涨点的书籍都是误导性的，它们宣称存在各种各样长期有效的固定起涨形态和结构，这种主张非常有吸引力，而且书上的例子全是成功的，一旦实践却出尽洋相，"例外"不断出现。

● 交易要想成功，对于初学者而言关键是找到"盈利模式"。市面上的各种技术指标不能称为盈利模式，除非你见到某个人真正用这套东西在赚钱，而不是他说这个指标如何有效。

● 在市场中我们很难从整体来看待行情的发展，我们盯着账户的盈亏，心情随之起伏，是账户的盈利控制着我们接下来的反应，而非我们对行情的理性分析。仓位决定了心态，而心态决定了行为，这样的行为并非出自分析，而是由于外在的仓位盈亏变化导致的本能反应。

● 技术分析属于易学难精的工具，而基本分析则属于难学易精的工具。一个成功的股票交易者必须兼备这两种工具，所谓"高超股票短线交易者从来只看股价走势、不听消息、不看基本面"的说法纯粹是骗人的。

● 怎样才能有效地运用技术手段？需要觉悟，只有你知道这个手段的局限性，你才能真正用好这个手段。巴菲特讲能力范围之内选股投资，他就是觉悟了个人理性的局限性。而我们要做好短线，就是要清清楚楚地知道基本分析、心理分析和技术分析三者的局限性。

● 什么是有效的股票短线交易方法呢？第一个要求是必须将 AIMS 框架置于你分析的核心地位，有了这个分析框架，你就能找出适当的时期和目标发动攻击；第二个要求是你有一个便于控制风险的框架。

● 随着你的资金增加，随着你对 AIMS 框架的透彻体悟，你将自然而然地发展出新的具体策略置于 AIMS 框架下进行实际操作，AIMS 可以看成"道"，而具体策略可以看成"术"。

● 目前的格局下，券商要最大化自己的利益就是通过频繁发布信息就可以达到。任何人都会对信息有反应，只不过程度强弱罢了，券商就利用这一点盈利，这就是当下券商的主要盈利模式，我们称为"频繁信息促使频繁交易盈利模式"。我们作为交易者应该对券商发出的消息和

发布的报告持批判的态度，不仅要看结论，更要揣摩其动机。

● 要想尽快在短线交易中上手盈利，就必须关注题材，通过持续关注题材和股价的互动就能够培养出识别持续性题材和相应行情的能力，而后辅以简单而有效的仓位管理技巧就能很快持续盈利。股票短线交易的秘诀是什么？搞清楚题材和股价怎样互动，分仓进出而已。

● 如果用一句话概括我们这群交易者的人生哲学，那就是"试探—加码"，无论是格斗还是战争，无论是交易还是人生，无论是生意还是政治，在学习和实践的道路上都需要遵循"试探—加码"的法则，否则还没有迎来成功就已经倒下了。

● 我们只是社会财富的分配器，并不创造财富本身，最终还是应该取之于民，用之于民，我们不仅要战胜人性，更要超越人性本身，这才是登顶者的心量和智慧。

课前课 让这些观念的种子植根于你的内心深处

● 金融市场运行第一定律：驱动因素经过心理因素过滤导致行为因素变动，驱动因素和心理因素决定了市场的二元性质（单边还是震荡）。

● 金融市场运行第二定律：行为因素逐渐实现最近和最重要的驱动因素预期价值，直到该驱动因素的实际价值公布和确认。

● 金融市场运行第三定律：行为因素的极点对应着驱动因素实现价值的极点，特定行为体现了特定的驱动因素价值预期，价格等于价值预期，价值预期越大，实现的价值越大，则价格越大。

● 金融市场运行第四定律：驱动因素涉及博弈的支付矩阵，心理因素涉及博弈的参与主体，行为因素涉及博弈的动态均衡结果。

● 交易第一定律：通过结构性和非结构性因素的驱动分析和心理分析（博弈主体分析）假定市场是单边还是震荡，再经由大时间结构和市场间分析确认市场性质，最后借助良好风险报酬比的行为分析系统跟踪和管理交易。大处着眼预测，小处着手跟随。

● 趋势是技术交易的对象，趋势是持续的，同时也是稀缺的，趋势源于强劲的驱动因素和心理因素，只有把握这两者才能把握稀缺的趋势。加码是弥补稀缺性的一种次优方法和手段。

● 通过行为分析进行仓位管理，通过驱动分析进行趋势甄别，是缔造持续交易奇迹的关键！

● 市场中最本质和恒久的结构才能作为仓位管理的基础，这就是 N 字结构（分形）。

● 行为中最本质的结构是分形和 N 字。

● 驱动中最本质的因素是收益差别，准确而言是风险抵扣后的真实收益差别。

● 驱动和行为之间的不一致是由心理引起的。预期是最为重要的一种形式。

● 成功的技术交易者不敢将基本分析纳入自己的体系，所以他们只是被动等待市场出现单边。

● 成功的基本交易者不屑于将技术分析纳入自己的体系，所以他们不敢进行高杠杆的操作，自然收益减少许多。毕竟基本分析不能够很好地管理价位波动的风险，而技术分析可以。但是技术分析不能主动找到特定市场和品种的单边，而基本分析可以。

● 基本分析的要点在于趋势甄别。

● 技术分析的要点在于仓位管理。

● 不能创造暴利，在于缺少了其中一者；不能盈利，是因为两者都缺。

● 市面上的技术分析之所以失效，根本的原因在于他们所研究的是不稳定和不持久的特征。

● 市场唯一恒久的特征就是 N 字。这是唯一持久的特征。市面上那些技术都基于一个短暂的市场特征，所以很容易失效。

● 技术分析本身的预见性已经大为下降，只能作为很好的仓位管理工具。

● 天才约等于训练 1 万个小时。

● 在正确的交易哲学、理念、方法、技术指导下，你的交易训练有 1 万个小时吗？

● 每天训练的时间（小时）与成为天才所需天数和年数（现实的选择是 4 小时左右）见表 0-1。

表 0-1　每天训练的时间与成为天才所需天数和年数

每天训练的时间（小时）	成为天才所需天数（天）	成为天才所需年数（年）
24	416.67	1.16
12	833.33	2.31
6	1666.67	4.63
3	3333.33	9.26
2	5000.00	13.89
1	10000.00	27.78
0.5	20000.00	55.56

● "买传闻，卖事实"。

● 最本质的人性价值就是人的独立性。

● 与自己关系的认识和处理，决定了你的一切成就和幸福。

● 股市驱动分析图：经济周期—产业政策—公司业绩（每股收益）—利率—流动性—股票供给。

第一阶段
大势和大盘

知道什么最重要是人生中的一项珍贵本领。

——文森·凯特拉诺

股票交易成功的最好方法就是要学会解释关键大盘指数的每日价量变化。逆势而为往往得不偿失，对市场大盘的判断失误会让我们付出沉重的代价。

——威廉·欧奈尔

在看不清楚方向的时候，与其相信技术分析，还不如相信哲学和历史，因为它们能够告诉我们股市最终会到哪里去。

——邱金辉

从今天开始大家就正式进入股票交易的培训课程当中，在这里有必要介绍一下整个课程的框架所在，这个框架其实就是大家以后交易和坐庄的关键所在。无论你是跟庄的还是坐庄的人，其实都离不开本书这个框架。这个框架简写为AIMS，其中的 A 讲的是个股优势（Advantage），包括基本面优势和技术面优势两个部分，这是第三阶段课程中的主题。其中的 I 讲的是主力（Institution）和行业板块（Industry），这是我们在第二阶段中着重介绍的主题。其中的 M 讲的是大势和大盘（Mighty Trend 和 Market），这是第一阶段课程中的主题。其中的 S 讲的是题材（Story）和安全空间（Safety Margin），本教程主要介绍题材方面的问题，因为相对于安全

题材和业绩是股票走势的灵魂。

空间而言，题材对于短线交易的意义更加重大。关于题材的基础内容和相关分析策略我们散见于三个阶段的课程中，其中以第三课和第十二课为主。从今天起，我们就以 AIMS 框架为核心进行分析，分析比较耗费精力，但是最终决定成败的还是仓位管理方面的问题，这就是实际操作的一些建议了，这些内容主要在第二十三课和第二十四课中。由于大家对纯技术分析都有比较广泛的了解和运用，同时为了帮助大家从一个普遍的陷阱中走出来，本课程我们不会全面而深入地介绍技术分析方面的内容，这方面的内容可以参考《短线法宝》和《高抛低吸》两本教程。

技术分析的核心要素是势位态。

第一阶段的课程主要围绕 M 展开，也就是围绕大势和大盘展开。如果你要运作一只股票，你肯定选择在大盘暴跌或者回调的时候吸筹，因为这时候大盘的氛围让你可以轻松地获得足够的低价筹码，大盘的下跌可以提供一种"杠杆"，主力就要借用这一"杠杆"来完成建仓。为什么要用"杠杆"，因为"杠杆"可以让我们以最小的努力获得最大的效果。很多人讲"市场沿着阻力最小的路径前行"，何谓阻力最小？这个问题没有几个人能讲清楚。我们这里不谈"市场沿着阻力最小路径前行"这个话题，我们只是想提醒一下大家——**一个主力要运作好个股也需要沿着阻力最小路径去操作**。如果大盘牛气冲天，持仓的散户惜售，持币的散户抢筹，你一个持币的主力要想建仓只能追高去买，而且还不能拿到多少筹码，这就是冲着阻力最大的路径去操作。如果大盘熊的不得了，散户还处于恐慌阶段，你又怎么可能以最小的代价将筹码派出去？因为持币的散户冷眼旁观，而持股的散户急于出手。运作个股失败的主力都是不懂得"借力之道"的莽撞汉，以为只要"兵强马壮"就能搞定对手盘，搞定散户，其实这就犯了"兵家大忌"。反过来，我们说说散户交易者应该怎样看待大盘。散户喜欢猜大盘，而不是耗精力去分析大盘。大盘对于操作非常重要，大盘好比一个保镖，大盘上涨，就好比保镖在身边，无论你选择什么个股，除非极差的分析能力

最早提出阻力最小路径的是 Jesse Livermore。

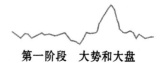
和运气，一般都能获利。相反，如果大盘下跌，这就是保镖不在身边的情况，那么除非你本身功夫了得，否则你这个手上拿着现金的主去逛小巷子被抢的概率就非常大了。个股的业绩和题材如果不是特别出众，那么在大盘持续下跌的过程中很难幸免。个股的上涨有两种情况：第一种情况是本身没什么特别之处，随大盘上涨而已，这只股票你如果还不去分析大盘的话，那么就很可能"被抢了还不知道怎么回事"；第二种情况则是个股有自己的优势，这个优势可能是题材，也可能是业绩，还可能是"莽庄"运作的缘故，这时候大盘分析还是有必要性，因为在牛市中去做优势股收益率更高，风险更小，而在熊市中去做优势股收益率就会低一些，风险也要更大一些。

古人有一句"不谋万世者不足以谋一时，不谋全局者不足以谋一域"的话，放在股票短线交易中也恰如其分，非常中肯。做短线亏钱的人不少，但是基本上都有一个特点，就是死盯着个股的股价和技术指标走势，对于大盘不闻不问，喜欢猜大盘。做股票"只见树木，不见森林"的人很多，所以输家就很多。**做短线交易有个大忌，叫作"看短做短"，有个秘诀，叫作"看长做短"**。什么是长？个股的题材能够持续多久、大盘趋势如何等，这些都是"长"的含义。短线是短线，但不是"鼠目寸光"，**短线不等于短视**。股市中克服短视就要看大盘，**大盘搞清楚了才谈得上板块和个股，才谈得上短线**。作为个人独立交易者，大家也要像主力一样会借力，最给力的就是大盘，其次是主力和题材。主力能借的力有三个：大盘、题材和业绩优势以及散户。无论如何，借力其实都落实于如何利用对手盘的问题。主力要利用散户这个对手盘，散户要利用主力这个对手盘，无论你是散户还是主力在短线交易中都是一个博弈的过程，"借力打力，连打带消"才是关键。

本阶段的课程主要介绍如何分析大盘趋势和拐点，共分为十课，以非技术分析为主，这点希望大家明白。大盘的运

> 设想如果你是主力，你会怎么做？

菩萨重因，凡人重果。

动不是由大盘以前的运动决定的，影子的未来运动轨迹肯定不是由影子以前的运动轨迹决定的，而是由投射出这个影子的物体和入射光源决定的。大盘见底并不是因为出现了双底，而是因为基本面和资金面出现了拐点，双底是结果而不是原因，搞清楚这个才能叫分析师。如果你能用趋势线框住指数未来走势的话，那你已经不是地球人了，除了叫你神仙还能说啥。纯技术分析就是苦海，回头是岸。**技术分析只是温度计，温度计怎么能够预测未来的准确温度呢？温度计怎么能够反过来决定温度呢？技术分析只是告诉你发生了什么，同时帮助你选择管理仓位的恰当价位区域。技术分析在大盘分析中有没有用？当然有用，但是它的用处绝对没有大家认为的那样大。**

跨市场分析：实体经济的圆运动和
金融市场的联动序列

要想游得快，借助潮汐的力量要比用手划水效果更好。

——沃伦·巴菲特

在过去近 200 年的历史中，股市的平均增长速度一直在 7%左右，与同一时期 GDP 年增长率基本一致，说明股市不光与经济具有相关性，而且是高度相关。

——杰瑞米·西格尔

A 股市场历来重政策，市场表现与政策周期变化的相关度要高于经济周期，而政策往往采取反周期的方式，因此出现一些实体经济走好而股市变弱的现象。

——李迅雷

只要通胀率还在 1%~3%的区间，就是股市的好时光。

——邓肯·W.理查德森

　　眼光局限于一处绝不能做好股票交易，不要把眼光局限于技术分析或者股票市场，要注意研究债券和商品市场，同时总体经济走势也是一个不能忽视的大背景。中国香港股神曹仁超曾经说过："我老曹 1967 年开始步入社会做事，发现经济周期十分有规律。例如 1967~1973 年的 7 年繁荣期之后是 2 年衰退期，1975~1981 年又是 7 年的繁荣期，之后又接着 2 年的衰退期，1983~1989 年以及 1991~1997 年还是 7 年繁荣期，之后接着 2 年的衰退期……**而股市一般会先于经济增长出现顶部和底部**。"所以，即使你是做股票短线也不能忽视经

长期来讲，趋势源于周期。

济周期的重大影响，毕竟股神都如此重视经济周期。

绝大多数的股民都局限于技术指标的分析，即使技术指标还有效也会因为使用者众多致使其效率大幅降低。为什么会产生这样的现象呢？其实，人类社会的各个领域和环节都存在竞争，这就是所谓的**"达尔文机制"**，从根本上来讲就是"基因最大化表达"引发的个体竞争。这种竞争使得**任何超额收益的机会都会被最终稀释**，即使你拥有特权或者任何壁垒也不能让你最终幸免，只是让你延缓而已。金融市场也存在这种竞争机制，因为金融市场的资源是有限的，即使是价值投资者也无法否认这一点，这使得**一位参与者的收益必然是另外一位参与者的损失**。短线交易是一个零和游戏，这是大家都能够直接看出来的实质。那么，价值投资或者说"增值交易"是否就是非零和游戏呢？其实，当你卖出一家还有升值潜力或者说被低估的公司的股票时，你就失去了一份"潜在的利益"，而你的"对手盘"其实就获得了这份"潜在的利益"。

投资（或者说交易）最核心的是什么？博弈的思想！搞清楚你的对手盘，这是最核心的，巴菲特也是利用对手盘的恐慌和非理性。无论你是坐庄还是价值投资；无论你是追涨停还是炒单；无论你是趋势跟踪还是波段操作，**博弈的思想都是最关键的，第二关键的就是风险控制。而风险控制也是从博弈的不确定性和复杂性衍生出来的要求。**所谓"知天知地，胜乃不穷，知己知彼，百战不殆"，其中的"天地"无非是背景、市场、基本面、心理、政策；而所谓的"彼"就是你的对手盘。整个交易市场就是赚对手盘的钱，价值投资也是一样的，巴菲特赚的也是对手盘的钱，因为对手盘非理性卖出就是将"未来收益的贴现"拱手让给了巴菲特。"投机是赚对手盘"这个大家了解，"价值投资赚对手盘"这个大家就不了解，但是，如果从"机会成本"的角度来理解就容易了。本来你继续持有某家公司股票就能得到的收益因为你的卖出而拱手让给他人。所以，**交易无论是投机还是投资都是零和**

你失去的最重要的东西往往是那些潜在的，而不是已经拥有的。你根本不知道错过了多少机会，失去了多少可以完全颠覆你现在人生的潜在利益。人们总是去争夺那些眼前的利益或手中的既得利益，而忽略了远胜于此却无人问津的潜在利益。

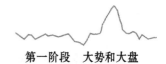

博弈，你所得到的就是他人所损失的。反正都是赚对手不理性的钱，也可以说赚对手有限理性的钱。

既然交易是博弈，那么就意味着我们必须胜过市场上的其他参与者，**如果你使用和绝大多数人一模一样的策略怎么可能战胜他们呢？**想想看，股票市场上绝大多数参与者采用什么方式来决策和控制风险？他们的一个最重要特征就是通过纯技术图形来断定买点。其实，如果市场上没有这么多"一致行动"的炒家，纯技术分析效率还是很高的，那些最早采用移动平均线的炒家就非常幸运。当绝大部分人采用某项策略时，这项策略就会失效；当绝大部分人采用某项指标时，这项指标就会失效；当绝大部分人关注某一交易环节时，这一环节带来的利润率就会下降。交易的主要环节其实有四个：首先是"基本面分析"（我们更准确地称为"驱动分析"）；其次是"心理分析"，这就是所谓的"对手盘分析"的最重要环节；再次是"技术面分析"（我们更准确地称为"行为分析"，因为这是市场参与者集体行为的体现）；最后是参与环节，也就是说，我们对自己仓位的管理（见图1-1）。

> 沉没成本不算成本，机会成本是最大的成本！

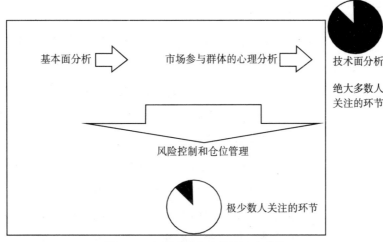

图1-1　交易四个环节的关注度差异

在这四个环节中，绝大多数交易者都专注于技术面分析，这种做法的效率越来越低，因为长期以来有效的指标和形态

基本都被全面而深入地挖掘和传播，这一环节已经不能为交易者带来超越市场平均利润水平的绩效（其实，**股票交易的平均利润水平是负值**。因为无论价格是否变动，交易者都需要缴纳佣金和印花税）。而另外三个环节则存在极少的关注者，这里需要特别澄清的是"基本面分析"，因为本课要介绍的"跨市场分析"就属于其中的一种高效工具。基本面分析绝不是像一般股评和坊间传闻那样"看图找理由"，也不是用当下的新闻来看待未来的股市，基本面分析是历史和前瞻的结合，这个历史并不仅是当下的事件，而是包含一系列事件的进程。

<aside>纯粹的技术分析为什么如此受大众的追捧？因为它有一定的科学性，简单易懂，并且能写这类书的人最多。</aside>

现在大家所谓的"基本面分析"就是简单地听消息和分析当下的事件，毫无科学性可言，更没有前瞻性。谈到这里就不得不提一下如何鉴别股评（包括研究报告、分析文章等）的优劣了，下面六类基本面分析被我们认定为最不应该听从的"垃圾类意见"：

第一类，**堆砌多空证据，毫无内在逻辑**；

第二类，**只有结论，没有理由**；

<aside>忽略了价格对消息和预期的吸收程度，这是最大的陷阱之一，往往成了盲目追涨杀跌者。</aside>

第三类，**没有考虑价格对市场预期的吸收程度，倾向于"惯性思维"**；

第四类，**纯技术分析文章，想用机械的东西去框住混沌的市场行为**；

第五类，**大而空的长远话题，结论没有具体的时间框架**；

第六类，**根据目前走势找几个理由来解释，穿凿附会，对未来没有逻辑推理**。

上述六类股评（其中第四类为技术分析）、研究报告和短文占了我们平时接触的所谓基本面分析的80%以上，这些东西看多了就会明白，墙头草两边倒，往往是跟在行情后面分析，而不是站在行情前面分析，也正是这超过80%的拙劣基本面分析使得广大散户认为基本面分析纯粹无用。其实，**真正在这个市场上赚钱的人都很重视基本面分析，而且赚的钱越多，越重视基本面分析**。股票市场的牛人巴菲特就不用提

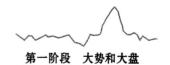

了，国内期货界从几万元做到 20 亿元的林广袤靠的就是基本面，另外一个从 5 万元两年做到 1 亿元的傅海棠也是靠基本面分析，要知道期货一直被认为是技术分析的天下。

林广袤曾经不无深意地说道："在所有的投资中最终决定胜败的是基本面分析，招式只是可以被利用的手段……格局要大，基础要牢……很久不做技术分析了，忘了有多久，因为我擅长的是基本面，对我来说基本面分析足矣。**市场中的高手是要去发现参与者犯了什么错误，如果参与者都没犯错误，那么你就没有参与市场的必要。**"而傅海棠是这样评价技术分析的："期货做的是未来的价格，技术分析是事后诸葛亮。世界上成功的投资派都不是技术家，包括索罗斯、巴菲特都是基本面分析。**收集信息需要自己亲自调查，通过调查然后再结合心理分析。**"他同时指出基本面分析并不是机械死板的："时时刻刻关注这些品种，一旦某一个品种来了机会，提前察觉，不然可能这个品种的行情走过去才发现自己忘了。如果市场的条件突然改变，观点也要及时改变，一切以市场为准，要客观，不能主观。我不能算超长线，也不能算短线。长线中间也有倒仓、平仓、开仓。长线短做，以防万一。"

国外大的投行哪个不重视基本面分析，技术面分析在它们那里基本没有什么市场，反倒成了机构利用股评人士忽悠大众的工具。但是，这六类股评其实反映了市场绝大多数后知后觉者的观点和情绪，往往可以作为我们观察"羊群情绪"的窗口，这个大家可以结合本书的第十课和第十三课的内容进行理解和掌握。

观察狼群运动的同时，还要关注羊群的动向！

那么，是不是技术分析完全无用呢？这也走向了另外一种极端，因为就连巴菲特和索罗斯这样的基本面分析名家，也会兼顾"价格"这一因素，因为不查看价格，就无法知道"安全空间"和"泡沫程度"有多大。这里需要补充的一点是，索罗斯在成立自己的基金以前从事过很长时间的股票投资，其最为杰出的投资是发掘了被美国同行忽略了的欧洲银行股，因为当时欧洲证券分析水平较低，而美国证券界分析

水平虽然高，但却忽略了"繁荣美国"之外的西欧，这就使得欧洲银行股被严重低估。**大众的盲点给了索罗斯一次暴利的机会。**现代价值投资名家注重的市盈率，或者 PEG、PB 以及市销率等都离不开"股价"这一要素。索罗斯自己也承认道："经常会看看价格走势图上的前期高点和低点。"所以，即使是价值投资派也需要关注价格，而价格分析本来就是技术面的东西。因此，**真正成功的交易者除了要关注别人不关注的环节之外，也要关注别人关注的环节。**

> 股价反映了大众的预期和情绪。

从上面这段话我们明白了别人不关注的环节其实只有三个，它们分别是驱动分析、心理分析和仓位管理。在第一阶段的课程当中我们主要围绕如何分析股指和大盘展开，其中最为重要的方法其实是非技术分析的，严格来讲是"非纯技术分析"的。本课将从"跨市场分析"和"经济周期"两个角度入手来介绍大盘的分析策略。经济运行的不同阶段会引发各大类资产相对收益的变化，所以经济周期与跨市场分析是紧密相连的。在不同的经济周期阶段，股市与其他资产市场的相对收益呈现出规律性的变化。**通过所处的经济周期阶段和其他资产市场走势的变化，我们可以间接地推断出股市整体的运行态势和所处阶段，这就给我们一个非常大的优势。**

金融市场的周期受制于实体经济的周期，所谓的股市与经济的背离其实只是我们局限了实体经济的范畴和定义。任何政府对金融市场的干预其实都是为了解决实体经济的问题，同时所有的金融市场潜在参与者也是实体经济的潜在参与者，这就使得**实体经济的收益率变化不可避免地引发资金在金融市场的进出。**在中国 A 股市场上我们往往偏重对游资的"臆测"，对于个股而言，我们是需要研判游资的走向，但是也需要严谨地做分析。不过却不能因此忽略大盘的分量，这是系统性的风险。**在股票交易中，整体思维是非常重要的，把握大势是整体思维的具体表现。**忽略大盘指数是大多数散户一贯的做法，他们对大盘走势最多限于臆测下明天的涨跌，至于大盘的趋势则往往采取"昏昏然"的态度。

> 打板思想风行时，这一战法可以忽略大盘和大势吗？

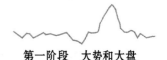

成功的短线客非常注重大势的因素，那些"逆势起风"的游资其实也不敢忽略大盘的走势。对股指的分析往往都局限于对次日指数涨跌的预测，这是绝大多数股评节目的习惯做法，但却不是明智的做法。**股市的大势并不是逐日来判断的，真正的大势一旦形成就需要很长的时间来完成，而这个大势的形成往往离不开经济周期的影响。**随着 A 股上市公司数目增加，对中国经济的代表性越来越强，因此 A 股走势将越来越受制于经济周期的影响。随着 A 股市场参与群体越来越广泛，同时随着金融市场自由化程度越来越高，**A 股走势与其他资产走势的相关性将越来越高。**不光是国内的债券市场、期货市场与 A 股走势相关性提高，就连美元指数、欧美股市与 A 股走势的相关性也越来越高，特别是 A 股的开盘价在次贷危机之后与欧美股市走势相关性大幅提高。

实体经济与虚拟经济的关系越来越紧密，所以我们可以通过实体经济的走势来推断以股市为主的虚拟经济的走势，在本教程中我们重点介绍"美林时钟"这一工具，这一工具建立在 NBER（国民经济研究所）对经济周期的实证分析的基础上，更为重要的是将经济周期与金融市场联系起来，其中也牵涉了跨市场分析的问题。我们的经验表明**不管你属于什么类型的交易者，学会评估宏观事件对股票市场的系统性影响有助于做出恰当的交易决策。**

同时，金融市场之间的关系也越来越紧密了，所以我们可以通过期货市场、债券市场、外汇市场、黄金市场的走势来推断股票市场的走势。而这其中主要利用的工具有"马丁·普林格循环周期"、"丹歌马洛循环周期"以及"马丁·茨威格循环周期"。这三个工具主要针对金融市场之间的关系来推断股票市场的阶段性，具体而言是通过对债券市场、股票市场和商品市场的跨市场分析来预测股票市场的走势。至于外汇市场与股票市场的关系，我们会放在第二课着重来讲解，那个涉及"美元大周期"的问题，主要与货币的引致供给有关。

作为教程，肯定要全面讲解，那么实践的时候要注意什么呢？要有重点！

这里需要强调的一点是，本课主要以股市的中期大势为主，而这个大势对于股市投机客是必须了解的，无论你是日内炒家还是波段炒家都应该关注股市的中期大势。所谓的"顺势而为"其实就是告诫交易者"顾大局，识大体"。有一句古语说得非常好："不谋万世者不足以谋一时，不谋全局者不足以谋一域"，**真正的短线赢家不可能不站在全局和整体的角度来看待市场。**即使是定量高频交易者也需要**足够长时间内**的统计规律来支撑自己的交易思路，所以本课传授的技术和工具对于所有股票交易者而言都是非常有用的。

下面我们就逐步介绍四个最为重要的工具：美林时钟、马丁·普林格循环周期、丹歌马洛循环周期、马丁·茨威格循环周期。

首先来看美林时钟这个利器，这个工具将宏观经济学与金融学联结起来，属于从宏观角度来评估资产价格的方法。对于绝大多数经济学者而言，这个工具是他们踏入金融市场的桥梁，如果没有这一工具，宏观经济学家在判断股指走势的时候将无从下手。**美林时钟由两大部分组成**（见图 1-2）：**第一个组成部分是经济周期的划分**，这是基于美国 NBER 这个研究机构的实证分析，通过经济增长和物价水平这两个维度将经济周期划分为四个阶段，分别是复苏、繁荣、滞胀和衰退。**第二个组成部分则涉及股票、大宗商品、债券、现金四大类资产的收益率变化，而这种变化其实是基于经济周期的。**美林时钟将这两个组成部分联结起来，这一点非常了不起，这使得宏观经济学家能够对主要金融市场的趋势有深刻的洞察能力。宏观经济学家因此能够真正利用自己的学术专长赚取利润，而对于本书的读者而言则能够利用这一简单的模型帮助我们清楚地意识到股市处于什么阶段。当你明白自己的位置时，你就可以在股市中战无不胜。当然，要真正做到战无不胜，你还需要结合本书后面 23 课的知识和技巧。

美林时钟刻画了周期与资产之间的关系。

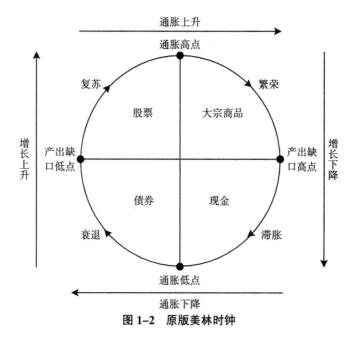

图 1-2　原版美林时钟

美林时钟是由美林证券在 2004 年以报告的形式发布的一个模型，这个模型基于美国经济周期和美国证券市场的走势。不过由于其广泛的适用性，这一模型对预测 A 股市场大势也有较强的指导意义。这个模型基于经济波动的周期性，而这个周期性主要从经济增长率和通胀率两个角度来衡量。美林时钟框架将帮助交易者通过识别经济的转折点来选择股市中期的介入点和退出点（对于短线交易者而言主要用来识别大盘趋势）。经济周期按照通常的做法被划分为四个阶段，它们分别是衰退、复苏、繁荣、滞胀。每一个阶段都是通过实际经济增长率相对于潜在经济增长率的方向，即"产出缺口"与通货膨胀的方向来定义（见图 1-3）。

经济增长率在复苏和繁荣阶段是增加的，这时候产出缺口逐步缩小以至于超过潜在增长水平，而在滞胀和衰退阶段产出缺口却逐步扩大，我们来看美国产出缺口的历史数据（见图 1-4），复苏和繁荣阶段处于阴影区，而滞胀和衰退阶段则处于光亮区。经济增长其实以经济增长率的最高点和最低点将周期分为两个大的阶段，这其实是二分法，在这个基础

次贷危机之后，美林已经被兼并了，现在是美银美林的一部分。

长时间的衰退被称为萧条。

上借助于通胀率水平进一步二分，则得到了四个周期阶段。通胀率数据通常用 CPI 来划分，当然你也可以使用 PPI 甚至 RPI 和 CGPI 来确定，我们来看美国以 CPI 同比增长率表示的通胀率水平历史数据（见图 1-5）。通胀率会在繁荣和滞胀时期不断上升，而在衰退和复苏时期不断下降，在图 1-5 中繁荣和滞胀时期处于阴影区中，而衰退和复苏时期则处于光亮区中。

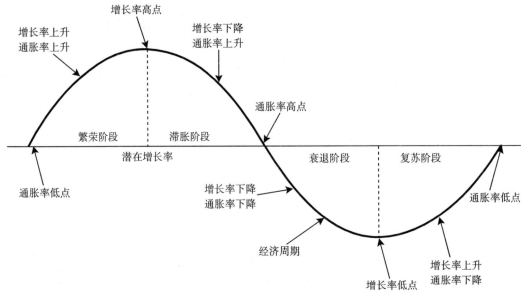

图 1-3　经济周期四阶段的确定

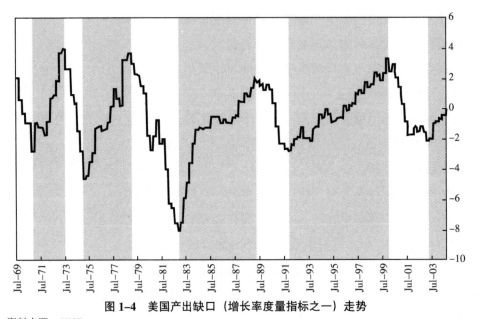

图 1-4　美国产出缺口（增长率度量指标之一）走势

资料来源：OECD.

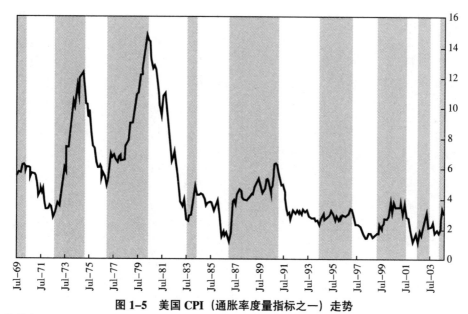

图 1-5　美国 CPI（通胀率度量指标之一）走势

资料来源：U.S. Bureau of Labor Statistics.

通过经济增长率和通胀率两个指标，我们可以将经济周期分为四个阶段：通胀率下降而增长率上升就是复苏阶段；通胀率与增长率一同上升就是繁荣阶段；通胀率上升而增长率下降就是滞胀阶段；通胀率与增长率同时下降就是衰退阶段。根据这个标准，我们接着看美国经济增长率和通胀率历史走势叠加下的经济周期阶段划分（见图 1-6），较黑的那条线代表增长率（坐标在右边），较浅的那条线代表通胀率（坐标在左边）。

经济周期中每个阶段的正确划分和预判是成功利用经济周期来判断股票大势的前提和基础，所以大家应该耐心搞清楚其中的要点，那就是找出增长率的高低点和通胀率的高低点。介入中国 A 股市场，主要是考虑中国经济的增长率和通胀率，当然这里面有时候也需要变通。由于中国是外向型经济，因此我们也会兼顾考察一下欧美经济，特别是美国经济的周期阶段确认。当然，实际操作中精力始终是有限的，因此对于初学者而言掌握好中国经济周期阶段的划分是最基本的要求。

> 经济增长率与上市公司业绩有关，通胀率与大宗商品有关，如原油和猪肉价格。

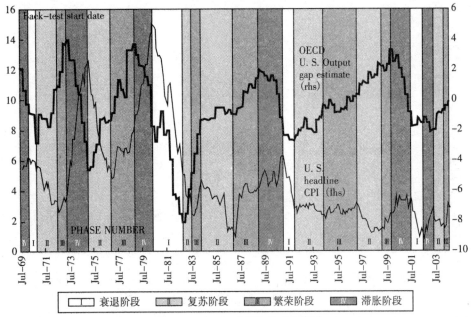

图1-6　美国经济周期的阶段划分

资料来源：ML Global Asset Allocation.

　　我们来看一下具体如何划分中国经济周期阶段，一般先从经济增长率（利用产出缺口，也就是实际产出与潜在产出的差值）入手进行划分（见图1-7），从增长率高点下来首先肯定是滞胀期，当产出缺口在负值区域继续下行的时候一般认为处于衰退阶段了；从增长率低点往上走首先肯定是复苏期，当产出缺口在正值区域继续上行的时

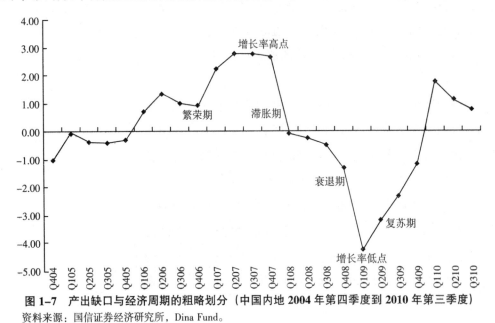

图1-7　产出缺口与经济周期的粗略划分（中国内地2004年第四季度到2010年第三季度）

资料来源：国信证券经济研究所，Dina Fund。

候一般认为处于繁荣阶段。其实，增长率高点两侧为繁荣与滞胀期，增长率低点两侧为复苏与衰退期。无论是要区分繁荣与滞胀期两者，还是要区分衰退与复苏期两者都需要借助于通胀率（见图1-8）。将中国通胀率的高低点标出来，那么低点到高点的这段就是繁荣和滞胀期，高点到低点的这段就是衰退和复苏期。将增长率和通胀率的高低点都找出来之后，就可以确定经济周期的四个阶段了（见图1-9）。

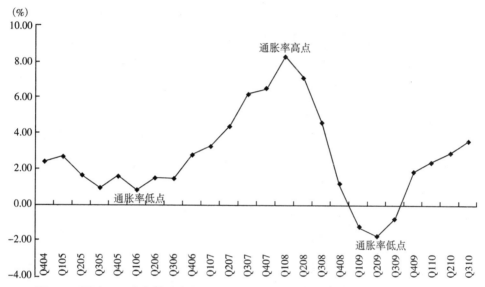

图1-8 通过CPI来衡量通胀率（中国内地2004年第四季度到2010年第三季度）
资料来源：国信证券经济研究所，Dina Fund。

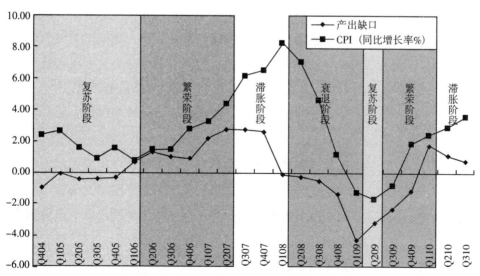

图1-9 综合通胀率和增长率来准确地划分经济周期的阶段
（中国内地2004年第四季度到2010年第三季度）
资料来源：国信证券经济研究所，Dina Fund。

对周期的预期引发行情，实际的周期修正行情。

知道了经济周期阶段如何划分还不够，这只是个开始。因为在实际交易中，我们不可能等待一个经济周期完整地走出来才开始交易，这时候行情也完了，所以我们必须善于进行推断。推断涉及两个方面：第一个就是明白如何根据已经公布的增长数据和通胀数据来推断目前所处阶段；第二个就是能够大致推断此后增长数据和通胀数据的走势。先来谈谈第一个方面，如何就经济数据推断目前阶段。举个例子，如果 CPI 一个显著高点出现了，而在这之前增长率已经下滑了很长一段时间，那么目前可能就进入了衰退阶段。这里面的关键还是在于牢记阶段的划分标志。第二个方面则涉及推测以后的增长率和通胀数据，这是一个非常庞大的话题，我们简明扼要地谈一下如何判断经济增长率和 CPI 未来的走势（趋势一般是持续的，因此趋势往往可以通过第一个方面就能确定，走势是局部的、近期的，走势是用来确认趋势的）。

先来谈谈如何推断经济增长率的问题，我们不是宏观计量模型专家，所以谈到的只是一个定性判断、模糊判断，而不关乎具体的数字，这样就足够应付交易需要了。对于股票交易而言，宏观数据的走势比单个数字的比较有意思，通过走势看趋势就要利用 N 字结构，所以**技术分析工具其实也可以用来确认经济数据的趋势**，注意"确认"二字。关于这个 N 字结构大家先不用急着搞清楚，因为在本次授课的第五课和第二十二课以及第二十三课会有全面的介绍。

我们还是回答经济增长率推断这个问题，这是更为重要的问题，因为**相对于债券投资者对通胀率指标更为敏感而言，股票市场的主力参与者对于经济增长率指标更加敏感**，因此确定经济周期阶段的增长率指标对于股票交易者而言更加重要。**要判断经济增长率可以下切为判断出口、投资和消费三个子项目**，这就好比判断股市大盘指数可以"下切"为极大权重板块走势的判断一样。

需求端判断经济依据出口、投资和消费三个项目，供给端判断经济依据劳动力、技术和资本三个项目。

出口如何判断呢？净出口产生的贸易盈余一度成为央行货币供给的来源，也成就了 2005~2007 年的传奇大牛市。出

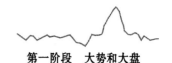

口判断最为关键的是看欧美的需求情况，**欧元区和美国的经济增长态势往往是中国出口的先行指标，而韩国的出口则是世界贸易状况的风向标。**在我国出口的产品结构中机电产品和服装产品占重要地位，当然随着东南亚和南亚劳动力低廉优势的发挥，这个结构可能会逐渐演变，但是大家也应该对出口主导型产业有所关注。

那么判断出口状况有一些什么具体的先行指标可以关注呢？欧美发达经济体是我国出口的主要对象。虽然现在在极力开拓非洲市场，但最近几年仍旧不可能改变这种大格局。因此，OECD 经济指标就需要关注了。OECD 指标是衡量发达经济体宏观经济态势的指标，这些经济体的需求往往牵涉中国出口的变化。打开 http://www.oecd.org/index.htm（见图 1-10），然后点击"Statistics"就可以查询到名为"Composite Leading Indicators"的指标。

图 1-10　OECD 官网主页

当然，OECD 官网上还提供一个功能，就是将 Composite Leading Indicators（综合领先指标）或者是 GDP 指标动态标注在经济周期图中，这个标注未必准确，但却可以直接将美林投资时钟框架用来判断经合组织经济体所处经济周期阶段。要使用这个独特的功能先打开网址 http://stats.oecd.org/mei/。进入这个页面后，可以看到左侧有一栏为"Business Cycle Analysis Database"（见图 1-11），点击进去后可以看到一个可以设置和播放的页面（见图 1-12）。

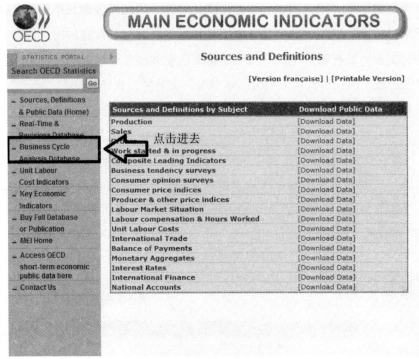

图1-11　OECD经济周期分析

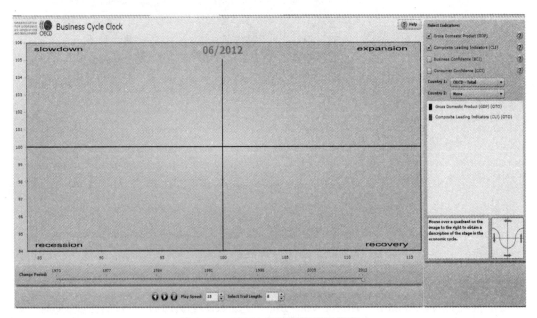

图1-12　OECD经济周期演示界面

　　如何在这个界面上进行操作呢？首先，你需要选择经济体，也就是在右边的Country 1选择一组经济体。这些经济体有些是单个的国家，有些则是组织或者大的地

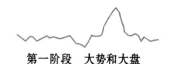

区，我们一般查询西欧和美国（见图 1-13）。另外，你还可以
选择另外一组经济体进行对比，这个就要在 Country 2 进行选
择（见图 1-14）。在进行出口贸易分析的时候，我们会在上述
两个项目中分别选择 OECD Western Europe 和 United States 或
者是只在一个项目中选择 G7。

> 基本面分析比技术分析复
> 杂多了，很多人认为股票短线
> 看基本面、看周期，但这些太
> 理论化了、太庞杂了。这种认
> 识具有普遍性吗？如果有，你
> 认为这种认识是帮助人挣钱的
> 还是亏钱的？大众怎么想不用
> 跟他们去争辩，只需要利用就
> 行了。

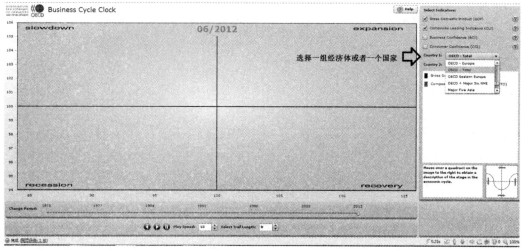

图 1-13　OECD 经济周期演示界面选择项目（1）

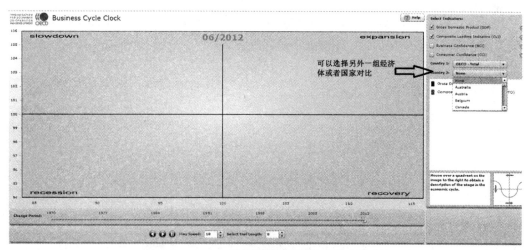

图 1-14　OECD 经济周期演示界面选择项目（2）

选择了经济体，接下来就要选择表征其增长的指标，一般我们会选择 GDP 或者是
Composite Leading Indicators（综合领先指标），这个在"经济周期钟"界面的右上角

（见图 1-15）。你可以选择多项增长指标，也可以只选择一项增长指标。在界面的下方还可以选择播放速度和尾部轨迹长度，以及考量的起点。经济周期分为四个阶段，与我们介绍的美林投资时钟阶段划分一致，分别是衰退区域、复苏区域、繁荣区域、滞胀区域，一般而言，经济增长指标在其中是逆时针运动的，也就是右升左降。

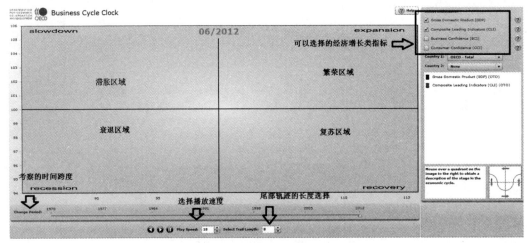

图 1-15　OECD 经济周期演示界面选择项目（3）

我们来看一个具体操作这个界面的实例（见图 1-16），选择 G7 作为考察对象，选择 GDP 作为考量指标，设定尾部轨迹长度为 10，播放速度为 18，当时间运行到 2008 年 6 月的时候，G7 的 GDP 指标位于滞胀（经济下滑）阶段，在当时就预示着中国的出口将减速，也就是中国的经济增长将下滑，那么当时中国的美林投资时钟的指针就将处于滞胀或者是衰退中，肯定不会处于复苏或者繁荣中。

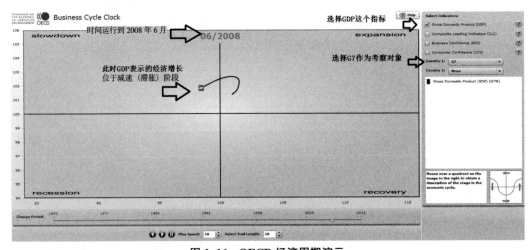

图 1-16　OECD 经济周期演示

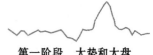

就单一国家而言，美国吸纳了中国最大份额的出口。美国的消费占了 GDP 的 70%左右，因此美国人的消费数据对于预测中国的净出口意义非常重大。而美国人消费支出的先行指标则是美国个人收入数据，Joseph H. Ellis 给出了确凿的证据（见图 1-17）。因此，我们要想正确预测中国的净出口情况就必须随时关注美国的个人收入变化。

页岩油革命极大地提高了原油产量、降低了原油价格，使得美国人的收入可以购买更多东西。

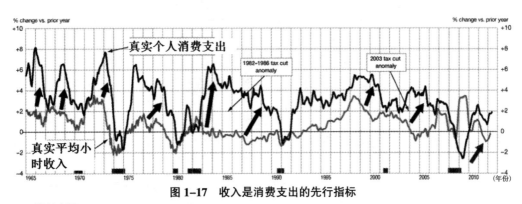

图 1-17　收入是消费支出的先行指标

资料来源：www.aheadofthecurve-thebook.com.

那么，如何查询美国个人收入数据呢？单一的数据，或者是数据库对于我们的分析意义不大，我们必须直观地看到数据的走势才行，因此那些已经将数据更新为走势图的网站才值得我们去关注。要查询美国个人收入数据，可以登录 www.martincapital.com 这个网站，这是一个投资公司的官网。其中提供了美国经济数据的走势图，其中的数据是不断更新的，这样有利于我们看到最新的走势，并与之前的走势结合起来观察其趋势。要查询美国个人收入方面的数据，先登录这个网站，然后在左边找到"U.S.Financial Data"一栏点击进入（见图 1-18）。点击进去之后，会有很多美国的经济数据处于更新中，序列是按照公布日期来排列的，找到"Personal Income-May"点击进去（见图 1-19），这样就可以看到三项有关个人收入的数据走势图（见图 1-20）。

Martin Capital Advisors, LLP

A Registered Investment Advisor

点击进入

Home

Portfolio Management

Reports & Newsletters

U.S. Financial Data

About Us

In the News

Contact Us

Welcome to www.martincapital.com. Martin Capital Advisors, LLP is a registered investment advisor managing investment portfolios for long-term growth and income.

Our highest priority is to achieve outstanding long-term returns for our clients. Focusing on long-term performance allows us to offer specific advantages associated with low turnover. We look for the best long-term holdings and implement a "buy and hold" strategy, which significantly reduces trading costs and minimizes capital gains taxes.

Since 1991, the performance of the investment portfolios managed by Martin Capital have often ranked within the top echelon of U.S. equity portfolios. While reviewing our investment results investors should be aware that past performance is no guarantee of future results.

We trust you will find our website to be informative and easy to use. Please take advantage of the economic and financial charts and data that are regularly updated under U.S. Financial Data. We also publish a quarterly newsletter, *The Compass*, and other investment reports from time to time, which can be found under Reports and Newsletters. If you would like more information on investing with Martin Capital Advisors, LLP, or simply would like to be added to our complimentary email list, please contact us.

图 1-18　美国个人消费数据的查询（1）

资料来源：www.martincapital.com.

A Registered Investment Advisor

Home

Portfolio Management

Reports & Newsletters

U.S. Financial Data

　U.S. Economic Data
　U.S. Financial Charts

About Us

In the News

Contact Us

Current Economic Data

Current BLUE; Data BETTER or WORSE than expected
saar = Seasonally Adjusted Annual Rate

Release Date	Data Series	Importance A - D	Previous Value or Change	Expected Value or Change	Actual Value or Change	12-Month Change	Chart
	Interest Rates, past 2-1/2 years	CHART		Treasury Yield Curve			CHART
7/25	New Home Sales, saar - Jun	B	369K	374K	350K	+15.1%	CHART
7/26	Wkly Init Unempl Claims - 7/21	C	386K	375K	353K	4-wk avg 367.5K	CHART
7/26	Durable Goods Orders - Jun	B	+1.1%	+1.0%	+1.6%	+8.0%	CHART
7/26	Durable Goods Orders, excl Transp	C	+0.4%	unch	-1.1%	+3.1%	CHART
7/26	Pending Home Sales s/a - Jun	D	+101.1		+99.3	+9.5	CHART
7/27	GDP Change - apr - Q2 Adv (1st est)	B	+1.9%	+1.2%	+1.5%	+2.2%	CHART
7/27	UM Consumer Sent - Jul final	B	73.2	72.0	72.3	点击进入	CHART
7/31	CB Consumer Confidence - Jul	C	62.0	62.1	65.9	+6.7	CHART
7/31	Case-Shiller Home Price Index, sa - May	C	+0.7%		+0.9%	-0.7%	CHART
7/31	Personal Income - May	C	+0.2%	+0.4%	+0.5%	+3.5%	CHART

图 1-19　美国个人消费数据的查询（2）

资料来源：www.martincapital.com.

欧美发达经济体的经济状况和收入状况是中国出口的重要先行指标，除此之外还有一些其他比较重要的出口测度指标，它们以交通运输指标为主，下面我们就来一一加以介绍。

Personal Income & Spending

Year over Year Change in Personal Income
Personal Income：Billions of Dollars：SAAR
Personal consumption expenditures：Real Personal Consumption Expenditures by Major
Type of Product，Chained Dollars：Billions
Disposable Personal Income：Billions of Dollars：SAAR

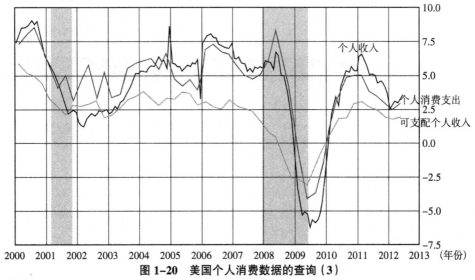

图 1-20　美国个人消费数据的查询（3）
资料来源：www.martincapital.com.

　　首先是航运方面的指数，出口方面我国基本上是以制成品为主，而进口方面我国则主要是以原材料为主，所以**出口方面我们要关注集装箱运价指数的走势，而进口方面则可以关注干散货运价指数的走势**。前者以"CCFI"（中国出口集装箱运价指数）为代表，后者以"BDI"（波罗的海干散货运价指数）为代表。我们主要关注 CCFI，所以先从这个指数介绍起，接着再简单介绍 BDI，因为在第十四课当中我们会较为详细地介绍 BDI 与股票交易的关系。

　　CCFI 发布频率为周，数据及时度非常高，对于中国出口市场的变化具有较强的指示意义。如何查询这个指数呢？该指数是由上海航运交易所编制的，我们基本都是直接在它的官网 www.sse.net.cn 上查询。在主页上点击"航运价格"一项（见图 1-21），进去后第一个显示出来的运价走势就是该指数（见图 1-22）。

如果你不想这么费劲地去收集数据，也可以时刻关注相关的研报。

图 1-21　查询中国出口集装箱运价指数（1）

资料来源：上海航运交易所。

图 1-22　查询中国出口集装箱运价指数（2）

资料来源：上海航运交易所。

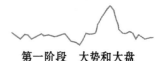
中国出口集装箱运价指数反映了出口景气度，而该网站提供的第三个指标"中国沿海散货运价指数"（见图1-23）则反映了进口景气度，可以与BDI结合起来观察进口景气度。运价指数走高代表景气度提高，这点需要初次利用运价指数的交易者们搞清楚。

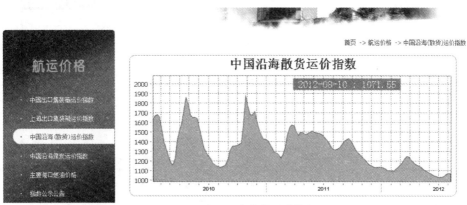

图1-23　中国沿海散货运价指数

资料来源：上海航运交易所。

波罗的海指数简称为BDI，全称为"Baltic Dry Index"，该指数主要反映大宗资源商品的供求变化，由于中国主要的进口标的就是大宗商品，因此该指数可以较为准确地反映中国进口景气度。如何查询该指数呢？我们可以登录中国海事服务网http://www.cnss.com.cn/，首页上的"指数"和"航运"两个栏目都可以进入BDI页面（见图1-24和图1-25），当然也可以在彭博或者生意社等网站上查询该指数的走势。

图1-24　BDI指数的查询（1）

资料来源：中国海事服务网。

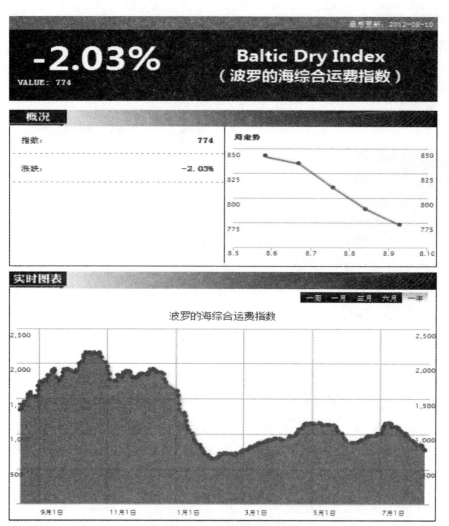

图 1-25　BDI 指数的查询（2）

资料来源：中国海事服务网。

　　要分析出口的动向，也需要关注海关总署官网公布的一些信息，登录其官网点击"海关统计"（见图 1-26），该栏目下面的"海关统计快讯"基本每月更新一次，其中的七张表格需要特别注意，细细地看一遍，特别是每个项目的同比变化，这样每个月坚持做一遍可以提高对出口的感受力。比如，第七张表为"货运业务监管快报"（见图 1-27），2012 年 8 月公布的同年 7 月的数据就有一个显著的特征，那就是进口货运业务全面下降，这表明贸易形势急剧恶化。另外，交通部和民航总局的网站有时间也可以进去看看，这里面除了看出口状况，而且也可以帮助对板块个股的掌握，比如铁路上市公司、航空上市公司、港口上市公司等。

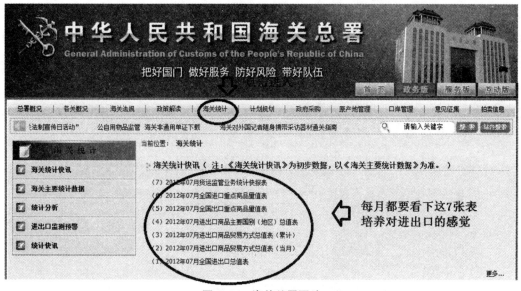

图 1-26　海关总署网站

资料来源：海关总署。

（7）2012年07月货运监管业务统计快报表

2012-08-10

全面下降

指标名称	单位	07月			1至07月累计		
		本年	去年	同比±%	本年	去年	同比±%
进出口货运量	万吨	27,046	28,824	-6.2	195,761	181,751	7.7
进口	万吨	16,806	15,554	8.0	120,440	103,211	16.7
出口	万吨	10,239	13,269	-22.8	75,321	78,541	-4.1
监管运输工具总数	辆艘	2,719,724	2,791,649	-2.6	18,468,676	18,268,731	1.1
监管进出境总数	辆艘	2,212,830	2,250,234	-1.7	15,192,256	14,812,365	2.6
其中，进出境汽车	辆	1,979,582	2,028,064	-2.4	13,659,495	13,382,360	2.1
进出境火车	节	146,492	136,389	7.4	946,193	863,284	9.6
进出境船舶	艘	40,940	43,626	-6.2	280,776	291,323	-3.6
进出境飞机	架	45,816	42,155	8.7	305,792	275,398	11.0

图 1-27　货运监管业务统计

资料来源：海关总署。

　　PMI 的新出口订单数是我们需要单独关注的指标，PMI 的中文名称是采购经理人指数，这个指数在发达经济体被广泛采用，中国是最近几年才开始采纳的，有两个版本：第一个是官方 PMI，主要针对大企业；第二个是汇丰中国 PMI，主要针对中小企业。PMI 是一个合成指数，其中一个子指数是新出口订单数，这是我们关注出口景气度的时候需要用到的一个指数。这个指数领先于我们出口同比增长，**订单数据的变化是出口变化的先行指标**，出口订单减少一般领先于实际出

　　汇丰中国 PMI 冠名权后来被转移，现在这个指数被称为"财新 PMI"。

口量减少至少3个月时间。如何查询这个指标的走势呢？可以从"生意社"这个大宗商品数据服务提供商那里获取，进入 www.100ppi.com，点击"宏观数据"一项（见图1-28），进去后点击左边项目栏中的"制造业采购经理指数 PMI"（见图1-29），在右边的图表走势下面只选择"新出口订单指数"一项打钩（见图1-30）。

图 1-28　如何查询 PMI 新出口订单（1）

资料来源：生意社。

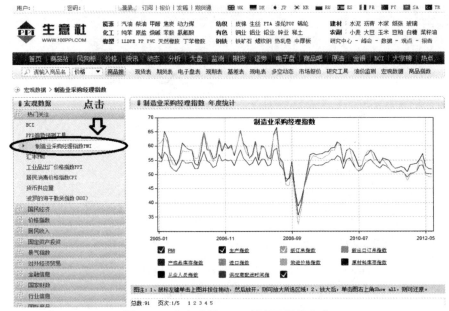

图 1-29　如何查询 PMI 新出口订单（2）

资料来源：生意社。

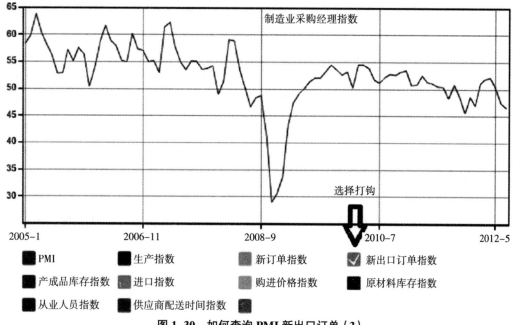

图 1-30 如何查询 PMI 新出口订单（3）

资料来源：生意社。

最后，**春秋两届的广交会也被广泛地视为进出口的风向标**，做 PTA 期货的人是非常重视这个指标的。我们做股票要定位大势需要预判 GDP 走向，而 GDP 走向的一个重要决定因素则是出口，所以广交会必然受到我们的关注，看看相关的即时新闻即可。

自 1998 年以来，每次国际经济和金融危机都会影响中国的出口，比如 1998 年亚洲经济危机，2000 年美国互联网泡沫破灭，2008 年美国次贷危机。写作本书过程中的 2012 年可能出现欧洲主权债务的全面恶化，这将引发新的一轮中国经济大萧条。

本书第一版完成于 2012 年末。

那么，投资如何判断呢？判断投资状况有一些什么具体的先行指标可以关注呢？**金融市场比较关注"城镇固定资产投资完成额累计同比增速"，而这个指标的领先指标则是"新开工项目计划总投资额"和"中长期信贷增速"**。城镇固定资产投资的数据走势可以从 http://data.eastmoney.com/ 查询得到（见图 1-31）。

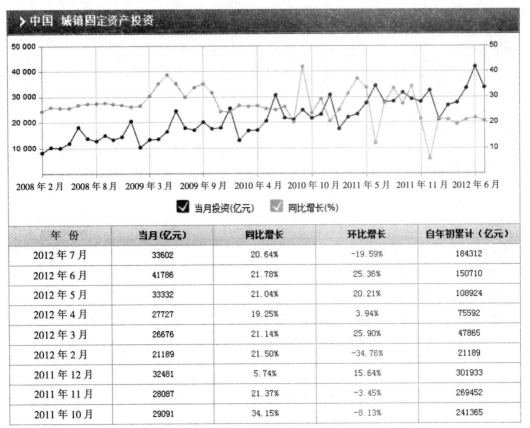

年 份	当月 (亿元)	同比增长	环比增长	自年初累计 (亿元)
2012 年 7 月	33602	20.64%	-19.59%	184312
2012 年 6 月	41786	21.78%	25.36%	150710
2012 年 5 月	33332	21.04%	20.21%	108924
2012 年 4 月	27727	19.25%	3.94%	75592
2012 年 3 月	26676	21.14%	25.90%	47865
2012 年 2 月	21189	21.50%	-34.76%	21189
2011 年 12 月	32481	5.74%	15.64%	301933
2011 年 11 月	28087	21.37%	-3.45%	269452
2011 年 10 月	29091	34.15%	-8.13%	241365

图 1-31　城镇固定资产投资

资料来源：东方财富网。

房地产的短周期分析需要考虑去化率和房贷政策变化。

城镇固定资产投资当中，房地产投资具有非常重要的地位，而 **"房地产销售情况"和"土地成交情况"则是房地产投资的先行指标**。房地产投资可以分为四个主要板块，第一个板块是占 70% 的住宅类投资，第二个板块则是占 10% 的商业营业用房投资，剩下的办公类投资和其他类开发投资占比则相对较小和分散。因此，房地产投资中住宅类投资是最重要的一个板块，是我们推断投资走向的一个重点。

房地产销售情况是房地产投资的先行指标，因为**房屋价格的变化会先影响房屋销售情况，然后才会影响房地产投资**（更进一步来讲，**房价变化也是房地产投资的先行指标**）。这个作用链条是从需求的角度来预判房地产投资的走向，另外一个角度则是从供给的角度来预判房地产投资的走向，具体

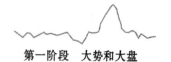

而言就是从土地成交的这个角度来判断房地产投资的走向。房地产方面的最新信息可以从搜房网和中国指数研究院上面查询到。

除了房地产投资之外，政府主导的公共投资对于预判整体投资走势也非常有用。公共投资直接与政府意图密切相关，所以所谓的政治周期或者说**地方政府换届周期对于公共投资影响很大**（见图 1-32 和图 1-33）。每一年新的地方政府上台之初都是公共投资火爆之时。招商证券的罗毅先生曾经深刻地剖析道："我们知道中国政府与经济的关系十分紧密，往往掌握经济运行之重要资源的配置思路与节奏（货币信贷、财政投资等）。因此，政治行动上的周期性变化对经济运行影响明显：具体表现在党代会之前，地方政府的领导基本上完成履新上任。在以经济增长为重要评判标准的晋升考核激励下，政府对其在任期当地的经济增长有饱满的热情，于是我们可以看到一个中国式的政治经济周期循环：地方换届—投资冲动—倒逼信贷增长—经济过热—中央调控—货币收紧—经济降温。在这一逻辑下，中国经济波动则表现为明显的政治周期。**自 1977 年以来，基本上每次中国共产党代表大会期间，都有投资加速和银行信贷放松现象，**近 20 多年来几次总固定资产投资增长率的次峰值分别出现在党的十三大（1987

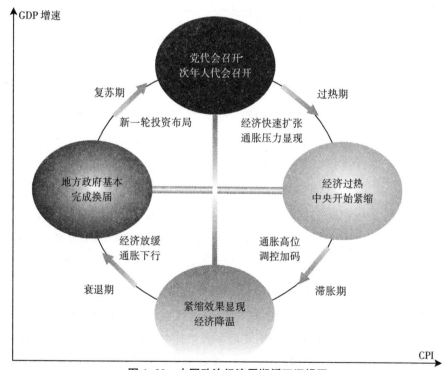

图 1-32　中国政治经济周期循环逻辑图

资料来源：罗毅：招商证券。

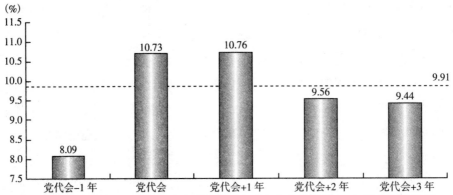

图1-33　党代会相关的中国政治经济周期（历次党代会前后的GDP增速均值表现）
资料来源：罗毅；招商证券。

年）、党的十四大（1992年）、党的十五大（1997年）和党的十六大（2002年）召开的次年，而最近的一次经济增长高峰则在党的十七大（2007年GDP增长14.2%）。由于政府主要主导公共投资，所以政治经济周期主要对"三驾马车"中的投资部分产生直接而显著的影响。

消费如何判断呢？判断消费状况有哪些具体的先行指标可以关注呢？内需消费在国内一直比较稳定，因此在判断经济增长的时候一般可以不太考虑消费在中短期内的变化，除非政府推出一些影响消费的直接政策，比如"家电下乡政策"等。要预判消费的变化，可以从以下几个指标出发：第一个指标是春节和"十一"黄金周的消费变化，这个可以从商务部和国家统计局的网站上了解到。第二个指标是中华全国商业信息中心发布的"全国百家重点大型零售企业零售额"。具体的网址是http://www.cncic.org/，进入主页后点击"信息发布"一栏（见图1-34），可以看到最新的零售方面的统计信息（见图1-35）。第三个指标是"中国银行卡消费信心指数"。银行卡消费信心指数的推出与我国银行卡支付的日益普及密不可分。现在银行卡支付已经全方位地渗透到中国经济的各个方面，**社会消费品零售总额中约有1/4是用银行卡支付的**。在此背景下，中国亿万持卡人使用银行卡产生的海量信息就成为社会经济活动最精确的"记录仪"。深入挖掘和分析银行卡

支付宝和微信支付在小额支付中的比重越来越大。阿里巴巴和腾讯在获取经济和商业大数据上的优势越来越明显。

图 1-34　"全国百家重点大型零售企业零售额"查询（1）

资料来源：http://www.cncic.org/.

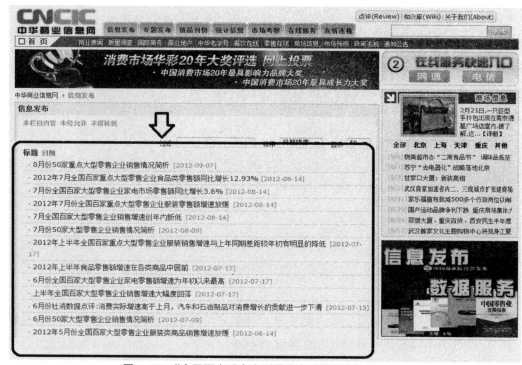

图 1-35　"全国百家重点大型零售企业零售额"查询（2）

资料来源：http://www.cncic.org/.

海量交易信息，解读中国城市居民消费信心的变化走势，已成为观察国民经济运行状况的有效方式。在此背景下，中国银联于 2009 年 4 月 9 日携手新华社首次发布"新华·银联"中国银行卡消费信心指数（Bankcard Consumer Confidence Index，BCCI）。

中国银联依托银行卡跨行交易清算系统，从北京等九个经济较发达且银行卡产业发展相对成熟的城市，精心甄选出大量具有代表性的银行卡进行持续性跟踪研究，并依据持卡消费商户类别，从中提取出生活必需品银行卡消费支出、银行卡消费总支出等相关数据，再进行专业分析和 BCCI 指数编制。BCCI 指数最大的特点和优势在于所有银行卡消费交易信息均是最真实、客观的第一手数据，从而确保了指数编制的准确性和科学性。国内同类消费信心指数通常是把消费者对当前的收入、支出、经济形势、投资等方面的主观感受以及对未来的收入、经济等方面的主观预期进行统计加以编制。

我们来看一下 BCCI 指数，比如 2012 年 7 月 9 日中国银联联合新华社发布了 2012年 6 月"新华·银联中国银行卡消费信心指数"（BCCI）。数据显示，2012 年 6 月的BCCI 为 86.67，同比和环比分别上升 0.61 和 0.14，暑期旺季临近持卡人消费信心走稳（见图 1-36）。

图 1-36　新华·银联中国银行卡消费信心指数

资料来源：吴尚楠：新华网。

如何查询中国银行卡消费信心指数呢？一般我们去中国银联的官方网站 http：//corporate.unionpay.com/上查询。进入主页后点击"新闻中心"，选择"银联新闻"子项目（见图 1-37 和图 1-38）。

要想准确地判断股票市场的大趋势就必须要定位目前经济所处的阶段，而要准确进行定位就必须搞清楚经济增长率和通胀率的变化趋势。在前面的部分我们已经详细地告诉大家如何通过判断出口、投资和消费的变化趋势来判断经济增长率的变动，接

图1-37　"中国银行卡消费信心指数"查询（1）

资料来源：中国银联。

浏览标题为"新华·银联中国银行卡消费信心指数"新闻

图1-38　"中国银行卡消费信心指数"查询（2）

资料来源：中国银联。

下来的部分我们将详细介绍如何把握通胀率的变化趋势。

通胀率就是物价的问题，但是如何定义物价却是一个较为复杂的过程。物价本身也有一个形成过程，从原材料成本到工业品成本，再传递到零售和物流环节成本，最后是零售消费成本。较为常见的物价定义指标有原材料成本为主的RMPI，工业品出厂价格为主的PPI，零售价格为主的RPI，以及最为常见的居民消费价格指数CPI。我们一般也以CPI为主来定义通胀率，因此下面的部分主要围绕CPI为主。

CPI从构成来看包括八个大项，如表1-1所示。CPI构成中大约1/3的项目因为价格管制的原因基本保持稳定，从长期历史来看，引发我国CPI变化的主要因素是食品项目。而食品项目中的**猪肉和蔬菜**两个项目具有非常强的影响力和规律，值得我们重点研判。一般而言，**我们将CPI分解为两个子项目进行预判：第一个项目是食品项目；第二个项目是非食品项目。**

PPI 看原油，CPI 看猪周期。

表1-1　我国CPI的构成及比重（2011年）

单位：%

1	食品	31.79
2	烟酒及用品	3.49
3	居住	17.22
4	交通通信	9.95
5	医疗保健个人用品	9.64
6	穿着	8.52
7	家庭设备及维修服务	5.64
8	娱乐教育文化用品及服务	13.75

对于食品项目，我们主要关注农业部发布的"农产品批发价格总指数"和"菜篮子产品批发价格指数"，这个指数的发布频率是每日。进入中国农业信息网 www.agri.gov.cn，点击左下角的"全国农产品批发价格指数"（见图1-39）就可以看到这两个价格指数的日度走势和月度走势（见图1-40~图1-43）。

图1-39　"全国农产品批发价格指数"查询

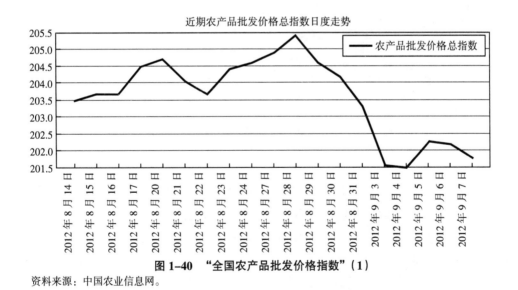

图1-40　"全国农产品批发价格指数"（1）
资料来源：中国农业信息网。

　　除了关注农业部的这两个价格指数，还可以观察新华社全国农副产品和农资价格行情系统监测，这个数据也是每日更新的。当然，商务部和统计局也会有相关的价格数据公布，我们一般作为辅助数据来参考。

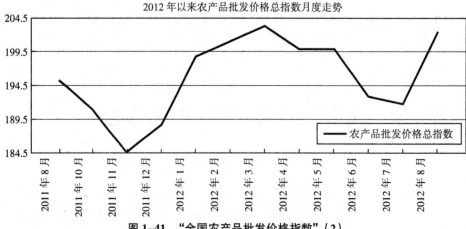

图 1-41 "全国农产品批发价格指数"（2）

资料来源：中国农业信息网。

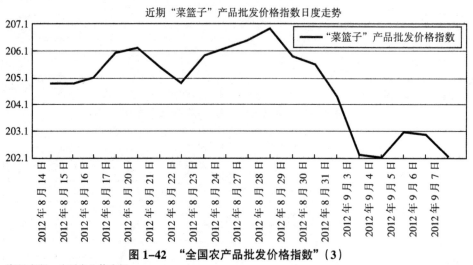

图 1-42 "全国农产品批发价格指数"（3）

资料来源：中国农业信息网。

  非食品项目我们一般关注三个指标：第一个指标是 CRB 指数的走势，这个指数大家可以从期货行情软件或者是财经网站上检索到。第二个指标是商务部每周公布的生产资料价格指数。登录商务部官网下属的子网站"商务数据中心"：http://data.mofcom.gov.cn/，点击"商品价格"，页面打开之后可以看到"国内市场商品报价"这个项目，其中有个子项目为"生产资料"（见图 1-44）。第三个指标是国家统计局每半个月发布一次的重点企业主要工业品出厂价格变动情况。

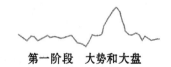

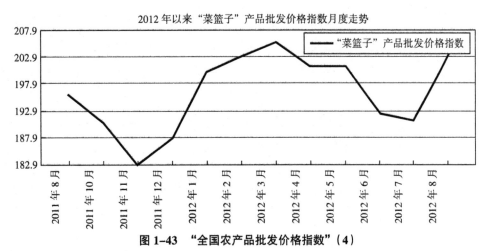

图1-43　"全国农产品批发价格指数"（4）

资料来源：中国农业信息网。

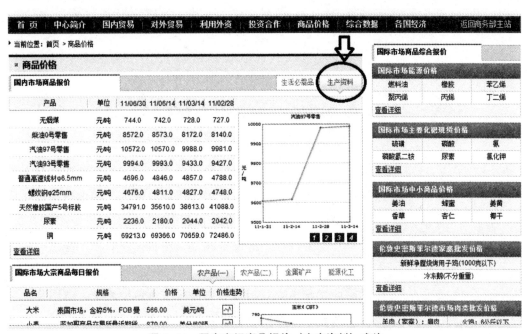

图1-44　国内市场商品报价（生产资料）查询

　　关于 CPI 的计算大家还需要搞清楚一点，那就是中国内地的 CPI 计算周期是从上个月 26 日开始，统计到本月 25 日。另外，**货币供应量走势先于经济增长变化，而经济增长变化则先于 CPI 变化**。根据我们的经验，**货币供应量 M1 与 CPI 变化具有显著的**

相关性，**M1** 同比变化先于 **CPI** 变化数月甚至一年以上。在第二课我们将学到如何根据货币供应量变化推导股票大势，其中就会详细地介绍 M1 同比增速与股票市场走势的同步关系。

一旦我们确定了增长率和通胀率的态势，就能够确定目前所处的经济周期阶段，从而也能够划分出最近一个经济**周期的阶段**（见图 1-45）。

一般认为，美林时钟刻画的是基钦周期或存货周期。

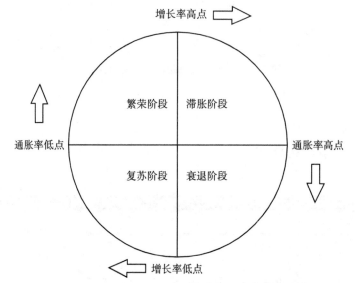

图 1-45　通过增长率和通胀率划分经济周期阶段

我们已经全面介绍了如何通过增长率和通胀率划分经济周期阶段，也花了很大的篇幅介绍如何预判和解读增长率和通胀率变化，接下来我们将介绍以股票为主的金融市场在四个经济周期阶段中的变化特征和规律。

衰退阶段中经济增长缓慢，通胀率下降，产能过剩和商品价格的下跌使得通货膨胀下降。在这一阶段企业利润很小，实际收益率下降。随着中央银行下调短期利率，试图复苏经济，收益率曲线向下移动并且变得陡峭。由于央行处于加息进程中，所以债券市场在这个阶段表现较好。在这个阶段中，虽然增长率和通胀率都在下降，但是由于流动性已经见底，同时实体经济缺乏投资机会，所以充裕的流动性很可能流向股票市场。因此，**股票市场往往在衰退中后期见底**（见图 1-46）。

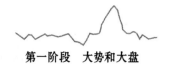

所谓的衰退阶段，根据美林投资时钟的定义也就是"通胀率高点到增长率低点的阶段"。我们来看一个具体的例子，2008年2月是通胀率高点（见图1-47），接着增长率低点是2009年第二季度（见图1-48），股市的低点应该落在这个区间之内，实际见底日期是2008年10月28日（见图1-49）。实际分析中怎么用？当通胀率高点出现之后，就应该看流动性是不是见底了（第二课的内容），看是不是出现了动量底背离（第九课的内容），看是不是出现了"国家队"入场（第七课的内容），看是不是出现了向上N字结构（第五课的内容），看是不是出现了极端悲观和恐慌的情况（第十课的内容），看是不是估值底和政策底已经出现（第八课的内容）等，综合起来研判你就能更加准确地定位底部。

2012~2016年，经济见底过程被人为拉长了，产能和存货出清时间延长，有保增长的措施出现，这样就使得美林时钟的周期变得很短。

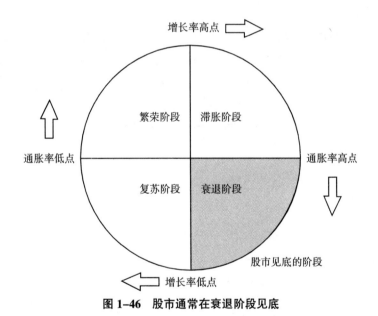

图1-46　股市通常在衰退阶段见底

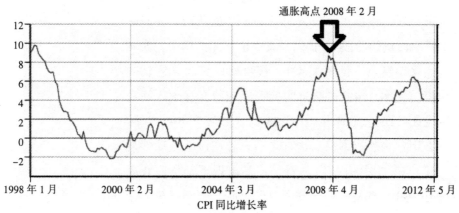

图 1-47　通胀高点的确定

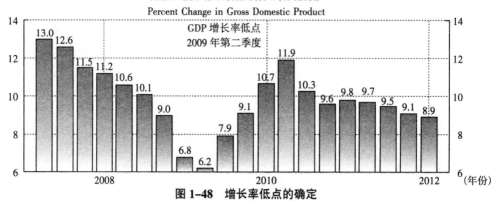

图 1-48　增长率低点的确定

图 1-49　股市历史低点处于衰退阶段（通胀率高点和增长率低点之间）

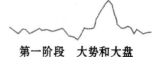

复苏阶段中经济加速增长，实际经济增长率高于潜在经济增长率。然而，由于闲置产能尚未完全用完，通货膨胀率继续下降，周期性的生产力增长强劲。在这一阶段企业利润大幅回升，由于央行保持宽松的政策，债券收益率保持在低水平。不过由于进一步降息的可能性很小，预期空间也不大，所以债券价格很可能在这个阶段的中后期见顶。不过，由于经济进一步增长，而且没有加息的顾虑，所以**股票市场在复苏阶段处于上涨态势**。对于大宗商品市场而言，这个阶段将促进需求上升，因此工业原材料价格较可能在这个阶段筑底。

繁荣阶段中经济增长继续加速，受产能的制约，通货膨胀开始上升。央行加息试图使实际经济增长率向潜在经济增长率回落，但实际经济增长率仍然顽固地高于潜在经济增长率。随着收益率曲线向上移动并且变得平坦，债券价格下降，这个时候债券不是好的投资标的。对于那些能源和原材料企业占比较大的股市而言，构筑顶部可能要等到滞胀阶段。工业企业的利润步入最后冲刺阶段，原材料企业的利润仍旧处于上升阶段，**对于绝大多数股市来说这个阶段一般是构筑顶部的阶段**（见图1-50）。所谓的繁荣阶段，根据美林投资时钟的定义也就是"通胀率低点到增长率高点的阶段"。我们来看一个具体的例子，2006年3月是通胀低点（见图1-51），接着增长率高点是2007年第二季度（见图1-52），股市的高点应该落在这个区间之内，实际见顶日期是2007年10月16日（见图1-53）。实际分析中怎么用？当通胀率低点出现之后，就应该看流动性是不是见顶了（第二课的内容），看是不是出现了动量顶背离（第九课的内容），

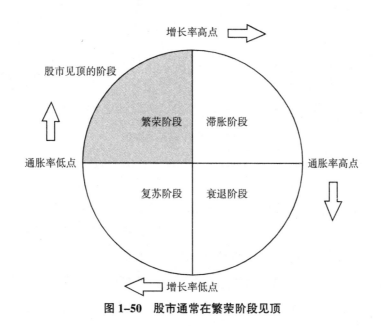

图1-50　股市通常在繁荣阶段见顶

看是不是出现了"国家队"退场（第七课的内容），看是不是出现了向下 N 字结构（第五课的内容），看是不是出现了极端乐观和狂热的情况（第十课的内容），看是不是估值顶和政策顶已经出现（第八课的内容）等，综合起来研判你就能更加准确地定位顶部。

查理·芒格的栅格理论大家了解吗？

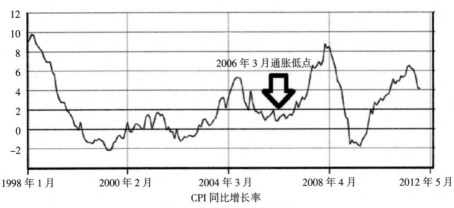

图 1-51 通胀低点的确定

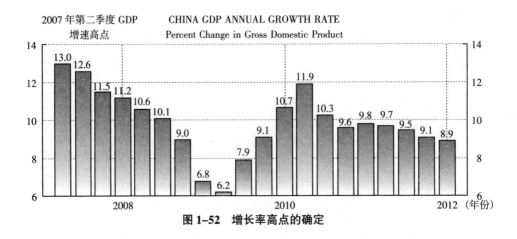

图 1-52 增长率高点的确定

滞胀期阶段中实际经济增长率逐步下降，最终低于潜在经济增长率。不过，通货膨胀率却不断上升。在这个阶段可能存在石油的冲击又或者是先前多发货币引发的产业链延伸过长导致的滞胀期。为了对抗通胀，央行可能在滞胀期阶段仍旧大幅加息。**在这个滞胀期阶段中股市继续下跌，而大宗商品也会在这个阶段的中后期构筑顶部。**

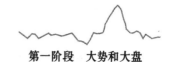

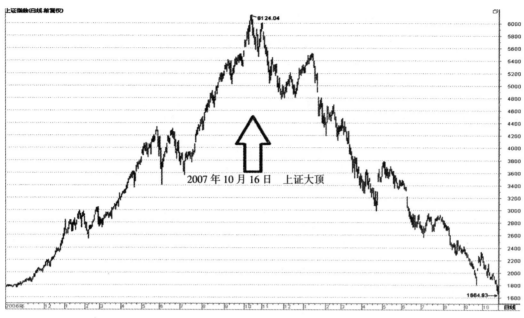

图1-53 股市历史高点处于繁荣阶段（通胀率低点和增长率高点之间）

　　大家可以发现，在经济周期中股市见顶在GDP增长率高点之前，股市见底在GDP增长率低点之前（见图1-54）。一般而言，股市会提前半年左右的时间反映基本面的情况，股市的拐点要比经济基本面拐点提前半年左右的时间出现，也就是说股市的低点先于经济增长的低点出现，而股市的高点先于经济增长的高点出现。这个规律在美国

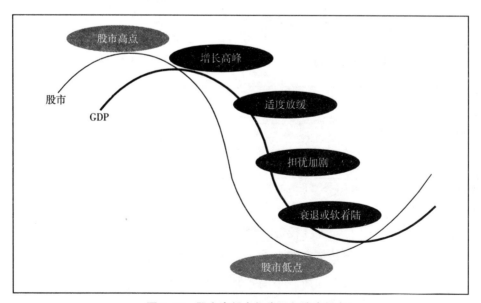

图1-54 股市高低点领先于经济高低点

汉米尔顿在 20 世纪初写了《股市晴雨表》一书，指出股市是经济的先行指标。

股市上也有明确的体现，如表 1-2 所示，美国股市的高点先于经济高点，美国股市的低点先于经济低点，这个事实与美林投资时钟的框架是相符合的。

表 1-2　美国股市高低点与经济增速高低点的关系

美股高点出现时间	美国经济增速高点出现时间	领先月数	美股低点出现时间	美国经济增速低点出现时间	领先月数
1948 年 6 月	1948 年 7 月	1	1949 年 6 月	1949 年 10 月	4
1953 年 1 月	1953 年 2 月	1	1953 年 9 月	1954 年 6 月	10
1956 年 7 月	1957 年 1 月	6	1957 年 12 月	1958 年 5 月	5
1959 年 12 月	1968 年 2 月	2	1960 年 10 月	1961 年 2 月	4
1968 年 11 月	1969 年 3 月	4	1970 年 6 月	1970 年 11 月	5
1973 年 1 月	1973 年 3 月	2	1974 年 12 月	1975 年 3 月	3
1981 年 4 月	1981 年 7 月	3	1982 年 8 月	1982 年 11 月	3
2000 年 3 月	2000 年 5 月	2	2001 年 9 月	2001 年 12 月	3

除了股市之外，我们在前文也大致介绍了商品市场和债券市场在经济周期不同阶段的表现，为了让大家有一个比较贴近中国市场的直观理解，可参见表 1-3。这张表统计了中国经济周期各个阶段中大类资产的平均收益率，与美林投资时钟给出的逻辑框架基本上是吻合的。后面提到的几个循环周期模型也可以与美林投资时钟兼容，大家可以自己梳理一下其中的逻辑关系。

表 1-3　中国经济周期各个阶段的占优大类资产及平均收益率统计

单位：%

经济周期所处阶段	股　票	债　券	商　品	现　金
衰退	-3.14	0.52	-2.52	0.18
复苏	1.40	0.39	1.79	0.15
繁荣	4.05	-0.08	0.98	0.16
滞胀	0.08	0.14	0.66	0.16

资料来源：孙志远：《基于投资时钟理论的大类资产选择策略》。

美林投资时钟如何运用到股市中，我们已经全面地介绍清楚了，要点在于：第一，如何预判经济阶段，这个涉及增长率和通胀率的预判；第二，股市在各个经济阶段中的表现大致是怎么样的；第三，基于经济阶段预判和经济阶段中股

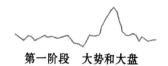

市的历史表现对现在和未来的股市进行判断。

除了美林投资时钟之外，我们接着还要介绍三个金融市场循环周期，它们分别是马丁·普林格循环周期、丹歌马洛循环周期、马丁·茨威格循环周期。

所谓的马丁·普林格循环周期是由马丁·普林格发现的一种金融市场间循环，具体而言就是债券市场、股票市场、商品期货市场在涨跌上的一个序列关系。马丁·普林格是享誉全球的顶级技术分析大师，是该领域最有影响力的领袖人物之一；他是金融网站 www.pring.com 总裁，普林格研究所所长，同时兼任备受尊敬的《市场评论》（The Intermarket Review）杂志主编。他的文章被《华尔街日报》、《国际先驱导报》、《洛杉矶时报》等权威媒体广为引述。

虽然他被美国著名财经杂志《巴伦周刊》誉为"技术分析师的技术分析师"，但是他最为了不起的贡献并不在技术分析领域，而是在跨市场分析领域。他提出了债券市场、股票市场和商品期货市场在经济周期中的循环规律和繁荣衰落次序。如图 1-55 和图 1-56 所示，普林格认为经济繁荣的进程中**债券市场在三个市场中最先上涨，接着是股票市场，最后是期货市场，而在经济步入下降走势的过程中，债券市场也是最先下跌的，接着是股票市场，最后是期货市场。当我们处在**

> 跨市场分析的根源在于全球化。

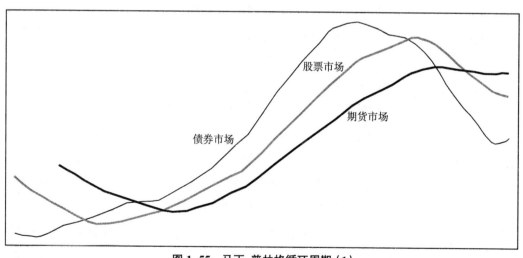

图 1-55　马丁·普林格循环周期（1）

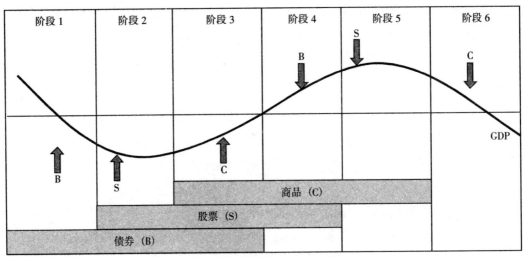

图1-56 马丁·普林格循环周期（2）

一个债券和股票下跌，而商品期货市场上涨的环境中时，我们就应该推断繁荣实际上已经结束了。

普林格的三市场走势阶段论是根据什么来的呢？货币政策也就是利率水平的变化会影响债券价格的变化，因为债券对利率很敏感。当利率下降的时候，投资股票等风险资产的风险偏好就会上升，同时利率降低也使得公司经营成本下降，信贷宽松也促进了消费支出进而带动了公司利润提高，自然股票价格就会上涨。企业生产繁忙会加大对原材料的需要，进而会导致商品期货价格上涨，而所有这些都会影响到外汇市场的走势。一旦货币政策作出调整，那么这个链条就被拉动了，后续的变化一般可以预料（当然，复杂的宏观世界中还要靠是否有足够多的实业投资机会能够吸纳主动货币供给增加），既然后续变化可以预料，那么对股票市场的阶段性影响也是可以预测的。

马丁·普林格循环可以帮助我们通过其他主要金融市场的阶段来确认股票市场所处的阶段，也就是通过债券和商品期货的走势来推断股市所处阶段和未来的走势。宏源期货研究中心通过研究10年期国债收益率与上证指数的关系发现，**阶段性底部中10年期国债收益率领先于上证指数5~6个月，而**

次贷危机之后，各国利用财政和货币手段干预经济，使得美林时钟的运动显得"神经今兮"的，循环周期更短了。

且这种关系比较稳定。该中心研究者进一步指出："用文华商品指数代表国内商品价格的整体走势，上证指数代表国内股市走势，对比二者走势可以发现，**股市一般会较商品提前4个月左右见顶**。对于底部的判断，二者在时间点上的差别并不大，商品落后股市不超过1个月，基本上同时见底。"

接着，我们介绍第二周期，也就是丹歌马洛循环周期。丹歌马洛循环周期其实分为三个子周期，分别是流动性周期、利润周期和通胀周期（见图1-57）。流动性周期的高点先于利润周期高点，利润周期高点先于通胀周期高点；流动性周期的低点先于利润周期低点，利润周期低点先于通胀周期低点。流动性周期的主体是先行经济指标，主要是货币供应量（如M1同比）和股指；利润周期的主体是同步经济指标，主要是工业增加值和企业利润以及PMI；通胀周期的主体是滞后指标，主要是通胀率（如CPI同比）和利率。所以，按照丹歌马洛循环周期其实是先行指标、同步指标和滞后指标的循环周期序列（见图1-58）。

这个与股市有什么关系呢？答案是我们可以根据这三个子循环来推断或者确认股市的趋势。股指属于先行指标，与M1同比增长基本同步，但是比同步指标PMI和滞后指标CPI更早见顶或者见底。如果我们无法确定股市是不是见顶或者见底，可以通过CPI和PMI来确认（见图1-59和图1-60），这就好比用移动平均线来确认价格的趋势，因为移动平均线相对于价格而言是滞后指标。比如，假如股市形成了一个小幅上升行情，我们还不能确定是不是上升趋势形成，但是，如果不久之后PMI也转跌为升，那股指很可能就是反转而不是反弹。

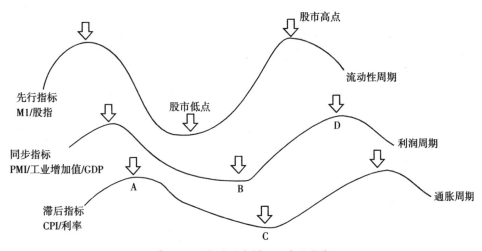

图1-57　丹歌马洛循环三个子周期

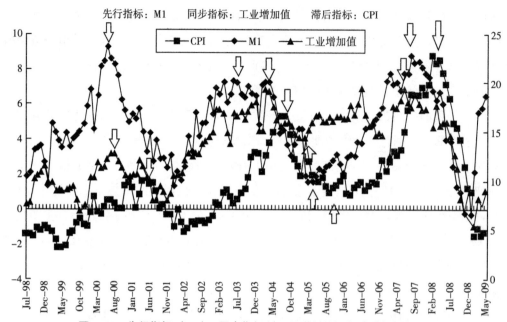

图1-58　先行指标（M1）、同步指标（工业增加值）与滞后指标（CPI）

资料来源：CEIC，申万研究。

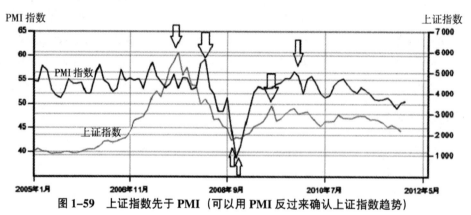

图1-59　上证指数先于PMI（可以用PMI反过来确认上证指数趋势）

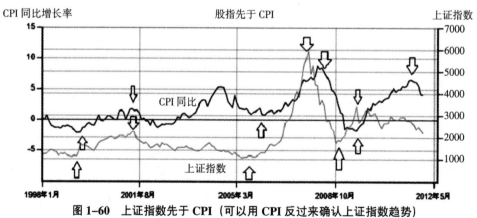

图1-60　上证指数先于CPI（可以用CPI反过来确认上证指数趋势）

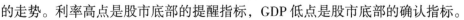

当然，根据图 1-57，我们可以看出**股市低点位于利率/CPI 高点与 PMI/工业增加值/GDP 低点之间**。我们来看一个实例（见图 1-61 和图 1-62），可以看到股票牛市开始的窗口期位于利率高点和 GDP 低点之间。所以，丹歌马洛循环周期让我们能够通过利率和 GDP 来定位股市低点，一旦利率高点出现，我们就需要等待股市见底的技术信号，比如向上 N 字和动量底背离。如果 GDP 的低点都出现了，那么就确认了股市继续向上的走势。利率高点是股市底部的提醒指标，GDP 低点是股市底部的确认指标。

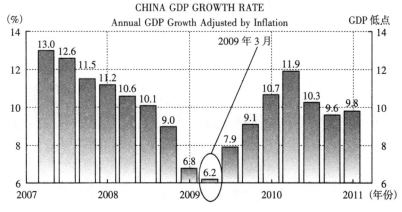

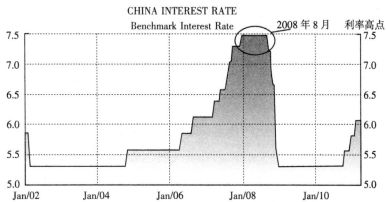

Source: Tradingeceomics.com；The Peoples Bank of China

Year	Jan	Feb	Mar	Apr	May	Jun	Jul	Aug	Sep	Oct	Nov	Dec
2011	5.81	6.06	6.06	6.31								
2010	5.31	5.31	5.31	5.31	5.31	5.31	5.31	5.31	5.31	5.56	5.56	5.69
2009	5.31	5.31	5.31	5.31	5.31	5.31	5.31	5.31	5.31	5.31	5.31	5.31
2008	7.47	7.47	7.47	7.47	7.47	7.47	7.47	7.47	7.34	6.93	6.12	5.45

股票买入窗口期：利率高点-GDP 低点之间

图 1-61　股票牛市开始的窗口期位于利率高点和 GDP 低点之间（1）

资料来源：www.tradingeconomics.com.

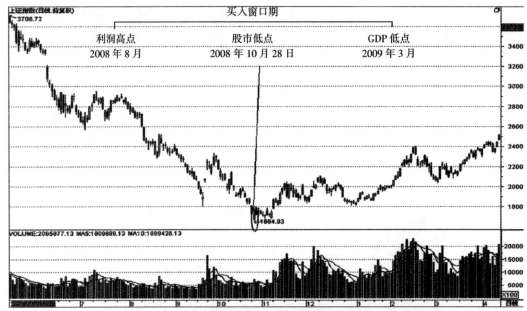

图 1-62　股票牛市开始的窗口期位于利率高点和 GDP 低点之间（2）

　　根据图 1-57，我们可以看出**股市高点位于利率/CPI 低点与 PMI/工业增加值/GDP 高点之间**。我们来看一个实例（见图 1-63 和图 1-64），可以看到股票熊市开始的窗口期位于利率低点和 GDP 高点之间。所以，丹歌马洛循环周期让我们能够通过利率和 GDP 来定位股市高点，一旦利率低点出现，我们就需要等待股市见顶的技术信号，比如向下 N 字和动量顶背离。如果 GDP 的高点都出现了，那么就确认了股市继续向下的走势。利率低点是股市顶部的提醒指标，GDP 高点是股市顶部的确认指标。

　　谈到丹歌马洛循环周期，就不能不谈到各种经济指标。丹歌马洛循环作为美国股市和宏观经济分析的经验是否适合中国的情况呢？最好是从统计的角度看看每个宏观经济变量与股市走势的具体关系。这里不得不谈到长江证券研究部所做的一个研究，它们挑选了共 32 个宏观经济变量作为因子备选库，研究这些宏观经济变量与股市的短期与长期协整关系。

　　统计检验结果显示，与股市趋势相同的宏观经济变量有：货币供应量中的 M0、M1、M2、M1 与 M2 的增速差，工业生产类中的工业增加值、用电量、发电量，PMI 及其扩散指标中的生产量、新订单、出口订单、采购量、进口、购进价格、原材料库存，物价类别中的 CPI 与 CGPI、外汇储备、贷款余额及 Shibor（三个月期）。趋势相反的宏观经济变量有：货币供应量中的储蓄/M2，PMI 扩散指标中的产成品库存，美元指数 USDX，进出口总额与出口额。保持中长期关系的有：M0、M2、M1 与 M2 增速差、储

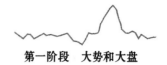

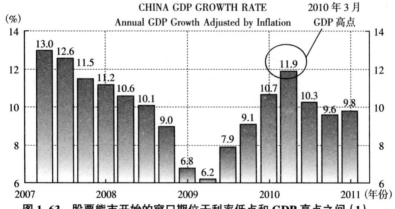

CHINA INTEREST RATE
Benchmark Interest Rate

2009 年 1 月
利率低点

2010 年 9 月
利率低点

Jan/02　　Jan/04　　Jan/06　　Jan/08　　Jan/10

Source：Tradingeceomics.com；The Peoples Bank of China

Year	Jan	Feb	Mar	Apr	May	Jun	Jul	Aug	Sep	Oct	Nov	Dec
2011	5.81	6.06	6.06	6.31								
2010	5.31	5.31	5.31	5.31	5.31	5.31	5.31	5.31	5.31	5.56	5.56	5.69
2009	5.31	5.31	5.31	5.31	5.31	5.31	5.31	5.31	5.31	5.31	5.31	5.31
2008	7.47	7.47	7.47	7.47	7.47	7.47	7.47	7.47	7.34	6.93	6.12	5.45

CHINA GDP GROWTH RATE
Annual GDP Growth Adjusted by Inflation

2010 年 3 月
GDP 高点

(%)

13.0　12.6　11.5　11.2　10.6　10.1　9.0　6.8　6.2　7.9　9.1　10.7　11.9　10.3　9.6　9.8

2007　　2008　　2009　　2010　　2011 (年份)

图 1-63　股票熊市开始的窗口期位于利率低点和 GDP 高点之间（1）

资料来源：www.tradingeconomics.com。

蓄/M2，工业增加值、用电量、发电量，PMI 及其扩散指标中的新订单、进口、原材料库存，美元指数 USDX。保持中短期关系的有：PMI 扩散指标中的生产量、出口、采购量、采购价格等。其中货币供应量指标主要属于丹歌马洛循环中的先行指标，工业生产类指标主要属于丹歌马洛循环中的同步指标，物价指标主要属于丹歌马洛循环中的滞后指标。

最后，我们介绍马丁·茨威格循环周期。马丁·茨威格循环周期是马丁·茨威格在实践操作中总结出来的一套模型，其主要目的是用来指导股票交易。马丁·茨威格是少数

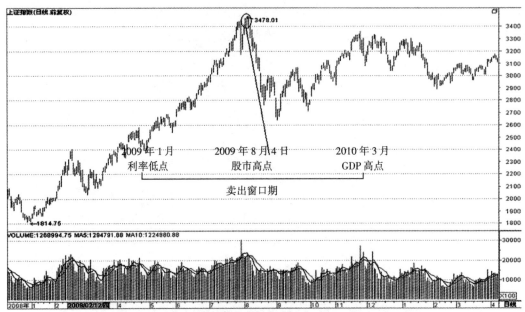

图1-64　股票熊市开始的窗口期位于利率低点和GDP高点之间（2）

将技术分析与基本分析，以及心理分析结合起来的交易大师。从20世纪90年代开始直到现在，他都是华尔街炙手可热的基金经理，曾被列入《金融宗师》一书中。他善于利用数据进行严谨的分析，由此确定股市大盘的趋势性和阶段性。1986年，他就完成了马丁·茨威格循环周期模型的研究，然后用之于实践，大获全胜。最为出名的一次操作是1987年10月19日，当天美国道琼斯指数暴跌36.1%，但是他操作的基金却上涨了9%，称得上是力挽狂澜。

马丁·茨威格循环周期主要强调的是信贷周期对股票市场的影响，这种分析思路与乔治·索罗斯的信贷循环分析类似，其中强调了"利率—流动性—交易者情绪"三个重要因素对股票市场的影响。当然，索罗斯的信贷循环更为强调抵押物价值对金融市场泡沫的交互强化作用，而马丁·茨威格的模型则强调央行货币政策变动导致的流动性变化对股票市场参与者的影响。

虽然马丁·茨威格的理论与我们在第二课要传授的工具都与流动性有关，但是由于马丁·茨威格除了流动性也强调市场

股市大势由业绩预期、风险偏好和无风险利率，以及股票发行量共同决定。流动性与无风险利率有关，也影响风险偏好/溢价。

情绪的作用，所以他的模型其实是一个"利率（驱动因素）—情绪（心理因素）—指数（行为因素）"的循环，**首先是央行货币政策的变化，这导致利率和流动性发生了变化，进而影响了整个资产市场的收益率分布和风险偏好。**因此，利率是债券收益率的定价基础，而债券收益率则是其他更高风险资产定价的基础，比如股票和房地产等。同时，流动性增加，提高了风险偏好。而风险偏好的变化直接引起市场情绪的变化。市场参与者和潜在参与者因为其自身风险偏好的变化，以及资产收益率分布的变化而进入股票市场，进而引起大盘指数的变化。这就是马丁·茨威格循环的核心所在。不过，马丁·茨威格并没有谈到利率变化导致资产收益率分布和风险偏好变化这么理论化的一面，他只是感性地谈到了流动性增加会使得对股票的需求增加。在供给不变的情况下，需求增加会直接导致股价的飙升。

　　为什么马丁·茨威格如此重视流动性变化对股市走势的影响，这还要追溯到他对本杰明·格雷厄姆关于证券分析的认识过程。马丁·茨威格大学学的专业是金融学，他自己将大半的时间都花在了研究股市上面。当时的金融学课程中关于股市投资的部分主要涉及本杰明·格雷厄姆和大卫·多德的《证券分析》一书。这本书奠定了华尔街价值分析的百年传统，其主要的思想就是买入那些价值显著高于价格的股票，并且在价格回归价值的过程中卖出。但是，这一理论主要是针对个股选择的，对于股市大盘的周期性涨跌并没有任何指导意义。更为重要的是，格雷厄姆本人也因为在1929年的大崩盘中亏损严重而不得不依靠教职为生。马丁·茨威格回忆到：在沃顿商学院求学的四年中，格雷厄姆这套东西没有让我明白市场整体是如何变化的，对于股市自身的价格运动，参与群体的情绪变化，以及美联储的货币政策对股市的影响，大学的课程都没有提到……

　　后来，马丁·茨威格经人指点开始阅读杰西·利弗摩尔的相关书籍，这时他开始注意股市本身的运动规律。再后来，他创建了用于观察和分析市场情绪的指标，这就是看跌/看涨比率，这是一个基于期权数据计算出来的比率，在今天的股票、商品期货和外汇市场都有所运用。其主要思路是通过基本金融品对应的期权来计算出这个比率，然后用来推断基本金融品参与者的情绪和心理。最后，马丁·茨威格开始发现货币流动性对股市的重要影响，这样茨威格的整个体系就建立起来了。马丁·茨威格的这个体系与本书的前言有一些对应关系，马丁·茨威格强调市场情绪和流动性，而我们强调市场预期和资金流向。

　　在"利率（驱动因素）—情绪（心理因素）—指数（行为因素）"的马丁·茨威格循环中，我们首先来看指数这个环节。机构交易者和成熟的个人交易者都非常关注大盘指数的运动轨迹。在美国股市大盘指数通常指三大股指，分别是道琼斯工业指数、纳斯达克指数和标准普尔 500 指数，当然，也要关注罗素 2000 指数（见图 1-65）。而在 A 股市场，股市大盘指数则通常指上证指数（见图 1-66）、深成指（见图 1-67）和沪深 300 指数（见图 1-68）。当然，也要关注中小板指数（见图 1-69）和创业板指数（见图 1-70）。指数的走势直接涉及我们的盈亏，但是只研究指数是不够的，还应该研究引发指数运动的原因，这就是市场心理和资金，马丁·茨威格认为市场心理是市场分析过程中重要的一环。

看涨/看跌比率是马丁·茨威格在进行市场分析时的主要手段，这个比率可以来自于市场情绪调查问卷，也可以来自于期权多空持仓状况，比如图 1-71 显示的标准普尔 500 指数的多空情绪指标。指数是一个子循环，市场情绪则是另外一个子循环，马丁·茨威格认为两者可以相互验证，除此之外还有一个子循环，涉及货币政策（利率和流动性）。

主流金融学认为利率主要通过两条途径影响股票价格：一是资产结构调整效应；二是财富传导效应。这两条途径分别通过股票交易者和上市公司起作用。对于股票交易者来说，当利率下降时，会使股票交易的机会成本下降，从而导致交易者进行资产组合的结构调整，增加资产组合中对股票的需求，导致股票价格上涨。资产结构调整效应还可以从相反的渠道，通过股票价格的变化而影响利率的变动，两者具体的影响

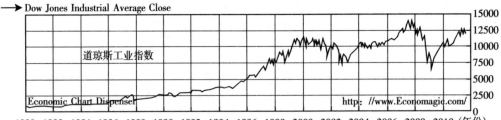

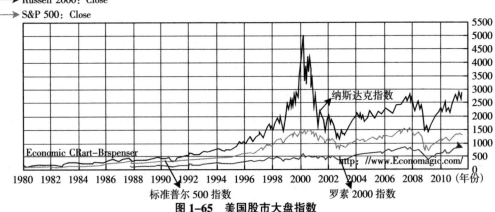

图 1-65 美国股市大盘指数

资料来源：www.Economagic.com.

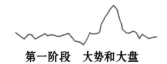

图1-66　上证指数

图1-67　深成指

图 1-68　沪深 300 指数

图 1-69　中小板指数

创业板指（日线·前复权）

1239.60

612.28

2010年

图 1-70　创业板指数

路径与金融体系中市场主导作用的或机构主导作用的相对权重有关。对股票交易者来说，利率的降低使得股票和长期债券价格上升，增加投资者收益，使人们觉得更加富有，从而人们会增加实物商品和劳务消费支出，进而影响产出水平。对企业来说，利率的降低引起社会总供求环境的变化，改变了企业的经营环境，引起企业投资的资本成本降低并增强投资者的预期，促使投资与消费的增长，通过社会总需求的增长，导致股票价格的上涨。财富效应同样可以从相反的渠道，通过股票价格的变化而影响利率的变动。

就我们交易者的观点而言，利率变化其实改变了两个金融市场关键因素：第一个是收益率差；第二个是风险偏好。这两者其实决定了金融资产间的相对波动幅度。利率变化会改变基准收益率，进而改变固定资产相对于风险资产的收益率差。另外，利率变化会导致流动性发生变化，进而改变市场参与主体的风险偏好。**资产间的收益率差以及投资者的风险偏好同时发生显著改变肯定会引发金融市场的大行情。**因此，马丁·茨威格心中最为重要的子循环涉及利率（流动性）的周期循环，而这与央行的利率政策（货币政策）密切相关。因此，马丁·茨威格周期的第三个子循环主要是关注"联邦基金利率"（见图 1-72）走势。当然，货币政策的另外一面则是货币供给量，比如

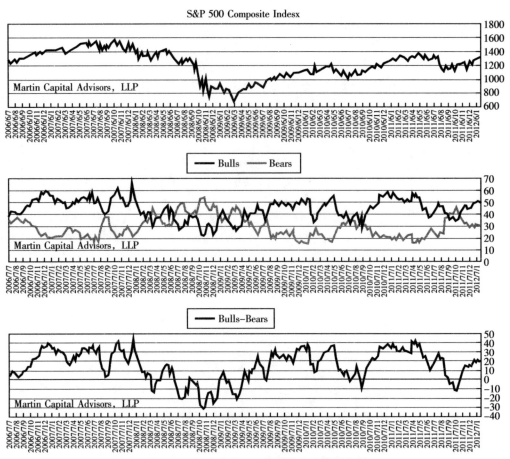

图 1-71　标准普尔 500 指数的多空情绪指标

图 1-72　联邦基金利率走势

资料来源：Martin Capital.

M1 和 M2。国内的研究已经表明**美国股市走势与美联储的货币供应量密不可分**（见图 1-73~图 1-75）。马丁·茨威格循环不仅与跨市场分析有关，而且还涉及了下一课的主题，也就是"流动性"分析。

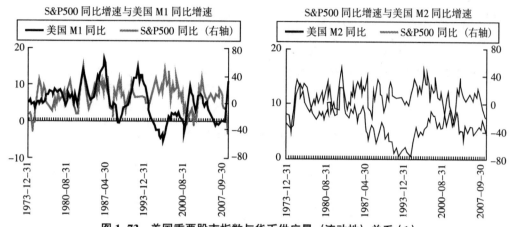

图 1-73 美国重要股市指数与货币供应量（流动性）关系（1）
资料来源：Wind，宏源证券。

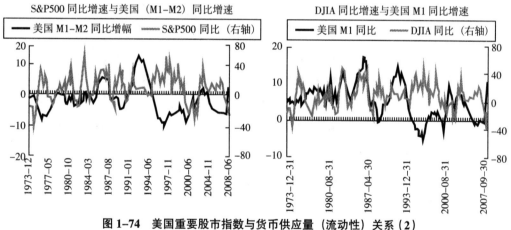

图 1-74 美国重要股市指数与货币供应量（流动性）关系（2）
资料来源：Wind，宏源证券。

除了上述马丁·茨威格关于大盘走势的模型之外，他的一些有关指数判断的经典语句我们也觉得有必要罗列一下，对于大家驰骋股海非常有用：

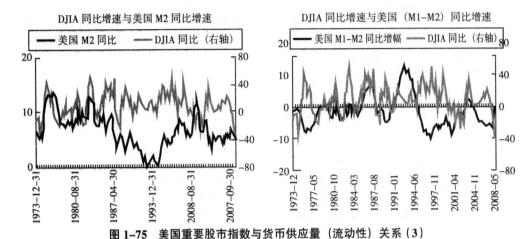

图1-75 美国重要股市指数与货币供应量（流动性）关系（3）

资料来源：Wind，宏源证券。

● 我分析的是可能性，而不是确定性，因此具体的策略可能比空洞的理论更为有用。

● 每周我都会花上半个小时的时间来关注那些重要的数据。

● 大盘指数是交易决策的最终仲裁者，我的核心原则之一是**别和指数较劲**。

● **股票市场的主要风向标是货币因素**……同时，我也密切关注市场群体的乐观和悲观情绪。

● 交易者只有朝着正确的方向，顺应市场大势才能赚到大钱。

● 在最低点之上一点买入，在最高点之下一点卖出是个明智的选择。

● 纪律是最为重要的。

● **重中之重的做法是随时关注大盘指数和利率的变动情况。**

● 必须采取理智的态度来控制风险。

在本课我们有四个重点，分别是美林投资时钟和三个循环。这四个工具将帮助我们从经济周期和跨市场的角度定位股市大势。下一课我们将介绍直接与股市大势相关的具体宏观变量——流动性。

不懂周期，则不明白大势；不明白大势，则不能做投机！

【"经济周期与股市关系"的经典论述】

关于经济周期与A股的关系，许多知名市场人士都有过精辟的阐述，下面摘录如下，与本课内容可以相关参照，以便进一步思考：

1. 从宏观逻辑看，哪个时段经济有利于权益投资表现？一般是"回落后期"和"复苏前期"。在单一的宏观逻辑下，经济的哪个阶段最有利于权益市场投资？经验上来看一般是经济短周期的"回落后期"和"复苏前期"。由于市场的有效性，股票价格是宏观经济和企业盈利的映射，但整体来说又领先于经济和盈利半个身位。在"回落后期"，当经济从加速下行向减速下行发生的时候，后续企稳的预期就会形成，权益市场往往就已经见底；而在"复苏前期"，经济开始转入上行的时候，后续加速的预期就会形成，权益市场往往会进一步表现。再往后，经济变好进一步确认并开始加速期的时候，市场往往会提前触顶。简言之，二阶拐点决定资产价格（郭磊）。

2. 中国、美国、欧洲经济周期的运行有3~3.5年的短周期，以及7~11年的中周期（洪灏）。

3. 基钦周期是决定股市强弱方向的，是决定股市大方向的一个最主要因素。基钦市场扩张期时，股票市场要么是牛市，要么是比较强的平衡市。基钦市场收缩期时，股票市场要么是熊市，要么是比较弱的平衡市。股票市场强还是弱，最主要的决定因素是宏观经济周期。股票市场大方向是经济周期决定的，要研究股票市场是牛市、熊市还是平衡市，最主要是要研究宏观经济周期，其中最主要的是基钦周期，宏观经济周期中，基钦周期跟股市最相关。而且，基钦周期又是其他经济周期的细胞，其他经济周期都是由基钦周期组合成的。比如说朱格拉周期包含着2个或3个基钦周期，库兹涅茨周期包含着2个朱格拉周期或5个基钦周期，康德拉季耶夫周期包含着3个库兹涅茨周期或15个基钦周期。它们之间是有这种包含关系的。基钦周期怎么看？它是主要工业产品销量的周期，所以你要看主要工业产品销量的同比增长率。而主要工业产品很多，所以你要找那些最具代表性的，规律性最强的，周期性波动比较大、比较明显的，将这些主要工业产品销量同比增长率做成合成指数，你就能看到基钦周期往上走还是往下走，比如说汽车、空调、水泥，像这些主要工业产品销量的同比增长率，它的方向代表着基钦周期的方向。基钦周期平均长度3.6年，或43.2个月，或1315天。基钦周期有两种，大部分基钦周期长42个月，少部分基钦周期长48个月。在一个库兹涅茨周期里面有5个基钦周期，其中4个基钦周期都是42个月的，还有一个基钦周期是48个月的。所以，基钦周期长度平均数是3.6年，中位数是3.5年。基钦周

期跟股市强弱有很强的相关性。如果要做股票投资，你得把基钦周期给研究透，中国历史上基钦周期哪里是高点，哪里是低点，这个要研究得非常清楚。因为它跟股票市场的高点、低点基本上是对应的。比如说2018年1月是高点，这个地方为什么是高点？因为基钦周期是高点。再往前2015年1月是基钦周期的高点，股票市场一般滞后2个月，但也有滞后更长时间的，最长滞后12个月左右的也有，2000年6月是基钦周期高点，但股票市场是2001年6月见高点。尽管滞后了12个月，但跟滞后2个月的高点差别不大，2000年8月高点至2001年6月高点，10个月时间进而上证指数只涨了6%。基钦周期尤其和大盘股、反映宏观经济基本面的股票更加吻合，2000年8月高点至2001年6月高点，大盘股指数下跌了6%。再如，2015年6月上证指数见最高点，但很多大盘指标股2015年1月之后就滞涨了，中信证券2015年6月高点比2015年1月高点低8%。再往前2012年1月，基钦周期是个低点。2012年那个低点，再往前高点是2010年11月，这都跟股票市场高低点是对应的。但是基钦周期比股票市场领先，这是好事，如果滞后，根据经济周期投资便是马后炮了。宏观经济里面，一般来说，量的指标都是领先的，价格指标都是滞后的。股票价格是所有有代表性价格指标里面最领先的，所以说股票市场很敏感，是宏观经济的晴雨表。在股市里，量比价先行，在宏观经济里面，也是量比价先行，所有的价格指标全是滞后指标。很多量的指标都比价领先，如M1、M2、贷款、汽车销量、汽车产量、水泥产量等，都是领先指标。股价是滞后的，在宏观经济指标体系里，股价指数是滞后指标，可以根据领先指标来判断滞后指标，所以判断股市会相对比较容易（笑傲投资）。

4. 我们看经济周期，不仅要关注中国的经济周期，还要关注美国这一大经济主体，尤其是美联储，其货币政策会影响全球的流动性。从经济周期来讲，一个常用的领先指标是收益率曲线，比如10年期和1年期国债收益率的利差走势。收益率曲线倒挂，也就是短期收益率高于长期收益率，往往被认为是经济衰退的领先指标。经济学大家萨缪尔森曾讲过一句很著名的话，他说美国股市成功地预测了过去美国经济五次衰退中的九次，也就是说股市容易发出错误的信号。但利率曲线不一样，历史上基本每次收益率曲线倒挂，之后的经济形势都不大好（彭文生）。

5. 通过分析CPI与PPI月度差值和公司企业盈利能力、上证指数的关系，得出结论：当CPI与PPI月度差值为正或者正差值趋势扩大，或负差值趋势缩小时，公司利润上升，上证指数上涨；反之，当差值为负或者负差值趋势扩大，或正差值趋势缩小时，公司利润下降，上证指数下跌（王若晨、甘朝阳）。

流动性分析：人民币的近端供给和美元的远端供给

利率就像是投资上的地心引力一样。

——沃伦·巴菲特

传统的金融教育课程遗漏了什么？心理学和流动性理论。

——罗素·纳皮尔

每次泡沫的基本面因素都不一样，但是流动性驱动是相同的。

——戈登·佩尔

牛熊转换的背后是资金的转换、市场情绪的转换、市场估值水平的理性回归，反映的是经济深层次的矛盾变化。

——李晓伟

股市持续上涨的充分必要条件就是资金不断加速流入。流动性环境对股票市场具有很大的影响，早在第一课中我们就已经谈到了这一点，不过在本课中我们将专门而深入地介绍这一点。

股票市场与经济周期并不完全同步，有两个原因：第一个原因是上市公司成分与经济运行中的公司成分不符，这是中国 2005 年之前的情况。第二个原因就是流动性，这是本课要谈到的重要问题。过去 40 年，美国 GDP 增长不到 3 倍，而道琼斯指数却上涨了超过 16 倍，其中最为重要的原因是货币供应的加速扩张导致大量流动性货币涌入股市不断推高美股价格。美国 1975 年和 2009 年的股票市场走势非常相似，都

资产的价格由货币标注，货币政策的变化必然引发资产价格的重估。

是因为极端宽松的货币政策导致了股市大幅上涨（见图 2-1）。

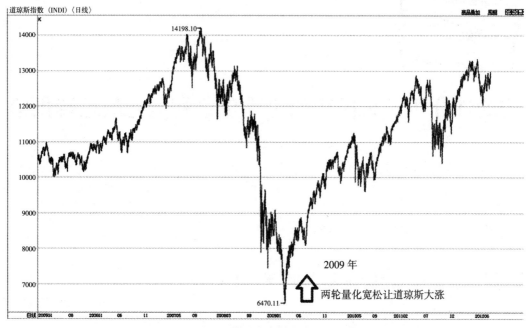

图 2-1　2009 年量化宽松导致美股暴涨

理论和历史表明货币供应量的增加会导致对股票的需求增加，随着货币供应增加而对货币的需求大体不变，这样就会导致人们调整自己的资产负债表，进而将多余的货币投入到其他资产上，而股市就是这些资产中最为重要的一种。中国 A 股是新兴市场，交易者对于公司的业绩更为漠视，因此货币供应量的变化对股市的影响非常大。每次流动性由偏紧转向宽松的时候，都会带来 A 股市场的大幅上涨，资金面对 A 股市场影响显著。

不少股票短线交易者对 A 股市场的大盘走势非常迷惑，看不清楚其最本质影响因素，主要还是流动性，因为**流动性决定了 A 股市场的估值中枢。流动性充裕，风险偏好就强**，利率也低，相应的 E/P 就低，反过来 P/E（市盈率）就高；**流动性缺乏，风险偏好就弱**，利率也高，相应的 E/P 就高，反过来 P/E 就低。这是流动性引发风险偏好的变化，进而影响市盈率。

简而言之，股票的价格取决于业绩预期和估值水平。估值水平由无风险利率和风险溢价决定。

　　流动性还能引发经济各主体的资产负债表变化，而这会导致整个经济的资产重置行为，进而引发资产价格的大幅波动。流动性宽裕，企业债务负担较轻，现金流充足，投资冲动十足，上市公司业绩表现不错。流动性宽裕，商业银行放贷条件宽松，放贷冲动十足，消费和投资贷款大量增加，刺激了经济的活跃。流动性宽裕，居民消费贷款和放贷相对容易，有调整现金资产的需要，这时候对理财产品和股票的需求增加。当流动性紧缩的时候，一切就反过来了。所以，流动性还能引发资产负债表的变化，这与风险偏好变化一起最终导致股票在内的资产市场波动。

　　流动性对大盘的影响是第一位的，业绩对大盘的影响是第二位的，搞清楚这个才能判断清楚大盘。货币政策对大盘影响直接而显著，如果流动性宽裕，而股市没有巨大的政策性利空（如以前的国有股减持而不支付对价的政策预期等），那么资金的一部分就会先进入股市，赚钱效应带动更多的资金进入股市，这样股市就会出现牛市。2008~2009年超级宽松的流动性就是2009年牛市的助产士，M2从50万亿美元增加到75万亿美元，流动性宽松了，超过了美联储的操作。

　　回顾1990~2010年的五次A股大牛市，每一次都随着流动性的超级宽松和资金涌入股票市场。第一次大牛市从1991年持续到1993年，上证指数从100点上涨到1558点。开户人数从零增加到几百万人，股票只有几十只。第二次大牛市从1996年持续到1997年5月，上证指数从512点上涨到1510点。开户数量从几百万户增加到两千多万户，银行利率大幅下降，储蓄资金大量进入股市。当市场表现较好的时候就会有更多的储蓄资金进入股市，如果市场较差，那么资金就会流出股市。居民储蓄的变化与股市的变化有一定关系，居民储蓄往往是股市的助推器，习惯于火上浇油，而不是雪中送炭。**储蓄分流具有很强的波动性，市场的走势往往引导着储蓄资金的流动，这类资金的特点就是"追涨杀跌"，资金流入缺乏长期性和持久性，应该算得上是典型的"热钱"。**这

流动性对大盘的影响是第一位的，业绩对大盘的影响是第二位的！

类资金要么直接进入股市，要么通过公募基金进入股市，由于这类资金习惯于"追逐过去"，所以市场好的时候，基金理财产品也热门，基金非常容易发行的时候，往往也就是股市见顶的时候，因为这表明资金宽裕得不能再宽裕了。而当市场真正底部出现的时候，基金理财产品却遭受冷遇。基金的仓位与股市的顶底也有明确的关系，这个可以从第十课的内容掌握。只有随着养老金和保险资金大规模入市才能从根本上改变这种"追涨杀跌"的非理性本质。储蓄资金的进出可以从中登公司的官方网站上查询证券开户数目推断出来，同时还应该结合人民银行的金融数据，特别是有关商业银行储蓄变化的数据。一般而言，**当银行定期存款增速和规模达到顶峰时，股市的底部往往也就出现了**。随着股市的活跃，资金就会持续从银行搬家到股市。第三次大牛市从 1999 年持续到 2001 年，从 1000 点上涨到了 2245 点。亚洲金融危机之后，信贷非常宽松，社会闲散资金多。开户人数从 2000 多万人增加到 6000 多万人。第四次大牛市从 2005 年 6 月持续到 2007 年 10 月，上证指数从 998 点上涨到 6124 点。基金规模呈爆炸性增长，投资者开户数上涨到 1.3 亿户，大量的外汇占款使得国内流动性异常宽松。第五次大牛市从 2008 年 11 月持续到 2009 年 8 月，上证指数从 1664 点上涨到 3478 点。管理层采取了超级宽松的货币政策，使得股票市场大幅上涨，特别是中小盘股票。从这几次大牛市的发展可以看到流动性和资金大规模流动对行情的决定性影响。

散户知道这些吗？估计只当故事听听罢了。本书的读者可不能这样一笑置之，因为流动性是大盘最显而易见的影响因素，你完全可以通过查看 M1 和 M2 的走势，以及央行的货币政策来跟踪流动性的变化。做大事要选格局，股票交易要风生水起，也要选格局，**最大的格局就是流动性。没有好的局，高手绝不出手**！善战者，胜于易胜者也！诸葛亮就不是一个善战者，此点与司马懿相比相去甚远。大智者选择容易下的棋局，而聪明者则力图走好一局别人选择的棋。人挪活，

格局的重要性超过了努力。

为什么能活，**换一个地方，人生的格局就换了一下**。巴菲特善于选局，终成大器！

流动性和业绩是看大势的关键，做个股短线要看题材，但是**只有业绩持续向好的题材才有生命力**，主力才敢大干一场，否则做上去了没有对手盘。某些短线题材，缺乏实质性支持的题材我们也会用点小资金做着玩，但主要火力还是配置在有业绩支持的题材个股上。当然，在个股的选择上你持股的期限不同对这两个因素的排序也就不同。但是，**流动性的谷底增加了股票投资者的购买力**，或者降低了持股成本，给足了安全空间。

牛市可以分为业绩驱动型和资金驱动型，任何牛市都是这两种类型的复合型，只不过某一型占比更高而已。2005 年 6 月到 2007 年的大牛市就是业绩驱动型和资金驱动型混合型，因此爆发力十足，而 2009 年的牛市则主要是资金驱动型，当然也有业绩驱动的因素。**业绩驱动为主的牛市持续时间更长，上涨空间更大，而资金驱动为主的牛市爆发性更强，小盘股表现更好。**

央行的货币政策和市场上实际的流动性变化是股票市场大方向的决定性因素之一，而**流动性变化具有趋势性，这种趋势性会持续一年以上，因此股票市场的趋势也会持续一年以上**。关注流动性环境可以帮助我们做好股票短线交易的策略，**在流动性充裕的环境中，持股时间应该更长，以主题行情和波段操作为主；而在流动性短缺的环境中则应该缩短持股时间，以短期热点和题材的操作为主。**

流动性的变化可以从两个角度进行理解：第一个角度是利率的角度；第二个角度是货币供应量的角度。首先，再温习一下利率与股市的关系，利率如果较高，那么在每股收益既定的情况下，每股价格就需要下降，只有这样用市盈率倒数（E/P）表示的股市收益率才能接近固定收益产品。相反情况下，如果利率水平较低，那么在每股收益既定的情况下，每股价格就可以上升。也就是说，利率作为一个基准收益率对股票市场的资金起着分流的作用。其次，利率也影响上市公司的整体业绩，特别是那些资产负债率较高的公司，比如航空股和钢铁股。当利率上升时，只要有负债的公司都会或多或少地受到负面影响，导致经营绩效下降。不过，利率主要对资产的收益率差产生影响，进而引导资金的流向，真正决定有多少资金在资产之间流动的因素还是货币供应量。当然，利率体系是多层次的，我们需要关注的不仅是央行能够直接控制的利率指标，对于民间借贷这类非官方利率也要密切关注，因为后面这种指标往往更明确地表现出了市场上真实的流动性状况。

我们一般会观察温州的民间借贷利率，因为江浙一带的民间资本是股票市场和期货市场的重要力量，最厉害的股票短线高手主要聚集在宁波一带，或者是从宁波走出

来的，而最厉害的期货短线高手则主要聚集在杭州一带，或者是从杭州走出来的。既然中国最厉害的股期高手都集中在沪宁杭一带，而上海作为亚太的金融中心之一，这使得我们不得不关注长三角地区的民间资本状况，而温州民间借贷利率的数据也容易被取得。如果温州出现民间借贷利率高企的情况，则表明市场流动性存在问题，一般而言，在流动性大肆放松后如果开始收紧则会出现高利贷。所以，高利贷的出现反映了官方流动性开始收紧对温州过度扩展资本的影响。

我国影响流动性的货币政策工具主要有公开市场业务、存款准备金、中央银行贷款（再贴现）、利率政策等。下面我们逐一了解一下，首先是公开市场业务。在多数发达国家，公开市场操作是中央银行吞吐基础货币，调节市场流动性的主要货币政策工具，通过中央银行与指定交易商进行有价证券和外汇交易，实现货币政策调控目标。中国公开市场操作包括人民币操作和外汇操作两部分。外汇公开市场操作于1994年3月启动，人民币公开市场操作于1998年5月26日恢复交易，规模逐步扩大。自1999年以来，公开市场操作已成为中国人民银行货币政策日常操作的重要工具，对于调控货币供应量、调节商业银行流动性水平、引导货币市场利率走势发挥了积极的作用。

中国人民银行从1998年开始建立公开市场业务一级交易商制度，选择了一批能够承担大额债券交易的商业银行作为公开市场业务的交易对象，目前公开市场业务一级交易商共包括40家商业银行。这些交易商可以运用国债、政策性金融债券等作为交易工具与中国人民银行开展公开市场业务。

从交易品种看，**中国人民银行公开市场业务债券交易主要包括回购交易、现券交易和发行中央银行票据。**其中回购交易分为正回购和逆回购两种，正回购为中国人民银行向一级交易商卖出有价证券，并约定在未来特定日期买回有价证券的交易行为。**正回购为央行从市场收回流动性的操作，正回购到期则为央行向市场投放流动性的操作。**逆回购为中国

一定要清楚 2013 年后常被提及的 SLF、PSL、MLF、SLD 的意思。

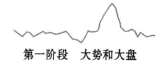

人民银行向一级交易商购买有价证券，并约定在未来特定日期将有价证券卖给一级交易商的交易行为，**逆回购为央行向市场上投放流动性的操作，逆回购到期则为央行从市场收回流动性的操作。**

现券交易分为现券买断和现券卖断两种，前者为央行直接从二级市场买入债券，一次性地投放基础货币；后者为央行直接卖出持有债券，一次性地回笼基础货币。

从 2002 年开始，中央银行票据，简称央票，成为我国公开市场操作的主要工具。**中央银行票据即中国人民银行发行的短期债券，央行通过发行央行票据可以回笼基础货币，央行票据到期则体现为投放基础货币。**央票主要有三个月、六个月、一年和三年，债券市场的分析师往往对这个市场有较为理性和高效的判断，而股票市场关心央票发行的人较少。因此，**为了做好股票交易我们也必须关注央票的发行情况，听听债券分析师的意见和看法。**总体而言，固定收益分析师的报告较为客观和理性，这点比股票分析师要强很多。

那么，央票与 A 股市场到底有怎样的关系呢？**中国货币政策调整前夕往往会在央票上有多动作。**而货币政策的变化对于流动性有很大影响，自然就对股市的变化有很大的影响。具体而言，央票上的动作有些什么指示意义呢？央票发行的品种、规模和频率都具有重要的指示意义。先谈谈央票发行品种的指示意义，一般而言，**半年期的央票是利率政策出现阶段性变化的信号，**也就是加息周期中是否即将出现新的一次加息或者降息周期中是否出现新的一次降息的信号。而**一年期央票和三年期央票则涉及更加强烈的信号，**这两种央票的发行与否往往涉及利率调整周期结束或者开始的信号。另外，一年期央票发行的利率往往反映了政策面信号的变化。

这里补充一下，我们经常用到的一个分析框架（这个框架主要用来分析债券市场的趋势性变化，而这种趋势性变化会影响股票市场）：**银行间市场 7 天回购利率反映了市场资金面的变化，一年期央票发行利率反映了政策面的变化，10 年期国债利率的变化更多地反映了经济基本面的变化。**一般而言，基本面先于政策面发生变化，而政策面先于资金面发生变化。通过这三个指标我们可以较为有效地判断出货币政策、债券市场和金融流动性的变化。

存款准备金是指金融机构为保证客户提取存款和资金清算需要而准备的资金，金融机构按规定向中央银行缴纳的存款准备金占其存款总额的比例就是存款准备金率。存款准备金制度是在中央银行体制下建立起来的，世界上美国最早以法律形式规定商业银行向中央银行缴存存款准备金。存款准备金制度的初始作用是保证存款的支付和清算，之后才逐渐演变成为货币政策工具，**中央银行通过调整存款准备金率，影响金**

融机构的信贷资金供应能力，从而间接调控货币供应量。

存款准备金本来是用于保证支付安全的，在中国却成了对抗热钱的一种工具。**存款准备金率提高的话意味着市面上流通的资金量下降了，相应地流入股市的资金量也因此下降了。**一般股票市场上的参与者都会相对孤立地来看待存款准备金率的变化，调低存准率被简单地视为利多，而调高存准率则被简单地视为利空。其实，调存准率本身对市场的影响是简单的，降低存准率有利于增加市场流动性，而提高存准率则有利于减少市场流动性。但是，我们不能忽略了经济周期这个大前提，**在经济下滑的时候，下调存准率只是进一步确认了经济下滑的速度，因此熊市中调低存准率往往只是高开低走，或者直接就是低开低走。**而在牛市中，经济往往是向上的，这时候存准率上调只不过确认了经济上升的速度，因此**牛市中上调存准率往往只是低开高走，或者直接就是高开高走。**头两次调存准率的力量并不足以扭转市场的趋势，往往**要多次调整存准率之后市场趋势才会接近尾声**，这一点是我们做股票的投机客要注意的，不要简单地将存准率调整与多空走势画等号，**更需要注意的是，调存准率确认了经济处于什么阶段，只有衰退阶段才会不断调低存准率，只有繁荣和滞胀阶段才会不断调升存准率。**所以，**我们要关心的往往是第一次上调和下调存款准备金率**，这往往意味着进入到经济周期的新阶段，流动性也进入到一个反向时期。我们来看一个具体的例子，2010 年 1 月 12 日中国人民银行宣布决定从 1 月 18 日起上调存款准备金率 0.5 个百分点。这是第一次上调存款准备金率，也就是说，此前存款准备金率一直是下调的，现在流动性步入一个反向阶段——收紧阶段（见图 2-2）。既然流动性转而收紧，那意味着可以流入股市的资金有越来越少的趋势。2010 年 1 月 13 日股市低开 77 点，收盘下跌 101 点。表 2-1 显示了自 2007 年以来存款准备金率调整对股市的短期影响。

中央银行贷款（再贴现）是中央银行对金融机构持有的未到期已贴现商业汇票予以贴现的行为。在我国，中央银行通过适时调整再贴现总量及利率，明确再贴现票据选择，达到吞吐基础货币和实施金融宏观调控的目的，同时发挥调整信贷结构的功能。自 1986 年人民银行在上海等中心城市开始试办再贴现业务以来，再贴现业务经历了试点、推广到规范发展的过程。

1986 年，针对当时经济运行中企业之间严重的贷款拖欠问题，人民银行下发了《中国人民银行再贴现试行办法》，决定在北京、上海等十个城市对专业银行试办再贴现业务。这是自人民银行独立行使中央银行职能以来，首次进行的再贴现实践。

图 2-2　存准率上升周期开启

表 2-1　自 2007 年以来存款准备金率调整对股市的短期影响

公布日期	大型金融机构			中小型金融机构			股市
	调整前 (%)	调整后 (%)	幅度 (%)	调整前 (%)	调整后 (%)	幅度 (%)	沪指 (%)
2012 年 2 月 18 日	21.00	20.50	−0.50	17.50	17.00	−0.50	0.30
2011 年 11 月 30 日	21.50	21.00	−0.50	18.00	17.50	−0.50	2.29
2011 年 6 月 14 日	21.00	21.50	0.50	17.50	18.00	0.50	−0.95
2011 年 5 月 12 日	20.50	21.00	0.50	17.00	17.50	0.50	0.95
2011 年 4 月 17 日	20.00	20.50	0.50	16.50	17.00	0.50	0.22
2011 年 3 月 18 日	19.50	20.00	0.50	16.00	16.50	0.50	0.08
2011 年 2 月 18 日	19.00	19.50	0.50	15.50	16.00	0.50	1.12
2011 年 1 月 14 日	18.50	19.00	0.50	15.00	15.50	0.50	−3.03
2010 年 12 月 10 日	18.00	18.50	0.50	14.50	15.00	0.50	2.88
2010 年 11 月 19 日	17.50	18.00	0.50	14.00	14.50	0.50	−0.15
2010 年 11 月 10 日	17.00	17.50	0.50	13.50	14.00	0.50	1.04
2010 年 5 月 2 日	16.50	17.00	0.50	13.50	13.50	0.00	−1.23
2010 年 2 月 12 日	16.00	16.50	0.50	13.50	13.50	0.00	−0.49
2010 年 1 月 12 日	15.50	16.00	0.50	13.50	13.50	0.00	−3.09
2008 年 12 月 22 日	16.00	15.50	−0.50	14.00	13.50	−0.50	−4.55
2008 年 11 月 26 日	17.00	16.00	−1.00	16.00	14.00	−2.00	−2.44
2008 年 10 月 8 日	17.50	17.00	−0.50	16.50	16.00	−0.50	−0.84
2008 年 9 月 15 日	17.50	17.50	0.00	17.50	16.50	−1.00	−4.47

续表

公布日期	大型金融机构			中小型金融机构			股市
	调整前 (%)	调整后 (%)	幅度（%）	调整前 (%)	调整后 (%)	幅度（%）	沪指（%）
2008 年 6 月 7 日	16.50	17.50	1.00	16.50	17.50	1.00	-7.73
2008 年 5 月 12 日	16.00	16.50	0.50	16.00	16.50	0.50	-1.84
2008 年 4 月 16 日	15.50	16.00	0.50	15.50	16.00	0.50	-2.09
2008 年 3 月 18 日	15.00	15.50	0.50	15.00	15.50	0.50	2.53
2008 年 1 月 16 日	14.50	15.00	0.50	14.50	15.00	0.50	-2.63
2007 年 12 月 8 日	13.50	14.50	1.00	13.50	14.50	1.00	1.38
2007 年 11 月 10 日	13.00	13.50	0.50	13.00	13.50	0.50	-2.40
2007 年 10 月 13 日	12.50	13.00	0.50	12.50	13.00	0.50	2.15
2007 年 9 月 6 日	12.00	12.50	0.50	12.00	12.50	0.50	-2.16
2007 年 7 月 30 日	11.50	12.00	0.50	11.50	12.00	0.50	0.68
2007 年 5 月 18 日	11.00	11.50	0.50	11.00	11.50	0.50	1.04
2007 年 4 月 29 日	10.50	11.00	0.50	10.50	11.00	0.50	2.16
2007 年 4 月 5 日	10.00	10.50	0.50	10.00	10.50	0.50	0.13
2007 年 2 月 16 日	9.50	10.00	0.50	9.50	10.00	0.50	1.41
2007 年 1 月 5 日	9.00	9.50	0.50	9.00	9.50	0.50	2.49

1994 年下半年，为解决一些重点行业的企业贷款拖欠、资金周转困难和部分农副产品调销不畅的状况，中国人民银行对"五行业、四品种"（煤炭、电力、冶金、化工、铁道和棉花、生猪、食糖、烟叶）领域专门安排 100 亿元再贴现限额，推动上述领域商业汇票业务的发展。

1995 年末，人民银行规范再贴现业务操作，开始把再贴现作为货币政策工具体系的组成部分，并注重通过再贴现传递货币政策信号，并根据金融宏观调控和结构调整的需要，不定期公布再贴现优先支持的行业、企业和产品目录。

自 1998 年以来，为适应金融宏观调控由直接调控转向间接调控，加强再贴现传导货币政策的效果、规范票据市场的发展，人民银行出台了一系列完善商业汇票和再贴现管理的政策。改革再贴现、贴现利率生成机制，使再贴现利率成为中央银行独立的基准利率，为再贴现率发挥传导货币政策的信号作用创造了条件。

自 2008 年以来，为有效发挥再贴现促进结构调整、引导资金流向的作用，人民银行进一步完善再贴现管理。

再贴现规模总体较小，因此对于流动性的影响并不显著，自然对于股市的影响也就比较小。对于当前的 A 股短线交易者而言，关心再贴现的意义不大，应该将关注的重心放在存准率和利率的变化上。但是，随着金融市场的逐步发展和完善，再贴现市

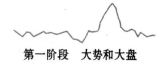

场也可能随着规模的扩大对整个经济的流动性产生重要影响，如果出现了这种格局，那么作为一个股票交易者就必须对再贴现率的变动密切关注了。

利率政策是我国货币政策的重要组成部分，也是货币政策实施的主要手段之一。中国人民银行采用的利率工具主要有：调整中央银行基准利率、调整金融机构法定存贷款利率、制定金融机构存贷款利率的浮动范围、制定相关政策对各类利率结构和档次进行调整等。近年来，中国人民银行加强了对利率工具的运用。利率调整逐年频繁，利率调控方式更为灵活，调控机制日趋完善。随着利率市场化改革的逐步推进，作为货币政策主要手段之一的利率政策将逐步从对利率的直接调控向间接调控转化。利率作为重要的经济杠杆，在国家宏观调控体系中将发挥更加重要的作用。

利率变化与股市趋势密切相关，但是却不是大众认为的那样是简单的多空关系。一般大众认为降息增加了市场流动性，所以降息对股市是利好的，而加息则减少了市场流动性，所以加息对于股市是利空的。这种判断忽略了降息和加息的背景，降息往往出现于经济衰退阶段，因此降息提供了流动性可能只是弥补了因为经济衰退导致的惜贷情况，甚至可能还存在缺口。而加息往往出现于经济繁荣和滞胀时期，因此加息可能只是提供了资金借贷的成本，但却不足以抵消实体经济对资金的强烈需求。**一旦步入加息周期，意味着经济进入上升趋势，因此头几次加息往往确认了经济上行趋势，因此加息后股市继续上扬。**只有连续加息之后，经济增长趋缓，这时候股价往往就转入震荡筑顶阶段。**一旦步入降息周期，意味着经济进入下行趋势，因此头几次降息往往确认了经济下行趋势，因此降息后股市继续下跌。**只有连续多次降息之后，股市才会震荡筑底。因此，每次熊市的时候，总有不少"经济专家"和散户将降息简单地等同于股市转牛，或者是每次牛市的时候，同样有不少"专家学者"和散户将加息简单地等于同股市转熊。市场的主力非常喜欢媒体和散户的这种倾向，因为正是散户的这种倾向让他们频繁进出股市，这样就提高了个股的换手率，进而提供了散户持仓的平均成本，这样便于主力高位派发。

一般我们要注意两种情况下的利率调整：第一种情况是**多次降息后第一次加息或者是多次加息后第一次降息**，这往往表明进入了加息或者降息周期，这时候往往是加息为利好，降息为利空。第二种情况是**加息周期中的第四次加息或者降息周期中的第四次降息**，这时候就不能简单地将加息看成利多，降息看成利空了，这时候需要看整体流动性和经济是否有见底预期。基准利率调整前后股市涨跌与大势没有关系，只能作为一种历史参考依据（见表2-2）。

表 2-2　基准利率调整和 A 股涨跌

数据上调时间	存款基准利率			贷款基准利率			消息公布次日指数涨跌	
	调整前(%)	调整后(%)	调整幅度(%)	调整前(%)	调整后(%)	调整幅度(%)	上海股票市场（%）	深圳股票市场（%）
2011 年 7 月 7 日	3.25	3.50	0.25	6.31	6.56	0.25	−0.58	−0.26
2011 年 4 月 6 日	3.00	3.25	0.25	6.06	6.31	0.25	0.22	1.18
2011 年 2 月 9 日	2.75	3.00	0.25	5.81	6.06	0.25	−0.89	−1.53
2010 年 12 月 26 日	2.50	2.75	0.25	5.56	5.81	0.25	−1.90	−2.02
2010 年 10 月 20 日	2.25	2.50	0.25	5.31	5.56	0.25	0.07	1.23
2008 年 12 月 23 日	2.52	2.25	−0.27	5.58	5.31	−0.27	−4.55	−4.69
2008 年 11 月 27 日	3.60	2.52	−1.08	6.66	5.58	−1.08	1.05	2.29
2008 年 10 月 30 日	3.87	3.60	−0.27	6.93	6.66	−0.27	2.55	1.91
2008 年 10 月 9 日	4.14	3.87	−0.27	7.20	6.93	−0.27	−0.84	−2.40
2008 年 9 月 16 日	4.14	4.14	0.00	7.47	7.20	−0.27	−4.47	−0.89
2007 年 12 月 21 日	3.87	4.14	0.27	7.29	7.47	0.18	1.15	1.10
2007 年 9 月 15 日	3.60	3.87	0.27	7.02	7.29	0.27	2.06	1.54
2007 年 8 月 22 日	3.33	3.60	0.27	6.84	7.02	0.18	0.50	2.80
2007 年 7 月 21 日	3.06	3.33	0.27	6.57	6.84	0.27	3.81	5.38
2007 年 5 月 19 日	2.79	3.06	0.27	6.39	6.57	0.18	1.04	2.54
2007 年 3 月 18 日	2.52	2.79	0.27	6.12	6.39	0.27	2.87	1.59
2006 年 8 月 19 日	2.25	2.52	0.27	5.85	6.12	0.27	0.20	0.20
2006 年 4 月 28 日	2.25	2.25	0.00	5.58	5.85	0.27	1.66	0.21
2004 年 10 月 29 日	1.98	2.25	0.27	5.31	5.58	0.27	−1.58	−2.31
2002 年 2 月 21 日	2.25	1.98	−0.27	5.85	5.31	−0.54	1.57	1.40

数据指标多了，更不能迷失其中，要整体来看，抓住大旨！

　　虽然货币政策工具有很多种，但是我们主要还是关注货币政策作用的关键变量，也就是对股票市场会产生影响的货币变量。根据股票交易的心得我们认为 **M1 同比增速、同业拆借利率、银行间 7 天回购利率、央行票据回购和逆回购、10 年期国债收益率是比较重要的货币变量**。其中，M1 同比增速反映了流动性情况，与 A 股市场直接相关。而同业拆借利率和银行间 7 天回购利率则反映了资金面因素的短期变化，央行票据回购和逆回购反映了货币当局的政策面变化，10 年期国债收益率则反映了整个经济的增长和通胀情况。

　　我们先来看 M1 同比增速与 A 股大势的关系。货币供应量的变化与股市的变化基本同步，有时候甚至是稍微领先的。货币供应量的度量指标通常为 M1 和 M2。招商证券的研究员罗毅先生通过研究发现，如果当 M1 增速接近 10% 时投资深圳成指，增速超过 20% 时卖出，1996 年至 2009 年 7 月累计收益率达到惊人的 9400%（见图 2-3）。

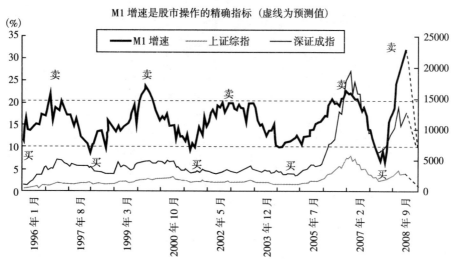

图 2-3　完全根据 M1 同比增速进行 A 股买卖

资料来源：招商证券研发中心。

为了帮助读者更好地理解本课的内容，先对 M0、M1 和 M2 进行解释：

M0＝流通中现金（在银行体系以外流通的现金）

M1＝M0＋非金融性公司的活期存款

M2＝M1＋非金融性公司的定期存款＋储蓄存款＋其他存款

M1 反映经济中的现实购买力；M2 不仅反映现实的购买力，还反映潜在的购买力。若 M1 增速较快，则消费和终端市场活跃；若 M2 增速较快，则储蓄和中间市场活跃。中央银行和各商业银行可以据此判定货币政策。在 M1 和 M2 两者当中，M1 与物价关系更加密切。当 M1 同比增速低于 10% 的时候，通缩非常显著，这就促使政府将 M1 从底部拉上去；当 M1 同比增速高于 20% 的时候，通胀非常显著，这就促使政府将 M1 从顶部打压下去（见图 2-4）。相关统计结果表明，M1 与物价和资产价格相关性很高（见图 2-5），而 M2 则与储蓄相关性很高，与物价没有显著相关性（见图 2-6）。物价和资产价格与储蓄存在负相关性，这是简单的推理就可以得到的结论。1980~2006 年，M1 增长率与一年期存款利率的相关系数为 18.42%，非常弱的正相关性，但是 M2 与一年期存款利率的相关系数高达 72.82%。这意味着利率提高导致的储蓄增加会大幅提升 M2 的增速，但是却对 M1 没有什么影响。所以，M1 同比增速与证券资产和房地产的价格密切相关，见图 2-7 和图 2-8。

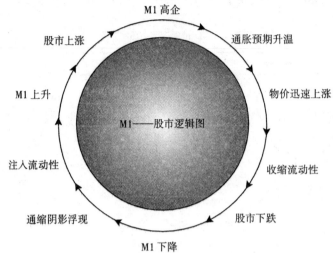

图 2-4　M1 与股市涨跌的逻辑

资料来源：罗毅：招商证券。

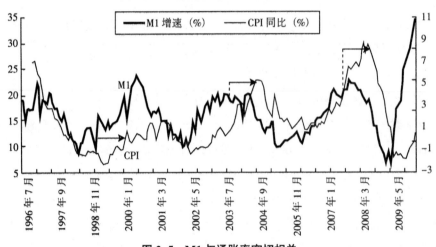

图 2-5　M1 与通胀率密切相关

资料来源：罗毅：招商证券研发中心，Wind。

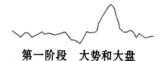

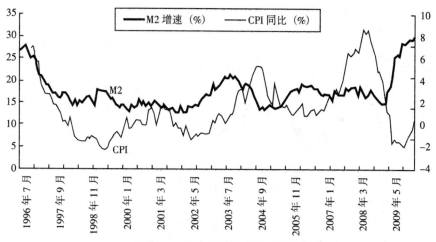

图 2-6　M2 与通胀率没有显著关系

资料来源：罗毅：招商证券研发中心，Wind。

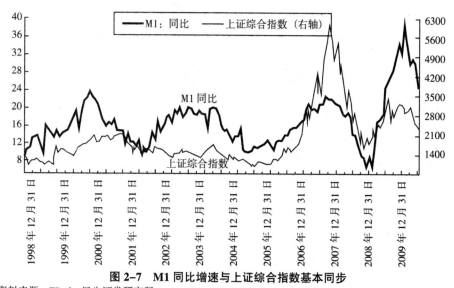

图 2-7　M1 同比增速与上证综合指数基本同步

资料来源：Wind，民生证券研究所。

　　我们已经知道了 M1 与 A 股走势之间的显著相关性，那么到哪里可以查询到 M1 同比增速呢？怎样才能看到股指和 M1 的叠加走势呢？我们推荐 http：//value500.com/，这个黄页网站提供了 M1 同比增速与上证指数、深综指以及深成指的叠加走势（见图 2-9~图 2-11），另外还提供了 M1 与 M1-M2 的叠加走势（见图 2-12）。M1-M2 是 M1 同比增速减去 M2 同比增速，这时指数与 M1 同比的走势是一致的，两者与股指是正相关性，与资产价格是正相关性。有些研究报告可能将 M1-M2 误写为 M2-M1，这是要注意的。

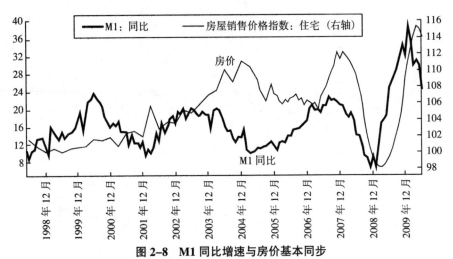

图 2-8　M1 同比增速与房价基本同步

资料来源：Wind，民生证券研究所。

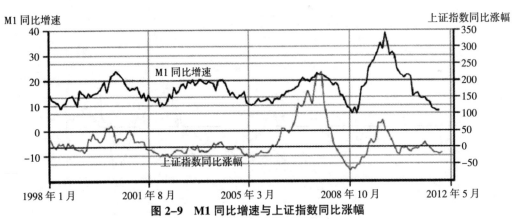

图 2-9　M1 同比增速与上证指数同比涨幅

资料来源：value500.com.

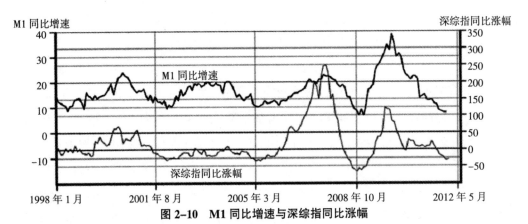

图 2-10　M1 同比增速与深综指同比涨幅

资料来源：value500.com.

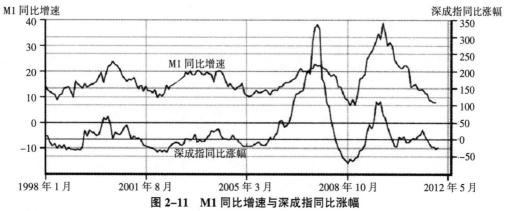

图 2-11 M1 同比增速与深成指同比涨幅

资料来源：value500.com.

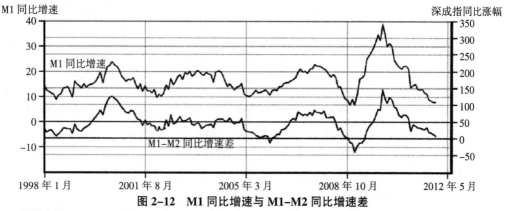

图 2-12 M1 同比增速与 M1-M2 同比增速差

资料来源：value500.com.

接着，我们介绍同业拆借利率与 A 股大盘的关系。因为准备金是保证银行偿债能力的重要条件，所以国家对银行准备金有一个法定的最低额，就是法定准备金。当一家银行不能达到这个法定准备金的时候，就必须想办法进行周转。其中向另一家准备金有盈余的银行借入资金就是一种方法，这种业务行为就叫银行拆借，即同业拆借。

银行间拆借利率就是各银行间进行短期的相互借贷所适用的利率，通常是隔夜拆借或者 1 天到 7 天内拆借，它是发达货币市场上最基本和最核心的利率，许多其他利率都要直接或间接地受到银行间拆借利率变动的影响，甚至其变动的国际影响也很剧烈，所以银行间拆借利率通常可以作为一国利率市场化程度的重要参考依据。

全球最著名的同业拆借利率有伦敦同业拆借利率和美国联邦基准利率，两国的存贷款利率均是根据此利率自行确定的。美国联邦基准利率是指美国同业拆借市场的利率，最主要是指隔夜拆借利率。它不仅直接反映货币市场最短期的价格变化，是美国经济最敏感的利率，而且还是美联储的政策性利率指标。

英国脱欧之后，伦敦同业拆借利率的国际地位将下降。

银行拆借使金融机构在不用保持大量超额准备金的前提下满足存款支付及汇兑、清算的需要。在现代金融制度体系中，金融机构为了实现较高利润和收益，必然要扩大资产规模，但同时会面临准备金减少、可用资金不足的问题，甚至出现暂时性支付困难。但准备金过多、可用资金闲置过多又使金融机构利润减少，收益降低。金融机构需要在不影响支付的前提下，尽可能地降低准备金水平，以扩大能获取高收益的资产规模，使利润最大化。同业拆借市场使准备金多余的金融机构可以及时拆出资金，保证获得较高收益，准备金不足的金融机构可以及时借入资金保证支付，有利于金融机构实现其经营目标。同业拆借市场还是中央银行实施货币政策，进行金融宏观调控的重要场所。同业拆借市场的交易价格即同业拆借市场利率，是资金市场上短期资金供求状况的反映。中央银行根据其利率水平，了解市场资金的松紧状况，运用货币政策工具进行金融宏观调控，调节银根松紧和货币供应量，实现货币政策目标。

目前，全球直接管制存贷款利率的央行极少，绝大多数是以货币市场尤其是拆借市场的利率作为目标利率，比如美联储就以隔夜拆借利率为政策利率。由于拆借利率在最前端，央行在确定目标利率后，会通过其他货币政策工具如公开市场操作等将拆借市场的利率维持在目标利率附近，此时各家商业银行就会根据拆借市场的资金拆借成本（拆借利率）来确定最终的贷款利率，即零售市场的利率，然后企业和居民依据此利率进行借贷行为。

银行同业拆借利率已成为金融市场、货币政策乃至全社会经济活动关注的重要指标。随着拆借市场放开，**拆借利率越来越真实地反映市场资金的供求状况**，成为金融市场最有影响力的指标之一，**A股与同业拆借利率走势密切相关**（见图2-13）。中央银行制定货币政策时要考虑它，投资者买进、卖出有价证券时要考虑它，保险公司确定保费时也要考虑它。同业拆借已成为商业银行短期资金管理的首选方式。商业银

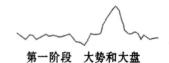
行在短期资金短缺或宽松时，首先考虑的是在同业拆借市场上融入或融出资金，改变了以往资金依赖中国人民银行的做法，积极在同业拆借市场运作。同业拆借市场的发展，为商业银行的流动性管理和商业化经营提供了良好的外部条件，加快了商业银行商业化的进程，提高了商业银行资金的营运效益。

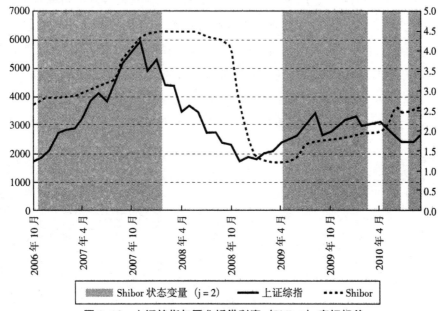

图 2-13　上证综指与同业拆借利率（Shibor）密切相关

资料来源：Wind，长江证券研究部。

股市上涨最重要、最直接的必要条件就是"资金充裕"，资金面往往决定了股票市场的方向和深度，"资金"是股票市场上涨的助推器，研究市场中的资金面可以帮助判断大盘未来走势与方向。通过观察，研究银行同业拆借利率的变化，一定程度上可以反映目前市场资金面紧张与否。一般来说，**拆借利率越高，说明市场缺钱；拆借利率越低，说明市场不缺钱。**

国内的同业拆借利率是 Shibor。Shibor 全称是上海银行间同业拆借利率（Shanghai Interbank Offered Rate），被称为中国的 Libor（London Interbank Offered Rate，伦敦同业拆借利

拆借利率是一个短期指标。2013 年 6 月的股市大跌就与当时的银行拆借利率飙升有直接关系。

率），其形成方式是每个交易日全国银行间同业拆借中心根据各报价行的报价，剔除最高、最低各 2 家报价，对其余报价进行算术平均计算后，得出每一期限品种的 Shibor，并于 11:30 对外发布。

Shibor 报价银行团现由 16 家商业银行组成，首批 16 家报价行名单中包括工、农、中、建 4 家国有商业银行，交行、招商、光大、中信、兴业、浦发 6 家全国性股份制银行，北京银行、上海银行、南京商行 3 家城市商业银行和德意志上海、汇丰上海、渣打上海 3 家外资银行，此 16 家银行是公开市场一级交易商或外汇市场做市商，在中国货币市场上人民币交易相对活跃、信息披露比较充分的银行。中国人民银行成立 Shibor 工作小组，依据《上海银行间同业拆借利率（Shibor）实施准则》确定和调整报价银行团成员、监督和管理 Shibor 运行、规范报价行与指定发布人行为。Shibor 是单利、无担保、批发性利率。目前，对社会公布的 Shibor 品种包括隔夜、1 周、2 周、1 个月、3 个月、6 个月、9 个月及 1 年（见图 2-14~图 2-16）。

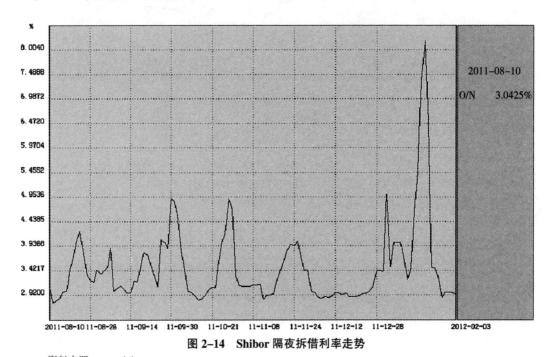

图 2-14　Shibor 隔夜拆借利率走势

资料来源：www.shibor.org。

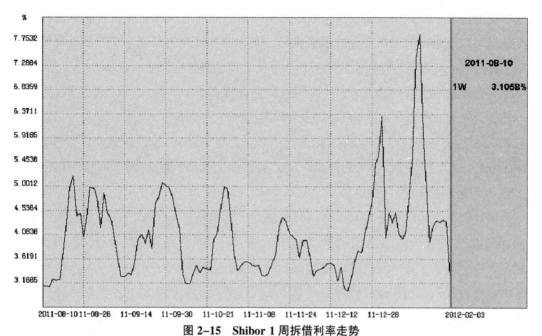

图2-15 Shibor 1周拆借利率走势

资料来源：www.shibor.org.

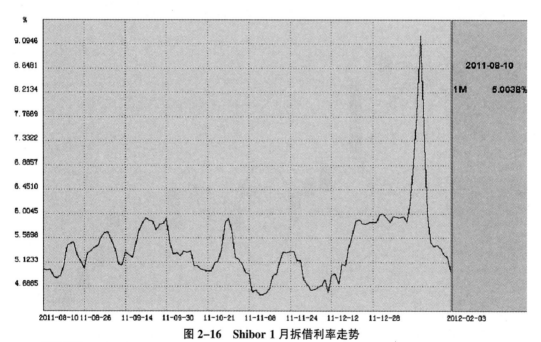

图2-16 Shibor 1月拆借利率走势

资料来源：www.shibor.org.

　　简单而言，**银行间的拆借利率能真实地反映市场资金的供求状况**。中央银行根据其利率水平，了解市场资金的松紧状况，运用货币政策工具进行金融宏观调控，调节

银根松紧和货币供应量，实现货币政策目标。所以**通过观察和研究银行间拆借利率的变化就可以知道目前市场资金的供求状况，同时也可以判断国家未来的货币政策。**因此，跟踪 Shibor 走势对于判断股票市场当下及未来趋势具有深远的影响。

我们来看一个简单的例子，全国银行间同业拆借中心 5 月 30 日公布的数据显示，上海银行间同业拆借利率（Shibor）除 1 年期品种外全线回落。其中，隔夜利率继上周五狂泻 201.71 个基点后，昨天再跌 28.62 个基点，至 2.55%；而跌幅最大的 1 周利率大跌 119.5 个基点，至 3.2008% 的两周新低。次日，也就是 5 月 31 日，股市在熊市大幅上涨（见图 2-17 和图 2-18）。

银行间 7 天回购利率与同业拆借利率都是反映短期资金供求状况。银行间债券回购利率和上海银行间同业拆借利率（Shibor）是当前货币市场具有指导意义的两种短期利率，分别反映了银行间债券市场和银行间同业拆借市场的短期融资成本。这两种利率的差额过大会引起市场投机者在两个市场间进行投机套利活动，进而使两种利率趋于一致。同业拆借利率 Shibor 可以从 www.shibor.org 查询，而 7 天回购利率则可以从 www.chinamoney.com.cn 查询（见图 2-19）。

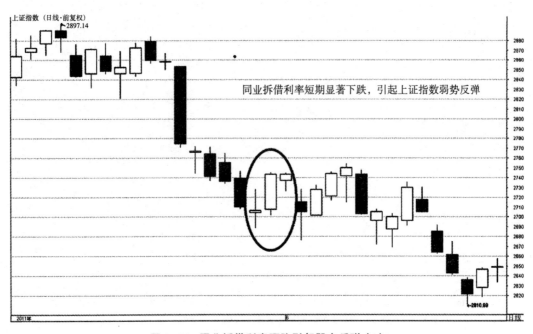

图 2-17　同业拆借利率下降引起股市反弹（1）

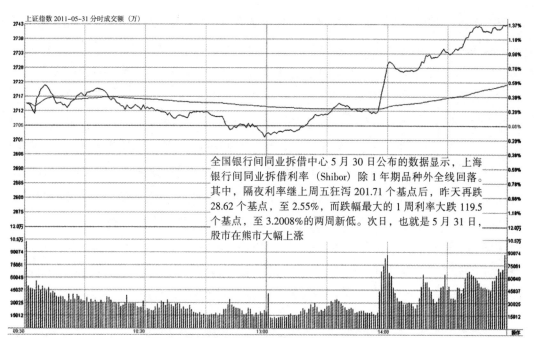

全国银行间同业拆借中心 5 月 30 日公布的数据显示，上海银行间同业拆借利率（Shibor）除 1 年期品种外全线回落。其中，隔夜利率继上周五狂泻 201.71 个基点后，昨天再跌 28.62 个基点，至 2.55%，而跌幅最大的 1 周利率大跌 119.5 个基点，至 3.2008% 的两周新低。次日，也就是 5 月 31 日，股市在熊市大幅上涨

图 2-18　同业拆借利率下降引起股市反弹（2）

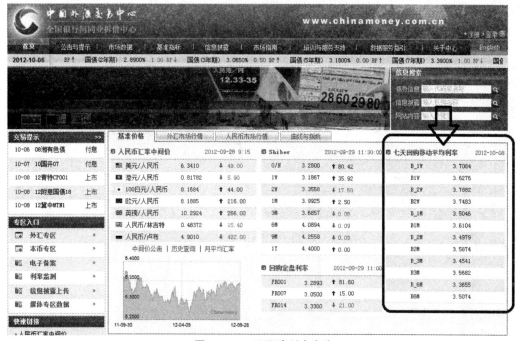

图 2-19　7 天回购利率查询

资料来源：中国外汇交易中心官网。

央行票据的回购和逆回购是我们需要关注的一个流动性改变信号。央行票据即中

央银行票据，是中央银行为调节商业银行超额准备金而向商业银行发行的短期债务凭证，其实质是中央银行债券。之所以叫"中央银行票据"，是为了突出其短期性特点。从已发行的央行票据来看，期限最短的 3 个月，最长的也只有 1 年。但央行票据与金融市场各发债主体发行的债券具有根本的区别：各发债主体发行的债券是一种筹集资金的手段，其目的是筹集资金，即增加可用资金；而中央银行发行的央行票据是中央银行调节基础货币的一项货币政策工具，目的是减少商业银行可贷资金量。商业银行在支付认购央行票据的款项后，其直接结果就是可贷资金量的减少。

央行票据的回购交易分为正回购和逆回购两种。**央票正回购为央行从市场收回流动性的操作，央票正回购到期则为央行向市场投放流动性的操作。央票逆回购为央行向市场上投放流动性的操作，央票逆回购到期则为央行从市场收回流动性的操作。**央票发行和回购，大家可以从网址 http：//bond.xinhua08.com/ 和 http：//bond.xinhua08.com/focus/yzyp/查询。

10 年期国债的走势在整个债券市场中对整个宏观大势的反映最为准确。10 年期国债的走势能够对经济增长率和通胀率，甚至风险水平作出很好的预示，因此 10 年期国债的走势对于 A 股大势也有很好的预示作用。从历史经验来看，10 年期国债收益率的大底（低于 2.75% 水平）往往预示着上证指数进入了底部（见图 2-20）。

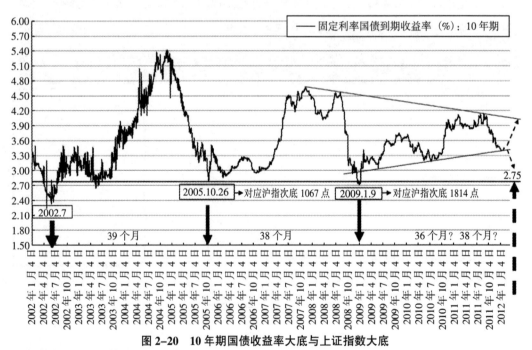

图 2-20 10 年期国债收益率大底与上证指数大底

资料来源：哈克制图。

　　为什么10年期国债利率的低点会对应着股市的低点呢？10年期国债利率最低点往往处于经济衰退阶段，这个时候股市往往也位于底部。另外，10年期国债利率最低的时候，E/P往往却是最高的时候。因为在E/P中，P的变动往往大于E的变动，P股价代表市场心理，而E每股收益则代表基本面，心理的波动往往放大了基本面的变动。所以，在经济繁荣的时候，E增大的幅度往往小于P增大的幅度，E/P就较小；在经济衰退的时候，E减小的幅度小于P减小的幅度，E/P就较大。简单而言，就是经济繁荣的时候，P/E市盈率高，经济衰退的时候，P/E市盈率低。在经济衰退的时候，10年期国债收益率筑底，而股票收益率E/P却见顶，这样就使得"股票收益率/10年期国债收益率"达到最大值，这个最大值表明股市与债市的收益率差达到了理想的高度，能够吸引资金持续流入股市，所以股指的底部往往对应这个收益率比值的高点（见图2-21）。

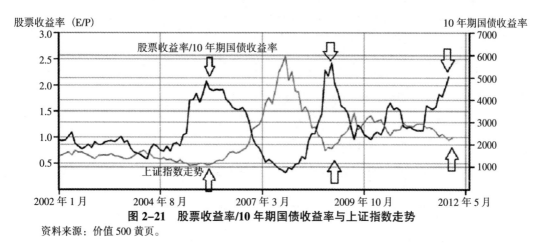

图2-21　股票收益率/10年期国债收益率与上证指数走势

资料来源：价值500黄页。

　　另外，收益率曲线的等价指标是10年期国债与1年期国债的收益率差。这个差值达到最大的时候，预示着金融市场对未来经济最乐观的时候；这个差值达到最小的时候，预示着金融市场对未来经济最悲观的时候，所以这个指标要领先于股指的走势（见图2-22）。

　　A股市场直接受到国内货币政策的影响，而国内货币政策则显著地受到美联储货币政策的影响。我们将中国人民银行的货币政策导致的流动性变化看成是近端货币供给，将美联储的货币政策导致的流动性变化看成是远端货币供给。接下来，我们将详细介绍美联储和美元对于全球金融市场，特别是A股市场的影响，甚至还包括这些受美元影响的全球金融市场与A股市场的相关性。从中我们可以发现美元的走势其实是全球资本流动的一个风向标，**做A股不能不分析美元指数的走势**。由于人民币事实上盯住美元，所以美元兑其他货币的贬值将带动人民币兑其他货币的贬值，这样就会促

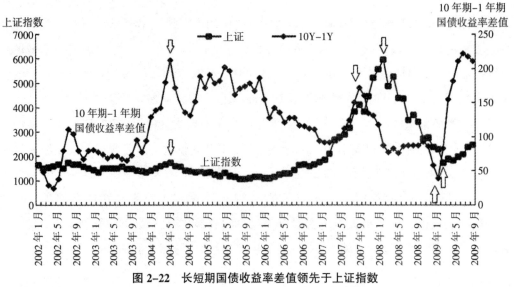

图 2-22 长短期国债收益率差值领先于上证指数

资料来源：CEIC，申万研究。

进中国总体的出口，相反的情况是美元兑其他货币的升值将带动人民币兑其他货币的升值，这样会打击中国总体的出口。所以，美元兑其他主要货币升值（如欧元），也就是美元指数上涨，将使得中国出口下降，股指会下跌；美元兑其他主要货币贬值，也就是美元指数下跌，将使得中国出口上升，股指会上涨（见图 2-23）。另外，美元指数和人民币兑美元汇率的变化，加上中国经济自身的变化和盯住汇率制度会导致外汇储

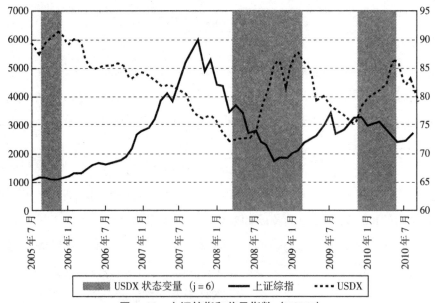

图 2-23 上证综指和美元指数（USDX）

资料来源：Wind，长江证券研究部。

备的变化，而外汇储备的变化进一步导致国内货币供给量的变化，进而引起股指的变化。外汇储备增加如果没有采取对冲措施将导致国内货币供应量增加，股指倾向于上扬；外汇储备减少如果没有采取对冲措施将导致国内货币供应量减少，股市倾向于下跌（见图2-24），所以外汇储备通过引起国内货币供给量变化导致了股指的变化。不过，我们主要介绍美联储货币政策以及美元指数对A股市场的影响，所以外汇储备变化对A股市场的影响没有必要详细介绍。

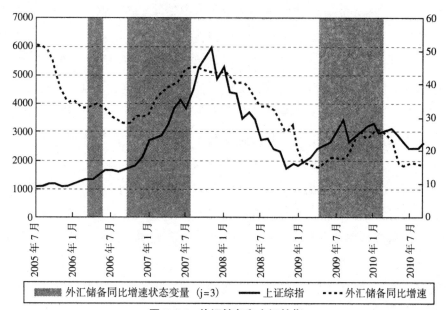

图2-24 外汇储备和上证综指

资料来源：Wind，长江证券研究部。

职业交易员都明白一个道理——"不要与美联储对抗"！全球任何资产交易者都不能忽略美联储的政策动向，最极端的说法是：你可以不关心自己所在国央行的政策，但是却不能忽略美联储的动向。关注美联储，你可以玩转铜等大宗商品，你可以玩转香港的房地产，你也可以玩转其他任何非美资产。**美联储在美国拥有至高无上的影响力，在全球资产上也是如此**。曾经预言了东南亚经济危机的经济学泰斗保罗·克鲁格曼指出："你可以不同意美联储主席的意见，但是你几乎不能怀疑他对经济和金融市场的巨大影响力……"

不要与美联储对抗！不要与中国人民银行对抗！

美联储通常使用公开市场业务作为货币政策调控工具。当美联储想要增加货币供应量，维持或提升流动性水平时，通过在公开市场买入债券（一般是政府证券），这样流动中的货币就增加了；相反，如果美联储想要减少货币供应量，就在公开市场中卖出债券，这样就将经济中流通的货币挤了出来。公开市场业务操作一度是美联储最为重要的货币政策工具，不过随着格林斯潘进入美联储，贴现率和联邦基金利率开始作为重要工具使用。这里所谓的贴现率是指商业银行向美联储借款时收取的利息；联邦基金利率则是指银行之间相互提供贷款时收取利息的利率。提高贴现率和联邦基金利率会减少货币供应量，相反则会增加货币供应量。

在抑制通货膨胀方面，货币政策效果显著，但是在经济衰退方面货币政策未必一定有效，特别是严重衰退或者二次衰退。因为在经济衰退的时候，央行注入大量流动性到市场，但是商业银行因为风险可能不愿意放贷，而企业和个人也因为修复资产负债表不愿借款。比如，20世纪30年代大萧条期间就出现过这种情况，这与货币主义的观点大相径庭。货币政策可以用来稳定物价水平，但是却对经济的中长期增长无能为力，**货币政策就像一根绳子，你可以拉但是却不能推绳子。**在经济衰退时，观察财政政策的调整；经济接近充分就业时，观察货币政策的调整。那么，美联储的政策是如何影响全球资金流动的呢？**美联储放松货币之后，资金将涌向大宗商品和新兴市场的股票，以及高息货币，因为流动性增加，将提高全球的风险偏好，同时让各经济主体产生对自己的资产负债表进行调整的需要，这些都会促使全球所有类别的资产价格进行持续的显著调整，包括A股市场。**

美联储采取行动的影响将通过美元指数的走势体现出来，因此美联储采取紧缩的货币政策，则美元指数上扬，其他非美资产往往下跌。如果美联储采取宽松的货币政策，则美元指数下跌，其他非美资产往往上涨。当然这是一般情况，因为市场除了考虑资产收益还要考虑风险，在极端风险厌恶的情况下，宽松货币政策下的美元也可能走强。具体到A股而言，美元指数上扬，往往是利空的；美元指数下跌，则往往是利多的。之所以有这样的效应，有两个显著的原因：第一个原因是我们之前提到的出口竞争力问题，由于事实上人民币盯住美元，所以美元指数的强弱关系着我们出口竞争力，出口状况的好坏影响上市公司的业绩；第二个原因则是资本流动的问题，美联储政策宽松导致大量美元供给，引起美元指数走跌，而这些新增的大量美元倾向于流入高风险高收益资产，比如A股这类新兴市场的股市，将增加A股市场的资金量。

美联储政策变动直接体现于美元指数变化，而A股与美元指数变化高度相关。因此，我们接下来就要深入了解美元指数，看看它的构成，历史变化规律，它对其他主要

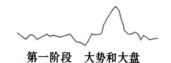

金融市场的影响，以及这些主要金融市场与A股市场的关系。

美元指数与CRB指数、道琼斯指数、BDI指数、美国10年期国债收益率被合称为反映全球经济风向标的五大指数。美元指数类似于显示美国股票综合状态的道琼斯工业平均数，美元指数显示的是美元的综合值。

风险情绪看VIX和国债走势。

美元指数是综合反映美元在国际外汇市场的汇率情况的指标，用来衡量美元对一揽子货币的汇率变化程度。它通过计算美元和对选定的一揽子货币的综合变化率来衡量美元的强弱程度，从而间接反映美国的出口竞争能力和进口成本的变动情况。美元指数是参照1973年3月6种货币对美元汇率变化的几何平均加权值来计算的，并以100.00点为基准来衡量其价值，如105.50点的报价，是指自1973年3月以来其价值上升了5.50%。1973年3月被选作参照点，是因为当时是外汇市场转折的历史性时刻，从那时起主要的贸易国允许本国货币自由地与另一国货币进行浮动报价。美元指数最初推出时是由10个外汇品种构成的，分别是德国马克、法国法郎、荷兰盾、意大利里拉、比利时法郎、日元、英镑、加拿大元、瑞典克朗和瑞士法郎。1999年欧元推出后，前五者均为欧元区货币，因此，美元指数在2000年也作了相应调整，以欧元代替这五种货币。所以，现在的美元指数是由6种货币构成的（见图2-25）。

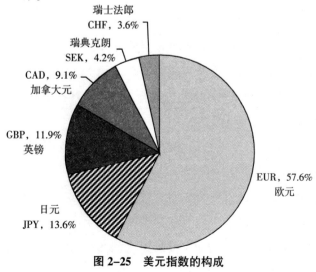

图2-25　美元指数的构成

如果美元指数下跌，说明美元对其他的主要货币贬值。美元指数是每周7天，每天24小时被连续计算。影响美元指数强弱的指标或者标准有以下几个：第一，6种参考货币自身的强弱情况。例如，欧元、英镑整体偏弱的话，会出现交易变现表现为美元走强，产生货币之间的利差交易。第二，美国的整体经济形势和公布的经济数据偏好或者美国经济运行良好，增长强劲会促使美元走强。第三，各国之间处于对通货膨胀的担忧而产生的加息、提高准备金等收缩货币投放量的行为产生的美元的走强等。第四，非美国本土金融危机产生的避险需求会导致资金涌入美国国债，进而让美元走强。

接着，我们介绍一下美元指数历史走势，这里主要参考了向松祚先生和巴利·艾森格林先生关于美元走势的详细论述，从中获得一些规律以便指导对未来的认识。我们可以将一个世纪以来的美元周期大致分为三个大阶段，而第三个大阶段则又可以细分为五个小的阶段。

第一大阶段从1914年到1955年，在这一时期与黄金挂钩的美元，美元与黄金依固定价格固定，主要经济体为获得美元作为支付手段，将大量黄金输入美国，美元因此迅速成为全球处于支配地位货币。1914年美联储创立并成为世界最强大的中央银行，接着两次世界大战摧毁金本位制，美国之外所有国家的经济全面崩溃，美国成为全球最强大的经济体和最大的债权国，其经常项目和资本项目都处于大额顺差的境地，全球75%的黄金储备流入美国。战后经济的复苏增加了世界各国对美元的需求，美元相对于世界其他主要货币处于长期升值趋势。随着布雷顿森林体系的建立，最终确立美元作为全球货币体系的主导角色。

第二大阶段从1956年到1970年，在这一时期美元依然按照固定价格与黄金挂钩，其他国家可以将美元兑换为黄金。为了与苏联争夺全球霸权，美国必须维持庞大的军事开支。朝鲜战争、越南战争和国内规模巨大的福利计划，让美国财政开支急剧增长，这些导致财政赤字、经常项目收支和资本项目收支赤字开始显现，美国黄金储备急剧下降。同时，宽松的货币政策触发严重通胀，金汇兑美元本位制岌岌可危，美元相对其他货币开始出现持续贬值趋势。再加上美国、西欧和日本之间的贸易和金融摩擦不断，布雷顿森林体系处于风雨飘摇之中。

第三大阶段从1971年至今，美元指数正式创立和运行的阶段，纯粹的美元本位制和浮动汇率体系正式登上人类历史舞台（见图2-26）。

在第三大阶段中，美国经常项目赤字持续扩大，美国成为全球主要债务国。为了防止美国的黄金储备进一步减少，尼克松违背布雷顿森林协议，放弃固定汇率国际货币体系。美元与黄金完全脱钩，全球主要货币之间实施浮动汇率，美元发行不再有任

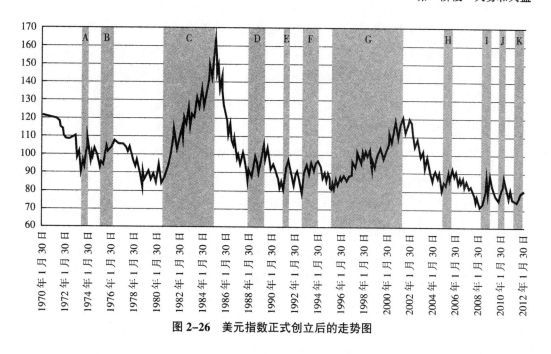

图 2-26 美元指数正式创立后的走势图

何外部约束。基辛格密谋沙特阿拉伯等国支持石油以美元结算，加上此后石油危机的影响，导致"石油美元"呈爆炸性增长。美联储成为事实上的全球中央银行，**美元周期成为左右全球经济波动的最重大力量**，"美元本位制"正式登上世界历史舞台。全球美元储备资产呈几何级数增加，世界平均通胀超过以往任何时代。全球和区域金融危机的发生频率超过了人类历史上所有的时期。"广场协议"的签订导致日元持续升值，引发日本经济的巨大泡沫，为此后泡沫的破灭埋下了伏笔。法国和德国为对抗美元霸权和推进欧洲一体化进程，决定采纳单一货币，这导致了欧元的诞生。

在第三个大阶段中，美元相对世界主要货币总体呈持续贬值趋势，但是为了避免全球对美元的信心下降，同时为了对抗通胀，美元会阶段性出现升值。在美国宣布退出布雷顿森林体系后，美元指数所呈现的走势可以划分为五个小阶段的升值与贬值周期。其中，20 世纪 80 年代中期，为美指历史走势中持续最长的贬值周期（10 年）。除了这个为期 10 年的周期外，其余周期的持续性基本在 4~6 年。

第一个小阶段是 1971~1979 年，美元处于弱势周期。尼克松宣布不遵守布雷顿森林体系的时候，美元相对其他主要货币一次性贬值的幅度高达 15%。从此美元进入总体持续贬值的趋势，到 1979 年美元相对其他主要货币的贬值幅度超过了 30%。因为新货币大量进入流通领域与美元的贬值在时间上基本是一致的，因此可以推断该阶段的贬值主要是美联储实行较为宽松的货币政策造成的。除了美国之外，此阶段的其他主

要发达国家经济体在告别布雷顿森林体系束缚后，其货币供应量也开始进入急速增长的历史阶段，触发石油、贵金属以及基础原材料价格飞涨，全球经济处于高通胀阶段。与此同时，石油危机和美元纸币本位制共同制造了规模庞大的"石油美元"。巨量"石油美元"滚滚流入拉美国家，掀起一波又一波的对外借债高潮和虚假繁荣，埋下了拉美债务危机之祸根。

第二个小阶段是1980~1985年，美元处于强势周期。1979年7月，保罗·沃尔克临危授命，以铁腕手段遏制通胀，他将联邦基金利率提高到前所未有的高度，于1981年居然达到惊人的、前所未有的16%。猛烈的紧缩措施很快见效，美元结束近10年的持续弱势，开始逆转为强势美元周期。

除了加息之外，里根领导下的美国政府在经济政策上所倡导的减税政策（此政策与供给学派关系密切）刺激美国经济强劲增长，也是推动美元进入强势周期的另外一项重要力量。正是以货币紧缩和减税为基础，美元才得以终结持续了10年的弱势状态，进入了美元强势周期。美元进入强势周期后，美元汇率于1981年的统计上显示，其与上一年度比较直接持续升值近10%，并以此为基础逐年上升，这样的状态一直持续到1985年。在此期间，美元名义汇率以及实际汇率分别比1980年升值44%与36%。

由于美联储大幅加息和美元升值导致拉美各国债务负担大幅增加，从而引发1982年拉美债务危机全面爆发。这次债务危机使得处于发达水平的阿根廷等拉美国家再度沦为了发展中国家。

同时，由于军事开支大幅增加和美元升值导致出口下降等众多因素，造成了美国在政府预算方面和经常账方面的巨额赤字，但是巨额的"双赤字"在一开始并没有导致美元贬值。

第三个小阶段是1986~1995年，美元处于弱势周期。经历了上一轮美元持续升值周期后，美国经常账方面与政府财政方面的双赤字再次成为美国强迫日元与德国马克升值的借口。美国国内的贸易保护主义、遏制日本全球扩张、扰乱日本金融体系和货币政策、迫使日本开放国内市场等战略考虑导致了"广场协议"。1985年9月签署的著名的五国集团"广场协议"，协议中要求其他主要经济体货币汇率相对美元要进一步有序升值。之后，美联储的公开市场操作部门多次直接干预外汇市场，抛售美元同时买入日元和马克，直接形成美元相对日元与马克的大幅贬值。一年之内，美元相对日元之贬值幅度就超过20%。1986年美元名义和实际汇率分别比1985年大幅度贬值17.5%与17.3%。这也就标志着美元重新进入了一个贬值波动周期。直至1995年，美元名义利率比1985年贬值了36%，实际汇率的贬值幅度更是达到了惊人的43%。

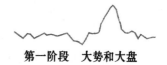

同时，美国央行利率从 1989 年 3 月的 9.9% 开始出现一路走跌至 1992 年 12 月其利率仅为 2.9%，美元指数从高点 103 处一路下跌至 80 以下。

日元兑美元急剧升值是导致日本经济从此陷入长期持续低迷的主要原因之一，另外一个原因则是人口老龄化。在此期间，日元相对美元而形成的大幅度升值直接导致了日本股市跌幅超过 70%，地产跌幅超过 50%。

在这个强势美元向弱势美元的转换阶段中，美国本身的金融市场也受到了巨大的冲击。由于美元利率下调与贬值，大量的资本从美国金融市场外逃，并最终导致了美国股市 1987 年 10 月 19 日的暴跌。

第四个小阶段是 1996~2001 年，美元处于强势周期。1996 年是美元再次进入一个新的升值周期的临界点，美元名义汇率与实际汇率分别比 1995 年升值 4% 与 2%，并于此后进入到加速升值周期。到了 2002 年后，美元的名义汇率与实际汇率分别比 1995 年大幅升值达 28% 与 31.5%。随着美元加息的过程，全球各主要经济体也一同进入了加息通道。

此阶段内，美国方面尽管其经常账项目赤字仍然持续增加，但克林顿政府所致力于改善财政赤字的经济政策取得了明显的效果，从 1998 年到 2000 年实现连续三年的财政盈余。美国信息科技革命在这个阶段出现，美国本土投资吸引力的急剧升高吸引了全球资本流入美国，这也是支撑着此轮美元强势周期的主要条件。同时，财政部部长鲁宾极力倡导强势美元政策，认为强势美元政策最符合美国的长远利益。在弱势美元向强势美元转换的过程中，整个亚洲的金融和经济体系遭遇到十分强烈的冲击。在 1996 年以前，弱势美元和日本低利率政策导致大量热钱涌入亚洲新兴市场国家，进而推高了以东南亚新兴经济体为主的股票和房产市场。而从 1997 年到 1998 年，由于弱势美元政策向强势美元政策的过渡，大量国际资金回流美国本土市场，参与科技股为主的股市投机。热钱迅速离开以东南亚为主的亚洲各国，导致这些国家的资

风险调整后的收益率差决定全球资金的流向。

产价格泡沫骤然破裂，这就是著名的亚洲金融危机产生的主要原因。

第五个小阶段是 2002~2012 年，美元处于弱势周期。2000 年下半年后，随着经济泡沫的破灭，美联储为了避免美国经济陷入持续严重的衰退期，所做的应对就是不断地降低基准利率，美元的加息周期逆转为减息周期。2001 年发生的"9·11"事件后，美联储更是连续地进行了 13 次的减息，这使得联邦基金利率达到了历史低位。2000 年互联网泡沫的破灭和 2001 年的"9·11"恐怖袭击，打击了投资者对美国经济和美元的信心，资金开始大规模流出美国，流入世界其他地区。以格林斯潘为首的美联储为避免美国经济陷入持续严重衰退，不断降低基准利率。低利率导致金融体系的流动性急剧增加，同时房地产市场的信贷迅速扩张，并由此触发了美国房地产非理性的迅速爆炸式发展。另外，对外反恐战争的巨大开支导致美国的财政赤字不断增加。

2003 年美元名义汇率和实际汇率分别大幅度贬值 12%与 10%。并于此呈现出持续贬值的趋势。到 2007 年美元名义汇率与实际汇率对比 2002 年分别相对贬值 25.7%和 25.3%。

2004 年下半年开始，美国开始逐步进入加息周期，而此轮加息直接造成了资产泡沫的破灭，导致了 2008 年的次贷危机，进而引发全球信用市场动荡和欧洲主权债务危机。次贷危机之后，美联储主席本·伯南克一味地通过增发货币来解决低增长的问题，导致国际大宗商品价格飙升，但是就业并未显著提高。

2012 年下半年到 2013 年初，弱势美元周期很可能逆转，因为形势越来越像当年里根上台之前美国经济的状况。

从上面阶段的划分和介绍，可以发现美元指数走势存在一些规律。美国所一直宣扬的自由市场与不干预汇率波动的舆论口径实际上是不存在的，美元指数走势一定是受美国货币政策尤其是利率政策的直接影响。美国利率政策是影响美元指数的重要因素，美联储对于美元这个世界本位币的利率政策的调整实际就是在有意图地根据本国利益所需的一种操纵行为。美国会根据自身形势的实际所需而不断地进行利率政策的调整，并最终通过利率调整来影响美元指数走势。美联储利率最高时超过 16%，最低时接近于零，与其他主要经济体相比，美国的利率波动区间或者说利率调整空间是非常大的。

美元指数上涨和下跌呈现明显的周期性特征，但这个特征并没有准确数字上的界定。**美元指数周期的临界点一般出现在美国利率大幅度调整的一年以后**，而在美元指数上涨周期或下跌周期内，利率可能会出现阶段性双向波动。美联储利率的波动与美元指数不同步，美元指数滞后于重大利率调整 1~2 年。美国的低利率时期一般均出现

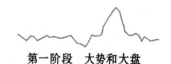

在美元指数下降（贬值）周期或即将进入下降（贬值）周期的时期，美元指数一般在高利率时期后出现上升（升值）。无论美元指数是处在上涨周期还是下跌周期，美国都存在经常项目的持续巨额赤字，在美元指数上升过程中其经常项目赤字占 GDP 的比重会持续增加。

美元汇率的重大调整往往会导致全球性或者区域性资产价格转势，同时也会导致泡沫和危机交替出现。可以去看一下非美资产和美国资产在美元汇率（美元指数）转势前后的表现，简单一点就是看中国香港房地产如何受到美元指数走势影响的，可以说李嘉诚就是抓住了美元周期对中国香港房地产的影响才积累了不少的财富。当然，落实到美元对 A 股市场的影响则是更有意义的事情。从 2004 年 12 月以来，美元指数每一个上涨波段对应的都是沪指的下跌，每一个下跌波段对应的都是沪指的上涨，只有 2008 年 7 月到 2009 年 3 月，美元指数和沪指同步上涨（见图 2-27）。这是因为 A 股受益于 4 万亿元的刺激政策在 2008 年 10 月筑底后，趋势性下跌行情已经反转，而海外金融市场风险仍未消退，美元的上涨行使的还是其避险功能，直到 2009 年 3 月，美国股市开始反弹，美元的上涨才暂时中止。

<aside>
2014 年下半年，美元的走势对全球资本市场的影响巨大，大家可以对照各种资产走势看一下，如美元兑日元、日经指数、大宗商品等。
</aside>

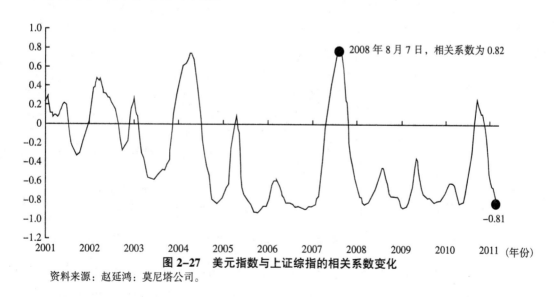

图 2-27 美元指数与上证综指的相关系数变化

资料来源：赵延鸿：莫尼塔公司。

　　一般情况下，美元指数与非美资产是负相关的。哪些是非美资产？除了美国国债和美国股票之外的资产，如欧洲股市、东南亚的房地产、国际大宗商品、A股市场、中国香港的房地产等。有时候资金流入美国国债，美元指数会上扬，这是避险情绪，在这种情况下美国的股市和非美资产都是下跌的；另外一些时间，资金流入美国股市，这是因为美国经济好，投资机会多，美元指数也会上扬，但这是风险喜好情绪导致的，在这种情况下美国股市上涨，而非美资产大部分都会下跌。所以，A股市场大盘的走势与非美资产存在很大的正相关性，与美元指数则存在很大的负相关性。美元指数的走势反映了美国货币政策的走向，对于A股来源这是一个流动性的远端供给，其重要性并不亚于中国人民银行的近端供给。下面，我们就来逐一呈现美元指数、上证指数和主要非美资产三者之间的关系。

　　随着国内资本市场逐步对外开放，上证指数与美元指数的相关度越来越高，见图2-28。可以发现美元指数与上证指数基本上是反向的，因此我们做A股，判断大盘指数趋势的时候，可以参考美元的走势，推断美元的趋势，然后相互验证，这样就提高了判断A股指数大势的能力。

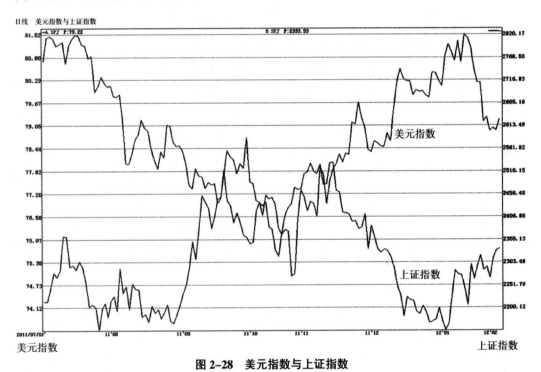

图2-28　美元指数与上证指数

　　由于全球采取美元本位制，这就与黄金等贵金属形成了竞争关系，所以美元指数与黄金和白银走势往往是相反的，因此上证指数与伦敦黄金和白银的走势基本就是一致的（见图 2-29 和图 2-30），但在某些时候 A 股会因为国内因素而出现不一致的时候。我们对 A 股走势迷惑的时候，可以同时参考伦敦黄金和白银的走势。

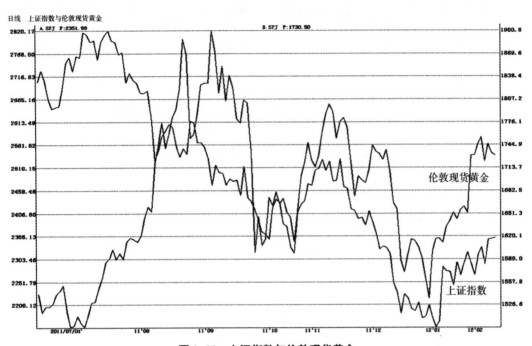

图 2-29　上证指数与伦敦现货黄金

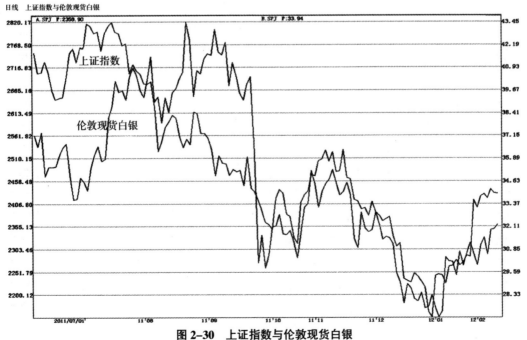

图 2-30　上证指数与伦敦现货白银

如果说贵金属主要在货币层面与美元指数竞争，那么大宗商品中的原油和铜则是因为以美元标价而与美元指数反向运行。另外，由于中国内地在2000年以后对原油和铜的需求大幅增加使得上证指数与原油和铜的正相关性越来越高（见图2-31和图2-32）。

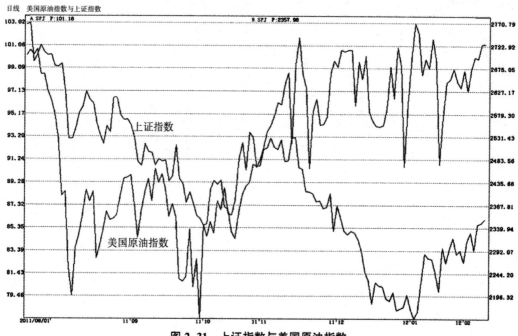

图2-31　上证指数与美国原油指数

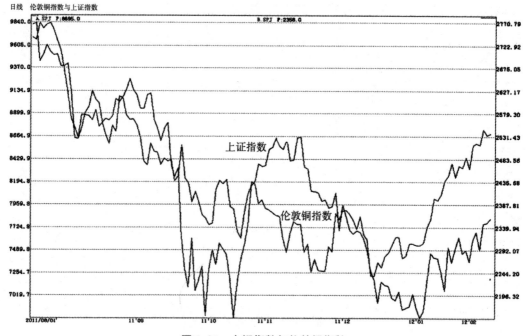

图2-32　上证指数与伦敦铜指数

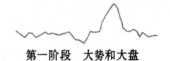

由于原油还受到地缘政治的影响，所以与上证指数的正相关性要弱于铜。在某些时期油价的走势受到地缘政治的强烈影响，这时候就会出现与上证指数不一致的走势。简而言之，原油和铜之所以与上证指数正相关性较高：一是因为原油和铜，以及上证指数都与中国经济有关；二是因为原油、铜以美元标价，与美元指数相反，而上证指数也倾向于与美元指数反向运行，所以原油和铜与上证指数会正相关。

　　国内某些商品期货与美元指数也存在负相关性，而这些商品期货与上证指数往往是正相关的，比如螺纹钢期货指数与美元指数是负相关的（见图2-33），而螺纹钢期货指数与上证指数是正相关的（见图2-34）。由于铁矿石由美元标价，所以螺纹钢的价格与美元指数倾向于反向。由于中国固定资产投资较大，对螺纹钢的需求很大，所以反映中国经济的上证指数与螺纹钢走势基本一致。

随着中国经济转型成功，大宗商品价格走势与印度、非洲和中东的经济发展更加密切。

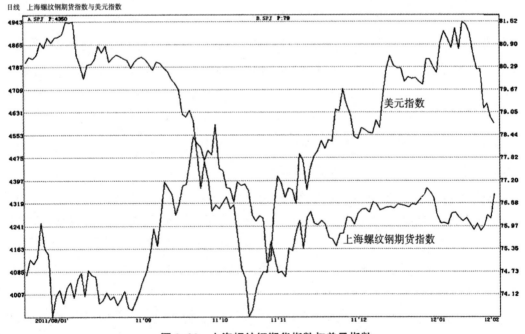

图2-33　上海螺纹钢期货指数与美元指数

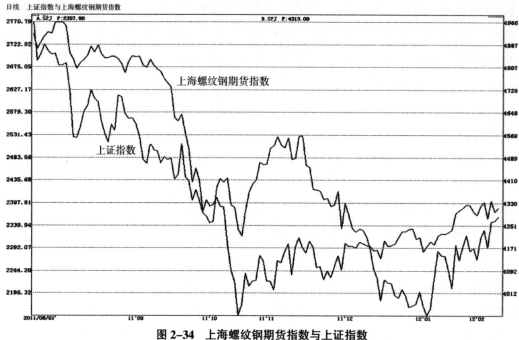

图 2-34　上海螺纹钢期货指数与上证指数

PTA 是化工产品，上端连着原油，下端连着纺织行业。美元贬值，原油价格上涨，PTA 生产成本上涨，对于 PTA 价格起支持作用。同时，由于人民币盯住美元窄幅波动，因此美元贬值带动人民币兑其他主要货币贬值，促进了中国纺织产品的出口，这对于 PTA 价格也起支持作用。所以，美元指数下降，美元贬值，PTA 价格将上升；美元指数上升，美元升值，PTA 价格将下跌（见图 2-35）。另外，PTA 价格与上证指数一样反映了中国经济增长和通胀的情况，因此 PTA 期货价格走势与上证指数大致是正相关的（见图 2-36），与美元指数大致是负相关的。

CRB 指数代表了国际大宗商品的综合走势，由于国际大宗商品都是以美元报价，所以 CRB 指数其实反映了一揽子大宗商品的美元价格，因此 CRB 指数基本与美元指数相反。CRB 指数与上证指数是什么关系呢？由于中国经济基本上是固定投资和出口驱动的，所以对大宗商品需求很旺盛，因此 CRB 指数与上证指数走势基本是同向的（见图 2-37），同时由于中国经济很大程度上取决于出口和固定资产投资，而干散货运价指数先于集装箱运价指数（第一课提到过这一点），大宗商品是进口主要对象，所以 CRB 指数部分时候可能稍微领先于上证指数，这点与第一课介绍的大类资产循环序列存在差别。

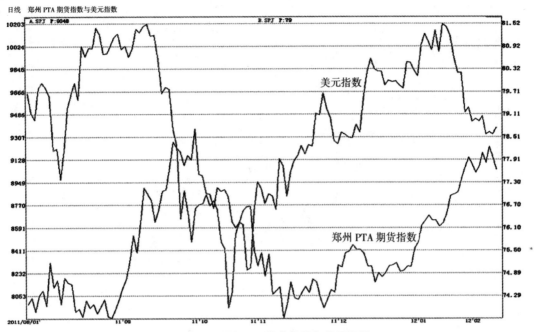

图 2-35　郑州 PTA 期货指数与美元指数

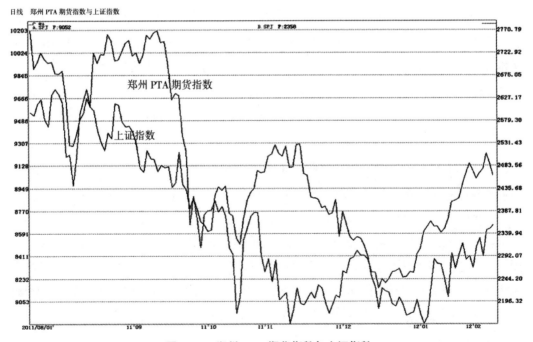

图 2-36　郑州 PTA 期货指数与上证指数

日线　上证指数与CRB指数

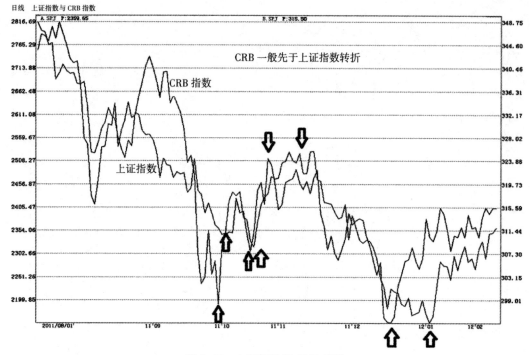

图 2-37　上证指数与 CRB 指数

　　上证指数与人民币汇率有怎样的关系呢？由于人民币事实上盯住美元，因此人民币兑非美货币的汇率其实与美元兑非美货币的走势密切相关。上证指数与美元兑人民币汇率基本同向运动。也就是说，美元兑人民币贬值与上证指数下跌是同步的（见图 2-38）。为什么会这样呢？因为美元兑人民币贬值，意味着人民币兑美元升值，而这意味着中国出口到美国的产品更贵了，这将导致中国以出口为主的经济出现减速，反映到 A 股市场上就是股市走低。

　　欧元兑人民币的汇率会极大地影响中国制造业对欧元区的出口，当欧元兑人民币贬值的时候，中国出口就会受到影响，这时候上证指数也就走低，两者基本上是同向关系（见图 2-39）。

　　日元兑人民币的汇率（习惯上是 100 日元能够换取的人民币数额）其实反映了中国同日本之间的贸易条件。日元兑人民币升值，则中国向日本的出口增加，日元兑人民币贬值，则中国向日本的出口减少。所以，日元兑人民币的走势基本上与上证指数同向运动，日元兑人民币升值（汇率上涨），则上证指数上涨，日元兑人民币贬值（汇率下跌），则上证指数下跌（见图 2-40）。

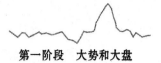

日线　上证指数与美元兑人民币

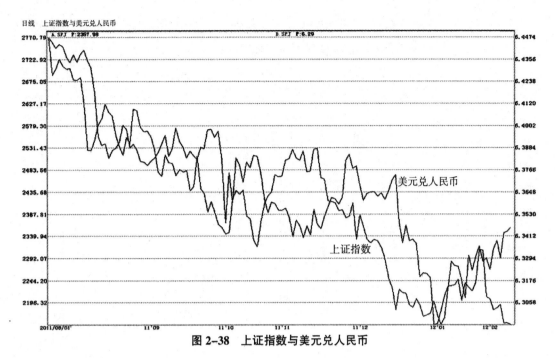

图 2-38　上证指数与美元兑人民币

日线　上证指数与欧元兑人民币

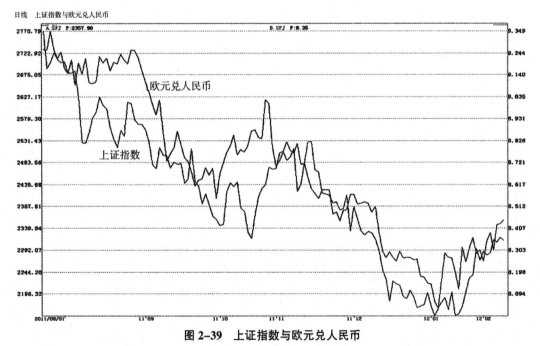

图 2-39　上证指数与欧元兑人民币

　　港元比人民币更加严格地盯住美元，所以港元兑人民币的走势与美元兑人民币的走势相类似。港元兑人民币的走势一方面反映了中国香港和中国内地的贸易条件，同时也间接反映了美国同中国的贸易条件。港元兑人民币走低，意味着人民币兑港元和美元都在升值，这就意味着中国内地出口到中国香港和美国的商品在变贵，这会让中国出口下降，反映到上证指数上就是下跌（见图 2-41）。

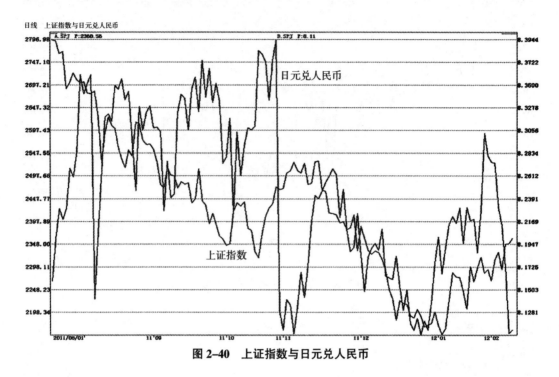

图 2-40　上证指数与日元兑人民币

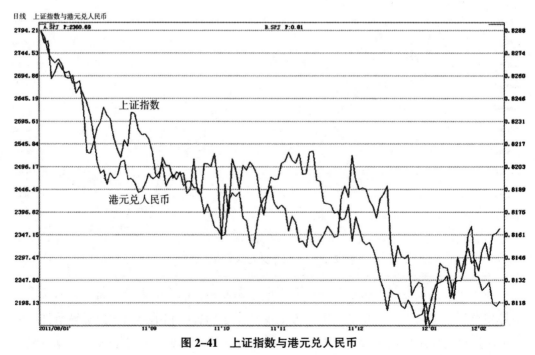

图 2-41　上证指数与港元兑人民币

　　主要非美货币兑人民币的走势其实都可以看作非美货币兑美元的走势，因为人民币事实上是盯住美元的，因此如果美元兑这些货币走低，那么人民币兑这些货币也在贬值，这将刺激中国的出口，进而带动经济的发展，反映到A股走势上就是上涨。所以，欧元兑美元走低，意味着美元升值，自然人民币也跟随美元兑欧元升值了，所以中国出口受到负面影响。另外，非美货币除了日元和瑞郎之外大多被认作是高息风险资产，与新兴市场股市联动较强，所以欧元走跌意味着全球风险资产走跌。因此，总体而言，上证指数与欧元兑美元、澳元兑美元、英镑兑美元是同向变动（见图2-42~图2-44）。

　　美元兑日元、瑞郎、加元的变化会带动人民币兑日元、瑞郎、加元同向变动，进而影响中国内地对这些经济体贸易条件变化，美元兑这三种货币的汇率走势与上证指数往往是反向的（见图2-45~图2-47）。

　　前文讲的是大宗商品、汇率与美元指数和上证指数的关系，接下来我们看看全球股市与美元指数以及上证指数的关系。道琼斯指数与标准普尔500指数是美国经济的风向标，这两个指数在这几年基本与美元反方向波动，但趋势却未必相反（见图2-48和图2-49）。

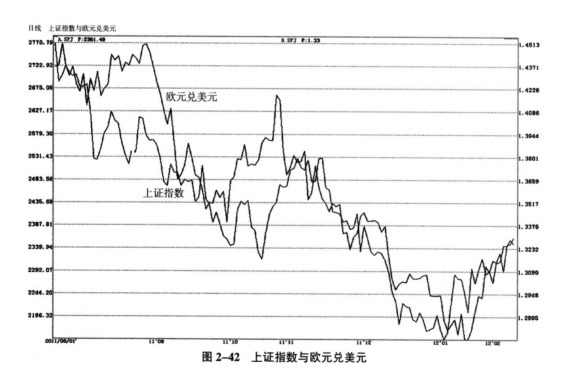

图2-42　上证指数与欧元兑美元

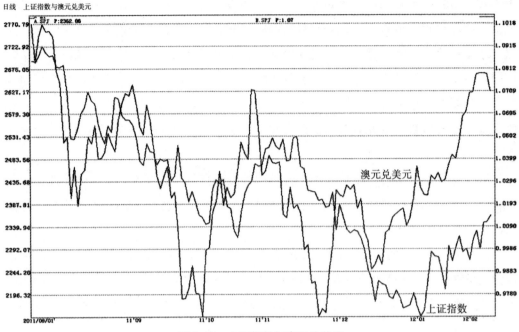

图 2-43　上证指数与澳元兑美元

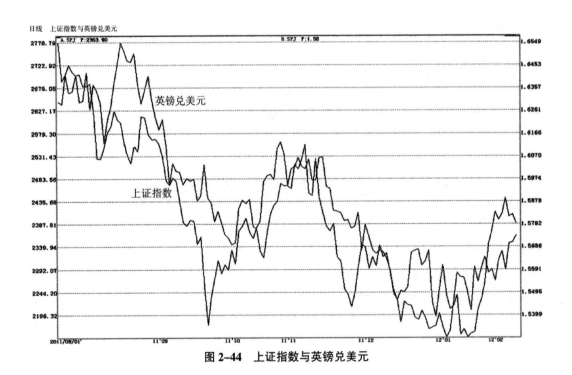

图 2-44　上证指数与英镑兑美元

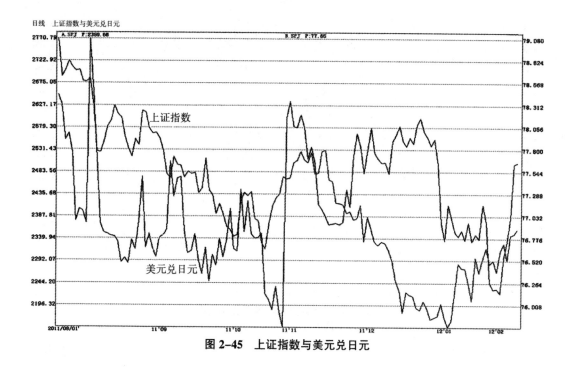

图 2-45　上证指数与美元兑日元

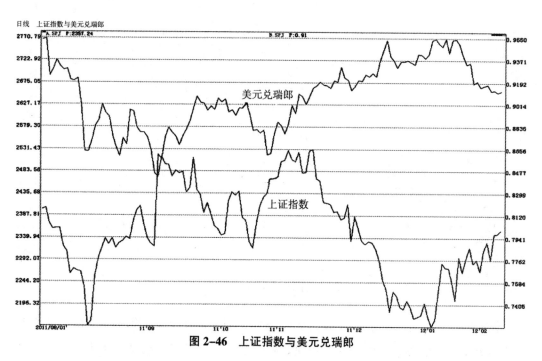

图 2-46　上证指数与美元兑瑞郎

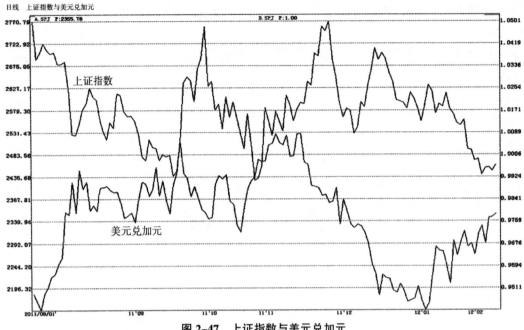

图 2-47　上证指数与美元兑加元

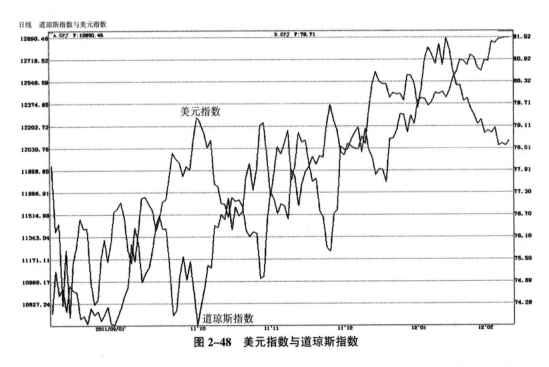

图 2-48　美元指数与道琼斯指数

　　标准普尔 500 指数比道琼斯指数更加全面地反映了美国股市的整体动向，我们看看它与上证指数的关系。由于互联网泡沫破灭之后，国际资金撤出了美国股市，所以美元指数与标准普尔 500 指数不再是正相关的，国际资金往往在避险的时候选择美国国债，由此导致对美元兑换需求增加，这样美国国债而不是美国股市与美元指数正相关。从图 2-50 中可以发现，标准普尔 500 指数有先于上证指数运动的倾向。

日线　标准普尔 500 指数与美元指数

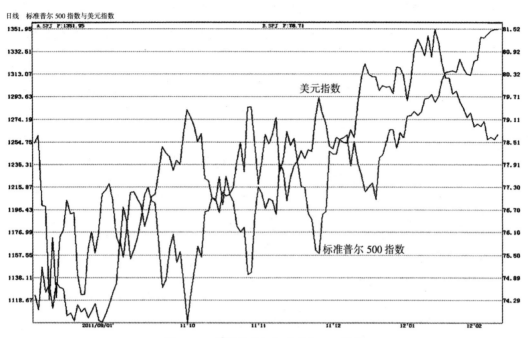

图 2-49　美元指数与标准普尔 500 指数

日线　上证指数与标准普尔 500 指数

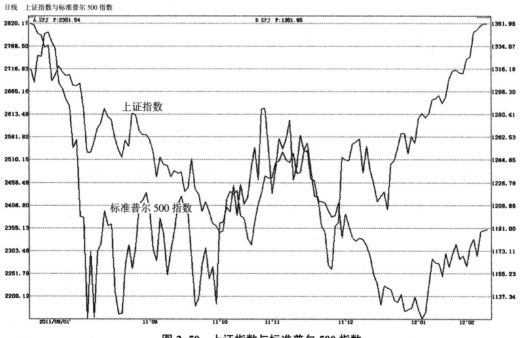

图 2-50　上证指数与标准普尔 500 指数

　　纳斯达克指数更多地反映了高风险偏好资本的进出，而美元指数最近十年更多地反映了风险厌恶资本对美国国债的需求，所以两者基本是波动负相关的（见图 2-51）。由于纳斯达克是高风险市场，而 A 股市场作为新兴市场股市也是高风险市场，加上中国重要的出口对象是美国，所以纳斯达克指数与上证指数走势基本相一致（见图 2-52）。

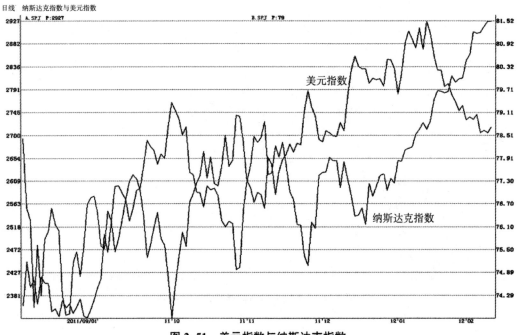

图 2-51　美元指数与纳斯达克指数

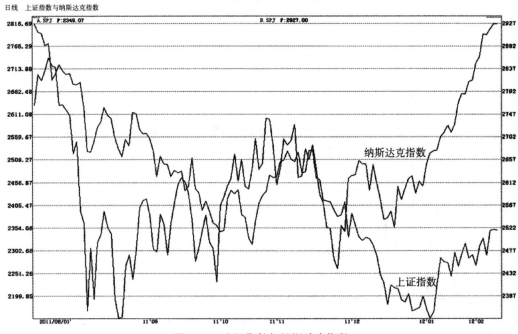

图 2-52　上证指数与纳斯达克指数

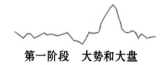

其他一些股市与美元指数基本都是反向运动的，而上证指数与这些股市基本都是同向运动的。如澳大利亚股市的重要指数澳洲综指与美元指数也是反向运动的（见图 2-53），而澳洲综指与上证指数基本是同向运动（见图 2-54）；日经 225指数较 A 股提前一些开盘，可以作为 A 股开盘走势的指引，从图 2-55 和图 2-56 可以看到日经 225 指数与美元指数基本反向运动，与上证指数基本同向运动；图 2-57 表明美元指数与台湾加权指数负相关，而图 2-58 表明上证指数与台湾加权指数正相关；图 2-59 表明美元指数与恒生指数负相关，而图2-60 表明上证指数与恒生指数正相关，所以判断 A 股大势的时候也要看恒生指数的走势，看看这个指数与美元的走势关系；图 2-61 显示了美元指数与恒生国企指数呈现负相关，而图 2-62 显示的是上证指数与恒生国企指数，恒生国企指数在很多时候领先于上证指数；CAC40 指数是法国股市的风向标，图 2-63 显示美元指数与 CAC40 指数负相关，而图 2-64则表明上证指数与 CAC40 指数呈正相关性；金融时报指数是

当日本经济极有可能因为美元兑日元升值而带动日本出口时，日经指数会上涨。在这种情况下，日经指数与美元同向波动。

日线 澳洲综合指数与美元指数 套利分析 虚拟合约 C 为比价

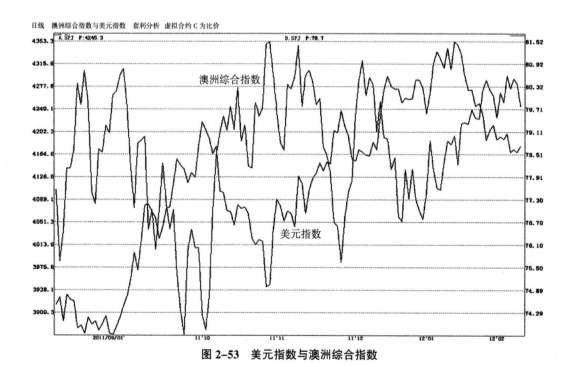

图 2-53 美元指数与澳洲综合指数

日线　上证指数与澳洲综合指数　套利分析　虚拟合约 C 为比价

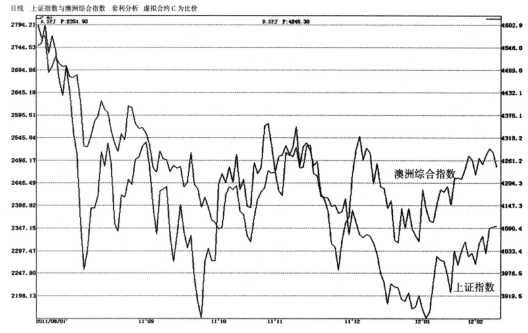

图 2-54　上证指数与澳洲综合指数

日线　日经 225 指数　与美元指数　套利分析　虚拟合约 C 为比价

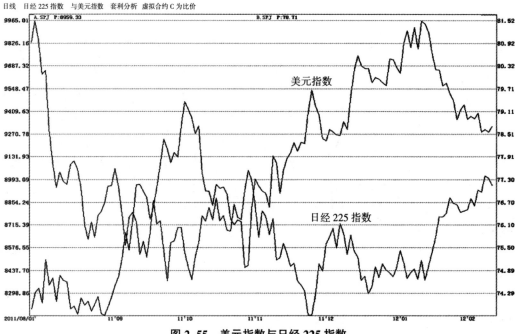

图 2-55　美元指数与日经 225 指数

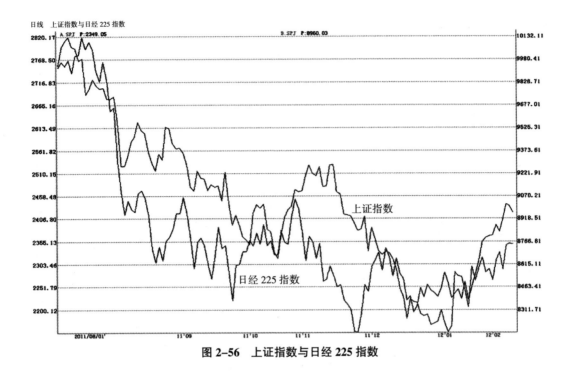

图 2-56 上证指数与日经 225 指数

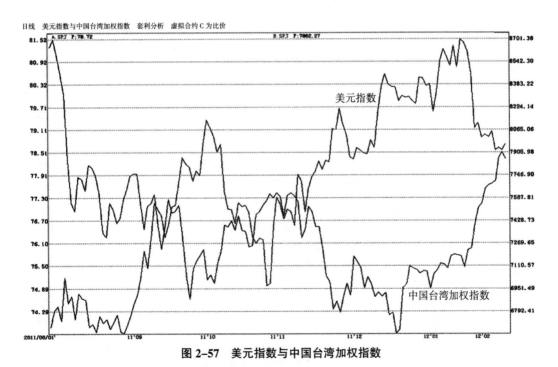

图 2-57 美元指数与中国台湾加权指数

日线　上证指数与中国台湾加权指数

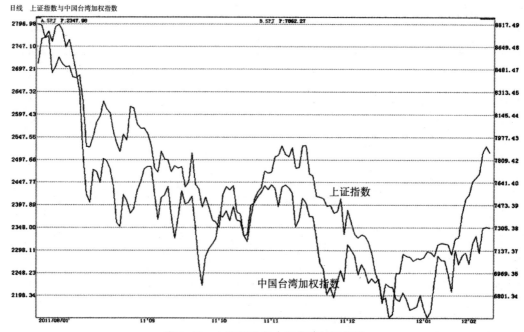

图 2-58　上证指数与中国台湾加权指数

日线　美元指数与恒生指数

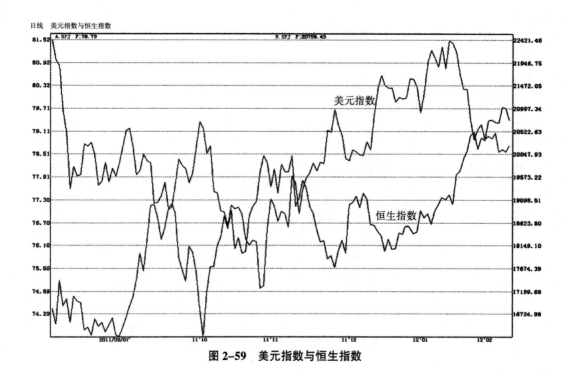

图 2-59　美元指数与恒生指数

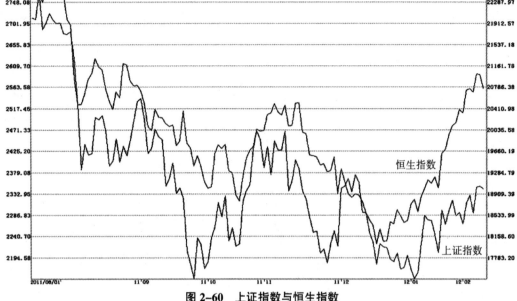

图 2-60　上证指数与恒生指数

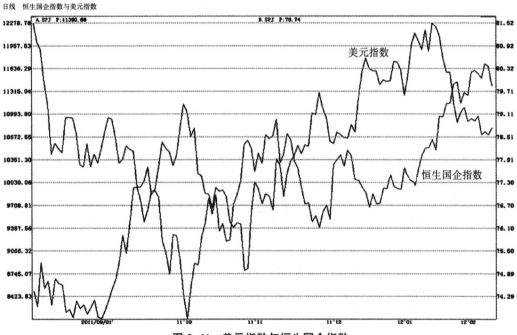

图 2-61　美元指数与恒生国企指数

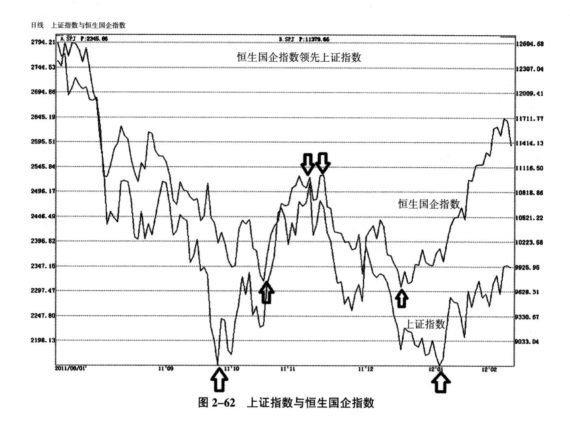

图 2-62　上证指数与恒生国企指数

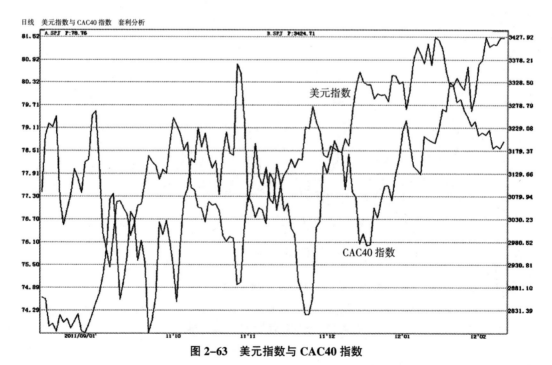

图 2-63　美元指数与 CAC40 指数

英国股市的风向标，图 2-65 显示美元指数与金融时报指数基本呈现负相关，而图 2-66 表明上证指数与英国金融时报指数基本呈现正相关；法兰克福指数是德国股市的

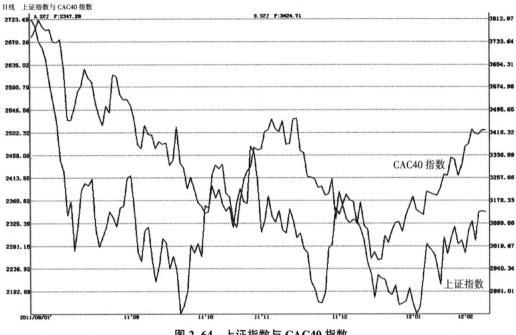

图 2-64　上证指数与 CAC40 指数

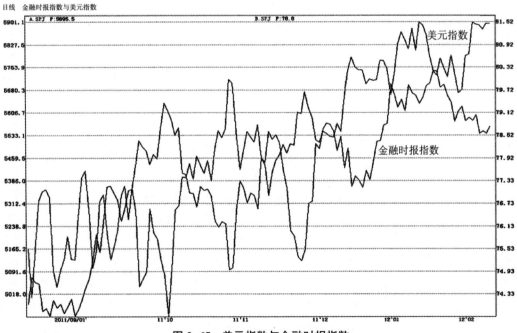

图 2-65　美元指数与金融时报指数

风向标，图 2-67 表明美元指数与法兰克福指数负相关，而图 2-68 则表明上证指数与法兰克福指数正相关。A 股创业板指数与美国纳斯达克指数类似，代表了高风险资产，这个指数与美元指数明显负相关（见图 2-69）。

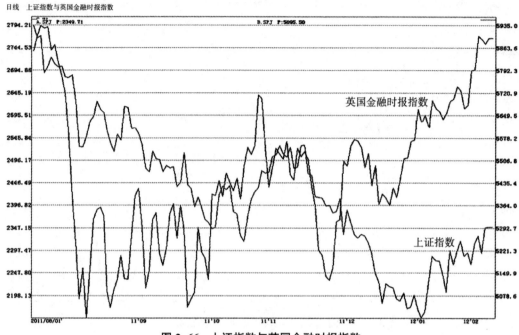

图 2-66　上证指数与英国金融时报指数

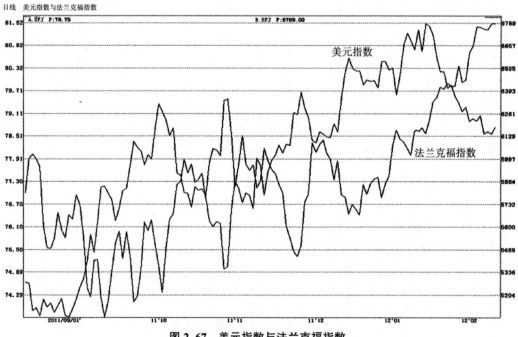

图 2-67　美元指数与法兰克福指数

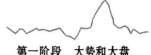

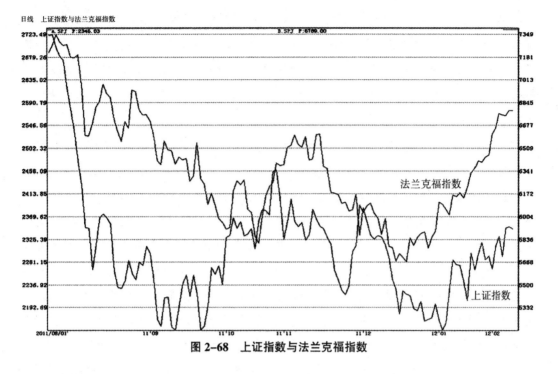

图 2-68　上证指数与法兰克福指数

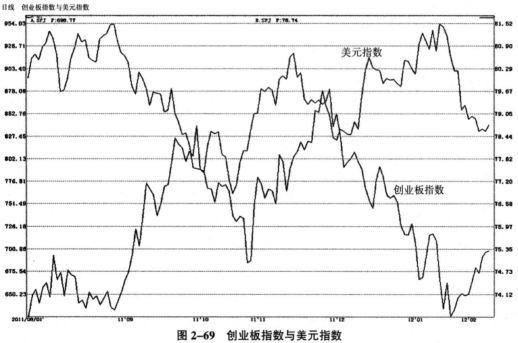

图 2-69　创业板指数与美元指数

　　我们已经浏览了大宗商品市场、外汇市场、股票市场，可以发现这些市场与美元指数基本负相关，与上证指数基本正相关。美元供给增加的时候，美元指数走跌，大

宗商品市场、非美货币，包括 A 股在内的股票市场倾向于上涨；美元供给下降的时候，美元指数上涨，大宗商品市场、非美货币，包括 A 股在内的股票市场倾向于下跌。其实，除了德国国债、美国国债等优质债券之外，美元指数基本上与大多数主要资产呈现反向运动，包括新兴市场国家的房地产等，所以我们做 A 股就不能不关心美元指数，不得不关心美联储的货币政策这个流动性的远端供给。

中美的央行货币政策、货币市场利率以及人民币汇率等都是比较宏观而抽象的流动性指标，大家可能对此感到不好把握，那么我们就可以从银行的角度来跟踪流动性。银行是中国社会资金的集散地，银行资金流向与股市大势密切相关。股市和房地产市场是中国最为重要的资产市场，中间则是银行，银行资金的流向影响着股价和房价的涨跌趋势。1995~1997 年股市上涨 6 倍、2005~2007 年股市上涨 6 倍都是银行资金流向股市的结果，没有银行储蓄的支持就不可能有大牛市。**社会情绪和政策支持资金从银行流向股市的规模和持续时间决定了股市大盘的趋势。如果缺乏后续流入资金，那么先前的获利盘就会成为抛压盘，因为缺乏充足的新进场资金来充当对手盘。**由此看来搞清楚银行储蓄的变化可以很好地把握股市大盘的走势，如何查看银行储蓄的变化呢？这个可以参看中国人民银行的定期报告。总之，你可以从中国人民银行和美联储的货币政策了解 A 股市场所处流动性环境，进而对 A 股大势进行判断。

【"流动性与股市"的经典论述】

关于流动性与 A 股的关系，许多知名市场人士都有过精辟的阐述，下面摘录如下，与本课内容可以相关参照，以便进一步思考：

1. 风险偏好的变动，对股价的贡献，从宏观的角度来理解，就是货币的增长和 GDP 增速差值的变动，在很大程度上可以解释风险偏好的变动，时间大体上是货币减 GDP 的增速会领先一年左右。货币政策的宽松，利率的下降，这叫宽货币，但是宽货币如果不能够把货币增速推起来，那么股市是起不来的（徐小庆）。

2. ……A 股的牛市主要靠资金驱动，需要利率下行、资金面宽松来配合，而到牛市的中后期，市场情绪高涨，利率指标的作用似乎就不那么重要了……我们大致可以得到以下一些结论：第一，**在 2010 年及之前，货币供应量变化与 A 股市盈率之间存在较明显的相关性，尤其是 M1 或 ΔM1 与深成指的市盈率的相关度更高，这或许是因为 2010 年及之前，无论是 M1 还是 M2 的增速都比较高，增量对存量的影响较大。**2011 年以后，M1 和 M2 的增速均出现了回落，尤其是 M2 增速的回落更为明显，这也意味着，随着货币存量的不断扩大，增速对存量的影响开始减小，且随着房地产市场和银行、信托、保险等理财产品市场规模的扩大，增量货币的流向也出现了从集中到分散的过程，使得股价受货币供应量的影响不断弱化。第二，随着 2013 年以后人民银行推出了 SLF、MLF 和 PSL 等新的货币政策工具，货币政策逐步从相对"粗放"转为相对"精准"，对货币政策的评判也需要多重指标综合考察。研究表明，货币供应综合指标领先上市公司业绩（ROE）3~4 个季度，但与股价表现的相关性偏弱。第三，从今后看，**货币政策对股价的影响会进一步趋弱，原因在于，一是货币"存量"越来越大，增量占比越来越小；二是随着国内的资本"存量"越来越大，如房地产、债券、银行理财等的市值越来越大，增量货币的流向也越来越分散，故对股市的影响力也不断减弱；三是随着股市规模的不断扩大，决定股价的主要因素也逐步移向"自身价值"而非供需关系。**总之，随着 A 股市场机构投资者比重的增加以及境内外股市双向开放度的提高，A 股价格回归理性估值的长期趋势已经形成，因此，货币政策对股市的影响趋弱。尽管如此，货币政策毕竟会影响资金的价格和流动性，从而影响到资本市场的价格，故货币政策对股市的影响总是值得研究的（李迅雷）。

3. 美联储连续加息势必给股票和国债市场造成压力。关于这种压力的程度和时点，可以从历史数据和市场周期中看到两个"经验规律"：①在最近六轮美联储加息周期中，**美联储加息大多止步于联邦基金目标利率与 10 年期美债收益率持平的位置**；②**历史上每次美股大跌都对应着一次显著的收益率曲线走平的过程，且收益率曲线的低点往往早于股灾爆发时点。**以 1987 年、2000 年和 2007 年股灾为例，泡沫破灭前收益率曲线均提前释放出了预警信号，且这个信号的释放时间提前较早，对应三次股灾，分别提前了 130 天、147 天和 328 天，三次 10 年期与 2 年期美债收益率之差的最低值分别为 75bp、-52bp、-19bp。因此，期限利差见底后半年至一年的时间，是美股下跌风险最大的时候（花生财经）。

4. 早在 2008 年，我在研究股票市场和流动性的关系时，把将近二十年美国、日本、中国的股市走势与流动性的走势图叠加起来时，我发现股市上涨未必是流动性推动的；而更大的发现是，**每当流动性紧缩时，股票市场的熊市则与之相伴**（唯一的异化是 2007 年 2 月伴随着加息，股市一路上涨）。另外，国际货币基金组织的数据显示，**1959~2003 年，19 个主要工业国家的股票市场总共有 52 次泡沫破裂，其中每一次下跌都与货币政策息息相关**（苏培科）。

5. 中国经济过去三次显著的信用扩张大幅回升分别发生在 2005 年 4 月、2008 年 10 月、2012 年 4 月，从历史经验看，**货币政策和信用的宽松短期内会使 A 股明显反**

弹，但反弹是否构成反转，核心的变量是信用扩张后能否出现经济增长指标的好转。2005年和2008年两次信用格局宽松之后的股市反转都是看到经济见底回升之后才开始的，而2012年的经济衰退就严重拖累了A股的反弹行情……我们进一步统计了2002~2018年时期，股票的各个板块在不同周期组合中的表现，在"宽货币+宽信用"周期中，周期股的表现是最好的，其次是金融，而公用事业和TMT是明显跑输大盘的（国信证券燕翔团队）。

哈尔兹法则：确认大盘指数趋势的傻瓜工具

当市场下跌 16% 的时候，指数将以 83% 的概率下跌 21%，以 46% 的概率下跌 35%；当市场上涨 19% 的时候，指数将以 95% 的概率上涨 29%，以 50% 的概率上涨 80% 以上。

——杰克·施耐普

我们必须能够在趋势开始之初就识别出它，而且趋势持续的时间必须足够长，这样我们才有机会赚钱。

——查尔斯·D.科克帕翠克

美国人塞拉斯·哈尔兹在 1883 年进入股票市场进行操作，到 1936 年，他用了 53 年的时间将最初的 10 万美元原始资本增值为 1440 万美元。他用的方法比今天所有的交易者采用的技术分析都要简单得多：当指数或者个股从低价上涨 10% 之后才介入，当指数或者个股没有从最高点下跌 10% 时不卖出股票。在卖出股票之后，股价必须再次从低点上涨 10% 才能再度买入。

那么，这个简单的方法在今天是否仍旧有效呢？说到这里不得不提到三个人，第一个人是台湾同胞杨基鸿先生，他用来判断指数趋势的方法与哈尔兹的方法有异曲同工之妙：**指数从最近低点上涨幅度超过 10% 表明大盘处于上涨趋势，当指数从最近高点下跌幅度超过 10% 则表明大盘处于下跌趋势**。当然，杨基鸿先生是一位资深的技术分析研究者，我们

塞拉斯·哈尔兹股票投资的年复利接近 10%，不知这 53 年间美国的平均通胀率是多少。

应该看看其他两个人如何看待这种通过初始涨幅确定趋势开始的方法。第二个人是道氏理论的当代领军人物杰克·施耐普，他指出：当市场下跌16%的时候，指数将以83%的概率下跌21%，以46%的概率下跌35%；当市场上涨19%的时候，指数将以95%的概率上涨29%，以50%的概率上涨80%以上。他这么多年来一直坚持公开自己的操作信号，按照这个思路他的绩效也非常了得。第三个人则是股市天天向上中的"功夫熊猫"袁郑建先生，这个选手以几万资本做到千万级别，他介绍自己的大盘趋势确定方法时基本上与哈尔兹一样。

我们在《外汇交易三部曲》中提到过3N法则，其中的一个N就是"**上涨N%表明上升趋势确定，下跌N%表明下降趋势确定**"，其中这个N大家的定义不同，但是基本上在10~20的范围之内，也就是说大盘上涨10%~20%之后我们应该采取牛市策略，大盘下跌10%~20%之后我们应该采取熊市策略。当然，这个法则只是我们多重判断工具中的一种，作为股票短线操作者我们需要"交叉验证"和"多重过滤"，具体的判断结论还需要结合本教程介绍的其他大势剖析工具，比如流动性法则、成交量法则、N字结构等。哈尔兹法则作为一种纯技术的工具具有一切技术工具的根本弱点：**只能作为确认工具，无法作为预测工具。**或许你认为艾略特波浪理论或者是江恩法则可以用来预测市场，其实它们也只是提供了多个可能性而已，至于到底会怎么样，还是要落实到行情本身。

哈尔兹法则，或者简称为N%法则，除了用来分析大盘指数之外，也可以用来分析个股，其实哈尔兹法则最初就是建立在对个股的分析之上的。有人曾经专门统计过哈尔兹法则在个股交易上的绩效。如果单独按照哈尔兹法则进行买卖操作的话也能够获利，但是胜算率接近50%，并且不到50%，而平均盈利略大于平均亏损。但是，如果加上其他过滤指标（如加上13期移动平均线），则可以将胜算率提高到超过50%，同时平均盈利也显著大于平均亏损。

本课是开讲以来最短的一课，也是最简单的一课，但是

巴菲特的年复利增长率几乎是哈尔兹的两倍，多出来10%靠的是什么？

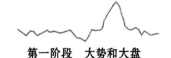

却是最需要"体悟"的一课，没有足够丰富的临盘实战经验，你很难坚守本课给予的"简单主张"。第一课我们讲经济周期和跨市场分析，花了可能是本书最多的笔墨，因为这牵涉大盘判断最关键的技巧。第二课讲流动性其实就是在第一课基础上的延伸，流动性是经济周期引发的，并在跨市场中发生，由于流动性甚至比公司业绩对股市趋势的影响更大，因此第二课也算得上是本书最为重要的课程之一，除此之外恐怕就算第十三课重要了。而本课则可能是全书中最为简短的一课，在许多技术分析专家看来，这么简单的东西怎么可能有效？其实，技术分析越简单越好，很多人之所以一直未能在金融市场上持续盈利，诱因之一就是太痴迷于精巧而复杂的技术分析工具和指标了。

为什么在介绍了流动性之后马上就介绍哈尔兹法则？第一，为了让大家明白我们不是纯基本面分析，中短线交易实践必须有一点技术分析的基础，哪怕是仅仅看价格和成交量；第二，哈尔兹法则真的是一个我们见过最简单但却被圈内人所证明最有效的趋势确认方法（想想我们为什么用了"确认"一词，而不是"预测"或者"判断"呢？）；第三，刚学了经济周期和流动性在判断大势方面的作用和技巧，具体怎么运用到实践中，讲多了不行，引入哈尔兹法则可以教大家将基本分析与交易进出场简单地连接起来，不至于无从下手。

哈尔兹本人是将这个法则作为进出场信号，但是圈内人一般将这个法则作为趋势确认信号。并且，我们十课都是围绕大盘和大势展开的，所以我们在这里是围绕如何利用哈尔兹法则判断指数趋势展开的。首先，我们先讲哈尔兹法则的三种参数在上证指数趋势判断上的实例。其次，我们介绍N%与两种交易策略的关系，这两种交易策略将在第二十一课详细介绍。最后，我们将哈尔兹法则与第二课学到的流动性法则结合起来运用，这部分是本课最为重要的，因为它表明本教程学习者应该不断将新学的技巧融入既有理论和技巧框架中，综合地应对市场变化和交易实践。

我们来看哈尔兹法则的三种参数在上证指数趋势判断上的实例。所谓三种参数，其实就是10%、15%和20%，这是圈内采用N%法则判断趋势时惯用的方法，当然这几个参数主要是用于股票市场，外汇和期货市场基本是杠杆交易所以参数要小一些。就A股市场而言，10%法则意味着：如果指数长期大幅下跌之后从最低点上涨超过10%，则确认向上趋势（见图3-1）；如果指数长期大幅上涨之后从最高点下跌超过10%，则确认向下趋势（见图3-2）。15%法则意味着：如果指数长期大幅下跌之后从最低点上涨超过15%，则确认向上趋势（见图3-3）；如果指数长期大幅上涨之后从最高点下跌超过15%，则确认向下趋势（见图3-4）。20%法则意味着：如果指数长期大幅下跌之后从最低点上涨超过20%，则确认向上趋势（见图3-5）；如果指数长期大幅上涨之后

如何区分主要运动和次级折返，是道氏理论的重中之重。

从最高点下跌超过20%，则确认向下趋势（见图3-6）。从三种参数设定下的哈尔兹法则可以发现，对于上证指数的趋势性运动和大行情，这个法则都能够很好地识别，同时能够避免次级折返和调整等市场杂音对我们趋势确认的干扰。

N%法则不仅可以用来确认趋势，同时还可以帮助我们清晰地确定两种策略的适用范围。在交易界其实存在两种主要交易思路：第一是高抛低吸；第二是追涨杀跌。前者与震荡无序行情有关，后者与单边有序行情有关。第一种思路往往基于"震荡指标"进行实践，比如RSI或者是KDJ；第二种思路则往往基于"趋势指标"进行实践，比如移动平均线等。市场的两种基本状态与这两种交易思路相应，所以无论你坚持使用哪一种交易思路都会在一段时间亏损而在另外一段时间盈利。但问题的关键是，这两种思路本身并不能"预判"市场接下来是走单边还是走震荡。市场上某些交易者想从纯技术的角度来解决这个问题，到目前为止最有效的纯技术方

图3-1　上涨10%确立向上趋势的哈尔兹法则

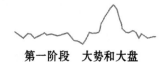

图 3-2　下跌 10%确立向下趋势的哈尔兹法则

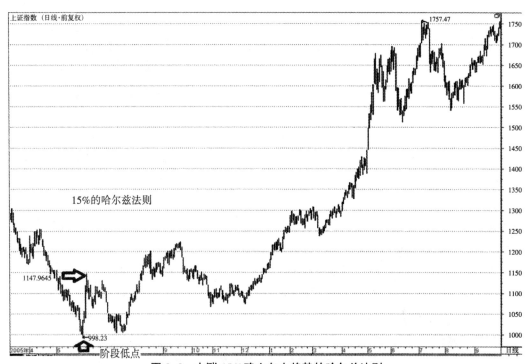

图 3-3　上涨 15%确立向上趋势的哈尔兹法则

图 3-4　下跌 15% 确立向下趋势的哈尔兹法则

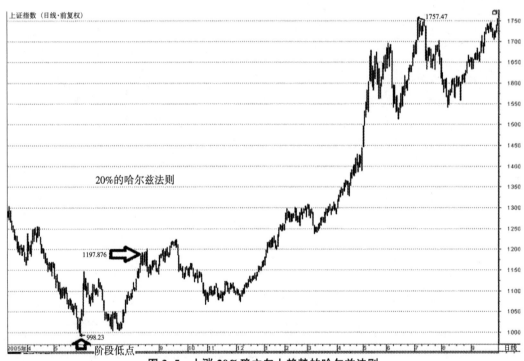

图 3-5　上涨 20% 确立向上趋势的哈尔兹法则

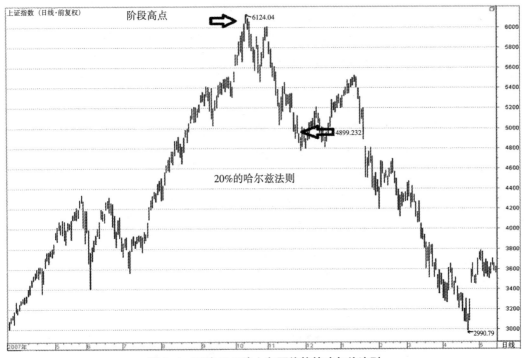

图 3-6　下跌 20% 确立向下趋势的哈尔兹法则

法就是从波动率的角度来解决，比如第二十一课会提到"周规则"（N 期法则），又或者是布林带，而哈尔兹法则也是从波动率角度解决上述问题的有效尝试。单边行情发展超出 N% 幅度的可能性较大，而震荡行情发展超出 N% 幅度的可能性较小，所以如果将 N% 定义为一个临界点，那么 [N%，+] 区域则是单边行情的区域，[-，N%] 区域则是震荡行情的区域。这样问题就由"如何预判单边或震荡市"变为了"如何确定两种市况的临界波幅"，问题就更加明确了。不过基于单纯的 N%，就我们的实践经验而言也很难解决问题，只能说给了一条勉强可行的路，最好的办法还是借助于"驱动分析、心理分析和行为分析"的融合，本课最后部分会谈到，我们再回到用 N% 定义"两种市况"和相应交易思路这个问题上。

　　大于 N% 的波动定义为单边走势，小于 N% 的走势定义为震荡走势，单边走势我们用趋势跟踪策略（后面的课程会谈单边大行情往往由主题引发），震荡走势我们用波动闪击策略（后面的课程会谈到震荡行情只能由脉冲式的热点或者题材引发，很快股价又会处于震荡状态）。通过确定 N%，这样我们就定义了"市况"和相应的策略选择（见图 3-7），个股上的操作可以这样去思考。那么，与指数大盘判断有什么关系呢？通过 N% 确定大盘目前所处区间，然后再决定对个股的主要操作思路。比如大盘处于大于题材的生命力决定行情级别。

N%区域，那么大盘处于单边趋势，个股受其影响处于同向单边的可能性就很大，因此在这个方向上个股的操作就可以采用趋势跟踪为主。

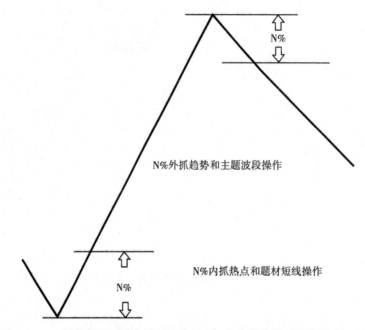

N%外抓趋势和主题波段操作

N%内抓热点和题材短线操作

图 3-7 N%区隔题材短线交易（波段闪击）和主题趋势（趋势跟踪）交易

单纯依靠这个法则可以抓住大行情，但是胜算率却较低，所以必须融入驱动分析和心理分析，我们在第一课学了经济周期和跨市场分析，第二课学了流动性，如何将第二课的内容与本课的哈尔兹法则结合起来使用呢？这是一个非常有价值的问题，当然也是一个开放式的问题，下面我们给出简单的提示和部分示范。

经济周期与哈尔兹法则结合起来，怎么用呢？**如果股指在经济衰退中后期阶段出现了上涨 N%的情况，那么就是哈尔兹法则和经济周期法则同时确认了指数向上的趋势。如果股指在经济繁荣或者滞胀阶段出现了下跌 N%的情况，那么哈尔兹法则和经济周期法则同时确认了指数向下的趋势。当然跨市场分析也可以与哈尔兹法则结合起来使用，比如债券价格如果上涨了一段时间，而这时候股指向上涨了 N%，那么股指**

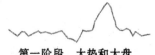

继续向上的可能性就较大。又比如，债券价格下跌了一段时间，而这时候股指下跌了N%，那么股指继续下跌的可能性就很大。其实，债券在经济周期中的上涨和下跌整体上还是与利率和流动性相关的，最后我们就着重说说流动性法则与哈尔兹法则在股指趋势判断上的联合运用。

将哈尔兹法则与第二课学到的流动性法则结合起来运用，这可能是本课最有价值的地方之一。M1 同比增速被广泛证明是股指上涨和下跌的强大动力所在，我们用它作为流动性的指标，这个指标你可以从很多财经网站上查询到。N%具体定义为 10%，也就是说通过行为分析（技术面）的 10%与驱动分析（基本面）的 M1 来把握趋势起点。从第二课我们知道，在 A 股市场，一般 M1 同比增速回落到 10%以下，则 A 股阶段性大底的可能性很大，不久之后如果股指上涨超过 10%则进一步确认了熊市的底部（见图 3-8）。另外，如果 M1 同比增速超过了 20%，则 A 股阶段性见大顶的可能性很大，不久之后如果股指下跌超过 10%则进一步确认了牛市的顶部（见图 3-9）。

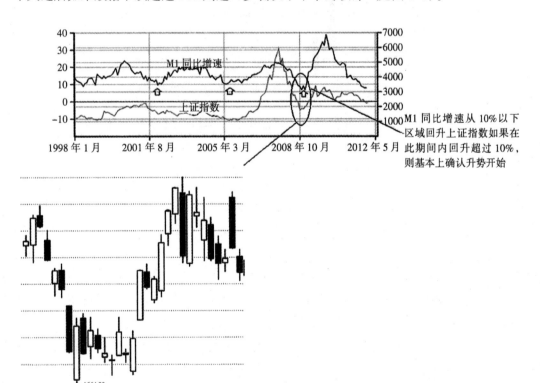

图 3-8　流动性法则和哈尔兹法则结合判断熊市见底

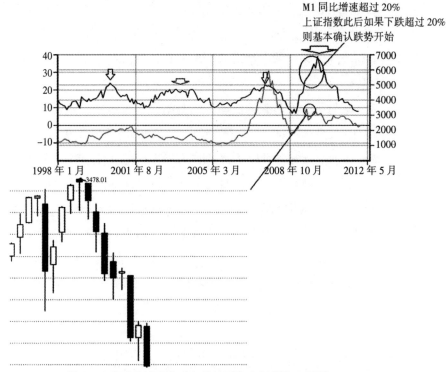

图 3-9 流动性法则和哈尔兹法则结合判断牛市见顶

在本课大家知道了哈尔兹法则（N%），知道了如何通过这个法则定义单边和震荡市况，最重要的是掌握了如何将经济周期、流动性与哈尔兹法则结合起来研判 A 股市场的大盘，希望最后两个实例让你对这个用法有一个直观的认识，让你感受到这个方法的强大效力。

【关于"指数波动率"的经典论述】

关于指数的波动率，许多知名市场人士都有过精辟的阐述，下面摘录如下，与本课内容可以相关参照，以便进一步思考：

1. 上证指数的波动似乎遵守一个规律：指数振幅在 400 以下后，往往会爆发出大振幅来。而指数振幅在 400 以下的时候一般都是熊市，也就是说，当年振幅在 400 以下之后，有可能出现大行情。大行情是突然出现的，即从振幅最低的年份开始下一年直接启动巨大振幅。然后逐级下降，振幅逐次缩减，直到再次缩减到 400 以内（Velaciela）。

2. 沪深 300 指数自 2005 年发布以来，历经三次牛熊变迁，在这三次大级别的周期中，沪深 300 的反弹强度和持续性都名列前茅。在 2005 年开启的这轮牛市，沪深 300 涨幅高达 618%，远远领先于中证 100、上证 50 等其他大盘蓝筹指数以及优质中小盘指数的代表——中证 500。在 2008 年开始的牛市期间，沪深 300 反弹力度仅次于中证 500 指数，但同样跑赢了其他大盘蓝筹指数。而从 2013 年低点开始，到 2015 年牛市期间，我们看到沪深 300 指数涨幅弱于中证 500，不过仍高于其他主流大盘蓝筹指数（中证 500、沪深 300 的专栏）。

3. 从日内分钟数据的标准差来看，在上证综指的阶段性顶点时，市场的波动显著增强，而这种现象在市场趋势性上涨的尾端更为明显（信达证券）。

成交量法则：天量和地量的提醒信号

我的观点是有时是情绪而不是数字操纵着这个世界……市场行为研究不仅仅是经济学家的任务，也是人类学家的任务。

——沃伦·巴菲特

研究市场趋势的最佳策略就是仔细观察主要股票指数和相应的成交量变化情况。刚开始的时候你会感到困难，但是只要你坚持实践，就会发现你已经是一个真正的市场专家了，如果你想要成为一个赢家，那么这是你最应该学习的一课。

——威廉·欧奈尔

成交量几乎总是同时或者先于股票市场达到顶部，牛市中的投资者应该密切关注成交量顶部的出现。

——杰克·施耐普

大盘成交量就是股市的温度计，它不仅可以较为真实地反映出指数的状态，还能真实地展示参与各方资金的动向和意图，**大盘成交量的"异常"背后必然隐藏着最有操作价值的信息**。成交量的分析要参照价格的运动，因为成交量是一维数据，单单看成交量无法有效地解读市场运动，成交量分析一般要求以"价量分析"的形式展开。成交量和价格的变化很少得到全面的剖析和解释，对于价量变化的最常见说法是"量为价先"、"天量见天价，地量见地价"等。

在展开成交量的根本结构之前，我们首先对量（价）变化的基本情形进行解释，这里的解释可以广泛地运用于股票

资金可能持续往哪里走，我们的头寸就应该在哪里建立。

分析中，特别是指数大盘的分析中。**无论是采用什么样的策略都应该将成交量分析融入其中，因为成交量是被大多数股民忽视的维度，它比价格衍生技术指标的效用更高。**在个股分析中，如果你能够将价量和分时盘口结合起来进行股票短线分析，再加上良好的仓位管理策略，则你可以超越绝大多数股民的业绩水平。不过，本课我们主要落脚于如何将成交量放在指数分析过程中，怎样才能很好地理解成交量和指数（价格）的变化呢？最好的办法就是将价量变化转化到二维坐标轴上，见图 4-1，我们将股价投射到纵轴上，将成交量投射到横轴上，股价（指数）以字母 P（Price）表示，成交量以字母 V（Volume）表示。萨缪尔森开创的经济学习惯于以 P-V 直角坐标系来分析供求双方的变化，这个分析方法之前没有被股票交易者们广泛运用，这也是绝大多数"炒股专家"无法讲清楚价量关系的主要原因。通过 P-V 直角坐标系我们可以让初学者很清楚地掌握价量关系，**在掌握 P-V 直角坐标系的运用之后，你对于价量变化的市场意义将不会迷茫，你也无须根据某些"股谚"死板地理解，你可以直接运用 P-V 直角坐标系很快洞悉股价（指数）的走势意义。**

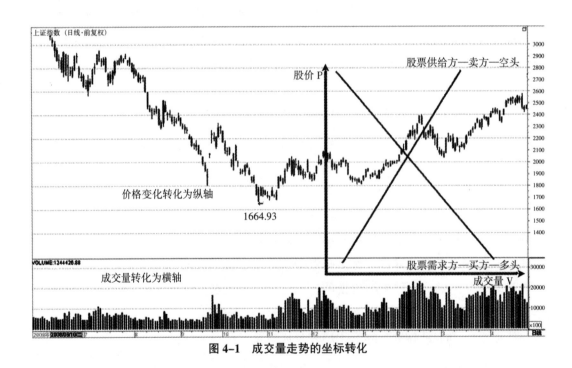

图 4-1　成交量走势的坐标转化

　　P-V 直角坐标系中有两条线，一条是供给线，这条线是如何得到的呢？见图 4-2，我们用能够让你直接明白的方式进行解释。供给线从左下方向右上方延伸，其含义为价格越高愿意卖出的人越多，在股票市场中绝大多数交易者都符合这个规律，因为人

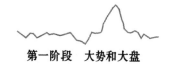

存在所谓的"倾向性效应"，简单来讲就是"急切地兑现利润"。在微观经济学中，价格上升通常也会使得供给意愿和数量上升。P-V 直角坐标线中的另外一条线是需求线，见图 4-3。需求线从左上方向右下方延伸，意味着价格越低愿意买入的人越多，越跌越买，就是这个意思。

指数放量上涨比个股放量上涨更具有正面意义。

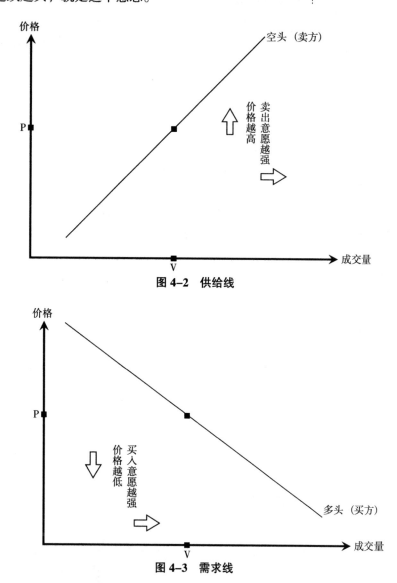

图 4-2　供给线

图 4-3　需求线

　　将供给线和需求线结合起来，就得到了如图 4-4 所示的"基本价量关系分析模型"，在价格（指数）—成交量直角坐标上有两根直线，从左上斜向右下的是股票需求方，一般以字母 D 代表，表明股票的买方和多头；从左下斜向右上的是股票需求方，一般以字母 S 代表，表明股票的卖方和空头。两者的交点代表了实际的成交量和股票价格，这就是均衡点 E，均衡点是动态变化的，这是由于空头和多头一方或者两方的变化导致的。**通过价格（指数）和成交量的变化我们可以反推空头和多头的变化**，这就是通过投影推测物体变化的方法。但是，如果你没有价格（指数）—成交量直角坐标，则很难进行反推，不信你可以尝试一下。

参与者们的心理我们只能通过驱动面和行为面两方面来推测。

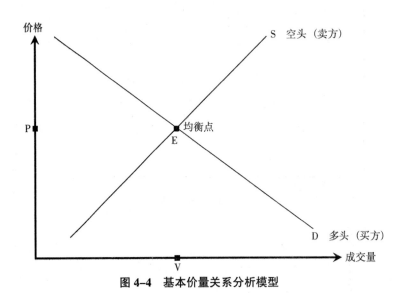

图 4-4 基本价量关系分析模型

下面我们从一个个具体的情形入手来演绎价量的变化格局，你可以立即将这些知识用于每天的大盘（以及个股）走势。如果今天的指数显著比昨日上涨，同时成交量也放大了，见图 4-5，这被称为"价涨量增"，可以从图中看到多头线向左移动了，这表明在同样的价位上需求量增加了，或者说在同样的需求量上可以支付更高的价钱，这至少表明当日交易中多头的势力开始上升，而空头则基本保持相对不变。这时候指数后市上涨的概率很大，但前提是基本面和心理面不能出现骤然变化，毕竟价量反映的是过去发生了什么，**在系统没有新信息输入的情况下，市场未来的走势受到当下走势的影响**，但现实是新的信息在不断涌入系统，当那些较重要而

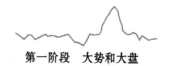

且出乎意料的信息进入系统时，历史就被甩开了。

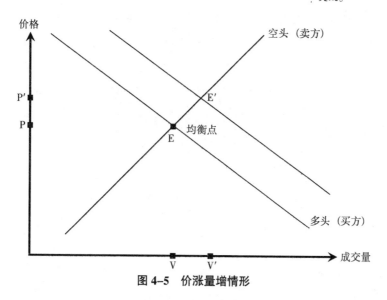

图 4-5　价涨量增情形

价涨量增有两种基本情况：第一种情况是价涨量增出现在上升走势中，这表明上涨过程中买方的力量在增强，而卖方的力量相对不变，如图 4-6 所示，在没有新信息输入的前

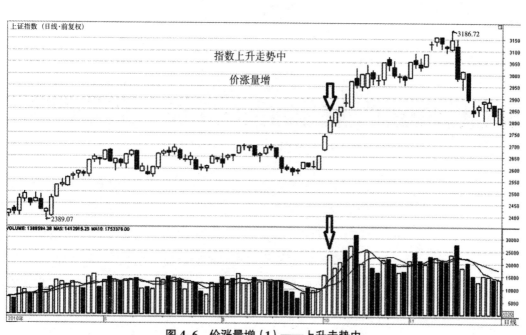

图 4-6　价涨量增（1）——上升走势中

股票投机需要全身心地投入，因为只有全方位地分析才能真正战胜对手，对时间和精力消耗很大，年轻的时候可以做。

提下后市继续看涨，这是上涨趋势持续的信号。当然，**如果你能够同时监控市场驱动面和心理面的变化，则你可以做得更好，取得超越普罗大众的成就。**

第二种情况是价涨量增的情况发生在指数下降走势中，当日的指数收盘价较前日收盘价显著上涨，同时成交量也较前日有显著的放大，这表明市场中买卖双方的力量对比发生了变化，短期内反弹甚至反转跌势的可能性很大，指数后市倾向于看涨，单就价量关系分析而言可以断定指数将上涨（见图4-7）。

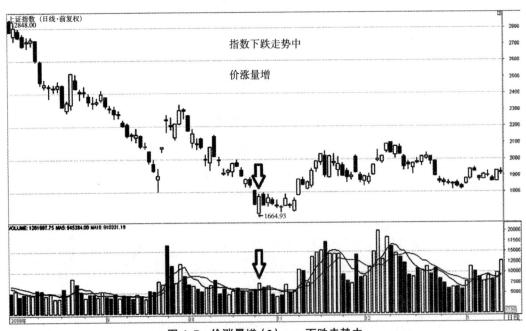

图4-7　价涨量增（2）——下跌走势中

价涨量增反映了多头力量相对空头力量的上升，这是一种价量关系分析中讲得最多的情况。价跌量增情形中卖方直线向右移动，这表明在相同的价格上有更多的卖出量或者说卖出同样数量的股票卖家能够接受一个更低的价格，卖方的势力相对买方的势力上升了，如图4-8所示。但是很少有人能够对价跌量增作出准确的分析，听得最多的评论语是"杀跌卖出"。

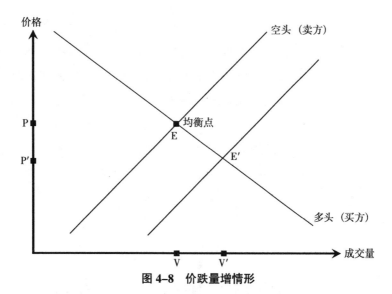

图4-8　价跌量增情形

价跌量增也可以分为两种基本情形：第一种基本情形是下跌走势中的价跌量增，见图4-9。如果指数此前处于下跌走势，然后指数继续下跌同时成交量显著放大，则表明卖方在加大卖出力度，而买方的态度依旧，买方并没有大力兜货的行动，也就是说下跌中并没有主力或者说机构趁机吸货的迹象。下跌走势中的价跌量增表明指数后市继续看跌的可能性很大。

大资金吸货必然表现在成交量异常放大上。

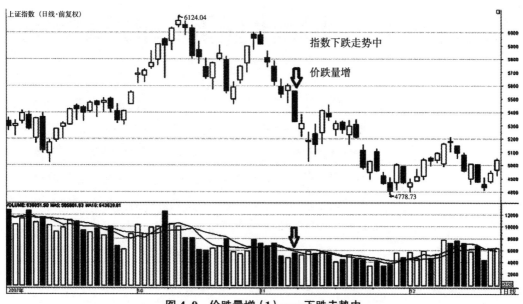

图4-9　价跌量增（1）——下跌走势中

第二种基本情形则是上升走势中的价跌量增，通常而言指数上升走势出现价跌量增表明了市场的恐慌和抛售，这时候可以结合市场基本面和心理面的变化来研读恐慌和抛售的来源，由此判断恐慌来源是否属于持续性的，如果是持续性的，则趋势就此改变的可能性很大；如果是非持续性的，则此后的指数走势可能在短暂下跌之后继续上涨，这就涉及市场心理的持续性了，而持续性来源于驱动因素的持续性，如图 4-10 所示。

题材就是格局，你认为有多少种题材呢？

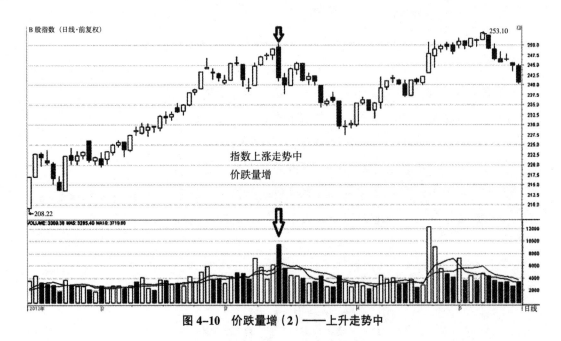

图 4-10　价跌量增（2）——上升走势中

价平量增是我们要介绍的一种震荡走势价量基本关系，如图 4-11 所示。当成交量由 V 上升到 V′时，指数基本不变（理想情况是完全不变，但实际情况下只要股价变得不显著则都可以从价平量增的角度分析一番，然后再考虑其他相近的价量关系）。价平量增表明买卖双方的力量都在增加，买方愿意在同一价位上买入更多的股票，而卖方愿意在同一价位上卖出更多的股票，两者在较劲。

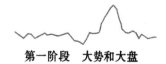

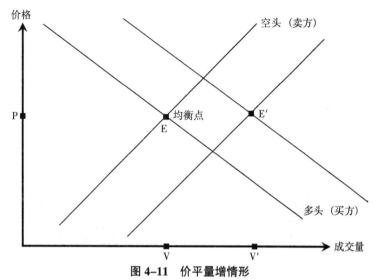

图 4-11 价平量增情形

　　价平量增可以分成两种情况来考虑：第一种情况是指数上升趋势中的价平量增情况，见图 4-12，这是非理想状况下的价平量增情形，收盘价相对于前日基本维持不变，而成交量则高于此前一日，这表明买卖双方斗争激烈，后市如何还需要看接下来一日甚至几日的价格走势，在图 4-12 这个例子中此后一日呈现下跌走势，三日构成一个黄昏之星结构，指数后市应该是下跌概率较大。

黄昏之星这个信号能告诉我们什么？

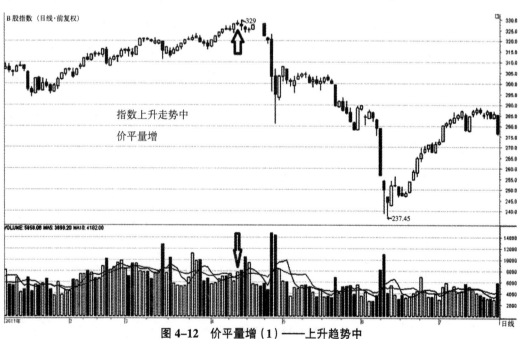

图 4-12 价平量增（1）——上升趋势中

第二种情况是下跌走势，见图 4-13，指数收盘价基本维持不变，但是对应成交量却有放大迹象，这表明买卖双方的力量对比由明显偏向卖方优势转化到势均力敌，此后的走势还依赖于后一日的情况。

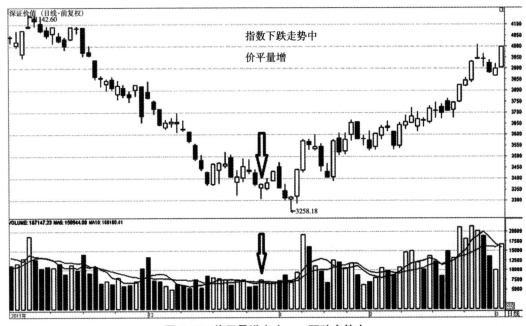

图 4-13　价平量增（2）——下跌走势中

价涨量缩是指数上涨走势的调整阶段见得最多的价量关系，不少股票交易类书籍都提到了这个典型的价量关系，但是对于内部机理并没有太深入的解释，下面我们就来展开其中的作用机制，见图 4-14。在相同的价格上卖家愿意卖出的数量减少了或者

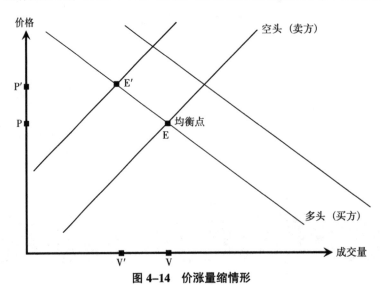

图 4-14　价涨量缩情形

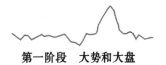

是卖家卖出同样数量的股票要求一个更高的价格，成交量下降了，要价提高了。卖方的力量在减弱，这对于看多一方来讲是有利的因素。

价涨量缩分为两种典型的情况：第一种情况是指数上升趋势中的价涨量缩情况，见图4-15，指数继续上升，但是成交量却下降了，这表明上升极可能是卖出减少造成的，而非是买入增加造成的，这使得后市的走势倾向于调整，因为买方的力量处于防守状态，并没有随着势头的上升而加大买入力度，后市调整的可能性非常大。

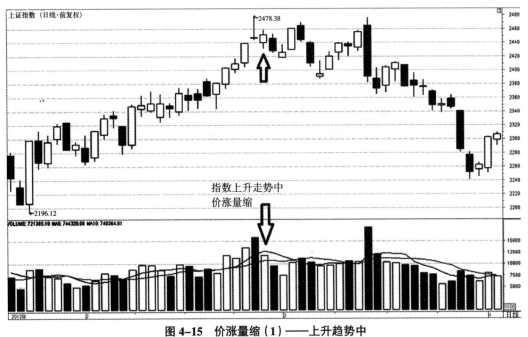

图4-15　价涨量缩（1）——上升趋势中

第二种情况是指数处于下跌走势中，当日收盘价显著高于前一日，但成交量却缩小了，这表明卖出力量当下减弱了，但是买方力量并没有随之增强，所以后市趋势反转向上的可能性很小，多头不能贸然入市，如图4-16所示。

价跌量缩的内部机制如图4-17所示，买方在相同的价格上只愿买入更少量的股票，或者是买方买入同样数量的股票只愿支付一个更低的价格，这是买方力量下降的表现，而卖方在卖出意愿上并没有显著的变化。

价跌量缩出现在指数下跌走势中，见图4-18。此前的走势处于下跌状态，当日指数继续显著下挫，同时成交量缩小，这表明买方的买入意愿进一步缩小，但是卖方的卖出意愿并没有进一步增加，指数短期内下跌的动量不足，但是反转向上的可能性取决于新驱动因素的出现，如果缺乏新的上涨驱动因素，隔日一般很难形成显著上涨走势。

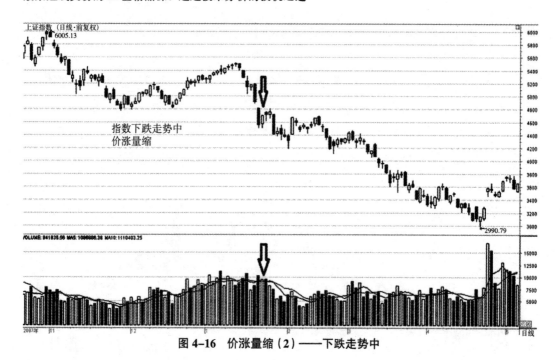

图 4-16　价涨量缩（2）——下跌走势中

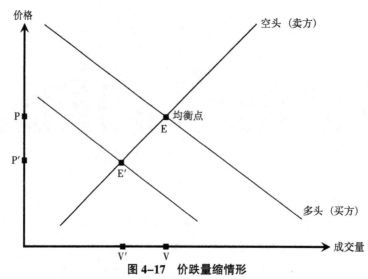

图 4-17　价跌量缩情形

价跌量缩出现在上升走势中，如图 4-19 所示，当日指数收盘价低于前日收盘价，对应的成交量低于前一日的成交量，这表明买方的力量开始收缩，上涨的后续力量不足，市场可能出现暂时调整走势或者是转势。

价量形态本身并不重要，重要的是找出参与者的意图和动向。

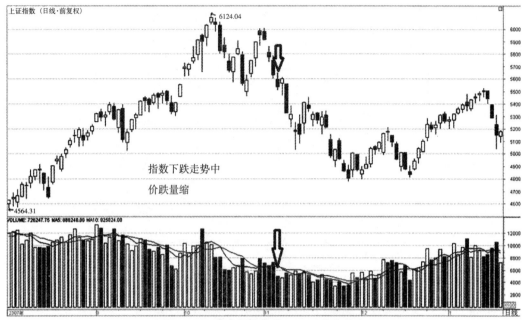

图4-18 价跌量缩（1）——下跌走势中

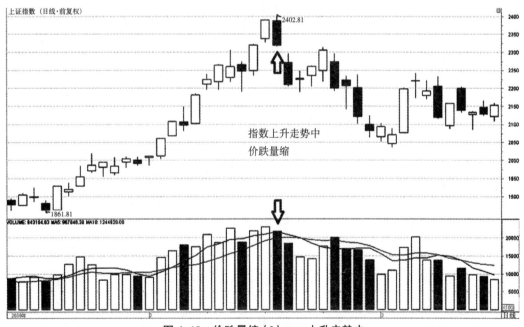

图4-19 价跌量缩（2）——上升走势中

价平量缩是一种比较复杂的情况，如图4-20所示。卖方的卖出意愿下降了，而买方的买入意愿也下降了，交投极不活跃，走势比较胶着，等待基本面和心理面的驱动，一般需要根据此后价格的显著走势来决定入市方向。

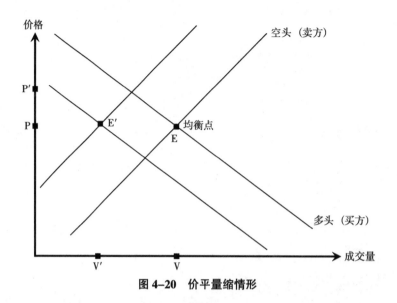

图 4-20　价平量缩情形

在上升走势中出现价平量缩情形，则表明市场由上升走势进入胶着状态，参与大众比较犹豫，如图 4-21 所示。当日指数股价收盘价基本与前一日持平，而成交量却出现了显著萎缩，这表明后市的走势非常不确定，上升走势能否继续，是否会反转为下跌走势需要看此后的价量形态，此后股价大幅下跌，上升趋势恐怕已经终结，至少短时间内结束了。

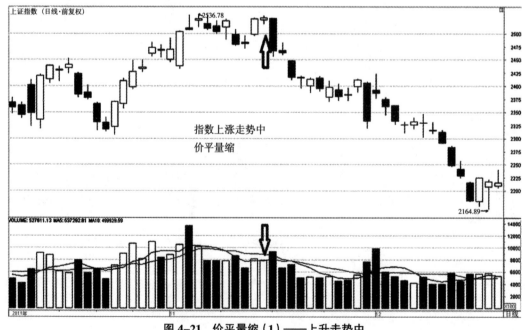

图 4-21　价平量缩（1）——上升走势中

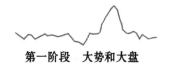

　　下跌走势中出现了价平量缩的价量情况，如图 4-22 所示。指数继续下跌的动量显得不足，此后指数何去何从需要等待指数接下来的动作，本例中次日的指数走出一根中阴线，而且成交量继续萎缩，说明需求进一步萎缩，短期内不可能转为上涨走势。

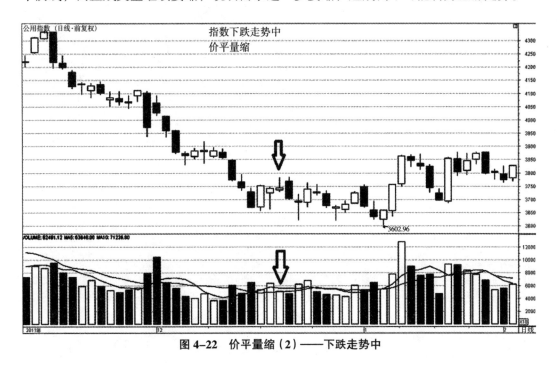

图 4-22　价平量缩（2）——下跌走势中

　　价涨量平也是比较复杂的价量关系，如图 4-23 所示。卖方的卖出意愿下降了，同时买方的买入意愿上升了，正是后市看涨的价量关系，但也只是一种概率上的看涨而已，并不是必然上涨。

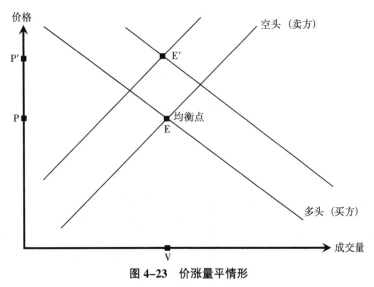

图 4-23　价涨量平情形

图 4-24 显示的是上升走势中的价涨量平情况，按理说指数继续上涨的可能性很大。

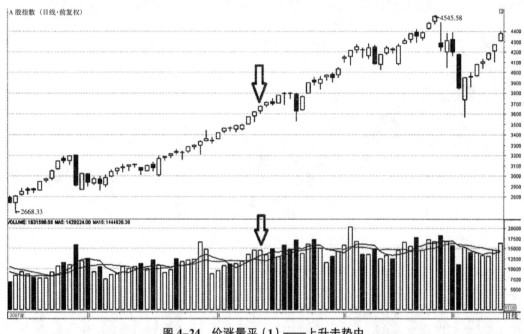

图 4-24　价涨量平（1）——上升走势中

图 4-25 显示的是下跌走势中的价涨量平情况，后市反转的可能性很大，本例中后

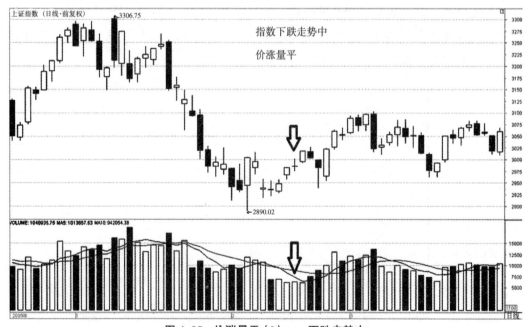

图 4-25　价涨量平（2）——下跌走势中

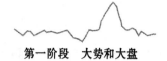

市确实呈现上涨的迹象。

与价涨量平相对应的是价跌量平，见图 4-26，买方意愿和力量在下降，同时卖方意愿和力量在增强，后市看跌的可能性极大。

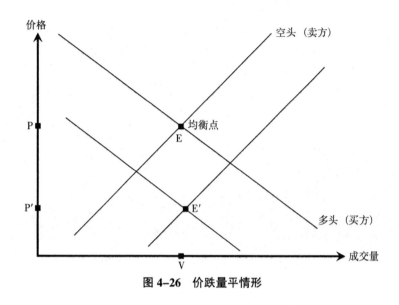

图 4-26　价跌量平情形

出现在下跌走势中的价跌量平表明后市继续下跌的可能性较大，如图 4-27 所示，由于价量关系一般是短期走势的指标，也就是局部走势指标，所以不能奢望单凭当日的价量关系能够预测接下来几天的走势，也不能奢望单凭技术走势对后市行情做出准确预判。

出现在上升走势中的价跌量平表明走势在近期可能转而下跌，如图 4-28 所示，此后走势确实出现了下跌。

收盘价格和成交量都没有发生显著变化是一种较少遇到的情形，如图 4-29 所示。这表明卖方的意愿和力度以及买方的意愿和力度都没有出现变化，市场的力量对比不变，但是也表明趋势继续的可能性下降了，因为两方的力量相比之前都没有继续增加或者是反转，则趋势继续的可能性也下降了，多空观望的情绪增加了，此后的走势应该观察此后的价量关系得到。

技术走势只是现象，你能单靠现象预测现象吗？逻辑上讲是不行的，实践过程中我们也没有见到哪位持续盈利的高手是单看技术走势和指标的。

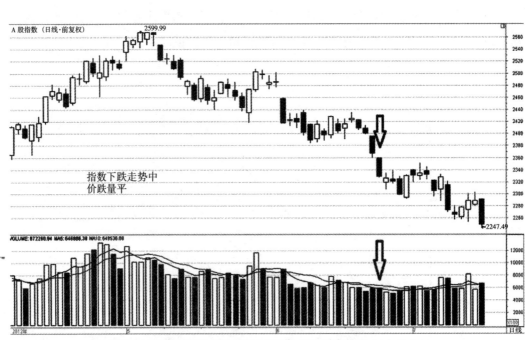

图 4-27　价跌量平（1）——下跌走势中

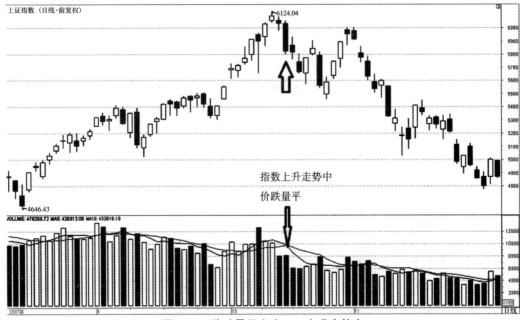

图 4-28　价跌量平（2）——上升走势中

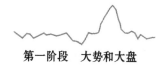

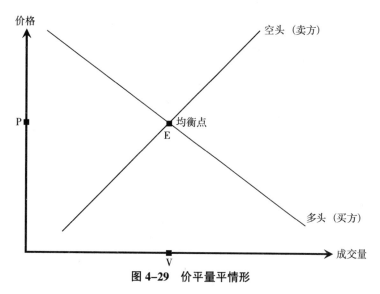

图4-29 价平量平情形

在上升走势中出现价平量平情形，如图4-30所示。观望情绪的加重使得后市的走势依赖于当日之后的价格线和成交量来预示。本例中，此后的指数呈现下跌阴线，但只是继续下跌了一日，做了一个两日的短期调整。

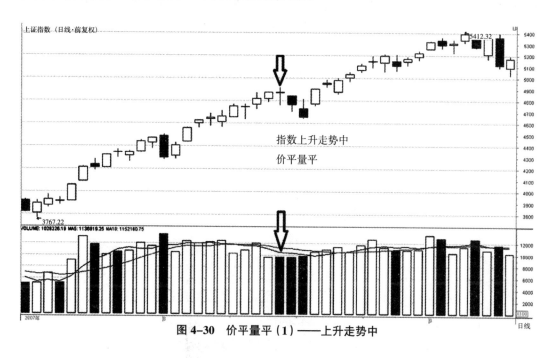

图4-30 价平量平（1）——上升走势中

在下跌走势中出现的价平量平表明多空双方观望情绪加重，如图4-31所示。此后指数的走势取决于哪一方更快取得胜利，价平量平出现之后的蜡烛线是中等阴线，同

时成交量也出现了些许放大，这表明空头更快地取得了优势地位，此后看空的可能性更大。

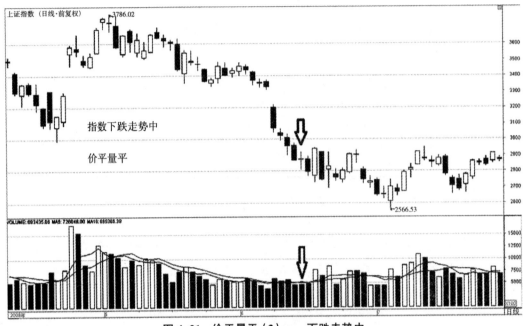

图 4-31　价平量平（2）——下跌走势中

价量关系的基本情况我们已经全面剖析给大家了，在此基础上你可以更好地理解三种比较重要的成交量形态：第一种是成交量 N 字结构；第二种是地量；第三种是天量。

成交量 N 字结构与价量 N 字结构是紧密联系的，如图 4-32 所示。价涨量增是非常好的看涨信号，这是价量形态与 N 字结构关系最紧密的一个方面，指数如果处于这种价量 N 字结构中则意味着上涨趋势延续的可能性很大。除了向上的成交量 N 字结构，还有下跌的成交量 N 字结构，也就是"下跌缩量—反弹放量—下跌缩量"。N 字结构是趋势持续的标志，**上涨价量 N 字是上升趋势持续的标志，下跌价量 N 字是下降趋势持续的标志。**

本课的重点是介绍地量和天量，但是没有之前对价量基础的全面掌握，你也无法体会到地量和天量的意义。

趋势必然表现为不断突破或者跌破，但是突破和跌破未必就是趋势的表现。同样的道理也可以用于 N 字结构。

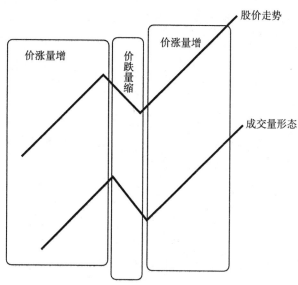

图 4-32　N 字结构中的价量关系

　　地量就是指下跌半年左右最低的成交量，当然这是一个不那么硬性的标准。地量之前必然是长时间下跌的，而且跌幅越大越好，最好至少有两段下跌（中间夹杂一次像样的反弹）。地量的出现意味着市场成交冷清到了极点，往往对应着市场极端悲观点，**因此指数走势的地量往往出现在市场底附近**（见图 4-33）。不过，这个法则对于个

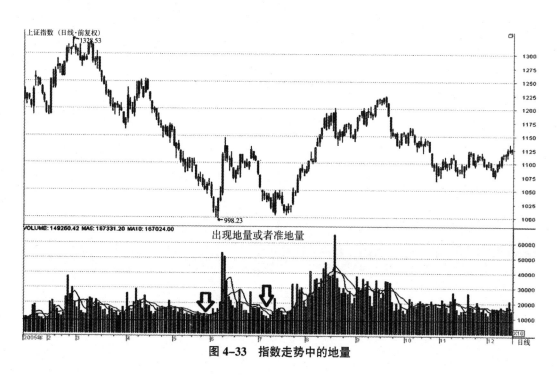

图 4-33　指数走势中的地量

股却具有很大的弹性，这点是需要注意的。"地量见地价"是一个大概率的事件，如果能够结合流动性法则、哈尔兹法则和市场极端情绪来运用则准确率将更加高。市场情绪是多变的，极端悲观导致的成交量低迷如果只是持续一天未必能够导致真正的市场底部出现（见图4-34），只有市场已经持续了较长一段时间的悲观才能进一步提高地量的可靠性。"天量见天价"的可能性要大于"地量见地价"的可能性，因为"天量"预示极端乐观情绪的可靠性大于"地量"预示极端悲观情绪的可靠性（见图4-35）。"天量"前后市场流动性见顶，经济周期处于繁荣末期或者是滞胀初期，或者"天量"之后指数下跌超过N%，或者是"天量"附近市场出现动量背离，社保基金在"天量"附近出现了卖出举动等，这样驱动面、心理面与行为面的"天量"结合起来就能更好地提高我们的操作胜算率。

搞清楚为什么比简单知道一个结论更有价值。为什么指数地量往往是指数的阶段性低点？

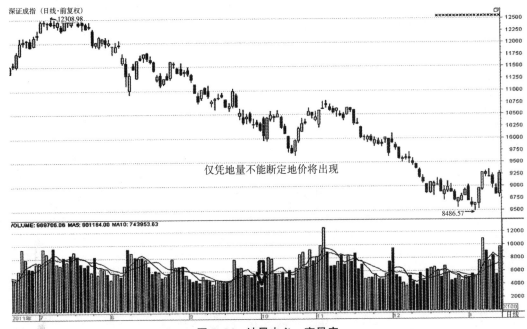

图4-34 地量未必一定见底

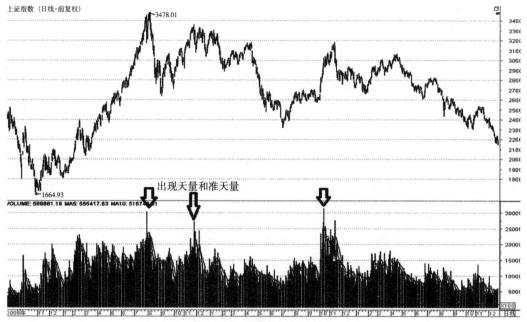

图 4-35　指数走势中的天量

【关于"天量和地量"的经典论述】

关于天量和地量，许多知名市场人士都有过精辟的阐述，下面摘录如下，与本课内容可以相关参照，以便进一步思考：

1. 回顾沪综指历史上的天量行情，史上第二大成交量是 2009 年 7 月 29 日创出的 3028 亿元，当日沪综指大跌 5%，报收 3266.43 点；且在随后的第四个交易日，沪综指创出阶段行情的顶点 3478 点。而史上第三大成交量则是 2009 年 11 月 24 日创出的 2951 亿元，此后沪综指在维持了一个多月的震荡行情后掉头向下，直到 2010 年 7 月初才止跌回稳……**根据历史天量之后行情的演绎来看，天量往往意味着一个阶段性的顶部正在到来**（《中国证券报》）。

2. 地量的出现在传统意义上通常会有两种可能的解释：第一，地量之后有地价；第二，没有地价了，但市场需要一根放量的 K 线来做出一个方向选择来。地量后还有地价，也不用担心，市场在筑底的阶段。没有地价直接向上，更好，但需要放量中大阳线来确认才可以（大愚和尚）。

3. 个股天量不破的低吸操作法：操作法一，题材股出现天量后，分时择机抄底，不破新低则持股。破了新低则止损。实战时，得对此题材的炒作有一定了解，否则抄底就是赌的心理。操作法二，价值投资的白马股。股价跌出空间后，出现天量（或者

说是一两年内的天量），不破天量的低点，择机抄底。这种抄底方式比较安全，买的时候没有心理压力，容易放心持股。一是因为跌幅足够，二是因为所选的股是公认的白马股。唯一的要求就是操盘者必须有耐心。操作法三，上升趋势中的价值投资股。此时出现天量（一般发生在颈线位），随后不破天量的低点，择机抄底，破则止损。唯一的要求就是操盘者必须有耐心。当然，对标的的基本面了解是必须的，否则持股没信心（凌烟阁 3）。

4. **所谓冰点期，就是市场在持续的下跌或回调后，出现了这种市场整体成交量急剧萎缩或短线打板赚钱效应持续极差，连板率很低的问题**……你可以持续记录两市的成交量和涨停量，就会发现一个规律，如果两市在成交量大幅萎缩……比如 2019 年上半年，就会出现 2600 亿元、2700 亿元等情况，同时涨停股可能就只有 20 多只，赚钱效应非常差！而随后，涨停量与两市成交量却又开始回升。那么，当时的 2600 亿元、2700 亿元与只有 10 多只、20 多只个股涨停的情况，就是属于情绪的冰点期。**如果你打板是打在刚好冰点期之后 1~2 天，或是在冰点期潜伏到后面的热点板块，那么随后成功的概率就会相对高些，这就是先手资金的行为。**但是，市场冰点期的机会也是有区分的，机会是有大小的。**如果市场的冰点期处于市场情绪、资金筹码超卖点与自然法则下支撑力的共振点，市场就容易产生相对大的机会。**比如，2019 年全年的 5 个时机点（2 月猪肉、5 月稀土、8 月半导体、10 月智能音响、12 月网红经济），就属于这种类型（无门问禅）。

指数 N/2B 法则：趋势开始的确认信号

我认为高位 123 结构和低位 123 结构是市场中几乎所有大趋势运行的最初始结构，为什么这样讲呢？因为几乎每段趋势，无论是大趋势还是小一些的趋势都可能从高位 123 结构或低位 123 结构开始。

——乔伊·罗斯

经典的买入信号可以这样概括：市场低点—上升—回调但不触及低点—突破创出新高。

——杰克·施耐普

当我在行情记录上看到某只股票上升趋势正在展开时，先等股价出现正常的向下回撤，然后股价一创新高就立即买进。当我做空的时候，也采用类似的方式。股价先是下跌，然后反弹，等待反弹天折创下新低的时候我进场做空。

——杰西·利弗摩尔

趋势是指指数（价格）的整体走势，如何确认趋势的开始，这个必然要从技术面最终入手。基本面和心理面分析再透彻，必然还是要落实到指数走势上才能赚得真金白银，因为与盈亏直接相关的还是指数（价格）的走势，而不是你的分析。

谈到 N/2B 法则的人很多，罗伯特·雷亚、维克多·斯波兰迪、乔伊·罗斯、杰克·茨威格等，其实这个东西并不神秘，简单但是要说透恐怕需要一本书的篇幅。我们这里仅仅从指数趋势确认的角度去介绍 N/2B 法则，而且我们的着眼点与上述大家不同。具体而言，罗伯特·雷亚着重 N/2B 对 N/2B 的交互验证，而维克多·斯波兰迪着重于对 N/2B 提供的技术进场信号进行介绍，乔伊·罗斯则将 N/2B 当成了系统交易方法的基本单位构件，杰克·茨威格则从空头陷阱和多头陷阱的角度来介绍 N/2B 点的逆向进场法。

趋势有一些技术特征，但是这些特征不是只有趋势才具有。想要寻找预判趋势和震荡的技术圣杯是徒劳的。

那么，我们着眼于什么呢？着眼于技术面与基本面和心理面的验证。N/2B 没有那么神秘，只是市场波动的一个最常见的结构而已，只有与基本面和心理面工具结合起来才能对交易实践产生显著影响。

我们分别介绍 N 字结构和 2B 结构，关键是大家在掌握了这两种常见的顶部和底部形态之后能够结合前面几堂课已经学到的东西进行运用。具体而言就是你要努力将股市极可能在经济衰退阶段筑底的预判与 N 字底部（或者 2B 底部）的出现结合起来分析，或者是将股市极可能在经济繁荣阶段构顶的预判与 N 字顶部（或者 2B 顶部）的出现结合起来分析，这就需要将第一课的内容与本课的内容综合起来熟练运用。流动性与 N/2B 结构的综合研判是第二个重要的方面，具体来讲就是将流动性极端低水平与股指的 N/2B 底部结合起来研判，或者是将流动性极端高水平与股指的 N/2B 顶部结合起来研判，这就是将第二课的内容与本课的内容综合起来使用。第三个方面则是成交量法则与 N/2B 结构的综合使用，具体而言就是地量与 N/2B 底部结构的相互确认，天量与 N/2B 顶部结构的相互确认，当然两者接近即可，没有必要完全对应，也就是说不要求 N/2B 完全对应于天量或者地量，只要在时间上靠得很近即可。除此之外，我们还应该将本课的内容与后续的内容结合起来使用，如第六课股票的供给问题，第七课"国家队"资金的进出，以及第八课市场整体估值水平，第九课指数动量背离，第十课市场心理法则。本课后面会提到与 N/2B 结构进行交互验证的四个最为关键的方面，我们还是先从 N 字结构入手进行介绍，然后再介绍 2B 结构，毕竟对于很多还没有接触过这两种结构的初级交易者而言，还是有必要进行基础知识上的一次梳理。对于那些经验丰富的中级水平交易者而言，重新认识这两种结构也是有必要的。毕竟，本次系列授课的逻辑框架与主流观点不同，因此有必要站在恰当的角度来认识 N/2B 结构在整个指数大势研判中的功能和用法。

从严格意义上讲，股市市场上的 N 字结构需要从价量两个层面来进行完整理解，在实践中也是同样的道理——**你需要在价格（指数）与成交量两个层面同时确认 N 字结构，这样去分析才能提高操作的胜算率。**我们此前出版过一本小册子，名为《短线法宝：神奇 N 字结构盘口操作法》，整本书都围绕着价量 N 字结构展开，当然那本小册子集中于传授个股的短线方法，因此对于指数基本没有涉及。在本课我们仍旧讲 N 字结构，不过却是从指数的角度来讲，更为重要的区别在于**我们最终要把 N 字结构与基本面和心理面结合起来使用，这才是股票交易的王道。**例如，某些题材股或者重组股在发动之前，其实有很明显的 N 字顶部结构，这些不知道大家发觉没有，将基本面和心理面与 N 字结构结合起来研判，这个并不是今天才被发明的框架，其实杰西·利弗摩尔是精于此道的高手。因此我们不能局限于《短线法宝》的纯技术面姿态。毕竟，《短线法宝》主要还是停留在入门者这个角度上，重点引导大家对市场运动的基本结构以及主力动作的基本盘口特征有所认识，并且能够在恪守仓位管理的前提下逐步走向盈利之路。

　　N 字结构又被称为 123 结构，因为这个结构主要是用 3 个点来定义的。如图 5-1 所示，左边是 N 字底部定义的理想结构，也就是说 A 点开始上涨，涨到 B 点开始回撤，回撤到 C 点继续上涨，然后创出新高超过 B 点，关键在于 C 点不能低于 A 点，而回撤结束后上涨必须超过 B 点。所谓 123 结构底部其实就是用 ABC 三点来定义，最早的时候我们也不知道国外对 N 字结构的研究，只是自己在交易实践中逐步总结出来的东西，看起来像 N 字就定义为 N 字结构了，后来才发现这个东西国外也有，一般被定义为 123 结构。图 5-1 右边的部分是一个指数走势构成的 N 字底部。N 字结构反映了"肯定—否定—否定之否定"的辩证式前进法则，其实趋势的发展就是以这样的方式展开的，往往一波大行情你拿不住的原因有两个：一是因为你不了解趋势的具体展开方式是波浪前

趋势形成与否与题材的生命力有关系。

进的；二是你对能不能形成趋势心中没谱（归根结底还是你对驱动面没有吃透啊）。

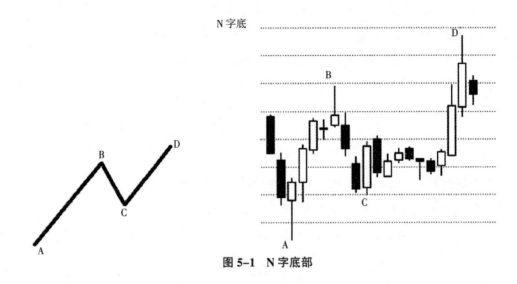

图 5-1　N 字底部

　　光有 N 字底的理想模型和定义还不够，我们来看一些指数走势方面的具体实例。沪深 300 指数对于股指期货交易者而言具有非常重要的意义，因为这是相应的现货标的，而且沪深 300 指数本身融合了大盘股和中盘股的影响，比起上证指数而言更能反映整个 A 股市场的走势。在识别大盘大势 M 方面，我们除了关注上证指数之外也应该不时地查看沪深 300 指数的日线图走势。N 字底部在沪深 300 指数日线走势上具有较为有效的提醒意义，见图 5-2，这是一个典型的 N 字底部。ABC 三点非常清晰，这就是市场从技术面提醒我们向上趋势很可能开始了，那么我们接下来就应该研究驱动面和心理面是不是支持这一提醒信号，这就是真正股票高手的思维习惯了。

　　2007 年之后做 A 股不能不考虑大盘股、小盘股这样的区分，因为资金的流动具有明显的轮动效应，这既可以算得上是板块方面的差异（这个将在第二阶段的课程中专门介绍），同时也应该算得上是大势级别的一种动向。因此，在观察 A 股市场动向方面，我们除了要观察上证指数、沪深 300 指数之外，也不能忽视了创业板指数。创业板指数反映了小盘股的整体趋势，该指数的底部往往也以 N 字底部的形式出现，这对于我们把握整个小盘股的动向具有很好的提醒作用。见图 5-3，创业板指数 2010 年 8 月左右形成了一个 N 字底部，ABC 三点非常明显，此后该指数有了一波显著的上涨趋势。

图5-2　沪深300指数走势中的N字底部实例

图5-3　创业板指数走势中的N字底部实例

　　谈到N字底部，我们已经看到了清晰而简单的实例，其实在A股指数的走势中，除了简单N字底部之外，还有一些复合类型的，如图5-4所示。上证指数在形成历史

大底 1664.93 点的时候，其实是构筑了一个多重 N 字底部，这个可以从上证指数走势的局部放大图中看到。**出现第一个 N 字底部的时候，我们就应该反过来查看基本面和心理面的情况。当然你也可以在分析得出基本面和心理面见底之后，等待技术面见底的信号。**是不是流动性底部出现了，信贷开始筑底回升了，是不是经济快要见底了（股市先于经济见底，经济有见底预期的时候股市就已经见底了，虽然在经济衰退的中后期股市往往会见底），是不是市场情绪极端悲观点已经出现了，社保基金是不是有入市迹象等。如果第一个 N 字底部出现你还没有搞清楚，那么等到复合 N 字底部出现的时候，你就应该尽快"搞个水落石出"，哪怕熬夜两天也要将基本面核实研究透彻，因为这时候很可能就是大行情开始往上的时候。

中医讲四诊合参，我们做交易研究、市场也要遵循这个原则。

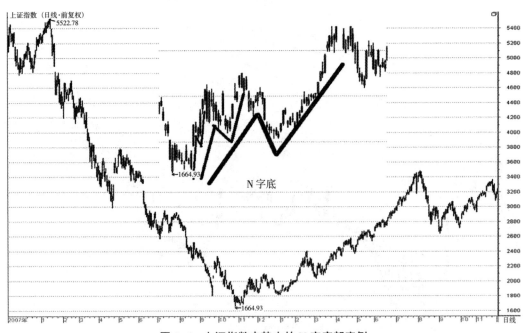

图 5-4　上证指数走势中的 N 字底部实例

N 字底部通常意义上是针对指数（股价）本身的，但是真正要运用这个结构还是需要结合成交量这个指标。**N 字底部出现的时候，往往相应的成交量也经历了"放量—缩量—**

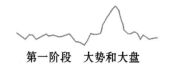
再放量"的过程，这就是成交量的 N 字结构。价量同时在大幅下跌后出现 N 字结构，那就是效率很高的见底信号了。我们来看一个实例，见图 5-5，深圳 300 指数在 2784.73 点附近出现了 N 字底部，指数先上涨，再回调，然后再上涨创出回升新高，对应的成交量在指数上涨的时候放量，指数回调的时候缩量，指数再度上涨的时候再度放量。这种底部信号，道氏大家罗伯特·雷亚非常重视，投机巨擘杰西·利弗摩尔也非常重视。指数"上涨—回撤—再度上涨"体现了"发散—收敛—再度发散"的市场节律，成交量"放大—收缩—再度放大"也体现了"发散—收敛—再度发散"的市场节律，这种节律就是趋势展开的节律，你要熟悉这种节律，才不会拿不住你的单子，一波大的趋势不可能是完全以直线的方式展开，其中必然包括了曲折和波动。

道路是曲折的，前途是光明的。

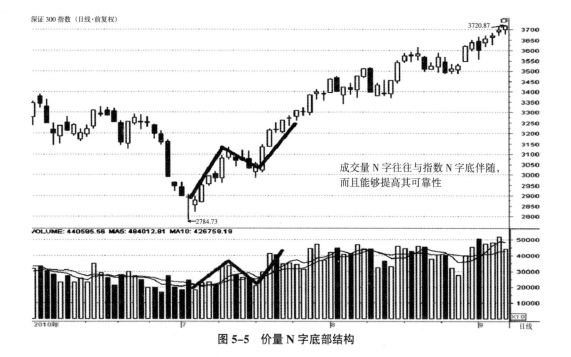

图 5-5　价量 N 字底部结构

N 字底部大家应该基本搞清楚是怎么回事了，现在我们接着来了解 N 字顶部的定义和实例，以及相应的运用之道。N 字顶部与 N 字底部呈现镜像关系，这点是大家需要明白的。

N 字顶部出现在市场大幅上涨之后，N 字顶部是向下 N 字中的一类。N 字顶部是价格大幅上涨之后出现下跌，这就形成了第一波下跌，然后反弹，但是不创新高，接着再度下跌，创下回落以来的新低，见图 5-6。N 字顶部也是通过若干个点来确定的，最为关键的是 BC 两点，其中 B 点处于一波下跌走势的末端，此后的再度下跌要跌破这点，而 C 点处于一波反弹走势的末端，其 C 点低于 A 点。

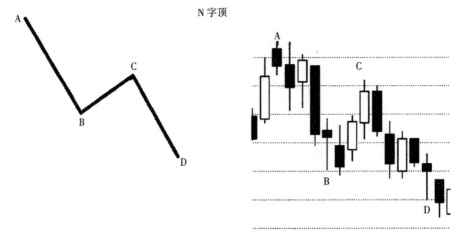

图 5-6　N 字顶部

我们来看一些 N 字顶部的具体实例，当然是只涉及指数相关的 N 字顶部，因为我们还是在围绕 AIMS 中的 M 在介绍。请看第一个 N 字顶部的实例，见图 5-7，创业板指数在 1122.18 点附近出现了一个向下的 N 字结构，由于此前处于持续上涨状态，所以这可以看作是一个顶部 N 字结构，C 点比 A 点低，如果 C 点和 A 点一样高，那就是双顶了；如果 C 点比 A 点高，那就是后面要介绍的 2B 顶了。C 点比 A 点低，而 CD 段跌破了 B 点，所以这就是一个被确认了的 N 字顶部。图 5-8 展示了创业板指数上另外一个 N 字顶部，这与图 5-7 以及前面的 N 字结构有什么共同特点呢？ABCD 四个点的 K 线形态又有什么规律呢？ABC 三点都是反转的 K 线形态居多，而 D 点则是持续的 K 线形态常常出现。例如，在图 5-8 中 A 点有一个黄昏之星形态，在 B 点有锤头底和看涨吞没……这就是 K 线作为微观形态与中观走势的结合剖析，可以相互验证，提高准确率。关于这点涉及技术分析（行为分析）的核心——"势位态"，这个会在第二十二课里详细介绍。不过，由于本教程以有经验的股票交易者为对象，所以不会全面地覆盖技术分析，对纯技术分析有兴趣的入门级股票交易者可以阅读相关材料和书籍。

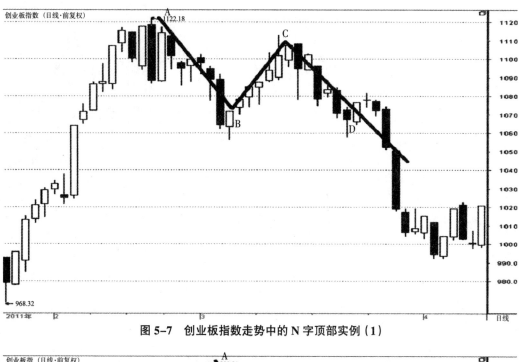

图 5-7　创业板指数走势中的 N 字顶部实例（1）

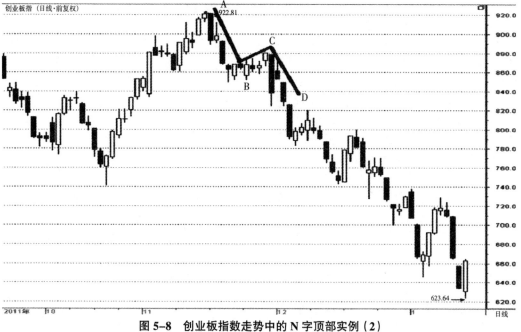

图 5-8　创业板指数走势中的 N 字顶部实例（2）

　　正如 N 字底部一样，N 字顶部也会出现所谓的复合形态，见图 5-9。上证指数在历史大顶 6124.04 点出现了一个复合 N 字顶部，相当于给了迟疑的持股者两次技术面提醒信号。

图 5-9　上证指数走势中的 N 字顶部实例

N 字顶部最好也能结合成交量来判断，成交量往往也会在指数初次下跌的时候逐步缩量，随着反弹放量，反弹结束后继续下跌时再度缩量。我们来看一个例子，见图 5-10，中小板指数 6177.89 点附近形成 N 字顶部时成交量也形成了向下的 N 字结

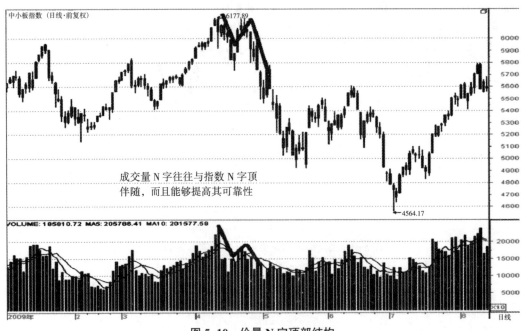

图 5-10　价量 N 字顶部结构

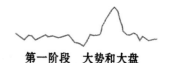

构。其实，成交量总体反映了一个倾向，那就是涨的时候交易活跃，跌的时候交易清淡。

　　上涨的 N 字被称为向上 N 字，大幅下跌后出现向上 N 字，一般被当作确认中的 N 字底部；下跌的 N 字被称为向下 N 字，大幅上涨后出现向下 N 字，一般被当作确认中的 N 字顶部。当然，光从 N 字结构出现之前价格是否大幅下跌或者上涨还不能有效地确认 N 字顶部或者 N 字底部，毕竟指数走势中 N 字结构非常多（见图 5-11），因此我们需要借助于非技术分析为主的工具来完成进一步的确认。

为什么本教程开头两课都在讲与技术分析没什么关系的内容？为什么一些看似与短线交易无关的东西却放在全书最显眼的位置？这是因为技术分析的最高境界在技术分析之外，真正决定趋势的不是趋势线、不是技术指标、不是 K 线形态，而是基本面，特别是经济周期和流动性。讲 K 线的书，学了几天技术分析就能写出来，所以众人趋之若鹜的东西基本都是没有真正价值的。即便是要学，也要从其他角度来学，从不同于一般人的角度来观察和研究一个大众热捧的事物。

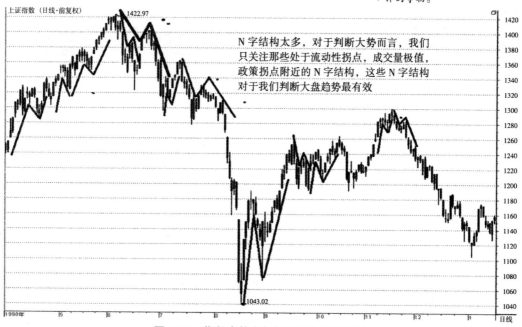

上证指数（日线·前复权）　1422.97

N 字结构太多，对于判断大势而言，我们只关注那些处于流动性拐点，成交量极值，政策拐点附近的 N 字结构，这些 N 字结构对于我们判断大盘趋势最有效

1043.02

图 5-11　指数走势中频繁出现的 N 字结构

　　是不是顶部 N 字结构，除了结合成交量 N 字之外，还可以看是否最近出现了天量，指数天量代表的是极端兴奋，如果这种兴奋出现在两波或者三波持续上涨之后那么很可能就是极端兴奋点了。与此相应的是底部 N 字与地量同时出现，见图 5-12，这时候 N 字底部的有效性就更高了，地量出现意味着交投到了极点，对于指数而言，往往意味着悲观到了极点（当然，这是一种常见的情况，并不是所有地量都是悲观极端点，所以我们才需要综合研判，这就跟病情诊断一样，如针对患者咳嗽的情况，首先列出哪几种病可能引起咳嗽，然后再来排除）。

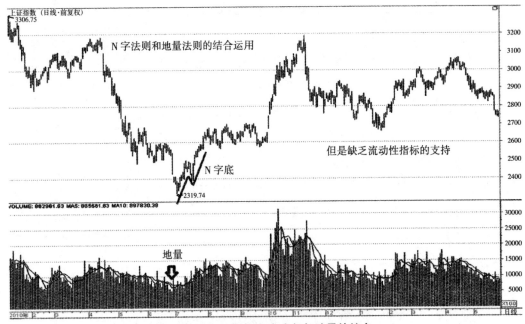

图5-12 上证指数N字底部与地量的结合

在什么情况下M1并不能
很好地预判股市的底部？

光是结合成交量来研判N字顶部和N字底部并不能彰显我们在股市研判上的优势，我们还要用大家用得少的武器，这就是流动性了，结合本教程第二课的内容，我们在A股市场上一般采用M1同比增速作为流动性的工具。M1与A股大势具有同步性的特定，根据历史统计数据可以看到M1同比增速接近或者低于10%往往意味着流动性重大低点。如果股指出现了N字底部，相应的M1同比增速也在10%以下，那么这个N字底部的有效性就非常高了。我们来看一个具体的例子，见图5-13，2008年11月上证指数在1664.93点附近形成了N字底部，相应的M1同比增速低于10%，这就形成了流动性底部对股指N字底部的确认，有了这个判断，你进场的勇气都大了不少，这比那种只看图形就进场的交易者在主观上更有勇气，在客观上更有胜算率。

N字顶部和N字底部还可以从市场情绪的层面进行验证，如果说用M1来验证N字结构属于基本面对技术面的确认，那么用市场情绪来验证N字结构就属于心理面对技术面的确认。我们来看一个具体的例子，如图5-14所示。2007年9月

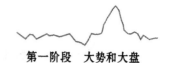

17 日，《牛市一万点》火爆上市，当时是一件很大的事情，市场营销做得很猛，这很可能是情绪极端乐观的征兆，这就提醒我们市场出现了 N 字顶部或者 2B 顶部。当然，此后上证指数在 6124.04 点附近出现了 N 字顶部，我们可以反过来观察市场情绪，看到

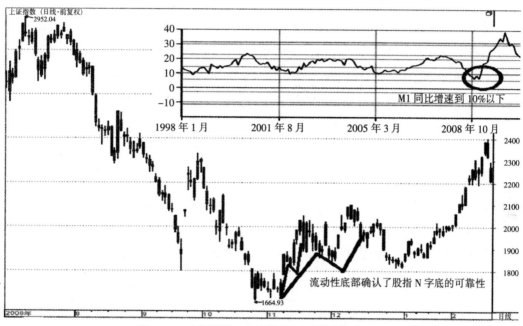

图 5-13　上证指数 N 字顶部与流动性底部的结合

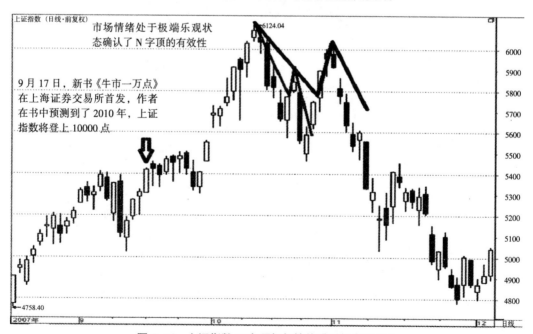

图 5-14　上证指数 N 字顶部与情绪乐观极点的结合

该书受到的追捧就可以从情绪的角度断定市场走到极致了，这样就反过来确认了 N 字顶部。

为了大家实践起来方便，我们给大家来个"按图索骥"。见图 5-15，你见到了 N 字底部，接下来你就应该寻求非技术面为主的有效证据，第一查看目前市场整体估值水平是不是足够低，具体就是看市盈率和市净率；第二查看市场情绪指标，如知名杂志封面有没有突然提到股市，还应该查看知名博主们的舆论倾向等；第三查看社保基金和汇金有没有动静，通过网上输入关键字检索；第四查看 M1 同比增速怎么样，看看央行网站，关注一下货币政策委员会成员最近的言论等。总之，见了 N 字底部，你就照着图 5-15 逐条分析一下。同样，如果见了 N 字顶部，你就照着图 5-16 逐条分析一下。

介绍完了 N 字顶部和 N 字底部，我们接着简单介绍 2B 顶部和 2B 底部。如果说 N 字顶部是右顶低于左顶的双顶，那么 2B 顶部就是右顶高于左顶的双顶（见图 5-17）。当指数从 2 顶处回落到 1 顶之下就基本确认了 2B 顶了，如果进一步跌破颈线，那么就进一步确认了 2B 顶了。2B 顶其实是典型的"多头陷阱"，股价在 2 顶处突破 1 顶的高点，虚晃一枪，这就是引诱突破而作的多头，或者是由于突破后多头蜂拥入场但是后续乏力以至于破位失败。

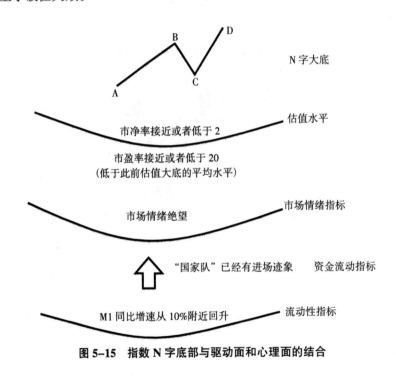

图 5-15　指数 N 字底部与驱动面和心理面的结合

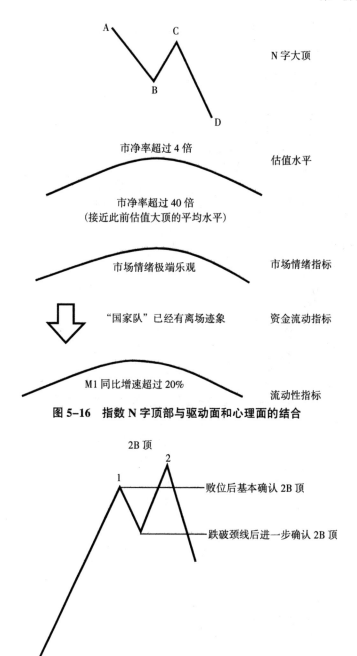

图 5-16　指数 N 字顶部与驱动面和心理面的结合

图 5-17　2B 顶部

　　我们来看一些指数走势中的 2B 顶实例，如图 5-18 所示的上证指数走势中出现的 2B 顶部，在第二顶部附近出现了黄昏之星，这其实是 K 线形态对 2B 顶的某种确认。

又比如图 5-19 所示的上证指数另一例 2B 顶，这是一个小型的 2B 顶，而且第二顶以上影线的方式实现，表明上冲乏力。

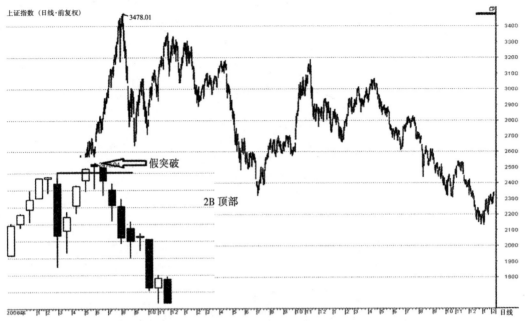

图 5-18　上证指数走势中的 2B 顶部实例（1）

图 5-19　上证指数走势中的 2B 顶部实例（2）

2B 底部与 2B 顶部是镜像关系，明白了 2B 顶部你就差不多明白了 2B 底部。如果说 N 字底部是右底高于左底的双底，那么 2B 底部则是右底低于左底的双底（见图 5-20）。2B 底是典型的"空头陷阱"，不过在 A 股市场上由于做空不便，所以追空的可能性很小，一般只是多头止损而已。2B 底也分为初步确认和进一步确认两个步骤，这个其实也就是在进场及时性和可靠性的两种组合而已。

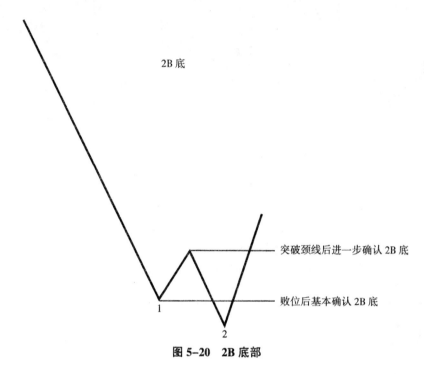

图 5-20　2B 底部

我们来看一些 2B 底部的实例，第一个例子如图 5-21 所示。上证指数在向下假突破后其实是形成了一个 2B 底，不过这个 2B 底又包含了一个 N 字底部。这是一个复杂的底部形态，我们倾向于根据 N 字底部操作，只在特别情况下采纳 2B 底部，如突发性基本面大逆转。第二个例子如图 5-22 所示，A 股指数出现了一个简单的 2B 底部，不过这个例子中其实包含了连续的 2B 底，只不过此前 2B 底没能反弹超过颈线。

有了 N 字底部或者 N 字顶部我们可以回过头来查看基本面和心理面是不是有重大变化，但是 2B 底部我们一般不这样用。我们一般是发现了基本面或者心理面有重大异常，才等待市场出现信号，要么是 N 字结构，要么是 2B 结构，所以 2B 结构的运用往往是确认信号。如图 5-23 所示，我们是从下面开始"按图索骥"，而不是像此前 N 字结构那样自上而下。流动性指标见底了，我们等待 2B 底来确认（但往往是以 N 字底部来确认）；又或者是估值水平很低了，同时社保基金进场了，散户也极端悲观了，那么也等待 2B 底来确认。同样，2B 顶的"按图索骥"也是这个道理，如图 5-24 所示，从下往上看。

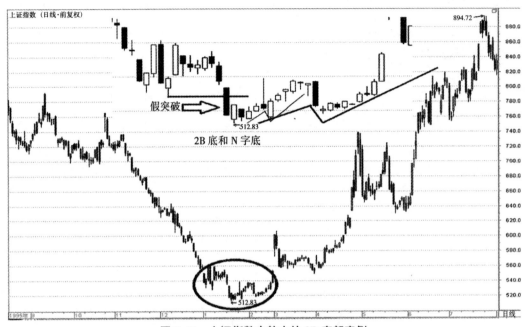

图 5-21　上证指数走势中的 2B 底部实例

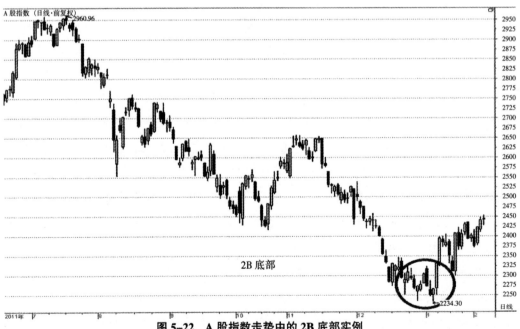

图 5-22　A 股指数走势中的 2B 底部实例

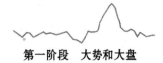

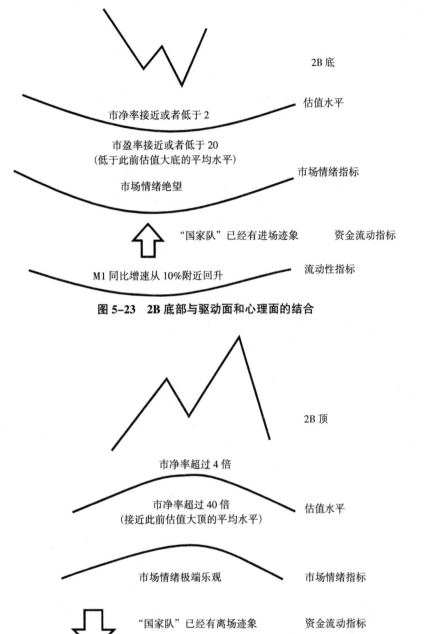

图 5-23 2B 底部与驱动面和心理面的结合

图 5-24 2B 顶部与驱动面和心理面的结合

　　N/2B 是我们对市场的基本认识，除此之外还有一种 N 字结构比较特殊，有必要提一下，我们称为翅膀形态，翅膀底部比翅膀顶部出现得更加频繁，所以我们一般忽略技术形态是无法穷尽的，因为这些都是现象。技术分析重要的是知道原理，能够举一反三。

顶部的翅膀形态。底部翅膀形态分为三种，如图 5-25 所示，其实就是 2B 底部和 N 字底部的变种，这里提出来以便大家在今后的分析实践中不会感到迷惑。这种底部在期货（见图 5-26）、股指（见图 5-27）和个股（见图 5-28）上出现频率

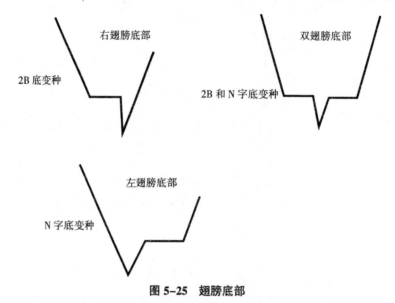

图 5-25　翅膀底部

图 5-26　沪胶合约上出现的翅膀形态底部

都不低，需要关注。当然，本课主要是讲股指，所以大家注意股指在 AIMS 框架下如何运用 N/2B/翅膀三种形态即可。

图 5-27　上证指数上出现的翅膀形态底部

图 5-28　紫金矿业走势上出现的翅膀形态底部

【关于"N 字和 2B 结构"的经典论述】

关于 N 字和 2B 结构，许多知名市场人士都有过精辟的阐述，下面摘录如下，与本课内容可以相关参照，以便进一步思考：

1. 与绝大多数人的习惯思维相反，**当我看到某只股票处于上涨之中，然后回调，接着创出新高。在创出新高时，我会立即买入。当我做空某只股票的时候，我也会采取类似的方法，也就是反弹，然后创出新低的时候，立即做空。**我为什么要这样做呢？因为市场通过这一信号确认了趋势，同时给出了时机，因为我必须立即采取行动。我绝对不会在价格回落的时候买入，也绝不会在价格回升的时候做空（Jesse Livermore）。

2. 运用 2B 操作时，需要注意如下三点：第一，交易仅选择流动性高，且历史上甚少出现突然而大幅的反转走势的市场。第二，在可能的范围内，避开对于消息面非常敏感的市场，或对于政府货币与财政政策反应剧烈的市场。第三，**唯有当你可以将出场点设定在先前的支撑或压力价位，才可以建立交易头寸。这种情况下，如果市场证明你的判断错误，你可以迅速认赔**（Victor Sperandeo）。

3. 趋势策略的特点是低胜率，高盈亏比。但 2B 是否就一定高胜率？我没有实际测试过，感觉的话，也高不到哪里去，但是，**它肯定是高盈亏比的。**是一种抄底摸顶的策略，在接近历史前低点做多，如果亏了，价格继续跌，只需要一点点幅度，就可以验证自己是错误的，这个止损幅度越小，在投入的风险金额固定的前提下，自然的仓位可以更大一些。那么，如果幸运的话，做对了，价格涨了。则爽——点位也好，仓位也大，利润增幅也大（刘大，1984）。

政策性因素对大盘的影响：股票供给（IPO）和
交易规则（印花税）

要想有把握地讨论市场前景，我们就得研究会影响市场的各个领域……显而易见的是政策性因素也是市场表明的关键影响因素。

——文森特·凯特兰诺

以铜为镜，可以正衣冠；以史为镜，可以知兴替；以人为镜，可以明得失。

——李世民

我在历史中学到的唯一东西就是：大众从未从历史中吸取教训。

——沃伦·巴菲特

中国股市是不是政策市？其实，**任何国家的股市都不能摆脱政策市的定性**。股市作为资本市场，承担着经济改革和发展的重任，自然就不会为国家当局放任自流。因此，**任何交易者如果不能充分地理解政策对股市的影响，那么就很难驾驭大势，离开了大势一切股票短线交易都是"无头苍蝇式"的操作**。政府当局也是股市博弈的参与者，既然我们参与股市交易这个棋局，那么就不能忽略政府这个对手盘的意图和行动。但是，主流的股票交易书籍往往不能理性地对待这一点，要么对政府干预股市大加鞭挞，以投资者之友自居；要么对政策视而不见，认为市场有自身的发展规律，政府的行为不能干预市场趋势。这两类观点和做法都走了极端，其实政府干预市场在全世界都很普遍，我们没有必要将自己的损

大资金永远都盯着政策，寻找政策套利的机会。一项重大政策出来后，如果相关板块的个股没有立即被炒起来，要么是因为散户抢到的筹码太多，要么是因为主力的筷子正夹着肉，暂时忙不过来。

失怪罪于政府，理性的做法也不是忽略政府的行动和意图，而是重视这个对手盘，研究其市场影响，最终从中获利，"顺势而为"才是上善若水的具体表现。

你要记住一句话：**在A股市场中，主力资金永远都在盯着政策，政策是股市最大博弈者的工具。最大博弈者的行为和意图如果都被忽视掉了，就算是再强的主力也无法取胜**，因为这个最大博弈者不仅是参与者，更重要的是规则制定者。**所谓世界上最强大的实力就是制定博弈规则的能力**，这个没搞清楚的话，就无法改变命运。政策的变动带来重大的持续套利机会，主力当然要盯着。

一项重大政策出台后，如果连散户都看得出来，急匆匆地跳上去，那么行情肯定会反复，让散户大部分下车之后，主力才会开始正式利用这个机会。这个时候不是政策没有起作用，而是认识到的人太多，加入的人太多，主力不可能为散户抬轿子啊。这些都要多从博弈论的角度去思考，多问问为什么。写作这本书的时候，政府开始讨论地方养老金入市的问题，很多人就想等着养老金入市了再跟进。殊不知地方养老金在建完仓之前肯定是不会大张旗鼓宣扬的，这个问题你深入思考一下就明白了，从博弈的角度去分析就明了了。新股民往往受到单一信息和舆论的影响，如果能够把多方面的信息综合起来，那么就能够很好地解读政策的意图和影响力了，也能够很好地解读主力的可能行动路径。

股市从来都是一个脱离不了政府干预的博弈场合，我们必须从这个实际出发，建立一套基于政治经济学的分析框架，在此基础上捕捉大盘的牛熊转化以及个股机会。A股市场仍旧是一个服从于国家政治和经济改革大局的金融工具，A股从熊市转为牛市的关键因素除了经济周期外，更重要的是政府基于自己具体的利益诉求以行政力量调动资源，推动股市步入牛市。**政府推动股市步入牛市的最重要标志是投入大量的真金白银。**在这种情况下，监管当局会组织大资金入市来贯彻政策意图，这里的大资金并非仅是汇金系，这是大家要注意的。另外，政府推动资金入市并不是市场转牛的充分条件，而仅是必要条件，因为推动代表的是意愿，还要看实际入市的资金情况。不过，只要政府意愿足够强，在A股市场上监管当局是有足够的工具和资源来实现其战略意图的，只是或早或晚罢了。由此看来，**要想弄清楚大盘走势就必须对政府这个市场参与者的意图有准确的理解。炒股要听懂政府的话，搞清楚监管当局的真实意图，更进一步地要知道监管当局贯彻意图的能力水平。**如果机械地按照政府的表面意思去操作，不顾及深层的意图和监管当局的贯彻能力就会在熊市急剧下跌中被套。我们**除了考虑政府的意图，还要考虑政府的能力**，如熊市中出台的利好政策往往不能立即让市场反转，有时候会出现反弹，有时候则会加速下跌。这就表明，在市场这个阶段，政府的

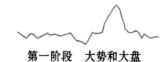
干预能力比较薄弱，或者是干预程度还不够。在 2007~2008
年的暴跌中，降低印花税与推出 4 万亿元刺激政策绝不具有
同样的影响力，这是我们作为短线交易者需要明白的一个道理。

政策是长期的还是短期的？

　　所有股票短线交易者都应该熟悉决策层和监管当局的辞
令，这样才能明白这个市场最大参与者的真实意图。即使最
直接影响大盘走势的流动性其实也是由政府控制的，货币供
应量直接决定了包括股市在内的各种资产的基准定价和投资
者的风险偏好。例如，2008 年上证指数大跌的直接原因就是
前三季度一路紧缩的银根。当时流动性非常紧张，股票市场
怎么能在高位站稳呢？那些号称牛市一万点的理论家只不过
是在画大饼而已，一厢情愿地将经济大好前景贴现到现在，
殊不知**如果缺乏流动性，再好的业绩也无法在指数上体现出
来。**所以，资深的股民经常挂在嘴边的一句话就是"**通缩无
牛市**"。但是，也要明白当物价上涨过快的时候，利率也面临
上调，**连续上调之后**，流动性必然出现紧缩，而这对股指上
涨是不利的。与流动性相对的就是股票供给量，这个也与监
管当局的意图密切相关。**历次救市，当局最为核心的手段都
是改变供求矛盾，都是将扩容控制在适度的范围之内。**例如，
1994 年上证指数从 1559 点持续下跌到 325 点的时候，时任证
监会主席的刘鸿儒提出了三条救市政策：第一条是放缓新股
发行节奏和上市节奏；第二条是发展国内机构投资者；第三
条是对资信度高的证券机构进行融资。这三条要么着眼于减
少股票供给，要么着眼于增加资金。此后，上证指数立即掉
头向上，上涨到 1052 点。又如，1996 年上证指数大跌到 512
点，当时的证监会主席是周道炯，他同样是采取减缓新股发
行和扩大资金入市的套路。此后，上证指数走出低迷。1999
年 5 月上证指数徘徊在千点左右，周道炯推动保险资金入市，
暂缓新股发行和为券商融资的老套路，指数恢复元气。2005
年年中，上证指数跌破 1000 点关口，当时的证监会主席尚福
林也采取了减缓扩容的措施。**股指的走势受制于资金和新股
供给，而这两者都明显受制于监管当局的意图。**

机构往往会自觉地执行监
管机构的意图。

失败的股票短线交易者往往忽略了这一点，而某些不注意分析"参与方意图"的纯技术派交易者则会陷入"市场该怎么样"的陷阱。**其实，我们应该转换视角，从"该怎样"转变思维为"是怎样"和"将怎样"。**从必然思维转换成概率思维，情景规划思维使我们在短线交易中有的放矢，同时规避风险的关键。

我们来大致梳理一下政策对 A 股市场大势的影响。1996 年初的时候，大量散户涌入 A 股市场，全社会参与炒股的风气尤盛。这时候政府认为证券市场的投机之风干扰了国民经济的健康运行，因此在这年底亮出了"12 道金牌"抑制股市投机热潮，结果就是股市暴跌 30%。2001 年国有股准备减持使得 A 股进入熊市，2005 年开始的大牛市除了外汇占款暴增之外，也是为了推动"股改"的顺利进行。2007 年 5 月 12 日，为了抑制全民炒股的疯狂投机热潮，管理当局提高了证券印花税，这导致股市在 6 个交易日内狂跌了 30%。2008 年金融危机中为了挽救股市停发了新股，同时货币政策超级宽松，这使得 2009 年股市出现了翻倍行情。政策无论是有意还是无意总是对股市产生了显著的影响，政府作为股市的参与者，虽然没有直接在股票市场上买卖，但是其作为规则制定者和裁判员确实对股市产生了巨大的影响。**规则决定规律，在股市中规则与题材一样可以为主力资金所用，当然也能为聪明的个人投机客所用。**

股市的主要功能是为实体经济的发展融资，这是政府对股市的定位，**A 股市场的本质是以政策指导下的经济发展为导向**，股市担负着吸纳和释放流动性，调控经济冷热的责任，指数的涨跌与流动性充裕与否明确相关，股市指数走势就是银行资金进入和流出股市的直观表现，而这个流动过程与政策关系密切。

纯技术思维容易忽略这一层非常重要的关系，普通散户绝大多数都采用技术指标和死板的 K 线知识，他们是"技术分析三大前提"的忠实拥趸。但现实结果是什么呢？真正赚钱的游资和基金可不是盯着技术指标和 K 线就做到了。而死死盯着技术指标的散户却在大面积亏损，即使赚钱也往往是账面盈利而已（最终落袋后往往亏损居多）。**缺乏对政策的认识，炒股没有跟着党走，就会犯方向性的错误**，不看基本面，纯粹看技术指标，等于少了一条腿走路，这注定是要亏损的。

对 A 股市场主要制度变化和重大政策的始末要有所知晓，这样才能对潜在大行情有所意识。在本课我们基于历史的角度，主要介绍 IPO 和印花税等政策对股市的影响，下面逐一展开讨论。

IPO 重启就是重新启动新股发行，IPO 是 Initial Public Offerings 的缩写，中文意思是首次公开募股，也就是首次公开发行股票。简单地说就是发行新股。

管理层对控制 IPO 的思路主要基于三个基本思想：第一个基本思想是保证证券市

场融资功能长期有效，从这个角度来说，**暂停 IPO 是非常态的权宜之计，而重启 IPO 是必然之举**；第二个基本思想是管理层**通过 IPO 的关闭或重启来契合经济发展**，什么时间点关闭或重启，以什么样的股票为代表，都**与高层对经济面的指导思想有密切关联**；第三个基本思想是"利益最大化"，IPO 审核是一项重要的行政资源，管理层不会做出"饮鸩止渴"之事，导致市场萎缩，资金枯竭。IPO 的暂停和重启都会是缜密安排后的一系列事件集合，而不会是单纯的"停止"或"放行"。从历史经验来看，新股发行对市场更多的是一个中短期的影响，并不能完全改变市场的大趋势。其实投资者对新股发行的担忧更多来自心理层面，其中的逻辑当然来自新股发行带来新资产的供给，吸引资金分流到一级市场，则供求格局改变，市场下跌。

由于针对 IPO 暂停和重启划分不同，存在两种主要的暂停和重启时间表，第一种 IPO 暂停和重启的划分方式如下：第一次，1994 年 11 月 1 日暂停，1995 年 1 月 24 日重启（见图 6-1），IPO 公司是中炬高新。当时股市正是牛市的开头，上市当天上证指数下跌 1.06%，一周内下跌 3.56%，一个月内上升 1.41%。可见这次 IPO 没有改变市场运行的趋势。

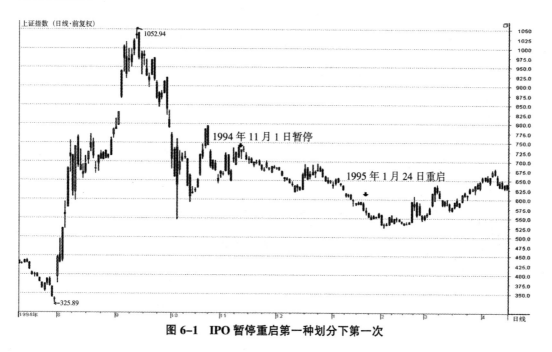

图 6-1　IPO 暂停重启第一种划分下第一次

第二次，1995 年 4 月 11 日暂停，1995 年 6 月 30 日重启（见图 6-2），IPO 公司是创业环保。当时股市也处在牛市，上市当天上证指数下跌 2.07%，一周内上涨 0.96%，一个月内上涨 8.36%。可见这次 IPO 也没有改变市场运行的趋势。

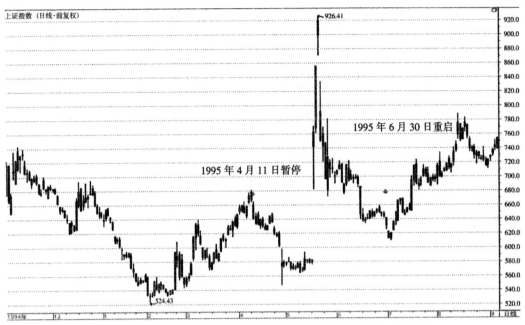

图 6-2　IPO 暂停重启第一种划分下第二次

第三次，1995 年 7 月 5 日暂停，1995 年 10 月 10 日重启（见图 6-3），IPO 公司是东方电气。当时股市还处在牛市，上市当天上证指数上涨 0.33%，一周内上涨 0.70%，一个月内上涨 4.23%。可见这次 IPO 还是没有把牛市拉下马。

图 6-3　IPO 暂停重启第一种划分下第三次

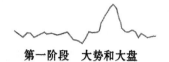

第四次，2001年9月10日暂停，2001年11月29日重启（见图6-4），IPO公司是华联综超。当时股市处在熊市的开头，上市当天股市下跌0.16%，一周内上涨0.59%，但一个月内下跌5.84%。可见这次IPO没有改变熊市的深度发展。

第五次，2004年9月9日暂停，2005年2月3日重启（见图6-5），IPO公司是华

图6-4　IPO暂停重启第一种划分下第四次

图6-5　IPO暂停重启第一种划分下第五次

195

电国际。当时股市处在熊市的末期，上市当日股市下跌 0.81%，一周内上涨 0.52%，一个月内上涨 2.99%。但后来股市继续下跌到 998 点。可见这次 IPO 也没有改变熊市的继续发展。

第六次，2005 年 6 月 7 日暂停，2006 年 6 月 19 日重启（见图 6-6），IPO 公司是中工国际。当时股市处在牛市，当日股市上涨 0.75%，一个月内上涨 5.76%。可见这次 IPO 也没有改变牛市的运行规律。

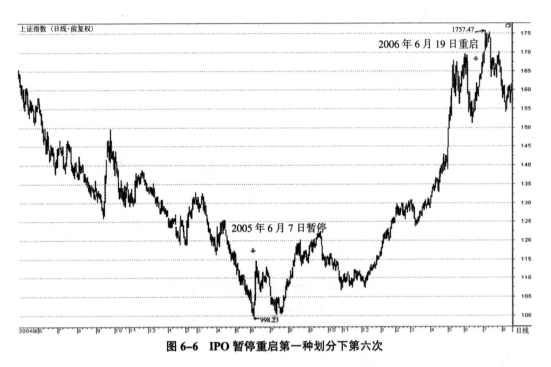

图 6-6　IPO 暂停重启第一种划分下第六次

第七次，2008 年 9 月 25 日暂停，2009 年 6 月 17 日重启（见图 6-7）。2009 年 6 月 10 日，中国证监会正式公布《关于进一步改革和完善新股发行体制的指导意见》，完善询价和申购的报价约束机制，杜绝高报不买和低报高买，同时网下网上渠道分开、网上申购设置上限，以提高中小投资者的中签率。2009 年 6 月 18 日，A 股市场 IPO 在暂停 9 个月后重启。桂林三金药业股份有限公司正式获得证监会批文，获准发行，成为自 2008 年 9 月以来第一家获准新股发行并在中小板上市的公司。之后，四川成渝成为 IPO 重启后首个在沪市上市的企业。

第二种 IPO 暂停和重启的划分方式如下：

第一次，暂停 IPO 时间为 1994 年 7 月 21 日到 1994 年 12 月 7 日重启（见图 6-8）。1994 年 7 月 20 日粤宏远 A 发行后，一直到 1994 年 12 月 8 日，中炬高新（600872）

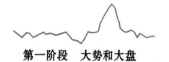
发行，新股暂停发行约 5 个月。期间大盘经过一轮俯冲，从 380 点附近快速探底 325.89 点，之间大约为一周，随后就展开一轮大幅度上涨，至 9 月上旬，已经飙升至 1052.94 点。此后至 12 月 7 日，又回到了 650 点附近。新股发行重新启动后，大盘继

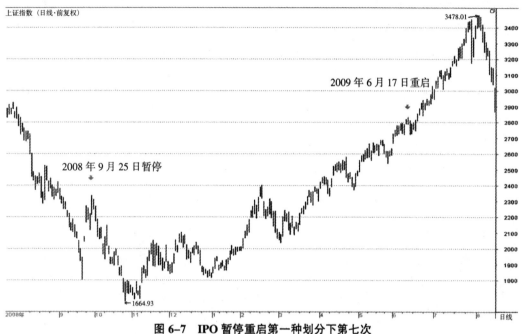

图 6-7　IPO 暂停重启第一种划分下第七次

图 6-8　IPO 暂停重启第二种划分下第一次

续探底，并在次年的2月探底至524点附近。

第二次，暂停IPO时间为1995年1月19日到1995年6月9日重启（见图6-9）。1995年1月18日，仪征化纤招股后，到1995年6月12日，创业环保（600874）招股，新股暂停发行时间约5个月。其间大盘曾走出一波大幅度上涨行情，从524.43点起涨，到当年5月涨到最高的926.41点，随后展开回调。随后新股发行恢复，6月12日大盘已经跌破700点，至7月初，大盘已经跌至600点附近。

图6-9　IPO暂停重启第二种划分下第二次

第三次，暂停IPO时间为1995年7月5日到1996年1月3日重启（见图6-10）。1995年7月4日东方电气公开发行后的一段时间内，只有洛阳玻璃、东北电气（000585）两家新股发行，到1996年1月4日，黔轮胎招股后，新股发行才密集进行，因此，这段时间也可作为暂停新股发行来看待。这期间，大盘曾走出一段上涨行情，但是一直无法突破800点，随后展开暴跌，至1996年1月初，大盘已经跌至500点附近，而黔轮胎的新股发行后，大盘开始构筑底部，1月19日探底512.83点后，一路上行，展开一轮大牛市，在1996年底飙升至1258.69点。

第四次，暂停IPO时间为2004年8月26日到2005年1月23日重启（见图6-11）。自双鹭药业发行之后，新股发行再度暂停，到2005年1月，华电国际（600027）的发行宣告IPO重新启动。暂停期间，虽然也出现了多次的反弹，但是下降趋势十分明显，市场再度创出新低，新股发行重启后，大盘出现了短暂的反弹，从 1180 点附近反弹至 1300 点，这次的反弹持续时间不到两个月就直扑 1000 点。

图 6-10　IPO 暂停重启第二种划分下第三次

图 6-11　IPO 暂停重启第二种划分下第四次

第五次，暂停 IPO 时间为 2005 年 5 月 25 日到 2006 年 6 月 2 日重启（见图 6-12）。这是 A 股历史上新股发行暂停时间最长的一次，因为股改的启动，新股发行暂停了一年，暂停期间，大盘开始大幅度回升，新的牛市来临。2006 年 6 月 5 日，新老划断第一股中工国际（002051）招股，虽然导致了短期市场的回落，大盘从 1700 点附近最低回落到 1512.52 点，但随后很快就创出新高，此后更是一路上涨到 6000 点。

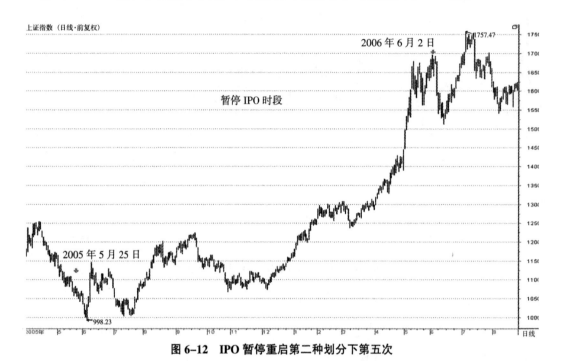

图 6-12　IPO 暂停重启第二种划分下第五次

国联证券高级研究员肖彦明认为成功的 IPO 重启具有三大特征，即严厉的宏观调控措施实施后，经济有回暖迹象；流动性环境好转，市场成交量上升；有来自最高层次的政策扶持。**股票市场中每一次发行新股或者增发都意味着要抽血，关键就要看"输血得快"还是"抽血得快"**，股市涨跌也可以从简单的供求关系上推断（其实，投资巨擘吉姆·罗杰斯就是用类似于蛛网模型的动态供求分析方法来应对一切资产市场价格变动的，特别是商品市场），QFII 和社保后续入市规模有多大，储蓄搬家情况如何，这些都是对股票的需求，而 IPO 后续规模有多大，解禁股后续规模有多大，这些都是对股票的供给。**大量的扩容必然是一个驱使大盘下行的趋势性力量**，至于股市是否下行，则同时看后续净增入市的资金规模有多大。牛市中扩容大盘仍旧上涨，并不是说扩容对股价上涨没有直接关系，而是因为市场新增资金比扩容规模更大。有人做过简单的统计发现：**新股发行暂停后，不超过 25 个交易日都会出现上涨幅度超过 18% 的大**

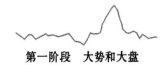

盘行情。当然，要搞清楚背后的原因，而不是将其当作规律，这只是个统计结果而已，并非物理学规律。

成功的 IPO 重启与牛市轨迹相吻合，关键要注意"成功"两个字。**只有好的市场环境才能保证 IPO 的持续进行，在市场不好的情况下勉强为之的 IPO 扩容最终只能引发参与者"用脚投票"。**所以成功的 IPO 重启与牛市之间的契合不是一种巧合，而是政策扶植下的殊途同归，从这里可以明显看出政策对股市的影响力。试探性的 IPO 重启仅具有短期效应，关键是要留意"试探性"三个字。试探性的 IPO 重启也会出现短暂的上涨行情，这是因为参与大众对于"IPO 等于政策扶植市场"这一规律是有一定共识的，因此在每次的 IPO 重启时，大众都会抱有一定期望。这样一个上涨过程长则可能持续 2~3 个月，短则可能维持 1 个月。但每当这些期望落空之时，市场又重新回归下跌走势。IPO 重启后，由于积压的待上市公司过多，会对市场形成压力，不过从统计分析及历史经验可知，相关板块及个股存在较大的题材类或者主题类的交易机会，中短线交易者应该重点关注。

首先受益的是参股新股的个股，其次是与首只或首批新股的行业属性相近的板块个股有望"借题发挥"。高胜算和高报酬率的交易机会出现在新股上市之后。**从历史上看，历次 IPO 重启从开始招股到新股上市，市场基本都是以下跌为主，而新股正式上市之后的 1 个月内则无例外都是上涨的。**所以，无论是短期还是中期的交易机会，往往都会出现在新股上市之后。

从历史经验可知，市场大众对新股投机往往都比较热衷，这使得新股在二级市场的股价由于市场的过高预期而往往出现较高的溢价，这会带动与其行业属性相关的板块个股"鸡犬升天"。当然，**IPO 重启通常利好于券商股**，当然这个不能忽略大势等因素。

接着我们介绍另外一种政策工具——证券交易印花税。印花税是以经济活动中签立的各种合同、产权转移书据、营

股票供给相比经济周期和流动性而言，只能算一个短期的次要因素。

业账簿、权利许可证照等应税凭证文件为对象所征的税。印花税由纳税人按规定应税的比例和定额自行购买并粘贴印花税票，即完成纳税义务。证券交易印花税是印花税的一部分，根据书立证券交易合同的金额对卖方计征。

A股市场自建立以来，中国股市印花税税率曾经有过数次调整。印花税的调整基本上不会改变股票市场的大势，但是会引发普通参与者的群体性疯狂，而这点往往成为主力洗盘或者派发的"借力"题材。**印花税上调往往会引发股市集体暴跌，而印花税下调则往往会引发股市集体暴涨，这些涨跌都是由散户的"羊群效应"引发的，主力往往对这些调整看得很清楚。牛市中的印花税上调，往往成为主力洗盘，提高散户持仓成本的机会；熊市中的印花税下调则往往成为主力继续出逃的机会。**吕志勇和张良对印花税调整前后的股市波动进行了研究，经过统计分析发现：**印花税调整对交易量一般都存在短期影响，但在长期，单纯的印花税调整对交易量影响不大。**他们认为，在理论上，高的印花税会降低噪声交易者，从而减小市场波动性，提高市场有效性；反之则会增加市场波动性，但中国的实证数据却没有得到这一结果。

1990年5月25日到6月27日的1个月中，深圳5种上市股票价格的增幅为：深发展100%、万科380%、原野210%、金田140%、安达380%。于是《人民日报》编发了《深圳股市狂热，潜在问题堪忧》的情况汇编，说股票市场使机关人去楼空。1990年6月28日，深圳市颁布了《关于对股权转让和个人持有股票收益征税的暂行规定》，首先开征股票交易印花税，由卖出股票者按成交金额的6‰缴纳。1990年11月23日，深圳市对股票买方也开征6‰的印花税。

第一次调整印花税为1991年10月，为了刺激低迷的股市，深圳市将印花税税率调整到3‰，1991年10月10日上海证券交易所也开始对股票买卖双方实行双向征收，税率为3‰。大牛市行情从这里启动，半年后上证指数从180点飙升至1992年5月的1429点，升幅高达694%（见图6-13）。

第二次调整印花税为1992年6月12日，国家税务总局和国家体改委联合发布《关于股份制试点企业有关税收问题的暂行规定》文件，明确规定股票交易双方按3‰的税率缴纳印花税。虽然当天指数并没有剧烈反应，但随后指数在盘整一个月后即掉头向下，一路从1100多点跌到300多点，跌幅超过70%（见图6-14）。

第三次调整印花税为1997年5月12日。1996年初，这一波大牛市悄无声息地在常规年报披露中发起。上证指数从1996年1月19日的500点上方启动，1997年5月12日达到1510点。不到半年时间，大盘暴涨1000点。针对当时证券市场过度投机的倾向，证券交易印花税税率从3‰提高到5‰。大盘在当天就形成大牛市的顶峰，在印花税上调的第一个交易周上证指数下跌 10.31%，最多下跌到 1025.13 点，跌幅为 32.12%。之后市场一直盘整，等到 1999 年"5·19 行情"才重新走牛（见图 6-15）。

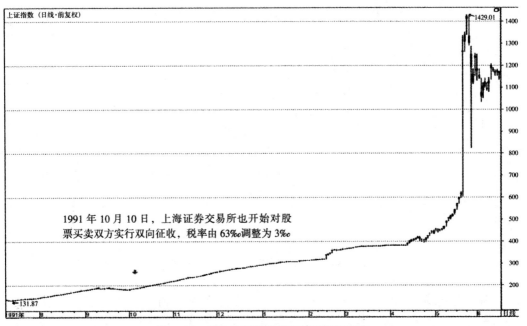

图 6-13　第一次调整证券交易印花税税率

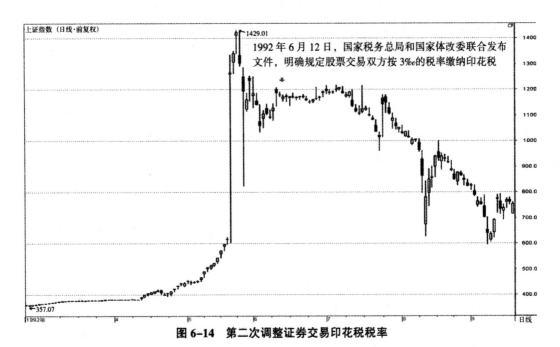

图 6-14　第二次调整证券交易印花税税率

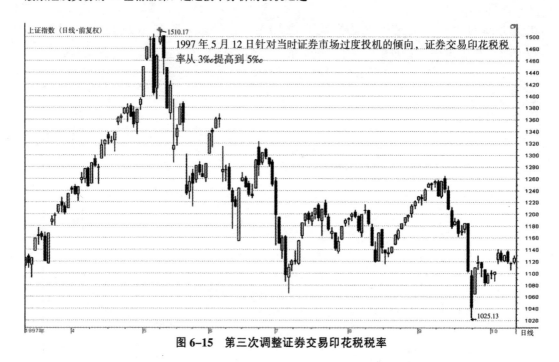

图6-15　第三次调整证券交易印花税税率

第四次调整印花税为1998年6月12日，为了使证券市场能持续稳定向前发展，经国务院批准，国家税务总局将证券交易印花税税率从5‰下调至4‰。1998年6月12日印花税税率由0.5%调低至0.4%。这本来是个利好，但从走势图中可以明显地看出，这里也形成了头部，此后股指调整近一年。股指不升反降，两个月内震荡走低400点。股市在1998年一直低迷，特别是受亚洲金融危机的影响；股市的低迷一直持续到"5·19行情"来临（见图6-16）。

第五次调整印花税为1999年6月1日，为了活跃B股市场，国家税务总局再次将B股交易税率降低到3‰。上证B股指在一个月内从38点拉升至62.5点，涨幅高达50%多。B股至此步入牛市行情中（见图6-17）。

第六次调整印花税为2001年11月16日，财政部调整证券（股票）交易印花税税率，从4‰调整为2‰。对买卖、继承、赠与所书立的A股、B股股权转让书据，由立据双方当事人分别按0.2%的税率缴纳证券（股票）交易印花税。受利好政策影响，沪深两市走出强烈反弹行情，大盘剧烈高开，盘中最高涨幅近7%。股市产生一波100多点的波段行情，11月16日这天正是这轮波段行情的启动点。沪指在展开100多点的反弹之后，继续下跌之旅（见图6-18）。

第七次调整印花税为2005年1月23日，为进一步促进证券市场的健康发展，经国务院批准，财政部决定从2005年1月24日起调整证券（股票）交易印花税税率，

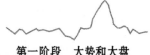

图 6-16　第四次调整证券交易印花税税率

图 6-17　第五次调整证券交易印花税税率

由 2‰调整为 1‰。从 2004 年 7 月便开始盛传的印花税将下调，到如今财政部正式宣布实施，利好消息对股市的作用锐减到几乎可以忽略。大盘上涨 24 点，报收 1255.78 点，象征性地上涨 1.7%。自 1 月 24 日降低印花税政策利好行情夭折以来，大盘连阴 5

日。沪指此轮调整最低点报998点（见图6-19）。

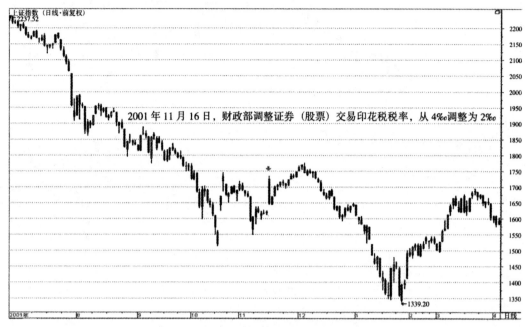

图6-18　第六次调整证券交易印花税税率

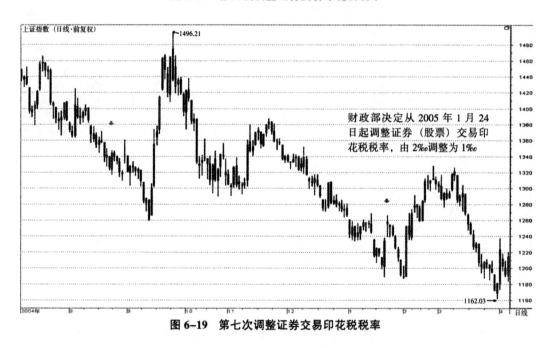

图6-19　第七次调整证券交易印花税税率

　　第八次调整印花税为2007年5月29日，经国务院批准，财政部决定从2007年5月30日起调整证券（股票）交易印花税税率，由1‰调整为3‰。在此之前，沪指已经由 2005 年 6 月 6 日的最低 998 点涨至 3000 点附近，涨幅超过 200%。有关数据显示，2007 年 4 月，上证 A 股单月换手率达到 119.74%，创下自 1999 年 6 月以来的新高。沪指 5 月 30 日开盘报 4087.41 点，低开 247.51 点，跌幅达 5.71%，报收 4053.09 点，下跌 281.84 点，跌幅 6.50%。6 月 1 日，市场恐慌情绪再度加速蔓延，两市近 700 只个股跌停。6 月 4 日，沪指连续跌破 4000 点、3900 点、3800 点、3700 点的 4 个整数关口，沪深两市创下单日下跌点数历史纪录，800 余只股票跌停，股市开始了两个月的中期调整（见图 6-20）。

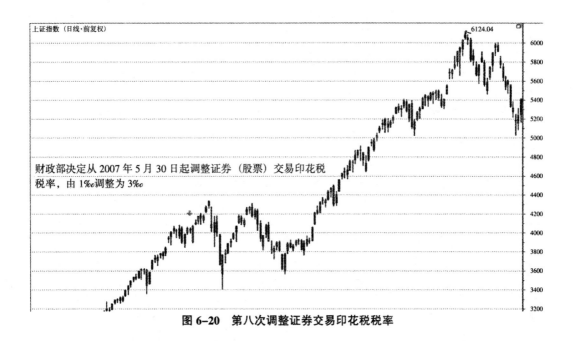

图 6-20 第八次调整证券交易印花税税率

第九次印花税调整为 2008 年 4 月 24 日。从 2008 年 4 月 24 日起，调整证券（股票）交易印花税税率，由现行的 3‰调整为 1‰。即对买卖、继承、赠与所书立的 A 股、B 股股权转让数据，由立据双方当事人分别按 1‰的税率缴纳证券交易印花税。沪指开盘报 3539 点，较前一交易日收盘上涨 7.98%，盘中最高到 3593 点。据统计，沪市在开盘第一个交易小时内成交了 874.57 亿元，创出历史最高纪录，至收盘，沪市成交金额高达 1917.04 亿元，创当年新高。沪指在稍事反弹之后继续下跌（见图 6-21）。

第十次印花税调整为 2008 年 9 月 19 日，对证券交易印花税政策进行调整，由现行的双边征收改为单边征收，税率保持 1‰。A 股全线涨停，沪指涨 9.46%，创历史第二。沪指开盘即大涨 9.06%，深成指开盘涨 8.35%。沪指收盘报 2075.09 点，涨幅 9.46%，创 1996 年涨跌停滞后第二大涨幅。深成指报 7154.00 点，涨 590.93 点，涨幅

9.00%（见图6-22）。

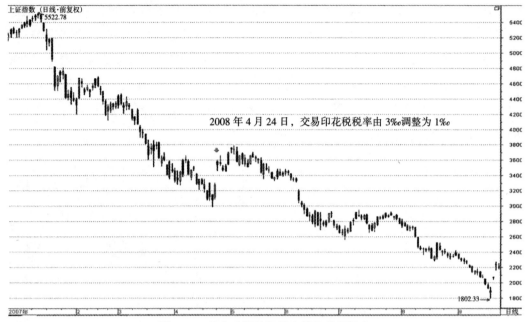

图6-21 第九次调整证券交易印花税税率

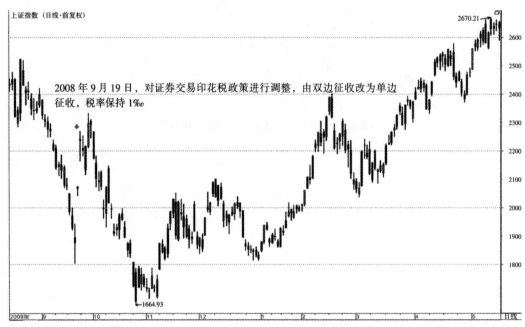

图6-22 第十次调整证券交易印花税税率

第十一次印花税调整为2011年2月28日，调整证券交易印花税税率由1‰下调为0.8‰，上证指数震荡上行，最高上涨到3070点附近（见图6-23）。

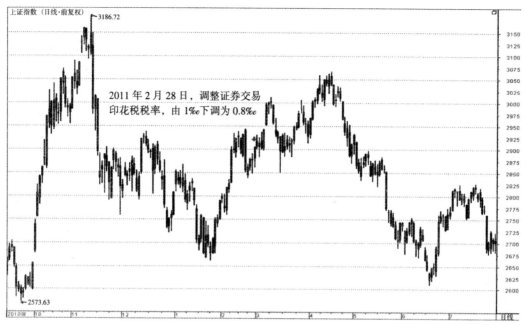

上证指数（日线·前复权）　3186.72

2011 年 2 月 28 日，调整证券交易
印花税税率，由 1‰ 下调为 0.8‰

2573.63

图 6-23　第十一次调整证券交易印花税税率

为了大家更好地理解 IPO 和印花税等政策对指数大势的影响，我们有必要回顾一下历史，看看 A 股历史上最大的几次熊市以及牛市与 IPO 和印花税究竟有什么样的联系。牛市有八次，熊市有八次。

第一次牛市中，上证指数从 95.79 点上涨到 1429.01 点，涨幅为 1391.8%（见图 6-24），深成指从 396.52 点上涨到 2918.09 点，涨幅为 635.9%（见图 6-25）。1990 年 12 月 19 日上海证券交易所成立，一年内仅有 8 只股票，人称"老八股"。当时股票交易前先手工填写委托单，被编到号的人才有资格拿到委托单，能买到股票等于中了头彩。因为没人愿意抛出，就使得沪指从 1990 年 12 月开始计点后一路上扬，造就了第一次牛市。1992 年 5 月 21 日，上证所取消涨停板，将牛市推至顶峰，当日指数狂飙到 1266.49 点，单日涨幅 105%，这一纪录至今未破。

第二次牛市中，上证指数从 386.85 点上涨到 1558.95 点，涨幅为 301%（见图 6-26），深成指从 1529.21 点上涨到 3422.22 点，涨幅为 123.8%（见图 6-27）。1992 年，中国的改革开放到了一个坎上，资本市场既有"5·21"的暴涨又有"8·10"的暴动，但中国经济发生了一件大事，那就是邓小平南方谈话。邓小平的讲话中，有关股市未来怎样发展的问题成为一大热点，而他的讲话里最重要的是"坚决地试"这四个字。11 月 17 日，天宸股份人民币股票上市，沪指完成最后一跌，第二轮牛市启动。三个月内快速上涨，301% 的涨幅至今为股民津津乐道。

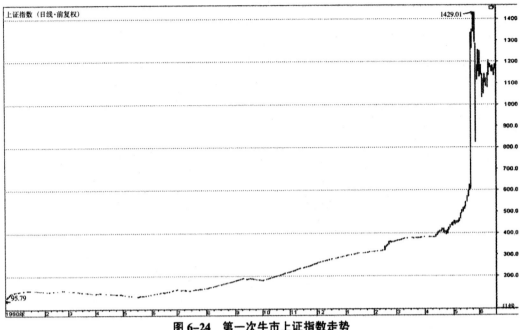

图6-24 第一次牛市上证指数走势

图6-25 第一次牛市深成指走势

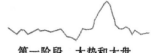

图 6-26　第二次牛市上证指数走势

图 6-27　第二次牛市深成指走势

第三次牛市中，上证指数从 325.89 点上涨到 1052.94 点，涨幅为 224.4%（见图 6-28），深成指从 944.02 点上涨到 2162.75 点，涨幅为 129.1%（见图 6-29）。1993~1994 年，我国宏观经济偏热并引发紧缩性宏观调控，同时 A 股实现了一次大规模的扩

容，使得大盘一蹶不振地持续探底，证券市场一片萧条，1994年7月29日大盘创下325.89的最低点。7月30日（周六）相关部门出台三大利好救市，1994年8月1日沪指跳空高开，第三次牛市启动。"井喷"行情随即展开，市场在不到30个交易日的时

图6-28　第三次牛市上证指数走势

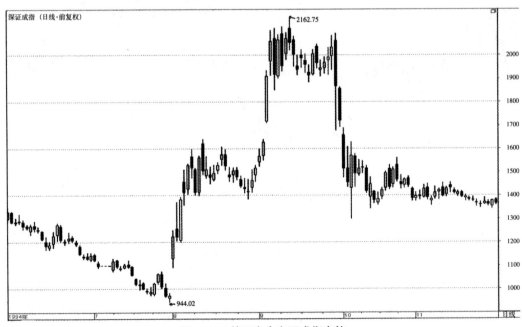

图6-29　第三次牛市深成指走势

间内上涨至 1052.94 点。

第四次牛市中，上证指数从 524.43 点上涨到 926.41 点，涨幅为 76.6%（见图 6-30），
深成指从 1018.54 点上涨到 1473.29 点，涨幅为 44.6%（见图 6-31）。1993~1995 年，

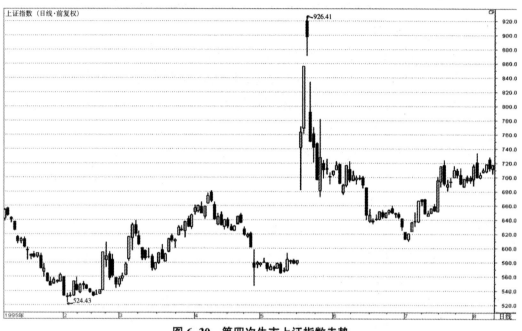

图 6-30　第四次牛市上证指数走势

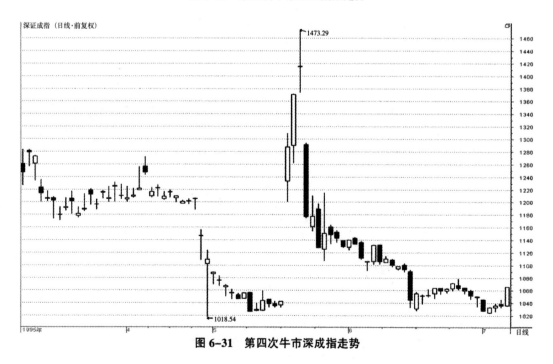

图 6-31　第四次牛市深成指走势

我国为了推进与大力发展国债市场，开设了国债期货市场，立即吸引了几乎90%的资金，股市则持续下跌。1995年2月，"3·27"国债期货事件发生；5月17日，中国证监会暂停国债期货交易，在期货市场上呼风唤雨的资金短线大规模杀入股票市场，掀起了一次短线暴涨。第四次牛市的最后3个交易日，股指从582.89点涨到926.41点，这三天的涨幅高达60.5%。

第五次牛市中，上证指数从512.83点上涨到1510.17点，涨幅为194.5%（见图6-32），深成指从924.33点上涨到6103.62点，涨幅为560.3%（见图6-33）。经过连续的下跌，1996年1月股市终于开始走稳，最低点已经探明512点，新股再次发行困难，管理层被迫停发了新股，而政策也开始偏暖，券商资金面开始宽裕，各路资金也开始对优质股票进行井井有条的建仓。第五次牛市启动，崇尚绩优开始成为主流投资理念。火爆行情非同寻常，管理层连发"12道金牌"也未能阻止股指上扬，直到1997年5月10日（周六）印花税税率由3‰上调至5‰。

第六次牛市中，上证指数从1047.83点上涨到2245.43点，涨幅为114.3%（见图6-34），深成指从2521.08点上涨到5091.45点，涨幅为102%（见图6-35）。第六次牛市俗称"5·19"行情。由于管理层允许三类企业入市，到1999年5月，主力的筹码已经相当多了，市场对今后将推出的一系列利好抱有很高的期望，5月19日《人民日报》发表社论，指出中国股市会有很大发展，投资者踊跃入市。2000年2月13日，证监会

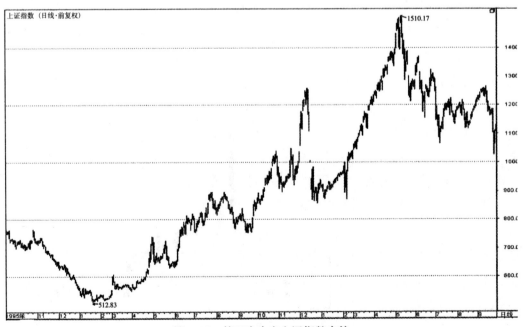

图6-32　第五次牛市上证指数走势

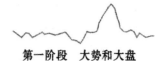
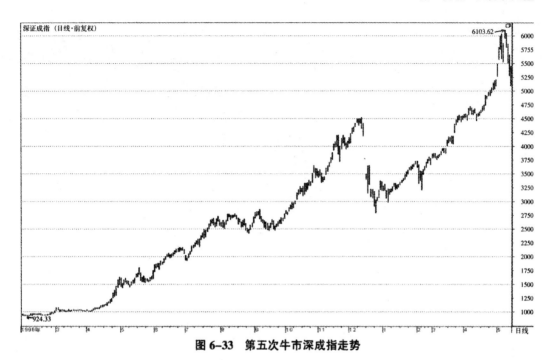

图6-33　第五次牛市深成指走势

图6-34　第六次牛市上证指数走势

决定试行向二级市场配售新股，资金空前增加，网络概念股的强劲喷发推动沪指创下2245的历史最高点。

图 6-35　第六次牛市深成指走势

　　第七次牛市中，上证指数从 998.23 点上涨到 6124.04 点，涨幅为 513.5%（见图 6-36），深成指从 2590.53 点上涨到 19600.03 点，涨幅为 656.6%（见图 6-37）。第七次牛市起点来自 2005 年 5 月股权分置改革启动展开，开放式基金大量发行，人民币升值

图 6-36　第七次牛市上证指数走势

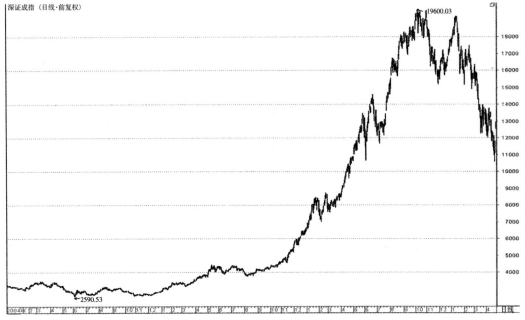

深证成指（日线·前复权）

19600.03

18000
17000
16000
15000
14000
13000
12000
11000
10000
9000
8000
7000
6000
5000
4000

2590.53

2004年

日线

图6-37　第七次牛市深成指走势

预期，带来的境内资金流动性过剩，资金全面杀入市场。而之后随着基金的疯狂发行和市场乐观情绪，在5月30日调高印花税都没能改变市场的运行轨迹，一路冲高至6124点。此轮牛市曾被媒体称为全民炒股的时代。

第八次牛市中，上证指数从1664.93点上涨到3478.01点，涨幅为108.9%（见图6-38），深成指从5577.23点上涨到13943.44点，涨幅为150%（见图6-39）。随着4万亿元投资政策和十大产业振兴规划，A股市场掀起了新一轮大牛市，股价从1664点涨至3478点，在不到10个月的时间里股价大涨109%。3月3日后的逼空上涨性质能与2006年和2007年的超级疯牛相媲美。即使IPO重启这样特大利空也未能改变牛市的前进。直到2009年7月29日第一只大盘股上市和紧缩的宏观政策才阶段性地结束了第八轮牛市。

接着我们介绍八次大熊市，第一次大熊市从1992年5月到1992年11月，上证指数从1429.01点跌至386.85点，历时5个月，最大跌幅72%（见图6-40）。1992年5月21日，沪市突然全面放开股价，大盘直接跳空高开到1260.32点，较

第九轮大牛市从2014年6月持续到2015年6月，对于这轮牛市的内在机制大家认为是什么呢？

217

图 6-38　第八次牛市上证指数走势

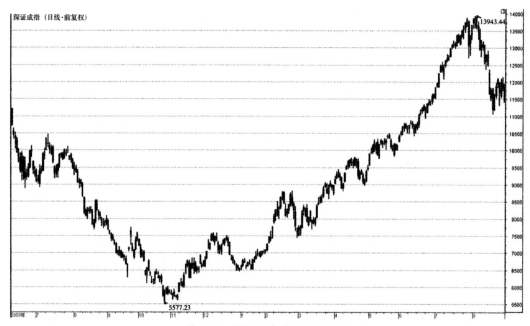

图 6-39　第八次牛市深成指走势

前一天涨幅高达 104.27%，上证指数当天从 616 点飙升至 1265 点，三天后冲高至 1420 点，股票价格一气冲天，其中，5 只新股市价面值狂飙 2500%~3000%，上证指数首度跨越千点。1992 年 6 月 12 日，股票交易印花税税率调高至 3‰，当天市场没反应，盘整一月后从 1100 多点跌到 300 多点。1992 年 8 月 10 日，深圳发售新股认购抽签表，发生震惊全国的"8·10 风波"，之后三天，上海股市受此影响暴跌 22.2%，上证指数跌去 400 余点，与 5 月 25 日的 1420 点相比净跌 640 点，两个半月内跌幅达到 45%。1992 年 11 月 17 日，上海联农股份有限公司（天宸股份：600620）人民币股票上市，当日沪指跌至 386.85 点，收盘 393.52 点，完成最后一跌。此后，股指一路上行，至1993 年 2 月 16 日，收在 1558.95 点，涨幅 296.16%。

图 6-40　第一次熊市上证指数走势

第二次大熊市从 1993 年 2 月到 1994 年 7 月，上证指数从 1558.95 点跌至 325.89 点，历时 18 个月，最大跌幅达 79%（见图 6-41）。1993 年 2 月 16 日上海"老八股"宣布扩容，上证指数从 1558.95 点一直下泄到 1994 年 7 月 29 日的最低 325.89 点，跌幅达 79.10%。1994 年 7 月 29 日，《人民日报》刊登证监会和国务院有关部门稳定和发展股票市场的措施（年内暂停新股发行上市；严控上市公司配股规模；采取措施扩大入市资金范围），昭示 1993 年上半年熊市后管理层的坚定信心，引起"8 月狂潮"，俗称"三大政策"，上证指数从当日收盘的 333.92 点涨至 1994 年 9 月 13 日的 1052.94 点，涨幅达 215.33%。

第三次大熊市从 1994 年 9 月到 1995 年 2 月，上证指数从 1052.94 点跌至 524.43 点，最大跌幅达 50.1%（见图 6-42）。

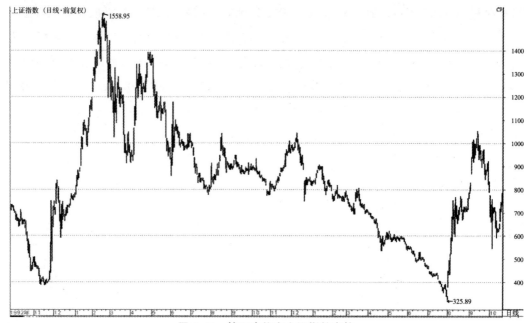

图6-41　第二次熊市上证指数走势

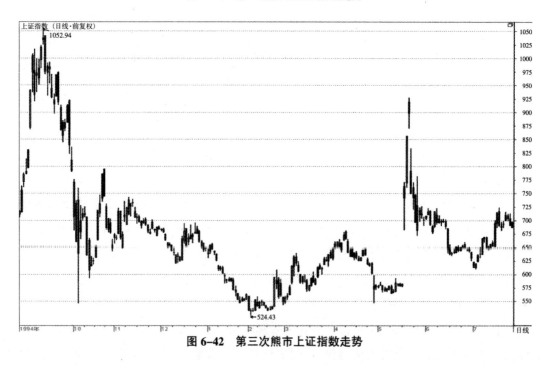

图6-42　第三次熊市上证指数走势

第四次大熊市从 1995 年 5 月到 1996 年 1 月，上证指数从 926.41 点跌至 512.83 点，最大跌幅达 45%（见图 6-43）。1995 年 1 月 3 日实行 T+1 交易制度；1995 年 2 月 23 日，"3·27 国债期货事件"爆发，5 月 17 日国债期货市场关闭，5 月 18 日股市井喷，5月19日"3·27"事件始作俑者管金生被捕。1996年1月22日，上证指数最低至514.16点，民间认为宏观调控即将结束。1996年5月2日央行首次降息，上证指数从516.46点涨至1258.69点，涨幅143.71%。

图6-43 第四次熊市上证指数走势

第五次大熊市从1997年5月到1997年9月，上证指数从1510.17点跌至1025.13点，最大跌幅达32%（见图6-44）。1997年5月12日，股票交易印花税税率从3‰上调至5‰，当天形成大牛市顶峰，此后股指下跌500点，跌幅达到30%。1997年5月22日，严禁三类企业（国有企业、国有控股公司与国有企业控股的上市公司）入市，股市开始进入长达两年的调整。1999年5月19日，受美国股市网络股盛行影响，机构以《人民日报》社论为背景，展开了大幅单边逼空行情，上证指数从5月18日的1059.87点涨至6月30日的1756.18点，涨幅65.70%，科技股初步实现井喷行情。

第六次大熊市从1999年6月到2000年1月，上证指数从1756.18点跌至1341.05点，历时6个月，最大跌幅达22%（见图6-45）。1999年5月24日证券公司增资扩股正式启动，湘财证券增资到10亿元。1999年9月9日，证监会发文允许国有企业、国有资产控股企业、上市公司进入二级市场进行流通股票投资；12月29日上证股指探底1341点，次年反弹行情再度启动，2000年2月深市诞生亿安科技等百元股神话。

图 6-44 第五次熊市上证指数走势

图 6-45 第六次熊市上证指数走势

第七次大熊市从 2001 年 6 月到 2005 年 6 月，上证指数从 2245.43 点跌至 998.23 点，历时 48 个月，最大跌幅达 55%（见图 6-46）。2001 年 6 月 14 日，国有股减持办法出台，26 日国有股减持公司浮出水面，上证指数从 14 日的最高 2245.43 点下跌至

2002 年 1 月 22 日的 1348.79 点，跌幅 39.93%。2001 年 12 月 4 日，退市制度正式推出。2003 年 4 月，"非典"流行。2004 年 1 月，南方证券因违规经营，成为 2004 年首个被接管的券商，其后有 6 家问题券商先后被托管，证券公司面临前所未有的诚信危机。2004 年 2 月 2 日，《国务院关于推进资本市场改革开放和稳定发展的若干意见》（国九条）出台。2005 年 4 月 29 日，经过国务院批准，中国证监会发布了《关于上市公司股权分置改革试点有关问题的通知》，宣布启动股权分置改革试点工作；6 月 6 日，沪指见底 998.23 点。自 2005 年 7 月 21 日起，我国开始实行以市场供求为基础、参考"一篮子"货币进行调节、有管理的浮动汇率制度，人民币汇率不再盯住单一美元，形成更富有弹性的汇率机制。人民币升值拉开序幕。

图 6-46　第七次熊市上证指数走势

　　第八次大熊市从 2007 年 10 月到 2008 年 10 月，上证指数从 6124.04 点跌至 1664.93 点，历时 11 个月，最大跌幅 73%（见图 6-47）。2007 年 10 月 9 日，国庆节长假过后第二天，中国神华上市，其董事长声称 69.30 元的收盘价市场定位偏低，导致"601 板块"全线飙升，中国神华连续三天涨停，市场演绎"中国神话"，"蓝筹泡沫"大肆膨胀，上证指数 10 月 16 日见顶 6124.04 点。2007 年 10 月 26 日中国石油网上发行，冻结资金 3.3 万亿元，募集资金达 668 亿元，创历史单只新股发行募集资金的最高纪录，红筹股集中回归拉开序幕；2007 年 11 月 5 日，中国石油登陆上交所，当天上证指

数跌2.48%，市场面临估值危机。2007年11月28日，美国楼市指标全面恶化，次贷危机开始波及全球。2007年12月3~5日，中央经济工作会议在北京召开，这次会议首次将我国持续十年的货币政策基调从"稳健"调整为"从紧"，并将2008年宏观调控的首要任务定为防止经济增长过热和防止明显通货膨胀，股市拉开调整序幕。2008年1月，新春来临之际，中国南方大部分地区发生雪灾。2008年1月21日，中国平安发布巨额增发再融资计划，当天上证指数大跌5.14%，次日暴跌7.22%，跌破5000点整数关。2008年2月21日，浦发银行发布公告证实巨额增发再融资传闻，上证指数连续下跌五天逼近4000点整数关。2008年3月5日，中国平安再融资1200亿元现场表决通过，上证指数持续走低。2008年4月20日，中国证监会发布了《上市公司解除限售存量股份转让指导意见》，规范"大小非"限售解禁股减持，市场恐慌情绪加剧，上证指数跌破3000点整数关。2008年4月24日，股票交易印花税税率从3‰调整为1‰，沪深股市当天爆发"4·24井喷行情"，两地股指分别大涨9%以上，出现千股涨停美景。2008年5月12日14时28分，四川汶川发生里氏8.0级大地震，其间有公募基金砸盘出货导致上证指数5月20日暴跌4.48%，虽然受到了证监会的点名批评，但无形中加剧了市场恐慌情绪和大小非减持步伐。2008年6月5日，证监会发审委审议通过了中国建筑120亿股IPO申请，上证指数再次跌破3000点，走出历史上罕见的"十连阴"。2008年8月8日，百年一遇的北京奥运会开幕，受中国南车等新股扩容影响，上证指

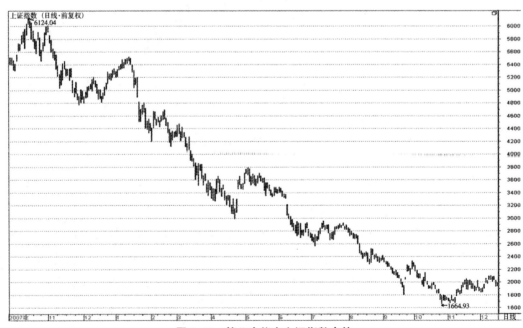

图6-47　第八次熊市上证指数走势

数当天大跌 4.47%，次日暴跌 5.21%，跌破政策维稳构筑的 7 月箱体。2008 年 9 月 15 日，美国第四大投资银行的雷曼兄弟公司递交破产保护申请，工行、中行、建行、交行、招行、中信、兴业 7 家上市银行受牵连，上证指数跌破 2000 点，最低见 1802.33 点。2008 年 9 月 18 日，经国务院批准，财政部宣布股票交易印花税改为单边征收，税率仍然为 1‰；中央汇金公司宣布将增持工行、中行、建行股票；国资委主任李荣融表示支持央企回购上市公司股票。受此三大实质性救市利好刺激，次日沪深两地市场 A 股、B 股、权证、基金全线涨停，开盘后一小时两地股指处于准涨停状态，周一两地再度放量大涨。但此后上证指数继续下跌，直到 4 万亿元刺激措施和宽松的货币政策被"祭出"，股指从 1664 点开始回升。

通过对党的十八年来中国股市大起大落进行梳理，我们可以看到，**多数情况下股市持续性下跌跟二级市场扩容密切相关**，其实就是供给持续大幅增加会导致股指持续性下跌。具体而言，如 1992 年的天辰股份上市，1993 年的"老八股"扩容，1999 年的湘财证券增资扩股，2001 年的国有股减持，2007 年的中石油等红筹股回归，2008 年的巨额再融资以及 IPO 等，都成为股指大跌或者继续下挫的主要因素。熟读这些历史让我们得出一个概率性的总结：**当二级市场扩容加速的时候，距离股指见顶已经近在眼前。反之，当二级市场扩容行为导致市场泡沫急遽减少、整体估值水平大幅降低的时候，距离大盘见底也就不远了。**

相比之下，**调高印花税对抑制股市狂热效果直接，持续性差，还不足以构成股市趋势性下跌的主要因素**。虽然第一次大熊市和第四次大熊市都和调高印花税密切相关，但是真正促成这两次深幅下挫的是 1992 年的"8·10 风波"和 1997 年的"严禁三类企业入市"。2007 年 5 月 30 日股票交易印花税税率突然从 1‰调高至 3‰，导致股市骤然降温，上证指数的最大跌幅为 21.49%，不过，此后出现 80%的涨幅毫无疑问地表明了印花税调整的影响力有限，不足以成为压垮股市的"最后一根稻草"。然而，作为政策调控的一个信号，印花税调高往往意味着会有更严厉的抑制股市狂热的措施出台（权证发售、严禁三类企业入市、"601 板块"加速扩容），所以**印花税调整应该更多地作为解读监管层政策意图，而不是影响能力的工具**。

从八次大熊市后止跌回升的政策面因素来看，除第三次、第四次、第六次大熊市之后止跌回升分别和央行降息放松货币政策、《人民日报》社论、股权分置改革、人民币升值相关之外，其余三次止跌后大涨则都和产业资本入市休戚相关：1994 年"三大政策"中的"采取措施扩大入市资金范围"；1999 年的允许国有企业、国有资产控股企业、上市公司进入二级市场投资股票；2008 年的国资委支持央企回购上市公司股票。

从三次大跌后"产业资本入市"引爆的行情规模分析，1994年点燃"8月狂潮"，上证指数从 333.92 点涨至 1052.94 点，涨幅为 215.33%；1999 年续写"科技股神话"，上证指数从 1341.05 点涨至 2245.43 点，涨幅为 67.44%；2008 年引爆"增持潮"，演绎史无前例的 A 股、B 股、权证、基金全线涨停美景，上证指数从 1664.93 点涨至 3478.01 点。

讲到最后，如何发现监管层的意图呢？如何确定市场最大玩家的动向呢？比较好的途径就是以《中国证券报》为首的几大证券媒体，这几家媒体的信息综合起来可以告诉我们监管层的一些意图，如希望股市回升还是希望股市去泡沫化等。当然，这些媒体直接表达的意愿可能并非真实意愿，你还需要通过表面的言辞看到背后的真实目的，这就是高手的标志，**读懂这个市场上最大博弈者的真实意图才算是高手。**

> 政策对利益博弈中分配格局的调整决定了股市中长期的格局，到底是牛市、熊市，还是猴市。

【关于"政策对大盘影响"的经典论述】

关于政策对市场的影响，许多知名市场人士都有过精辟的阐述，下面摘录如下，与本课内容可以相关参照，以便进一步思考：

1. 通过研究发现，A 股市场的牛熊变幻与数量发行基本是同步的。**当发行进入洼地低谷，就相当于股票无量，少量时，牛市可能就会开启。**而当一波牛市起来后，必然也会跟随着扩容，发行上市股票数量会增加（股市吃牛股）。

2. **股市最本质的三大要素：资金、赚钱效应和盈利模式**……首先，**政策通过改变入市资金量的多与少来调控市场。**如果将资金比作水的话，那么政策就是水龙头或者闸门，证券市场是一个虚拟市场，在这个市场中唯一真实的就是资金，而管理层拥有对宏观经济的调控权，当然也能够调控市场宏观层面的资金流动总量，起到大河有水小河满，大河无水小河干的效果，从源头控制资金流动，间接地对微观资金产生影响，从而对股市资金量产生调控。其次，**政策通过对行业**

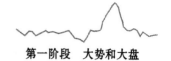

的利好与利空来改变市场的赚钱效应。比如说 2009 年年初推出的十大行业振兴计划直接造就了 2009 年上半年的钢铁、基建、建材、煤炭、有色金属等行业板块的走强……最后，**政策通过改变各方盈利模式达到对资金的疏导**。一旦涉及盈利模式，那对市场的影响就不再是小打小闹，而是颠覆性的巨变。比如说新股发行制度，先是被大资金通过资金优势造成一级市场的垄断，此时普通股民申购新股的中签率很低，但只要中签不仅能保证盈利且收益不菲…理解以上三个方面，实际上股民就能够明白政策是如何通过股市三要素来实现对市场的控制和改变的了（玉名）。

3. 根据实证研究的结果，我们可知股价与连续性股市政策之间存在一定的正相关，但解释程度非常低；**股价变化容易受短期政策事件的影响，短期离散性政策对股价造成的波动非常显著**；从分类事情对股价的影响来看：①政府通过行政手段出台政策效果引起市场反应强烈，政策作用效力大，但我国行政政策出台并不十分理性，股市受其干扰严重；②**舆论的平均收益波动和重大事情比率较大**，由此看出我国股市的政策意识较大；③法律的出台和实施对市场的冲击最小，从一定程度上体现了法律制度的平稳和审慎。总之，国家政策是导致我国股票市场价格波动的一个非常重要的因素，其在很大程度上左右着我国股票市场的价格走势（肖珑）。

4. 股票市场是资本市场的重要组成部分，历来受到国家的重视。**国家对资本市场的支持也呈现周期性规律，每隔五年，资本市场就被提到重要的位置，从国务院层面发布重要的支持资本市场的文件**。与此同时，也会开启一个新的市场。从多层次资本市场建设的角度看，2004 年的中小板、2009 年创业板，再到 2014 年沪股通开通……2019 年科创板将要推出，中小企业、民营企业的融资再设一平台，多层次资本市场将进一步完善……（招商证券）。

国家队法则：社保和中金的动向

股市的上涨需要由大量的需求作为推动，而股票市场最大的需求方显然来自于机构投资者。

——威廉·欧奈尔

社保基金是股市中的"超级风向标"，一定要特别重视……我的观点是当社保基金退出的时候就是市场的顶部了。6124点的时候，社保基金在悄然撤退，很多人看好8000点、10000点，他们忽视了市场的信号，使得很多有名的投资人以及股市英雄全军覆没。而在1664点后，社保基金又重新进入……以其身份的特殊性和政策动向的把握能力来看，把它作为一个信号并不为过。

——李大霄

在社保基金进入股市后……往往都有剧烈的洗盘催生低点的出现。对于趋势研究者而言，最重要的不在于这一点，而在于决定这种结果的因素是否发生了改变。社保基金是最不能亏损的资金，它必须得到一个低价建仓的机会，而这个低点是割出来的。

——时寒冰

交易的本质是利用对手盘，而A股市场中最重要的对手盘之一可能就是"国家队"。"国家队"在资金和信息上占据最大的优势，而**我们作为短线交易参与者必须发挥柔道精神，顺应这些大型选手的力量，而不是与之对抗。**这个市场上的参与者很多，散户群和公募基金往往是被鱼肉的对象，他们往往是市场的逆向指标，所谓的"反常者赢"，这个"常"就是指他们。市场无情，我们可以在社会中同情和关怀弱者，但是金融市场上我们不能螳臂当车，因此站在"常"者对面才是明智之举。"国家队"是最重要的"参赛选手"之一，因为他们往往对政策心领神会，而且资金性质偏于长期，

因此从众压力也很小。"国家队"具有信息优势，因为他们善于解读政策，我们要明白的一点是中国股市的政治属性很强，经济属性也很强，**股市从来都是为经济改革和发展服务的**，其最初的诞生就是为了控制 20 世纪 80 年代末的恶性通胀，将当时超发的货币引入证券市场这个泄洪湖。指数的涨跌与政策意图有密切的关系，这个政策并不是具体的喊话和局部措施，而是大政方针。如果股票交易者不能正确地解读政策方针的意图以及由此导致的股市资金流动，那么就不能正确地把握大势。**股票市场的大势往往为汇金和社保养老基金所把握，它们的密集建仓期股市接近底部，它们的密集减仓期股市接近顶部。**

所谓的 A 股市场"国家队"具体包括了"汇金"、社保基金和保险基金三个组成部分，下面我们分别介绍这三个"队员"及其在 A 股市场上的影响力和风向标意义。

一直提到"汇金"，那么"汇金"的全称是什么呢？中央汇金投资有限责任公司简称汇金公司，应该算得上是中国目前最大的金融投资公司，2003 年 12 月 16 日注册成立，注册资金 3724.65 亿元，性质为国有独资，办公地点位于北京市东城区新保利大厦 16 层。根据国务院授权，汇金公司的主要职能是对国有重点金融企业进行股权投资，以出资额为限**代表国家**依法对国有重点金融企业行使出资人权利和履行出资人义务，实现国有金融资产保值增值。直接控股参股金融机构包括六家商业银行、四家证券公司、两家保险公司和四家其他机构（见表 7-1）。汇金公司不开展其他任何商业性经营活动，不干预其控股的国有重点金融企业的日常经营活动。2007 年 9 月 29 日中国投资有限责任公司成立后，汇金变为后者的全资子公司。

银河证券北京月坛营业部正是大名鼎鼎的中央汇金公司的交易席位，每到大盘技术走势破位的关键时刻买入护盘，对市场起着稳定军心的作用。当然，有时候汇金为了帮助自己控股的上市公司打掩护，也会采用虚晃一枪的做法。

"国家队"也会考虑其他参与者的心理。

表7-1 汇金持股情况

序号	企业名称	经济性质或类型	法定代表人	注册地	主营业务	股本（亿股）/注册资本（亿元）	汇金公司持股/出资情况			通信地址	邮政编码
							投资时间	持股数（亿股）/出资额（亿元）	持股/出资比例(%)		
1	国家开发银行股份有限公司	股份有限公司	陈元	北京	商业银行业务	3000.00	2007-12-31	1460.92	48.70	中国北京市西城区阜成门外大街29号	100037
2	中国工商银行股份有限公司	股份有限公司	姜建清	北京	商业银行业务	3490.19	2005-04-22	1236.41	35.43	中国北京市复兴门内大街55号	100032
3	中国农业银行股份有限公司	股份有限公司	项俊波	北京	商业银行业务	3247.94	2008-10-29	1300.00	40.03	中国北京市东城区建国门内大街69号	100005
4	中国银行股份有限公司	股份有限公司	肖钢	北京	商业银行业务	2791.47	2003-12-30	1885.53	67.55	中国北京市复兴门内大街1号	100818
5	中国建设银行股份有限公司	股份有限公司	郭树清	北京	商业银行业务	2500.11	2003-12-30	1427.45	57.10	中国北京市西城区金融大街25号	100032
6	中国光大银行股份有限公司	股份有限公司	唐双宁	北京	商业银行业务	404.35	2007-11-30	195.58	48.37	中国北京市西城区复兴门大街6号	100045
7	中国再保险（集团）股份有限公司	股份有限公司	李培育	北京	再保险业务	364.08	2007-04-11	309.13	84.91	中国北京市西城区金融大街11号	100140
8	新华人寿保险股份有限公司	股份有限公司	康典	北京	人寿保险业务	12.00	2009-11-19	4.66	38.82	中国北京市延庆县湖南东路1号	102100
9	中国建银投资有限责任公司	国有独资公司	杨庆蔚	北京	投资业务	206.92	2004-09-09	206.92	100.00	中国北京市西城区闹市口大街1号院	100031
10	中国银河金融控股有限责任公司	有限责任公司	陈有安	北京	金融投资业务	70.00	2005-07-14	55.00	78.57	中国北京市金融大街35号	100032
11	银河万国证券股份有限公司	股份有限公司	丁国荣	上海	证券业务	67.16	2005-09-21	25.00	37.23	中国上海市常熟路171号	200031
12	中国国际金融有限公司	有限责任公司	李剑阁	北京	证券业务	1.25	1995-07-31	0.54	43.35	中国北京市建国门外大街1号国贸写字楼2座27层及28层	100004

续表

序号	企业名称	经济性质或类型	法定代表人	注册地	主营业务	股本（亿股）/注册资本（亿元）	汇金公司持股/出资情况				通信地址	邮政编码
							投资时间	持股数（亿股）/出资额（亿元）	持股/出资比例（%）			
13	国泰君安证券股份有限公司	股份有限公司	祝幼一	上海	证券业务	47.00	2005-10-14	10.00	21.28		中国上海市浦东银城中路168号上海银行大厦29层	200120
14	中信建投证券有限责任公司	有限责任公司	张佑君	北京	证券业务	27.00	2005-11-02	10.80	40.00		中国北京市东城区朝内大街188号	100010
15	中国光大实业（集团）有限责任公司	国有独资公司	臧秋涛	北京	投资业务	44.00	2010-05-07	44.00	100.00		中国北京市西城区复兴门外大街6号光大大厦25层	100045
16	建投中信资产管理有限责任公司	有限责任公司	封竞	北京	资产管理	19.00	2009-08-31	13.30	70.00		中国北京市东城区朝内大街188号鸿安国际大厦5层	100010

注：中国国际金融有限公司的注册资本和出资额单位为"亿美元"。

资料来源：中央汇金公司网站。

汇金既然代表国家，那么它就具有一般基金无法比拟的优势，汇金进入市场往往是某种信号，能够正确解读信号的含义就能够很好地解读大盘指数的未来趋势。我们以汇金三次入市行动为例向大家演示如何解读其意图，如何利用结论去预判未来市场的发展。

汇金第一次入市时间为2008年9月19日（见图7-1）。9月18日晚，国家宣布三大救市政策：第一，财政部宣布印花税改为单边征收；第二，汇金公司为稳定股价拟在二级市场买入中国工商银行、中国银行、中国建设银行3家公司股票，从9月19日起，并将在未来12个月内进行相关市场操作；第三，国资委表示鼓励央企增持和回购上市公司股份。

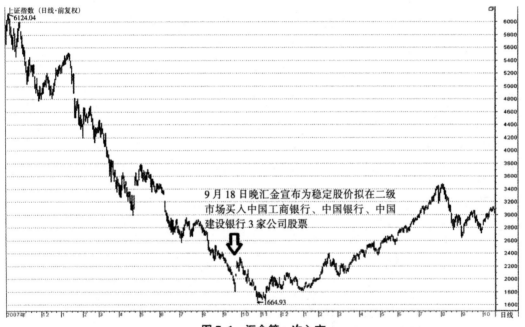

图7-1　汇金第一次入市

2008年9月23日汇金买入中国工商银行、中国银行、中国建设银行均为200万股，一度被市场人士认为是象征性增持。2008年第四季度，汇金大举买入中国工商银行2.55亿股、中国银行7460万股、中国建设银行1.15亿股。2009年第一季度，汇金继续增持中国工商银行0.24亿股、中国银行500万股、中国建设银行1099万股。2009年第二季度，汇金公司就已中止了增持计划。2009年9月27日和28日，三大银行相继发布公告汇报汇金增持情况。从2008年9月23日到2009年9月22日，汇金公司在二级市场共增持中国工商银行2.81亿股，约占其总股本的0.08%；增持中国银行

8160.7 万股，约占其总股本的 0.03%；增持中国建设银行 1.29 亿股，约占已发行总股份的 0.06%。三大银行不约而同公告，"截至 2009 年 9 月 22 日，汇金公司本次增持计划已实施完毕"。

而汇金分布增持公告前一天，即 2008 年 9 月 18 日，大盘位置和三大银行股价是什么样的呢？当时，上海综指最低探到 1802.33 点，收市 1895.84 点，最大跌幅达 70.57%，相应的深圳成指最低探到 6290.01 点，收市 6563.07 点，最大跌幅达 67.91%。中国工商银行开盘价是 3.26 元，收盘价是 3.44 元；中国银行开盘价是 2.88 元，收盘价是 3.05 元；中国建设银行开盘价是 3.65 元，收盘价是 3.81 元。在汇金入市利好的刺激下，证券市场井喷，9 月 19 日、22 日，三大银行也无一例外迎来两个一字涨停，价格分别是 4.16 元、3.70 元、4.61 元。而且最高分别冲到 4.43 元（10 月 14 日）、3.89 元（9 月 23 日）、4.89 元（9 月 25 日）。汇金宣布入市后的第三个交易日，即 2008 年 9 月 23 日，汇金买入中国工商银行、中国银行、中国建设银行均为 200 万股，一度被市场人士认为是象征性增持。为此大盘短线躁动后继续探底，直到 10 月 28 日的上海最低 1664.93 点（同日深圳最低 5577.23 点），由于三大银行并未创新低，大盘才最终企稳，引发长达一年之久的大 B 浪反弹。

汇金第二次入市时间为 2009 年 10 月 9 日（见图 7-2）。2009 年 10 月 11 日，三大银行分别公告，10 月 9 日收到股东汇金通知，汇金公司于近日通过上交所交易系统买

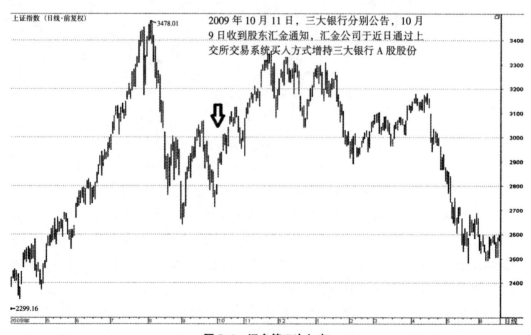

图 7-2　汇金第二次入市

入方式增持三大银行 A 股股份分别为 3007 万股、513 万股和 1614 万股。三大银行同时还公告称，汇金公司拟在未来 12 个月内（自本次增持之日起算）以自身名义继续在二级市场增持公司股份。三大银行发布"汇金第二次入市公告"时，恰遇大盘技术走势已破位下行，这让市场人士更加忐忑不安，三大银行股价在国庆节前三天即应声回落。汇金公司"第二次买入三大银行股份"战役在国庆节休市后的第一个交易日正式打响。

第二次汇金入市公告发布之前，市场走势如何呢？2009 年 9 月 29 日，上海最低 2712.30 点，深圳最低 10883 点，形成重要的政策底。2009 年 9 月 29 日，中国工商银行最低 4.67 元、中国银行最低 3.76 元、中国建设银行最低 5.47 元。2009 年 9 月 30 日，上海收 2779.43 点，深圳收 11206.85 点。2009 年 9 月 30 日，三大银行收市价：中国工商银行 4.77 元、中国银行 3.90 元、中国建设银行 5.58 元。2009 年 10 月 9 日，中国工商银行开盘价是 4.90 元，收盘价是 4.94 元；中国银行开盘价是 3.94 元，收盘价是 4.00 元；中国建设银行开盘价是 5.69 元，收盘价是 5.80 元。

汇金第三次入市时间为 2011 年 10 月 10 日（见图 7-3）。新华社称中央汇金公司自 10 月 10 日起已在二级市场自主购入工、农、中、建四行股票，并继续进行相关市场操作。并称汇金公司拟在未来 12 个月内（自本次增持之日起算）以自身名义继续在二级市场增持公司股份。当日，汇金增持中国工商银行 A 股股份 1458.40 万股，这次增持后，汇金公司持有中国工商银行 A 股股份 1236.55 亿股，约占总股本的 35.43%。汇金

图 7-3　汇金第三次入市

增持中国银行 A 股股份 350.96 万股，这次增持后汇金公司持有中国银行 A 股股份 1885.56 亿股，约占公司总股本的 67.55%。汇金增持中国建设银行 A 股股份 738.43 万股，这次增持后汇金公司持有中国建设银行 A 股股份 1427.52 亿股，约占总股本的 57.09%。汇金增持中国农业银行 A 股股份 3906.83 万股，这次增持后汇金公司持有中国农业银行 A 股股份 1300.39 亿股，约占总股本的 40.04%。

2011 年 10 月 10 日，上海综指最低探到 2338.69 点，收盘 2344.79 点，相应的深圳成指最低探到 10158.41 点，收盘 10170.45 点。中国工商银行收盘 3.99 元，中国银行收盘 2.87 元，中国建设银行收盘 4.41 元，中国农业银行收盘 2.47 元。

从上述三次汇金入市可以看出，第一次入市是真刀实枪的介入，真正意图是救市。第二次入市更多的是象征意义，真实意图是为 IPO 保驾护航，为创业板壮大队伍保驾护航。第三次入市则有虚晃一枪的意味，完全是为 IPO 保驾护航。

汇金入市一般有政策底的意味，在下一课我们将谈到"三底序列"，其中就会详细谈到"估值底、政策底和市场底"的关系。汇金入市如果代表政策底的话，那么政策底与市场底究竟有什么样的关系呢？就历史经验而言，政策底先于市场底。如汇金第一次入市意味着政策底，相应的上证指数为 1900 点，深成指为 6500 点，而市场底低于政策底，上证指数为 1664.93 点，深成指为 5577.23 点（见图 7-4 和图 7-5）。汇金第二次入市意味着上证指数相应的政策底为 2700 点，深成指政策底为 10000 点，而此后上证指数的市场底为 2319.74 点，深成指相应的市场底为 8945.20 点（见图 7-6 和图 7-7）。

汇金是"国家队"的首席队员，仅居次席的则是"社保基金"。在股市疯狂的 2007 年，社保基金已实现收益 1129.20 亿元，已实现收益率高达 38.93%，而在股市萧条的 2008 年，基金权益投资收益仅亏损 393.72 亿元，投资收益率为-6.79%，但相对于同时期跌幅超 65% 的上证指数，也可谓"鹤立鸡群"。而社保基金在股市强劲反弹的 2009 年以及跌宕起伏的

2015 年年中的救市行为中，政策底和市场底的关系是什么呢？

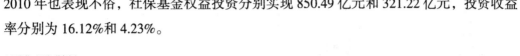

2010年也表现不俗，社保基金权益投资分别实现850.49亿元和321.22亿元，投资收益率分别为16.12%和4.23%。

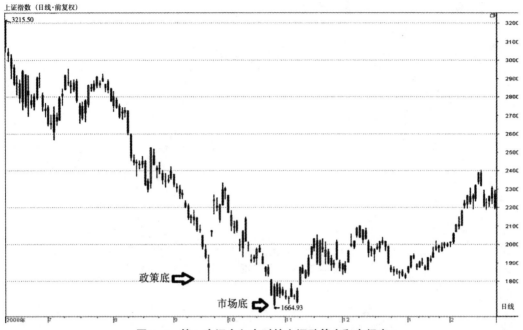

图7-4 第一次汇金入市时的上证政策底和市场底

图7-5 第一次汇金入市时的深成指政策底和市场底

图7-6　第二次汇金入市时的上证政策底和市场底

图7-7　第二次汇金入市时的深成指政策底和市场底

　　社保基金全称为全国社会保障基金，是指全国社会保障基金理事会负责管理的由国有股减持划入资金及股权资产、中央财政拨入资金、经国务院批准以其他方式筹集的资金及其投资收益形成的由中央政府集中的社会保障基金。社保基金是不向个人投资者开放的，社保基金是国家把企事业职工交的养老保险金中的一部分资金交给专业的机构管理，实现保值增值。

社保基金的投资范围包括银行存款、国债、证券投资基金、股票、信用等级在投资级以上的企业债、金融债等有价证券，其中银行存款和国债的投资比例不低于 50%，企业债、金融债不高于 10%，证券投资基金 、股票投资的比例不高于 40%。全国社保基金理事会直接运作的社保基金的投资范围仅限于银行存款、在一级市场购买国债，其他投资需委托社保基金投资管理人管理和运作并委托社保基金托管人托管。单个投资管理人管理的社保基金资产投资于一家企业所发行的证券或单只证券投资基金，不得超过该企业所发行证券或该基金份额的 5%；按成本计算，不得超过其管理的社保基金资产总值的 10%。委托单个社保基金投资管理人进行管理的资产，不得超过年度社保基金委托资产总值的 20%。社保基金投资运作的基本原则是：在保证基金资产安全性、流动性的前提下，实现基金资产的增值。

大概明白了社保基金是怎么回事，下面让我们逐一细数社保基金的成长历史以及在 A 股市场上"先知先觉"的表现。

2000 年 8 月 1 日，经中共中央批准，国务院决定建立全国社保基金，同时设立全国社保基金理事会。全国社保基金理事会为国务院直属正部级事业单位，受国务院委托，管理运营全国社保基金。

2000 年 9 月，全国社会保障基金理事会成立。

2001 年 7 月，全国社会保障基金首次"试水"股市。

2001 年 12 月 13 日，经国务院批准，财政部、劳动和社会保障部颁布《全国社会保障基金投资管理暂行办法》（以下简称《暂行办法》）。《暂行办法》明确了社保基金投资的基本原则、投资范围、投资比例、投资方式等，建立了社保基金的监督、报告和财务制度。同月，全国社会保障基金理事会第一届理事大会第一次会议召开。

2002 年 1 月，荷银集团介入中国社保基金管理研究。

2002 年 3 月，全国社会保障基金理事会与美国信安金融保险集团在京签署培训合作备忘录。

2002 年 6 月 27 日，在由中国政策科学研究会和瑞士信贷第一波士顿共同主办的"社保基金与资本市场研讨会"上，与会专家表示，社保基金入市是必然选择。

2002 年底，南方、博时、华夏、鹏华、长盛、嘉实 6 家基金公司成为首批社保基金管理人，中国银行、交通银行为基金托管人。

2003 年 2 月 10 日，原证监会副主席高西庆出任社保理事会副理事长，分管投资。

3 月 28 日，国务院正式任命项怀诚为全国社保基金理事会新任理事长。

2003 年 4 月 14 日，履新不久的中国证监会主席尚福林与项怀诚在社保基金理事会见面。

2003 年 6 月 2 日，成立刚刚 3 年的全国社保基金理事会与南方、博时、华夏、鹏华、长盛、嘉实 6 家基金管理公司签订相关授权委托协议，全国社保基金将正式进入证券市场，拉开了社保基金投身中国股市的序幕。进入之初，钢铁、石化等行业的绩优大盘蓝筹股成为社保基金首要投资目标。这一年，全国社保基金实现收益 34.07 亿元，同比增长 13.07 亿元，整体收益率超过同期国债的平均收益率，圆满完成全年投资计划。

在 2004~2008 年的 5 年间，A 股市场牛熊大转换，各路市场参与者备受磨难。社保基金一次次成功加仓，又神奇逃顶，让人们见识了这个"不平凡投资者"的深厚内功，社保基金也因此被誉为股市"国家队"和"A 股风向标"。

2004 年 6 月，全国社保基金成功投资交通银行 100 亿元，全国社保基金踏上直接股权投资的征程。

2004 年 7 月到 2005 年 6 月，上证指数由 1340.75 点跌至 998 点，下跌约 20%，但社保基金持股量却从 4.32 亿股增加到 26.14 亿股，增仓规模约 5 倍，所选行业也开始多元化，机械制造、电力、银行、地产纷纷纳入囊中（见图 7-8）。

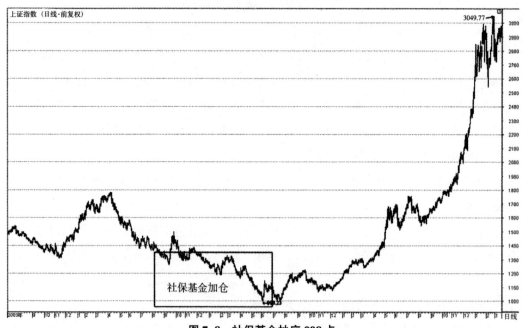

图 7-8 社保基金抄底 998 点

2005 年 7 月至 2006 年 6 月，上证指数从 1077.31 点上升至 1641.30 点，涨幅达 50%，而社保基金则从 2006 年第三季度开始减仓（见图 7-9）。

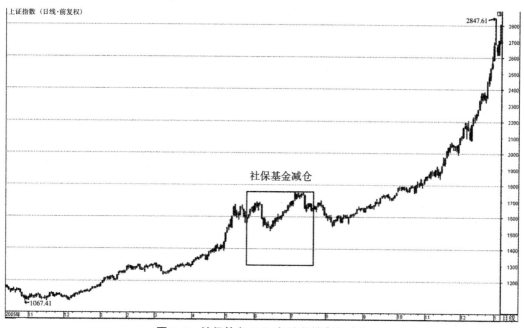

图 7-9 社保基金 2006 年阶段性高点减仓

2006 年 3 月，财政部、劳动和社会保障部、中国人民银行联合颁布了《全国社会保障基金境外投资管理暂行规定》，全国社保基金海外投资正式启动。

2006 年 12 月，全国社保基金理事会正式开展个人账户中央补助资金投资运营管理。截至 2009 年 12 月 31 日，全国社保基金理事会共受托管理 9 个省、区、市的个人账户资金，资金权益 439.53 亿元，年均收益率达 18.9%。

2007 年，A 股市场迎来了一轮史无前例的牛市，前三个季度上证指数呈单边上扬走势，从年初的 2675 点一路飙涨至 5552 点，三个季度涨幅分别为 18.99%、20.12% 和 45.34%，沪指一路冲至 6124.04 点。当疯狂的中国股市攀上 6000 点而继续奢望 10000 点时，全国社保基金则逐步减仓（见图 7-10）。

2007 年第一季度，社保基金重仓持有的股票数为 203 只，持仓市值为 291.18 亿元。2007 年 4 月，社保基金理事会副理事长高西庆在出席摩根大通投资年会上表示社保基金正在卖出股票，以减少在这个快速上涨市场的投资。社保基金的持仓变化从另外一个角度印证了其高明之处。从上市公司前十大流通股东看，2007 年前两个季度全国社保基金持股市值也是水涨船高，而在快速上涨的第三季度社保基金已隐现撤资迹

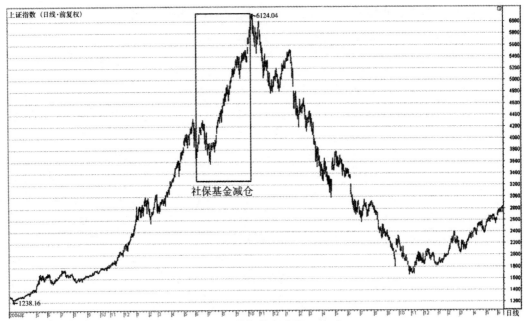

图 7-10　社保基金逃顶 6124 点

象。第二季度末，社保基金重仓股数虽然降至 172 只，但其持仓市值却有增无减，金额达到 330.47 亿元。截至第三季度末，社保基金持有的重仓股数大幅降至 137 只，市值也较第二季度末减少 36.19 亿元。

2007 年 10 月上证指数悄然筑顶 6124 点，并在当年第四季度一度下探至 4778 点，跌幅 21.98%，而年末反弹至 5261 点，上涨幅度为 10.11%。2007 年第四季度，大盘上演"冲高—回落—反弹"的走势。

2007 年第四季度社保基金的重仓持股市值数据较第三季度进一步缩水，仅为 181.78 亿元。社保基金大肆斩仓出货，锁定了其年内收益。2007 年社保基金实现收益 1129.20 亿元，收益率为 38.93%，经营业绩为 1453 亿元，经营收益率为 43.2%。在 2007 年第四季度的大逃顶中，对机械设备制造业和交通运输业大幅减持，其中对传统重仓的机械制造业社保抛售最多。同年第四季度，其股票占资产的比重已由 2007 年的 40%左右下降至 16%。

而进入 2008 年后，股市呈单边下泻之势，社保基金在 2008 年第一季度继续抛售股票，成为其精准抄 1664 点大底的前奏。

2008 年，社保基金继续减持，至 2008 年第一季度末，社保基金持股数从 26.14 亿股减少到 7.78 亿股。

2008 年 4 月，财政部、人保部批复同意全国社保基金投资股权基金，全国社保基

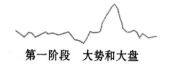

金成为股权基金市场上的"国家队"。

2008年4月24日，A股市场因调低印花税而迎来了一路下泻过程中的"井喷"行情，截至5月6日，反弹至3786点，反弹幅度达26.62%。而在5月，全国社保基金投资部则是"看空"定调，表示"2007年，由于股票市场大幅上涨，社保基金股票投资比例在进入目标比例区间后一度超过目标比例，较大偏离了资产配置的比例区间，使社保基金整体风险超出资产配置计划要求的风险承受水平，需要通过再平衡操作来降低股票投资比例。因此社保基金进行了纪律性再平衡操作，使股票投资比例回到了资产配置目标区间"。

在迷茫和恐惧的下跌中，2008年上证指数一路破关4000点、3000点、2000点，而全国社保基金或是先知先觉，已加仓布局股市暴跌严冬后的反弹春天。2008年下半年，股市最大下跌幅度竟达70%。

2008年10月28日，上证指数已悄然筑底1664点。此后，政策面刮起暖风，同年11月，4万亿元投资让市场重燃信心。

2008年11月28日，社保基金理事会提出了五大举措支持经济发展，其中有一条为"逐步扩大指数化投资规模，同时追加部分股票投资，以稳定市场信心并追求资本市场长期发展中的稳定收益"。同时，社保基金自11月起连续三个月新增开户或隐现跑步入市之迹象。从2007年10月到2008年10月，除2008年7月新开24个新账户外，其余月份均为零开户。此后，社保基金在2008年11月、12月、2009年1月分别开户8个、8个和16个。从具体持股看，社保基金大抄底主要布局在房地产、基础建设、医药和石化等行业，而对房地产板块尤为青睐。

到2009年1月，社保基金的开户数已增加到16个，社保基金呈现跑步入市的态势，抄底的动机明显（见图7-11）。

2009年，政府实施了"一揽子"经济刺激计划，推出了十大产业调整振兴规划。在此大力度的刺激下，我国经济逐步迎来了复苏回升。A股市场也迎来了大幅反弹，上证指数从2008年10月27日的1664.93点上涨到2009年8月4日的3478.01点，最大反弹幅度达109%。而这期间，社保基金仍不断加仓换股，以中小板公司为代表的高成长性公司，消费、新能源类公司成为其新宠，而重点减持了房地产板块，早已埋下了种子的社保基金再获全胜。

2009年6月，境内国有股转持政策正式实施。截至2010年3月底，境内外国有股转（减）持共为全国社保筹集资金约1620亿元，占累计财政性净拨入资金的42%。

2009年8月开始大跌，然而在这轮大跌行情中，社保资金却先知先觉，提前"开

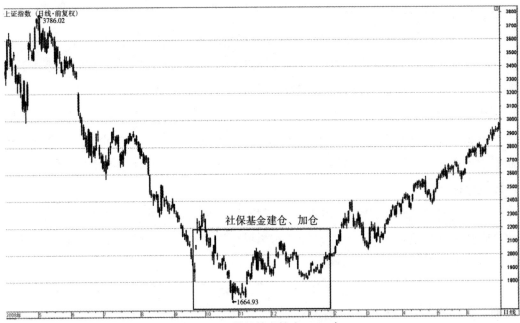

图 7-11　社保基金抄底 1664 点

溜"。2009 年 7 月，社保基金从深市净流出 6.64 亿元，创当时年内单月最大净流出，而抛售的重点对象正是地产板块，净卖出惊人地达到 13.83 亿元，从后市来看，正是地产等权重板块的疲软，导致市场暴跌（见图 7-12）。

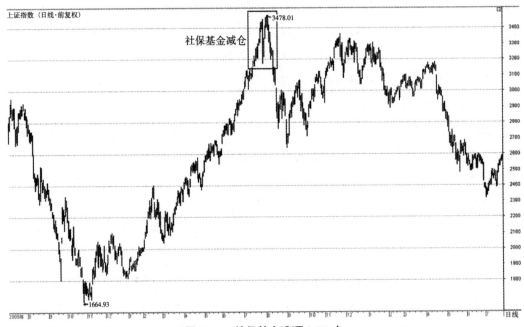

图 7-12　社保基金逃顶 3478 点

2010 年 3 月，全国社会保障基金理事会召开第三届理事大会第三次会议，明确提出建设一流社会保障资产管理机构。

在 2010 年第一季度的震荡行情里，社保基金进行了减持，投资比重低于 30%。2010 年第二季度 A 股再遭重创，自 4 月 15 日的 3181 点在短短不到三个月内下挫至 2319 点，跌幅达 27.10%，社保基金又一次神奇躲过。在 2010 年 4 月大跌之前，社保基金在第一季度累计出现在 263 家上市公司的前十大流通股东名单中，合计持股市值达 296.85 亿元，与 2009 年第四季度的 338.43 亿元相比，减少了 41.58 亿元，减少幅度为 12.29%，如果考虑到同期沪指 5.13% 的跌幅，其减仓幅度仍为 7%。

2010 年 7 月 2 日探新低后绝地反击，直至 2010 年 11 月创下 3186 点，一轮反弹新高涨幅达 37.39%。在半年之内 A 股市场演绎如此杀跌急涨走势，社保基金却又在微妙地抄底，在大盘连破 2500 点、2400 点后，社保基金于 7 月 6 日火线增仓 30 亿元。

2010 年 7 月的反弹未能持续，而是进行了长达两个月的横向整理，第二季度累计涨幅仅为 10.73%，这也给社保基金第二季度未能重仓抄底留下了机会。

2010 年 8 月 5 日保监会发布《保险资金运用管理暂行办法》，规定保险资金投资于股票和股票型基金的账面余额不得高于本公司上季度末总资产的 20%。这一动作被市场广泛称为险资快速入场。

2010 年第三季度，社保基金持股市值高达 375 亿元，较第二季度增加 57.59%，创历史新高。此外，持股数也从第二季度的 18.08 亿股升至 24.66 亿股，增幅为 36.40%。

从 2010 年 9 月 30 日至 11 月 11 日 26 个交易日内，上证指数累计涨幅超过 22.02%，而上证指数疯狂上涨的背后，社保基金已无声撤退。

2010 年第四季度股指回调，社保基金持股市值及持股数分别较第三季度增加 13.86% 和 9.00%；而随着 2011 年第一季度的反弹，其持股市值及持股数分别较 2010 年第四季度下降 7.00% 和 9.27%。

2011 年 5 月，社保基金新增 100 亿元入市，其中 60 亿元为权益投资额度。2011 年第一季度社保基金持股市值和持股数分别为 399 亿元和 24.6 亿股。受"十二五"行业规划政策影响，第一季度社保基金主要增持机械设备和石油化工，其中预计受保障房铝制品需求的影响。随着社保基金在股市中收益率令人满意程度的提高，社保基金总额和可入市资金也越来越多（见图 7-13）。

保险资金作为规模较大的资金，而且资金性质偏向中长期，同时从众压力很小，因此能够较好地把握股市大势。虽然保险资金不是"真正的国家队"成员，但是仍旧有某些"准国家队"的意味，因此在信息上仍具有某些优势，我们先回顾保险资金入

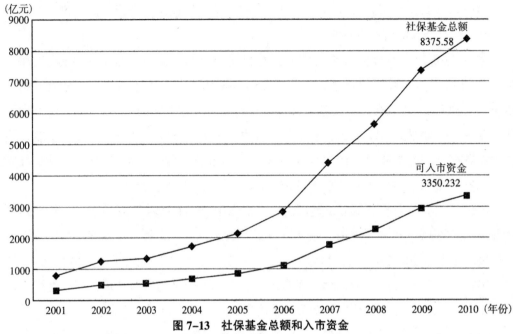

图7-13　社保基金总额和入市资金

资料来源：豆丁网。

2016年包括前海人寿在内的宝能系资金在万科上的操作思路与传统保险资金的操作思路迥异。

市的历程。

1999年10月，保监会正式批准保险资金间接入市。同时确定保险资金间接进入证券市场的规模为5%，以后视情况适当增加。

2000年，保监会先后批复泰康人寿、华泰财险等多家保险公司投资于证券投资基金的比例适当提高，但不超过上年末总资产的10%。

2001年3月，保监会将平安、新华、中宏3家保险公司的投资比例从30%放宽至100%。

2001年5月，保监会分赴全国各地对保险公司的资金运用情况进行检查。2002年5月，全国金融工作会议对保险资金运用提出明确要求，强化保险资金集中管理，防范资金运用风险，提高资金运用效率。

2002年12月，中国保监会公布首批取消58项行政审批项目，从监管上进一步与国际接轨。其中包括保险公司投资证券投资基金资格审批、保险公司在境外运用资金审批、保

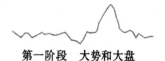

险公司购买中央企业债券额度审批、保险公司投资证券投资基金的投资比例核定等。

2003年1月1日，新修订的《保险法》开始实施。与旧《保险法》相比，新修订的《保险法》将保险公司的资金"不得向企业投资"规定改为"不得用于设立保险业以外的企业"。也就是说，国家允许保险公司的资金可用于设立与保险产业相关的其他企业，如保险资产管理公司、各类保险中介机构等。以新《保险法》实施为标志，国内保险资金运用开始进入快车道。

从2003年1月开始，各保险公司购买证券投资基金占保险公司总资产的比重由10%上升到15%。2003年1月，保监会主席吴定富在全国保险工作会议上提出，要把保险资金放到与保险业务发展同等重要的地位上，加以高度重视，而成立保险资产管理公司，则成为保险资金管理体制与运作体制的新突破。

2003年6月，新出台的《保险公司投资企业债券管理暂行办法》将可购买的债券品种由四种中央企业债券扩展到经国家主管部门批准发行，且经监管部门认可的信用评级机构评级在AA级以上的企业债券，投资比例也由原来的10%增加到20%。

2003年7月，中国人民保险公司正式更名为中国人保控股公司，并发起设立了中国人民财产保险股份有限公司和中国人保资产管理有限公司。中国人保资产管理有限公司也是我国第一家由保险企业成立的资产管理公司。

2003年8月，中国人寿保险公司正式重组为中国人寿保险（集团）公司和中国人寿保险股份有限公司，重组后的集团公司主要代表国家控股拥有中国人寿保险股份公司。同月，中国再保险公司正式更名为中国再保险（集团）公司，由中再集团作为主要发起人发起设立的中国财产再保险股份有限公司、中国人寿再保险股份有限公司、中国大地财产保险股份有限公司先后挂牌成立。

2003年11月，中国人民财产保险股份有限公司的股票正式在香港联交所上市，启动了中国内地大型保险企业海外上市历程。随后中国人寿于同年12月在中国香港和美国实现同步上市。

2004年2月1日，《国务院关于推进资本市场改革开放和稳定发展的若干意见》出台（以下简称《意见》），该《意见》提出，要鼓励合规资金入市，支持保险资金以多种方式直接投资资本市场，逐步提高社会保障基金、企业补充养老基金、商业保险资金等投入资本市场的资金比例。要培养一批诚信、守法、专业的机构投资者，使以基金管理公司和保险公司为主的机构投资者成为资本市场的主导力量。这标志着保险资金直接进入股市的政策坚冰开始融化。

2004年4月，保监会公布《保险资产管理公司管理暂行规定》，使保险公司搭建资

金管理运用平台有章可循。该规定没有限制保险资产管理公司受托管理社保基金和企业年金。

2004年4月末，中国保险业总资产终于首次突破1万亿元的大关，达到10125亿元，其中，中资保险公司总资产为9890亿元，外资及中外合资保险公司总资产为235亿元。

2004年5月，保监会出台《保险资金运用风险控制指引（试行）》（以下简称《指引》）。《指引》对保险公司和保险资产管理公司建立运营规范、管理高效的保险资金运用风险控制体系，制定完善的保险资金运用风险控制制度提出了具体要求，被业内视为出台有关保险资金直接投资股票、投资境外资本市场、参与重大基础建设项目等投资管理细则的前奏。

2004年6月，平安保险在香港顺利挂牌交易。

2004年6月23日，中国保监会主席吴定富明确表示，要加强保险资金运用监管，积极探索与保险资金运用渠道相适应的监管方式和手段，建立动态的保险资金运用风险监控模式。

2004年7月31日，保监会发布通知，允许保险公司投资可转债，可转债投资规模计入企业债券投资余额内，合计不得超过保险公司上月总资产的20%。这标志着保险资金直接进入股市已近在咫尺。

2004年10月24日，中国保监会和中国证监会联合发布《保险机构投资者股票投资管理暂行办法》，保险资金直接进入股市获准。

2005年2月15日，保监会同证监会下发《关于保险机构投资者股票投资交易有关问题的通知》及《保险机构投资者股票投资登记结算业务指南》，明确了保险资金直接投资股票市场涉及的证券账户、交易席位、资金结算、投资比例等问题。

2005年2月17日，中国保监会联合中国银监会下发《保险公司股票资产托管指引（试行）》和《关于保险资金股票投资有关问题的通知》，明确了保险资金直接投资股市涉及的资产托管、投资比例、风险监控等问题。自此，我国保险资金进入包括股市在内的整个证券市场，已无法律障碍，余下的只是技术操作问题与风险规避问题。

在6124点和1664点，保险资金都与社保基金共同进退，由此可以看出保险资金"先知先觉"的能力或者对市场的影响力。

"国家队"资金主要是指汇金、社保基金（养老基金）和保险资金三大系别，从本课的详细介绍可以得出一个结论：它们是大盘趋势的重要风向标。那么，从哪里可以及时查看到"国家队"的动向呢？第一个信息源是上市公司的股东变化，这个可以从F10中查到；第二个信息源是万隆证券网的"主力行为"，里面有专栏，追踪社保基金

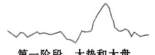

和保险资金的动向（见图 7-14）；第三个信息源是东方财富网的"主力"专栏，下面也有社保基金和保险资金的信息分析（见图 7-15 和图 7-16）。

保监会的网站也需要市场关注。

图 7-14　万隆证券网"主力行为"提供了"社保/保险"动向信息

图 7-15　东方财富网的"主力"专栏

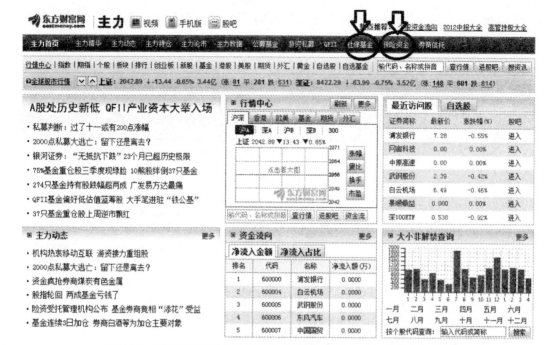

图7-16　东方财富网主力专栏下的"社保基金"和"保险资金"栏目

【关于"股市国家队"的经典论述】

关于"股市国家队"对市场的影响，许多知名市场人士都有过精辟的阐述，下面摘录如下，与本课内容可以相关参照，以便进一步思考：

1. 过去这些年，社保基金作为股市中的"国家队"，往往都有着超敏锐的嗅觉，经常能超前一步成功逃顶抄底，**以至于社保基金的动向成为不少散户乃至其他机构投资者重要的投资风向标**（中国青年网）。

2. 那么如何才是正确的方法？首先，我觉得最重要的是**抓住"国家队"操作的思路，从思路上跟**。从过往经验看，"国家队"选股其实无所谓大盘蓝筹还是中小创板，关键还是看其价值和回报，特别是动态的估值。创业板股票跌得多了，市盈率降下来了，企业产品本身有非常好的潜力，同样会进入"国家队"的法眼。其次，跟"国家队"买股前，不妨先看看"国家队"是否第一次进入，或者是否在原来持股的基础上增持。作为"国家队"，一般是不会做短线的，如果是第一次买入或是连续增持，相信是会在相当长时间看好并持有的。反之，如果持有相当长时间了，而且股价已经涨了很多，那么"国家队"也会抛售或者做高抛低吸（陈奇）。

3. 社保基金/保险资金组合的选股偏好上或许可以看出一定的规律：一方面，**估值**

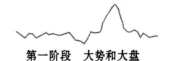

相对较低、拥有一定安全边际的个股受到社保基金/保险资金组合的青睐；另一方面，管理人出于社保基金/保险资金组合的业绩压力，亦会选择**有业绩支撑的标的**（同花顺财经）。

4. 已有数据显示，社保基金的总体思路还是以长期投资、价值投资为主，这也符合一般大资金的基本操作理念，当然长期投资并不等于一直持有不卖，特别是类似于社保基金这种规模较大，又要求绝对收益的资金来说，适时卖出是必然的选择，也就**是当股票价格严重低估的时候买入，当价格严重高估的时候卖出……从本质上讲，均值回归是社保基金资产配置的核心思想**（《投资快报》）。

市净率法则和三顶底序列法则：百年熊市抄底的唯一可靠定量指标

悲观情绪最为严重时是最好的买入时机。

——约翰·M.邓普顿

空头不死，多头不止；多头不死，空头不止。

——股市谚语

抄底的时候以价值投资的标准选股，持股的时候以趋势投资的手法运作，逃顶的时候以技术分析来判断时点。

——罗伟广

我现在做交易有三个原则：第一，是不是能通过冒 1 元钱的风险赚 3 元钱；第二，基本面分析是不是支持你投资的方向；第三，技术面是不是也支持你投资的方向，基本面能不能和技术面形成同步共振。

——葛卫东

股票市场的底部对于绝大多数股票交易者而言都是非常重要的建仓时机，即使是短线交易者也需要明白趋势的起点和终点，这样才能在短线交易中规避最大的风险，把握最大的机会。记住一点：**即使是短线交易者也不能忽视趋势，趋势永远是第一位的。** 不要认为短线客就能够藐视市场的趋势，只重视市场短期的波动反而使你没法看清这种短期波动。凡是**只见树木不见森林的做法都会遭到失败。** 九胜一败可以让一个短线客功亏一篑，因为逆势而放任亏损的后果将非常严重。

巴菲特的价值投资讲不讲趋势？公司竞争优势的持续程度是不是趋势？公司业绩的增长存不存在趋势？

253

股票交易的主要方式是低位买入高位抛出，融券做空和买入股票看跌期权在未来一段时间内还不会普及。因此，**明白大盘的最低风险区域可以帮助投机客更好地识别趋势和重大建仓机会。**

关于底部有两个比较有效的法则：第一个是市净率法则；第二个是三底序列法则。市净率法则是美股百年来都有效的法则，对于30年历史的A股也存在一致的效果。什么是市净率？简单而言就是股价除以每股净资产，与所谓的"托宾Q值"比较接近。而三底序列法则属于A股市场自身一个独特的规律，三底序列法则也可以延伸为三顶序列法则，同时市净率法则其实谈的是估值底，属于三底序列中的第一个，两个法则紧密联系，本课一并介绍给大家。

大熊市才能带来市净率的底部，所以要通过市净率找底部，前提是股市正在经历大熊市，我们以美国股市为例让大家对大熊市做一个直观的感受。美国股市百年来经历过超过10次熊市，最大的熊市有四次，它们分别是1929年大衰退、1973年石油危机、2000年互联网泡沫破灭和2007年次贷危机。在这四次大熊市中，每次暴跌之后都会出现市净率极低的情况，可以说市净率底部与股市底部如影随形，由于相对于每股盈余而言，每股净资产相对稳定，因此市盈率没有市净率那么稳定（后面会专门谈到市盈率）。所以，无论是从历史经验而言，还是从指标稳定性而言，比较能够预示股市底部基本面指标的还是市净率，我们逐一回顾美股这四次大熊市。

第一次大熊市发生在1929年。20世纪20年代，"柯立芝繁荣"使得美国证券市场也逐步步入"一战"后的投机狂潮中，"买股票就发财"成为社会上大众的普遍共识，大家都想通过购买股票一夜之间成为百万富翁。股市先于经济做出了调整，这就是我们在第一课提到的规律：股市是经济的领先指标。1929年10月24日，纽约证券交易所股票价格断崖式下跌，人们争先恐后地抛售股票，整个交易所大厅里回荡着绝望的叫喊声，这一天被称为"黑色星期四"，以至于这样的命名方式在以后的全球股市中经常被效仿。不过糟糕的情况并不仅限于当天的下跌，这其实仅仅是灾难的开始。10月29日，纽约证券交易所股价再度暴跌，当天1600多万股股票被抛售，50种主要股票的平均价格下跌了近40%（你能想象这种恐慌程度吗）。从1929年9月到1933年1月，道琼斯工业指数从364.9点下跌到62.7点。

股市先于经济出现调整，此后经济的"繁荣"景象也化为乌有，全面的金融和经济危机纷至沓来。大批银行倒闭，企业破产，失业人数激增，产品价格下跌，经济进入经济周期中的"衰退阶段"，只不过这种衰退太猛烈了，以至于我们需要一个专门的词来定义，那就是"大萧条"。当时全球经济都进入到了"大萧条"中，1933年，整个

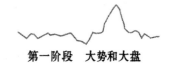

什么样的交易者在这次大跌中获利最多?

资本主义世界工业生产下降 40%，各国工业产量倒退到 19 世纪末的水平，资本主义世界贸易总额减少 2/3，美、德、法、英共有 29 万家企业破产。资本主义世界失业工人达到 3000 多万，美国失业人口 1700 多万人，几百万小农破产，无业人口颠沛流离。经济危机引起了各国的政局动荡，当时的国民党政府都受到了较大的冲击。经济危机同时也引出一连串的贸易战，当时全球股市的市盈率都处于历史性的大底。

第二次大熊市发生在 1973 年。1973 年 10 月，第四次中东战争爆发后，石油售价从每桶 2.48 美元上涨至 11.65 美元。在一个需求螺旋萎缩的国际市场上，石油价格暴涨使需求萎缩突然加剧，生产过剩的危机爆发了。道琼斯指数从 1973 年 1 月的 1016 点下跌到 577.6 点。在这一时期，银行利息远高于债券和股票收益，银行大额定期存款开始在美国大众中受到追捧。

在股市率先下跌之后，1973 年 12 月，一场"二战"后规模最大、程度最深的世界经济危机爆发了，触发这场危机的是石油涨价，这就是宏观经济学所谓的"供给冲击"。在美国，危机从 1973 年 12 月持续到 1975 年 5 月，国民生产总值下降了 5.7%，工业生产下降了 15.1%，其中建筑、汽车、钢铁三大支柱产业受打击尤为严重。固定资本投资共缩减 23.6%，企业的设备投资 1975 年比 1973 年下降了 48%。企业和银行倒闭均创下战后的空前纪录。失业率高达 9.1%，失业人数达 825 万人。道琼斯指数从 1973 年 1 月到 1974 年 12 月下跌达 41.9%。而与危机相伴的，则是更加严重的通货膨胀。1974 年美国消费物价上涨 11.4%，1975 年上涨 11%。各主要资本主义国家几乎同时在 1973 年 12 月爆发经济危机，又在 1975 年上半年走出危机，此时美国股市的市盈率再次出现历史性底部。

第三次大熊市发生在 2000 年。1994 年互联网开始引起公众注意，到了 1996 年，美国的大部分上市公司都需要一个自己的网站。互联网成为一种新的最佳媒介，它可以即时把买

255

家与卖家、宣传商与顾客以低成本联系起来。互联网带来了各种在数年前仍然不可能的新商业模式，并引来风险基金的投资。在泡沫形成的初期，3个主要科技行业因此而得益，包括互联网网络基建、互联网工具软件及门户网站。风险投资家目睹了互联网公司股价的创纪录上涨，故而出手更快，不再像往常一般地谨小慎微，选择让很多竞争者进入，再由市场决定胜出者来降低风险。

1998~1999年美联储实行的低利率，为金融市场提供了过剩的流动性（结合第二课的内容来思考）。在这些企业家中，大部分缺乏切实可行的计划和管理能力，但是凭借所谓的互联网概念，加上宽松的流动性，他们仍能将"创意"在高位出售给"投资者"。从这里可以看到我们在前言提到的两个要素，那就是预期和资金，互联网概念改变了人们的预期，让大家的预期变得很高，同时美联储超宽松的货币政策使得流动性过剩，这就助推了美国股市。2000年3月，以技术股为主的纳斯达克综合指数飙升到了5048点，网络经济泡沫达到最高点，当年A股市场也出现了一波互联网概念行情。

> 对于短期大幅运动的行情而言，流动性是第一位的，业绩是第二位的。2014年6月到2015年6月，A股为什么短期内爆发？因为新的重大政策密集出台，流动性宽松。

1999年至2000年早期，利率被美联储提高了6倍，流动性不断被紧缩（再次结合第二课的内容进行思考）。网络经济泡沫于2000年3月10日开始破裂，纳斯达克指数当天最高为5132.52点，比一年前的指数翻了一番还多，此后开始小幅下跌，市场分析师们却说这仅仅是股市做一下修正而已。3月13日（星期一），投资者、基金和机构纷纷开始清盘，纳斯达克指数一开盘就从5038点跌到4879点，整整跌了4个百分点。仅仅6天时间，纳斯达克指数就损失了将近900个点，从3月10日的5050点跌到了3月15日的4580点（见图8-1）。到了2001年，互联网泡沫加速下挫，大多数网络公司在把风投资金烧光后停止了交易，绝大多数这类公司还没有开始盈利。

第四次大熊市发生在2007年。在2006年之前的5年里美联储为了应对互联网泡沫破灭以及"9·11"恐怖袭击引发

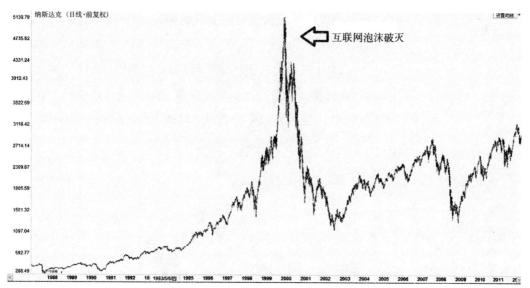

纳斯达克（日线·前复权）

互联网泡沫破灭

图 8-1　互联网破灭过程中的纳斯达克指数

的恐慌，将**美国利率水平保持在较低水平**，由此导致美国的次级抵押贷款市场迅速发展。在危机发生前几年的美国联邦政府政策和竞争压力助长了高风险贷款的实施。此外，对贷款奖励力度的增加，如轻松的头期款以及房价长期上涨的趋势让借款人相信偿还房贷抵押的艰苦只是暂时性的，他们能够在未来迅速地找到更有利的融资条件。**随着短期利率的提高，次贷还款利率也大幅上升**，购房者的还贷负担大为加重。一旦利率开始回升，再融资变得更加困难。同时，住房市场的持续降温也使购房者出售住房或者通过抵押住房再融资变得困难。违约与法拍活动在轻松头期过后急剧增加，房屋价格并没有如预期般上升，以及可调整利率贷款利率再创新高。

　　房地产价格于 2006~2007 年在美国许多地区开始适度下降。2007 年，近 130 万家房地产遭到法拍，比起 2006 年增长了 79%。2007 年，这一危机造成金融市场恐慌，这鼓励投资人将其资金从风险抵押贷款债券和摇摇欲坠的股票里抽走，并将之转变成物资以"保值"。抵押贷款违约率和期货违约拨备造成在 8533 家受美国联邦存款保险公司保险的存款机构的利润下降，从 2006 年第四季度的 352 亿美元在一年后的同一季度下降到 6.46 亿美元，减少率达 98%。2007 年第四季度是自 1990 年以来最坏的银行和储蓄单季业绩。在 2007 年一整年，已保险存款机构收入约 1000 亿美元，比起自 2006 年的 1450 亿美元创下了 31% 的跌幅纪录。利润下滑，从 2007 年第一季度的 356 亿美元下降到 2008 年第一季度的 193 亿美元，跌幅达 46%。

　　2008 年 8 月，全球各地金融机构都相继减持其与次贷危机有关的债券共 5010 亿美

元。当以雷曼兄弟为首的金融机构在 2008 年 9 月陷入穷途末路时，次贷危机进入关键点。在 2008 年 9 月为期两天的时间里，1500 亿美元自美国货币市场基金撤出。平均每两天流出了 50 亿美元。此信用风暴使全球金融体系接近崩溃。在次贷危机中，美国道琼斯指数从 14198.10 点下跌到了 6470.11 点（见图 8-2），整体市盈率形成历史底部。

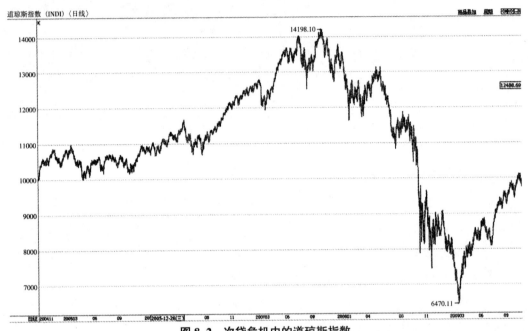

图 8-2　次贷危机中的道琼斯指数

我们现在回过头来看看净资产与股指在 A 股市场的关系，如图 8-3 和图 8-4 所示，分别是上证指数与净资产、深圳 A 指与净资产，可以看到股指与净资产背离非常厉害的时候，反转就要发生了。有两种极端情况：第一种极端情况是市净率非常高，也就是指数远高于净资产，这时候市净率就非常高，所谓的"估值顶"就出现了；第二种极端情况是市净率非常低，也就是指数远低于净资产，所谓的"估值底"就出现了。

市净率一般以 P/B 的形式表示，而市盈率一般以 P/E 的形式表示（后文详细介绍其含义），这两个指标往往是用来洞

估值对于短线交易有用吗？第一，估值可以帮助你在某些时候识别趋势反转点；第二，同类公司的估值可以相互比较，便于判断潜在涨幅；第三，风格转换的时候，估值可能成为某种题材。

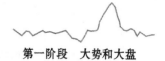
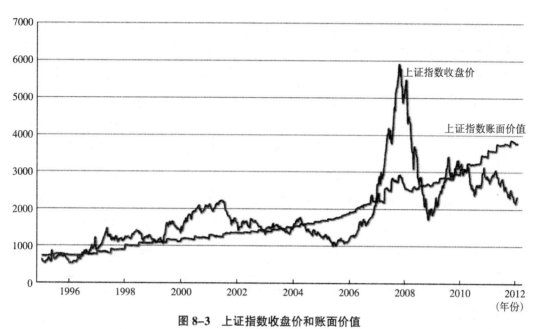

图8-3　上证指数收盘价和账面价值

资料来源：q-magic.net.

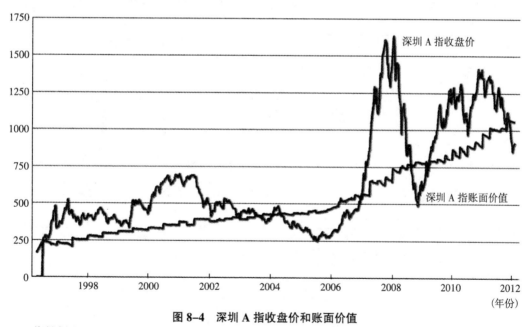

图8-4　深圳A指收盘价和账面价值

资料来源：q-magic.net.

悉"估值底"的，市净率被历史证明效果更好，但是市盈率却被最广泛地使用。市净率与托宾Q值类似，在不太严格的情况下可以认为两者可以相互替代。A股市场的大底与这三者有密切的联系，见图8-5，市盈率（P/E）看左边的坐标，市净率和托宾Q

值看右边的坐标。从这幅图可以看到，就上证指数而言，**市净率或者托宾 Q 值低于 2 往往意味着 A 股处于底部，而高于 5 则意味着 A 股处于顶部。**我们来看一些具体历史性底部的市盈率读数：1994 年市场 325 点时的整体市净率为 1.81 倍，整体市盈率为 16.43 倍；1996 年市场 512 点时的整体市净率为 2.44 倍，整体市盈率为 19.93 倍；2005 年市场 998 点时的整体市净率为 1.70 倍，整体市盈率为 17.66 倍；2008 年市场 1664 点时的整体市净率约 1.95 倍，整体市盈率降至 12.62 倍。那么，在哪里可以看到最新市净率的变化呢？可以查看 q-magic.net（见图 8-6 和图 8-7）。另外，股票行情软件的指数界面中也会显示市净率的现值，如通达信股软的整体市净率就可以在上证指数分时走势图的左边看到（见图 8-8）。当然，除了市净率你还可以看市盈率的极端值，后文会详细介绍市盈率在估值底评估中的意义。

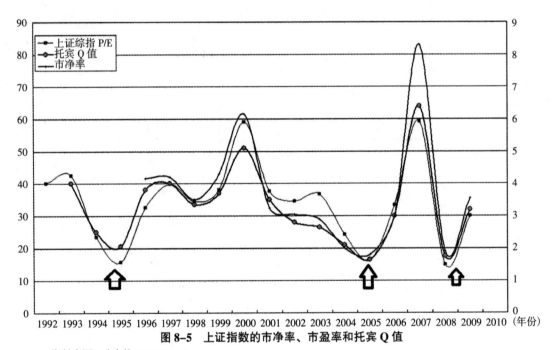

图 8-5　上证指数的市净率、市盈率和托宾 Q 值

资料来源：哈克的 BLOG。

图 8-6 上交所上市股票加权平均市净率

资料来源：q-magic.net.

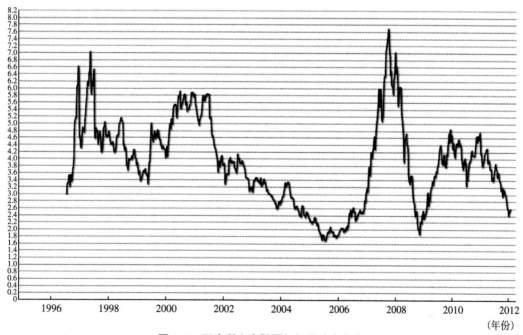

图 8-7 深交所上市股票加权平均市净率

资料来源：q-magic.net.

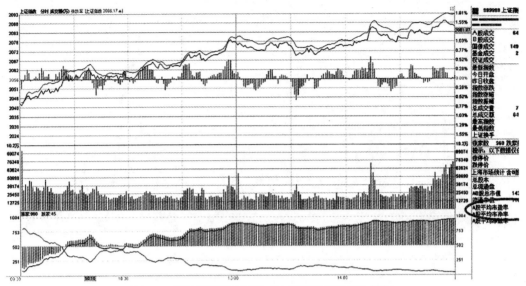

图 8-8　通达信股软界面的"A 股平均市净率"指标

与市净率密切相关的是市盈率，而且后者在市场的使用更加广泛，更多的机构投资者会关注市盈率的变化，一般从中找出关于市场是否位于转折区域的信息（严格意义上是"估值底"而不是"市场底"的信号）。**短线交易者主要是看"大盘的市盈率"，这是关键，市盈率帮助我们判断大盘的趋势，而短线交易中对个股的市盈率就没有那么重视了**，短线交易者可以参考个股的市盈率，但不是必须考虑的因素。AIMS 框架为个股的市盈率和市净率考虑预留了空间，其中的 S 一般作为题材来运用，在某些情况下也可以从"Safety"（安全空间）的角度来理解。AIMS 框架其实并不是一个简单的股票短线交易框架，它可以演变为价值投资系统。

什么是市盈率？所谓的市盈率是一个反映股票收益与风险的重要指标，也叫市价盈利率。体现的是企业按现在的盈利水平要花多少年才能收回成本，这个值通常被认为在 10~20 年是一个合理区间。当然，由于每股收益并不是一个恒定的数值，所以市盈率并不能这么简单地用。市盈率与每股收益和股价的关系都非常密切，这个指标是广泛采用的估值指标，因为每股收益代表了公司的质量，而股价代表了股价的高低，

> 价值投资偏好低市盈率吗？未必，关键要看商业竞争优势！题材投机偏好高市盈率吗？未必，关键看题材生命力！

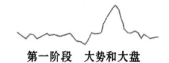

两者的比值其实简单地反映了"是否价廉物美"。

它是用当前每股市场价格除以该公司的每股税后利润，其计算公式如下：

$$市盈率 = \frac{股票每股市价}{每股税后利润} = \frac{股价}{每股收益}$$

简单而言，就是某上市公司的每股收益除股价，假如每股收益一直维持不变，那么**市盈率的倒数其实就是反映了你持有这家公司要多少年才能回本**。例如，你在20元的价位买入一只股票，假设这只股票的每股收益是每年1元，再进一步假定此后的每股收益一直维持在这一水平上。那就意味着，如果你持有这只股票，需要20年才能收回购买时的成本。例如，恒泰艾普的市盈率为61倍（见图8-9），意味着按照给定的每股收益，要61年才能回本。既然这样为什么还有这么多人愿意支付这个价格买入呢？这里涉及两种情况的综合：第一种情况是某些投资者认为该股未来的每股收益会加速增长，因此市盈率会下降，这类参与者主要是基于AIMS框架中的A（这里解读为公司优势Advantage）进行的分析；第二种情况则是某些交易者是为了赚取股价差额，而不是为了从资产增值中获取收益，而赚取股价差额的交易者主要是基于题材对股价的推动作用，这类参与者主要是基于AIMS框架中的S（题材或者主题）。

> 题材改变了业绩预期和风险溢价。

这里还要强调一点，因为市盈率的每股收益取值存在差别，因此有所谓的静态市盈率和动态市盈率之分，作为股票交易者应该对此有所了解，避免被误导。静态市盈率是市场广泛谈及的市盈率，即以目前市场价格除以已知的最近公开的每股收益后的比值。动态市盈率则是在静态市盈率的基础上得到的，它以静态市盈率为基数，乘以动态系数，该系数为 $1/(1+i)^n$，i为企业年复合增长率，n为企业的可持续发展的存续期。例如，上市公司目前股价为20元，每股收益为0.38元，上年同期每股收益为0.28元，年复合增长率为35%，即i=35%，该企业未来保持该增长速度的时间可持续5年，

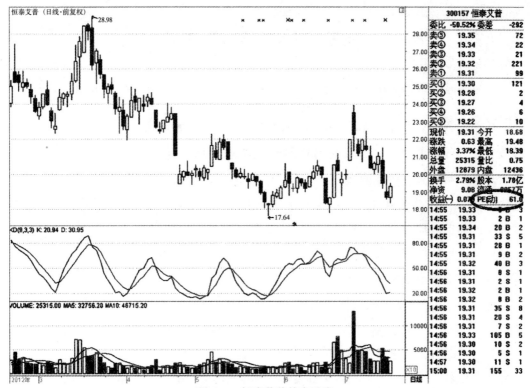

图8-9 恒泰艾普的市盈率

即 n＝5，则动态系数为 $1/(1+35\%)^5＝22\%$。相应地，动态市盈率为 11.6 倍，也就是 52 元（静态市盈率：20 元/0.38 元＝52）×22%。两者相比，相差之大，相信普通投资人看了会大吃一惊，恍然大悟。动态市盈率理论告诉我们一个简单朴素而又深刻的道理，即投资股市一定要选择有持续成长性的公司。

静态市盈率＝股价/当期每股收益

动态市盈率＝静态市盈率×(1+年复合增长率)ⁿ

市盈率有个股市盈率和板块市盈率，还有大盘市盈率，如道琼斯指数的市盈率。假如你是价值投资者，那么在选择个股的时候就必须进行估值，而估值的一个重要手段就是查看市盈率，**正确的方法应该是将市盈率与该股的历史市盈率进行比较，同时与所处板块的平均市盈率进行比较，光有比较还不够，还需要找出差异背后的原因，看这个原因能否继**续支持个股市盈率横向和纵向的差异。当然，这里谈的是价

短线高手其实也在用同类公司的相对估值作为行情判断工具。

264

值投资，与本书短线交易关系不大，但既然谈到了市盈率就不得不提一下市盈率在个股上的正确使用方式。

为什么不能随便比较两只个股的市盈率？这是由于所处板块不同，个股市盈率存在系统性差异，因此只能进行板块内个股之间的比较才有意义。我们在第十四课板块宏观套利中将详细介绍周期类板块的市盈率周期变化，这表明市盈率的变化主要以板块的方式在周期性地变化着。因此，我们可以通过观察板块市盈率相对历史走势的位置来确定板块的大势。进一步往上走，我们还可以**通过观察大盘市盈率相对历史走势的位置来确定大盘的大势**，如通过观察美股市盈率相对历史走势来定位现在的市盈率（见图 8-10）。当然，光靠市盈率来确定大盘趋势是不行的，但是如果我们能够在其他课程的基础上加上市盈率这一手段则会在大盘趋势判断上做得更好。

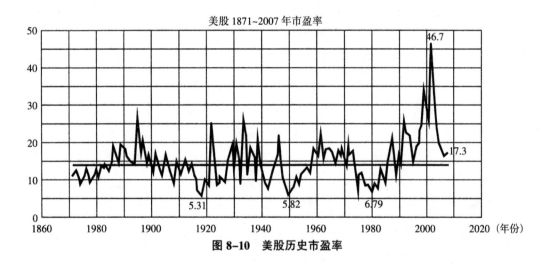

图 8-10 美股历史市盈率

因为本阶段课程是介绍大盘的判断，因此我们着重介绍大盘市盈率对判断大盘趋势和转折区域的意义。当市盈率处于高位区域的时候，主力交易者倾向逐步减仓，当市盈率处于低位区域的时候，主力交易者倾向逐步加仓，因此**市盈率其实提供了衡量安全空间 S 的帮助，而市场上以价值投资为主的社保基金等必然会参考这一指标来进行战略性配置，一旦以社保为主的超级选手这样操作，那么就会对大盘顶部和底部的形成产生关键性的影响**。而一旦大盘确定了趋势，则短线交易就面临系统性的风险或者收益了，如果短线交易者能够正确判断大盘趋势，就能够在短线交易中规避最大的风险，获取最大的利润。作为机构交易者，特别是运作个股和板块的主力，也必须判断大盘，这样才能借最大的力来为自己盈利。大盘就是一个杠杆，你顺应它就能事半功倍，你悖逆它就会事倍功半，没有一个主力强大到可以操控大盘的趋势，即使有所

谓的大盘的操控也只是顺势的局部运作而已。具体而言，再强大的主力也不敢在整个股市市盈率极其高的时候大举加仓，再弱小的主力也不愿意在整个市场市盈率极其低的时候大举卖出。**环境制约了一切参与者的选择范围，无论你是重量级选手还是轻量级选手。**股市平均市盈率就是一个大环境因素，它也制约了一切参与者的选择范围，它发挥这种制约能力的具体途径就是通过资金的套利。**市盈率的倒数，也就是每股收益除以股价，其实反映了静态的投资回报率**，我们将其表示为 E/P，其中 E 是每股收益，P 是股价，E/P 其实告诉我们投资股票的收益。而金融市场的债券往往作为资产收益率的衡量体系，简单而言，一个理性的投资者会比较股票市场与债券市场的预期收益率来确定将资金如何在两者之间进行分配（当然现实的情况是投资者在股票、债券、储蓄、房地产、收藏品、大宗商品等资产之间做出选择，我们这里简化了）。假设债券（或者储蓄）的收益率是 R，那么如果 E/P 在扣除风险之后显著高于 R，则大家就会选择股票，资金必然会流向股票，直到股价 P 上升，进而降低 E/P，使得风险扣除后的E/P 等于 R。相反情况下，如果风险扣除后的 E/P 低于 R，那么资金就会从股市流到固定收益产品上，也就是债券或者储蓄上，随着股票被不断抛售，股价 P 开始上升，这样 E/P 就上升了，使得风险扣除后的 E/P 等于 R，这样资金流动才逐步停止。

在判断大盘是否见底的时候可以用整个市场的市盈率倒数，也就是 E/P 与 10 年期国债收益率进行比较，如果 E/P 远远高于 10 年期国债收益率，那么大盘继续下行的空间和可能性都很小。就 A 股市场而言，如果 E/P 是位于大于 10 年期国债收益率 1.5 倍的范围，战略性投资者将逐步进入，如果是大于 2 倍的话那么股市很可能位于底部区域。那么如何定义股市的顶部区域呢？就 A 股市场而言，如果 E/P 与 10 年期国债收益率的比值进入到 1 倍以下区域，那么股市中的重量级选手就会开始逐步离场（见图8-11）。一般而言，超重量级选手更重视 E/P 和固定收益产品（如 1 年期储蓄利率，10

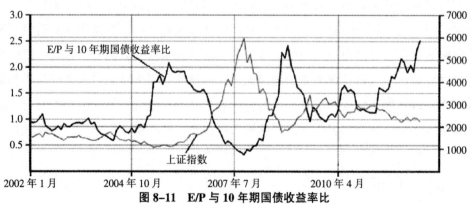

图 8-11 E/P 与 10 年期国债收益率比

资料来源：社科院金融统计数据库，Value500 价值黄页。

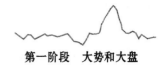

年期国债收益率等）的比较。对于散户和游资而言，P'/P 与固定收益产品的比较更重要，P'/P 是股价预期增长率。毕竟决定大盘趋势的还是超重量级选手，因此我们必须重视他们的行为和判断。

比较 E/P 与 10 年期国债收益率为代表的固定收益率是一种在散户中不太普及的方法，另一种更普及的市盈率运用方法是基于历史经验的拇指法则。具体而言就是比较当下市盈率与市盈率的历史走势来确定目前大盘所处位置，这是我们本课开头提到过的方法。例如，1973~1974 年石油危机，美国经济滞胀连累中国香港股市也暴跌；1981~1984 年，美国通货膨胀超过 15%，沃克尔主导下的美联储严厉收缩货币，港股大跌；1998 年，东南亚金融风暴，波及中国香港；2008 年，美国次贷危机再度波及中国香港，**这几次港股的历史性的底部都在 10 倍市盈率附近。**

对于 A 股而言，20 倍市盈率以下时大盘位于底部区域，40 倍以上时就位于顶部区域了。历史上沪市 A 股市盈率在 10.65 倍和 76.7 倍之间波动（见图 8-12），通过历史数据对比可得出初步结论：中国股市历史大盘平均市盈率在 20 倍以下对应的应该就是低风险底部区域。例如，1994 年 325 点大底平均市盈率为 10.65 倍，1996 年 512 点大底平均市盈率为 19.44 倍，2005 年 998 点大底平均市盈率为 15.42 倍。

中国股市历史大盘平均市盈率在 55 倍以上，大致是高风险区投机顶部区域。例如，1997 年 1510 点大顶平均市盈率为 59.64 倍；1999 年 1756 点大顶平均市盈率为 63.08 倍；2001 年 2245 点大顶平均市盈率为 66.16 倍；2007 年 6124 点大顶平均市盈率为 70 倍。

在哪里可以查询最新的 A 股市场市盈率走势图呢？对于一般交易者而言，推荐 http: //value500.com/，从这个网站可以查到很多有用的信息，特别是上交所上市公司整体市盈率（见图 8-13）和深交所上市公司整体市盈率（见图 8-14）。

市盈率中的每股收益是一个需要前瞻的变量，如果整个经济处于趋势性下降的过程，即便股价不变，市盈率也是上升的。

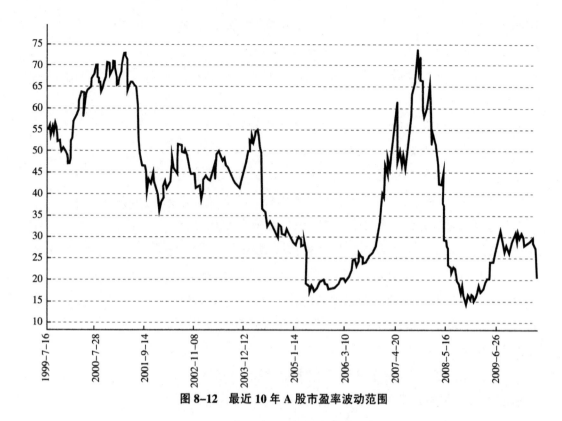

图 8-12　最近 10 年 A 股市盈率波动范围

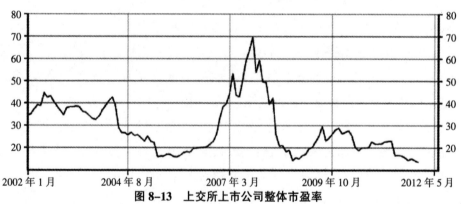

图 8-13　上交所上市公司整体市盈率

资料来源：http://value500.com/.

　　统计数据显示，A 股的市盈率在 20 倍以下运行的时间通常不超过 2 年，在 60 倍以上市盈率运行的时间通常不超过 1 年，估值的分布为：12.26%个股的市盈率分布在 0~20 倍，26.02%个股的市盈率分布在 20~40 倍，61.72%个股的市盈率分布大于 40 倍。香港股市的情况是恒生指数市盈率在 18~22 倍时牛市结束的概率很大，在 8~12 倍时熊市结束的概率很大，因此香港股市历来流行"18 倍市盈率减持股票"和"12 倍市盈率

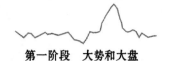
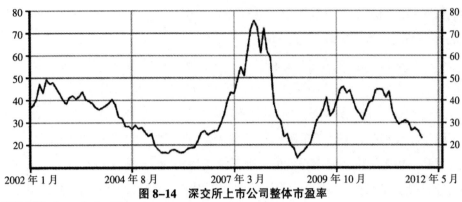

图8-14　深交所上市公司整体市盈率

资料来源：http://value500.com/.

增持股票"的做法。当然，判断顶底不能单靠一个因素来确定，我们还要结合流动性
（如 M1 同比增速）、价量状况、经济周期、"国家队"动向、市场情绪等因素来判断。

前面我们已经详细介绍了市净率法则和市盈率，接下来介绍三底序列法则，即依
次出现"估值底—政策底—市场底"（见图8-15）。估值底一般按照前面介绍的市净率
和市盈率定位，而政策底则根据"国家队"和监管层的动向定位，市场底则是真正的
底部，这个需要技术手段来定位，如前面介绍的哈尔兹法则、成交量法则、指数 N/2B
法则以及第九课要介绍的指数动量背离法则等。

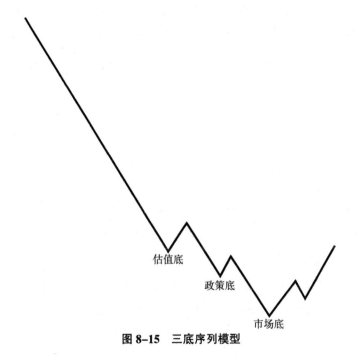

图8-15　三底序列模型

估值底就以市净率和市盈率为主进行衡量，这里不再赘述。我们这里来介绍一下政策底和市场底，所谓的政策底并不是一个非常具体的点位，而是政府和监管当局认可的最低点位区域。当A股市场跌破这一点位区域时，管理层必然出手护盘。A股市场上公认的政策底有2005年6月的1000点、2008年4月的3000点、2008年10月的1700点等。2008年的这两个点位附近，管理层出于维护金融市场稳定的考虑，分别出台了下调印花税和汇金增持等重磅利好，当时A股确实也有一波强力反弹。

政策底一般先于市场底出现，但是晚于估值底出现。政策底早于市场底3~6个月。例如，2008年上证指数在3000点附近，政策出来之后，股指反弹然后继续下跌，直到半年后的10月才探明真正的市场底部。

政策底是"假底部"，市场底对于交易者而言才是真正的底部。政策发出见底信号时，市场的恐慌盘并没有完全宣泄出来，只有当市场大众看到政策也无济于事的时候才会将最后的抛盘脱手，最恐慌的情况出现，这时候才能真正见底。市场底的特征是股指恐慌性加速下跌，任何利好政策似乎都不起作用了。成交极度低迷，地量不断出现。市场底构筑的时间较长，从最低点拉上来之后，往往会在次低位置徘徊较长一段时间。

政策底一般是在显著利好的刺激下突然出现，这时候价格反弹迅速，时间短，参与难度大，散户容易跟进。市场底则是散户恐慌和绝望之后出现的，静悄悄地形成，市场上绝大多数人都想不到，都不认为这里是底部的时候往往就是市场底形成了。市场底的形成需要多个因素的配合，主要有：第一，流动性见底，特别是M1同比增速见底；第二，市场恐慌情绪达到极点，能卖出的都卖出了，但是想买入的散户几乎没有。简单而言就是**资金和情绪差得不能再差了，这就是市场底部了**。如上证从6124点跌到1664点过程中出现的三底（见图8-16）。而所谓的"三顶序列法则"其实就是"估值顶—政策顶—市场顶"依次出现（见图8-17），如上证指数从998点涨到6124点过程中出现的三顶（见图8-18）。这个模型可以帮助你通过确定估值底顶和政策底顶来确定市场底顶，多了一个定位股指顶部和底部的工具。同时，区分了"估值底顶"、"政策底顶"与"市场底顶"，因为市场上很多人经常将"估值底顶"当成"市场底顶"，或者是将"政策底顶"当成"市场底顶"，因此导致买入或者卖出太早。

估值底顶按照本课开始部分的内容确定，简单而言就是市净率和市盈率；本教程第六课和第七课主要介绍政策底顶的要素，找政策底顶遵照这两课的技巧；本教程第三课、第四课、第五课和第九课主要介绍市场底顶的判断策略。

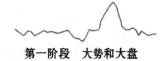
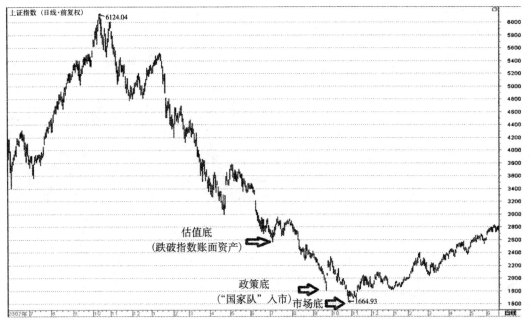

图 8-16　三底序列实例

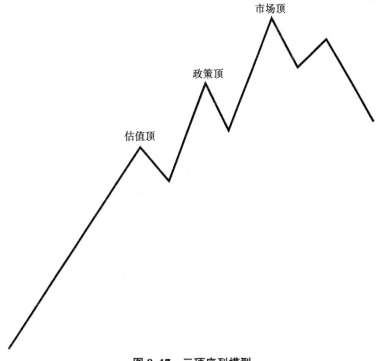

图 8-17　三顶序列模型

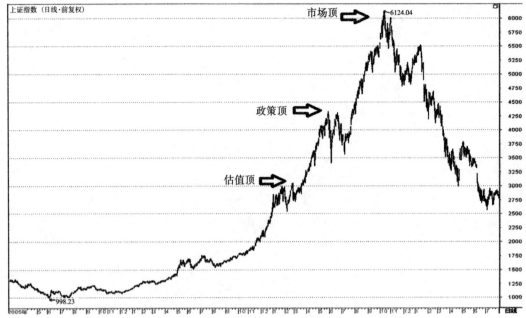

图8-18 三顶序列实例

最后，我们给出一些圈内较常见的估值底顶和政策底顶以及市场底顶的判断条件以供大家参考。其中，估值底顶与政策底顶属于驱动面（基本面）确定的底顶，而市场底顶属于行为面（技术面）确定的底顶。

股市底部的驱动面特征（估值底和政策底判断）：

● 股市的市盈率和市净率均接近或者低于历史水平。

● 底部来临的时候，起码有30%的股票跌破每股净资产，70%的股票的市净率在1~1.5倍。

● 萧条最好的表现就是大量的证券公司经营亏损。

● 真正有投资价值的股票的价格应该在分红收益率超过银行的一年期定期存款利率。

● 债市现券普遍出现阶段性脉冲行情，基金经理们开始一致看好国债。

● 政策转向，银根放松、扩容减速、鼓励入市、利好频出。

● 货币M1触底。

股市底部的行为面特征（市场底判断）：

● 有较长的下跌时间，在三个月以上。

● 指数有较大的下跌幅度，并且呈现至少两段下跌、一段反弹（或者横盘）。

● 每天行情中涨幅达5%以上的股票极少，而跌停的股票很多，涨幅居前的股票

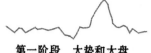

价格均较低，且成交量没有有效配合，具有超跌反弹的技术性质，股票上涨的持续性很低。

● 新股上市即跌破或接近发行价，不论质地好坏，新股均未能得到市场的认可，价格定位低于平时。新股开始持续跌破发行价格，新股上市首日收盘涨幅极低，有的在不久后就跌破发行价格。

● 真正好的有价值的股票已经不再下跌，转为横盘缩量整理或悄悄地走出上升通道，盘面热点板块开始出现。

● 前期抗跌各股及板块开始补跌。

● 两市的日成交量在 1000 亿元以下，上海的日成交量在 600 亿元左右，指数的技术走势极其恶劣，连破新低，但月线上的长期上升趋势仍得以保持或未完全破坏，股指在月线历史低位上得到支撑。

● 大跌后又大跌，关键阻力位及重要心理位破了一个又一个，跌跌不休。

● 大盘下跌末期，板块联动脉冲放量及轮换现象加剧，但大盘指数波动区间并不大。

● 基金折价现象普遍，尤其是市场主流基金，基金的操作理念受到普遍质疑，主流基金似乎也失去方向感。

● 总成交量持续萎缩或者处于历史地量区域。一般要经过 2~3 次放量大幅下跌，才会形成中期底部。

● 周 K 线、月 K 线处于低位区域或者长期上升通道的下轨。

● 指数越向下偏离年线，底部的可能性越大。一般在远离年线的位置出现横盘抗跌或者"V"形转向，至少是中级阶段性底部已明确成立。

● 消息面上任何轻微的利空都能迅速刺激大盘走中阴线，这种没有任何实质性做空力量却能轻易引发下跌，表明市场人气已经脆弱到了极限。

● 相当多的个股走势凝滞，成交率很低。

● 主力进场表现在 K 线上就是阳线出现，并且数量增多，实体变大了。即阳线多阴线少，阳线长阴线短。底部就越来越近了。当一根标志性的 K 线出现，则意味着底部确立。

● 中级底部的时间周期特征。股市波动每每受季节性的影响，每年 1 月 5 日和 7 月 5 日附近，容易形成股市的阶段性转折点。以 2000 年、2001 年为例，2000 年 1 月 4 日沪深股市大幅上扬，确立阶段性大底，7 月见顶回落；2001 年 1 月见顶，3 月见底，2001 年 7 月再次见顶，短短 30 余个交易日下跌近 300 点，使持股者损失 20%以上。

股市顶部的驱动面特征（估值顶和政策顶判断）：

● 正面消息增多。简单地讲，就是高位一般只会出利好，目的很明确，配合主力出货。个股涨幅过大，未来价值被严重透支。

● 舆论高度唱多，消息面暖风频吹，上市公司在股票价格不断上涨的同时，经常有重大利好发布。

● 政府银根收紧，利息上涨，大量收回各种贷款，央票大量发行，准备金大幅提高。

● 政府突然出面辟谣，大声呼吁维稳，在这里大家要注意了，说的维稳其实是要让散户用钱去维稳，让"国家队"撤离。

● 利好出尽将形成头部。

● 政策亮红灯。有中国特色的股市明显留下政策跳空的痕迹，历史上重要的顶部几乎都与政策有密切关系，市场泡沫过大时上面都有明显的政策信号。

● 历史上屡次在大盘接近顶部时新股都是争先恐后地发行、上市。

股市顶部的行为面特征（市场顶判断）：

● 补涨个股全面活跃，大部分股票放量滞涨，而前期涨幅有限的股票开始补涨，意味着升势即将见顶。

● 高位巨量大阴线并配合向下的跳空缺口，这说明市场人心有变，主力在拼命出货。

● 股价大幅上下震荡。在顶部，看多者买入勇气犹在，看空者忙于大量出货，这就造成股价放量震荡。

● 重要支撑位被击穿，这说明多头主力已经无力护盘，做多信心已被动摇，无奈只有放弃。

● 利多不涨，驱动面向好的情况下，股指却只放量而不上涨，基本可确认为出货行为。

● 指数在主力的操纵下连续逼空，K 线形态组合上出现多个跳空缺口，连续涨停个股增加，引诱场外资金进场接筹。

● 上涨行情里，一直属于龙头板块的龙头个股持续下跌，因为领涨板块往往是"领头羊"，它们带头下跌了，就证明没戏了。市场无法孕育出新龙头，盘中热点散乱，多方失去号召力的品种。

● 指数的上涨，不是依靠热点板块的推进，而是借助权重股或指标股的拉高，特别应该注意的情况是当权重股不断上涨时，市场出现"二八"现象，即不足二成的权重股大涨，接近八成的其他个股下跌。

● 在大盘突然大幅跳水的时候量能放大后逐渐萎缩，大家不要认为这时是缩量整理，其实是叫作"单边交易量"，因为相当一部分高手都在卖出股票，而不再买入股票了，所以量能缩减了。

● 领涨板块领跌，例如，近期的有色金属板块大幅跳水，不顾大盘升降，而自顾自地去大幅下降，这就说明大盘涨到头了，大家可以翻看一下有色金属板块以前疯涨的股票就知道了。

● 当K线图在高位出现M头形态、头肩顶形态、圆弧顶形态和倒V字形态时，都是非常明显的顶部形态。

● 在K线图上，如在高位日K线出现穿头破脚、乌云盖顶、高位垂死十字都是股价见顶的信号。

● 历史上重要的顶部几乎伴随着巨大的成交量，只有连续放大量且连续数天保持高换手率，主力才能趁机脱逃。多大的量才属于见顶的量，没有绝对的标准。一般来说，随着市场规模的扩大，顶量也在水涨船高。

【关于"股市底部"的经典论述】

如何认识和判断市场的底部，许多知名市场人士都有过精辟的阐述，下面摘录如下，与本课内容可以相关参照，以便进一步思考：

1. ……估值能否向均值回归，核心要看三点：一是估值逻辑，A股的估值逻辑在近两年已重构，主要来自制度、监管、海外资金等方面的引导。二是估值结构，小票相对估值低但绝对估值高，大票相对估值高但绝对估值低，行业层面低估品种以周期品为主……三是盈利趋势，估值反映的是盈利预期（徐彪）。

2. 估值底、政策底和市场底，这三者之间都有一定的内部逻辑，估值到达一定的低位了，人气不足，继续跌，就会出台相应的政策来托底，否则就会引起市场恐慌进而造成非理性下跌的风险，就好比说现在股权质押问题，再跌，情况会更严重。政策出台，往往都是一系列的组合拳，甚至市场边跌边出政策，出完政策继续看效果，市场如此反复震荡考验政策的效果，最后找到市场的平衡点，产生市场底（短平快H稳准狠）。

3. 通过回溯2001~2005年熊市、2008年熊市和2010~2014年熊市底部，得到如下启示：第一，**政策底往往领先于股价底**。过往三次熊市政策底基本均领先于股价底，

领先时间在一周至一个半月不等。第二，**估值底往往领先于股价底**。2008 年快熊时期较为特殊，股市在四万亿政策刺激下进入 V 型大反转，估值底和股价底同步，四万亿迅速改变了盈利预期，投资者预期中的盈利已经见底，所以估值底和股价底一致，而2001~2005 年熊市和 2010~2014 年熊市均为慢熊。估值底领先于股价底，背后逻辑是由于盈利负增长，股价依然缓慢下跌，但股价下跌慢于盈利下跌幅度，所以最终估值不跌反升，估值底领先于盈利底。第三，**经济底滞后于股价底**。过往三次熊市底部无一例外，经济底均滞后于股价底。所以，经济底对于股市投资者来说是个滞后信号。第四，**从估值底（或政策底），到股价底的时间具有不确定性**。这里取决于经济增长的强劲程度或者政策的力度。2005 年处于经济上行周期中，即使出现短暂小幅下行，在出口拉动下经济很快恢复强劲增长，而在此之前，少部分先知先觉的投资者已看到了迹象。因此，当政策底和估值底出现后，仅隔两个半月就出现了股价底。2008 年则是靠四万亿强力刺激政策拉动经济复苏，因此从货币政策底到股价底也仅有一个半月时间。但 2010~2014 年熊市中，在 2011 年底出现估值底时，后续经济增长依然处于下行周期中，短时间内也没有较大规模的货币政策或财政政策刺激经济增长，因此从估值底到股价底中间隔了 18 个月的时间（广发策略戴康团队）。

指数动量背离法则：指数顶底背离提供参考信号

一鼓作气，再而衰，三而竭。

——《左传》

高度的背离往往是行情中转折点将要出现的信号，无论是成交量和价格的背离，还是基本面和技术面的背离，甚至市场间的背离。

——魏强斌

背离是判断股票买卖点的关键！

——马丁·茨威格

背离是金融交易中技术分析流派常用的词汇，从字面上我们也能略知一二：两样数据之间出现了相反的动向。**高度的背离往往是行情中转折点将要出现的信号**，无论是成交量和价格的背离，还是基本面和技术面的背离，甚至市场间的背离。利用"泡沫经济学"渔利的当代吕不韦——索罗斯，他的《金融炼金术》以反身性来解读信贷和管制导致的周期性繁荣和萧条，并且利用其中的转折点来盈利，笔者认为索罗斯是利用基本面背离信号进行交易的顶尖大师。在击垮英格兰银行的战役中，他明晰英镑汇率和英国经济之间的高度背离；在东南亚经济危机中，他明晰东南亚各国投资效率和股市之间的高度背离。

2007年10月15日我们作了题为"中国式背离和经济马太效应"的内部投资前瞻报告，其中详细谈到了背离的具体

> 背离不仅是价量背离、价格与 MACD 等技术指标的背离，还包括价格与基本面的背离，如利空不跌、利多不涨等。

股票短线交易的24堂精品课：超越技术分析的投机之道

运用。我们将这篇文章摘要如下：

经济背离的出现到其程度加深，这就是经济上的"马太效应"。根据历史的经验，"马太效应"在深度和广度上的极致往往是转折出现的信号。

下面从经济中的资金大量出现说起。大量的流动性可以通过经常项目下的贸易顺差、资本项目下的资金流入累计，而国内利率和准备金政策的宽松也同时增加着流动性。在中国，银行是所有国内流动性的总阀门，任何国际收支产生的流动性都要经由银行实现。至于为什么会形成大量的国际收支下的盈余，为什么会有宽松的信贷环境，这主要跟国内经济失衡有关，如投资和消费、城镇和农村、官系和民营、制造业和资产（实体经济和虚拟经济）等对立方之间的严重背离有关。

大量流动性因为失衡而诞生，反之又会进一步产生更大的流动性。**金融衍生工具其实就是金融病毒，从其发明开始就不断复制和寻找宿主**，这些病毒无疑也是流动性的主体之一。

> 实体经济缺乏机会的时候，金融创新就会借机爆发。金融创新的本质往往不是为风险的确定与分散，也不是资金的高效率配置，而是通过加杠杆来解决边际收益下降的问题。

大量流动性会产生强烈的涂尔干选择压力，也就是由于密度过高产生的竞争生存压力，大量的资金必然产生更大的逐利竞争，过剩的资金必然导致盈利的机会相对稀缺。在强烈的"嗜血"动力下，资本开始进入两个对立领域：一部分制造业和资产，也就是实体经济和虚拟经济，**笔者把房地产的价格更多地看成一种虚拟经济符号**。在制造业由于大量的资本投入，必然导致供给大于需求，于是价格产生向下的压力，市场机制发挥了作用，**趋近均衡的机制**在其中体现。另一部分资金进入资产市场，如普洱茶、房地产、股市等，资产的特点是其本身不会受到市场机制的制约，也就是会产生索罗斯所说的**远离均衡的自我强化效应**，资产价格会在资金的推动下越涨越快。一方面在均衡机制下制造业出现收益率下降，另一方面在远离均衡机制下资产出现收益率上升，这必然使得大量流动性从以制造业为主的流域转流向以资产为

278

主的虚拟经济领域,投资为投机所主导,收益差使得两个经济领域之间的资金流动加速。**同样是流动性过剩,实体经济产生往下压力,雇员收入下降,每股盈余下降;而虚拟经济产生向上的爆发力,房价上涨,股价上涨。**实体经济和虚拟经济出现了越来越严重的背离,这意味着转折的可能性越来越大。

虚拟经济的符号价值建立在实体经济相关资产的价值上,短期内非均衡机制将主导这些符号,但是背离自己为自己埋下了结束的种子。**虚拟经济与实体经济的背离在开始会导致资金不平衡和非对称的流动,但是资金本身的有限性将导致流动的减速,这会使得背离被修正,预期大面积修正紧接着发生。**同时,还有一个主要细节就是**虚拟经济收益率的自然递减规律:**1元到2元所需要的资金通常跟2元增长到3元需要的资金一样,但是后者的增长率要远远低于前者,所以为了保证收益率不变,流入的资金必须越来越多才行,而这更加速了资金的衰竭,最后调整就发生了。同时,我们要注意到除了资金流入和预期对资产价格的抑制作用之外,还有虚拟经济本身难以建立相关实体经济,这就是虚拟经济本身的最初始目的,对于股票来说,每股盈余才是其实体经济对应的收益部分,也可以说是其投资的收益部分,这与追逐符号价值本身的投机行为相区别。**当流入资金衰竭,预期转变时,投机的获利可能破灭了,这个时候手中持有的符号的价值将完全依赖对应于实体经济中的相关收益,股票对应于 EPS (每股盈余)。对于房价这个虚拟经济符号来说,其对应于实体经济中的相关收益是个人收入,因为房子的功能在于为劳动力再生产服务,所以劳动力的收益决定了房地产价格 (住房为主) 这个符号。**

在实体经济和虚拟经济背离时,我们可以看到市盈率 (股价和每股盈余比率,P/E) 的增大,也可以看到房价收入比的增大,但是如果你明白资金流必然衰竭,预期必然反转,这之后的虚拟经济的符号价值将依赖实体对应部分,那么你会确信背离将得到自然修正。**修正何时发生取决于资金什么时候出现衰竭,如国际收支项目盈余状况的改变、国内信贷开始收紧等。**

中国房地产可能出现的修正与美国目前已经发生的次贷危机有两个不同点:**第一点在于风险的分布不同,美国通过证券化将国内房贷债务国际化,而中国则是直接涉及国内银行,所以中国的背离修正容易引起国内银行坏账增加,而美国的房地产背离修正则是容易引起国外金融机构的坏账增加。所以,中国的风险更为集中。第二点在于美国房贷的危机主要是由于贷款人资质的不合格,而不是像中国的大量借贷投机,**

分析中国房地产不能只看建筑成本，还需要看到城市化成本的转嫁，以及隐性福利的地域不均衡。

所以美国房地产的真实需求程度好于中国。

投资和消费的背离主要在于国内劳工制度的缺位，同时也是由于其他一些背离引起的收入差异加大引起的。

城乡背离的形势在加剧。集中大量资源发展大城市，使得公共资源和福利在城乡分配严重失衡，农村制度革新的落后使得城乡收入进一步背离，这使得大量农村精壮劳动力涌入城市，由于劳工保障制度缺乏，加上民营经济创新受阻导致的分工不足使得劳动力出现冗余，这些导致农村劳动力在城市廉价地使用，从而导致城市建设成本下降，**大量福利经由这些精壮劳动力通过低廉劳动的形式输送到城市**，而他们的回乡养老负担又落在农村。这一来一往加剧了城乡之间的背离。最近网络上说得最多的是大学中农村生源的大幅度下降，由十年前的60%多下降到20%左右。这是城乡背离的新结果，也将是新背离的原因之一。

我们接着谈谈第四个背离，那就是官系和民营经济之间的背离，政府机构及其官员和裙带资本家收入的上涨与私营经济收入的下降形成鲜明对比，考公务员风潮，个体户经济严重比重下降，"寻租"风气大行其道。

背离的开始意味着修正的必然到来，不是背离自己结束就是被强制修正。有的，还给他；没有的，继续剥夺他的。

这种思路是有问题的，现在是解决这些背离的最紧迫时机了。关键还在于激励民营经济的创新性生产行为，通过民营经济吸收泡沫。

从上面这篇投资分析的摘要中大家应该可以直观地得到一个认识，那就是背离分析其实就是一种跨域分析，目的是从两个渠道得出一个更为有效的推论。一般而言的背离主要局限于价格（指数）与动量或者成交量的相互关系，但是广义上而言背离可以是基本面和技术面的背离、心理面和技术面的背离等。我们在本课重点讲一讲指数和动量的背离，这个东西可以说是技术分析的一个精髓所在。我们身边有不少技术分析做得很好的高手，当然这些人绝不是纯技术分析。

这些人有一个共同的特点，那就是非常善于通过技术手段来确认市场趋势的"衰竭状态"。他们通常采用的是什么手段呢？有些采用的是所谓的角度线，有些采用的是所谓的背离技术，还有些采用的是动量指标本身或者是价格波动幅度变化。如何采用角度线去识别衰竭呢？其实就是看上涨或者下跌幅度是不是在缩减，这时候上升或者下降的斜率就会逐渐变小变平。但是，单纯采用角度线存在一个问题，因为市场的趋势运动毕竟是曲折发展的，存在"发散—收敛"的交替，角度线无法区分调整和反转，正常的调整也必然随着角度线的变平。除了角度线之外，交易者还可以直接根据价格线实体长度变化或者是诸如 MACD 柱线长度变化来识别"衰竭状态"。当然，最为普遍的手段还是背离识别。

狭义的背离主要是指价格（指数）与动量或者是成交量之间的不一致。具体而言，背离分为顶部背离或者底部背离，简称为顶背离或底背离。这里我们选定 MACD 作为具体的动量指标，当然你也可以选择其他动量指标或者是成交量。不过，圈子里头普遍看 MACD，由于采用背离分析的人相对较少，加上不单单是看技术面，所以也不存在"失效"的问题。

我们首先介绍底部背离，或者说底背离（见图 9-1）。底背离的特征有三个：第一个特征是价格（指数）形成两个阶段性低点 A 和 B，重要的是 B 点低于 A 点（或者是 B 点和 A 点位于同一水平，这就是典型的双底）；第二个特征是动量形成两个阶段性低点 A′和 B′，重要的是 B′点高于 A′点；第三个特征是 A 点基本对应于 A′点，而 B 点对应于 B′点。这就是底背离的典型特征，**知道是什么并不是关键，关键是知道为什么，在学习技术分析的时候这点很重要。**底背离出现在传统技术分析框架中意味着底部出现的可能性很大，为什么有这样的认识呢？底背离的特征就是价格（指数）还在创新低，但是反映价格变动速率的动量指标却在走高，这意味着下跌动量衰竭了，也就是加速度在持续变小，直到负数，最后就是反向运动。学习交易理论的时候，坚持问为什么是成

高手的养成之路在于多问一个为什么。

功的关键，否则很可能"邯郸学步"。毕竟，交易是一项竞技活动，这意味着没有永恒有效的专项技术，因为大家都在或快或慢的学习进步，技术都在不断扩散，因此搞清楚技术背后的原理比迷信和死守技术本身更为重要。底背离背后的原理就是"运动的衰竭"，这是我们敢于运用底背离的前提。

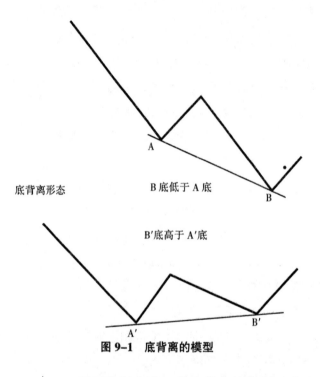

图9-1　底背离的模型

　　下面我们来看一些底背离的实例。由于我们是在围绕研判 M 展开的，所以这里都是以指数的底背离为实例。当然，背离运用是丰富的，不仅指数可以用，个股也可以用；不仅股票可以用，外汇市场、期货市场都可以用。在大势研判上我们主要将背离用在日线走势上，也可以用在周线图、小时图上，任何时间框架都可以。**比较小的时间框架上运用效果稍差，比较大的时间框架上运用效果较好，这是一个技术分析中普遍存在的规律。因为在较大的时间框架上，驱动面、心理面和技术面趋向于一致，而在较小的时间框架上，三者则往往趋向于不一致。**

　　第一个底背离的实例是上证指数 2011 年 6 月出现的底背

短线对精力和时间的要求非常高，每天的复盘和推演需要占据非常多的时间，消耗非常大的精力。

离，如图 9-2 所示。2675 点和 2610.99 点附近，指数形成两个低点，相应的 MACD 信号线形成两个低点。动量的第二个低点高于第一个低点，这就表明指数虽然还在下行，但是下跌的动量在减弱，这就表明下行运动在衰竭。此后，指数出现了回升。

图 9-2 上证指数底背离实例（1）

第二个底背离的实例是上证指数 2008 年 9 月到 11 月出现的底背离，如图 9-3 所示。上证指数在 1800 点和 1664.93 点附近形成两个低点，相应的 MACD 信号线也形成了两个低点，并且第二个低点高于第一个低点。其实，可以拓展开来看一下这个底背离形成的驱动面背景和心理面背景，当时"4 万亿元刺激计划"出炉，货币政策极度宽松（这个可以参考第三课的内容，也可以查看当时 M1 同比增速的走势图），同时市场情绪也处于极度悲观状态，跌至 1000 点下方的论调此起彼伏（与 6124 点附近的"万点论"真可谓遥相呼应）。此后，指数开始逐步上涨，创业板个股几倍的涨幅比比皆是，大盘股也上涨了超过 1 倍的幅度。

第三个底背离的实例是上证指数 2010 年 6 月出现的底背离，如图 9-4 所示。上证指数在 2500 点和 2319.74 点附近形成两个低点，相应的 MACD 信号线也形成了两个低点。不过动量的两个低点是走高的，注意观察底背离出现之后的一个 N 字底，这个是接下来会提及的一个重点。

图 9-3　上证指数底背离实例（2）

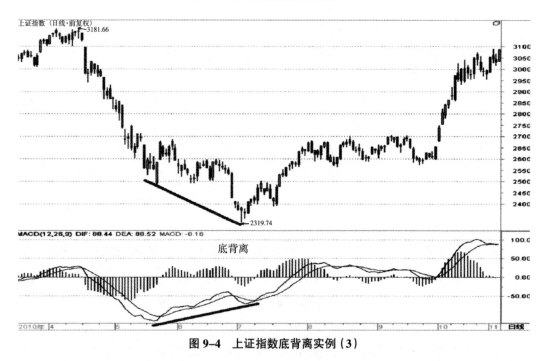

图 9-4　上证指数底背离实例（3）

第四个底背离的实例是上证指数 2003 年 10 月到 11 月出现的底背离，如图 9-5 所示。指数在 1350 点和 1307.40 点附近形成两个走低的低点，相应的 MACD 信号线则形成两个走高的低点，这是一个相对小型的底背离，不过却很显著。技术形态上的衰竭

284

有这样的意味——除非基本面再出现新的重大利空因素，否则价格（指数）已经很难继续下挫，因为市场看空但是做空力量却在减弱，表明价格（指数）接近完全吸收驱动因素。经常听到这样一句话"看空不做空"，什么意思呢？其实，就是指市场情绪一味看空的时候，往往是价格完全吸收看空理由的时候，因此这时候市场继续下跌的动力其实是不存在的，所以我们就不能做空。

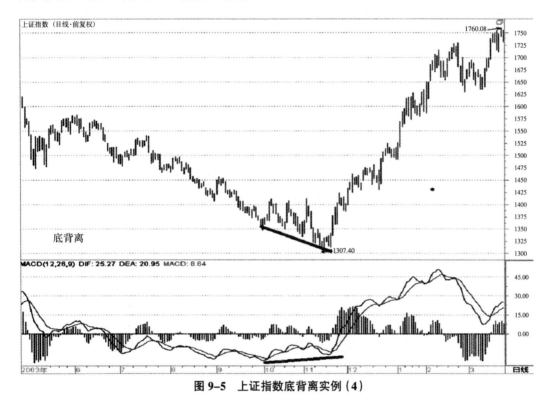

图 9-5　上证指数底背离实例（4）

第五个底背离的实例是上证指数 2002 年 11 月到 2003 年 1 月出现的底背离，如图 9-6 所示。上证指数在 1350 点和 1311.68 点附近形成两个低点，MACD 信号线相应地形成两个走高的低点，这就是一个显著的小型底背离。

我们介绍的五个上证指数底背离实例只关注了底背离本身的一些技术特征，其实底背离还可以和 K 线形态结合起来观察，因为在底背离两个低点附近往往出现 K 线的看涨反转形态，如早晨之星等往往会出现在底背离的最低点附近。另外，头肩底和双底与底背离也有比较密切的关系，具体而言就是双底是一种价格企稳而动量线往上走的形态，而头肩底的左肩和头部与动量走势往往构成底背离。

K 线和大型技术形态（如双底和头肩底等）与底背离可能同时出现，这些提高了底背离信号的可靠性，但是这些都属于技术面（市场行为面）方面的信号，交互验证

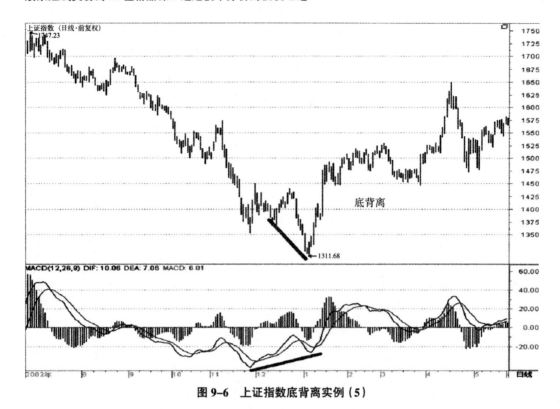

图 9-6　上证指数底背离实例（5）

的效力不是很高，因此要真正提高底背离信号的效力，应该从驱动面和心理面入手寻找加强信号。根据多年来在股票市场上的分析和操作经验，特别是在 A 股市场上的经验，我们发现大盘指数底背离这个行为面的信号往往与四个指标信号一同出现（见图9-7）。底背离同时出现了这些信号中的绝大多数则表明此处是底部的可能性很大，这还是一个概率问题，涉及仓位的配置。注意我们这里还是围绕 AIMS 框架中的 M 展开的，不涉及个股的配置。

　　第一个指标是大盘估值水平（这个指标的详细运用参考本教程第八课的讲解），主要是看整体的市净率和市盈率。根据历史来看，如果 A 股整体市盈率低于 20，或者市净率低于 2，则见底的可能性很大，当然这里还涉及估值底、政策底和市场底的先后顺序，估值底出现了并不意味着市场底马上出现，不过如果估值底出现后出现了底背离，那就提高了市场底出现的概率。

　　第二个指标是市场情绪指标，主要是看主流媒体和论坛、博客等情绪变化，以及成交量开户数目等变化（这个指标的详细运用参考本教程第四课的讲解）。看市场情绪的方法很多，如关注一些人情很旺的死多头或者死空头的博客，关注几大财经门户网站的舆论风向，关注论坛散户们的舆论风向，看看中登公司的开户人数走势，看看公

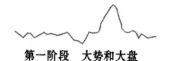

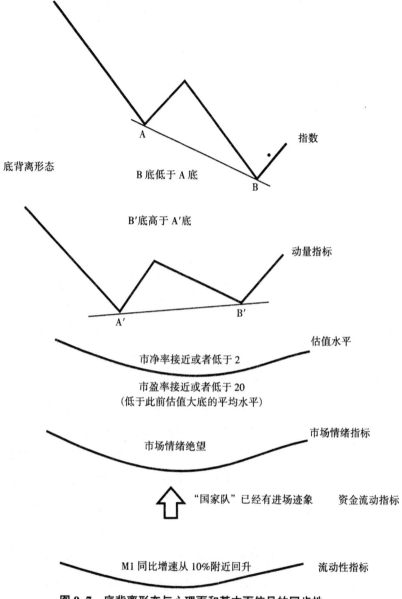

图 9-7 底背离形态与心理面和基本面信号的同步性

募基金的仓位水平，看看成交量的情况、央视股市情绪调查、百度股市多空关键词搜索走势等。这个领域其实被关注得很少，对于个股走势分析而言意义不是很大，但是对于把握整个股市的趋势还是比较有用的，不是有一句老话吗——"牛市在绝望中开始，在怀疑中发展，在狂热中见顶"，这其实就是讲情绪。整个市场的情绪处于绝望，这才是符合见底的要求，如果很多人都认为这是底，都去抄底，这怎么可能是底呢？**底的形成并不是买的人多，而是基本没有人卖了；同样顶的形成并不是卖的人多，而**

是基本没有人去买了。成交量地量与底背离的出现关系较为密切，这点大家需要放在心上，当然地量的出现未必一定是市场底，所以需要多重验证。底背离出现了，这表明指数下跌衰竭，如果这时候市场也早已对回升死心，市场一片绝望之声，那么情绪指标与底背离就是相互呼应了，你抄底的胜算又提高了两成到三成。

第三个指标是资金流动指标，主要看汇金和社保基金等"国家队"资金的大动向（这个指标的详细运用参考本教程第七课的讲解）。A股市场不能否认的一点是"国家队"是最大的参与者，这场博弈你想要分得一杯羹，不关心最大的参与者怎么可能做到。底背离出现之前，往往"国家队"可能已经介入了，这时候你可以看进场的资金量，如果资金量很少，那么可能是做给市场其他参与者看的；如果资金量很大，那么就是真有机会了。

第四个指标是流动性指标，主要看M1同比增速变化情况（这个指标的详细运用参考本教程第二课的讲解）。A股市场上一个历史规律是M1同比增速低于10%后回升，意味着筑底成功。如果你从A股指数上看到了技术性背离，同时M1同比增速也从10%逐步回升，那么市场底出现的可能性就非常大了。流动性是一切金融交易的活水源头，没有它出不了大行情，有了这个源头，资产价格就可以被吹上天去了，君不见普洱茶、房地产、古玩等被爆炒的时候是流动性在"幕后操纵"吗？**不懂流动性你在战略上就输了，不懂市场预期与情绪你在战术上就输了**。短线交易中，如果你在战略和战术上都输了还能指望技术分析和仓位管理创造奇迹吗？

底背离出现了，并且得到了四个信号中的若干呼应，那么这个时候是不是就能够断定大盘趋势向上了呢？单就指数而言，现在是不是一个好的入场时机？按照我们的经验而言，还需要一个进一步确认的信号，这就是N字底在背离之后出现（见图9-8），这个N字底与之前的指数底背离走势结合起来就成了头肩底。在第五课中我们详细介绍了N字结构和2B结构，它们是道氏理论确认趋势开始的最关键技术要件。在底背离和若干非技术面信号出现之后，如果出现了N字结构（在少数情况下是2B结构），那么这就是一个天赐良机，研判准确率超过90%。

我们来看一些具体实例，这些实例的选取与本教程其他实例一样，信手拈来而言，并非苦心捏造或者穿凿附会而来。第一个实例，见图9-9。上证指数在1350点和1307.40点之间与MACD形成底背离格局，底背离之后上证指数形成N字底部。**底背离表明下跌力量衰竭，N字结构表明上升力量经受住了一次回调考验，上升态势确立**。

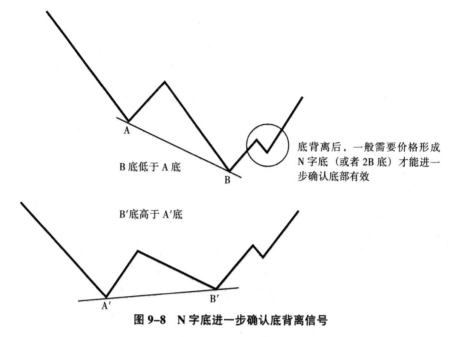

A

B 底低于 A 底

B

底背离后，一般需要价格形成
N 字底（或者 2B 底）才能进一
步确认底部有效

B′底高于 A′底

A′　　　　　　　B′

图 9-8　N 字底进一步确认底背离信号

图 9-9　上证指数底背离经过 N 字底进一步确认实例（1）

　　N 字底本身也存在较为多样化和复杂化的情况，如多重 N 字底，这种情况其实是加强了信号本身，如图 9-10 所示。上证指数先是在 1800 点到 1664 点附近形成了一个底背离，这就意味着下跌动量衰竭了。紧随其后的是指数上升，然后回调，接着突破创回升新高，这就确认了向上的态势。当然，这个 N 字底其实是复合结构，因为 N 字底当中含有 N 字，小 N 字底构成了大 N 字底的第一波上升。在实际研判中，第一个 N 字底出来就可以动手了，后面的 N 字底只是给了加强信号和提供了加仓的机会。

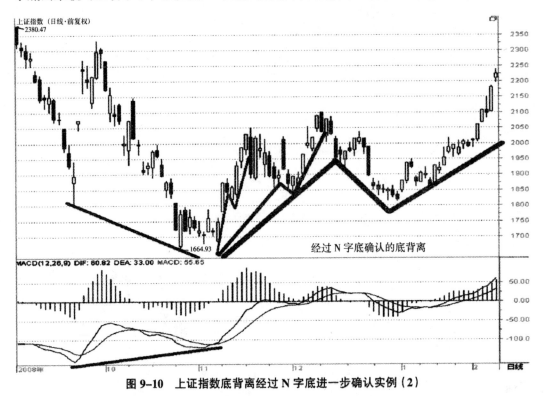

图 9-10　上证指数底背离经过 N 字底进一步确认实例（2）

上证指数目前代表大盘股，我们来看代表小盘股的中小板指数的例子。第一个例子见图 9-11，该指数在 2008 年 10 月前后形成了底背离，较为显著，而且还是一个复合的底背离，也就是说背离了两次左右（三个低点）。此后，股价形成向上 N 字（N 字底），这就进一步确认了底背离信号。第二个中小板指数的底背离加 N 字底进一步确认的例子比较清晰（见图 9-12）。指数先在 4900 点附近见低点，然后反弹，接着继续下跌创出新低 4564 点，接着回升，而相应的 MACD 信号线却逐步走高，这就构成了一个底背离，意味着虽然指数还在下跌，但是下跌动量在减弱。接着，指数回升走势出现回调，然后创出新高，这就是 N 字底形成了，按照"突破而作"的趋势跟踪理念，这就是一个买点了。当然，我们不是纯技术派，所以不会简单地根据所谓一个突破来进行操作，要综合、互相参考，这是我们做股票的一个基本理念。有了底背离，如果流动性（趋势性回升）和市场情绪（绝望）两个因素配合，那么出现了 N 字底我们肯定

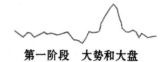

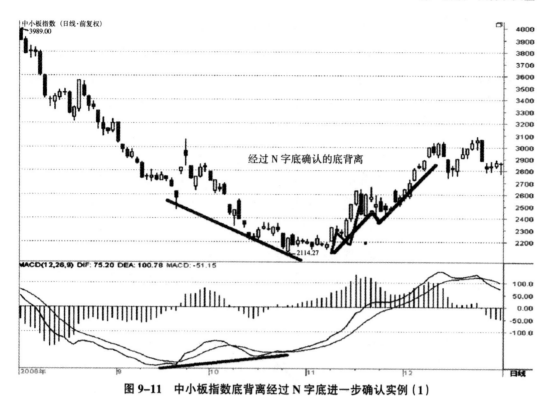

图9-11　中小板指数底背离经过N字底进一步确认实例（1）

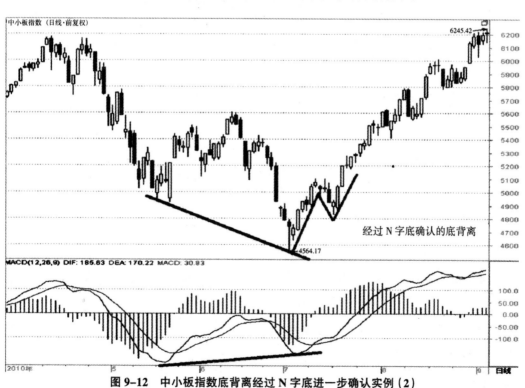

图9-12　中小板指数底背离经过N字底进一步确认实例（2）

是要动作了，如何动作呢？挑板块，选个股，进去捞钱，后面的事情就不是本阶段课程要讲的内容了。**先学会看大盘，格局明白了，胸有成竹，还没有下手你就胜了六成。**不知道何谓格局，不知道如何看格局，匆匆忙忙围绕着个股、围绕着K线去打转，是南辕北辙的做法，越走越远。

底背离有什么样的特征？如何在指数上去识别这些特征？怎样通过基本面和心理面提升底背离信号的有效性？下手前如何进一步确认底背离信号？这些我们都详细地介绍给大家了，下面同样按照这个顺序给大家介绍顶背离的这些问题，当然就要相对简单一点了，避免重复和废话。顶背离与底背离就是对应关系，你知道了底背离，稍加推断就可以明白顶背离是怎么回事了（见图9-13）。

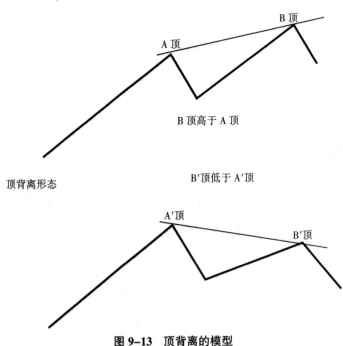

图9-13 顶背离的模型

顶背离是指数（价格）出现两个高点A和B，B点高于A点（至少一样高，这样的话就是双顶了）。与A点和B点相应的是动量指标MACD信号线的两个高点A′和B′，重要的是B′点一定要低于A′点，而且是越低越好，这样表明上升动量衰竭得很厉害。

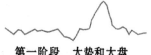

顶背离在指数走势的转折点屡见不鲜，见图 9-14 到图 9-18，这是五个不同时期上证指数的顶背离实例，之后指数都出现了不同程度的下跌，当然这里只看到了技术面，如果你能结合我们提到的驱动面和心理面因素进行分析，就可以提高判断下跌幅度的准确率，真正的大顶必然具有流动性和市场情绪方面的显著顶部特征。

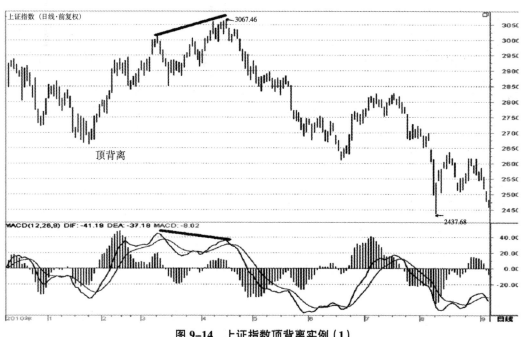

图 9-14　上证指数顶背离实例（1）

图 9-15　上证指数顶背离实例（2）

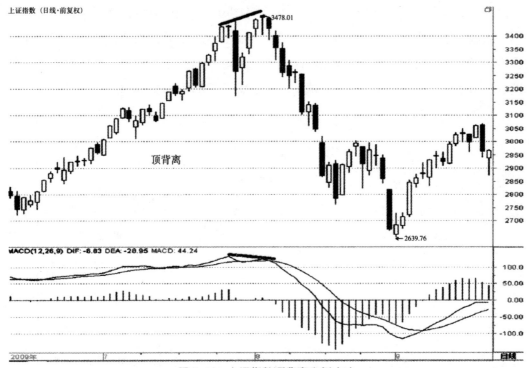

图 9-16 上证指数顶背离实例（3）

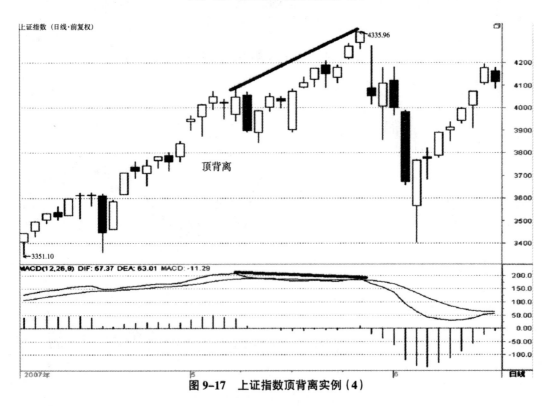

图 9-17 上证指数顶背离实例（4）

图 9-18　上证指数顶背离实例（5）

　　所以，你要想判断一个顶背离是不是能够成为一个大顶，并不单单是靠"金融玄学"就能获得成功的，当然所谓的主流技术分析也不可能做到，这个需要结合基本面和心理面来研判才行。当然，综合研判不是说毫无重点、撒大网，我们提供的这些综合研判要点都是圈内人的经验精华所在，虽然说不能囊括所有，但是 70% 肯定是有的，所以希望大家认真对待，珍惜这些东西。顶背离的综合研判与底背离基本一致，主要还是看四个指标（见图 9-19）：第一个是估值水平，市净率超过 4 或者是市盈率超过 40 之后如果出现了顶背离，那么这个顶背离的有效性就要比市盈率在 25 左右出现顶背离的效力更高。第二个是市场情绪指标，通过各种媒体，广发收集舆论动向，是不是出现了极端乐观的情绪，连你自己都开始受这种情绪的影响了，成交量是不是出现了天量。如果情绪极端乐观，指数却出现了顶背离，那就意味着"看多不做多"，上涨后续乏力了。第三个是资金流动指标，主要还是看

　　技术、情绪、资金需要综合判断。分析和交易没有捷径，没有一招鲜！

"国家队"的动向，为什么中登公司的开户数不作为资金流向指标呢？这是一个散户情绪指标，跟着指数走，是一个滞后指标，指数涨开户的人就多，指数跌开户的人就少。反而是"国家队"的动向真正是一个先行指标，往往在顶背离完全形成之前"国家队"就已经开始退出了。第四个是流动性指标，这个指标应该是四个指标中最关键的一个，主要看 M1 同比增速，同比增速超过 20% 就要注意了，这时候指数出现了顶背离就是重大的见顶信号。

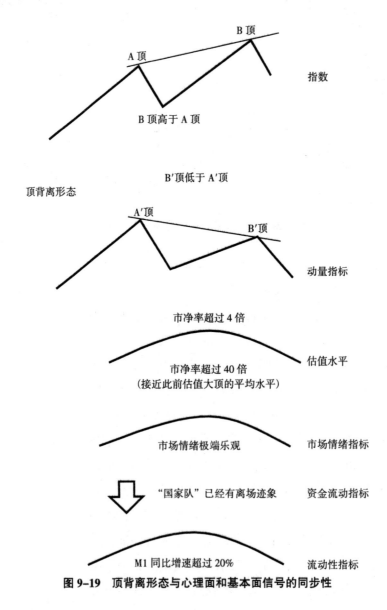

图 9-19　顶背离形态与心理面和基本面信号的同步性

技术面的顶背离加上基本面有估值和流动性见顶信号，心理面有情绪狂热和"国家队"退出的信号，这些表明是很重要的信息，但是何时确认趋势向下呢？可以通过N字顶来进一步确认（见图9-20）。顶背离出现之后，再接一个N字顶，这样就构成了一个头肩顶。当然，除了N字顶之外，也可以接一个2B顶来确认，这就要求创新高，也就是超越B点，然后跌到B点之下，形成"多头陷阱"或者我们所谓的"败位"，即突破失败。

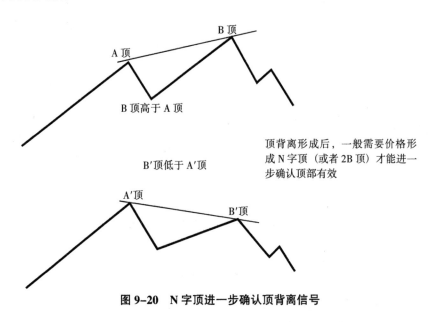

图9-20　N字顶进一步确认顶背离信号

我们来看一些具体的例子，第一个例子见图9-21。上证指数在2245.43点附近形成顶背离，然后形成N字顶或者说向下N字。这个N字就进一步确认了顶背离的信号，可以作为入场的信号。如果说顶背离还是一个提醒信号的话，那么N字结构则是确认信号或者进场信号。这里有必要对信号进行分类，**在市场中我们首先见到提醒信号，其次是确认信号，最后是交易信号**（这个信号分级体系是我们在K线信号中发展出来的，具体的内容可以参考《黄金高胜算交易》一书第一章"形态敛散分析理论"）。第二个例子见图9-22，可以看到指数在2114.52点之前虽然一直在上涨，但是对应的MACD信号线却未能跟随创出新高。顶背离出现之后指数就在形成N字顶过程中，向下N字形成之后指数见顶就真正被确认了。第三个例子是创业板指数，见图9-23。第四个例子则是利用2B顶来确认顶背离信号，见图9-24，其实顶背离出现后，指数创出新高后回落，就是2B顶了。2B结构的相关结构可以参考本教程第五课的内容，这里不再赘述。不过要提醒大家的是2B结构只能用在大幅上涨或者下跌之后，同时最好

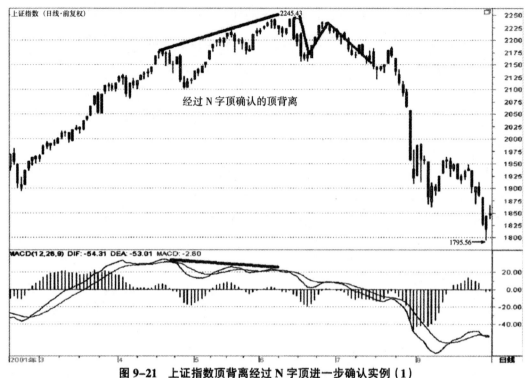

图9-21 上证指数顶背离经过N字顶进一步确认实例（1）

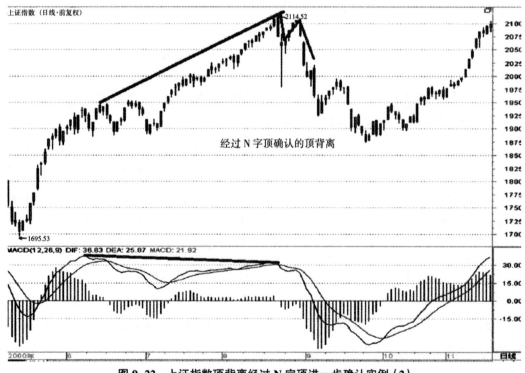

图9-22 上证指数顶背离经过N字顶进一步确认实例（2）

图 9-23　创业板指数顶背离经过 N 字顶进一步确认实例

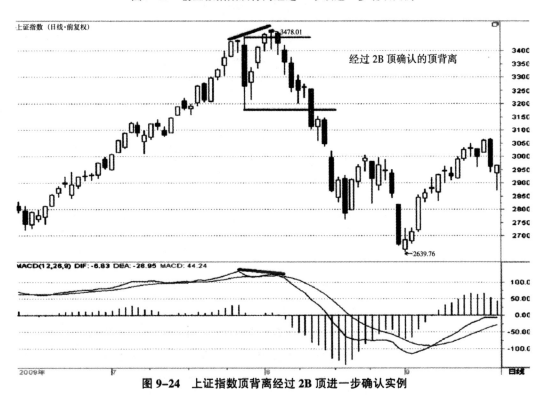

图 9-24　上证指数顶背离经过 2B 顶进一步确认实例

借助于基本面和心理面的交互验证，否则仅凭2B结构进场胜算率很低。现在的市场运动不再像杰西·利弗摩尔时代一样简单——当时"肯定"式的突破占绝大多数，也不会像20世纪90年代那样一味反向——当时"否定"式的假突破经常出现，现在的市场往往喜欢走"否定之否定"式突破，突破后失败，然后再突破，所以基于假突破的2B结构也容易失效，这点大家要注意。

在本课当中，大家要从最常见和最简单的指数与动量背离入手，从中明白"逐渐衰竭"的本质，然后将这一思维进行拓展，上升到广义背离的层面。当然，关于广义的背离我们在本次授课中就不深究了，大家可以根据前文这篇报告摘要自己揣摩，重点是将指数和动量的背离掌握透彻，能够对指数的转折有一个有效的把握。在AIMS框架中，M大势的分析是非常重要的，从第一课到第十课我们都在围绕M展开，而从行为面（技术面）把握M的课程主要是第三课、第四课、第五课以及第九课。当然，站在技术面的角度来分析M的时候，一定不要忘了驱动面和心理面的工具，综合、互相参考、相互验证，才能极大地提高胜算概率和盈利幅度。在本课当中，我们就简单提示了如何将技术背离与流动性（第二课介绍的主题）、估值水平（第八课介绍的主题）以及市场情绪（第七课和第十课介绍的主题）结合起来观察，并且介绍了如何利用第五课介绍的N字结构来进一步确认背离的有效性。

短线交易最忌讳的是忽略大盘，而这又是最容易犯的错误。

【关于"指数和股价动量背离"的经典论述】

对于指数和个股的顶背离和底背离，许多知名市场人士都有过精辟的阐述，下面摘录如下，与本课内容可以相关参照，以便进一步思考：

1. 我们发现**在指数上行和MACD下行的顶背离出现后大概率会出现大的跌幅**，这是由于指数上行和MACD下行的顶背离代表市场极度不理性，为了回归理性指数就会出现大的

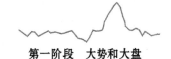

暴跌。因此通过支撑化解顶背离的情况一般出现在盘整的顶背离当中。其次我们发现大的暴跌的顶背离通常对应的 MACD 都处在高位，相比其他的 MACD 位置高出很多，正所谓站得高摔得狠，**遇到高位 MACD 与指数出现背离，我们必须要躲避**。至于在指数盘整产生背离，且 MACD 下行到 0 轴附近、指数回落到关键均线附近时，我们才可以期待支撑式的顶背离化解（柴可夫斯遥）。

2. 现在大盘日线级别已经出现了底背离，这个位置就算出现了杀跌，我们也要注意量能的变化。**如果是不带量的杀跌，且是快速杀跌，那基本上就是在探底后期的最后一击了**，当最后一击出现之后，才是盘面由阴转晴的时候（宣继游）。

3. 关于 MACD 底背离应用需要注意的两点：第一，信号只是短期参考。**MACD 底背离只是一种阶段性的信号**。第二，**无法改变基本面**。MACD 底背离仅仅是由市场交易层面出现的一种技术信号，但信号并不会改变上市公司的基本面，而股价的高低，最终还是由基本面决定的。比如乐视网，在下跌的过程中，出现了数次 MACD 底背离，但是股票并没有见底，反而出现了更大的下跌，投资者亏损惨重，原因就是其公司经营情况不断恶化，技术信号已失效（随风股票）。

市场心理法则和各种魔咒：反常者赢与一叶知秋

当所有的市场参与者都赚钱或者亏钱的时候，就是市场反转的时候。

——江浙某私募人士

当所有人想法都一样的时候，往往可能是所有人都错了。

——卡尔·福迪亚

牛市在悲观中诞生，在怀疑中成长，在乐观中成熟，在亢奋中死亡，最悲观的时刻恰好是最佳的买进时机，最乐观的时刻恰好是最佳的卖出时机。

——约翰·M.邓普顿

情绪化的时候永远不要做出投资决策，相反你应该充分利用别人因为鲁莽而出现的判断失误。

——约翰·C.邓普顿

如果它是显而易见的，那么它就是显然错误的。

——约瑟夫·格兰维尔

当人们都为股市欢呼时，你就得果断卖出，别管它还会不会继续涨；当股票便宜到没人想要的时候，你应该敢于买进，不要管它是否还会再下跌。

——伯纳德·曼恩斯·巴鲁克

查理·芒格是真正的交易大师（或许某些人会说我们竟然不知道查理是投资大师，胡诌成交易大师，其实正说明你没有搞清楚交易的含义），因为他明白**多维度观察事物**的重要性，与此同时他还知道**逆向思考**的巨大价值。在这个市场上大家都想要赚钱，短线交易是典型的零和博弈，但是却不太

你有什么样的优势是别人没有的？

容易为一般散户看透。在这个市场上**最大的忌讳就是假定自己比对手占优势**。要建立自己的优势而不是认为自己具有优势，在这个市场上的新参与者没有任何优势，你只有抱着这种态度才能真正建立起优势。聪明的人很多，有钱的人也不缺，这个市场上缺的是真正的优势。绝大多数人都不具备的态度和行为才可能是你的优势。盲目从众可以保证你在企事业岗位上苟且过了这一生，但在金融市场当中你可能半天都没法度过。因此，勤奋地独立思考是我们取胜的唯一前提。

如何独立思考呢？首先要与大众保持距离，要**旁观大众的思想和情绪。不符合常人的思维才能克敌制胜**，否则就是为主力接货的对手盘。**牛市在悲观中诞生，在怀疑中成长，在乐观中成熟，在亢奋中死亡。最悲观的时刻恰好是最佳的买进时机，最乐观的时刻恰好是最佳的卖出时机。**这个悲观是大众的悲观，是常人的悲观；这个怀疑是大众的怀疑，是常人的怀疑；这个乐观是大众的乐观，是常人的乐观；这个亢奋是大众的亢奋，是常人的亢奋。反常者才能在最悲观的时候买入，在怀疑的时候持有，在最乐观的时候卖出。

一位在某证券营业部外面守自行车的老先生一直是股市的常胜将军，此前他的方法主要就是每天数停在营业部门口停放的自行车数量，日均少于10辆自行车的时候就买入，日均多于100辆自行车的时候就卖出，这其实就是在通过自行车在营业部前的停放数量来判断大众的情绪。当然，不是最悲观的时候不一定是买入时机，不是最乐观的时候不一定是卖出时机，这个"最"才是进出场的最佳时机。生活中，群体压力和社会化会驱使我们对群体百依百顺，死要面子活受罪是典型。别人的消费水平和衣食住行都会对你形成强大的驱动力，大家都装了同样的价值判断系统，大众的意见取代了自己的独立判断。但是，如果你想要在股票交易中占据赢家的席位就必须注意观察大众最恐惧和最兴奋的情绪所在，这是最大的机会。在短线交易中，大众情绪也会极端波动，而这往往为主力所利用，**题材引导行情的过程就是主力利用大众情绪打猎的过程**。只要存在高胜算的机会来利用大众的无知和情绪化，主力就会当机立断，立即出手（见图10-1和图10-2）。作为一名股票交易高手，市场上存在大量情绪化的短视交易者其实是为你的生存提供机会。

虽然我们会在本教程的第十三课和第十九课谈到主力借助外部条件来运作个股，但是为了让大家对"反常者胜"的原理有更深入的了解，我们有必要知道主力大致是怎样借助外部条件来运作个股的，因为这个过程其实解释了为什么"反常者胜"。在这个市场上声音最大的其实是散户，你在市场中满耳所闻都是散户的声音，媒体引诱和迎合散户，散户得到的信息往往也是最被熟知的部分。**主力的运作简单而言就是两个**

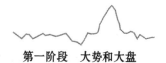

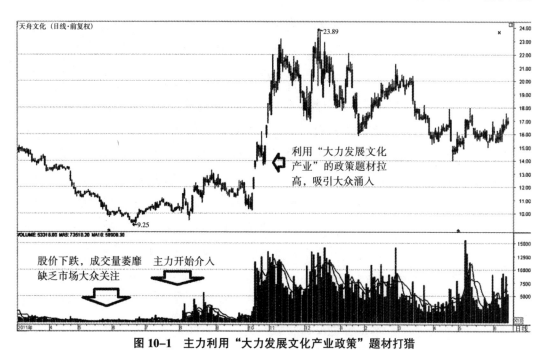

图 10-1 主力利用"大力发展文化产业政策"题材打猎

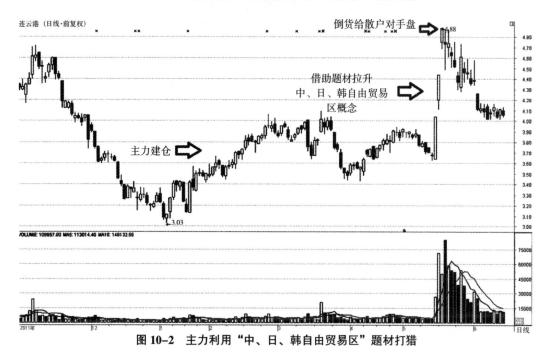

图 10-2 主力利用"中、日、韩自由贸易区"题材打猎

问题：第一个问题是如何在低位得到筹码；第二个问题是如何在高位派发筹码。要解决这两个问题，就需要有足够的对手盘愿意在低位将筹码卖给主力，同时也要有足够多的对手盘愿意在高位将筹码从主力手中接过来。这个世界上，除了修行人能够完全

放弃个人利益，有谁会为主力的利润承担亏损呢？即使有，其数量也不够充足。因此，主力就必须用这一招：让对手盘做不利于本身的事情就必须欺骗对手盘，**让对手盘"认害为利"**。主力的运作可以说是洗脑术，利用看似有利的表象来误导市场大众。首先，**主力如何在低位得到筹码呢？具体的做法其实就是三种**：**第一种是借助于利空的题材**，市场大众的特点就是不顾发展，只顾眼前，也不管市场价格是不是已经通过充分下跌吸收了这些利空题材，只要是利空的题材就会"机械式地做空"。主力总体而言就是利用人的本能反应，这就好比人身上有某些特定的按钮，你按下去就会做出特定的反应。骗子和营销人员，乃至政治家都经常"按下按钮"来操控别人。如果一家公司经营得很好，股价走势也平稳，技术走势也没有看跌的迹象，那谁愿意将股票卖出。没有人卖出，主力就很难吸纳到足够的筹码，当然将股价拉起来看抛盘够不够毕竟是风险太大的做法，拉高来获得足够的对手盘不是明智主力所为，树大招风，这样做散户和其他主力都看得清楚。**第二种是消耗士气法**，散户的心是浮躁的，**大众就是一群乌合之众**，这是社会心理学家古斯塔夫·勒庞讲的。散户缺乏耐心，也缺乏信心。股票买进去之后老是不涨，就容易卖出，所以主力可以通过维持股价长期低位的方式来吸纳足够的筹码。这就是主力的持久战，这类主力深谋远虑，不是简单的股价翻番就能够满足的。对于短线交易者而言，这种主力介入的个股不是较好的标的，我们更喜欢前者。对于主力主控操盘手而言，这种做法对资金性质要求很高，因此一般都是采用第一种方法建仓，比较快速而且隐蔽，同时也比拔高建仓这种方法强。**第三种是技术图形诱导法**，有快速打压法，让持股的散户丧失信心，形成较强的下跌预期，这些可以通过价量图形来获得，当然指标也在其中起辅助作用。拔高建仓也属于这类方法，但是拔高建仓如果不能做到"**围城效应**"，也容易形成问题。如果拔高后，持仓的散户不出，那么主力就容易帮这些筹码抬轿子，由于他们持仓成本很低，

什么样的利空题材可以作为吸筹之用？要看题材生命力！不是只要是利空就能吸筹！

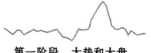

跟主力差不多，那么拉升后这些筹码就成了主力的负担。另外一种情况是，拔高后持币的散户不进来，那么主力就不容易提高散户的平均持仓成本，拉升起来也费劲。所以，拔高建仓必须制造强烈的"围城效应"才行，具体而言就是持币的散户急于进来持股，而持股的散户急于卖出兑现为货币。

主力如何在低位吸筹？第一是利用利空题材；第二是通过低位长时间横盘消耗散户士气；第三是利用技术走势诱骗散户交出足够的筹码。那么，主力如何在高位派发筹码呢？其实，要完成高位派发就必须先将股价省力地推升到高位，这个过程就是**借力的过程**。主力如果全靠自己的力量来推升股价，那可能就面临筹码都到自己手里的窘境，但是如果散户手中的盈利筹码太多也会造成高位派发困难的问题，那时候散户和主力一起跑，散户当然比主力更容易出逃了。因此，**推升过程的最大原则就是"最省力原则"，要做到这点就要不断让散户提高持仓成本，就要提高换手率，让持股的散户急于兑现利润，让持币的散户急于进场，也就是前面提到的"围城效应"。要做到这点就要"胡萝卜加大棒"，通过"上涨—调整"的交替来制造"围城效应"**，上涨的目的是吸引追高性买家，调整的目的则是制造恐慌性卖家。这样很多散户其实就会买在高点卖在低点，看对趋势但是却赚不了钱或者是赚个小钱。这样新的散户就进来替换了旧的散户为主力站岗，这样反复几次，散户的平均持仓成本就上升了，散户的心理是赚了才会卖（"倾向性效应"）。因此，主力可以在高位利用这种心理获得更加充分的出货时间，因为高位进来的散户往往不会及时止损，而是寄希望于股价像前几次一样调整后继续上涨。

绝大多数时候，**为了让推升更省力一些，主力还会利用利好题材的逐步释放来完成**。简而言之，**主力推升有两招：借力于利好逐步释放**（广义而言应该是背景，包括题材、大盘、技术走势、盘口等）**和"围城效应"**。在这个过程中，市场大众，也就是散户的行为也是"正常"的，见到利好就追进去，见到上涨就买，见到调整就坚持不住了，赚点小钱或者平着就卖出去了，"截短利润，落袋为安"这种普遍心理在这个阶段体现得最为充分。

那么，主力高位具体如何完成派发呢？高位派发完成利用了与建仓类似的手法：**第一是借助于利好派发**，往往是利好基本兑现就是主力派发的高潮，除了利好题材，还可能利用拉升股指来掩护个股出逃的方法。**第二是利用散户"要赚了才出"的典型心理，通过维持散户的"期待心理"来防止下跌过程中散户抢着出货。第三是利用技术图形来欺骗散户，让他们看到经典的继续上涨的技术走势。**

当主力也是一门技术活，运作股票需要与散户和其他主力斗智斗勇，所以主力当

是不是见了利好，主力就一定会跑？是不是利好兑现了，趋势就一定下跌？

失败的也大有人在，从这个角度来讲，**仅是判断主力的意图还不够，还要判断主力的实力**。而且，主力现在也分多种，除了游资这种常见的主力之外，QFII 也精于上述运作套路，**通过发布报告来制造对手盘是 QFII 惯用的伎俩**。而公募基金则往往跟散户差不多，所以往往给私募基金和 QFII 以及社保基金提供机会。社保基金往往不会放"烟幕弹"，因为整个市场情绪往往给了他们吸筹和派发的机会。巴菲特持股也算主力，虽然他这个主力的偏好不是短期，但是他也是利用市场氛围来制造足够的对手盘。**借力于整个市场的恐慌或者是特定上市公司的利空消息而建仓是巴菲特惯用的吸筹策略**，只有在这种情况下他才能在足够低的价位找到对手盘，只有在这个时候才有人愿意将优秀的公司假手他人，这就是"趁火打劫"。

其实，主力的方法就是反常思维，高抛低吸就是主力方法，**关键是如何让对手盘"认低为高，认高为低"**，这里面的关键就是**利用对手盘的本能**。本能是普遍都有的倾向，就是"常"，主力通过利用这些"常"获利，这些"常"就是主力的遥控器，让散户跟随起舞而不自知。我们整本教程，散户可以从中看到对手的做法，主力也可以从中看到散户的做法，**无论你是主力还是散户都不重要，重要的是你是否明白了"对手盘"三个字**！如果这本书让你明白了什么道理的话，应该就是这三个字。整本教程围绕 AIMS 框架展开，而这个框架无非是在介绍"环境和博弈者"，个股优势 A、大盘 M 和题材 S 都是环境，而机构 I 则涉及最重要的博弈者，《孙子兵法》里有一句话："知天知地，胜乃不穷，知己知彼，百战不殆。"天地就是环境，己彼就是博弈者。

价值投资是不是交易？价值投资有没有对手盘？价值投资是不是博弈？价值投资从长远看是不是零和博弈？

无论你做股票交易，还是期货交易都是这个理，就是要做到了解对手盘，即使你是做价值投资，也要从这个角度去掌握。格雷厄姆讲"市场先生"，其实就是讲对手盘，**那群为本能而主宰的参与者**，所谓的"旅鼠"，就是价值投资者的对**手盘**。价值投资也是博弈，也是"零和博弈"，因为当对手因错估而将好公司转手给你的时候，他其实是将"未来潜在的盈利"拱手让于你，这就是他的损失，而你得到的正是这一部分，他之所失正是你之所得。因此，**无论投机还是投资，其实都是零和博弈，只不过前者涉及当下利益，后者涉及未来利益而已。**既然交易是零和游戏，那么就有必要将盈利的大部分用来致力于人类的福利，而非独占独享，如果想要独占天下之利必然受到自然之道的惩罚，**"万物为我所用，不为我所有"才是交易者的正常心态。作为交易者，我们只是人类福利的分配器而已，将贪婪者和愚昧者的财富分配于贫弱者和善良者，而自愿充当这个分配器的人就是聪明者。**

　　散户从心理上讲已经是输家了，这个心理不是所谓的信心问题，而是散户的上述心理倾向导致他们往往做违背盈利规律的事情。在《高抛低吸：斐波那契四度操作法》一书中我们曾经提供了一幅深刻描绘散户心理的图片，如图 10-3 所示。这幅图就是一面镜子，为你的行为提供了参考。

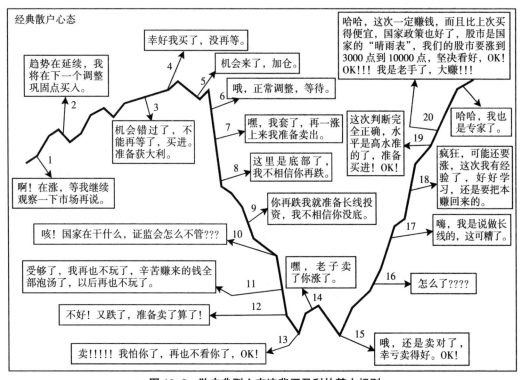

图 10-3　散户典型心态违背了盈利的基本规则

　　散户倾向于做令自己感到舒服的买卖，而舒服的结果往往是违背仓位管理的根本原则，**舒服的交易往往等于失败的交易。**Bill Eckhardt 是理查德·丹尼斯的搭档，他们开展了著名的海龟培训计划，这在交易界传为佳话，如果你对此比较陌生，可以去网上搜一下"海龟交易"。他说了一句流传甚广的话："What Feels Good is Often the Wrong Thing to Do!"（令你感到舒服的交易操作往往是错误的操作）这句话点出了股票炒卖中的悖论，那就是**你感觉正确的做法往往是错误的做法**，你做出的预期盈利行为往往导致你亏损。这就是股票交易中的最大现实。

当你被各种建议和传言包围时，你很难做出明智的决策，你做出的都是感觉舒服的错误决策。而成功的股票短线交易者不会盲从大众和顺从自己的本性，他们不会去做那些令自己本能感到舒服的决策。他们**谋求的是利润，而不是"舒服"**！遵守纪律同时适应"不舒服"的感觉是长期交易获胜的关键。要想获得对错误交易习惯的永久免疫是不太可能的，没有任何人能够做到，因为我们都是有情众生。唯一的现实做法就是坚守"戒律"，"戒定慧"的修炼之道用在股票交易上也不无道理。管理好自己的情绪，同时恪守纪律是股票短线交易获胜的关键之一，随时反省自己的情绪对于股票短线交易者而言是非常重要的。

英国著名的 NLP 和催眠治疗大师 Jamie Smart 有一句名言："Our Beliefs Shape Our Reality！"也就是说，我们的信念导致了我们所处的环境，观念决定了绩效。如图 10-4 所示，该图左半部分显示了交易者具备的倾向性效应。

观念就是天花板！

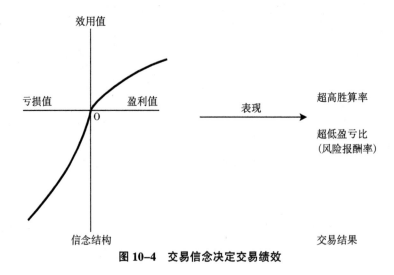

图 10-4　交易信念决定交易绩效

倾向性效应是 Kahnneman 和 Tversky 投资前景理论的一个延伸含义，在前景理论中，当交易者面临简单选择时，其行为透出一个 S 形的效用函数。什么是"倾向性幻觉"呢？以买彩票为例，如果你连续坚持同一个号码买了好几期的福利彩票，但是你一直没有中过大奖，突然有一天你决定换成另外一组数字来买彩票，结果该期开出来的大奖恰好是以前你一直买的那个号码，这下你就马上责怪自己没有坚持买这个号码，内心充满了后悔和遗憾。

如图 10-4 所示，这是一个较为特殊的效应函数，因为横轴的左半轴代表交易者面临的亏损，而右半轴则代表交易者面临的盈利，纵轴则是效用值。如果你对经济学的效应函数不是很理解的话，理解起来会有一些吃力，不过你通过我们的描述应该大致能够掌握其含义要点。交易者的效用函数在面临亏损时呈现"凹形"，在面临盈利时呈现"凸形"，这些是经济数学的术语，大家能够理解最好，不能理解也没有关系。

从图 10-4 中还可以看到，面临亏损时，交易者的效用函数更加陡峭，这是效用递增的表现，也就是说亏损减少带来的正面效用是递增的，而亏损增加带来的负面效用是递减的；而面临盈利时，交易者的效应函数更加平滑，也就是说盈利增加带来的正面效用是递减的，而盈利减少带来的负面效用是递增的。人们以进场价位作为盈亏参照的标准，如一个股票交易者因为相信一只股票的期望回报足够补偿其风险而买入了这只股票，此后这只股票股价开始上扬，而这位交易者则继续以买入价作为参照点。交易者效用函数的右侧部分在发挥心理影响力，这时候价格继续上升的边际正面效用下降，交易者倾向于尽快卖出获利的股票。如果这位交易者买入之后，这只股票价格出现了下滑，以买入价作为参考点，则投资者效用函数的左侧部分在发挥心理影响力，这时候价格继续下跌的边际负面效用递减，如亏损 0~500 元的边际负面效用要远远大于亏损 500~1000 元的边际负面效用，这使得炒家倾向于继续持有亏损的头寸。Terrance Odean 发现股票交易者经常以进场价作为参考点，然后随着价格的下降和上升分别以递增和递减的效用函数来判断交易的心理价值。不过，有时候由于持有头寸太久，（做多）交易者可能以近期的价格高点或者低点作为参照点，这时候炒家在面临低于该参照点的价格时，会以效用函数的左侧部分应对；在处理高于该参照点的价格时，会以效用函数右侧的部分应对。总而言之，交易者倾向于将特定的价格作为效用函数坐标的 O 点，然后分别以递增效用函数应对相对参照点亏损的头寸，然后以递减效用函数应对相对参照点盈利的头寸。

交易者先递增再递减的效用函数使得他们在交易中倾向于扩大平均亏损，进而缩小平均盈利，长期交易下来其盈亏比倾向于很低，也就是说风险报酬率很低（可以通

过历史的平均盈利除以平均亏损近似得到），这就是交易者的绩效三要素之一的风险报酬率大幅度降低了（绩效三要素在《外汇交易圣经》一书中有专门论述，分别是风险报酬率、胜算率和周转率）。

交易者这种典型的效用函数表明了一种厌恶风险胜于追求盈利的倾向，这是人类进化中发展出来的风险防范意识，人在受教育过程中也容易受到这种意识的影响，特别是中国内地"宁可不做大事，也不做错事"的传统对交易者负面影响较大。这种消极保守的信念体现在交易绩效上的一个表现就是风险报酬率很低，亏的基本是大钱，赚的基本是小钱，如图10-4右半部分所示。一个有着"正常"信念结构和效用偏好结果的股票交易者往往会抱着亏损头寸不放，恰好大部分亏损头寸最后会真的回到进场价位，甚至还能盈利，而对于盈利头寸是尽早兑现，长期下来必然获得一个很好的胜算率，如图10-4右半部分所示。图10-4所示的恰好是绝大部分股票交易者的情况，而股票市场中绝大多数人都是输家。

总而言之，图10-4显示了人类在出场决策上的非理性，以及由此带来的糟糕结果，大家可以去翻翻自己和别人的短线交易记录，可以发现基本符合上述规律。

价值性投资存在所有参与者共赢的可能性（前提是大家都是完全理性的，而且信息完全对称，同时持有的是一家价值持续增长的公司），因为随着公司价值的不断提高，持有这家公司股票的交易者都可以盈利。短线交易却与此存在差别，因为短线交易是纯粹的零和博弈（考虑到人类的不完全理性，其实价值投资和短线投机没有什么本质的区别），一方参与者的盈利，必然是其他参与者的损失。因为这是绝大多数交易者所忽视的，而由此推开来讲就会发现，**如果你想盈利则必须与其他交易者的行为有所区别**。因为将交易费用计算在内的话，即使股价不波动，交易者们都已经处于亏损状态了，加上有人盈利，则亏损的人必然比盈利的人多。由此可以看出，**投机交易能否盈利往往取决于其他参与者的行为**，这就

此前非理性卖出的交易者呢？他们是否是赢家？

是博弈，同时由于不存在共赢的状态，所以短线投机必然是零和博弈。**既然是零和博弈，那么知道其他参与者的决策和行为就显得非常重要。**我们大多数交易者一直将价格作为交易的对象，其实这种思维具有严重误导性，因为这会让我们觉得交易是一门匠艺，而不是博弈。匠艺面对的是一个客体，而博弈则涉及众多的参与者，其中一个就是自己。交易是我们在博弈中采取的行为，而价格则是所有参与者采取行为的结果，而这个结果与博弈中参与者采取的行为密切相关，只有知道了哪些代表性子群体的行为，我们才能更好地作出盈利的决策，所以**交易是一个根据其他博弈参与者行为选择自己行为的过程，而不是单纯根据价格选择自己行为的过程。**

前面已经提到了长线投资也需要利用群体行为的非理性，这与绝大多数人的观念相违背。一般而言，长线投资，特别是费雪式的投资方式，非常看重公司本身，但是这并不排斥长线投资者利用群体行为的非理性以较低的价格买入某一长期看好的公司。**投资涉及两个方面的问题：第一是公司；第二是价格。公司应该尽可能好，而价格应该尽可能低，长线投资的目的是以尽可能低的股价买入尽可能好的公司。**只有当群体处于非理性状态的时候才会使好公司的股价非常低，而这恰好是长期投资者的入场良机。

明白交易的对象是人的行为，才能不被价格和以价格为基础的技术指标所迷惑，也才能不迷信技术分析的效力，因为技术分析只不过分析了行为的结果。**新手对技术分析都很迷信，他们对指标无效或者说有限性一般没有了解，**在他们眼里技术指标或者手段好比数学和物理工具一样可靠。技术分析建立在一个很脆弱的基础上，它研究了人行为的结果，却忽略了研究每种结果后面人的行为是怎么样的。**技术分析为了捕捉影子的运动去研究影子本身，却忽略了研究物体本身。**技术分析一般而言充满了神秘性和盲从性，这也使得学习技术分析的采用者们经常恪守一些非常不可靠的规条行事，他们将价格（影子）当作交易的对象，而不是行为（物体）本身。当我们想要在跟小摊小贩的买卖中不吃亏时，就必须揣测他们的心理活动，否则单单看价格就作出买卖决定往往都要吃亏，因为这里面存在一个博弈过程。

谈到股市博弈，就不能不谈到本课的主题，也就是"反常者赢"的原理所在。所谓"反常者赢"，其实就是"反向意见理论"，又被称为逆向思维理论。它是美国市场分析家尼尔最初正式建立起来的，主要理论是"市场的主流观点倾向是错误观点"，这是使用率最高的心理分析法，主要观点包括：第一，交易者群体的交易行为受制于人性本能；第二，人本性有"从众"心理，人相互模仿和感染的本性使交易者的交易行为极易受到情绪、建议、命令、刺激等的控制；第三，交易者群体容易丧失理性思维能力，只接受情绪、情感的控制。但是，**真正的反向意见理论应该是选择性反向，**也就是说反向是有前提的，不是任何市场都应该采用与大众相反的立场，这涉及一个关键的原则，就是当某一方向的操作吸引了绝大多数资金的时候，才能采取反向操作原则，这也是索罗斯和朱利安·罗伯森等宏观对冲基金巨头常常用到的分析手段。一般而言，**机构交易者倾向于在趋势的前段和中段持仓，而散户交易者倾向于在趋势的中段和后段持仓，所以当一种主流观点在散户中被广为传播，市场极其疯狂的时候，这就是反向操作阶段。**

反向意见一般是跟散户交易者的意见相反，因为大部分散户交易者一般是在一段趋势的末端才加入，这使得市场"最后的燃料"被用完，市场动能衰竭。但是，也不排除机构交易者在一段趋势的末端才介入的情况。通常情况下，关键的少数——机构交易者和次要的多数——散户交易者在持仓阶段上会有如图10-5所示的差别，因为我们通常情况下是与散户交易者反向而行，但需要注意的是，我们也只能在散户持仓的后半段介入反向操作。如果机构交易者的建仓和持仓阶段延伸到走势的后半段，则机构交易者的行为也会成为我们的反向指标，不过这通常很难发生，如果发生则意味着一场非常罕见的大转折行情将要来临，因为有不少机构交易者也在与散户一起犯傻。

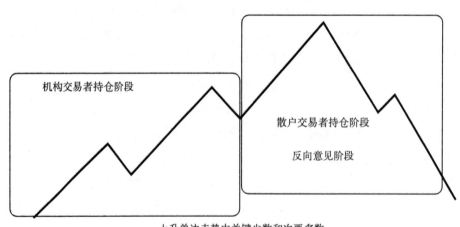

上升单边走势中关键少数和次要多数

图10-5 反向意见阶段和次要多数的加入

谈到市场心理就不得不提及股市中的"专家"这类群体，因为他们在牛市的时候往往成为宠儿，在熊市的时候则往往为人所唾弃。其实，**股票市场与其他金融市场一样，只有输家和赢家一说，从来没有专家一说。**每个人的观点在没有被市场印证以前我们都应该等量观之，这样才能正确理解市场运行的最主要因素和本质。股市没有专家，**某人一旦被市场大众奉若神明，就注定了很快就会走下神坛。股市中从不缺乏明星，但是却缺乏寿星。**为什么股市中没有真正的专家呢？第一，人的认知是有限理性

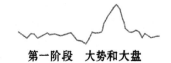

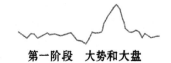

第一阶段　大势和大盘

缺乏寿星的主要原因是什么？

的，永远不可能完备，索罗斯的操作就是建立在这个前提之下的。既然我们的认识都是存在漏洞的，那么就不能保证你在任何时候都能称为专家，出错是大概率事件。第二，一旦某人连续猜中市场的走势，无论他凭借什么具体方法，一旦为市场大众所广泛关注和狂热效仿就会很快失效。第三，所谓的"专家"也有其自身的利益考虑，这些利益未必与散户的利益是一致的。例如，股票分析师往往是由基金经理来打分的，那么基金经理想听什么话，股票分析师一般就会迎合。如果基金经理买了某只股票，但是分析师却发现这只股票有问题，通常情况下分析师不会拆基金经理的台。这个社会不缺钱，缺的是赚钱的策略和渠道，如果专家能够很好地预测个股的涨跌，那么就不会去推荐具体的个股让别人来赚钱，而自己却靠薪水吃饭。"专家"也要吃饭，不可能是社会慈善家，"天下熙熙皆为利往，天下攘攘皆为利来"，金融市场上没有慈善家。如果没有可预期的收获，"专家"也不会热衷于为散户指点市场和个股未来的走势。

最可怕的专家不是那些很难说中市场的股票分析师，而是目前一直判断很准的那类专家。正因为他们太准了，所以市场不可能让大多数人赚钱，这必然让众人追随的专家失误。或者专家就是与主力一伙的，协同起来为散户制造陷阱，先让你上钩，然后再一网打尽。这就有点类似赌场的手法，赌客在刚进场的时候，往往都很容易赚一点小钱，这样赌客就信心膨胀起来，丧失了理性分析和自制的能力，这时候就容易导致风险失控。金融市场也是类似的情况，市场先让你赚点小钱，然后再让你亏大钱。其实，并不仅是市场让你亏钱，你也是同谋，**人的天性就是习惯于赚小钱，亏大钱，**这话就是我们经常提到的"倾向性效应"。

对待专家最好的办法就是"兼听则明，偏信则暗"，**同时听取正反的结论，多听听几位专家的意见，**看看他们矛盾的意见背后的依据是什么，相互逻辑如何，这样就能很好地避免专家的误导。当然，专家最终影响到市场最广大群体才能

形成"物极必反"的效应，所以专家在博客和报纸等媒体上的发言可以作为观察"羊群"的一个窗口。当然，我们也可以直接观察"羊群"本身的情绪状态，看看是不是处于极端状态。那么有哪些工具可以作为观察"羊群"情绪的窗口呢？

我们给出一些工具作为参考，每个工具都只是一个窗口，而不是"打卦"的工具，要综合起来看才行。

第一个工具是A股市场关注度（见图10-6），这个指标可以衡量市场整体情绪。登入网站http：//focus.stock.hexun.com/market.html，就可以看到"A股市场关注度"，这是一个和讯网提供并及时更新的情绪指标。关注度是基于和讯网内部数据生成，主要反映和讯网用户对于股票、行业、市场关注变化的分析系统。A股市场关注度的变化可以有效地反映整个股票市场人气变化趋势。当A股市场关注度极低的时候，就有阶段性见底的可能性；当A股市场关注度极高的时候，就有阶段性见顶的可能性。当然，这个指标要结合其他指标相互确认，最重要的是要找到背后的驱动因素，并且经过行为因素的确认。

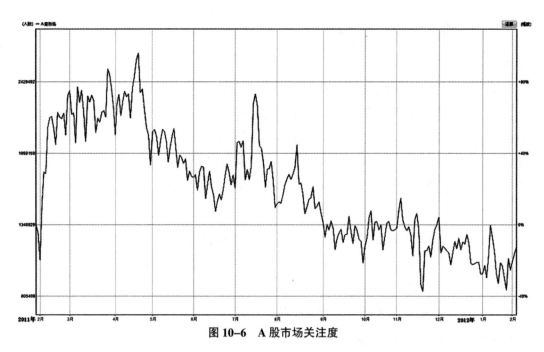

图10-6　A股市场关注度

第二个工具是"极端点位论"。市场运行的每一个阶段总存在一个"口号响亮的点位"，一旦市场形成这样一个点位共识，则市场肯定不会停留在这个点位附近。一旦某些因为极端乐观或者极端悲观形成"极端点位"论调，那么市场往往要反转了。例如，2007年牛市中人们极端乐观的时候，《牛市一万点》一书出版，一时间这个口号响彻整个 A 股市场，此后一个月左右上证指数见顶，此后开始暴跌（见图 10-7）。又如，2008 年底熊市中人们极端悲观的时候，"跌到 1000 点"、回到 998 点的观点不绝于耳，不久上证指数从 1664.93 点就开始回升（见图 10-8）。

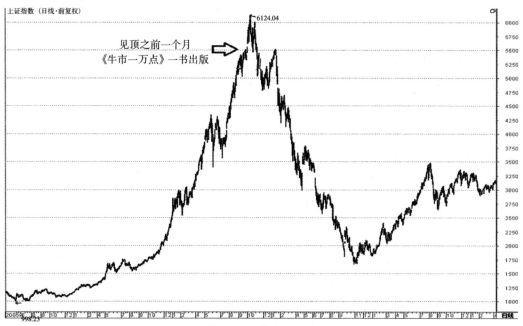

图 10-7　牛市万点论

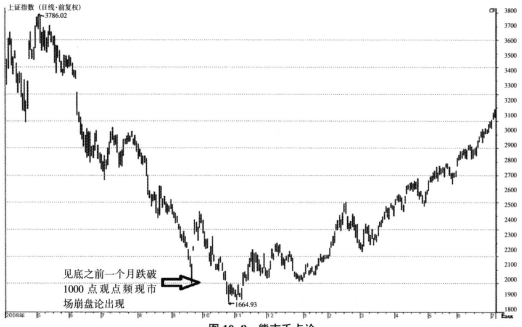

图 10-8　熊市千点论

　　第三个工具是波动率。波动率反映了市场的情绪，波动率的高点往往与指数的高点相对应，波动率可以通过价格和成交量来衡量，所谓天量就是指成交量的波动率最大值。

　　股价的波动率在美国股票市场往往通过 VIX 来衡量（见图 10-9）。VIX 是芝加哥期权期货交易所使用的市场波动性指数。通过该指数，可以了解到市场对未来 30 天市场波动性的预期。VIX 由标准普尔 500 指数的成份股的期权波动性组成，被广泛用来作为衡量市场风险和投资者恐慌度的指标。VIX 表达了期权投资者对未来股票市场波动性的预期，当 VIX 指数越高时，显示投资者预期未来股价指数的波动性越剧烈；当 VIX 指数越低时，代表投资者认为未来的股价波动将趋于缓和。由于该指数可反映投资者对未来股价波动的预期，并且可以观察期权参与者的心理表现，所以也被称为"投资者情绪指标"。经过十多年的发展和完善，VIX 指数逐渐得到市场认同，芝加哥期权期货交易所于 2001 年推出以纳斯达克 100 指数为标的的波动性指标 VXN；芝加哥期权期货交易所于 2003 年以标准普尔 500 指数为标的计算 VIX 指数，使指数更贴近市场实际。2004 年推出了第一个波动性期货 VIX Futures，2004 年推出第二个将波动性商品化的期货，即方差期货，标的为三个月的标准普尔 500 指数的现实方差。2006 年，VIX 指数的期权开始在芝加哥期权期货交易所交易。

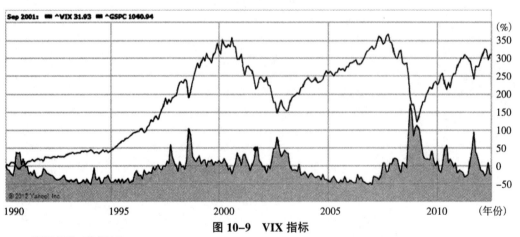

图 10-9　VIX 指标

资料来源：雅虎财经。

　　波动率指数受到投资者青睐的主要原因和其近年来美国股市的波动有关。2001 年美国发生"9·11"恐怖事件后，股市在 9 月 17 日重新开盘时一路下跌，到 9 月 21 日道琼斯工业指数跌至 8235.8 点，标准普尔 100 指数也跌至 491.7 点，VIX 则升到 48.27 的高点，隔天（9 月 24 日），股市即出现 368 点的大幅反弹，反弹幅度约 4%，之后美

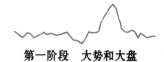

股多头走势一直持续到 2002 年第一季度。2002 年 3 月 19 日，美股上涨至 10635.3 高点，标准普尔 100 指数也达 592.09 点，此时 VIX 处于 20.73 的低点；2002 年 7 月，美股在一连串会计报表丑闻的影响下，下跌至五年来的低点 7702 点，标准普尔 100 指数跌至 396.75 点，VIX 高达 50.48 点，隔天（7 月 24 日），股市同样出现 489 点的大反弹。由此可见，作为预测美股趋势的指标，VIX 很有参考价值。即可以从 VIX 指数看出标准普尔指数变盘征兆，**VIX 到达相对高点时，表示投资者对短期未来充满恐惧，市场通常接近或已在底部**；反之，则代表投资者对市场现状失去戒心，此时应注意市场随时有变盘的可能。简而言之，VIX 与标准普尔 500 指数之间是反向关系，VIX 的高点对应着股指的低点，而 VIX 的低点对应着股指的高点。VIX 急剧飙升往往是大级别下跌行情的征兆，每当熊市来临之时，VIX 大于 40。当然，由于 A 股市场整体的波动率衡量指标还没有正式发布，所以我们没有给出 A 股市场波动率衡量指标，不过大家可以通过 ATR（真实平均波幅）或者成交量来推断相应的波动率。

　　第四个工具是封面指数。如果众多杂志的封面（或者报纸的头版）出现了关于股市的看法，那么很可能股市情绪处于极端状态，要么是顶部，要么是底部。美国逆向投资家们喜欢将《时代》周刊的封面作为一个风向标，在很多时候这一方法确实比较有效。那么，我们怎样才能看到"众多杂志的封面"呢？这其实并不难，有两个网站提供了主要杂志的封面和封面文章：第一个是新浪财经的"封面秀"（见图 10-10），网址为 http://finance.sina.com.cn/coverstory.shtml；第二个是和讯网的"封面秀"（见图 10-11），网址为 http://media.hexun.com/index.html。

　　第五个工具是公募基金仓位。公募基金与散户的行为基本一致，高位重仓，低位轻仓，所以往往是市场趋势的反向指标。基金作为 A 股市场最大的机构投资者，一直扮演着主力军的角色。虽然股改以来大量大小非解禁上市，产业资本

除了 VIX 之外，还有很多风险偏好指标，大家可以参考《黄金短线交易的 24 堂精品课》一书的相关章节。

图 10-10　新浪财经的"封面秀"

图 10-11　和讯网的"封面秀"

开始与基金抢戏，在 A 股市场上，基金无疑仍是最活跃、最有话语权的机构投资者。
2010 年末除了 QDII 以外的国内基金的资产净值合计 2.45 万亿元，份额规模合计 2.33
万亿份，2010 年底基金的持股市值占了总市值的 7%，基金持有市值超过市场上所有机
构投资者的一半。**股票型基金平均仓位最低的时候往往是大盘的最低点，平均仓位最
高的时候很可能就是大盘的最高点。** 如上证综指在 6124 点以及 2009 年 7 月 29 日、
2009 年 11 月 24 日、2010 年 11 月 12 日三次大跌时，所对应的基金仓位分别是
83.87%、86.01%、89.68% 和 88.95%；而在 1664 点底部区域时，对应的基金仓位仅为
70.32%。顶部存在所谓的"88 魔咒"，而底部的基金持仓水平有如图 10-12 所示的统
计特征。

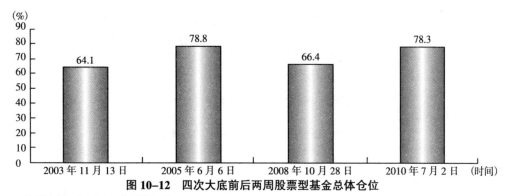

图 10-12　四次大底前后两周股票型基金总体仓位

资料来源：赵延鸿：莫尼塔公司。

A 股市场存在一个利用公募基金仓位预测股市顶部的经验法则，也就是所谓的
"88 魔咒"。按照基金管理的规定，开放式股票型基金的仓位上限是 95%，下限是
60%。"88 魔咒"就是**当基金的仓位水平达到 88% 左右的时候，A 股市场往往会出现大
跌**，基金仓位成了股市的"反向指标"。当基金的平均仓位远高于历史平均 80% 左右的
水平，开放式股票型基金的仓位水平甚至逼近或超过了"88 魔咒"临界线。当基金仓
位临近这一水平时，便会招致市场的担忧，并多次成为预示市场见顶的风向标。"88 魔
咒"显灵，主要是当时点位比较高，或大盘已经过一段时间的上涨，获利盘比较多。
并且，大多数时间内，这些基金所持有的品种都是和指数差不多同步波动的蓝筹股。
2009 年"88 魔咒"便一再显灵，并引发了 2009 年 7 月 29 日和 2009 年 11 月 24 日的
两次大跌，跌幅分别达 5% 和 3.45%。2010 年 11 月 8 日，多家券商发布了基金仓位研
究报告，仓位再达新高成为关注的焦点，第二天 A 股就开始掉头向下，并在其后几个
交易日内出现深度调整，11 月 12 日更是大跌了 5.16%。近几年 A 股市场之所以屡屡受
困于基金仓位的"88 魔咒"，分析人士认为主要是当基金仓位达到 88% 附近的时候，

一方面意味着基金手头上可用的资金已所剩无几，继续做多弹药不足；另一方面也暗示基金普遍过于乐观，意味着行情很可能乐极生悲。那么，从哪里可以看到基金的平均持仓水平呢？可以从基金互动网 www.fundxy.com/查到相关数据（见图 10-13），在最后修订本教程的时候（2012 年 9 月 26 日）股票基金平均仓位是 61.98%，上证指数当日盘中跌破 2000 点（见图 10-14），你觉得意味着什么呢？

2012 年末到 2013 年初有一波上涨，上证指数最高到了 2450 点附近。

基金仓位测算统计			
	09-25	09-21	仓位变动
全部基金平均	61.26%	61.53%	-0.27%
股票基金平均	61.98%	62.11%	-0.13%
混合基金平均	55.71%	56.46%	-0.75%
指数基金平均	69.63%	69.67%	-0.04%

图 10-13　基金互动网的"基金仓位测算统计"

图 10-14　上证盘中破 2000 点时对应的股基平均仓位（2012 年 9 月 26 日）

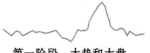

　　第六个工具是开户人数。它也是一个可以看出市场情绪变化的指标，中登公司可以看到这个数据，但是最好还是看图表呈现的数据走势，如中财网和价值500黄页就提供了这个数据走势图（见图10-15）。当然，开户指标其实是股价的滞后指标，跟着股价走的，股价跌，开户数就少；股价涨，开户数就多，因为散户就是跟着股价追，直线思维。

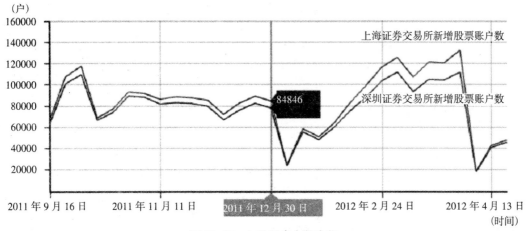

图10-15　A股开户人数变化

资料来源：value500价值黄页。

　　第七个工具是散户情绪和持仓。国外这方面的数据比较完善，如Investors Intelligence提供的看涨看跌情绪指数（见图10-16）。国内这方面的指标还不完善，比较系统的数据来自万隆证券网的"散户舆情指标"（见图10-17）和"散户仓位变动"（见图10-18）。

　　第八个工具是交易账户占比。这个指标需要自己动手统计，目前还没有公开的免费信息源提供及时更新和数据维护。莫尼塔公司赵延鸿博士的研究团队对A股市场的交易账户数据进行了统计分析，他指出：周度参与交易户数占A股有效账户之比刻画了A股投资者的交易意愿，这个比值越高，投资者交易愿望越强烈，市场也可能正在见顶；这个比值越低，则意味着市场参与者交易意愿不断萎缩，也预示着股市正在筑底，这个指标可以理解为对整个市场进行判断的"超买超卖"指标。从2008年初至2011年12月，总共197周的统计中，参与交易户数比值最低仅为5.7%，最高为23.3%，从参与户数来看，最多的一周有2711万个账户参与交易，最少的一周只有485万个账户参与交易（见图10-19）。2008年到目前的数据表明，**A股历史大底的交易账户占比偏低但非最低**，如1664点当周交易账户占比7.19%。另外，该研究团队进一步

指出：在底部出现当日的跌停数都比较少，而大部分的跌停都是在真正底部到来之前一周出现的。

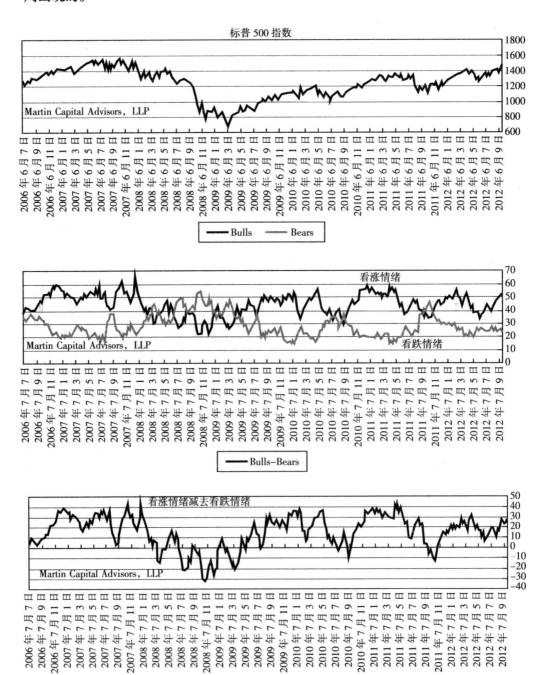

图 10-16　Investors Intelligence 情绪指数

资料来源：Martin Capital Advisors.

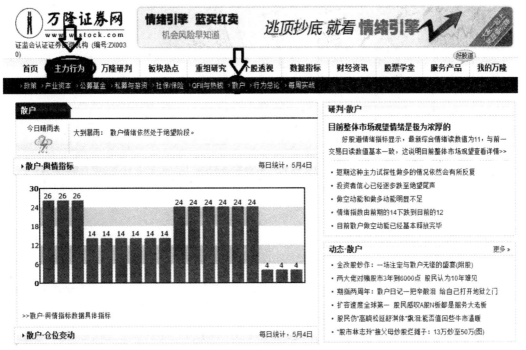

图 10-17 万隆证券网的"散户舆情指标"(1)

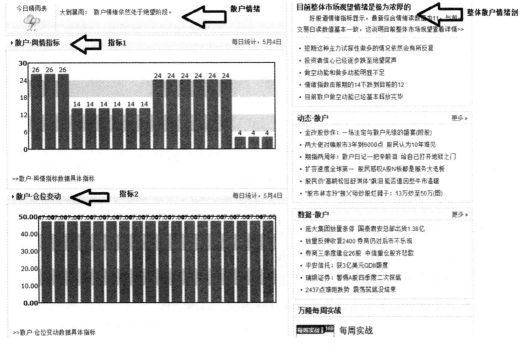

图 10-18 万隆证券网的"散户舆情指标"(2)

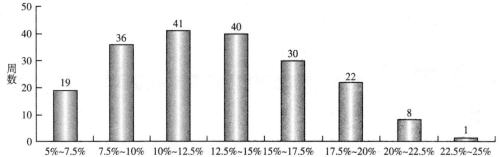

图 10-19 沪深两市参与交易户数比例的周数分布直方图（2008 年 1 月至 2011 年 12 月）
资料来源：赵延鸿：莫尼塔公司。

第九个工具是融资融券情况。这个指标在美国证券市场比较有效，在 A 股市场的效果还有待观察。就逻辑而言，融券卖出额达到极大值时，A 股大盘见底；融资买入额达到极大值时，A 股大盘见顶。融资融券的数据可以从一些券商的"融资融券周报"查询到，从网上搜索即可。

除了上述九个工具外，我们还为大家提供了一些市场顶底的心理面特征，在判断市场趋势转折点的时候，可以进一步比照下面的特征进行分析。

股市顶部的心理面特征：

● 证券交易所门口自行车极多，没有地方停放。

● 散户大厅人山人海，进出极不方便；散户大厅全都是新面孔的时候。

● 新股民纷纷入市，证券公司柜台前开始排队开户。

● 周围的人都争相谈论已经挣了大钱，人们都在谈论股票，周围人眉飞色舞讲述自己的股市传奇。

● 证券类报纸、杂志买不着。

● 股市新手都敢推荐股票，并说这是庄股，目标位要拉到多高多高。

● 证券营业厅工作人员服务态度极端不好。

● 开户资金持续大幅提高。

● 媒体对股市的看法一边倒，媒体上看空看多的观点斗争较激烈，说明市场仍比较谨慎，当传媒一边倒时倒是应该警惕的。

● 到处举办理财讲座。

● 小道消息开始漫天飞，邻居同事都开始有了内幕消息。

● 和股票有关的东西都很火。

● 书店里和股票有关的书籍卖得特别好。

- 不时会接到投资公司打来找你委托理财的电话。

- **人人看涨**，人们头脑处于狂热阶段，看法趋于一致，并且可以说出一大堆理由。

- 大型股评报告会人满为患。

- **券商和调研机构纷纷把各个股票的调研报告大幅上调**，例如，说一只股票现价5元，调研机构以前说该股能涨到10元，却突然发现近段改变了呼声，于是调高了调研报告改口为20元。

股市底部的心理面特征：

- 股票价格极低的时候频繁出现**大股东增持**。

- **舆论一边倒地说市场仍在探底**，这个时候底部就在眼前，市场中所有人士均对市场失去信心，对未来也极不看好。如果大家都说底部到来了，那底部绝对不可能到来。

- **股评分析家的言论趋向一致看空后市**。

- 市场中不论是机构投资者还是散户，均处于高度亏损状态，**市场亏损面达90%以上**，且亏损幅度较大。从股民散户到大中户均大幅亏损，突然有一天普遍大跌，股民开始加大亏损额。大部分股民已经亏了很长时间和亏了很多。

- **看多的人士遭到市场走势及散户严厉的抨击和批判**，看多者逐渐消失，多头观点一错再错，最后基本消失或改口看空。

- **活跃投机力量受到严重的打击**，且已没有能力或能量再进行投机活动。

- **管理层持续发表对股市有利的言论和做法**。

- **股市实质性问题遭到学者的广泛批判**。

- **股市的深层次问题不断地被揭露和曝光**，上市公司和管理层的内幕不断被曝光，中介机构的勾结黑幕也大白于天下，市场的诚信危机十分严重。

- **散户处于无可奈何又十分愤怒之中**，散户的态度极其恶劣，冲动且偏激，市场出现了不安定危机。

- **长期下跌后横盘**，稍微有反弹，带来少许希望，又突然破位，大家开始更加悲观恐慌。

- 市场一片哀歌，跌势加剧，**全部人已经失望并丧失方向感**。

- **新基金发行受挫**，发售开始不顺利、困难，新基金发行宣传由媒体走向细分市场，如走入社区等以前不被看重的发行区域。

- **基金折价现象普遍**，尤其是市场主流基金，**基金的操作理念受到普遍质疑**，主流基金似乎也失去方向感。

- **基金仓位一直下降，接近60%**。因为一般股票基金的仓位下限是60%，所以基

金仓位的最低部也就是 60%左右，在 2005 年熊市底部和 2008 年 12 月的 1664 点时，当时股票基金仓位平均就在 60%。

● 指数跌破"政策底"。

● 券商普遍亏损，经营危机，有关券商深陷困境的报道不绝于耳，媒体刊登的关于在发展中改革券商的话题逐步增多。

● 持续对利好的麻木。在下跌时市场之所以总是期盼利好的公布，是因为对未来仍有良好的期望，然而一次次的利好推出之后，换来的却是一次次的再度下跌，一而再再而三之后投资者对利好已经完全麻木了，对利好的麻木就代表着投资者的绝望，因为没有什么再能让他们对市场产生希望了。一系列利好，市场没有任何反应，你出你的利好，我走我的下跌，即使这些利好对市场有莫大的支持，也同样视而不见。

● 散户们对下跌已无感觉，死心了。

● 股票 QQ 群没人说话，没人看 A 股，都在看电影，都在潜水，闷了冒泡或者是说话的人都胡言乱语，带有暴力倾向，群主失踪，什么都谈，就是不谈股票。

● 经常听到有人赌咒发誓再也不碰股票。

我们已经全面介绍了一些"反常者赢"的工具，也提到了"88 魔咒"，为了让我们的课程显得更有趣一些，我们再介绍另外三个魔咒：一是"丁蟹效应"；二是"摩天大楼效应"（"摩天大楼魔咒"）；三是"五月魔咒"。

"丁蟹效应"是股票市场的一个奇特现象。这个效应指的是当由香港电视演员郑少秋主演的电视剧在电视台播出后，股票市场便会突然急剧下跌。从科学角度来说，这只能算是一连串的巧合，但仍有不少人认为"丁蟹效应"真有其事，甚至连跨国证券经纪里昂证券也于 2004 年 3 月为此发表研究报告，使这个现象受到一些其他国家的投资者所认识。1992 年 10 月，香港无线电视播放由郑少秋主演的电视剧《大时代》。故事讲述由郑少秋饰演的丁蟹，经常在股票市场的熊市中借着抛空恒生指数期货而获取暴利，恰巧当时香港股市暴跌，令不少股民损失了很多。此时开始有了"丁蟹效应"一词，而在接下来的 10 多年，几乎每当郑少秋主演的电视剧播放时，股票市场也会有显著下跌（见表 10-1）。这个"丁蟹效应"很可能与"摩天大楼效应"同样是由经济周期和群体心理周期引发的。

"摩天大楼效应"也称"摩天大楼魔咒"。1999 年，德意志银行证券驻香港分析师安德鲁·劳伦斯首度提出"摩天大楼指数"这一概念。劳伦斯发现**经济衰退或股市萧条往往都发生在新高楼落成的前后**。宽松的政府政策及对经济乐观的态度，经常会鼓励大型工程的兴建。然而，当过度投资与投机心理而起的泡沫即将危及经济时，政策也

表10-1　"丁蟹效应"一览表

时间	节目名称	节目类型	播放性质	受影响地区及股市	详情
1992年10-11月	《大时代》	无线电视剧	中国香港首播	中国香港恒生指数	节目播出后一个月内跌幅曾多达1283点 (20.6%)
1994年11月至1995年1月	《笑看风云》	无线电视剧	中国香港首播	中国香港恒生指数	节目播出后一多月内跌幅曾多达1976点 (20.5%)
1995年5月	《香帅传奇》	电视剧	—	中国香港恒生指数	两剧同时播出时的短短五天内跌幅曾多达505点 (5.3%)
1995年6月	《男人四十一头家》	无线电视剧	中国香港首播	中国香港恒生指数	
1996年2月	《天地男儿》	无线电视剧	中国香港首播	中国香港恒生指数	节目播出后一个多月内跌幅曾多达1254点 (10.9%)
1996年9月	《新上海滩》	无线电视剧	中国香港首播	中国香港恒生指数	曾于两个交易日内最多下跌221点 (2.0%)
1997年12月	《江湖奇侠传》	电视剧	—	中国香港恒生指数	节目播出后一个多月内跌幅曾多达2842点 (26.4%)
1999年7月	《神剑万里追》	电视剧	—	中国香港恒生指数	节目播出翌日经微突破14500点后即反复向下，其后一个多月内累计跌幅曾多达2084点 (14.4%)
2000年9月	《世纪之战》	亚洲电视剧	中国香港首播	中国香港恒生指数	节目播出后八个交易日内急泻2469点 (14.5%)，一个多月内累计跌幅曾多达2900点 (17.1%)
2003年夏天	《大时代》	无线电视剧	美国无线卫星电视播放	美国道琼斯工业平均指数和NASDAQ	因企业欺诈风暴表现疲弱
2003年10月	《非常外父》	无线电视剧	中国香港首播	中国香港恒生指数	节目放映期间曾在两个交易日内下跌681点 (5.6%)
2004年3月	《血荐轩辕》	无线电视剧	中国香港首播	中国香港恒生指数	节目播出后四个交易日内下跌843点，一个多月内跌幅曾多达1482点 (10.9%)
2004年10月	《楚汉骄雄》	无线电视剧	中国香港首播	中国香港恒生指数	首播日最多曾下跌272点 (2.1%)
2005年3月	《御用闲人》	无线电视剧	中国香港首播	中国香港恒生指数	节目播出翌日 (3月15日) 下跌90点，但之后持续反向下；恒生指数在3月尾较节目启播时相比跌幅曾多达550点 (4.0%)

续表

时间	节目名称	节目类型	播放性质	受影响地区及股市	详情
2006年4月	《潮爆大状》	无线电视剧	中国香港首播	中国香港恒生指数	节目播放完毕前未能冲破17000点，并回落至16500点水平。节目播放完毕的四个交易日后，恒指在一个多月内急挫，最大跌幅达2097点（12.1%）
2006年7月	《御用闲人》	无线电视剧	美国无线卫星电视播放	全球股市	闪以黎冲突爆发下跌。曾于六个交易日内最多大跌561点（5.0%）
2007年2月	《御用闲人》	无线电视剧	重播	美国道琼斯工业平均指数	节目启播后两日计起的七个交易日内暴跌2150点（10.3%），一度失守19000点关口
2007年5月	《谜》	无线电视资讯节目	中国香港首播	中国香港恒生指数	在首播翌日下跌111点，之后反复下挫，截至2007年5月30日，恒生指数跌至20300点水平，累计跌幅曾多达795点（3.8%）
2007年7月	《香港传奇——荣归》	电视剧	中国香港首播	中国香港恒生指数	7月18日首播当日下跌215点，之后表现持续偏软；总结该剧播放期间，恒指最多曾暴泻2504点（11.4%），当天内最多暴跌1181点（5.2%）。在节目播放完毕后，恒指却未能止跌，直到被称为港股"大奇迹日"的8月17日后恒指才止跌回升
2007年8月	《潮爆大状》《大时代》	无线电视剧	美国无线卫星电视播放	全球股市	美国次级房屋信贷风暴爆发下跌
				美国道琼斯工业平均指数	曾于六个交易日内最多暴跌1202点（8.8%）
2007年10月11日	《六点半新闻报道、晚间新闻等主要新闻报道》	无线电视新闻节目	突发	中国香港恒生指数	因沈殿霞在九龙塘住所突然晕倒及昏迷，郑少秋前往探望之后被大批传媒包围访问，导致他鲜有出现于无线电视六点半新闻报道，晚间新闻等主要新闻报道，翌日（10月12日）恒指在先前连升三个交易日的情况下掉头大跌，最多曾下滑764点
2007年11月10日（星期六）	《欢乐今宵团圆夜》	无线电视剧	中国香港首播	中国香港恒生指数	郑少秋偕女郑欣宜出席该节目，合唱一首《天涯孤客》；之后恒指于星期一（11月12日）最多曾大跌1315点，失守28000点水平
2007年12月9日（星期日）	《一掷千金》	无线电视游戏节目	中国香港首播	中国香港恒生指数	节目播出前的星期五（12月7日）一度逼近30000点，之后却出现急泻，收市间下跌716点；节目播出翌日（12月10日），恒指曾失守28500点关口，收市跌341点；之后恒指反复下挫，在节目播出后一个多月（12月11日）暴跌7132点（24.7%），创出"丁蟹效应"出现以来以点数计的最大跌幅纪录，也是以百分比计的第二大跌幅纪录
2008年2月8日（大年初二）	《天之骄子》	音乐剧	高清翡翠台播放	中国香港恒生指数	恒指在农历年前的最后一个交易日（2月6日）大跌1339点；之后年初五复市（2月11日）第一个交易日再跌853点

续表

时间	节目名称	节目类型	播放性质	受影响地区及股市	详情
2008年3月2日	《肥姐我们永远怀念您追思会》	特备节目	中国香港电视台直播	中国香港恒生指数	本来没有被安排致悼词的郑少秋回应邓光荣的言论时要临时上台发言，之后该片段反复出现在各大传媒的报道中；翌日（3月3日）恒生指数大跌746点，之后数天更持续下挫，总结节目播出后的短短五天恒指急跌1830点（7.5%），为七年内表现最差的一周
2008年5月19日	《东张西望之四川大地震全民哀悼》	无线电视节目	突发访问	中国香港恒生指数	郑少秋出席无线电视为哀悼汶川大地震死难者进行的全体职员自发性默哀之后被问及当时的感受；该访问片段在晚上的《东张西望之四川大地震全民哀悼》节目内播出。翌日（5月20日），恒生指数最多曾急挫700点，收市仍跌573点
2008年9月开始	《大时代》DVD广告	无线电视广告	间歇性播放	—	—
2008年10月3日	《楚汉骄雄》	无线电视剧	中午重播	中国香港恒生指数，美国道琼斯工业平均指数，NASDAQ，欧洲富时100	10月8日，恒生指数跌1372.03点。至10月10日总计全星期跌2886点，是自1997年以来最差的星期。值得一提的是，郑少秋10月10日晚在澳门文化中心剧院迷哥问歌迷奉献了一场《香帅风云起》演唱会，这是一连三次演出的首场。由节目开始播放（10月3日起计），恒指由17788点跌至11015点，累积跌6773点，美国道琼斯指数由10483点跌至8378点，累跌2105点
2009年3-4月	《台球天王》	无线电视剧	中国香港首播	中国香港恒生指数	3月30日首播当日恒指开市即失守14000点关口，下午跌幅曾扩大至706点，收市仍跌663点。总结该剧播放期间，恒指反复上升1802点（13.1%）。不过，4月7日在节目中，郑少秋警告"投资涉及风险，你小心"，别乱来，4月8日的股市即声下挫，跌逾440点（凑巧的是，《大时代》一剧中饰演丁利蟹的郭政鸿也在该剧演出）
2010年5-6月	《神医大道公》	中央电视台	国内首播	中国香港恒生指数	郑少秋主演的《神医大道公》5月10日晚在央视入台竞相"丁蟹效应"再度发威。恒生指数由5月10日的收市高位20811.360点，4月的22208.50点，反复跌至19545.83点（至5月20日），但A股股指等跌幅比恒指更大
2010年5-6月	《望父成龙》	亚洲电视剧	早上重播	中国香港恒生指数	郑少秋主演的《望父成龙》5月底在亚洲本港台重播，"丁蟹效应"再度发威；香港恒生指数再度下跌，最后导致股市复复不足
2010年10月25日	《书剑恩仇录》	电视剧	晚上9:30首播	中国香港恒生指数	"丁蟹效应"再度发威。10月25日晚上《书剑恩仇录》在亚视本港和亚洲洲高清台首播，于10月27日跌436点（1.85%），为近四个月来最大的单日跌幅。其后11月12-17日，一共跌近1300点

331

会转为紧缩以应对危机，使得摩天大楼的完工成为政策与经济转变的先声。因此，"摩天大楼效应"也被称为"劳伦斯魔咒"。

第一轮真正的摩天大楼热是1904~1909年。1908年，47层高的胜家大厦建成，一年后，它就被50层高的大都会人寿大楼超过。而就在1907年，由于农业收成的季节性因素及货币、信贷的周期性因素凑到一起，又由于一家受全国银行系统管制的银行拒绝向一家未接受管制的信托机构结清资金，导致金融恐慌，其结果是银行挤提，引发美国经济史上最剧烈的一次经济萎缩。这次经济紧缩在很大程度上推动了1913年的《联邦储备法案》出台，成立了联邦储备委员会，极大地扩张了联邦政府管理货币金融事务的权力。

接下来是大萧条期间出现的第二轮摩天大楼热。20世纪20年代，股票市场一片红火，而商用和民用住房建设市场也高度繁荣，这期间，有关公司陆续宣布兴建三座刷新纪录的摩天大楼，在大萧条爆发后，这些大楼相继落成，即华尔街40号大楼（1929年）、克莱斯勒大厦（1930年）和著名的帝国大厦（1931年）。

第三轮摩天大楼热出现在20世纪70年代初。在经历了60年代强劲而持续的经济繁荣，1970年的经济衰退标志着长达十几年的滞胀期到来。而就在金本位制将被废除、布雷顿森林体系将要解体之时，纽约和芝加哥的建筑工人正在紧张地兴建几个当时的世界最高大楼。经济危机开始了，凯恩斯主义不灵了，而这些大楼也落成了：1972年，世界第一高楼纽约世界贸易中心（417米）完工。1973年，它让位给芝加哥的西尔斯大厦（443米）。

整个20世纪八九十年代，亚洲经济高速增长，出现了东亚奇迹。这个奇迹的高潮就是1997年，马来西亚吉隆坡马来西亚石油公司双塔（452米）的竣工，它第一次为东亚夺得了全球最高建筑的桂冠。然而，很快马来西亚股市暴跌，货币急剧贬值，社会动荡蔓延，亚洲金融危机爆发。

2000~2001年建成的台北101大楼见证了高科技泡沫破灭，全球股市狂泻。2008年8月，上海环球金融中心落成，9月，全球金融海啸如约而至。在上海环球金融中心兴建之初，曾有人提起"摩天大楼指数"预言，投资方日本森建筑公司总裁森稔在全球地产界是出了名的"喜欢摩天大楼的人"，自然不会为了一条草根经济规律就将刚迈出国门的腿收回去。当时勉强提出的反驳理由是上海环球金融中心是海外投资，这与其他本地私人财团或国有企业斥资兴建的世界级高楼情况不同。其实，"摩天大楼效应"从奥地利学派关于经济周期的逻辑中可以得到恰当的解释。

最后，我们谈谈"五月魔咒"，2000~2011年（除了2001年之外）上证综指均呈现

"5月涨全年涨，5月跌全年跌"的特征，5月走势对全年走势的预测已经达到了几乎100%的准确率。

表10-2 5月涨跌和全年涨跌

年 份	当年5月上证指数涨跌（%）	全年上证指数涨跌（%）
2000	3.17	51.73
2001	4.49	−20.63
2002	−9.12	−17.52
2003	3.60	10.27
2004	−2.49	−15.40
2005	−8.49	−8.33
2006	13.96	130.43
2007	6.99	96.66
2008	−7.03	−65.39
2009	6.27	79.98
2010	−9.70	−14.31
2011	−5.77	−21.68

当然我们这里提出的"丁蟹效应"和"摩天大楼效应"以及"五月魔咒"只是作为一种活跃思维和开阔眼界的刺激物，也就是说要做好股票，不能简单地盯着股市，还要明白"功夫在股市之外"的道理。

最后，我们对本课背后的主要原理做一个总结。寻找交易机会的时候，始终与大众保持距离，旁观大众的情绪和观点，选择性的反向，将大众看作对手盘，因为相对于主力而言散户则更加容易战胜。区别于他人的思维方式和看待问题的角度是你具有优势的唯一方法。正如约翰·邓普顿的至理名言——如果你想具有超越大众的绩效水平，那么就必须在行为上不同于大众。

行为超乎众人，成功才能超乎众人。

【关于"市场心理"的经典论述】

对于市场心理及其相关特征，许多知名市场人士都有过精辟的阐述，下面摘录如下，与本课内容可以相关参照，以便进一步思考：

1. 为什么巴菲特不住在华尔街？**如果你每天都被思考、讲述、相信和感觉同样东西的人包围，那你就很难摆脱这些思想信仰和感觉，你就会被卷入盲从的浪潮。**如果你参加过聚会，足球比赛或者其他群体活动的话，你就应该知道，人们实际上很难摆脱集体的影响力，你会突然发现人们是如何怪里怪气大声唱着幼稚的聚会歌曲上蹿下跳的（Hanno Beck）。

2. **"丁蟹效应"是有数据统计的**，据说在过去的 20 多年中应验了 30 多次，2019 年郑少秋的《诡探前传》播出的时候，股票也是下跌的。值得一提的是，2003 年播出《非常外父》在线观看的时候没有下跌，许多人说可能是喜剧的原因（抓影达人）。

3. 当偏股型基金的仓位达到 88% 或以上时，资金开始抢先落袋为安，A 股将会见顶回落。因为当基金仓位达到一定"高度"时，其买入能力就会枯竭，资金开始抢先落袋为安，导致高企的股价出现回落，市场开始由涨转跌。正因如此，**基金仓位某种程度上成了股市的"反向指标"**，当基金平均仓位远高于历史平均水平 80% 时，尤其是开放式股票型基金的仓位水平逼近或超过"88 魔咒"临界线时，投资者或会出现一定的心理压力（谢达斐）。

4. 公募基金仓位的"88 魔咒"源于 2010 年之前 A 股市场数据统计的结果。但在开放式股票型基金的仓位下限从 60% 提升至 80% 之后，股票型基金仓位可调整空间大幅缩小。不过，**目前公募基金主动权益规模占 A 股流通市值比例和 2010 年之前的比例不可同日而语，公募仓位的边际变化对市场的影响力也在减弱。因此，目前"88 魔咒"更多可能来自投资者心理层面压力**，如果投资者仍以"88 魔咒"作为一个重要择时指标的话，则无异于刻舟求剑（姜涛）。

5. 之所以以前有这个"88 魔咒"，我认为主要有两方面原因，首先，**主力机构一致性预期太强了，才会导致平均仓位都超过了 88%，而一旦一致性预期太强，那么趋势就有可能发生变化。其次，平均仓位达到 88% 之后，股票型基金继续加仓的空间就不大了，因为股票型基金不可能真正达到满仓。**如果没有增量资金买入，那么市场也就缺少继续上升的动能，调整的概率自然就增大了（张道达）。

股票短线交易

的24堂精品课 下册

第3版

超越技术分析的
投机之道

the Speculation Method Beyond

the Technical Analysis

高　山　　何江涛

魏强斌　　杨基泓 —————————— 著

经济管理出版社

ECONOMY & MANAGEMENT PUBLISHING HOUSE

图书在版编目（CIP）数据

股票短线交易的 24 堂精品课：超越技术分析的投机之道/高山等著. —3 版. —北京：经济管理出版社，2021.1（2023.11重印）

ISBN 978-7-5096-7708-7

Ⅰ.①股… Ⅱ.①高… Ⅲ.①外汇交易—基本知识 Ⅳ.①F830.92

中国版本图书馆 CIP 数据核字（2021）第 021998 号

策划编辑：勇　生
责任编辑：勇　生　刘　宏
责任印制：黄章平
责任校对：张晓燕

出版发行：经济管理出版社
　　　　　（北京市海淀区北蜂窝 8 号中雅大厦 A 座 11 层　　100038）
网　　　址：www. E-mp. com. cn
电　　　话：(010) 51915602
印　　　刷：唐山昊达印刷有限公司
经　　　销：新华书店
开　　　本：787mm×1092mm/16
印　　　张：25.75
字　　　数：473 千字
版　　　次：2021 年 8 月第 3 版　　2023 年 11 月第 2 次印刷
书　　　号：ISBN 978-7-5096-7708-7
定　　　价：138.00 元（上、下册）

目　录

上　册

第一阶段　大势和大盘

● 经济运行的不同阶段会引发各大类资产相对收益的变化，所以经济周期与跨市场分析是紧密相连的。在不同的经济周期阶段，股市与其他资产市场的相对收益呈现出规律性的变化。通过所处的经济周期阶段和其他资产市场走势的变化，我们可以间接地推断出股市整体的运行态势和所处阶段，这就给我们一个非常大的优势。

● 一般而言，股市会提前半年左右的时间反映基本面的情况，股市的拐点要比经济基本面拐点提前半年左右的时间出现。也就是说，股市的低点先于经济增长的低点出现，而股市的高点先于经济增长的高点出现。

● 流动性决定了 A 股市场的估值中枢。流动性充裕，风险偏好就强，利率也低，相应的 E/P 就低，反过来 P/E（市盈率）就高；流动性缺乏，风险偏好就弱，利率也高，相应的 E/P 就高，反过来 P/E 就低。

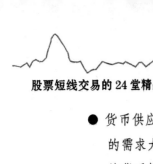

● 货币供应量的增加会导致对股票的需求增加，随着货币供应增加而对货币的需求大体不变，这样就会导致人们调整自己的资产负债表，进而将多余的货币投入到其他资产上，而股市就是这些资产中最为重要的一种。

政府当局也是股市博弈的参与者，既然我们参与股市交易这个棋局，那么就不能忽略政府这个对手盘的意图和行动。

● 任何交易者如果不能充分地理解政策对股市的影响，那么就很难驾驭大势，离开了大势，一切股票短线交易都是"无头苍蝇式"的操作。

这是一个技术分析中普遍存在的规律。因为在较大的时间框架上，驱动面、心理面和技术面趋向于一致，而在较小的时间框架上，三者则往往趋向于不一致。

● 牛市在悲观中诞生，在怀疑中成长，在乐观中成熟，在亢奋中死亡，最悲观的时刻恰好是最佳的买进时机，最乐观的时刻恰好是最佳的卖出时机。

● 在这个市场上最大的忌讳就是假定自己比对手占优势。要建立自己的优势而不是认为自己具有优势，在这个市场上的新参与者没有任何优势，你只有抱着这种态度才能真正建立起优势。聪明的人很多，有钱的人也不缺，这个市场上缺的是真正的优势。

下 册

第二阶段 板块和机构

● A股市场的一个显著特征是板块轮动，这对于指数和个股走势都具有重大的现实意义。板块轮动中，每一轮上涨都有一个最强势的板块，这个板块中的个股很容易超越指数走势，因此个股的选择要立足于板块，指数的走势也要立足于板块，板块是枢纽。

● 心理分析是分析环节中的枢纽，板块是分析层面中的枢纽。心理分析可以帮助你不被经济学家和理论家所害，也可以帮助你避免技术分析的机械和迂腐。而板块则可以帮助你更好地判断指数的走势，同时更准确地选择要操作的个股。

● 你要比别人更深层次地理解在市场上出现的信息，进行深入的分析和判断，前瞻地预测接下来可能发生的事情，最后就是要有重仓的胆识了。我每年会重点盯着《政府工作报告》，看看哪些行业已饱和，哪些行业是国家鼓励的。

● 过去如此，将来也将如此，每一次重大运动背后必然存在一股不可阻挡的力量。而这股不可阻挡的力量往往与板块有关，因为市场的重大运动都是以板块的形式展开的，个股业绩拐点或者是重组题材只有放在热门板块中才会更加强势。

● A股的客观现实就是流动性为王，中短期内趋势比估值更加有影响力。

而决定股价的最直接因素是资金流的偏好，而资金流是由众多对手盘控制的。当总体流动性没有大的变化时，我们就要考虑流动性的分配问题。

● 市场主流资金的偏好才是股价的中枢所在，做中短线股票最为重要的就是了解主流资金的偏好和动向，而这离不开对题材和热点的分析。识别出围绕某一股市题材或热点形成的群，并且清楚这一群体所处的运动阶段，做到了这两步我们就能在洞悉行情方面有过人之处。

● 板块的宏观相关性套利是一个很少被短线股票书籍提到的策略，但是在江浙一带的题材炒家和游资那里，却经常成为一个短线快速获利的工具。而且不仅是短线交易者，很多中线交易者也会注意这种宏观上的相关性对板块走势的持续影响。

● 几乎A股的所有上市公司都受到大宗商品走势的影响，只是某些板块受到的影响更加显著而已。除了大宗商品价格对部分板块形成影响之外，一些其他宏观变量，比如利率和汇率也对相应板块有相应的影响。

● 狙击重组股的策略分为两个基本类型：第一类是潜在重组股狙击；第二类是实质重组股狙击。无论是狙击潜在重组股还是狙击实质重组股，都要遵循以下操作上的通行原则：第一个原则是采用格雷厄姆式的分散资金介入法；第二个原则是避免高位买入；第三个原则是有必要的耐心，这是狙击重组股的前提；第四个原则是重组狙击者应顺应重组过程中不同阶段的特征。

● 要找到这些可能的重组股，必须知道它们容易出现的板块、共同的特征，要进行换位思考、合理推测。我们要告诉大家的是，重组可以通过系统分析抓住，多看公告和相关报告、新闻，像侦探破案一样抓住重组股。

- 涨停板是市场异动的典型特征之一，而"异动"本身和背后都存在重大的获利机会。

- 无论是抓涨停技术还是追涨停技术都面临三个方面的研判，它们分别是驱动面涨停研判、资金面涨停研判和行为面涨停研判。

- 驱动面研判无论对于抓涨停技术还是追涨停技术都是非常重要的环节。与绝大多数散户想象的相反，游资在制造涨停板的时候往往更加注重基本面（驱动因素）而不是技术面（价格行为）。

第三阶段　个股和公司的竞争优势

- 技术分析的精髓不在于几何地推断市场，而在于解读市场的预期和资金的流向。技术指标是我们洞悉对手盘的工具，而不是进行所谓"市场物理学"研究的对象。市场就是"人性"，一切都要围绕这两个字展开，拿掉了"人性"，机械地比较，企图运用"复杂而纯粹的市场几何学"只是误人误己而已。

- 市场如果存在物理学和几何学一样的规律，那么绝大多数参与者都能获利，结果就是市场崩溃。在赌场中，如果绝大多数人都能获利，那么利润从哪里来呢？

- 我们要搞清楚主力的真实意图，就需要看价量盘偏离基准线的程度和频率，而基准线有两条：一是大盘；二是个股历史行情正态分布。

- 不对称局势，是指挑战者利用强大对手所固有的弱点而采取的一系列战略行动，让后者无法做出有效的反应而形成的有利于挑战者、不利于强大对手的非竞争局势。

- 对于投资来说，关键不是确定某个产业对社会的影响力有多大，或者这

个产业将会增长多少，而是要确定所选择的一家企业的竞争优势，而且更重要的是确定这种优势的持续性。我在投资时考虑的最重要一点是我一定要理解该公司所在行业的经济动力机制。

● 在市场中我们很难从整体来看待行情的发展，我们盯着账户的盈亏，心情随之起伏，是账户的盈利控制着我们接下来的反应，而非我们对行情的理性分析。仓位决定了心态，而心态决定了行为，这样的行为并非出自分析，而是由于外在的仓位盈亏变化导致的本能反应。

● 技术分析属于易学难精的工具，而基本分析则属于难学易精的工具。一个成功的股票交易者必须兼备这两种工具，所谓"高超股票短线交易者从来只看股价走势、不听消息、不看基本面"的说法纯粹是骗人的。

● 怎样才能有效地运用技术手段？需要觉悟，只有你知道这个手段的局限性，你才能真正用好这个手段。巴菲特讲能力范围之内选股投资，他就是觉悟了个人理性的局限性。而我们要做好短线，就是要清清楚楚地知道基本分析、心理分析和技术分析三者的局限性。

● 什么是有效的股票短线交易方法呢？第一个要求是必须将 AIMS 框架置于你分析的核心地位，有了这个分析框架，你就能找出适当的时期和目标发动攻击；第二个要求是你有一个便于控制风险的框架。

● 随着你的资金增加，随着你对 AIMS 框架的透彻体悟，你将自然而然地发展出新的具体策略置于 AIMS 框架下进行实际操作，AIMS 可以看成"道"，而具体策略可以看成"术"。

● 目前的格局下，券商要最大化自己的利益就是通过频繁发布信息就可以达到。任何人都会对信息有反应，只不过程度强弱罢了，券商就利用这一点盈利，这就是当下券商的主要盈利模式，我们称为"频繁信息促使频繁交易盈利模式"。我们作为交易者应该对券商发出的消息和

发布的报告持批判的态度，不仅要看结论，更要揣摩其动机。

● 要想尽快在短线交易中上手盈利，就必须关注题材，通过持续关注题材和股价的互动就能够培养出识别持续性题材和相应行情的能力，而后辅以简单而有效的仓位管理技巧就能很快持续盈利。股票短线交易的秘诀是什么？搞清楚题材和股价怎样互动，分仓进出而已。

● 如果用一句话概括我们这群交易者的人生哲学，那就是"试探—加码"，无论是格斗还是战争，无论是交易还是人生，无论是生意还是政治，在学习和实践的道路上都需要遵循"试探—加码"的法则，否则还没有迎来成功就已经倒下了。

● 我们只是社会财富的分配器，并不创造财富本身，最终还是应该取之于民，用之于民，我们不仅要战胜人性，更要超越人性本身，这才是登顶者的心量和智慧。

第二阶段
板块和机构

要想有把握地讨论市场前景，我们就得研究影响市场的各个领域。

——文森特·凯特拉诺

1953~1993 年的大牛股几乎 2/3 是行业繁荣的产物，因此交易者务必记住研究行业板块至关重要。

——威廉·欧奈尔

越战的重大失误是没有从北越的角度来看待问题。

——罗伯特·麦克纳马拉

集中精力研究当日行情最突出的那些股票，如果你不能从领头的活跃股票上获得利润，也就不能从整个股票市场中获得利润。

——杰西·利弗摩尔

在第一阶段的课程中，我们主要围绕大盘和大势展开，这是一个短线交易者进行交易必须注意的一个重要分析领域。成功的短线交易者都是"看长做短"，这点大家要牢记在心。AIMS 是我们从事股票交易的重要分析框架，第一阶段的课程主要围绕 M 进行讲授，本阶段的课程将围绕 I 进行。I 有两层含义：第一层是主力和机构的意思（Institution）；第二层是行业板块的意思（Industry）。其实，两层含义都是密切相连的，因为主力往往要借力于题材或者主题来吸筹和派发（当然在推升和洗筹过程中也可能需要题材的帮助），而题材或者主题

板块是行情的枢纽！

往往与行业板块关系密切。超过一半以上的题材是以板块为载体。

板块是股票短线交易流程中的枢纽层次，往上走是大盘，往下走是个股。大盘隔日具体怎么走，涨跌大致的幅度都依赖于对权重板块的判断，绝大多数成功的游资都非常注重权重板块走势的判断，因为这直接关系到大盘的走势判断。我们在第一阶段介绍的大盘判断方法是一种比较宏观的思路，而通过权重板块去判断指数走势则是一种相对中观，接近微观的方法。游资在判断短期大盘上具有一定的优势，据我们自己的观察和切身体会而言，这种优势往往还是集中在对权重板块短期走势的判断上。另外，除了判断大盘指数需要从板块入手之外，在精选运作个股的时候经验老到的游资也会以板块为单位进行选择。

运作个股要借力，这是主力成功运作的前提。如何借力呢？第一是大盘要能够配合。无论是低位吸筹，还是高位派发，没有大盘的配合就会相当费力，而且容易功亏一篑。第二是题材（或者主题）要能够配合。主力能够获胜不在于比散户力气更大，而在于比散户更加聪明，更加善于借力。大盘的力和题材的力两者都能借到，那运作起个股来必然风生水起。而题材基本都是扎根于板块的沃土上，由此看来，主力借题材之力往往也是借了板块的力量。总而言之，要借大盘之力，需要从权重板块入手分析；要借题材之力，需要从潜在热点板块入手，由此看来借力之道在于板块这个枢纽上。主力要借力，个人交易者也要借力，要借主力之力才能够持续在股票市场中生存壮大起来。如何做到借力于主力呢？前提就是你要晓得主力是如何运作的，其实我们上面已经讲到了主力的运作核心就是借力，由此看来要借力于主力，不能只看主力的行为，还要明白主力其实也特别重视大盘和题材的重要性，而这两者都与板块关系密切。不要说散户，就算你是一个主力，也需要提防其他主力，毕竟这个市场上大家都是参与者，主力未必就是主力的朋友，散户未必就是散户的敌人。

本阶段的课程我们就围绕主力和板块来讲解，不管你是做主力的操盘手，还是做一个独立的交易者，本阶段的课程对你而言都是非常有价值的，让你搞清楚这个市场上的盈利机制是什么。不明白这个机制，你就只能成为猎物，而不是猎人。当然，这个市场上绝大多数参与者都是猎物，自然你听到的基本上都是猎物在教猎物怎么成为猎人。那猎物在学的东西有什么共同点吗？基本上有两种：第一种是简单地将根据消息所谓的多空来操作个股；第二种则是根据看似科学的技术指标来框定个股未来的走势。这都是猎物糊弄猎物的做法，真正的猎人不是将市场看成一个"无生命的"的自然界，而是将市场看成是一个"鲜活"的竞技场，如何战胜对手才是成功交易者思考的问题，失败交易者倾向于思考如何战胜市场，其实市场是抽象的，只有明白市场是

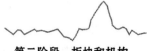

由各种典型的参与者构成的才能明白股市盈利的最终机制。

除了第十三课之外，本阶段的课程都是以板块为主。第十一课介绍了经济周期与板块轮动的关系，这里的板块基本是以行业为分类标准。板块轮动在牛市非常显著，一段时间之内领涨的板块是相对固定的，作为短线交易者必须记住这一规律，这样才能随着大盘的发展选择涨幅最大的板块。第十二课着重从板块排名和行业关注的角度来选择可操作的板块。板块受经济周期影响而出现了景气轮动，这是业绩预期变化导致了板块轮动，这着重从基本面（驱动因素）的角度去寻找强势板块，而从板块排名和行业关注度的角度去分析则是从心理面和资金面的角度去寻找强势板块。第十三课可以算得上是本书的重点之一，其中介绍的内容不仅在股票市场上如此，在期货和外汇市场上也是如此。主力如何盈利，主力的盈利机制在该课都有介绍。市面上许多股票书基本着重在讲技术面，比照技术走势图讲"臆想的主力"在哪里吸筹，在哪里洗盘，在哪里出货。其实，做过主力的人都会笑话这些作者，因为主力做盘要懂得借力去战胜对手盘，这个过程怎么可能如此死板和简单。主力的运作围绕如何欺骗和利用对手盘展开，要欺骗和利用对手盘必然借力于外，只有外部的消息和价格的波动让对手盘出现极端非理性才会给自己制造获利的机会。第十三课讲了市场运动、主力运作与题材三者的关系，这是大家要仔细去体会的，分析中也要这样去做才行。第十四课介绍了一些宏观层面的板块套利思路，这些思路经常被主力用于板块和个股的运作当中，主力其实也在借助于这些宏观层面的因素来运作板块。第十五课介绍重组股板块的相关攻略，重组一直是产业资本和游资联手运作的重点，这类板块个股的操作不能简单地看技术指标，必须结合基本面和主力行为来推断。第十六课涉及涨停股的一些相关知识和技巧，毕竟涨停敢死队这类游资将涨停股的操作演绎到了极致，这类板块个股与重组股一样，不是按照行

技术分析原教旨主义将复杂的世界当作简单机械的模型来分析，能不出错吗？

业标准来划分的，所以要与行业板块做一个区分。对于涨停板操作者而言，开盘、盘中和收盘查看涨停板块是一项必做的功课，在本课中我们将介绍一些更加详细的有关抓涨停和追涨停的具体技巧。

经济周期中的板块轮动

夫月满则亏，物盛则衰，天地之常。

——司马迁

相对于个股选择而言，运用自上而下的方法来分析更广泛的行业板块，才是真正把握市场走势的关键。

——马特·斯拉德

就我个人的经验而言，分析市场行为的最佳方法是自上而下的：首先观察驱动经济循环的基本力量，其次观察股票市场、债券市场与商品市场的趋势，最后分析深处经济循环的板块和个股。

——维克托·斯伯兰迪

股票市场的大势往往是由行业板块决定的，比如沪深300指数的走势主要是由银行、地产、有色金属和煤炭四个板块决定的。**大多数股票市场波动是靠行业驱动的，而不是靠公司驱动的。**这点与绝大多数交易者的看法并不相符，他们认为指数的走势是由个股决定的。板块轮动对于股票交易者而言是一个非常重要的概念，经济周期对于股票交易者也是一个非常重要的概念，本课将从经济周期入手介绍板块轮动问题。**板块轮动是A股市场的一个显著特征。**低位个股普遍上涨意味着上涨行情的启动；高位指数上涨，个股却出现大面积下跌现象则有可能是主力拉高指数掩护个股出逃的原因。A股市场的一个显著特征是板块轮动，这对于指数和个股走势都具有重大的现实意义。板块轮动中，每一轮上涨都有一个最强势的板块，这个板块中的个股很容易超越指数走势，因此个股的选择要立足于板块，指数的走势也要立足于板块，板块是枢纽。说到这里不得不强调一下，我们操作方法的两个枢纽——心理分析和板块。**心理**

分析是分析环节中的枢纽，板块是分析层面中的枢纽。心理分析可以帮助你不被经济学家和理论家所害，也可以帮助你避免技术分析的机械和迂腐。而**板块则可以帮助你更好地判断指数的走势，同时更准确地选择要操作的个股。**板块轮动是指数上涨的一个内部特征，板块轮动效应的形成是有组织的大资金在一波行情中谋求数倍于流动市值增幅的需要所致。**只有存在板块轮动才能用有限的资金来完成吸引散户资金高位接盘的任务，**因为轮动避免了被散户盯死，只有轮动才能让散户不知道行情什么时候会终结，只有轮动才能让散户无法全身而退，只有轮动才能不断避免热点的不可持续性。在中短线操作中，主力以板块轮动的方式与散户博弈，如果散户一味坚定持股，不知道与时俱进就很容易在高位被套牢。从中短线的角度来看，除非你买入的价格足够低，有足够的安全空间，否则**最佳的持股方式是阶段性持股，跟随板块轮动起舞。**热点能否继续，资金能够加速流入，这些是持股的关键。

本课主要围绕经济周期与板块轮动的关系来讲解，在第十二课我们会专门讲解如何从板块本身的排列和对比进行分析。可以这样讲，本课侧重于驱动面（基本面）的角度来介绍板块轮动，而第十二课侧重于从心理层面的角度来介绍板块轮动。接下来的第十三课进一步在板块的基础上介绍个股的热点变化，也属于心理层面分析居多。第十四课与本课内容都是从驱动面出发，不过第十四课着重强调跨市场因素对板块的因素。在正式展开本课内容之前，还有必要回顾一下经济周期的问题。

经济发展是以经济周期的形式展开的（正如股市的趋势运动是以波浪的形式展开的一样），经济周期一般分为四个阶段，分别是复苏、繁荣、滞胀和衰退。一个完整的经济周期一般跨越几个年份，每个周期的长短存在差别，但是每个阶段具有稳定的某些特征。复苏的特征是经济增长，但是通胀率较低而稳定；繁荣阶段的特征是经济继续增长，通胀率也

> 做题材投机，板块排行榜是要随时关注和剖析的。谁在上涨？为什么涨？资金往哪些板块流入，往哪些板块流出？大盘下跌的时候，哪些板块有资金流入？

显著上升，并且仍旧处于上升趋势中；滞胀阶段的特征是经济增长停滞，但是通胀率却在高位继续攀升。中国过去 20 年的经济周期具有一些共同特点，但也有不同点。我们先来看相同点，每轮经济复苏的时候，在欧美经济、基础设施建设、固定投资和工业生产的带动下经济开始往上走。当经济处于繁荣和滞胀阶段的时候，政府不得不收紧银根，此后物价开始回落，GDP 增长也进一步走弱。但是，并不是每次复苏都完全一致，早一轮经济的复苏以轻工业为主，而最近十几年经济的每次复苏都以固定投资为主。

　　经济周期中的股票市场除了整体有特定轨迹之外，不同的板块在经济周期中也有相应的运动轨迹。国民经济的各个行业总是处于经济周期性运动中，相关板块的股价总是随着该板块对应行业景气循环进行周期的变化，但一般来说**行业股价的波动超前于行业的景气变化**，行业板块中个股的价格变化存在一定的规律，规律之一就是板块个股的价格高低点常常先于行业本身的景气循环高低点，同时股价的波动幅度大于行业景气变化的幅度。为什么会存在这样的规律呢？我们认为从驱动层面和心理层面的逻辑上进行分析可能存在三个原因：第一个原因是股票市场是一个基于预期进行博弈的市场，这就使得行业板块指数先于行业景气程度运动，股市对产业景气度具有相当程度的预先反应性。进一步来讲，整个股票市场的底部和顶部往往先于经济周期波峰和谷底出现前出现，这个是我们在第一课讲到的一个重点。不要小看这点，很多市场评论人士都经常作出一些有悖于这个规律的分析，比如认为股市没有见底的原因是经济还没有见底，其实这种分析很普遍，错就错在忽略了股市其实是先于经济见底的这一规律。第二个原因是作为一个自适应的智能组织，股票市场具有对自身预期进行修正的动机和能力。市场可能在经济繁荣阶段产生水平过高的估值预期，预期过于乐观，而实际的经济增长其实达不到这个市场预期，这样就会发生修正，所谓**"市场走预期"**还包括**"市场走修正了的预期"**一层说法。相反的情况是市场在经济衰退的阶段产生了水平过低的估值预期，而实际的经济运行其实好于市场的预期。市场往往是通过一种过度来纠正另外一种过度，所以市场往往在极度乐观和极度悲观之间摆动，但现实的情况却往往在极端之间。正因为这种过度摆动才为索罗斯和巴菲特等交易巨擘提供了重大机会，这也是我们在最后一课要介绍的"边缘介入"思想的基础。第三个原因是利率调整周期与经济周期的非同步性，利率的变动往往会严重影响股票市场的走势。这种影响甚至可能超过了公司盈利对上市公司业绩，进而对股市相应板块的影响，这就是所谓的"流动性对股市的影响力与业绩对股市的影响力不分伯仲"。我们在第十二课其实已经谈到了这点，也就是利率与流动性对股市的强大影响力往往为市场交易者所忽视，只有在机构投资者和私募基金那里得到重视。比如，即使经济处于下降期、上市公司盈利萎缩，但如果无风险利率有较大幅度的下降，流动性宽裕，股票市场倾向于上涨，比如2011年之后的美国股市（见图11-1），美国经济并没有恢复到次贷危机前，实际情况是与之相差甚远，经济复苏相当乏力，但是美国股市持续上涨，接近历史高点，这其实得益于截至2012年9月的三轮量化宽松货币政策，这也是流动性影响力大于业绩的一个例子。

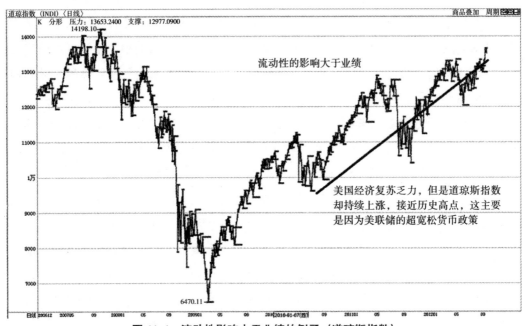

图11-1 流动性影响大于业绩的例子（道琼斯指数）

　　股市上市公司板块先于经济产业板块变化的原因我们已经分析了，这个大家要去理解，因为市场是变化的，你不懂得原理，只是个死板的结论，懂得原理能变化。接着我们讲讲经济周期与板块轮动存在紧密关系的原因。GDP总量增长的好处在各产业群之间的分享程度是不同的，具体而言上游基础工业，比如石油、石化、有色金属和钢铁等行业板块对GDP增长的敏感度均大于1。而出口型产业和房地产业的敏感度在0.7~0.8，基础设施类产业和农业板块的敏感度为0.4，敏感度最低的是消费类行业板块，消费类行业板块对GDP总量增长不敏感，这一板块对人均收入的增长敏感。但由于消费类产业在上市公司中所占的比例很大，差不多接近60%，大于其在国民经济中所占的比重，因此对应GDP增长率1个百分点的上升，上市公司主营业务的整体收入增长率上升幅度小于1，大约为0.76个百分点。部分由于这种GDP增长分布得不均

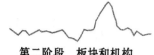

衡，在经济周期中某些板块比其他板块表现得更加出色，经济周期中的不同阶段通常有不同的优势板块，而每一波经济周期中也具有不同的龙头板块。**中短线交易要想获取丰厚的利润，就要学会利用行业板块之间的系统性差异。**这些差异存在的原因有很多，我们大致浏览一下。比如，军工和航天航空行业板块的主要消费者是政府；电子产品和娱乐行业板块的主要消费者是居民；化工和环保行业板块的主要消费者是制造业企业；零售业是典型的劳动密集型行业板块；能源行业是典型的资本密集型行业板块；交通运输行业则属于能源密集型和资本密集型行业板块；汽车、钢铁、造纸、能源行业属于强周期行业板块；医疗、必需消费品行业属于弱周期行业板块……。

经济周期对上述板块的作用特点与这些板块本身的特点有关，比如，**如果利率上升，那么对于资本密集型板块的负面影响最大；如果经济增速下降则对强周期行业板块的影响最大。**搞清楚板块的驱动因素可以从三个角度入手：第一个角度是分析这个行业板块的消费主体是政府、企业还是居民。第二个角度是从行业板块的生产要素属性入手，看看属于资本密集型，还是劳动密集型，或者是原材料密集型。资本密集型行业对于利率高度敏感，劳动密集型行业对于工资高度敏感，原材料密集型行业对于大宗商品价格变动高度敏感。第三个角度是看行业板块与经济周期的关系，强正相关还是弱正相关，或者是负相关。比如，汽车行业、建筑和房地产、航空业就属于强周期行业，而餐饮、制药、公共事业则属于弱周期行业。

从上面已经大概明白了这样一个道理：在股票市场中，不同行业板块对于宏观经济的表现反应存在差别。观察并且利用这些行业板块差别进行操作是短线交易的要领之一，也是本书学习者的优势所在。**要学会从板块的层面去观察驱动因素、主力资金的流向，学会从板块推断指数走势，从板块入手找出市场题材和强势股。**短线交易者应该买入强势板块的强势股，前提是要明白经济周期与股票板块之间的关系。**个股价格的变动至少 50%受到了行业板块的整体影响，有时甚至高达 80%。**从某一行业板块来思考问题，股票交易者可以充分地利用盈利机会和规避下跌风险。我们以 2005~2007年的 A 股市场为例来说明板块轮动的道理，2005 年 6 月 10 日到 2006 年 7 月 7 日，中小板是强势板块，涨幅为 106.56%，同期上证指数为 70.62%，这波上涨属于牛市的初期。在牛市初期，流动性较为充足，但是游资还是不敢碰大盘股，中小盘股和概念股往往成为热门板块。随着市场从 2006 年 8 月 11 日开始进入主升浪，基金重仓股表现显著好于大盘，该板块涨幅为 226.23%，同期上证指数涨幅为 160.58%，蓝筹股开始成为热门板块，这种情况一直持续到 2007 年 6 月 2 日。从 2007 年 7 月 5 日到 10 月 16日，主力开始利用拉抬指数来出货，这时候大盘蓝筹股表现抢眼，涨幅为 88.35%，相

应的上证指数涨幅为59.64%。从这个板块轮动的过程可以发现，**牛市中的主力热门板块具有一定的稳定性，只要你坚持跟踪每日板块走势就能够发现**。熊市中的热门板块持续性差，需要更加全面和及时地分析才能把握住。无论是牛市还是熊市，**热门板块的把握都与关注主力资金和题材持续性密切相关。一般而言台阶式发展的题材具有较强的持续性**，这类题材引发的热门板块大家可以重点关注。

　　前面介绍了一些逻辑关系，下面落实到具体的板块轮动走势上。基于经济周期中的板块轮动规律，在经济周期中的不同阶段往往形成不同的行业板块热点，这种热点的变化推动了板块轮动。在经济复苏阶段，最先启动的行业板块主要是周期性耐用消费品板块行业，具体而言就是住宅与轿车。在经济繁荣阶段初期则是电子信息、机械设备等资本品以及交通运输业板块。在经济繁荣阶段和滞胀阶段，能源、基础材料开始供不应求，相应的价格也大幅上涨（大宗商品期货此时一般也是表现最好的时候），这些行业板块的增长会延至整个经济扩张期的结束。随着经济进入衰退期，上述这些耐用消费品、周期性消费品、原材料和能源也是受到经济收缩影响最大的行业板块，而公用事业板块和必需消费品板块，特别是医疗板块在这个阶段比较抗跌。我们来看国信证券研究所给出的一个经济周期与板块轮动的历史规律总结，2001~2007年（见图11-2），这个图体现出来的板块轮动规律与其他一些理论或者研究得出的结论存在差异。

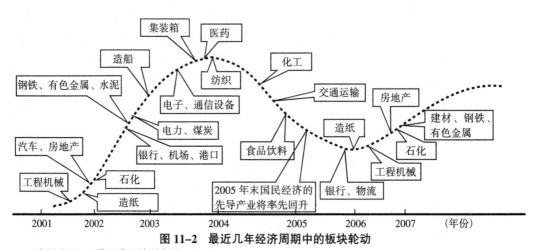

图11-2　最近几年经济周期中的板块轮动
资料来源：国信证券经济研究所，Dina Fund。

　　比如，彼得·纳瓦罗给出了另外一个版本（见表11-1），这个股市板块轮动基于股市本身的周期而不是经济的周期。我们知道股票周期先于经济周期，在运用板块轮动知识的时候不能忽略这一点。

表 11-1　彼得·纳瓦罗的股市周期与板块轮动

股市周期阶段	强势板块	强势子板块
牛市早期	交通运输板块	铁路板块
		航运板块
牛市早期到中期	技术板块	计算机板块
		电子板块
		半导体板块
牛市中期到晚期	资本制造板块	电气设备板块
		污染处理板块
		制造业板块
牛市晚期	原材料板块	钢铁板块
		化工板块
		纸业板块
		有色金属板块
		能源板块
熊市早期	食品和医疗板块	食品和饮料板块
		医药和医疗板块
熊市中期	公用事业板块	电业板块
		燃气板块
		通信板块
熊市晚期	大额消费品和金融板块	汽车板块
		银行业板块
		个人信贷板块
		住房产业板块
		房地产板块
		零售业板块

　　被认为最为有效，并且经过了最广泛证实和实践的板块轮动版本应该是美林投资时钟框架下的股票板块轮动。在第一课我们介绍了美林投资时钟与大类别资产轮动的关系，下面我们看一下美林投资时钟显示的经济周期与股票行业板块的轮动关系（见图 11-3 和图 11-4）。好买基金研究中心的孙志远基于美林投资时钟的经济周期框架对中国行业板块的绩效进行了实证统计（见表 11-2），这个数据能够与美林投资时钟板块轮动框架一道为我们提供有价值的参照。如果你能够按照第一课提供的方法正确定位目前的经济阶段，那么就能够按照美林时钟的板块轮动规律进行板块层面的思考，解决 AIMS 框架下 I 的大部分分析难题。

　　上面都是从经济周期的各个阶段入手介绍板块轮动规律，我们还应该从另外一个角度了解板块轮动，这就是看各个板块在经济周期不同阶段的表现。首先来看必需消

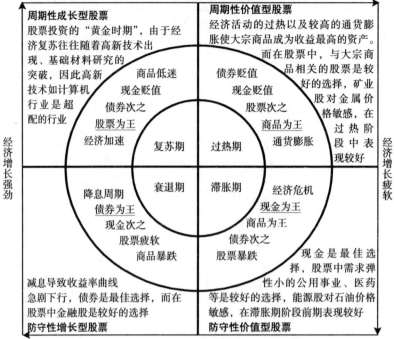

图11-3　美林投资时钟框架下的经济周期与股票行业板块轮动（1）

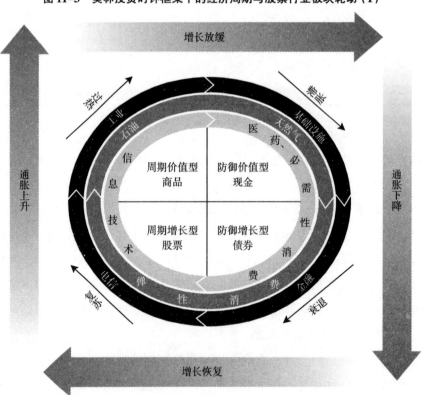

图11-4　美林投资时钟框架下的经济周期与股票行业板块轮动（2）

表 11-2　中国经济周期不同阶段的优势行业板块及平均收益率统计

衰退阶段		复苏阶段		过热阶段		滞胀阶段	
行业	平均收益（%）	行业	平均收益（%）	行业	平均收益（%）	行业	平均收益（%）
医药生物	−1.61	有色金属	3.30	采掘	7.20	食品饮料	0.90
机械设备	−1.66	采掘	2.59	有色金属	5.93	农林牧渔	0.84
信息设备	−2.00	商业贸易	2.57	黑色金属	5.86	金融服务	0.79
房地产	−2.05	交运设备	2.57	医药生物	5.12	机械设备	0.65
食品饮料	−2.25	餐饮旅游	2.55	信息服务	5.10	医药生物	0.63

资料来源：孙志远：《基于投资时钟理论的大类资产选择策略》。

费品行业板块，如农业、食品、零售业以及医药行业板块。这类行业板块的特征受经济周期影响不明显，而是其他一些独立经济变量，比如人口统计特征起决定性作用。在经济步入衰退阶段，投资者一般选择这类行业板块作为投资避风港，因此这类行业又被称为防御型行业，美林投资时钟在衰退阶段超配的防守型增长股票基本处于这类板块，当成长性股票的利润达到顶峰时，投资者的未来收益预期降低。这时投资组合由周期性转向防御性行业。**品牌和渠道能力是判断这类板块上市公司是否具有中线竞争优势价值的核心指标。**这类板块股票表现占优的开始阶段是通货膨胀率通常加速，造成了利润周期的下行。通胀风险使中央银行提高利率，这制约了增长，所以防守型的必需消费板块个股表现开始出众。这类板块个股优势表现结束于利润周期的底部。在这一点，收益增长导致周期性成长类行业占据优势，这时候通胀下降和流动性上升为周期性行业板块提供了强大的驱动力。

金融服务行业在中国主要以银行板块为主，银行业的运行表现为顺经济周期波动的特点，经济的强劲增长促成了银行业的高速增长，但也孕育了经济波动时显现的风险。**在经济下滑后的半年到两年，虽然商业银行贷款期限结构及贷款性质存在差异，但是不良贷款都会在不同程度上有所增加。**经济处于衰退阶段促进中国人民银行降低利率和存款准备金率。**在央行连续地降低短期利率后，收益率曲线陡峭，短存长贷使得银行业能够获得相对较高利差。**从第一课的内容我

利率市场化对银行的利润有重大的长期影响。

们已经知道利润周期落后于流动性周期，而银行业表现与流动性周期正相关，但有一定滞后，在流动性周期加速时高速增长。宏观经济利润周期接近底部预示银行最坏的时候已经结束，这时候企业利润和坏账的预期已经反映到银行股的价格中，而贷款质量提高、数量增加是这个时候的主要预期。事实上，金融业利润的最大制约因素来自于通货膨胀的再次出现，这将使流动性趋紧。随着经济步入繁荣和滞胀阶段、央行加息，当收益率曲线开始变平时，银行利差缩窄。与此相应的则是利润周期显示贷款质量变坏，流动周期和利润周期一起发生作用让银行股处于下跌。

弹性消费品和服务也被称为非必需消费品，这类行业板块的占优阶段开始于经济增长的底部。这类板块的行业**主要受到具有中长期意义的需求拉动**，产业增长的关联效应和群体特征明显。这类板块主要以房地产和汽车为主，同时会拉动相关板块运动，具体而言以房地产业为龙头的高增长产业群，包括钢铁工业、建材工业，特别是砖瓦等轻质建筑材料制造业、建筑用金属制品业等建筑投入品行业、装饰装修行业及物业管理、社区服务等相关服务业。而以汽车为龙头的高增长产业群则包括合成材料工业、轮胎制造业、钢铁工业、机械工业中的机床业等。由于房地产行业资金需求量大、资金周转期长的特点，房地产行业和金融业具有较紧密的联系。当然，这些相关行业与房地产和汽车并不是处于同步的景气运行状态，这点要区分清楚，特别是其中的原材料行业。在经济衰退阶段，消费者缩减不必要的开支，这就包括对弹性消费品的购买。也就是说衰退阶段积蓄了被抑制的需求，当经济复苏时这些积蓄的购买力被释放，促使这些板块的股票价格上涨。在这个阶段，利率、通胀率一般偏低，这就增加了货币的购买力，同时较低的购买成本鼓励消费者获取消费信贷，因此有利于非必需消费品。当经济增长顶点来临时，随着收入和流动性的紧缩这类板块个股的占优表现结束。

信息技术行业和一般工业板块的表现其实是滞后于经济增长的，这是因为在衰退阶段企业缩减所有不必要的成本。只有在经济增长开始见底后，企业管理层才开始增加对信息设备的开支，因此这类行业板块的表现落后于经济增长周期。在表现窗口初期，持续的中央银行利率降低和下降中的通货膨胀，促使购买成本更低，这允许企业在资本开支上更多，相应的弱势表现开始于通胀见到顶点之后不久。

基础工业和原材料板块与大宗商品走势密切相关，这个板块与宏观经济的景气程度有极强的关联程度。另外，受资源禀赋、规模经济、必要资本规模高等行业技术特点的影响，这类行业进入壁垒往往较高，竞争程度比下游产业相对要低。

随着经济开始扩张，提高的生产能力创造了对基础工业和原材料的需求。这类行业在经济复苏阶段保持稳定或缓慢增长，当经济步入繁荣阶段时，其产能一时难以满足需求，从而拉动这些基础产品的价格快速上涨，使得该行业板块的效益有比较显著的增长，直至滞胀阶段的中期。**对于基础工业和原材料板块而言，整个经济的通货膨胀率是其定价能力和利润增长的最佳风向标。**

基于经济周期和行业景气循环的板块轮动只是帮助我们选择操作板块的工具之一，需要与下一课的工具结合使用才能发挥最大效果，本课的方法是从驱动面出发，下一课的方法则是从心理面和驱动面本身出发，结合起来我们就能更好地基于 AIMS 框架，利用板块轮动规律选择操作个股。

【关于"板块轮动"的经典论述】

对于板块轮动及操作要点，许多知名市场人士都有过精辟的阐述，下面摘录如下，与本课内容可以相关参照，以便进一步思考：

1. 券商在熊市极度超跌，远低于银行和保险，价值需要重估。**牛市启动，冲在最前面的，按以往的历史来看，大概率会是券商板块。**股市第一波券商激活市场后，以后还会来回地震荡。在震荡期间，券商板块的热度很可能会冷却下来。当然了，当股市震荡结束以后，开始发生真正主升浪的时候，券商开始分化，部分股票会跟着这一波再次大幅上涨（马蹄山辉哥）。

2. 如何去挖掘热点呢？参考以下的八大规律：第一，板块的轮动都会按照最新的国家和行业发展情况，新的社会现象，新的国家政策，板块新题材，以及主力对市场和政策等预测上涨或下跌，不会出现排队轮动的现象……**行业的重大政策或者明显复苏也会造成板块的活跃，**如产业振兴规划或者行业拐点的确立。第二，不同时间启动的板块，其持续能力不一。**一般来说，率先启动的板块，其持续时间比较长，反弹能力也会比较大，**而后启动的板块持续时间和力度会比较弱，尤其到后期，某个突然启动的热点可能是盘中一现。第三，**行情启动初期，确定热点板块有一种简单方法，就是热点板块先于大盘见底，拉动大盘见底上涨。**第四，当行情处于涨升阶段，市场的热点会比较集中，增量资金也多汇集在几个重点板块，从而带动市场人气，吸引更多资金，推动行情进一步发展。第五，行情涨升阶段捕捉龙头板块，可以通过盘面和成交量捕捉热点板块。一般来说，在大盘涨幅榜前列，出现某一板块有三只以上或者当天三只以上股票底部放量上攻，就可能成为热点板块。第六，板块轮动的传导现象。热点板块轮动尤其是在涨升阶段会出现明显的传导现象，带动其他板块活跃。如房地产板块的持续升温会带动建材、钢铁等板块的活跃。第七，当各板块轮番活跃过后，

会有一次再度轮回的过程，但是此时的持续力度和时间都会减弱，轮动的速度也会加快。第八，在板块轮动的后期，轮动将加大投资者的操作难度，影响资金的参与热情，对大盘的反弹形成负面效应（童话，2019）。

3. **经济增长、流动性、国际贸易和经济不确定性四类指标均具有一定的板块择时效果**。其中**经济增长类指标推荐 PMI 系列指标**，尤其是 PMI 月度变化以及 PMI 新出口订单数量月度变化，其与金融、周期跨期正相关，与消费、成长负相关，尤其是和周期板块显著负相关；**流动性类指标推荐期限利差月度变化和 M1–M2 剪刀差月度变化**，其与金融、周期跨期负相关，与消费、成长正相关，尤其是和金融、成长板块显著相关；**国际贸易类指标推荐出口金额同比月度变化**，其与金融、周期跨期正相关，与消费、成长负相关，与周期、消费板块相关性显著；**经济不确定性类指标推荐 EPU 指数**，其与金融、周期跨期正相关，与消费、成长负相关，与金融、消费板块相关性显著（海通量化团队）。

热门板块排行和行业关注度

你要比别人更深层次地理解在市场上出现的信息，进行深入的分析和判断，前瞻性地预测接下来可能发生的事情，最后就是要有重仓的胆识了。我每年会重点盯着《政府工作报告》，看看哪些行业已饱和，哪些行业是国家鼓励的。目前A股有2000多只股票，就像2000多个人，以基本面区分他们有不同的性格，你要懂得在什么样的经济环境和市场氛围下，配什么性格的股票。这需要很长时间的累积，并不容易做好。我所有判断是以基本面作分析依据，从不分析K线形态。

——深圳蛇口的牛散（入市21年翻了2000倍）

在股票市场盈利的关键在于把握交易者的心理预期。

——江浙某私募高手

普通冰球运动员总是滑向球所在的地方，而优秀的冰球运动员却总是滑向球要去的地方。

——维恩·格雷茨基

在股票市场中，大盘关乎大势，而操作则要落实到个股上。不过上千只个股，如何从中进行选择呢？按照我们的方法你需要系统地思考驱动面、心理面和行为面等因素，具体而言是大盘的驱动面、大盘的心理面和大盘的行为面，加上个股的驱动面、个股的心理面和个股的行为面。在实际交易中，我们其实可以从板块入手，板块是连接大盘和个股的纽带。我们首先分析大盘，也就是AIMS操作法中的M因素。然后分析板块，也就是AIMS操作法中的I。当然I也有主力分析的意味，因为主力也与板块密切相关。板块相对个股的数量更加有限，**板块与题材往往具有对应的关系**，比如环保题材对应于环保板块，奥运题材对应于奥运板块等。所以，**板块可以帮助短线交易**

者快速进行分析和思考，找到相应板块之后再对个股进行筛选。在某些情况下，直接抓板块中的龙头个股即可，比如 2011 年末炒作文化板块的时候，天舟文化就是龙头个股（见图 12-1）。又比如 2012 年 9 月 24 日四川推出 3.67 万亿元投资规划，重大基础设施项目占其主要部分，这刺激了当天和次日的四川板块暴涨，其中的龙头股是四川水泥概念股——四川双马（见图 12-2）。

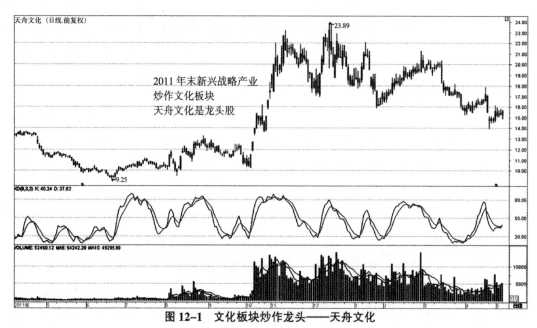

图 12-1　文化板块炒作龙头——天舟文化

图 12-2　四川 3.67 万亿元投资炒作龙头——四川双马

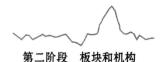

市场起起伏伏，不停运动。过去如此，将来也将如此，每一次重大运动背后必然存在一股不可阻挡的力量。而这股不可阻挡的力量往往与板块有关，因为市场的重大运动都是以板块的形式展开的，个股业绩拐点或者是重组题材只有放在热门板块中才会更加强势。大盘持续存在热门板块，才能引领大盘走出牛市，个股只有存在于热门板块才能走出翻番的超级行情。**板块是行情分析的枢纽，AIMS分析法中的S题材与板块密切相关，AIMS分析法中的I主力与板块密切相关，AIMS分析法中的A优势个股与板块密切相关。**由此看来，可以发现板块分析在我们股票分析系统中的枢纽地位。

板块分析是枢纽、是筛选器，能够帮助我们节省大量的时间和精力。在股票市场上，成功者从来不会把摊子铺得太大，**主力们从来都是基于某一板块展开运作**，相反倒是散户会同时在四五个板块中的个股上押注。在股票市场上，摊子铺得太大，四处出击只能表明你没有研究透彻市场的热点所在，这样是非常危险的。主力有上乘的研究资源和大量研究人员，人家专注于某一板块，你区区一个散户，很多连三张财务报表还搞不清楚就同时在四五个板块上出击。兵家的大忌在于分兵，"我专而敌分"才是取胜之道。不要同时在许多不同板块的个股上都建立头寸，除非你纯粹是一个看大盘走势做股票的人，你这样做其实还不如买指数ETF。同时兼顾许多股票是无法做到研究透彻的，所谓的技术分析可以快速选股其实是误人子弟的，所谓的技术分析可以通用于所有品种也是害人的。要避免这种情况出现，就要以板块为枢纽进行选股，板块算起来顶多有100个，个股就要以千计算了。**执简驭繁是任何事情成功的基础，"少即是多，慢就是快"**可以帮助你在股票市场上获得成功。以板块为单位进行筛选，抓住热门板块你就成功了一大半了，再筛选龙头个股，你就能尽情享受短线飙升带来的快感。**持仓过程中就需要注意热门是否被兑现，有需要从盘口以及资金流向观察主力是否有出逃的迹象，这些从第二阶段课程和第三阶段课程可以学习**

重大题材往往都是大资金集团作战，板块就是重大题材的滋生地。

到。**纯粹通过技术指标来持股是危险的，往往被主力洗出去，错失大行情。**一味地持股不卖也是危险的，最终如过山车，纸上富贵，一场黄粱梦而已。主力是你的对手盘，散户是你的对手盘，利用他们而不是被他们所利用。股市就是一个社会，社会有阶级，股市也有阶级，阶级分析法在股市中也很好用。

以板块为基础进行分析除了能够节省精力之外，还能很快把握到热点的本质，因为大多数热点都是以板块题材展开的。个股的运动受到板块的显著影响，因为个股除了受到业绩影响之外，还受题材的影响，当然还有流动性。**流动性（Money）对整个股市（Market）都有显著影响，题材（Story）则对板块（Indstry/Sectors）有显著影响，业绩（Avenue/Advantage）则对个股（Stock）有显著影响。**投机之王杰西·利弗摩尔高度重视板块，他曾经坦言道："我曾经犯过的错误是当某个板块中的某只股票掉头向下时，我便认为整个市场反转了……在建立新头寸之后，我应该更加有耐心，等待板块中其他个股也显示出拐头迹象的时候才采取行动……反转时候一到，板块中的股票基本会同时发出相同的信号，这是我应该耐心等待的线索……为了确认某个板块的趋势已经明确改变，我通过该板块中的两只股票分析……"利弗摩尔很早就领悟到了板块运动是股市中最为重要的现象。

当日行情最突出的股票最值得我们研究，因为它往往属于某一热点板块，**通过涨幅居前的个股我们可以找到热门板块。**对于中短线交易者而言，如果你不能从热门板块上获得利润，也就不能在整个股票市场中获得利润。利弗摩尔专注于铁路板块、糖业板块和烟草板块以及汽车板块，这是当时的热门板块。他指出："股票市场存在一天，这样的现象就存在一天……力图跟踪很多个股，肯定是不安全的，你将疲于奔命……尽可能只分析相对较少的几个群体。你会发现，用这种方式来获得市场的真实感受，比一来就从个股入手容易而有效……我在自己的行情记录中保持对四个板块的研究，

题材生命力如何分析？题材生命力有什么类型？需要做一些归纳。

但是并不意味着我同时交易它们……"我们身边的游资也是集中精力于板块，**初选出潜在或者新兴热门板块之后，进行深入研究，看热点还能持续多久，市场价格对这个热点已经吸收了多少，还有多少力量和题材可以释放。如果觉得某个板块能够在较高的位置找到充足对手盘，那么就会精研板块中的个股。未来最强板块中的最强个股，聪明的人是冲着这个去的。**

　　本课集中于通过热门板块排行和行业关注度等角度来发现潜在的操作板块，那么具体有哪些工具可以起到这样的作用呢？我们给大家推荐一些数据信息维护及时并且免费的权威工具，下面逐一加以介绍。首先介绍和讯网提供的一个名为"行业关注度排行"的工具，网址是 http：//focus.stock.hexun.com/ ，进去以后在左边栏目中选择子项目"行业关注度"，然后就可以看到如图 12-3 所示的页面。这个关注度数据每日动态更新，更新间隔 15 分钟，非交易日数据不在统计范围之内。这个关注度数据主要是基于和讯网内部数据生成，主要反映该财经网站庞大的用户群对于行业关注变化的分析系统。关注度的变化可以有效地反映行业和市场热点变化趋势和人气变化趋势。"行业关注度排行榜"主要是反映散户关注点的变化，这点是大家要明确的。出现在这个榜单上的每个行业都可以点击进去查看更为详细的关注信息，比如我们点击"化工品"行业，进去之后就会看到非常详细的关注度信息统计（见图 12-4）。出现在这个榜单前

行业关注度排行　　　　　　　　　　　　　　　　　　　　数据日期 2012-02-03

排名	行业简称	关注度	关注度变化值	关注度变化幅度	排名趋势	行业平均关注度
1	工业工程	239190	7322 ↑	3.2% ↑	—	945
2	化工品（Ⅲ）	208688	32906 ↑	18.7% ↑	—	919
3	电子与电气设备	182846	19383 ↑	11.9% ↑	1 ↑	839
4	建筑与材料（Ⅲ）	154623	1109 ↑	0.7% ↑	1 ↑	1120
5	食品生产（Ⅲ）	149047	18871 ↓	11.2% ↓	2 ↓	1506
6	采矿业	137671	3345 ↑	2.5% ↑	—	2993
7	不动产	129799	8776 ↑	7.2% ↑	1 ↑	854
8	医药与生物科技	129085	5122 ↓	3.8% ↓	1 ↓	915
9	银行业（Ⅲ）	112844	20838 ↑	22.7% ↑	2 ↑	7053
10	有色金属	90761	12347 ↓	12.0% ↓	1 ↓	1973
11	软件与计算机服务	87251	4898 ↓	5.3% ↓	1 ↓	909
12	汽车与零配件（Ⅲ）	81282	6562 ↑	8.8% ↑	3 ↑	1042
13	硬件与设备	78183	6634 ↑	9.3% ↑	4 ↑	899
14	饮料	76555	5167 ↓	6.3% ↓	2 ↓	2392
15	一般零售业	72143	4708 ↓	6.1% ↓	2 ↓	975
16	电力（Ⅲ）	69054	7235 ↓	9.5% ↓	2 ↓	1233
17	个人用品	66805	5087 ↓	7.1% ↓	1 ↓	734
18	钢铁	62304	3118 ↓	4.8% ↓	—	1598
19	工业运输	61935	2888 ↑	4.9% ↑	1 ↑	968
20	家庭用品	54085	8762 ↑	19.3% ↑	5 ↑	1104

图 12-3　和讯网"行业关注度排行"

资料来源：和讯网。

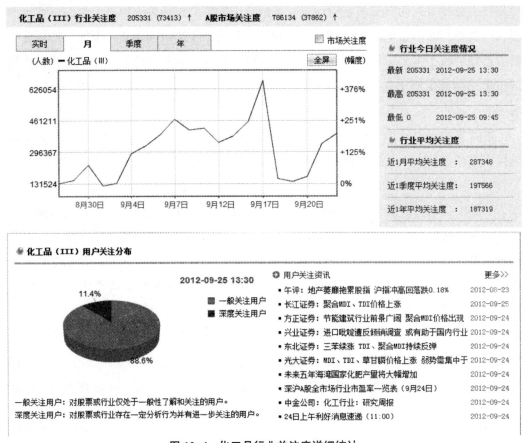

图12-4 化工品行业关注度详细统计

资料来源：和讯网。

列的往往已经进入了散户广泛关注和高度关注的程度，属于我们在下一课会谈到的"成熟阶段题材"范畴，因此应该反向使用为主。

掌握板块关注度的第二个工具是"百度指数"，进入网站 http://index.baidu.com/，然后点击右下角的"百度风云榜"（见图 12-5），进入百度风云榜之后，点击左下角的"金融"（见图 12-6），这样就可以看到金融行业和个股的搜索排行了。"金融"一栏中有"金融行业板块排行"，点击第一个板块"制造业"可以查看到详细的搜索量趋势（见图 12-7）。另外这个榜单也可以看到个股的搜索量走势，例如"今日创业板股票排行榜"第一名是万邦达，表明其今天的搜索量是第一，点击进去可以看到详细的搜索趋势（见图 12-8）。除了使用百度指数之外，我们还可以使用"谷歌趋势"（www.google.com/trends），当然后者只能针对特定行业板块进行关键词搜索量查询。美国金融物理学家托百士·普锐斯领导研究团队，对谷歌趋势上特定企业名的检索量与该企业的股价和

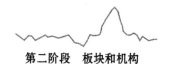

新闻　网页　贴吧　知道　MP3　图片　**指数**　更多▼

请输入您关注的关键词…　　　　　　　　　　百度一下　帮助

电视剧			热点人物		
1	新白发魔女传	308155	1	吉克隽逸	118114
2	我家有喜	224073	2	吴莫愁	84707
3	中国骑兵	131597	3	徐海星	61276
4	北京青年	121768	4	陈雨黎	49197
5	正者无敌	88071	5	李宗瑞	46561

完整榜单　　　　　　　完整榜单

榜单来源：百度风云榜

把百度设为首页　│　搜索风云榜　│　关于百度　│　About Baidu
©2012 Baidu 使用百度前必读

图 12-5　百度指数首页

资料来源：百度。

图 12-6　百度风云榜首页——金融检索榜

资料来源：百度。

股票短线交易的24堂精品课：超越技术分析的投机之道

图12-7 制造业搜索趋势信息

资料来源：百度。

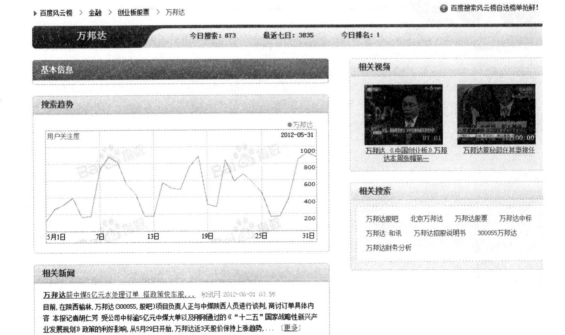

图12-8 万邦达搜索趋势信息

资料来源：百度。

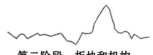

成交量变化进行了统计分析。他们选取了2004年到2010年6月的数据，研究报告刊登在《英国皇家学会哲学汇刊》上，结果表明：谷歌趋势的数据虽然不能预测股价的波动，但是可以很好地预测成交量的变化。

百度指数反映了整个金融市场对板块的关注度，国外有这方面的研究（最为著名的是利用推特和脸谱等博客进行关键词出现率分析），就是如何利用这种对个股和板块的关注度进行走势预测，据说效果还不错。

掌握板块关注度的第三个工具是"万隆证券网"的"板块热点"功能。进入万隆证券网（www.wlstock.com），点击"板块热点"栏目（见图12-9），主要包括三个子栏目，分别是"板块资金流向"、"热点板块实时信息"和"机会热点"，大致浏览可以对市场目前的板块热点有一个粗略的认识，相对于前两个工具而言，这个工具倾向于分析而不是统计，各有所长，综合起来运用就可以达到厘清板块热点的目的，而

> 大数据收集和分析工具是短线投机客的利器。

图12-9　万隆证券网"板块热点"栏目

资料来源：万隆证券网。

这也是每一个短线股票交易者必须要做的功课之一。

掌握板块关注度的第四个工具是"金融界"的相关栏目。进入金融界主页（www.jrj.com），然后点击"行业资金"一栏（见图12-10）。进入以后，可以点击左边"概念板块"（见图12-11）和"行业板块"（见图12-12）两栏，这两个栏目注意力集中于板块的市场表现以及资金在板块间的流动状况。相比较而言，和讯网的关注度排行榜着重于心理分析，而金融界的这两个栏目则倾向于行为分析，这就形成了较好的分析互补性。

掌握板块关注度的第五个工具是东方财富通股票软件的"板块监测"功能。东方财富通软件是一个免费股票软件，由东方财富网提供，其界面非常适合股票短线交易者。就 AIMS 框架下的 I 因素分析而言，我们主要运用其"板块监测"功能，打开该软件后点击主界面上方的"板块监测"项目（见图12-13），在子项目"全部板块"界面中可以看到六个分区（见图12-14），我们标注为 A 到 F。A 是所有板块的市场统计排名，可以根据涨幅、换手率等指标进行排行，我们要关注最前面和最后面三个板块是什么。B 是你关注的某个板块的个股排行。C 是你关注的某个板块的整体走势。D 是该板块龙头个股的走势。E 是该板块有关的新闻。F 是该板块有关的公告和研究报告。这个界面不错，虽然信息的及时性和完备性还不够，但是便利了交易者很好地了解板块的热点、题材和龙头股。

图 12-10　金融界主页

资料来源：金融界。

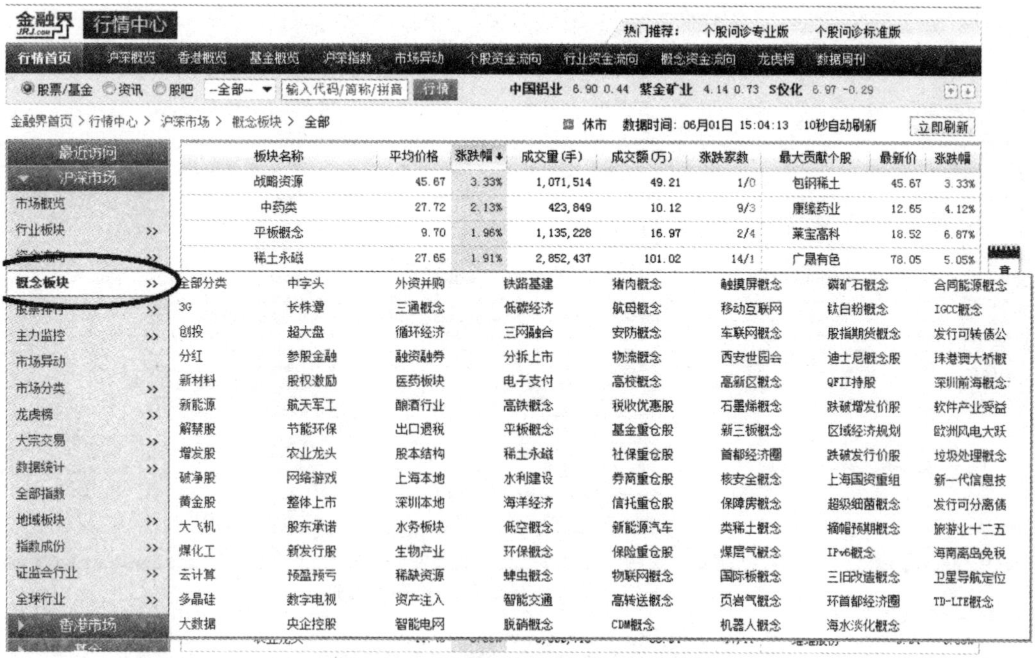

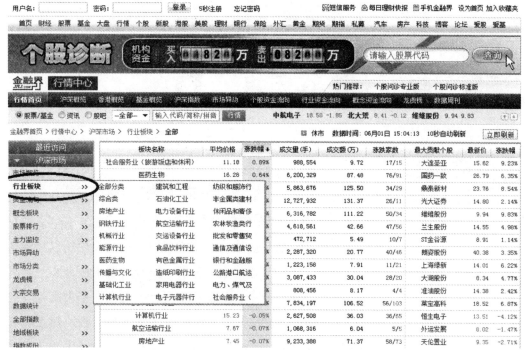

图 12-11　金融界"概念板块"界面

资料来源：金融界。

图 12-12　金融界"行业板块"界面

资料来源：金融界。

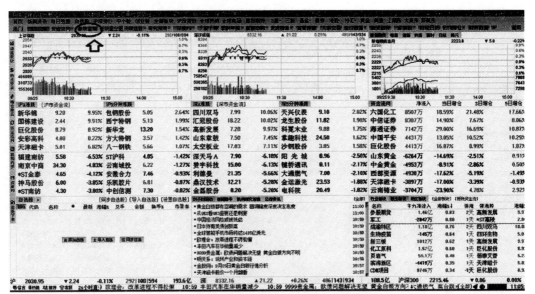

图12-13　东方财富通炒票软件主界面

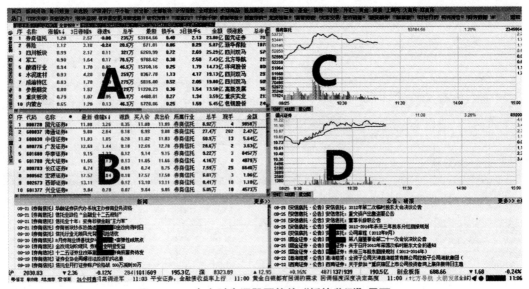

图12-14　东方财富通股票软件"板块监测"界面

本课其实就是讲如何利用市场对板块的关注度以及板块排行榜两个角度对板块进行分析，重点讲解了原理和一些具体的工具，都不复杂，但是很重要，关键还在于大家是否去实践。随着逐步熟练地运用本课的工具，你对板块热点将有更好的分析和直觉，而这些对于股票短线交易来讲是非常重要的步骤。

工具是不停变化的，原理却是长期不变的。

【关于"热门板块和行业"的经典论述】

对于"热门板块和行业",许多知名市场人士都有过精辟的阐述,下面摘录如下,与本课内容可以相关参照,以便进一步思考:

1. 板块大牛一段时间后**集体高潮打板,集体涨停,那么第二天就可能集体共振出货,从而出现板块集体回调**。同理,当板块集体回调、洗盘后,因为洗盘而使得筹码得以沉淀,成本曲线平滑,那么集中抛压变小,这样往往很容易由于利好刺激,出现集体反包,甚至出现第二波(瑞鹤仙)。

2. 我是做短线的,所指的赚钱效应,以短为主,大致展开如下:第一,这个市场上有大量的短线选手,很多人其实对市场理解得不够,但是他们在某阶段也会赚钱,这种赚钱会增加自信,进而快速地投入到下一个品种上,当这种行为产生群体效应时,这种背景下热点就容易有持续性。第二,相反地,如果短线追涨的那些,接二连三地失手,导致资金大幅回落,他们就会进入反思,从而减少操作,当这种行为产生群体效应时,一些强势股没有后继者,就容易形成补跌。第三,这两种心理变化过程,不断循环往复,踏准了节奏,就能分辨出机会的大小,进而决定进出的仓位(炒股养家)。

3. 在操作选股上,首先,一定要尽量买入领头羊、龙头股,一旦追不及龙头,就要迅速介入与龙头股联动性最强的龙二龙三。其次,**如果追涨停的话,一定要规避板块内个股全面启动,大面积涨停的时候**……这就是处于第三个阶段了,板块全面启动了。这时候如果再追,就可能拔了红旗。这时候如果还要去介入板块内较弱的股票,那亏损可能就会非常严重。到了这个阶段,**只有龙头才有安全性**。最后,一旦板块内最冷门的股票也开始全面上涨,基本上这个板块内部就完成了一个循环,开始退潮了,就像我们大盘整个的板块轮动,从题材兴起,到了煤炭、钢铁都启动的时候,基本也算是到尾声了,有名的大同煤业魔咒,也正是如此。所以**低吸非龙头个股的话,选择在板块集体爆发前为最佳**(老散论市)。

主力资金动向和群运动

股市交易不是基于现在大众都知晓的情况，而是基于专业人员利用专业知识对未来几个月后所预测的情况的分析结果的汇总。对于那些股票持有者和精明的投资者而言，他们交易时的根据并不是人所皆知的事情，而是……对未来的明智预判……投机就是预期。

——查尔斯·道

短线交易是既有财富的再分配，长线交易是未来财富的再分配，交易就是博弈。战胜对手盘才能在这场游戏中获胜，失败者要么失去手中的财富，要么失去将到手的财富。

——魏强斌

交易者要真正意识到这一局限性是非常不容易的，这是因为它需要你摒弃"你一定能找到一套独特的指标和方法以保证持续获得巨大利润"的天真想法。其实对于每一位交易者而言，最简单而且最有效的方法之一就是学会综合分析众多信息的两个来源，它们分别是每日的个股走势图和最容易获得的财经新闻。分开来看，它们并没有多大的价值，但把它们综合起来观察的话，你就会发现其中的价值远远超过它们的单个价值。

——杰夫·奥根

进行 A 股交易最为重要的是了解总体流动性和主力资金的偏好，总体流动性分析我们在第二课进行了详细的介绍，这是确定大盘牛熊的关键，**A 股的客观现实就是流动性为王，中短期内趋势比估值更加有影响力。**而决定股价的最直接因

跨市场分析和板块分析就是研究流动性分配问题。

素是资金流的偏好，而资金流是由众多对手盘控制的。当总体流动性没有大的变化时，我们就要考虑流动性的分配问题。发达经济体的流动性有更多的去处，合法经济成分较高，地下经济数量比较容易估计。发展中国家的流动性去处较少，往往在储蓄和房地产以及股市之间流动，地下经济规模很大，不容易估计规模。因此，流动性分配在 A 股市场的规模和变动量需要特殊情况特殊分析，要特别注意储蓄变化和房地产价格的变化。我们要分析在什么样的情况下，因为什么样的原因资金会净流入股市，在什么样的情况下，因为什么样的原因资金会净流出股市。

利用对手盘或者说群体的非理性，是交易获利的关键。但是，这些非理性状态很难被现有的统计技术进行系统处理和利用。没有哪一种基本分析或技术分析能够提供明了的模型来帮助交易者获得高于平均水平的回报。**成功的股票短线交易者需要大众所不具备的能力，而这种能力取决于对市场和其他参与者心理的洞察能力。**为了战胜市场，我们必须具备其他人无法轻易获得的技能，这就是对**市场热点群运动**的理解，以及对**主力资金如何利用热点**的透彻了解。中国股市就是以讲故事和听故事为主的市场，这是新兴市场共有的特点，也是发达国家资本市场至今兴盛的持续特征，互联网泡沫就是明证。主力资金善于利用概念和题材讲故事，而散户则听故事，散户在高位接盘，而主力在高位成功兑现利润。故事有真有假，有众所周知的，也有无人知晓的，**利用对手盘的非理性是所有交易成功的基础**，价值投资作为交易方式的一种也不例外（当然，你可以从定义上否定价值投资是交易，你可以说价值投资是靠持有理想的孳息资产来获利的，不是赚取价差。但是，如果已经持有一家价值性公司的投资者能够完全理性地认识到这家公司未来收益的贴现，那么你就没有任何盈利空间，因为你支付的钱应该等于这家公司能够带来的收益贴现。**价值投资其实也是建立在对手盘错估标的价值的基础上，之所以错估也是因为非理性**）。

大资金是怎么想的？这个问题是可以通过盘面和板块轮动，以及各种驱动面和行为面信息推断的。这种推断可以得出一些大概率的结论。

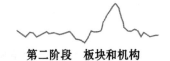

　　所谓的"群运动"是指围绕某一题材（或者主题、热点）同向建仓和持仓的群体行为，比如广州药业收回"王老吉"商标引发的群运动（见图13-1）和零七股份产业资本重组引发的群运动（见图13-2）。这里有必要区分一下题材和主题，以及热点。**题材与热点近似，属于较短期的市场关注因素，而主题则与趋势关系较大，属于较长期的市场关注因素。**北京开奥运会前全聚德上涨；流感暴发后隆平高科上涨，这种一般以题材和热点来论。而经济复苏和央行步入加息周期，美国推行量化宽松则属于主题，影响较为深远，属于中长期因素。**宏观经济事件并不是单一的，而这类因素往往成为主题所在。在进行股票短线交易之前，仔细回味宏观经济事件和新闻，设想未来可能发生的各种情景，然后再去制订自己的交易计划。**哪一条经济新闻会在交易的间隙中呈现出来，经济意义是什么，会怎样影响股票市场的发展。

　　　2014~2015年的"国企改革"和"一带一路"就属于主题。

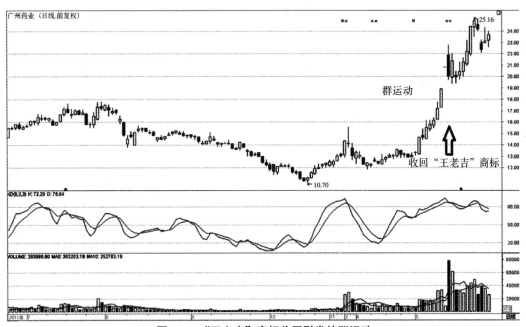

图13-1　"王老吉"商标收回引发的群运动

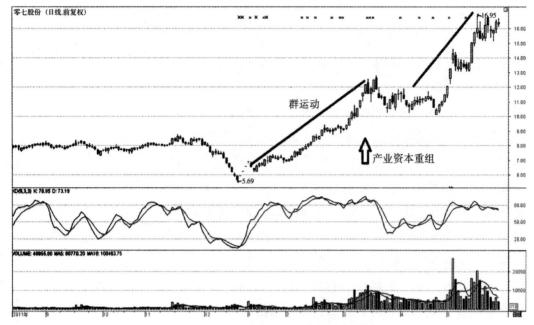

图 13-2 产业资本重组引发的群运动

"群"并不是有规划和有组织的行为，而是一种类似于"羊群"的**下意识行为，可能是为了追求安全感**。正如佛洛姆所言，为了"安全"和"省力"而放弃了独立思考的努力，这样就形成了围绕股票市场某一题材或者主题的群体。金融交易界也是人类社会的缩影，人并没有泯灭其动物的属性，因此追求安全和偷懒（节约体力）是常见的做法。在金融交易中，通过下意识地加入群体中，我们省却了独立做主需要付出的精力，同时能够获得依附于群体的安全感。交易中的群体围绕某一题材展开。题材围绕所谓的概念、行业和区域板块展开。**题材必须让大众产生直观的感受，所以媒体报道往往起到了这个作用**。主力往往会借助于这个题材形成的群体来拉高和出货，因为围绕题材的群运动使得个人的独立判**断中止**，这样就能够为主力所利用，因为群体中的个人往往会出现非理性的极端行为。同时，因为组成群体的个体足够多，累积的资金也足够大，这样就为主力在高位派发提供了足够的接盘力量。某些板块很难有巨大的涨幅，比如银行板块，最主要的原因是流通市值过大，拉得太高之后找不到足

懒惰其实是为了节省能量，这是进化出来的一种自保本能。

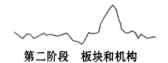

够的接盘力量。

　　围绕某一题材的群运动会因为缺乏进一步的加入者而趋于衰竭，具体而言就是资金流入的速度降低直到反转。**任何题材的最初加入者往往可以获得高额的回报**，而在行情大幅发展阶段加入的交易者的数目是最大的，这些人的乐观期望只能导致更大的失望。为什么股价大幅上涨后的天量往往导致天价，这就是因为最后知后觉却又最贪婪和乐观的那帮人进场了，市场缺乏进一步的新资金流入（见图 13-3）。当群体内成员具有不同的视角和观点的时候，群体会显示出很高的集体智慧。但是绝大多数的群体都不具有这样的特征，金融市场更是如此。因此，**金融市场提供了大量任理性者宰割的羊群**。群体都是被教训的对象，金融市场就是这么残酷。当绝大多数人都相信股价要往某一方向运动的时候，运动就停止了，这些人都要遭到惩罚，而群体的最初参与者可能已经逃之夭夭了。

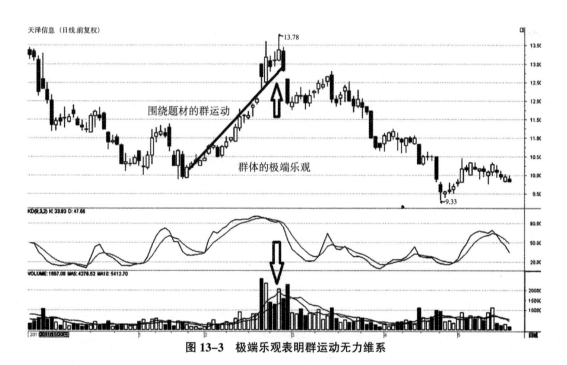

图 13-3　极端乐观表明群运动无力维系

　　市场主流资金的偏好才是股价的中枢所在，做中短线股票最为重要的就是了解主流资金的偏好和动向，而这离不开对题材和热点的分析。识别出围绕某一股市题材或热点形成的群，并且清楚这一群体所处的运动阶段，做到了这两步我们就能在洞悉行情方面有过人之处。我们只需要关注一个处于新兴阶段的群，这时候认识到这一题材的人并不多，对于散户而言他们往往采取忽略的态度，因为这类题材并不出现于他们

股票短线交易的 24 堂精品课：超越技术分析的投机之道

题材和热点的生命力如何
判断？

的日常对话中（论坛、搜索趋势、聊天群组可以作为观察他
们日常对话的窗口）。当围绕新兴题材的群运动开始起步的时
候，选择与这一运动保持一致是明智的，市场上持续成功的
主力也会采用类似的做法。随着价格的持续上涨，加入群运
动的人越来越多，最终价格开始大幅偏离价值，同时能够加
入到群运动的人步入最大规模，聪明的主力和投机客会逐步
退出这样的群。

对于股票短线交易者而言，并没有什么长期的投资，分
析中长期走势的目的是看清楚趋势，从而为中短线交易服务。
**想要做好股票的中短线交易，关键在于发现新兴的题材和热
点，全书所有内容都是服务于这一中心目标的。**看大盘是为
了降低系统风险，看主力是为了找资金流向，利用别人的力
量办事，同时如果自己也是主力的话就存在避免被别人利用
的需要，而分析个股则是在抓住热点板块的基础上进一步的
筛选工作。**发现热点是我们分析行情的核心所在，大盘走势
是前提，找到热点之后我们还要清楚热点和题材所处的循环
阶段，要清楚媒体在题材传播和加强过程中所扮演的角色和
起到的作用。**热点是大势中的热点，**要将题材置于整个市场
的背景中进行斟酌，**要学会将题材板块的运行状况与历史常
态进行比较。

主力资金的动向对于股票交易者而言是一个非常重要的
提示信号，主力资金往往穿梭于板块和热点（或主题）之间，
主力资金存在许多的差别，比如游资和公募资金就有很大的
操盘风格差异。**绝大多数公募资金的操作风格都是追涨杀跌，
而游资和私募的风格则往往是顺应中短期市场主题或热点演
绎的。**要做好股票短线交易，不能不关注中短期内市场的热
点和主题转换。市场中的题材往往存在一个"生命周期"，同
时还存在一个相应的参与群体运动。题材的传播和扩散存在
一个过程和时长，在不同群体中的扩散顺序是不同的，**股票
市场存在一个围绕信息的生态链，绝大多数散户都处于这个
生态链的最底层，**也就是说处于"成熟阶段"之后的信息才

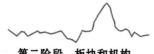

会到达这个层面。但是，散户中的极少数参与者和大部分游资能够在没有特殊渠道的情况下抓到"新兴阶段"的信息，这是因为他们花了更多的精力和时间，按照正确的流程来捕捉处于这个阶段的信息。

我们在本书倡导的 AIMS 操作法，是一种综合性的股票分析策略，其中的 M 是大势，这是我们短线的前提。基本上第一阶段的十课都在围绕这一因素展开，因为只有搞清楚了大势，搞清楚了大盘指数，才能完成好短线操作。而本课则在把握大势 M 这一因素的前提下传授 S（热点、题材、主题）的捕捉技巧，我们在《外汇短线交易的 24 堂精品课》一书中曾经提及过两位股票（权证）短线高手，他们就是精于 S 因素分析和捕捉的高手。**众多成功者的经验一再表明市场的大众心理是最应该被关注的信息，而主流的分析却最忽略这一点。通过合理的推测和有选择地跟随市场心理，理性的投机客可以获得巨额利润。**股票市场的集体智慧是脆弱的，容易被大众的情绪所误导，无论你是否是专业的短线客，密切关注大众心理围绕题材和热点的短期变化，对于一个交易者而言是完全必要的。因为我们的生活和净资产增长基本都要围绕这一因素展开才能获得持续而满意的增长。

在 A 股市场上，真正持续盈利的短线高手恐怕不是纯技术派，也不是理论大堆的基础派，而是**精通于市场热点的心理派**。本课就是围绕心理分析的核心理论和实践展开的，大家学好以后甚至可以抛开技术面去尝试一段时间，熟悉之后再融入技术面的盘口异常分析（参考第十九课的"价量盘察异法"）。**对大盘趋势 M 高瞻远瞩，搞清楚新兴热点 S，搞清楚盘口异常上体现出来的主力意图和出入板块 I，精选主力可能运作或者已经运作的优势个股 A，这就是我们这套方法的核心所在。**

S 是 STORY 的首字母，我们定义为主题或者题材，时间长一点的"热点"是主题，短一点是题材，主题往往与趋势有关，大家不用分得这么详细，大概理解即可。我们在本课

题材生命力不能太短，否则昙花一现谁也无法全身而退，除了此前被套的持股者借机减持出逃外。

都简称为"市场焦点"，**找到市场新兴的焦点 S，是我们短线交易的关键步骤**。而这个关键步骤的主体其实就是心理分析，所以我们首先从心理分析谈起。

心理分析法（Psychological Analysis Method）是行情分析中的一个非典型流派，它对于预测市场战略性转折点具有相当的作用，《孙子兵法》中的"攻城为下，攻心为上"，就体现了心理分析的重要性。但是一直以来，心理分析法在交易界研究和使用的人很少，没有受到交易界的重视，绝大多数交易者甚至采取了忽略的态度。在金融市场发达的美国大学中都没有心理分析法的课程。但是国际上著名的大师级交易者和投资家都对心理分析法高度重视，如乔治·索罗斯、沃伦·巴菲特以及彼得·林奇等。或许你认为这些人都属于纯基本分析，其实如果你知道索罗斯的"反身性理论"，巴菲特关于"市场先生"的见解，以及林奇对于"大众盲点"的论断就不会简单地认为他们只是纯基本面分析的大师了。

心理分析法是一种从"市场心理到价格"的分析思路。这种方法是在市场方向即将逆转或维持原方向的临界点，通过推测市场主导势力控制者的心理价格定位，以此为基础，分析主导资金的流向（资本流向）从而判断未来市场走向的方法。毋庸置疑，市场的大方向决定一切（也就是资本的流向）。在股票短线交易中运用心理分析法意义重大，因为股票市场是一个人相互作用的市场，它的参与者是"人"以及受"人"控制的投资机构，而资本流向都是通过参与者的心理预期反映出来的，所以市场方向是受人的心理因素控制的。换个角度考虑，也就是说，资本流向掌握在市场参与主体——"人"的手中。资本受人控制，所以大众的共同心理对市场走向有很大的影响，有时甚至是决定性因素。

心理分析法的优势正是因为它既包含主观因素也包含客观因素，是介于客观和主观之间，感性和理性之间的"模糊"分析法。因同时具备技术面分析法（客观）、基本面分析法（主观）的特点，所以从理论上讲，心理分析法更好地融合了

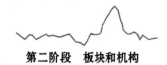

两者的优势，**以交易者心理预期为基础**，以一个更中立、更平和的态度预测市场方向，提高了预测的准确度。在之前的课程中我们曾经提到心理分析法是整个行情分析的枢纽所在，现在你应该大概明白其中的缘由了吧。

心理分析的**最简单模型是市场情绪三阶段模型**，或者说市场参与资金流入量的三个阶段。如图 13-4 所示，在酝酿阶段，市场缺乏一个主流观点，甚至市场不存在任何观点，参与热情很低，成交额处于惨淡状态，这时候市场主流观点渗透率低于 50%，股票价格处于震荡状态，而且一般是不规则震荡居多。此后，市场开始出现了显著的主流观点，市场主流观点的渗透率超过 50%，股价开始以 N 字结构走出单边市，这就是发展阶段，这个阶段的早期是机构交易者（私募资金或者游资，大的行情则是社保资金和汇金）介入的阶段，整个发展阶段都是机构交易者持仓的阶段。到了发展阶段末期，散户交易者开始介入，由于没有更多的买家介入（能加入的买家都进场，缺乏进一步推动行情的资金），行情处于反转阶段。围绕某一主题或者题材的市场情绪运动，也被称为群运动，群体的壮大是由**最初的成功**引起的。如果没有最初成功

想象空间大，题材生命力长，可以运作的股价空间就大，主力和游资就很可能参与。

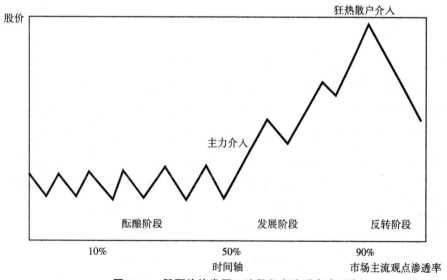

图 13-4　股票价格发展三阶段和主流观点渗透率

的示范，就不会有后来的跟随者。当然，如果没有**很大的想象空间**，也不会有足够的后来跟随者。当题材兴起之初，股价必然逐步有一些反应，然后才是跟随者的大量加入。

股票价格发展的三个阶段是以主流观点渗透率来划分的，这个模型是比较理想的，但是对于我们利用心理分析是非常有启发的。**如果能够把握市场主流意见的发展阶段，在发展阶段和反转阶段把握好时机，则交易者可以做得很好，这是绝大多数交易者所忽略的，因为技术交易要么单纯地跟随，要么会给出无数个不可靠的反转点。**

围绕题材展开的群运动有时候开始于其他题材的过气，有时候与其他题材一同绽放。但是，市场在一个阶段往往不会超过3个热点和题材，因为市场的能量是有限的，市场参与者的数目是有限的，不可能同时形成几十个上百个题材，否则只能算作没有热点的"热点散乱"。**任何热点和题材的出现都会对其他题材形成实际上的竞争，因为题材会相互竞争以便得到更多的参与者。总体而言，牛市中的题材群运动要比熊市中的题材群运动更加持续。**牛市中的题材群运动寿命更长，因此也容易使市场造成更长时间的非理性；熊市中的题材群运动寿命较短，往往容易受到市场悲观情绪的影响。

一般而言，机构交易者具有信息优势，同时也具有资金优势，所以机构交易者一般较散户交易者更早地介入一段主流走势，同时也更早地退出一段主流走势，当**散户开始一致看跌或者看涨的时候，就必定意味着主流走势的总结。**散户和大多数的公募基金更容易受到同伴的影响，他们倾向于模仿其他交易者的行为。媒体往往起到煽风点火的作用，那些戏剧化的语言和非逻辑性的分析经常出现在财经媒体上，大多数的分析是在给行情找理由，往行情上拼凑逻辑，这样的评论很多，这是我们**观察题材阶段的窗口。**

散户较机构交易者更多地成为输家，因为在投机这场博弈中，散户在信息上处于劣势。散户的行为一般是输家的行为，所以散户的多空情绪一般被看作市场的反向指标，但是这里一定要记住：散户的主流意见一般在趋势中段和末段树立起来。

为什么我们如此重视上面这个市场情绪的三阶段模型呢？这是因为技术分析基本停留在价格分析的层面，但是如果我们不为价格分析提供心理基础，则我们看到的只是影子，而不是物体本身，**只有我们掌握了原因才能更好地掌握现象，只有我们把握了本质才不会为纷繁复杂的现象所迷惑。**每种技术形态和指标背后的心理含义是我们要去探究的一个方面。另外，现代宏观经济学之父——梅纳德·凯恩斯就认为心理分析是股票投机成功的关键。同时，**心理分析并没有形成完整的体系，这使得深入发展和实践心理分析的交易者们能够获得超额利润，超过其他交易者平均水平的利润。**股市

短线交易者的优势来源于两个最关键的技能：第一个技能在于能够识别题材群运动的兴起和成熟；第二个技能是他能够结合大盘和个股走势把握题材带来的机会。

　　我们接触的几乎所有交易书籍都以技术分析和基本分析为主要内容，而对于散户而言，技术分析是他们涉猎的主要内容。既然这么多人采纳了技术分析，效果怎么样呢？想必这些本教程的研习者比我们有更深刻的感受。**真正的短线高手是能够揣摩群体心理的人。**什么群体呢？肯定是代表性群体，也就是主要的参与者。正如真正的桥牌高手必然是揣摩对手心理的高手一样，只有当我们能够学会揣摩参与者们的心理时（这其实是可以学会的，我们整本书其实都在讲这个问题如何解决），才能真正在股票交易中长久立足并取得闪耀众人的绩效。我们在《外汇短线交易的24堂精品课：面向高级交易者》一书中详细介绍了"盲利公式"，也就是"盲点等于利润"这个公式，**大众的盲点是利润源泉，自己的盲点则是亏损的源泉。**无论是大众还是我们往往都忽视了心理分析，我们的焦点往往集中于技术分析，而对于大资金交易者而言，比如对冲基金一般而言则集中力量于基本分析。根据我们的经验，**如果能够将心理分析融入自己的交易实践中，则可以将交易的绩效水平提到极致。**

　　很多读者可能会说技术分析包含一切，技术走势本来就包含了心理信息，其实我们从另外一个事实就知道技术分析其实不能很好地促进我们对市场心理的把握。**现有的机械交易系统基本都是基于技术分析的，它们不考虑驱动因素和心理因素，所以长期很难获得暴利，毕竟市场有周期性的变化和结构性的变化，周期性变化源于心理因素，它使得震荡和单边交替，而结构性变化源于驱动因素，这两种变化会让基于纯技术分析的交易者回吐大部分利润，甚至失效。**纯技术分析者回吞绝大部分利润的典型代表就是理查德·丹尼斯，这点就不多讲了，大家可以自己去了解相关信息。

　　既然分析这么重要，而心理分析的要素我们也大概了解

直接关系你输赢的是对手盘，你做交易的时候花了多少时间琢磨对手盘？绝大部分交易者的绝大部分时间都花在了技术指标和走势上。那是历史，那是现象，那是结果，而非本质和原因！

了，那么究竟心理分析的框架是怎么样的呢？如图 13-5 所示，这就是我们采用的**"帝娜心理分析示意图"**。一个市场观点的想象空间还有多少，越大说明能走的预期行情越大。如果一则新闻带出的信息都是铁板钉钉，未来进一步发展的可能性非常小，进一步炒作的空间很小，这样就是缺乏想象空间的焦点，自然也就不会引发机构交易者注意，当然也不太可能发展成为趋势。如果一个观点还没有引起绝大多数散户注意，但是未来进一步发展的可能性很大，则很可能成为主力的建仓理由，这就是潜在焦点 D。如果这个焦点逐步浮出水面，少部分散户也开始注意了，主力也基本完成建仓了，市场此前的热点还在聚光灯下，则这个市场观点就是新兴焦点 A。这时候主力开始顺势而为，行情也开始发动了，这也是我们最佳的介入起点。此后，随着市场不断地炒作和市场新兴焦点的不断扩散和渗透，大家都开始注意到了，关注程度逐步达到最高，这个市场焦点就成了成熟焦点 B，这时候我们就应该退出了。**成熟阶段的焦点往往会伴随着许多煽动性的故事，这样大众就会不自觉地扑上去。**较短期的焦点称

当所有股评文章和媒体评论都在兴高采烈地谈论某件事情时，要么反转，要么大幅修正。

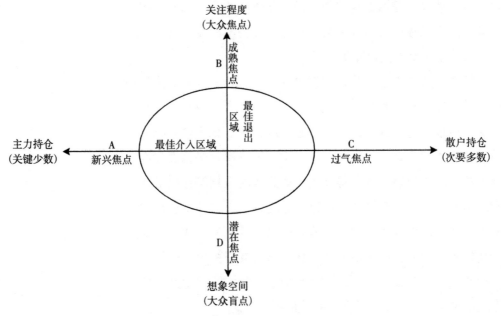

主力　AD　前瞻思维　　　　　　散户　BC　后顾思维

图 13-5　心理分析示意

之为题材，较长期的焦点（主线）称之为主题，两者的持续程度存在区别，这点我们之前提到过。

AD 这个阶段是主力力图把握的阶段，而 BC 则是散户着力的阶段。每一个股票短线交易者都必须学会大致**识别出市场焦点**（题材、热点和主题）**失效的时点**。在这一点上，题材已经失去了吸引新资金加入的能力，**利空不再跌，利多不再涨就是典型的情况**。随着市场题材步入过气阶段，股价开始加速回落，因此短线交易者必须对成熟焦点特别注意，能够发现成熟焦点对应的群运动状态。那么，具体有些什么迹象表明群运动已经成熟，要开始逐步解散了呢？除了上述"利空不跌，利多不涨"的迹象之外，还可以通过成交量来识别，**天量往往对应着题材的成熟点**（见图 13-6）。天量如果对应着流星等**强烈看跌见顶的股价形态**则能够进一步提高研判的准确度。另外，震荡指标从超买区域下来，也可能表明题材已经过了成熟点了（见图 13-7）。如果众多报纸开始在报道这一题材或者这一题材时，出现在了重要媒体的显著位置（比如封面或者头版，我们之前提到过封面的指示意义，在国外交易界无论是外汇交易还是股票交易都有人专门制作所谓的封面情绪指数），那么这一题材也很可能在成熟点附近了。绝大多数媒体都很少会用社论来点评股市，如果非股市专业媒体出现了股市相关的社论，则表明整个市场可能极端非理性化了。在第十课我们谈到了"反常者赢"的观点，主要是结合大盘来讲的。其实，大盘主要受到主题的影响，比如牛市 1 万点成为响彻大

图 13-6 天量确认焦点进入成熟阶段

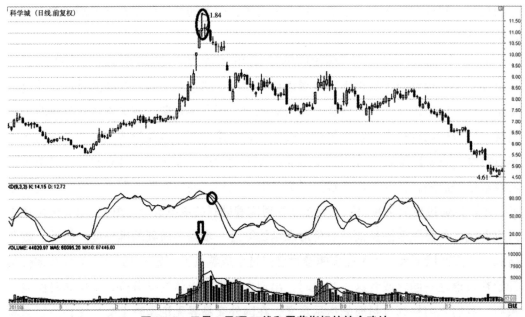

图 13-7 天量、见顶 K 线和震荡指标的综合确认

地的口号之后，炒作中国未来经济的宏伟题材也就过度透支了，这样一个主题只可能处于成熟阶段，这时候我们就要提高警惕了。

价量这些都是技术方面的辅助判断，最重要的还是观察市场对消息的反应，以及盘口的异动。 总体而言，**机械的统计方法很难帮助你有效地观察市场情绪，** 你只有通过不断收集和分析找到逻辑和主线，才能把股市过去和当下的发展看透，也才能进一步对未来的发展有稍强于大众的认识。

想象空间是第一个关键问题，主力持仓是第二个关键问题，关注程度是第三个关键问题，散户持仓是第四个关键问题，进行心理分析的时候就需要把握这四个问题：**一问"这个题材还有没有进一步发展的空间？"二问"主力如何看待这个题材？"三问"散户如何看待这个题材？"四问"大众对这个题材的关注程度如何？"**

题材典型的传播方式是媒体，主要是互联网媒体和电视。对于现在股票短线交易者而言，互联网和电视给我们带来了机会。因为这些**媒体是题材的助产士，** 通过仔细观察媒体信息然后加以综合和分析，再结合个股的价量表现，你就能观察到题材群运动的整个过程，然后从中谋利。**中央电视台第一套和第二套节目是重要的窗口，特别是其中的新闻部分和深度观察节目。** 四大证券报也是重要的窗口，后面我们会提到，这里就不赘述这些媒体了。我们需要在题材还未引起广泛注意的时候就意识到它可能带来的影响，你可以站在游资的角度去思考：**如果我介入这个题材个股，是否能够借**

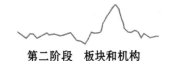

助题材的力量吸引到足够的跟风者和高位接盘者？除了主流媒体之外，我们也会查看许多博客，当然不会只期待正面或者负面的分析，在股市中**最有价值的信息就是对立的信息**。

股票短线交易者**必须持续不断地观察一段时间之后，对市场的热点转化有经验和感觉之后才能选择一个新兴的题材进行实际操作**。假如你离开市场一段时间，那么你应该在重新获得对市场热点的感觉之后再择机而入，而不是潦草分析之后就匆忙入市。这就好比准备活动，如果没有任何准备活动就开始冲刺 10000 米，那是鲁莽而危险的。与题材的不断变化齐头并进，你需要花费大量的精力在非交易时间。我们自己和他人的成功经验表明**盘后投入的研究时间与成功正相关**，所谓盘中临盘决断是盘后厚积薄发的体现。任何成功的股票和期货短线高手都需要做大量的盘后和盘前过程，其中最为重要的一项就是**揣摩市场的情绪**。

我们可以**站在旁人的角度**看看诸如东方财富网、新浪财经和和讯等网站的**股票论坛，看看散户们怎么样看待个股最近的表现，有什么样的集体情绪，对照个股的价量走势进行比较**。股价会沿着题材的方向发生运动，这是因为群运动，越来越多的人加入到其中，开始阶段让一小部分参与者真正富裕了起来。**题材给加入的人一个理由，而赚钱效应则给了大家一个情绪上的期待**。

如何跟踪题材呢？讲点儿我们具体的做法，设定一个《股市热点分析本》，**每天对涨幅前三的板块进行总结，找出驱动其上涨的题材**，持续做一段时间这个工作，并且**时常翻阅这个本子**你就能对题材的转换有一个直观的判断，这就是熟能生巧的过程。分析上涨板块的相关题材是为了找出加强最近股市变化的媒体信息，正是这些信息促进了群运动。这些信息往往都在向大众传递一个信号——目前的涨势将持续。另外，还应该花时间去研究历史，比如**相同背景情况下股价是怎样运动的**。股票短线交易这门技术如果说有什么诀窍的话，那就是多研究历史加上合理的仓位微调，而理论上的操作框架则是 AIMS。

下面是一个"股市热点分析"的简单样本：

时　间	2012 年 5 月 28 日
热　点	1. 水泥建材
	2. 保障房
	3. 水利建设
	4. 东亚自由贸易区

热点 1~3 主要与 5 月 23 日国务院常务会议展开稳经济增长决策提出有关；热点 4 主要与 5 月 13 日正式启动中日韩自由贸易区谈判，山东被倡议为先行区有关。

《股市热点分析本》应该在每个交易收盘后记录一次，在总结题材的时候，需要在旁边注明媒体的相关报道。内容太多的话则进行摘要，可以直接写上标题，**标题是对市场情绪最直观的体现**。通过这个过程你能够识别题材群运动的阶段，更为重要的是，这个本子为你以后衡量市场情绪提供了一个基准，你可以看到以前对于这个题材的市场情绪。要摆脱当下市场对自己的影响，就必须有这样一个本子，这样你就能摆脱群体和市场带来的催眠，从而避免在题材成熟的时候持仓。《股市热点分析本》是你航行在股市大海的指南针，让你不被市场迷惑，不被眼前的景象所蛊惑。要想成为一个成功的股票短线交易者就必须持续地关注财经媒体和市场热点板块，同时保持做记录的习惯，这种习惯可以帮助你清晰地洞悉群体的情绪和题材的兴衰，而这是短线获利的关键。如果你坚持每天完成上述记录，那么这些记录将是你做中短线股票交易的指南针，随时为你提供各个阶段题材或者主题的指示，**每过一段时间你应该对每个重要热点画一根时间轴，做一些进度标注。你可以将题材的进展标注在对应的股价或者板块指数走势图上**。这样你就能将心理面和价格行为结合起来理解，其实也融入了基本驱动面的因素，因为**每个题材其实是基本面因素的主观解读**。

无论是在外汇、期货还是股票交易中我们都应该坚持这项工作。这样你只需要简单地浏览就可以对每个主题有充分的了解，知道目前的发展阶段和未来的发展空间。长期下来你就对解读市场热点有了超强的直觉，这种直觉源于你的**刻意训练**。

交易者的水平高低与能否把握心理分析和仓位管理密切相关，所以 AIMS 的核心也在于它。其他的内容大家也许在其他书中或者说理论中有所领略，但是心理分析却是一个相对

牢牢抓住人这个要素，你就不会被现象所迷惑。技术指标有效的前提是客观反映了人的心理和动向。

陌生的范畴，而这正是超额利润的来源。如果真想要往很高的绩效水平走，就必须明白这样一句话：**不能等市场来告诉你什么，而要让人来告诉你**，等市场来告诉你已经**晚了**。市场来告诉你就是通过行为分析，而让人来告诉你就是通过心理分析。由此，我们再回到那句老话：**交易的对象是人的行为！**

本课的标题是"主力资金动向和群运动"，群运动其实就是讲每个热点周期中不同阶段的主力和散户的集群运动，而主力资金动向其实包含其中，只不过需要专门强调而已。选择性的逆市是股票短线交易成功的关键，当群体围绕某一题材形成的时候，这就是"群运动"，围绕这个题材的参与者越来越多，这一群体会推动股价远离合理区域，而股价的运动进一步吸引其他参与者加入这个群体。群体的早期成员容易获利，而最后的加入者往往都是高位解盘的对象。**游资和私募通过题材来运作资金，题材在更大群体中的扩散使得主力能够在高位派发。**题材对于主力而言最大的价值在于能够提供足够的"羊群"用来实现"财富的再分配"。股价的波动远远大于企业每股收益的变化，其最为关键的原因就在于"羊群"的存在。"羊群"受到"成熟题材"和股价显著运动的影响，"狼"的本领则在于"潜伏—出击"。

"羊群"追随"题材"为"市场之狼"提供了足够的猎物。围绕某一题材介入的群体在该题材的传播过程中不断壮大，各种媒体将群体的注意力集中于市场近期的剧烈上涨上，我们通过关注"题材关注度"和"价量变化"可以很好地理解这一过程，从而追随"市场之狼"而非被捕杀的"羊群"。

其实，最早发现这点并从理论上进行剖析的并不是投机客，而是价值投资之父本杰明·格雷厄姆。他设计了一个盈利模式，这个模式的基础其实是利用"群体的非理性"，巴菲特继承并且发展了这一个盈利模式。这个模式能够发挥作用的关键就在于"羊群"的存在。**认识并利用群体的非理性是所有交易（包括投资和投机）盈利的前提。**人们总是对某一事件或者因素最为关注，因此导致这个焦点被高估，巴菲特等待相反的纠正过程，而我们主要利用这个过渡发展过程本身。AIMS 中的 S 除了可以解读为 STORY 之外还可以解读为 SAFE，题材推动股价非理性运动到价值中枢以下很远时，这时候股价就有了安全空间，巴菲特利用安全空间介入目标个股，而我们在本书中主要围绕非理性运动本身展开，也就是 STORY 而非 SAFE。不过 AIMS 本身包含了价值投资的思想，只不过我们在本书中只介绍投机的思想而已。

AIMS 交易法给了我们一个优势，让我们能够独立地分析市场，一是能够解读其中的 S 则显得特别关键，这是短线交易高手；二是能够解读 M。**如果你能够很好地解读 MS 这两个要素，那么股市短线高手非你莫属了。M 大势—S 热点（新兴）这个框架大**

家要熟记，我们喜欢不断精简自己的操作系统，在这里"少就是多，慢就是快"，AIMS 中的 MS 是最核心的。关于个股的题材识别，可以采用"东方财富通"这个免费金融软件，输入"F10"，在这个栏目下面有"核心题材"一栏，可以大致明白这个个股可能具有的潜在题材（见图 13-8），当然这只是作为备选工具之一，不能完全依赖。

600000	浦发银行	最新价:8.81	涨跌:0.04	涨跌幅:0.46%	换手:0.17%	总手:253503	金额:22294万
操盘必读	股东研究	经营分析	核心题材	新闻公告	公司大事	公司概况	同行比较
盈利预测	研究报告	财务分析	分红融资	股本结构	公司高管	资本运作	关联个股

核心题材

▶ 核心题材

要点一：所属板块　基金重仓板块，机构重仓板块，新上海板块，手机支付板块，上海板块，公募增发板块，银行板块，HS300板块，指数权重板块，信托重仓板块，券商重仓板块，融资融券板块。

要点二：经营范围　金融与信托投资业务，开办证券投资基金托管业务。公司在股份制银行中处于中上游，一直维持快稳的增长，英国《银行家》杂志公布了最新的全球银行1000强排名，根据一级资本排名，公司位列191位，首次跻身世界前200强，根据总资产排名，公司名列第134位，各项指标获得长足进步。

要点三：上海市国资旗下　本行的大股东是上海国际集团有限公司，实际控制人为上海市国资委。上海国际金融中心的建设，这将大大有利于浦发银行扩大自身在全国的网点，扩大资产规模，同时也有利于增强盈利实力，在中间业务和零售业务方面的发展提速。在金融创新上，浦发有望获得一些先行先试的机会。同时，在组建上海本地的大型金融旗舰企业上，浦发银行也会面临一些机遇。按照《银行家》杂志1000强银行排名，本行按照核心资本排名位居108位，同比上升29位，居国内银行第10位，按照总资产规模排名81位，同比上升10位，居国内银行第8位。

要点四：引入中国移动　2010年10月以13.75元/股向广东移动定向增发288976万股，募集资金总额3945927万元，将全部用于补充核心资本金，本次认购完成后，广东移动直接持有浦发银行股份占本行届时全部已发行股份的20%，成为本行的第二大股东。2010年11月25日公司与中国移动正式签署了《战略合作协议》。根据该战略合作协议，公司与中国移动将在包括现场支付及远程支付在内的手机支付领域开展合作，并将联合研发和推广提供多种金融服务功能的手机金融软件及手机支付安全解决方案，还将发挥双方的资源优势，在客户服务和渠道资源共享等领域开展合作。

要点五：中长期资本规划　计划在2011年总资本将达1340亿元，核心资本达840亿元以上。

要点六：息差回升　2010年本行的净利差，净利息收益率分别为2.40%，2.49%，2009年同期分别为1.96%，2.06%。

要点七：房地产类贷款占比　截至2010年末，本行房地产类贷款总额为1166亿元，占总贷款的比例为10.18%，不良贷款率为0.16%(2009年末上述三项数据分别为809.04亿元、8.71%、0.29%)。

要点八：对公业务　在9家同类型股份制银行中，浦发银行公司存款余额位列第二位，公司类贷款余额排名第二位。2010年末全行公司客户近62万户，比上年末增加近10万户，对公各类存款13625.58亿元，较年初增长26.33%，对公贷款余额9286.21亿元，较年初增长20.43%，对公不良贷款率为0.55%，较年初下降0.31个百分点。

图 13-8　核心题材查询

资料来源：东方财富通。

不要盲目相信，也不要盲目拒绝，而要跳出来看大局。

要想洞悉大势和热点就必须保持独立思考的能力，也就是要摆脱大众的观点，**不能正面看信息，也不能反面看信息，要站在侧面看信息**。什么意思呢？第一层意思是不要置身局中，要跳出来看行情，才能看出趋势和新兴热点；第二层意思是不能一味跟随大众，也不能一味与大众作对，而是要选择性地反向操作，"心随精英，口随大众"有点类似这个意思。在关键的市场转折点和题材选择上，往往你要选择与大众不同的看法和做法，因为这时候大众的观点和看法往往会给你无形的压力。当一个股市题材刚刚兴起的时候，往往大众处于忽视的状态，这时候你需要重视，而当一个股市题材已经"熟透了"之后，大众却趋之若鹜，这时我们却需要快速逃离。**人多的地方（竞争对手多的地方）钱不好挣，这是一个规律，但是大多数人无论是在实体经济还是虚拟经济中经营的时候都忽略了这一点。**

如果你没有相对于其他参与者的优势，你如何能够从市场中获取利润，特别是短线交易这种零和效应明显的博弈。高智商、高学历以及决心都不能成为这个领域中的优势。**只有做到"知己知彼，知天知地"才能取得某种局部的优势，这要求我们对市场上其他参与者的思维状态和焦点有及时和透彻的把握。**有这个把握，我们就进场；没有这个把握，我们就观望。技术手段也要，基本分析也要，都要落实到人。交易者就是一个侦探和研究者。没有对市场参与群体心理和焦点的全面而深入的剖析，就不能介入交易中。

群体心理为我们提供了获利的机会，因为群体心理提供了潜在的利润空间。群体心理使得非理性行为出现，人们会"截短利润，让亏损奔腾"，这意味着市场提供了"净利润"，而我们要做的就是争取利用群体的"非理性"获得这部分利润。那么，交易者应该如何去发现群体的非理性呢？大多数交易者都是试图从单纯的基本面或者技术面的角度来挖掘市场的非理性，但是交易是一项最具竞争力的工作（仅次于格斗），许多交易者（无论是价值投资者还是短线投机客）都在做同样的事情，但是却奢望自己比其他人更有优势。估值模型是典型的基本面分析手段，假如人们能够在忽略市场非理性因素的前提下去成功地应用这些估值模型的话，那么就会有越来越多的人开始使用这种近乎机械而死板的模型。**众多的模型使用者相互竞争，使得模型很难提供高于市场平均水平的绩效水平。**要知道市场的平均绩效水平是亏损的，在短线交易中，就算股价没有波动，计入交易手续费用后每个参与者都是亏损的。**巴菲特绝不是一个纯粹的基本面分析者，他对市场情绪的绝佳解读使得他能够在最恐慌的阶段入场，因为他利用了市场群体的极端非理性**（之所以称为极端非理性，是因为这种绝望的情绪不能再进一步发展了，极致之后就是反转）**获利。**

纯粹的技术交易者也面临同样的问题，如果存在能够确定获利的技术指标或者形态，那么很快就能被市场上绝大多数参与者掌握，很快这项策略的超额利润就被耗尽，绩效就要回落到市场平均水平，即"持续亏损"。股市中的短线交易成功者都是解读题材和热点的高手，他们花费了大量时间来琢磨市场的热点，这些热点处于什么阶段，是刚刚兴起还是已经被股价的大幅上涨所吸收，又或者根本还不能称之为热点。他们经常分析当下的可能热点有哪些，其中哪一项最能成为接下来几天的股市板块驱动因

素，被驱动的板块中哪三只个股最容易爆发……我们所见到的短线股票高手每日的工作就是围绕这个展开的。当然，他们也会查看价量盘的情况，但绝不会盯着移动平均线或者 KDJ 就能把隔日要介入的股票确定下来。

公募基金以纯基本分析为主，而散户以纯技术分析为主，看看他们的业绩就可以发现，他们的持续表现是多么的差劲，因为他们没有去关注"人"，他们不知道交易获利取决于"对手"，**如何利用对手盘是交易的最高秘诀**。巴菲特是如何利用对手盘的？他在对手盘极端恐惧的时候接盘，在对手盘极端乐观的时候抛盘，例如他在白银和中石油上面的精彩操作。**如何利用对手盘，最根本的一点在于利用对手盘的非理性**。对手盘为什么会出现非理性，那是因为人类并未完全进化，他们残留着某些本能。社会生物学这门学科告诉我们：人类与动物一样短视和非理性，同样是为了基因的复制而战。倾向性效应让我们"让亏损奔腾，急于兑现利润"，由于我们容易被最近的情景影响，近因效应使得市场群体呈现直线思维——最近在跌，后面就是跌；最近在涨，后面就是涨。人们从来都不善于从概率的角度思考问题，人们也不善于从博弈论的角度思考问题，人们短视而易受群体影响。

股票市场上真正能够持续挣钱的人一定是善于揣摩市场心理的人，这点约翰·梅纳德·凯恩斯也提到过，他提出了"选美论"。注意力是一种有限的资源，绝大多数交易者都关注类似的信息来源，比如同一款股票行情软件，大家看到的当天的板块涨幅排名都是一样的，或者大家都去同一家财经网站，这就造成大量的交易者围绕少量被这些信息来源屡屡提及的股票展开追逐。绝大多数交易者不是基于客观情况进行交易，而是基于期望，一旦我们将金钱投入到股票上，就变得极端脆弱。每个个体都有情绪周期，大概为 28 天，而股市的短周期运动也大概是这个周期，与月亮周期接近。由此看来，约翰·梅纳德·凯恩斯的"选美论"其实是具有科学基础的，对于股票中短线交易者而言，研究大众对个股的看法和情绪是非常关键的，这些可以从论坛或者价量走势得出。在这个过程中，我们要注意两种极端情况：第一种情况是大众一致看多，就算这是一家好公司，也没有哪个主力愿意为大众抬轿子，如果这只个股此前已经大涨过，那么现在很可能是主力让散户来接盘的时候。第二种情况是大众一致看空的时候，比如双汇因为"瘦肉精事件"股价下跌的时候，这时候股价如果已经经过了大幅的下挫，并且下挫过程中也伴随着反弹，那么现在恐怕就是游资等主力悄悄介入的时候，这时候抛的都是散户，买的都是主力，底部换手，利用的是题材。但是，不要轻易去兜底，所谓的逆向思维并不是一味地站在大众的对立面，而是等待利空出尽，并且市场只有空头观点，空头剩余力量都用尽的时候才介入。总而言之，我们反复强调要关

注大众对于大盘、板块和个股的看法和情绪，这对于中、短线交易者而言是非常重要的一步，一般而言随着对某只股票看多的分析师增加，某只个股就会加速上涨，直到多头无法进一步增加。一个出色的股票短线交易者必须对大众心理有持续而细致的跟踪和研究，并且要明白股价的上涨直接取决于资金背后的人心，任何分析如果忽略了人心本身，就不可能有太多的中、短线交易价值。当然，这个过程需要大量的历练，需要充分的经验积累，最重要的是要下苦功夫去做，将股价与心理面以及基本面结合起来可以发现股价运动存在规律，而这个规律并不是单纯技术分析和基本面分析能够解读的。

市场并不是一个机械运动的物体，交易者与市场之间并不是隔绝和独立的，交易者会影响市场，最重要的是市场会影响交易者的判断和决策，因此基于机械物理学思维的纯基本面分析或者是纯技术分析都不能帮助你战胜自己和市场。机械的方法很容易被学习，而交易者一旦掌握了这种方法就会展开同质化竞争，结果就是"双输"。**被大众广泛采用的方法不可能帮助你获得高于平均水平的绩效，且最容易被大众广泛采用的方法最不可能帮助你获得高于平均水平的绩效，最可能的情况则是这种方法让你位于最差绩效的水平之列，因为它被最广泛采用了。**

你要获得优势，就必须脱离大众的窠臼，你必须学会质疑那些大众观点和传统智慧。事实上，整个交易的精髓在于警惕对手盘的理性并且利用对手盘的非理性，质疑是一个很好的工具，要质疑自己和对手。要质疑的是自己观点背后的情绪以及对手背后的情绪，毕竟每一笔买卖背后都是持有相反观点的两个人，而他们都认为自己是正确的。

你能够获得优势是因为群体的非理性，你要选择容易取胜的格局和对手，这就要求你选择群体非理性来作为标准。正因为群体的非理性才有市场的无效性。如果市场是非常有效的，那么就不存在可以供我们获利的机会，无论是价值投

市场是有智慧的，市场就是宇宙的缩影，交易就是人生的缩影。

资者还是短线投机客都没有机会从这样的市场中获利。这就好比跟一个永远都不犯错的棋手下棋一样，你再努力也只是平手而已。

人们在市场犯的错误往往是不易被觉察的，否则大多数人都能觉察到，那么什么样的错误是大多数人觉察不到的呢？那就是很难被统计出来的错误、非机械的错误，那只能是绝大多数人本身也要犯的错误，这就是来自情绪和思维方面的错误。我们选择性地接受信息，接受那些最近、最显著的信息，并受其影响。聪明的短线客和游资会利用这点进行操作，**既然你们喜欢最近、最显著的信息，那么我们就借力于这个信息低吸高抛，借助题材的力量来完成拉升和派发。**拉上去要有对手盘，这个对手盘就是跟随题材而来的"羊群"。

短线高手发掘上述"杠杆"的能力超乎众人，一般人也不会花时间去琢磨它，他们全身心地去琢磨技术指标或者估值模型，成功短线交易者的优势源于他们与众不同的做法以及有悖于大众的观点。市场的行为往往在大众的期望之外，如果行为在大众期望之内，那么绝大多数赚钱，亏钱的是少数，那么市场只有崩溃，因为市场不能创造出额外的钱来支付赢家。市场没有"免费的午餐"，你必须用优势来挣得午餐，而这个优势在于纯基本面或者纯技术面分析之外，在于本课介绍的心理分析，在于将大盘、板块、个股综合起来，在于将驱动分析、心理分析和行为分析综合起来，在于基于AIMS策略进行分析。

在实践中学习是成功股票短线交易者掌握本课技巧的最有效途径，**将股价与信息结合起来分析，分析热点被股价吸收了多少，热点处于什么阶段，还有多大进一步发展的空间，主力在盘口有什么动作**（参考第三阶段课程），这样你就能在股市操作中游刃有余。或许你现在没有足够的钱来从事练习，那么坚持按照本课的方法来跟踪市场的题材转化，坚持一年下来你就会发现自己把握热点的水平大幅提高，这时候你就有勇气去运作此前不敢下手的资金了。

> 主力要琢磨大户和散户的心思，大户要琢磨主力和散户的心思，而散户往往只考虑技术走势和一些众所周知的信息。知己知彼，百战不殆，知天知地，胜乃不穷。散户知道几个方面的信息呢？

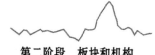

　　"群运动"为主力所利用，主力顺应这个运动，并且从中谋利，本课前面的部分都着重介绍了围绕市场焦点和热点的群运动，现在我们要介绍一下主力资金动向的问题。在本书提出的 AIMS 股票系统分析框架中，I 有板块的意思也有主力机构的意思，可以看出我们在大势 M 和题材 S 这两个最重要因素之后引入了 I——主力和板块要素。第二阶段的课程主要围绕题材 S、板块和主力 I 展开。因为主力往往基于板块，借力于题材展开具体的谋划和运作；而资金的流动更多的是基于板块而不是个股，所以我们在研究主力资金的时候，离不开板块这个基础，更离不开题材这个杠杆。

　　"师出有名"，在股市当中这个"师"就是主力资金，这个"名"则是主题和题材，"名不正则言不顺"，**在股市中如果主力没有选择一个具有强大生命力和号召力的题材则很难能够"全身盈利而退"**。目前，中国股市的大部分个股还是倾向于投机，这是新兴市场的特色，因为缺乏中、长期资金的介入，股市在散户和公募基金为主的背景下往往大起大落。个股的价格取决于资金的进出，行业板块也往往面临相同的问题。但是这个资金的进出却也受到题材的影响，因此我们不能死板地运用基本面和技术面的分析方法。同一板块在牛市和熊市的估值相差 6 倍以上也是屡见不鲜的现象，这就是第一阶段课程讲到的"流动性法则"。而对于具体的个股而言，主力资金的动向则是最为重要的影响因素。在 A 股市场从事股票交易，我们不能不密切关注重量级选手的动向，一切交易的本质都在于利用对手盘，而最为重要的对手盘就是这些选手。

　　主力资金包括汇金、社保、QFII、公募基金、产业资本、游资和私募。在第七课我们深入介绍了社保等"国家队"进出场的意义，由于资金量庞大，所以他们一般选择大盘股进入，对于大势研判的帮助非常大，但对于中、短线操作个股而言意义不大。如果判断大势向上，那么我们更愿意选择中、小盘个股进行操作，而不是像中石油和中国工商银行这样的超级大盘股。而**要操作中、小盘个股的话，就必须对游资和私募以及产业资本有足够的认识**，因为他们是借力于题材和个股优势进行运作的主力军，也是个股短线暴涨暴跌的幕后"推手"。产业资本与游资以及私募的合作越来越多，现在很多精彩的个股暴涨背后往往都有产业资本的影子。不同的主力资金具有不同的偏好和实力，因此透彻地分析这些区别才能更好地找到短线个股的定价中枢。QFII 和保险资金倾向于从价值投资的角度操作个股，而游资和券商部分自营盘则倾向于做题材个股，短期效益高。现在产业资本则习惯于通过资产重组来操作个股股价创造收益。公募基金不时曝出丑闻，比如成为游资高位接盘的工具等，所以其性质更像是散户，而非专业机构。养老金入市会逐步改变市场中参与资金的主体性质，中长线持股投资会成为稳定市场波动的主力，但是目前游资恐怕仍旧是短线个股暴涨暴跌的始作俑者。

　　股票市场的本质是博弈，获利的关键在于利用其他参与者的非理性。这个博弈游戏的重量级参与者是主力资金，他们有不同的偏好和操作风格。这是我们上面谈到的问题，下面我们就从 A 股市场发展的历史来看看券商、公募基金和游资的"三国演义"。

　　1996 年以前，A 股市场的主力是券商，他们利用散户的非理性渔利，个股暴涨暴跌非常厉害，人为控制个股走势的做法风行一时，但是往往也有以失败而告终的现象，因为，高位出货有时候成为问题。比如当时的界龙实业就是不顾大势和对手盘勉强拉升最后自食恶果（见图 13-9）。任何时候不要忘记分析你的对手盘，否则即使你再强大也会被自己的强大击败，界龙实业就是个典型例子。

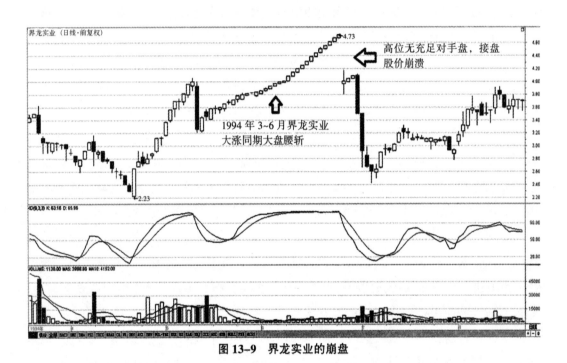

图 13-9　界龙实业的崩盘

　　1996 年初到 2001 年，游资开始崭露头角，这时候属于"券商和游资共治"的 A 股时代。题材股和概念股炒作开始成为一种主流的运作方式，这种方式其实也是市场主力逐渐摸索出来的，因为 1996 年之前主力做盘往往面临找不到对手盘的困境，而**题材和概念其实给了主力撬动对手盘的"杠杆"**。有了题材和概念就能让散户蜂拥而至地在高位接盘。

　　2001~2012 年，公募基金和游资主导 A 股市场，这时候游资的操作手法更加成熟，与产业资本联手进行实质重组成为获利的重要手段。题材和概念也继续成为游资利用散户非理性的重要武器。

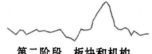

2012 年后随着地方养老金为主的长线资金入市，A 股的理性投资占据主体的位置，单靠概念做盘的方式将集中在中、小盘个股上。主力讲故事的能力将更加突出，题材的可持续性要求更高，没有实质利好的题材将很难为主力所重视和利用。

现在市场上主力基本上按照两种思路来操作：第一种是以 QFII、保险基金、公募基金为主，以基本分析为中心来选择个股；第二种是以游资为主，以心理分析为中心来选择个股。基金和游资运作的理念存在差异，资金性质存在差异，操作手法也不同。基金经理之间也存在差异，所以也不是所有基金经理都不做题材。游资操盘手也存在差异，一些是散户成长起来的，一些则是公募基金经理转行的，还有一些是从早年的理财公司通过炒作后代客理财的。但是，**整体上基金以基本面分析决策为主，而游资以心理面分析决策为主**。基金的决策流程比较复杂，仓位有要求，因此临场应变的能力较差，不太可能根据热点和题材进行短线操作。游资在这方面则有一些优势，因为更相信决策者的个人分析判断而不是依靠四平八稳的决策制度来减轻个人的决策责任。游资拼的是业绩，而基金则是着重于控制风险。基金可以靠收取管理费度日，没有必要承担过大的风险，排名不能太落后，要做到这点只需要随大众即可。所以基金经理采取一致行动的可能性很大，这样可以避免业绩落后大家太多，当然也就不可能超过大家太多。基金的仓位要求也使得建仓和减仓上多有掣肘。不过，随着公募基金多年的发展，有不少基金经理也能够克服从众心态，着力于基本面分析选择中线牛股。

基金在选择进出点上存在的余地不大，而游资一般精于市场氛围的把握和个股的题材，所以在进场和出场时拿捏有道。游资运作周期较短，资金性质使然，基金对公司分析周期较长，加上决策程序的制约，因此也不太可能去做短线题材。基金主要靠基本面分析，游资主要靠心理面分析，这就是他们最大的区别。

市场的最弱势群体——散户，则是以技术分析为中心来选择个股。基金有成功的，有失败的，游资当中有成功的，也有失败的。但散户中失败的基本上可以说是绝大多数。市场上游资最能赚钱，QFII 和保险基金其次，而散户则是亏钱最厉害的群体，由此推断心理分析盈利最快最多，**基本面分析要慢一些，但是容纳的资金量大，盈利稳定，纯技术分析总体上是亏钱的**。

题材其实就是"心理战"的工具，借力于概念和题材是游资最常用的手法，而基金则倾向于基本面分析。对于短线交易而言，题材是更为重要的因素。本书的核心就在于心理分析，因为心理分析集中于研究对手。前面反复强调巴菲特也是一个心理分析的高手，因为他擅长利用大众的极度非理性，非理性导致价值大幅度被错估，而这对于巴菲特而言就是机会。你只有揣摩透了敌人的心思才能赢得战争，你只有揣摩透

了客户的心思才能获得购买意向，你只有揣摩透了对手的心思才能在金融市场中盈利。而这个市场中主力基本上是赚钱的，散户基本是亏钱的，所以你至少应该搞清楚主力现在在想什么，散户现在倾向于怎样思考。

主力资金流向包括宏观流向和微观流向两个层次。主力资金的追踪方法有许多，我们侧重于微观方面的资金流向分析，但是如果你是跨市场交易者，那么你则需要注意宏观资金流向方面的分析。由于本书篇幅有限，我们就不对宏观资金流向分析工具过多阐述，有兴趣的读者可以关注相关的文章和专著。主力资金追踪方面比较常用的是盘面分析，主要是挂单和成交回报的分析（见图 13-10），这方面的内容可以参考本书第十九课的内容。

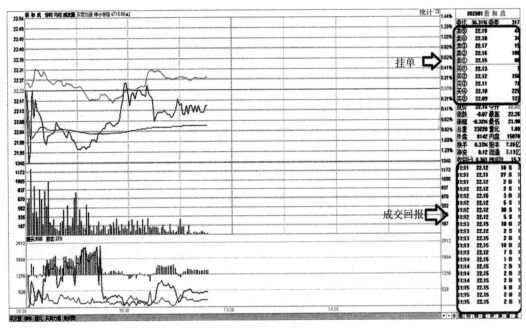

图 13-10　挂单和成交回报

短线高手除了善于从盘口挂单和成交回报推断主力资金在个股上的进出变化与意图之外，还会通过"F10"功能来查看相关的信息，因为在 F10 功能中提供主力的一些中期动向，每款行情软件的 F10 功能并不完全一致，各具特色，我们以通达信和东方财富通的免费版本为例进行说明。

首先，我们介绍通达信的 F10 功能，通过通达信的 F10 功能我们可以了解到主力资金的一些动向。比如，通达信软件 F10 功能界面中有一个"股东变化"项目（见图13-11），你可以看有没有新进的个人投资者或者阳光私募基金，这些一般是运作暴利

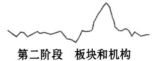

股的主力。另外还有一个"机构持股总汇",这个内容也是你洞悉主力资金动向进而挑选目标个股时必须翻阅和推理的内容(见图 13-12)。

截止日期:2012-03-31 十大流通股东情况 股东总户数:41040

股东名称	持股数 (万股)	占流通股比 (%)	股东性质	增减情况 (万股)
新和成控股集团有限公司	40326.88	56.54 A股	公司	未变
中国建设银行－华安宏利股票型 证券投资基金	1930.00	2.71 A股	基金	320.01
中国人寿保险股份有限公司－分 红－个人分红-005L-FH002深	1528.51	2.14 A股	保险理财	421.46
兴业银行股份有限公司－兴全趋 势投资混合型证券投资基金	832.24	1.17 A股	基金	未变
中国建设银行－兴全社会责任股 票型证券投资基金	803.55	1.13 A股	基金	未变
交通银行－安顺证券投资基金	767.00	1.08 A股	基金	21.00
中国工商银行－南方成份精选股 票型证券投资基金	721.63	1.01 A股	基金	46.88
全国社保基金一零八组合	683.64	0.96 A股	社保基金	30.00
中国银行－易方达深证100交易 型开放式指数证券投资基金	557.22	0.78 A股	基金	新进
中国银行－大成蓝筹稳健证券投 资基金	500.00	0.70 A股	基金	-486.93

图 13-11 通达信 F10 的"股东变化"

☆主力追踪☆ ◇002001 新和成 更新日期:2012-05-09◇ 港澳资讯 灵通V5.0
★本栏包括【1.机构持股汇总】【2.股东户数】【3.机构持股明细】【4.异动上榜】
【1.机构持股汇总】

报告日期	2012-03-31	2011-12-31	2011-09-30	2011-06-30
基金持股 占流通A比	7221.08 10.12	13323.04 18.68	7766.53 10.89	15984.71 22.42
持股家数及 进出情况	共计12 新进3 增持4 减持2	共计93 新进79 增持10 减持3	共计16 新进1 增持11 减持3	共计126 新进1 14 增持8 减持3
保险持股 占流通A比	1528.51 2.14	1107.05 1.55	952.06 1.34	1088.27 1.53
社保持股 占流通A比	683.64 0.96	653.65 0.92		

图 13-12 通达信 F10 的"机构持股汇总"

注:以上数据取自基金持股和公司十大流通股,季度数据未包含基金持股明细,最近一期数据可能因为基金投资组合或公司定期报告未披露完毕,导致汇总数据不够完整。

现在有研究报告定期公布公募基金整体持仓的板块和行业分布，这个信息有很大的价值，无论是对投机客还是对价值投资者而言都是如此。这里面蕴含着"人弃我取"的机会，大家思考一下为什么？

户均持股和股东数目也是分析主力进出的良好指标，虽然有所滞后，但是对于中期运作的个股而言仍然具有较好的识别价值（见图 13-13）。**散户进场接盘散户的话，户数和户均持股不会有太大的变化，因此如果户数和户均持股数目出现显著而持续的变化则往往意味着主力的进出。** 资金要建仓或者减仓不一定导致户数和户均持股的显著变化，因为总体上散户的思维整体划一，除非是上涨过程中有可能出现散户进场接盘散户之外，其他时候散户不太可能空头、多头分散。因此，主力建仓或者减仓必然导致户均持股数目的显著变化。

截止日期	股东户数	户均持股	较上期变化	筹码集中度
2012-03-31	41040	17380	无明显变化	较集中
2011-12-31	40928	17427	无明显变化	较集中
2011-09-30	44361	16072	趋向分散	较集中
2011-06-30	35611	20022	趋向集中	非常集中
2011-03-31	40200	17739	趋向集中	较集中
2010-12-31	57572	11464	无明显变化	较集中
2010-09-30	37327	11788	趋向分散	非常集中
2010-06-30	25105	17527	无明显变化	非常集中
2010-03-31	19140	17684	无明显变化	非常集中
2009-12-31	17689	19134	趋向分散	非常集中
2009-09-30	13711	24686	趋向集中	非常集中
2009-06-30	20795	6331	趋向集中	较集中
2009-03-31	43392	3034	无明显变化	较分散
2008-12-31	39636	3322	趋向分散	较分散
2008-09-30	31635	3941	趋向分散	较分散
2008-06-30	14992	8317	趋向分散	较集中
2008-03-31	12294	10143	无明显变化	非常集中
2007-12-31	12054	10345	无明显变化	非常集中
2007-09-30	11966	10373	趋向集中	非常集中
2007-06-30	23510	5279	无明显变化	较集中
2007-03-31	23854	5093	无明显变化	较集中
2006-12-31	22901	5305	无明显变化	较集中
2006-09-30	20805	5839	无明显变化	较集中
2006-06-30	20283	5990	无明显变化	较集中
2006-03-31	9561	6353	趋向分散	较集中
2005-12-31	7871	7718	趋向集中	较集中
2005-09-30	12130	3338	趋向集中	较分散
2005-06-30	13496	2222	趋向集中	非常分散
2005-03-31	15095	1987	无明显变化	非常分散
2004-12-31	15579	1925	无明显变化	非常分散
2004-09-30	15837	1894	趋向集中	非常分散

图 13-13　通达信 F10 的"股东户数"

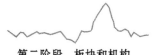

中线上涨的个股基本上都有持股人数大幅降低的情况，而且这种现象大多出现在上涨之前和上涨初期。在个股下跌的过程中，主力不动声色地吸筹，这个时候的持股集中度就在显著提高。

其次，我们来看东方财富通 F10 的相关功能，这款软件的分析功能非常强大，特别是在资金流向和板块热点方面。进入东方财富通 F10 界面后，第一个项目是"操盘必读"，选择子项目"股东分析"（见图 13-14），这里面可以看到股东人数和变化，以及筹码集中度、人均持股金额、前十大流通股东持股合计以及主力机构持股情况，这些对于我们推断和印证主力出入个股都是有参考价值的。不过，F10 毕竟是一个存在时间滞后的工具，所以是一个适合中线投机的分析工具。F10 对于短线买卖意义也有，不过不能单靠这一个工具，最好结合个股资金进出的即时统计工具。另外，东方财富通 F10 功能下的"股东人数"（见图 13-15）、"十大流通股东"（见图 13-16）、"十大股东"（见图 13-17）、"大宗交易"和"融资融券"（见图 13-18）等项目也值得结合起来分析，这里面也包含了主力资金进出的信息，可以跟价量走势结合起来看，不过最终还是要考虑大盘 M 和题材 S 以及个股的基本面优势 A 等。

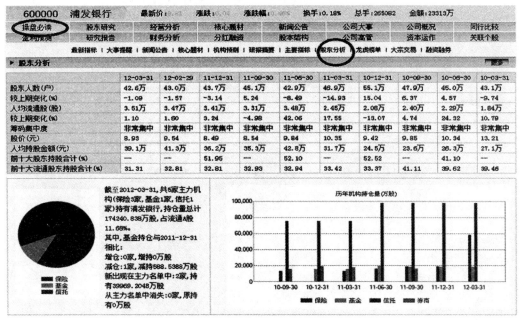

图 13-14　东方财富通 F10 的"股东分析"

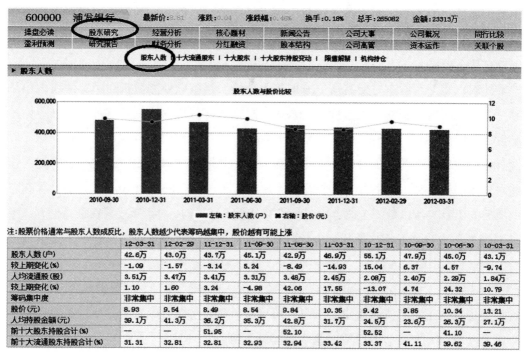

注：股票价格通常与股东人数成反比，股东人数越少代表筹码越集中，股价越有可能上涨

	12-03-31	12-02-29	11-12-31	11-09-30	11-06-30	11-03-31	10-12-31	10-09-30	10-06-30	10-03-31
股东人数(户)	42.6万	43.0万	43.7万	45.1万	42.9万	46.9万	55.1万	47.9万	45.0万	43.1万
较上期变化(%)	-1.09	-1.57	-3.14	5.24	-8.49	-14.93	15.04	6.37	4.57	-9.74
人均流通股(股)	3.51万	3.47万	3.41万	3.31万	3.48万	2.45万	2.08万	2.40万	2.29万	1.84万
较上期变化(%)	1.10	1.60	3.24	-4.98	42.06	17.55	-13.07	4.74	24.32	10.79
筹码集中度	非常集中	非常集中	非常集中	非常集中	非常集中	非常集中	非常集中	非常集中	非常集中	非常集中
股价(元)	8.93	9.54	8.49	8.54	9.84	10.35	9.42	9.85	10.34	13.21
人均持股金额(元)	39.1万	41.3万	36.2万	35.3万	42.8万	31.7万	24.5万	23.6万	26.3万	27.1万
前十大股东持股合计(%)	—	—	51.95	—	52.10	—	52.52	—	41.10	—
前十大流通股东持股合计(%)	31.31	32.81	32.81	32.93	32.94	33.42	33.37	41.11	39.62	39.46

图 13-15 东方财富通 F10 的"股东人数"

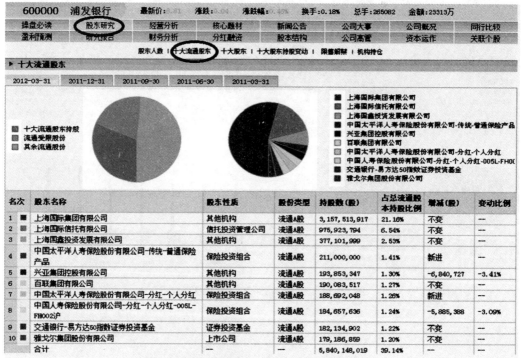

名次	股东名称	股东性质	股份类型	持股数(股)	占总流通股本持股比例	增减(股)	变动比例
1	上海国际集团有限公司	其他机构	流通A股	3,157,513,917	21.16%	不变	—
2	上海国际信托有限公司	信托投资管理公司	流通A股	975,923,794	6.54%	不变	—
3	上海国鑫投资发展有限公司	其他机构	流通A股	377,101,999	2.53%	不变	—
4	中国太平洋人寿保险股份有限公司-传统-普通保险产品	保险投资组合	流通A股	211,000,000	1.41%	新进	—
5	兴亚集团控股有限公司	其他机构	流通A股	193,853,347	1.30%	-6,840,727	-3.41%
6	百联集团有限公司	其他机构	流通A股	190,063,517	1.27%	不变	—
7	中国太平洋人寿保险股份有限公司-分红-个人分红	保险投资组合	流通A股	188,692,048	1.26%	新进	—
8	中国人寿保险股份有限公司-分红-个人分红-005L-FH002沪	保险投资组合	流通A股	184,657,636	1.24%	-5,885,388	-3.09%
9	交通银行-易方达50指数证券投资基金	证券投资基金	流通A股	182,134,902	1.22%	不变	—
10	雅戈尔集团股份有限公司	上市公司	流通A股	179,186,869	1.20%	不变	—
	合计			5,840,148,019	39.14%	—	—

图 13-16 东方财富通 F10 的"十大流通股东"

600000	浦发银行	最新价:8.81	涨跌:0.04	涨跌幅:0.46%	换手:0.18%	总手:265082	金额:23313万

操盘必读	股东研究	经营分析	核心题材	新闻公告	公司大事	公司概况	同行比较
盈利预测	研究报告	财务分析	分红融资	股本结构	资本运作	公司高管	关联个股

股东人数 ｜ 十大流通股东 ｜ 十大股东 ｜ 十大股东持股变动 ｜ 限售解禁 ｜ 机构持仓

► 十大股东

2011-12-31	2011-06-30	2010-12-31	2010-06-30	2010-03-31

名次	股东名称	股份类型	持股数(股)	占总股本持股比例	增减(股)	变动比例
1	中国移动通信集团广东有限公司	流通受限股份	3,730,694,283	20.00%	不变	—
2	上海国际集团有限公司	流通A股	3,157,513,917	16.93%	不变	—
3	上海国际信托有限公司	流通A股	975,923,794	5.23%	不变	—
4	CITIBANK OVERSEAS INVESTMENT CORPORATION	流通A股	506,164,207	2.71%	不变	—
5	上海国鑫投资发展有限公司	流通A股	377,101,999	2.02%	不变	—
6	兴亚集团控股有限公司	流通A股	200,694,074	1.08%	-41,563,105	-17.16%
7	中国人寿保险股份有限公司-分红-个人分红-005L-FH002沪	流通A股	190,543,024	1.02%	新进	—
8	百联集团有限公司	流通A股	190,083,517	1.02%	不变	—
9	交通银行-易方达50指数证券投资基金	流通A股	182,134,902	0.98%	-15,560,932	-7.87%
10	雅戈尔集团股份有限公司	流通A股	179,186,859	0.96%	不变	—
	合计	—	9,690,040,576	51.95%		

► 十大股东持股变动

该股暂无十大股东持股变动

► 限售解禁

解禁时间	解禁数量(股)	解禁股占总股本比例	解禁股占流通股本比例	股票类型
2015-10-14	37.3亿	20.00%	25.00%	定向增发机构配售股份

图 13-17　东方财富通 F10 的"十大股东"

600000	浦发银行	最新价:8.81	涨跌:0.04	涨跌幅:0.46%	换手:0.18%	总手:265082	金额:23313万

操盘必读	股东研究	经营分析	核心题材	新闻公告	公司大事	公司概况	同行比较
盈利预测	研究报告	财务分析	分红融资	股本结构	资本运作	公司高管	关联个股

最新指标 ｜ 大事提醒 ｜ 新闻公告 ｜ 核心题材 ｜ 机构预测 ｜ 研报摘要 ｜ 主要指标 ｜ 股东分析 ｜ 龙虎榜 ｜ 大宗交易 ｜ 融资融券

► 大宗交易

交易日期	成交价(元)	成交量(股)	成交金额(元)	买入营业部	卖出营业部
2012-03-19	8.33	1.10亿	9.16亿	中国太平洋保险(集团)股份有限公司中国太平洋(集团)股份有限公司	海通证券股份有限公司上海江宁路证券营业部
2012-03-19	8.33	1.85亿	15.4亿	太平洋资产管理有限责任公司太平洋资产管理有限责任公司	海通证券股份有限公司上海江宁路证券营业部
2012-03-19	8.33	2.11亿	17.6亿	太平洋资产管理有限责任公司太平洋资产管理有限责任公司	海通证券股份有限公司上海江宁路证券营业部
2012-02-28	8.53	40.0万	341万	海通证券股份有限公司上海江宁路证券营业部	东方证券股份有限公司上海乌鲁木齐北路证券营业部
2011-10-18	8.03	40.0万	321万	海通证券股份有限公司上海江宁路证券营业部	财通证券有限责任公司杭州湖墅南路证券营业部
2011-07-14	10.00	99.8万	998万	中国国际金融有限公司上海淮海中路证券营业部	瑞银证券有限责任公司瑞银证券总部
2011-07-08	9.80	30.7万	300万	中国建银投资证券有限责任公司广州水荫路证券营业部	中国建银投资证券有限责任公司广州水荫路证券营业部
2011-05-18	13.91	22.0万	307万	中国建银投资证券有限责任公司广州水荫路证券营业部	中国建银投资证券有限责任公司广州水荫路证券营业部
2011-03-18	14.15	121万	1709万	光大证券股份有限公司公司总部	光大证券股份有限公司公司总部
2010-12-08	11.75	150万	1763万	中国民族证券有限责任公司上海南丹东路证券营业部	中国民族证券有限责任公司上海南丹东路证券营业部

► 融资融券

时间	融资买入额(元)	融资偿还额(元)	融资余额(元)	融券卖出量(股)	融券偿还量(股)
2012-05-31	52,913,553.00	17,464,888.00	1,503,439,861.00	34,300.00	231,600.00
2012-05-30	72,171,252.00	29,044,345.00	1,467,991,196.00	399,900.00	220,100.00
2012-05-29	72,274,871.00	26,658,535.00	1,424,864,289.00	172,300.00	200,500.00

图 13-18　东方财富通 F10 的"大宗交易"和"融资融券"

　　主力资金短期流向分析可以通过股票软件或者财经网站的相关功能完成，比如东方财富通股软提供的"资金流向"即时查询功能（见图 13-19）以及前一课提到的"板块监测"功能（见图 13-20）。使用这两个功能的要点在于与中短期内的板块热点和个

股题材结合起来看：第一是通过资金流向排名反过来找热点和题材；第二是通过资金流排名来确认先前对热点和题材的预判。

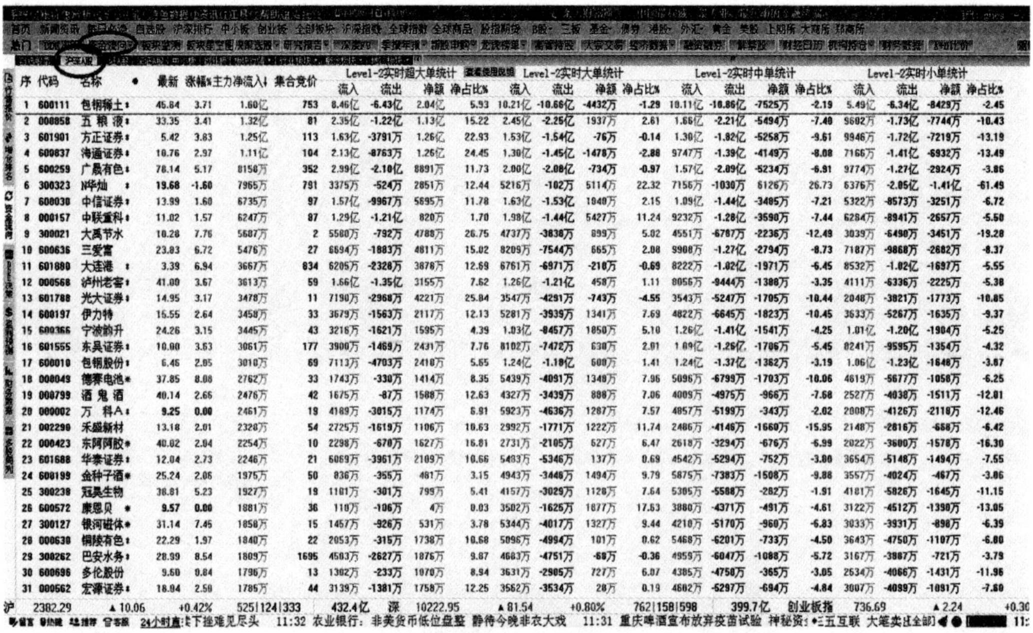

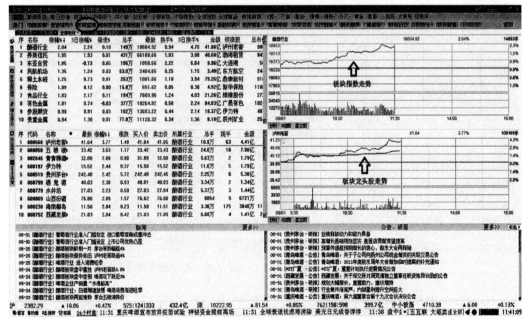

图 13-19　东方财富通的"资金流向"功能界面

图 13-20　东方财富通的"板块监测"功能界面

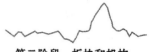

另外，东方财富通还有一项“机构持仓”功能我们要充分利用，进入该软件主界面之后，在上面菜单栏找到“机构持仓”一项，点击进入（见图 13-21）。进入以后可以选择查询“基金重仓”、“QFII 重仓”、“社保重仓”、“券商重仓”、“信托重仓”和“保险重仓”等项目信息。这一功能也可以帮助我们判断主力资金的动向，当然游资一般选择“非基金重仓”的股票，所以你要做短线题材飙升股就要避开这一功能查询出来的基金重仓股等“正规军”重仓个股和板块。做题材个股，特别是短线题材，不能只依靠 F10 功能来判断运作题材的主力进出情况，正确的办法是用 F10 来排除，凡是“正规军”重仓的个股都不能作为题材股来运作，流通股本大的也是如此。

序号	股票代码	股票简称	持有基金家数(家)	持股总数(万股)	持股市值(亿元)	持股变化	持股变动数值(万股)	持股变动比例(%)	持仓明细
1	600519	贵州茅台	229	15292.28	301.20	减仓	-2240.82	-12.78	持仓明细
2	600036	招商银行	190	216799.56	257.99	减仓	52007.99	-19.35	持仓明细
3	000858	五粮液	181	55603.93	182.60	减仓	13830.50	-19.92	持仓明细
4	000002	万科A	164	218563.87	180.97	减仓	-11496.85	-5.00	持仓明细
5	600016	民生银行	156	291421.89	182.72	减仓	-79571.87	-21.45	持仓明细
6	601318	中国平安	151	49085.51	179.56	减仓	-8561.23	-14.85	持仓明细
7	601166	兴业银行	138	121534.37	161.88	减仓	-16546.73	-11.98	持仓明细
8	600887	伊利股份	135	60996.91	134.44	减仓	-21176.36	-25.77	持仓明细
9	000651	格力电器	130	79346.01	161.31	减仓	-6333.98	-7.38	持仓明细
10	600000	浦发银行	126	178570.70	159.46	减仓	-30501.54	-14.59	持仓明细
11	000568	泸州老窖	120	32583.22	127.41	减仓	-5964.72	-15.47	持仓明细
12	600048	保利地产	120	86967.23	98.19	减仓	-52000.52	-37.42	持仓明细
13	600030	中信证券	106	60565.87	70.20	减仓	-13555.89	-18.29	持仓明细
14	601088	中国神华	93	33679.16	86.76	减仓	-12736.37	-27.32	持仓明细
15	601601	中国太保	82	39222.63	75.66	减仓	-32327.57	-45.18	持仓明细
16	002024	苏宁电器	80	82762.30	80.69	减仓	-34524.25	-29.44	持仓明细
17	000895	双汇发展	79	10738.30	73.99	减仓	-7489.74	-41.09	持仓明细
18	600518	康美药业	78	42035.63	53.39	减仓	-28228.16	-40.17	持仓明细
19	002304	洋河股份	76	6251.69	91.99	减仓	-1324.22	-17.48	持仓明细
20	000527	美的电器	76	54319.29	71.27	减仓	-25925.58	-32.31	持仓明细
21	000001	深发展A	68	40938.67	64.31	减仓	-18074.61	-30.63	持仓明细
22	601328	交通银行	65	125795.24	59.25	减仓	-15538.62	-10.99	持仓明细
23	000423	东阿阿胶	65	14349.25	57.86	减仓	-12892.49	-47.33	持仓明细
24	000063	中兴通讯	65	29345.80	48.22	减仓	-22470.53	-43.37	持仓明细

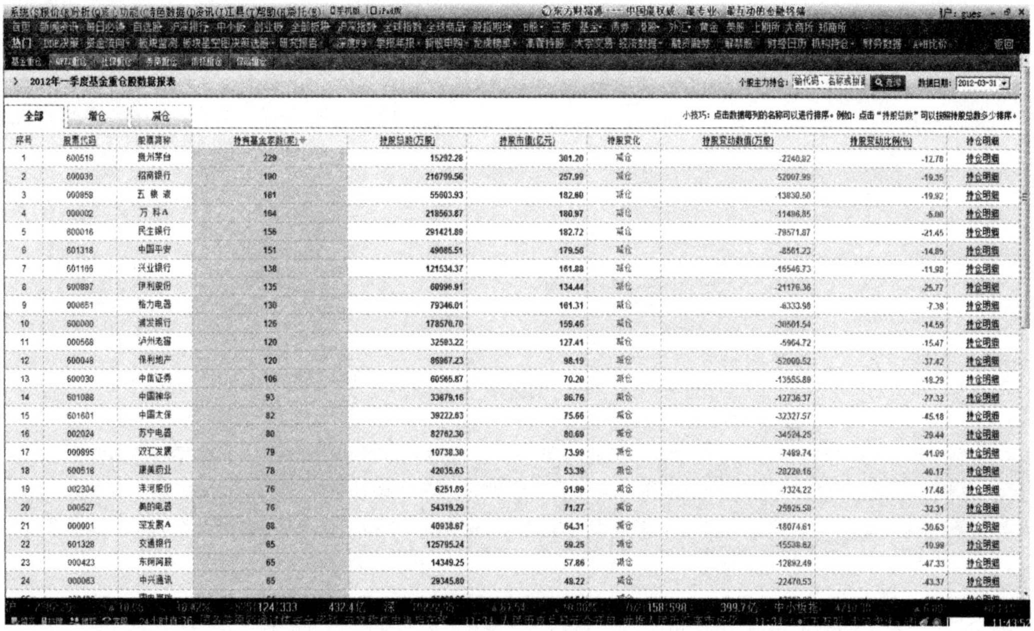

图 13-21 东方财富通的“机构持仓”功能界面

通达信股软里面也有查看主力动向的一些简单工具，比如“主力监控精灵”（见图 13-22），这个工具并不是真的在“监控主力”，而是提醒你一些盘中的异常而已。主力的行动往往会打破市场的自然过程，但是出现异常未必就一定是主力的行为，所以这个功能主要是提醒我们注意一些异常信息。“主力监控精灵”可以提醒我们盘口的异常反映，大家结合本书第十九课的内容以及 AIMS 框架来解读即可，重点是看出主力的动向，也就是主力资金的流向。

就财经网站而言，前面提到过的万隆证券网的“主力行为”栏目也值得经常浏览（见图 13-23），在这里面可以看到一系列基于博弈论的主力行为研究，虽然有些数据和信息更新较慢，但是整体还是有一定的指南意义，可以结合起来看。另外，和讯网的"全市场资金流向"（见图 13-24）和金融界的"资金流向"（见图 13-25）也可以关注，前者提供了查询个股资金流动变化的功能。不过，我们要明白资金流向是滞后于题材

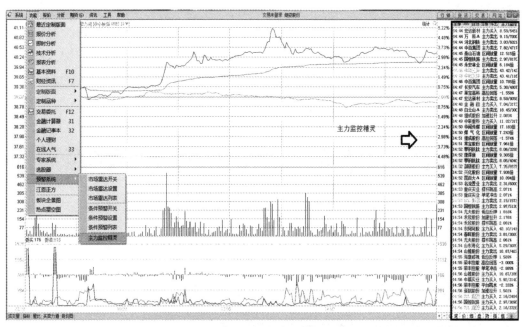

图 13-22　通达信的"主力监控精灵"

图 13-23　万隆证券网的"主力行为"栏目

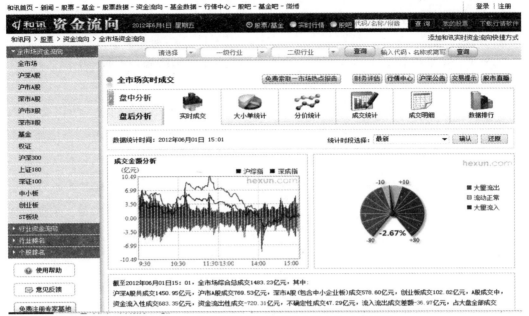

图13-24　和讯网的"全市场资金流向"查询界面

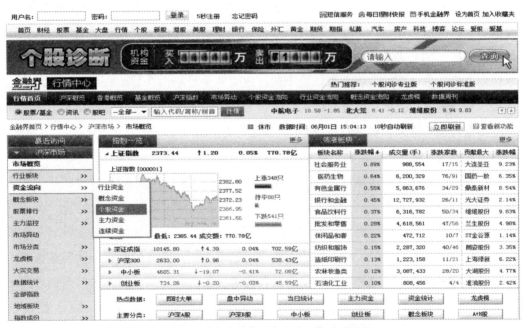

图13-25　金融界的"资金流向"查询界面

和主题的，而技术走势则是滞后于市场预期的。资金流向可以用来确认和反推题材和预期，但是不能用来预示题材和预期变化。

【关于"题材和主力"的经典论述】

对于"题材和主力"，许多知名市场人士都有过精辟的阐述，下面摘录如下，与本课内容可以相关参照，以便进一步思考：

1. 关于热点，有长期的主流，也有短期的支流，长期的主流能持续，可以反复做，短期的支流，爆发力强，都有可操作性。预期也是动态的变化过程，要结合大盘和整个市场状况（炒股养家）。

2. 刻苦研究历史上各种牛股的 K 线图，研究必涨形态，所谓的走出某 K 线组合后，第二天必然发生长阳或者涨停。为此，吃过太多的亏，总是大赚大亏，但是总体最后账户是亏损的。直到后来我终于明白了，**同样的 K 线形态后，也会因为各种复杂因素走成不同的结果，既有成功的结果，也有失败的结果。**直到那时，我才在动手之前，反复考虑除了成功结果外的失败结果，衡量清楚，然后才下单。这才步入稳定盈利的节奏。不然可能到现在还是某几天或者某个星期大赚，过段时间大赔（瑞鹤仙）。

3. 从资金面讲，没有新题材，老热点就继续。短期交易，不讲价值，不讲技术，只讲故事。如果一定要捏造技术的话，就是看"人气"，一口气上不来就没有希望了。有故事，有大量资金活跃的票，就有肉吃，吃完撤退，慢的来接盘。有新题材，就要舍弃旧题材。**只有新题材，才有凝聚市场里最敏锐、最犀利的那股资金。**这股资金，以亿为单位，带动涨停攻势。市场差不怕，成交额少也不怕，就怕题材多。题材多必然板块轮动频繁，要记住没爆量的都不能说是龙头，龙头要接受市场的检验。**大龙头都是多点共振的结果，都是题材+技术，都是符合上涨逻辑的。**龙头股筹码供不应求，加速，**直到放出巨量不能封板**（赵老哥）。

4. **游资模式是目前市场中最暴利的模式**，很多一线游资都是凭借隔日超短线发家致富的。游资盈利的核心是溢价。绝大多数游资都是做短线的，有的低吸，有的打板，有的做首板，有的做接力，有的做日内短线，有的拿龙头波段……有没有一把钥匙能开启所有游资的大门，将他们的手法串联起来？……**所有的游资，决定是否买入一只股票的根源在于，这只股票短期内是否有潜在溢价。**什么是溢价？就是别人愿意用更高的价格买入你手中的筹码，这之间的差价就是溢价。所谓溢价，跟价值无关，也跟价格无关，它只反映市场中最原始的供求关系。

在短线投机市场，有四种溢价模式：第一种是**大盘溢价**，大盘要涨了，你能在上涨之前买入，等到大盘大涨，场外踏空资金就会进场给你抬轿子。第二种是**热点溢价**，某个热点会受到市场的广泛追捧，你在热点被市场完全认可之前买入，等到板块效应

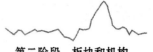

出现了，吃的还是场外踏空资金给出的溢价。第三种是**人气溢价**，某些大牛股、大妖股经过波澜壮阔的大涨以后，聚集了足够的市场人气，它们后续的涨跌很容易吸引跟风者，所以很多大牛股都能反复炒作，牛股吃的是人气溢价。第四种是**消息溢价**，突发利好的消息，比如上海市发布未来 10 年的城市规划，例行消息，比如中央一号文件肯定是聚焦农业的，这类消息有非常强烈的即时性，如果相关股票出现异动，往往能吸引市场的广泛关注。佛山就非常擅长做这类消息，这种就是打时间差，理解差，谁反应慢，谁付溢价（寒谷回春 007）。

板块宏观相关性套利

不同的人对不同的行业有不同的理解。最重要的事情是要知道你自己理解哪些行业，以及什么时候你的投资决策正好在你自己的能力圈内。

——沃伦·巴菲特

事件套利交易窗口短暂，如果我们能正确地估计历史信息公布的影响，就能在市场信息公布前后做出有利可图的交易决策。

——艾琳·敦德奇

对于重复出现的事件，无论它们看起来有多么奇怪，我们必须随时准备去研究。

——博克斯

板块的宏观相关性套利是一个很少被短线股票书籍提到的策略，但是在江浙一带的题材炒家和游资那里，这却经常成为一个短线快速获利的工具。而且不仅是短线交易者，很多中线交易者也会注意这种宏观上的相关性对板块走势的持续影响。所谓"板块宏观相关性套利"主要集中于大宗商品价格变化对相关上市公司业绩的影响上，这种影响必然会反映到股价运动上。

大宗商品要么是某些上市公司的产品，要么是某些上市公司的成本和原材料。而这种关系的逻辑非常明晰，就算你没学过多少经济学和金融学知识也能通过简单的图表叠加来把握这种关系。所以，江浙一带的游资掌门人很多都不是科班出身，却能够在板块热点上游刃有余，除了善于解读政策热点和事件热点之外，更是善于通过大宗商品价格的变化来狙击潜在热门板块。

几乎 A 股的所有上市公司都受到大宗商品走势的影响，只是某些板块受到这种影响更加显著而已。除了大宗商品价格对部分板块形成影响之外，一些其他宏观变量，

比如利率和汇率也对相应板块有相应的影响。你要建立一种"pair"（对）的本能反应，也就是说，某条新闻提到了一端，你马上要想到会影响其他哪些端。

宏观板块题材套利是游资擅长的一种战术。游资在题材股的制造和炒作上存在一个关键的逻辑，那就是必须有对手盘在相对高位来接货，而要制造出这个对手盘，就必须借助于较为明显的利好。如果自己来制造利好，一是非常费力（成本高），二是容易违法，三是效果差。所以，现在的游资都是利用大环境、大背景下的因素来制造出货的利好，借助于外力游刃有余，这样就可以借助于外部焦点和舆论的变化来进出市场。在市场还未显著注意到某个驱动因素的时候，开始进入，等到这个因素为更多的人所知晓的时候就逢高派发，这就是游资题材股炒作的精髓。当然，所有的交易其实大多是这个过程，这就涉及本书第十课和第十三课传授的内容和技巧了。市场绝大多数的"羊"，都只会盯着价格本身，同时接受最后一棒的信息（N手信息）。而要成为"狼"其实很简单，你必须战胜眼界狭窄和懒惰，你需要多做一些准备工作，关注更广泛的信息渠道。交易绝不是盯着技术指标的数值或金叉、死叉就可以完成的，**交易需要脑力劳动产生的汗水来浇灌**，这点是绝大多数散户没做到的，他们的汗水往往是因为盯着价格的劳累和恐慌产生的。

板块宏观相关性套利有一点学术味，你可以这样去思考，A影响B，B影响C，那么你通过A的变化就可以推断C的变化，这就是简单的逻辑。这个A就是以大宗商品为主的价格变化，这个B就是上市公司的预期收益，这个C就是上市公司的股价变化。大宗商品可能会影响上市公司的收益和成本，进而影响预期利润，而上市公司预期利润的变化会反映到股价上。这里我们要强调"预期"两字，这点很重要，有时候逻辑关系存在，但是完全理性地分析的话，它还不足以产生显著影响，不过只要"羊群"能够接受，那么"狼"也就会做这一波行情，到高位让"羊群"接盘。为什么"狼"能够

由于A股是T+1制度，日内过度地关注走势意义不大，最重要的功夫应该是复盘和盘前推演。

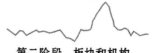

吃"羊"，因为狼具有最大的优势是信息优势，而这个信息优势一部分就来自 A-B-C 这种影响链条，由于"羊群"只盯着 C，想从 C 本身看出 C 的变化，所以在时间上很难做到领先一步，而且往往是痴人说梦。而"狼"却盯着 A，因此能够在信息上领先，能够在信息传递到 B 和 C 之前就介入了，等到信息达到 B 和 C 之间的时候，主力已经建仓完毕。**这个 A-B-C 的影响链条看起来很简单，但是我们已经把成熟市场的主力运作手法暴露无遗了。这个 A 可以是很多因素，主力集中注意力到这个 A，关注 A 到 B 这段，落脚于 C，而散户集中注意力于 C，少数人会关心点 B，**而且也是半灌水居多，往往抱着个好公司就以为是好股票了，根本不管此前股价走了多高，估值怎么看，资金进出如何，题材成熟程度等。

　　下面我们全面地从大宗商品、利率和汇率等宏观要素的角度来看这个 A 因素，你懂了这个，一年做股票短线也能抓住七八次有把握的机会，肯定不能保证你能获得暴利，但是绝对能超过那些在行情走势面前天天凑热闹的散户。在开讲具体的"pair"（对）之前，我们要告诉大家一个原则，那就是 **A 持续的运动带来 C 持续的运动**，只有产生了大宗商品持续运动的预期才能导致个股出现持续的运动，这样才有足够的利润空间。如果题材太短，进去的都是散户，往往就是一日游，有经验的主力遇到这种短命题材一般都不会进去，因为题材持续性差，上升空间不够，容易与散户一块挤进去挤出来。

　　判断 A 是否有持续运动有时候很难，有时候很容易，你不要看日内走势图，直接看日线走势图，按照简单原则去看高低点渐次升高，向上 N 字就是趋势向上，高低点渐次下降，向下 N 字就是趋势向下，这是一个简单的原则。另外，还有一种方法就是看有没有未吸收现象，排除大盘因素的情况下是不是存在 A 运动了一周以上了，幅度也很大，但是 C 没有显著变化的情况。比如，做新和成，这是一家维生素类的重要生产厂家，如果近期股价一直在底部徘徊，但是维生素 E 的价格却出现了持续的上升，如果加以其他渠道的佐证则可以挖掘其中是否存在机会。

　　下面我们就分板块对宏观套利进行介绍。在诸多的各种金融和商品指数中，美元指数和原油价格是作为重要的宏观套利影响因素。在本书的前面部分我们已经较为详细地介绍了美元指数对 A 股大盘走势的影响，而在本课当中我们将着重介绍人民币兑美元汇率对航空等板块的影响。当然，比起人民币兑美元汇率，真正对 A 股板块起到显著影响的宏观套利因素则是原油个股。在大宗商品中，原油价格与股市的关联程度最高。这是因为现代经济建立在原油的基础上，原油不仅提供了现代经济运行所需要的能源，同时也提供了现代经济的一些工业产品原料，比如纺织品和化肥等。进一步

来讲，原油价格的波动直接影响很多相关板块的走势，比如原油股、运输股和化工股等，我们在本课也会以这三个板块作为重点介绍。广泛来讲，原油价格变动直接影响上下游的相关产业，所以大家可以循着本课的思路和逻辑去查找上下游的相关产业上市板块，比如油气开采、聚酯行业等。

原油价格上涨首先将推动原油采掘企业毛利率增加，处于原油产业链中下游的企业成本同时增加，由于成本上涨，最终消费品价格也将上涨。具体到受益企业，原油采掘企业、成本转嫁能力强的中下游企业以及处于原油替代产业的企业将在原油价格上涨时受益。

在这里我们首先介绍原油对原油开采和生产板块的影响。石油开采业作为石油化工行业的最上游，成为油价上涨的直接受益者。有着丰富石油储备的企业更是享受着产品需求和价格大幅度提高的收益。同时，石油价格的高涨也将促进石油开发的加快，因此与石油开发相关的石油设备行业也成为受益者之一。关注原油开采企业、石油工程承包商、石油机械制造商、油田修理、管道输送等企业。相关上市公司有中国石油、海油工程、中海油服等。原油开采板块股票如图14-1所示，大家可以直接从行情软件当中找到这个板块。当然，也可以直接查看某些财经股票网站的板块页面。

原油和天然气开采板块股票

	代码	名称	涨幅%	强弱度%	涨跌	买入价	卖出价	总量	现量	涨速%	换手%	今开	昨收	最高
1	002207	准油股份	-0.67	-0.99	-0.10	14.85	14.86	27207	612	0.06	3.21	14.81	14.95	14.98
2	002554	惠博普	-0.37	-0.69	-0.05	13.38	13.39	27001	563	0.14	5.14	13.21	13.43	13.54
3	300084	海默科技	-0.32	-0.63	-0.03	9.46	9.47	34335	612	0.10	5.07	9.46	9.50	9.53
4	300157	恒泰艾普	-0.53	-0.85	-0.12	22.34	22.37	8011	67	0.13	0.88	22.46	22.46	22.67
5	300164	通源石油	✕ 1.61	1.29	0.45	28.45	28.47	5136	73	0.07	1.32	27.80	28.00	28.50
6	300191	潜能恒信	0.55	0.23	0.14	25.77	25.80	2384	26	0.19	1.19	25.41	25.66	26.00
7	600583	海油工程	-0.35	-0.45	-0.02	5.70	5.71	28.5万	30	0.00	0.73	5.72	5.72	5.78
8	601808	中海油服	-1.82	-1.93	-0.30	16.14	16.15	97967	58	0.49	0.34	16.45	16.45	16.53
9	601857	中国石油	0.19	0.09	0.02	10.30	10.31	16.6万	114	0.19	0.01	10.25	10.29	10.31

图14-1 通达信软件提供的原油和天然气开采板块股票列表

从下面的行情走势图中，我们可以清楚地发现，美国原油期货指数与中国石油的走势具有高度的相关性（见图14-2和图14-3）。

再来看另一只非常重要的A股上市原油股票。从下面的行情走势图中，我们可以清楚地发现，中国石化与美国原油期货指数的走势具有高度的相关性（见图14-4和图14-5）。

如何利用上述的宏观相关性呢？在考虑大盘指数趋势的前提下，可以密切跟踪国际原油价格的走向，同时关注A股当中的上市原油类个股，如果原油出现了价格显著上升运动，而A股相关板块却没有什么变化，那就比较可能存在补涨现象，这时候就要进一步查看这个板块的基本面和技术面。如果基本面不存在阻止股价上涨的其他因

日线　美国原油期货指数与中国石油

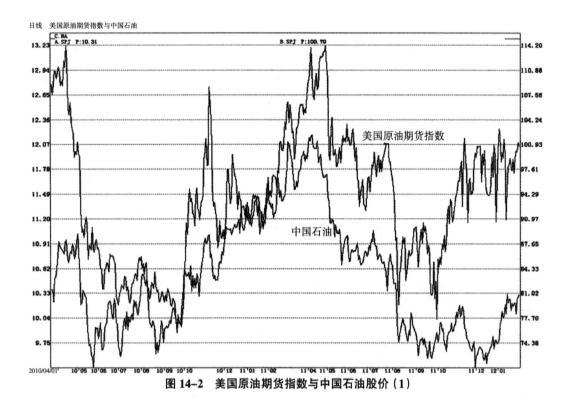

图14-2　美国原油期货指数与中国石油股价（1）

日线　美国原油期货指数与中国石油

图14-3　美国原油期货指数与中国石油股价（2）

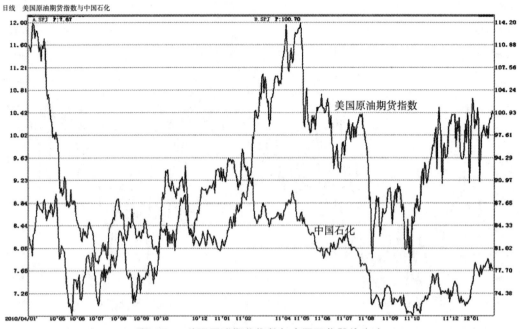

图14-4　美国原油期货指数与中国石化股价（1）

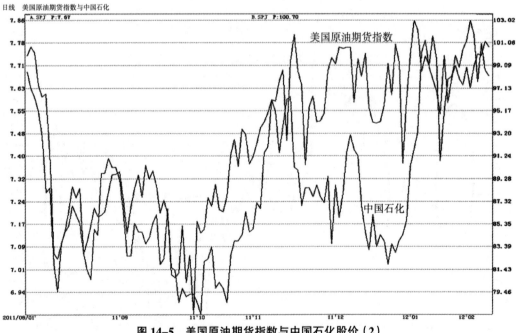

图14-5　美国原油期货指数与中国石化股价（2）

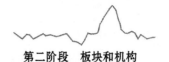

素，同时技术面有上涨的迹象，那么就可以短线买入。

等到市场开始普遍关注这个热点的时候，就可以短线逢高卖出。当然，通过持续关注原油的趋势和大盘走势，我们也可以决定是否进一步继续持有。**在买卖原油股的时候，一般选择中小盘股票，不直接操作"两桶油"。**因为中石油和中石化的盘子比较大，所以短线上涨幅度肯定小于小盘股，而一旦出现涨停的情况往往容易导致后续几天出现调整。

根据中、美两国的原油消费统计我们发现，**运输是消耗原油的首要领域**。反过来，也可以认为**原油价格走势对运输业有重大的影响**。运输业的主要成本是原油价格，这对于全球而言是一个普遍现象。广义的运输业包括公路运输、航空运输和海运等。除了铁路运输之外，绝大多数的运输上市公司都受到了原油价格的直接影响，因此原油价格是公路运输、航空运输和海上运输的重要成本。

原油价格的变化直接影响着这些板块相关上市公司的业绩变化。比如 2011 年 5 月由于原油价格不断上涨，使得江西长运这只个股的利润率出现了下滑走势，燃料费用大涨导致公路业务毛利率普降，需要用非经常性损益来弥补。由于上半年国内柴油零售价格同比平均上涨了 30% 以上，导致公司的公路客运和货运的业务毛利率均有所降低。其中，客运业务毛利率下降了 2.7 个百分点、货运业务毛利率下降了 25 个百分点（见图 14-6 和图 14-7）。

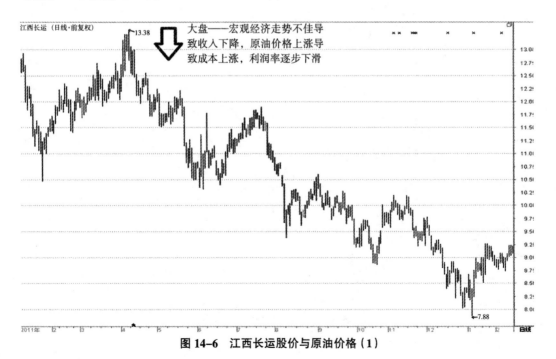

图 14-6　江西长运股价与原油价格（1）

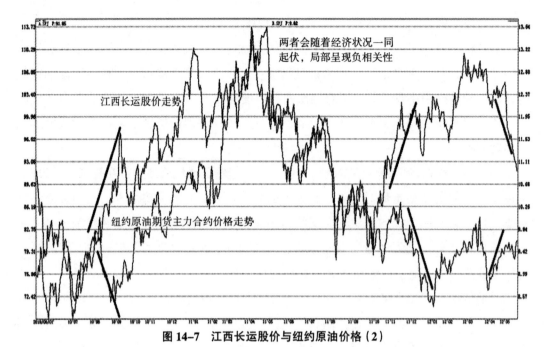

图 14-7　江西长运股价与纽约原油价格（2）

原油价格对 A 股航空股有显著影响，比如中国国航（见图 14-8）。另外，原油价格对 A 股航运股也有显著影响，比如中国远洋（见图 14-9）。

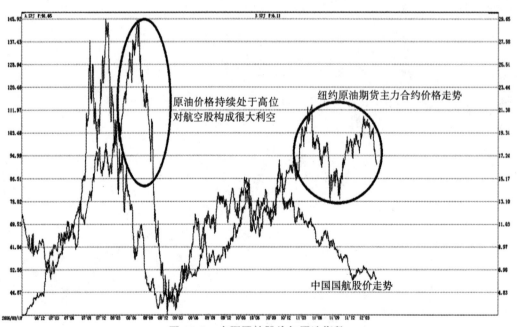

图 14-8　中国国航股价与原油指数

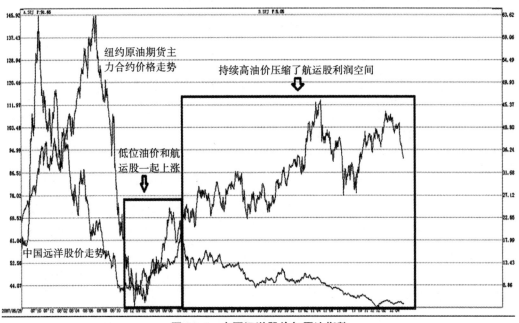

纽约原油期货主
力合约价格走势

持续高油价压缩了航运股利润空间

低位油价和航
运股一起上涨

中国远洋股价走势

图14-9 中国远洋股价与原油指数

　　对于化工企业来说，原油价格不但影响到生产成本和产品价格，还关系到整个经济形势而影响到下游和终端的需求。化工股就是处于化学工业行业板块的上市公司股票。化工行业就是从事化学工业生产和开发的企业和单位的总称（见图14-10）。化工行业包含化工、炼油、冶金、能源、轻工、石化、环境、医药、环保和军工等部门从事工程设计、精细与日用化工、能源及动力、技术开发、生产技术管理和科学研究等方面的行业。化学工业在各国的国民经济中占有重要地位，是许多国家的基础产业和支柱产业。化学工业的发展速度和规模对社会经济的各个部门有着直接影响。目前，世界化工产品年产值已超过15000亿美元。我们将化工行业划分为三大类：石油化工、基础化工以及化学化纤。其中基础化工分为九小类：化肥、有机品、无机品、氯碱、精细与专用化学品、农药、日用化学品、塑料制品以及橡胶制品。化工行业具有较强的上下游产业联动性特点，**而原油作为基础能源和化工原料，其价格对化工下游行业有重要的影响**。油价某种程度上与化工板块的景气程度呈正相关，油价涨得高，化工产品的成本和价格上涨，终端需求旺盛。油价下跌，伴随着整体经济形势的不景气，需求疲软。

　　对于具有成本传导性的子行业来说，油价高企时，产品价格也会跟着上涨，油价降低时，产品价格也会降低；而那些不具成本传导性的子行业，比如农药、化纤、塑料等，油价高时，成本并不能有效传导下去，产品价格并不一定涨，而油价降低时，

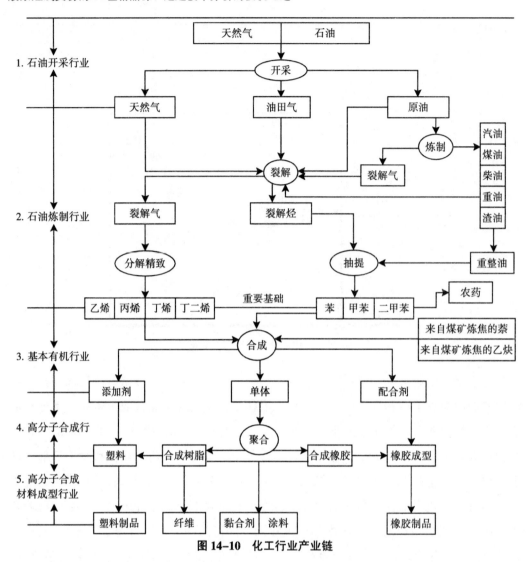

图14-10 化工行业产业链

生产成本降低，对相关企业则构成利好。

　　高油价带给石油化工的成本压力对煤化工、电石化工行业形成利好，以煤和电石法为原材料的化工企业将获益良多。**以煤炭为原材料的煤化工企业相对于以石油天然气为原料的化工企业，具备较大的成本优势**，如煤焦油、合成氨、甲醇等。同时，以煤炭为原料的煤头尿素等产品也将受益。原油价格下跌，如果煤价下跌幅度远远小于原油，煤化工中主要的煤制油和煤制甲醇项目等成本优势就不明显了。有专家预测，原油价格若是低于70美元/桶，就断绝了煤化工行业发展的可行性。煤化工、电石化工行业相关上市公司主要有山西三维、云维股份（见图14-11）、柳化股份、湖北宜化、华鲁恒升。

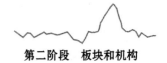

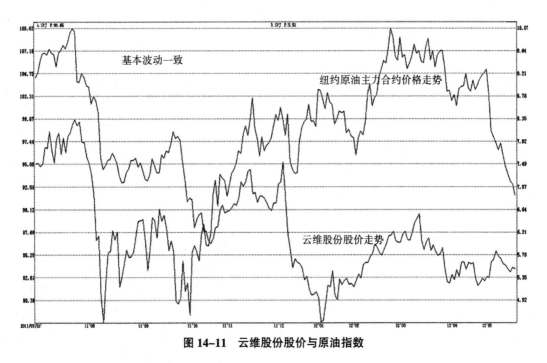

图 14-11　云维股份股价与原油指数

　　油价上涨对化纤行业的影响是比较直接的。合纤原料乙二醇、PTA、聚酯切片、涤纶聚酯、锦纶直接受油价的影响，这几种原料的价格几乎完全是由成本推动的，而且合纤原料价格的上涨幅度往往超过其下游产品价格上涨的幅度。如果原油价格下跌则合成化纤的生产成本大大降低。相关上市公司包括山东海龙、海利得、友利控股、皖维高新、神马股份（见图 14-12）。

　　统计数据表明，乙二醇价格与原油价格保持同向变化，而且有较高的一致性。油价上涨，必然提高石油法生产乙二醇的成本。而煤制乙二醇成本优势将逐渐显现，其原料主要为褐煤，资源丰富，价格低廉，并且工艺流程短，能耗低。煤制乙二醇的相关上市公司有丹化科技（见图 14-13）。

　　化学建材（如 PVC）、玻璃等因为处于石油化工行业的较下游，受原油价格变化的影响程度相对较小，但油价的上涨也将直接引发建材行业生产成本的上升，行业利润也将一定程度被压缩。一体化电石法 PVC 生产商的利润将随原油价格上升呈自下而上的楔形扩大趋势，主要由于后端销售价格比前端要素价格变动更富有弹性。相关上市公司主要有英力特、中泰化学。另外，塑料制品的原材料基本来自石油乙烯和炼油装置，原油价格的下跌将大大降低合成塑料的生产成本，对塑料占成本比重较高的电子制造公司影响也较大。相关上市公司包括金发科技、广东榕泰、海螺型材等（见图 14-14）。

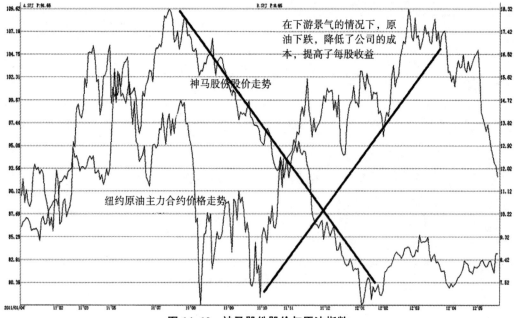

在下游景气的情况下，原油下跌，降低了公司的成本，提高了每股收益

神马股份股价走势

纽约原油主力合约价格走势

图 14-12　神马股份股价与原油指数

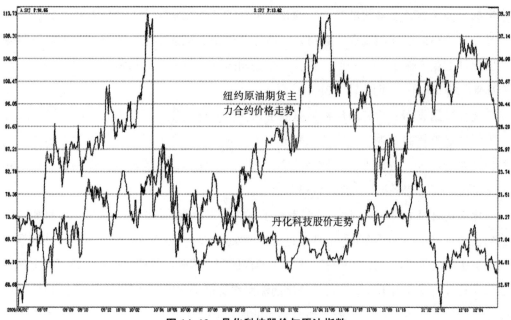

纽约原油期货主力合约价格走势

丹化科技股价走势

图 14-13　丹化科技股价与原油指数

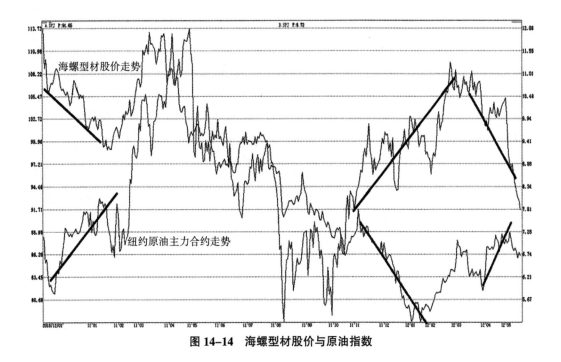

图 14-14 海螺型材股价与原油指数

油价走高使得未来对能源供给的担忧日益迫切，生物能源仍将是未来的发展重点。对生物能源发展前景的乐观预期，进而会扩大对农作物的需求，最终会导致农药需求的增加。相关上市公司主要有诺普信、利尔化学、扬农化工、华星化工、新安股份、江山股份。由于原油价格回落导致农产品价格也大幅下挫，导致对化肥的需求降低，影响化肥行业利润下降。

橡胶制品的原材料主要有天然橡胶和合成橡胶，原油价格的下跌将降低合成橡胶的生产成本并拉动天胶价格下行。相关上市公司包括黔轮胎、青岛双星（见图 14-15）、风神股份。

化工板块上市公司的利润主要由化工产品的价格决定。而化工产品的价格主要由上游成本和自身供求关系决定。原油价格的变动从长期趋势来看会对化工品期价有引导作用，但在短期的波动中，若供求关系占主导时它们通常会出现背离。比如 2007 年 5~12 月，原油是震荡上行，以 PTA 为代表的化工品价格却震荡下行，这段时间两者相关系数为-0.886，是比较强的负相关。虽然在这段时间当中，美元的持续贬值以及国际原油市场供应紧张导致原油价格一路大涨，但是由于国内 PTA 产能扩张迅速，以及下游纺织行业出口下降，PTA 供过于求，价格一路震荡下行。所以，我们在通过原油价格走势研判化工股的时候，还需要观察化工类上市公司产品的供求状况。

图 14-15   青岛双星股价与原油指数

　　通过原油走势我们可以更好地把握 A 股的上述板块，那么如何把握原油走势本身呢？最基本的前提是对影响原油走势的主要因素有所了解。影响石油价格的供给因素主要包括世界石油储量、石油供给结构以及石油生产成本。世界石油市场的供给特点也对石油供给具有重大影响。世界石油市场的供给方主要包括石油输出国组织和非石油输出国组织成员国家。石油输出国组织拥有世界上绝大部分探明石油储量，其产量和价格政策对世界石油供给和价格具有重大影响。而非石油输出国组织国家主要是作为价格接受者存在，它们根据价格调整产量。石油需求主要由世界经济发展水平及经济结构变化，替代能源的发展和节能技术的应用决定。

　　全球石油消费与全球经济增长速度明显正相关。全球经济增长或超预期增长都会牵动国际原油市场价格出现上涨。以中国、印度为代表的发展中国家经济强劲增长也使得对原油的需求急剧增加，导致世界原油价格震荡走高。其中，中国对石油的需求带动了全球石油消费增长的 1/3。**短期内影响原油价格走势的因素有地缘政治局势的影响和市场干预，同时由于原油以美元计价，所以美元指数走势也是直接影响原油走势的因素。**

　　上市公司当中很多跟 PTA 生产有关，所以我们有必要谈谈 PTA 期货、原油、PTA 上市公司之间的关系。PTA 是精对苯二甲酸（Pure Terephthalic Acid）的英文缩写，是重要的大宗有机原料之一，其主要用途是生产聚酯纤维（涤纶）、聚酯瓶片和聚酯薄膜，广泛用于化学纤维、轻工、电子、建筑等国民经济的各个方面，与人民生活水平的高低密切相关。PTA期货即以苯二甲酸作为标的物的引交易品种，是在郑州商品期货交易所上市的期货合约。

影响PTA期货价格的因素主要是下游需求和成本，PTA的上游是PX和原油（见图14-16），因此原油价格的变动对PTA有正向因素。数据分析表明，PTA与上游的石油、PX二者之间存在较高的价格相关性。2001年至今，PTA与原油价格的相关性平均为0.78，2006年上半年为0.76。而PX是生产PTA的最直接和最主要的原料，全球范围内超过90%的PX是用来生产PTA的，可见PTA和PX之间关系的密切程度。但这仅是成本方面的因素，**最能决定PTA走向的是供需关系**，特别是下游的聚酯产销状况，而聚酯产销与纺织品销售和出口密切相关。

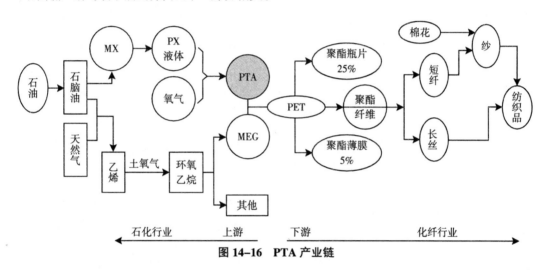

图14-16 PTA产业链

PTA和棉花是一种替代关系，二者价格关系会影响各自在纺织配料中的用量，从而影响对PTA的需求。另外，PTA装置投产和检修会改变供给相对需求的关系，因此对行情也有一定影响。但是，真正影响PTA中长期走势的还是下游需求状态以及成本（源于原油的PX），而这两者都与经济周期密切相关。PTA期货价格与相关PTA上市公司股价走势密切相关，比如荣盛石化和恒逸石化的股价与PTA期货走势就显著相关（见图14-17和图14-18）。

PTA价格除了直接影响PTA相关化工股的业绩，对于纺织股业绩也有一定影响。PTA的下游产品是涤纶，与棉花同为纺织品的原料。二者是一种替代关系。二者价格关系会影响各自在纺织配料中的用量。涤纶对PTA的需求量最大，决定着PTA消费情况。涤纶是纺织行业的主要原料。这就是说，**纺织行业的景气程度、发展情况直接影**

响涤纶市场消费，进而决定对 PTA 的需求。全球 GDP 与全球纤维总消费量之间有着密切的互动关系。强势的经济增长带动了终端产品——服装的需求，会为纺织工业提供更大发展动力。纺织工业发展推动聚酯需求增长，最终影响市场对 PTA 的需求量。

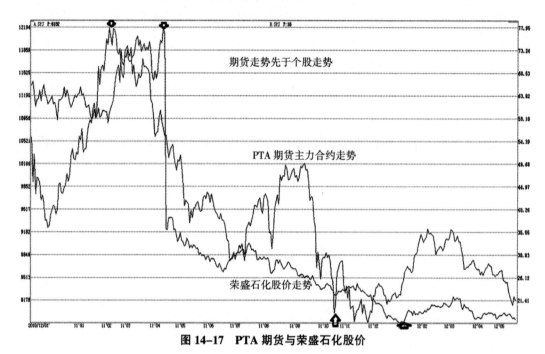

图 14-17　PTA 期货与荣盛石化股价

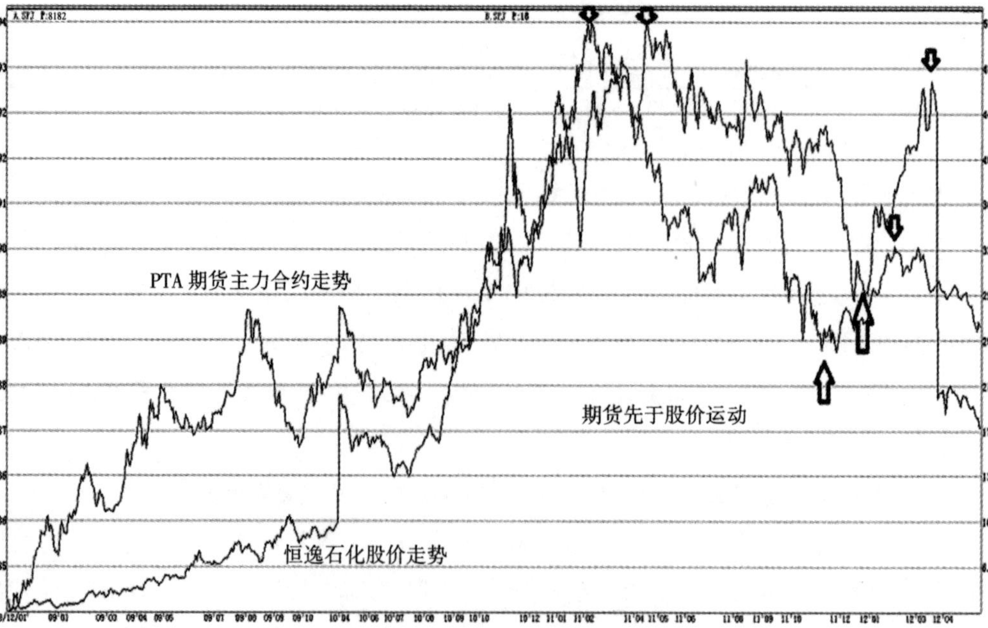

图 14-18　PTA 期货与恒逸石化股价

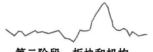

中国是世界上最大的纺织品生产国。除了国内需求因素外，纺织行业还受到出口退税等政策的显著影响。比如2008年7月底，财政部、税务总局下发通知，决定调整纺织品服装等部分商品出口退税率。其中，将部分纺织品、服装的出口退税率由11%提高到13%。2008年8月1日，纺织板块受该利好刺激全面高开，纺织服装指数高开幅度超过1%，其中中银绒业直接以涨停开盘，而大多数个股高开幅度均在3%左右，在短暂冲高后，纺织板块随大盘出现调整，午后纺织板块重回升势，最终纺织指数上涨2.85%，其中天山纺织、凤竹纺织、海欣股份、中银绒业、南纺股份（见图14-19）五只报收涨停。

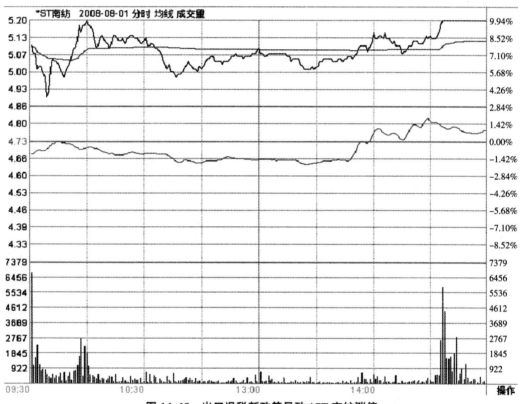

图14-19　出口退税新政策导致 *ST 南纺涨停

那么，PTA期货与纺织股有什么关系呢？对我们实际操作有什么意义呢？由于纺织行业是PTA的下游产业，而PTA期货走势对于纺织业未来的产品销量有很强的指示作用，因此可以通过PTA期货的价格趋势来发觉纺织业存在的拐点机会。比如，PTA期货走势对于天山纺织股价走势具有提示和参考作用（见图14-20），PTA期货的相关走势可以通过文华财经或者博易大师软件查看。

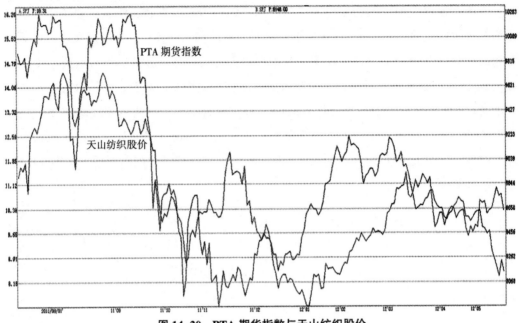

图14-20　PTA期货指数与天山纺织股价

黄金是原油之外最为重要的国际性商品，A股市场上的黄金股不会一直随着国际黄金价格走势的变化而变化，但国际金价若有巨大的波动时，也会对黄金股产生影响。这就是一般所谓的"炒金价暴涨题材，规避暴跌题材"。A股三大黄金上市公司的储量情况也存在一些较大差距。紫金矿业排名第一，其权益黄金储量为783吨；中金黄金排名第二，其权益黄金储量为326.98吨；山东黄金排名第三，其权益黄金储量为170吨。黄金板块股票可以通过通达信软件查询得到，如图14-21所示。我们以山东黄金为例，从图14-22和图14-23中可以发现，其股价与伦敦现货黄金走势在中短期走势上具有轮流领先的特征。

黄金板块股票

图	代码	名称	涨幅%	强弱度%	涨跌	买入价	卖出价	总量	现量	涨速%	换手%	今开	昨收	最高
1	002155	辰州矿业	-1.19	-1.51	-0.31	25.67	25.68	14.5万	1477	0.23	2.65	25.95	25.98	26.25
2	002237	恒邦股份	-1.19	-1.50	-0.44	36.58	36.59	21266	175	0.21	1.27	36.90	37.02	37.14
3	002345	潮宏基	0.91	0.59	0.22	24.45	24.46	8296	38	0.00	0.71	24.28	24.23	24.76
4	002574	明牌珠宝	× 0.53	0.21	0.13	24.73	24.75	15405	209	-0.08	2.57	24.60	24.60	24.95
5	600086	东方金钰	-0.07	-0.37	-0.01	13.59	13.60	57092	63	0.07	2.91	13.80	13.60	14.14
6	600311	荣华实业	-1.27	-1.37	-0.13	10.11	10.12	11.2万	281	0.29	1.68	10.18	10.23	10.32
7	600489	中金黄金	-0.66	-0.76	-0.15	22.65	22.66	12.4万	8	0.17	0.67	22.66	22.79	23.01
8	600531	豫光金铅	-1.05	-1.15	-0.21	19.78	19.79	50472	24	0.30	1.71	20.00	19.99	20.19
9	600547	山东黄金	-1.17	-1.27	-0.42	35.41	35.43	99714	27	0.05	1.31	35.82	35.83	36.45
10	600612	老凤祥	1.57	1.47	0.46	29.74	29.80	8914	8	0.16	0.47	29.08	29.29	29.81
11	600655	豫园商城	-1.60	-1.70	-0.15	9.25	9.26	94292	35	0.10	0.66	9.35	9.40	9.44
12	601899	紫金矿业	0.00	-0.10	0.00	4.49	4.50	98.1万	11	0.22	0.62	4.50	4.50	4.58

图14-21　通达信行情软件给出的黄金板块股票

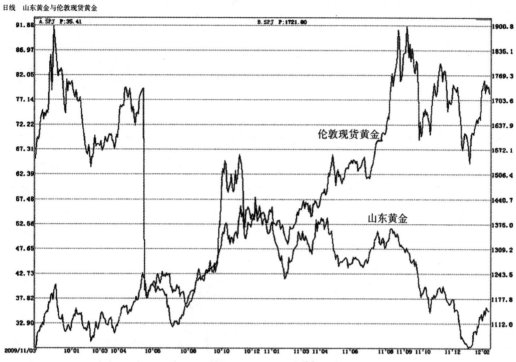

图14-22　山东黄金股价与伦敦现货黄金价格（1）

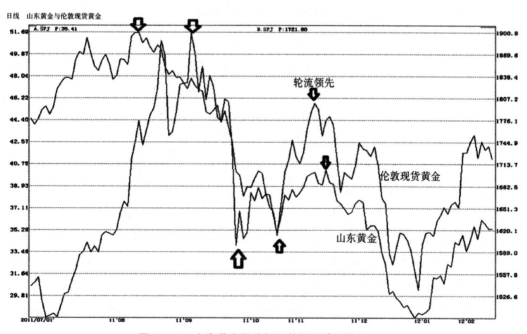

图14-23　山东黄金股价与伦敦现货黄金价格（2）

　　由于国际金价主要由美元计价，因此，一般情况下，黄金价格与美元走势呈现此消彼长的负相关关系，美元指数提高，则黄金价格下跌；美元指数下跌，则黄金价格上升（见图14-24）。美元指数分析是非常重要的一个投资环节，在当今世界任何投资都必须对美元大势有一个详细的分析，相关内容可以参考《外汇短线交易的24堂精品课》和《美元霸权周期》两本书。

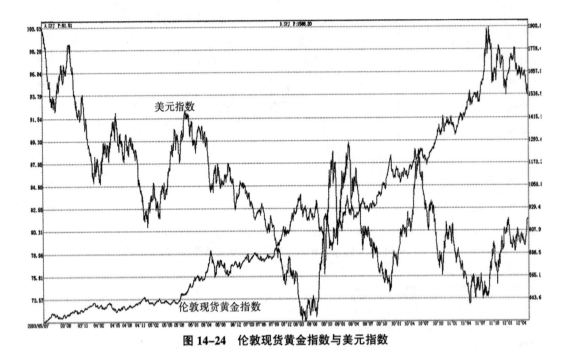

图14-24　伦敦现货黄金指数与美元指数

　　例如，2006年5月国际金价自730美元回落至541美元，引发此次金价大跌的主要原因之一就是市场当时预期美元会再次加息，美元会强劲反弹，大量资金从贵金属、有色金属等商品市场撤离，导致金价深幅调整。影响美元指数的重要因素是美联储的货币政策，比如20世纪60年代美国的低利率政策促使国内资金外流，大量美元流入欧洲和日本，各国由于持有的美元净头寸增加，出现对美元贬值的担心，于是开始在国际市场上抛售美元，抢购黄金，并最终导致了布雷顿森林体系的瓦解。次贷危机之后美国的第一次量化宽松（QE1）和第二次量化宽松（QE2）分别历时15个月和8个月，在这期间黄金价格分别上涨36%和21%。

　　黄金的走势主要取决于美联储的货币政策（美元发行量和实际利率），至于一些其他影响因素我们这里就不再赘述了，大家可以参考《黄金高胜算交易》和《黄金短线交易的24堂精品课》的相关内容。

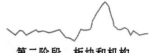

铜期货价格的变化直接影响到铜业股的业绩，铜被称为"经济学家"，因为铜期货的走势对经济走势有很强的"温度计"作用。而且，铜本身价格的变化幅度远远大于经济的变化幅度，加上期货市场提供的交易杠杆，使得我们可以利用经济的波动赚到更大的利润。

铜业公司与其他典型的有色公司一样在面临经济周期的影响时会出现典型的杠杆效应。比如，2006 年全球经济处于繁荣时期，这时候很多有色金融开采和生产企业的利润增幅都在 100%以上，超过 300%的公司也不鲜见。为什么会这样呢？其实，产量并没有太大的变化，固定成本也相对不变，主要是因为产品的价格上涨迅猛。而到了2008 年下半年，这些公司的利润却有大幅下跌，比如云南铜业在第三季度的报表显示，它的营业收入下降了 8.8%，不过净利润却下降了 79%。从经济周期的变动中可以看到这类公司利润的巨大波动，不过对于交易者而言更为看重的是股价的波动。由于在经济繁荣时期，有色价格迅猛上涨，使得上市公司的每股收益大幅上扬。这往往使得股价的上涨还没有市盈率的下降快，以至于众多的散户交易者会产生幻觉，认为股价虽然上涨了不少但是市盈率还是很低的。而在经济衰退时期，由于有色类上市公司的每股收益大幅下降（亏损也很正常），这就使得股价的下跌还没有市盈率上升得快，而这让众多散户交易者认为股价还未见底，因为市盈率太高，股价应该继续下跌，这就形成了所谓的戴维斯双杀。

正因为企业本身利润的波动超过了经济的波动，加上市盈率幻觉误导了普通交易者，这使得以铜业为主的有色个股的涨跌幅度远远超过了大盘走势（见图 14-25）。正因为这种特点，使得 A 股中有不少私募基金和少部分公募基金积极地参与到铜业为代表的板块中。要做好铜业股，除了关注公司本身的财务状况和治理结构之外，最为重要的是关注铜期货的价格走势。历史走势告诉我们，铜期货走势与铜业股走势有较为明显的正相关性，比如沪铜与云南铜业、江西铜业和精诚铜业与沪铜走势同步性就比较显著（见图 14-26~图 14-28）。如果你能够根据经济周期来判断铜期货的趋势，那么你就能对整个 A 股走势以及铜业股的走势作出良好的判断，进而在以铜为主的周期性股票中赚得盆满钵满。

影响铜价走势的主要因素是供需关系，而供需主要受制于经济周期。铜是重要的工业原材料，其需求量与经济周期密切相关。经济增长时，铜需求增加从而带动铜价上升；反之，铜价下跌。铜作为主要基础商品，美元作为全球主要的定价货币和储备货币，前者肯定要受后者变动的影响更为直接。

图 14-25　云南铜业波动幅度远远大于深成指

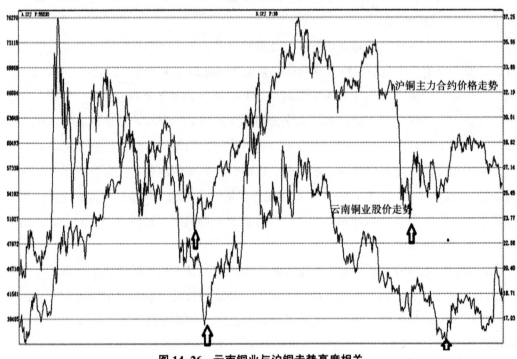

图 14-26　云南铜业与沪铜走势高度相关

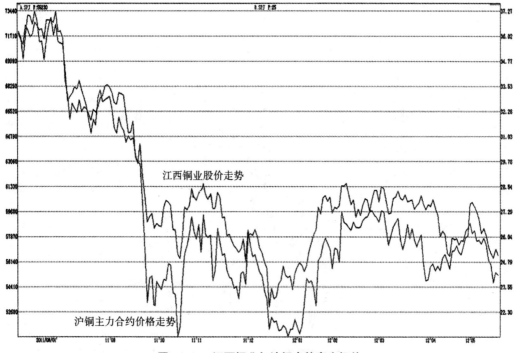

图 14-27　江西铜业与沪铜走势高度相关

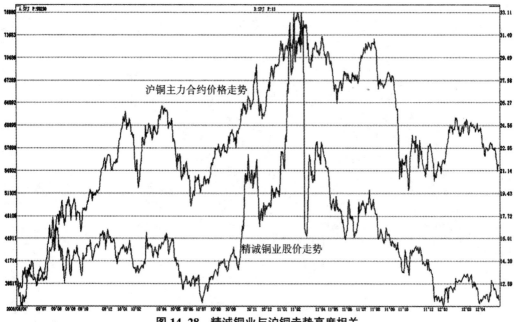

图 14-28　精诚铜业与沪铜走势高度相关

　　正如铜期货与铜业股的关系，铝期货与铝业股也有密切的关系。中国铝业、云铝股份、新疆众和、中孚实业是 A 股比较著名的铝业股，它们与沪铝主力合约的走势具

有很强的相关度（见图14-29~图14-32）。

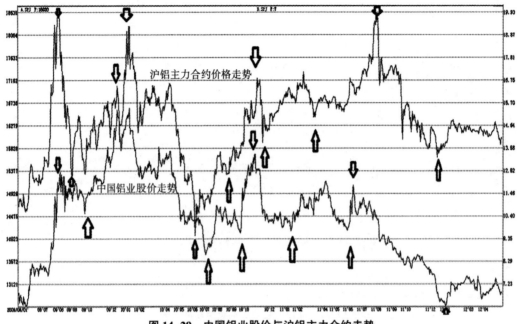

图14-29 中国铝业股价与沪铝主力合约走势

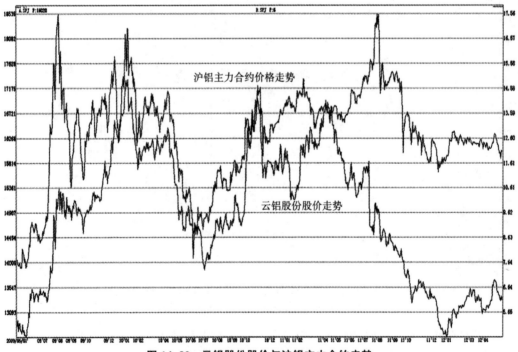

图14-30 云铝股份股价与沪铝主力合约走势

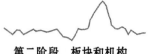

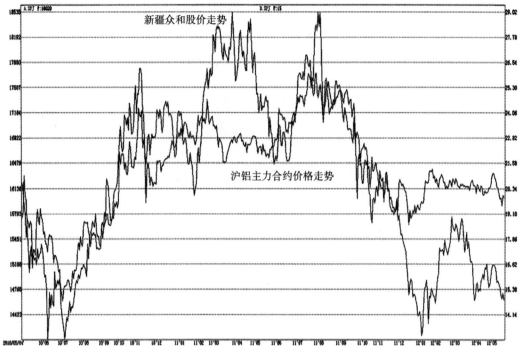

图 14-31 新疆众和股价与沪铝主力合约走势

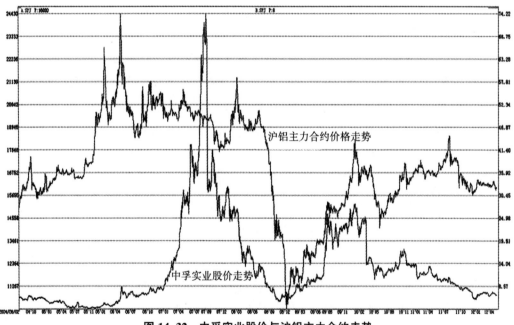

图 14-32 中孚实业股价与沪铝主力合约走势

再来看具体的宏观事件驱动实例，2010 年 12 月，欧洲市场大量的铝冶炼厂将因为电价上升面临停产甚至关闭的危险，国内的铝出口量迎来可喜增长。除了国外需求外，

2010 年国内市场对铝的需求也在不断增长。在这种大背景下，2009 年下半年到 2010 年初，铝业股领涨有色股，比如当时的中孚实业涨势就非常强劲（见图 14-33）。

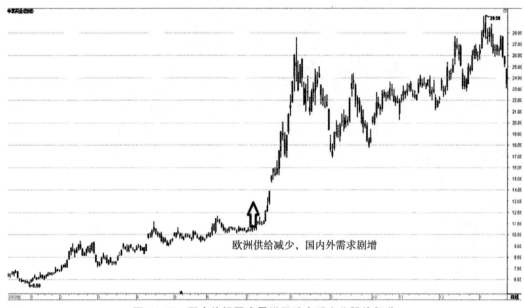

图 14-33　国内外铝需求暴增导致中孚实业股价飙升

我们知道铝期货的走势会成为铝业股中短线运行的影响因素，那么影响铝期货本身走势的因素有哪些呢？首先，铝的产量会直接影响铝期货的走势，如果铝的供给相对需求过剩，那么铝价就会下跌；反之则上涨，这是最为基本的供求关系。其次，铝的进口量和库存也会影响铝价的走势。铝的进口量增加会提升国内的铝供给，这时候铝价倾向于下跌；如果进口量减少，则铝价则倾向于上涨。随着我国铝产量的集中程度提高，规模扩大，进口铝的影响逐步变小。库存是供求关系的直观体现，铝的下游需求增加会导致其库存相应下降。铝的价格与库存在大部分时间为负相关，具体而言就是：库存多，则铝价走低；库存低，则铝价走高。比如 2008 年 7~10 月，国外 LME 的铝库存和上海期货交易所的铝库存都在显著增加，与此相应的是铝价持续下跌（见图 14-34）。

影响铝价的另外一个重要因素是需求量，主要是国内需求和出口两个方面。经济周期对铝的国内需求影响显著，特别是建筑业和汽车制造业的景气状态对铝的影响较大。而出口量的大小除了看人民币升值状况以外，还需要注意世界主要经济体的经济状况。

钢材期货价格走势与钢铁股股价走势关系密切，从历史走势图可以看出螺纹钢期货主力合约与钢铁股走势具有高度相关性（见图 14-35~图 14-37），因此我们可以看着螺纹钢期货价格走势做钢铁股。

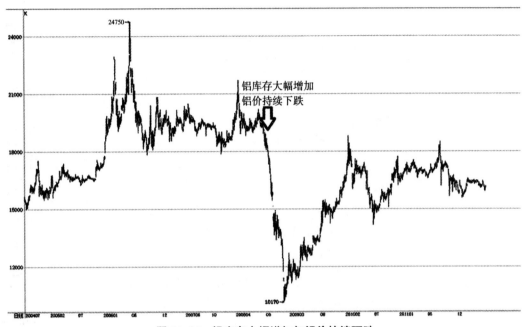

图14-34 铝库存大幅增加与铝价持续下跌

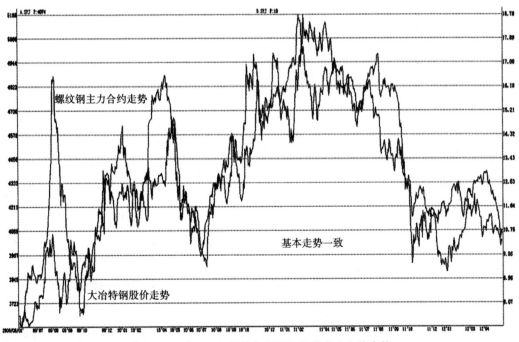

图14-35 大冶特钢股价与螺纹钢期货主力合约走势

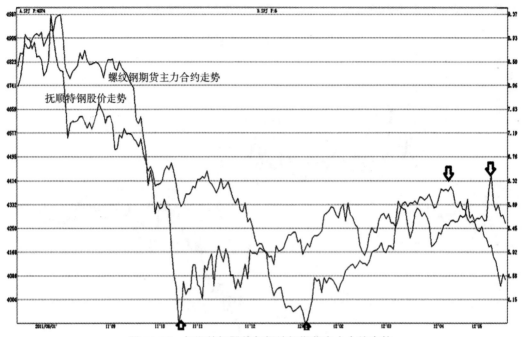

图 14-36　抚顺特钢股价与螺纹钢期货主力合约走势

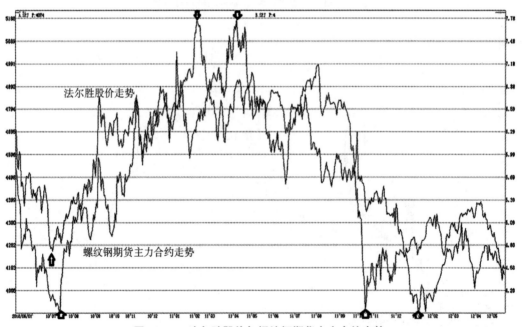

图 14-37　法尔胜股价与螺纹钢期货主力合约走势

　　要占得钢铁股的先机，需要明白钢材期货价格的走势。影响钢材价格走势的因素比较多，但主要是供求关系。总体可以从以下两个方面考虑：

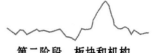

首先是供求关系，这是影响钢材价格变化的关键因素。钢材的下游行业是庞大的，包括**建筑业**（54%）、机械制造（16%）、汽车（5%）、五金（4%）、家电（2%）、船舶（2%）、铁路（1%）、石油化工设备（1%）、集装箱（1%）。

其次是生产成本，这是钢材价格变动的基础。目前，我国钢产量的绝大部分是以铁矿石为基本原料生产，铁矿石价格的变化是影响钢铁产品生产成本的关键因素。而由于目前国产铁矿石开采难度大，含铁量低，冶炼成本高，所以基本都是通过进口铁矿石的方式来满足生产。**焦炭是钢铁生产必需的还原剂、燃料和料柱骨架，是考量钢铁成本价格的第二大因素**。而焦炭价格本身也受多种因素影响，所以对于焦炭价格走势本身判定也有难度。焦炭的需求主要是在炼钢、发电、出口几个方面，并需考虑石油的替代作用。焦炭也有期货上市品种，可以同时关注。国际铁矿石贸易量的90%是通过海运完成的，所以海运费的波动影响铁矿石到岸价格。一般来说，铁矿石价格高企，全球对铁矿石需求相对应也高，海运更显繁忙，海运费也涨。海运费可以参考巴西、澳大利亚到中国港口的运费，另外本课介绍的 BDI 指数也能体现全球海运费波动情况。

钢材品种繁多，但各品种间价格波动的趋同性很强，基本同涨同跌，期货市场上市的是螺纹钢和线材两个品种，所以我们可以通过这两个期货品种的走势来推断钢铁上市公司的盈利趋势。

接着，我们来看汽车股，钢材和原油价格走势对汽车股都有显著影响。用于汽车制造的钢材品种主要有型钢、中板、薄板、钢带、优质钢材、钢管等，其中以薄板和优质钢材为主。其中，热轧中板主要用于载重汽车车架纵梁、横梁、车厢横梁、车轮轮辐，以及轿车的滚形车轮轮辋、轮辐等；冷轧薄板主要用于车身，轿车车身用钢为电镀锌板、热镀锌板。

按照整车、零部件等不同用途划分，汽车整车直接用钢量占全汽车行业用钢量比重为50%，改装车占比15%，摩托车占比2%，发动机占比1%，汽摩配件占比32%，因此钢材价格上涨对汽车整车和零部件行业影响最大。根据统计，钢材价格上涨15%，汽车毛利下降1%。

按照载货车和轿车不同类型汽车划分，中型载重车单车用钢量为3.6吨，其中冷、热轧板和优质钢占比最大，合计为84%。而轿车仅为0.8吨，其中冷轧板和优质钢占比最大，合计为90%，因此**钢材价格上涨对商用车影响最大**。但是由于汽车和钢铁行业都是顺经济周期行业，所以某些时候两者又是同步的（见图14-38），而原油价格与汽车股也有类似的关系（见图14-39）。

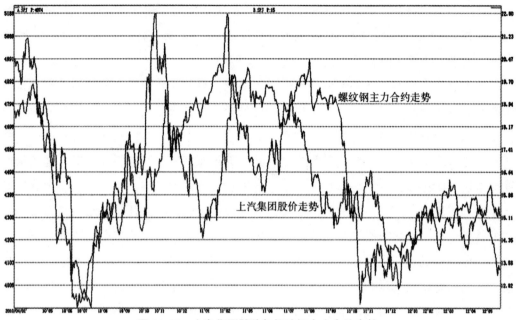

图 14-38　上汽集团股价与螺纹钢主力合约走势

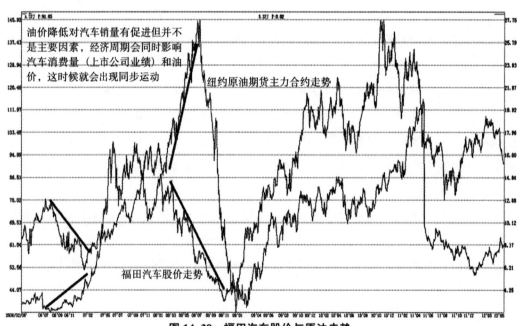

图 14-39　福田汽车股价与原油走势

上面谈到了大宗商品价格变化与 A 股相关板块的关系，接下来我们谈谈人民币汇率与相关板块的关系，人民币升值对于某些行业板块有非常显著的影响（见图 14-40）。先来介绍人民币汇率与航空股的关系。巴菲特曾经告诫投资者永远不要碰航空股，为

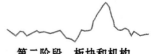

什么呢？原因有两条：第一条是欧美航空市场增速非常缓慢；第二条是航空公司的主要成本是燃油、贷款利息、汇兑损益、耗材等，这些因素的微小变化可能导致公司的利润率出现大幅的变化。在上述的这些主要成本中，燃油与原油价格变化密切相关，而原油价格是以美元标价的，而贷款主要也是以美元计算的，所以人民币兑美元汇率的变化会极大地影响航空股的盈利状况。

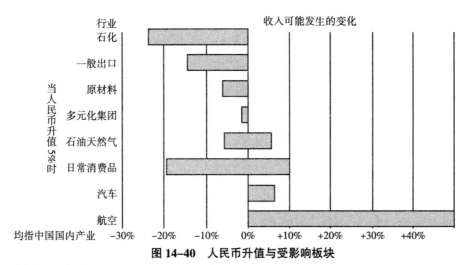

图 14—40　人民币升值与受影响板块

资料来源：中国纸网。

　　航空公司往往受益于人民币升值，在大盘情况良好的时候，航空股往往会因为人民币升值脱颖而出，成为短线资金热炒的题材股。人民币升值为什么会利好航空股呢？航空公司购买飞机和相关配件需要美元，往往也采用借贷的方式，因此会欠下不少美元计价的债务。估计我国航空公司的平均资产负债率为 87%，其中美元负债占所有负债的比重为 70%。当人民币持续升值时，航空公司资产负债表中以人民币计价的美元负债减少，航空公司的资产负债率得以自然降低，因而持续改善资本结构。

　　目前，我国航空公司主要从国外采购飞机、发动机、维修航材和专用设备等资产，有国际地区航线的航空公司通常会在境外加油和采购餐食。如果人民币升值，航空公司可以降低采购成本，因而降低固定资产折旧、高价周转件摊销、航油成本和餐食成本。目前，我国航空公司需要预提并支付飞机贷款和长期应付款利息，预提并支付飞机经营租赁费、预提并支付飞机租赁所得税、支付飞机在境外机场的起降费、旅客服务费、安检费、境外航路费、机组境外住宿费、境外维修费用、境外办事处办公费、境外销售费用。当人民币升值，航空公司可以降低境外费用，因而可以降低生产成本、管理费用、销售费用和财务费用。

首先，人民币相对美元升值会使得汇兑损益发生显著变化，根据安信证券2011年的一个测算，人民币升值1%的话，南航、国航、东航、海航四大航空公司的每股收益将增加0.023~0.042元。其次，人民币兑美元升值也会促使出境旅游数量增加，而这会增加国际航线收入的增长。最后，人民币升值会降低以美元计价的油料价格，而燃料费用是航空企业成本的主要来源之一。所以，总体而言美元兑人民币汇率走势及其预期与航空股走势在某些时候具有显著相关性（见图14-41和图14-42）。

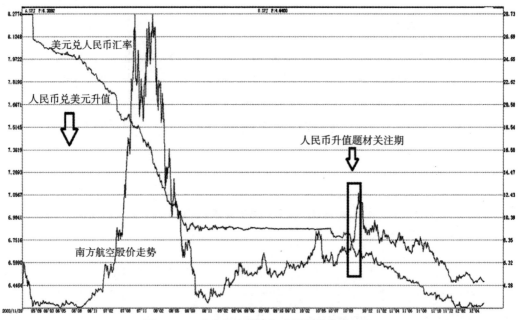

图14-41　南方航空股价与人民币兑美元汇率

人民币汇率持续和显著变化的时候，总会让股票市场出现一波炒作纸业股的短线行情，这就是所谓的题材炒作，主力资金往往都是江浙一带的私募和游资。例如2011年8月11日人民币中间价升破6.42元关口，再创汇改新高，这意味着作为人民币资产核心构成部分的股票也有望成为全球资本关注的对象，人民币升值受益的造纸等诸多行业得到了短线主力资金的关注（见图14-43）。

人民币升值对造纸行业的利好主要体现在以下三个方面：

第一个方面是人民币升值使得造纸行业的原材料进口的实际价格下降。国内造纸原料中的木浆和废纸进口比例较大，人民币升值后购买力增强，有利于降低进口原材料成本。因为在造纸生产成本构成中，以木浆为主要原材料的企业，木浆占其生产成本比为65%~75%；以废纸为主要原材料的企业，废纸占其生产成本比为50%~70%。

图 14-42 中国国航股价与人民币兑美元汇率

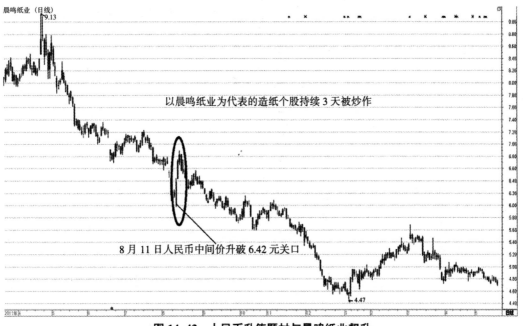

图 14-43 人民币升值题材与晨鸣纸业飙升

而我国造纸业有近 80% 的木浆和废纸需要依赖进口，尤其是铜版纸、轻涂纸、白卡纸等高档纸品的生产，所以人民币升值将降低木浆和废纸的进口成本，使得以进口木浆和废纸为原材料的企业受益明显。如果仅考虑人民币升值对原材料成本的影响，人民

币升值 2% 可使成本减少 0.51%，毛利率提高 3.01%，利润总额增加达 8.79%。我国是纸浆进口大国，纸浆消费量占了全球比重的一半多，造纸行业的对外依存度非常高。人民币升值会降低纸浆的实际价格，进而降低造纸行业的成本，这很容易成为一个炒作的题材（造纸行业的景气更多还是取决于经济周期）。

第二个方面是人民币升值会使得造纸相关设备的进口价格下降。国内大部分大型纸机依靠进口，人民币购买力增强降低引进设备成本。造纸行业中固定资产投资中有 60% 以上是设备投资，而且多数都是进口纸机设备，人民币升值将造成进口设备价格相应下降，降低了造纸类公司进口设备的采购成本。

第三个方面是人民币升值使得造纸企业所欠外债的实际数额下降。因为进口纸机和原材料需要外币，上市公司有外币负债，随着人民币升值，将为部分企业带来可观的汇兑收益。

我们来看一个具体的例子，晨鸣纸业是国内非包装纸的龙头企业，其股价与美元兑人民币汇率某些阶段呈现显著的负相关性，具体而言就是美元兑人民币升值，股价下跌；美元兑人民币贬值，股价上涨（见图 14-44）。要想做好纸业股的宏观事件驱动套利，还应该关注中国纸网（www.paper.com.cn），特别是其中的"中国纸业观察"（见图 14-45）。

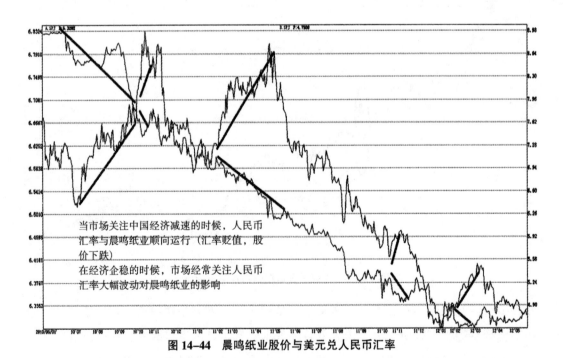

图 14-44　晨鸣纸业股价与美元兑人民币汇率

图 14-45　中国纸网

　　人民币汇率对银行股走势也有影响。人民币汇率变化会影响银行股的资产负债表，人民币持续升值会带动以人民币计价的资产价格上涨，从而使得银行资产被重估，而这会提高银行类上市公司的估值中枢，进而提高银行股股价（见图 14-46）。人民币汇率变动（包括人民币名义汇率、NDF）将影响到各个行业收益率，从而影响到平均市

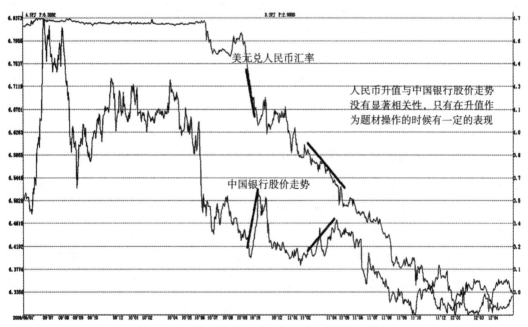

图 14-46　美元兑人民币汇率走势与中国银行股价

场收益率，再影响到银行股。也可通过客户资产质量影响到银行信贷资产质量，通过汇兑收益影响到银行业绩，从而影响到银行股。但是由于汇兑收益占营业收入比重偏低，第三条路径不成立。

那么影响人民币汇率的因素主要有哪些呢？第一个影响因素是美元汇率的走势，美元指数的走势对人民币汇率有影响。第二个影响因素是世界主要经济体状况，以及世界性汇率纠纷，对人民币也有影响。第三个影响因素是各主要经济体的通胀情况，以及各国利率的差异，对人民币汇率也有影响。第四个影响因素是中国政府对人民币国际化的推进和具体操作。

农产品期货与A股某些板块有密切关系，比如酒业股。粮食价格上涨，历来是酒企涨价的主要借口，自然也就成为股市炒作酒业股的题材。对于啤酒和低价白酒来说，粮价上涨确实带来成本压力，但对于利润率普遍高于50%的中高档白酒来说，粮价上涨、通货膨胀、人力成本上升等成本因素对中高档白酒的成本影响甚微。但是持续上涨的粮食价格，往往会成为酒业上市公司提价的充分理由。

举例而言，从2006年2月至2010年8月，贵州茅台共发布了5次涨价公告，涨幅10%~20%，短短五年时间，53度飞天茅台的零售价格单价从318元涨到730元，涨幅早已翻倍，而真正的市场零售价则早已突破厂家限定的730元，有地区已高达1198元。实际上，茅台、五粮液等中高档白酒基本已经形成每年涨价10%的习惯，这与农产品整体的价格走势比较一致。整个中高档白酒市场酒价涨幅也基本趋同。从上述数据不难看出，粮价的变动对于中高档白酒的成本微乎其微，但是粮价是酒业公司涨价的一个最佳借口。强麦和玉米期货走势与白酒股价具有高度的相关性（见图14-47和图14-48）。

除了注重农产品价格整体趋势之外，季节性也是影响白酒股年内走势的重要题材之一。A股近几年的板块走势统计显示，**酒业股下半年表现优于上半年**，股价与估值通常于下半年呈鞍形有两波上攻。主要原因是中秋国庆乃酒业传统消费旺季，再加上秋季糖酒会前后产品提价预期萌动。同时，中报过后正值盈利预期与估值展望来年之始。三大基本面因素叠加形成了酒业股"下半年买、上半年抛"的历史规律，而这个规律背后除了消费季节性之外，更多的是游资主力借力于题材的炒作。

天胶价格走势对于橡胶股具有显著的影响，海南橡胶是橡胶类股票的代表，从图14-49中可以发现沪胶主力合约的走势与海南橡胶股价走势密切相关，在进行橡胶股短线交易的时候应该密切关注天胶橡胶合约的价格走势。

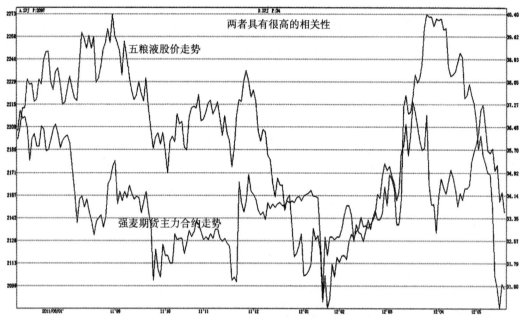

图 14-47 五粮液股价与强麦期货走势

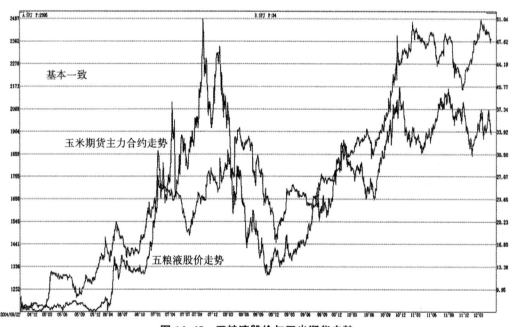

图 14-48 五粮液股价与玉米期货走势

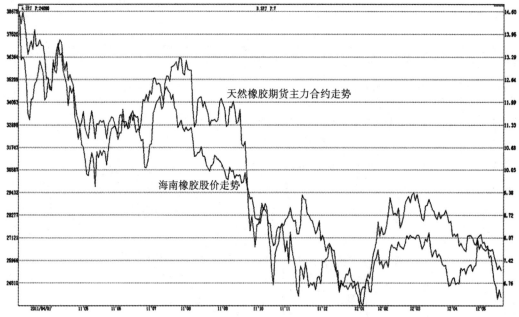

图 14-49　天然橡胶期货走势与海南橡胶股价

2011 年第一季度，由于天胶价格处于高位震荡，而海南橡胶的产量占了全国产量的 1/3 左右，这使得公司盈利能力显著增加，第一季度净利润同比增长了 136.73%。在季报出来之前，不少主力机构已经通过天胶价格的走势预测到了这一结果，所以在季报出来之前就买入，在季报出来之后兑现利润（见图 14-50）。

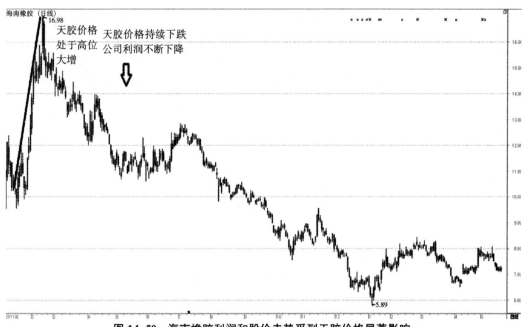

图 14-50　海南橡胶利润和股价走势受到天胶价格显著影响

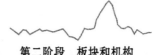

2011 年 11 月 15 日橡胶板块逆势上涨，其触发因素是天然橡胶价格近日出现的大幅反弹（见图 14-51）。有消息称，全球前三大天然橡胶产地泰国、印度尼西亚和马来西亚本周将在曼谷开会，寻求稳定价格举措。消息传来，在市场强烈预期产胶国政府出手托市的情况下，天胶期货主力合约 14 日全线涨停，15 日再度上涨逾 2%。

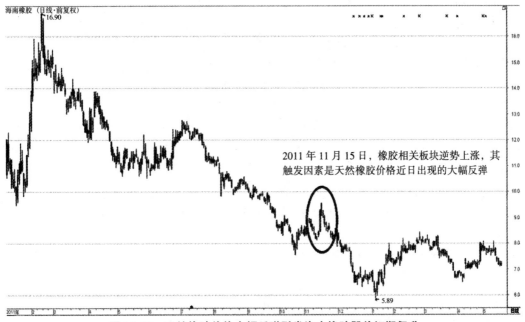

图 14-51　天然橡胶价格大幅反弹引发海南橡胶股价短期飙升

天然橡胶价格上涨对于橡胶类上市公司是利好，对于橡胶行业的下游企业则是利空。反过来，如果天然橡胶价格下跌则对于下游企业是显著的利好，比如轮胎行业和传送带行业。轮胎生产成本的 35% 左右是天然橡胶，天然橡胶价格大幅上涨会极大地蚕食轮胎制造企业的利润，而天胶价格暴跌后持续处于低位则会极大地提高相关企业的利润。青岛双星的主营业务之一就是轮胎制造，类似的上市公司还有黔轮胎等。从图 14-52 中可以明显发现，当天然橡胶期货价格处于低位的时候，青岛双星的股价则处于高位，而当天胶价格处于高位的时候，青岛双星的股价则倾向于在低位宽幅震荡。

2011 年 3 月天然橡胶开始持续下跌，2011 年 9 月 19~23 日，沪胶主力合约累计下跌了 4955 元/吨，处于 28725 元/吨的价位上，周 K 线收了一根大阴线，图 14-53 是天胶主力合约的日 K 线走势图，可以看到当时持续下跌的壮烈过程。2011 年 9 月 23 日，长期上升趋势线即 60 日均线被跌破。2011 年 9 月 26 日，沪胶午后继续遭遇空头的大幅杀跌，创出年内新低。2011 年整个 9 月，沪胶主力合约累计下跌了 20% 左右，创出

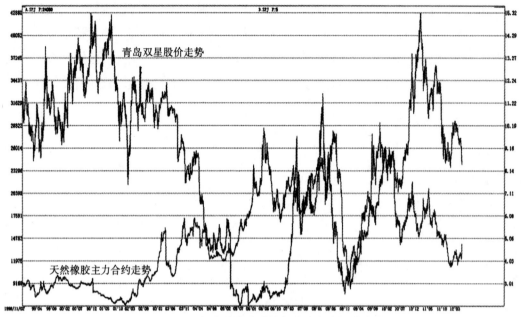

图 14-52　天然橡胶期货价格与青岛双星股价走势

图 14-53　天然橡胶主力合约的日 K 线走势

了 2008 年以来的单月最大跌幅。当时的国际市场也很惨淡，东京工业品交易所的天然橡胶期货在 2011 年 9 月也下跌了 17.19%。2011 年 10 月初，由于泰国发布了天然橡胶

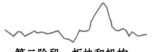

保价政策，同时原油价格上涨，这样才使得天然橡胶的价格得到些许提振。同时，马来西亚有宣传单产改善和种植面积增加，这样基本面处于暂时模糊状态。由此，沪胶主力合约迎来了两个月的震荡走势。

在这下跌过程中，轮胎行业重新享受久违的成本红利。在此之前的 2009 年，轮胎行业曾经繁荣过一次，当时 4 万亿元投资带来的国内经济复苏加上天然橡胶价格的低迷使得轮胎行业位于成本较低的收入增加阶段。2010 年随着天然橡胶价格大幅上涨，轮胎和传输带企业的成本迅速上升，这使得以轮胎为主行业的利润在 2010 年显著逊色于 2009 年。2011 年上半年，由于天然橡胶的价格在高位宽幅震荡，同时汽车产销量增长乏力，主营轮胎生产的黔轮胎主营收入虽然同比增加了 28%，但是净利润却下降了 45.1%（见图 14-54）。另外一家轮胎制造企业双钱股份产量也同比增长了 20%，但是净利润却同比下降了 62% 左右（见图 14-55）。

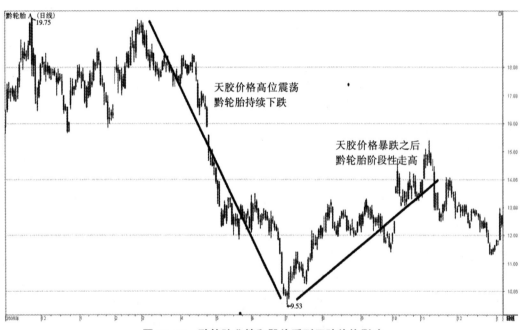

图 14-54　黔轮胎业绩和股价受到天胶价格影响

经过 2011 年 7~9 月的暴跌，很多轮胎企业都趁机大肆购入轮胎增加原料库存，这样就可以使得一个季度以后的产品成本显著降低，享受"成本红利"。不过，天然橡胶的价格处于下跌过程中并不意味着轮胎股一定会上涨，还需要查看汽车的产销情况。如果处于经济复苏阶段，则轮胎股上涨的可能性很大，大家可以做几个月的短线暴利行情，因为这个时候天然橡胶的价格往往还比较低，而汽车的产销量已经显著上升了。

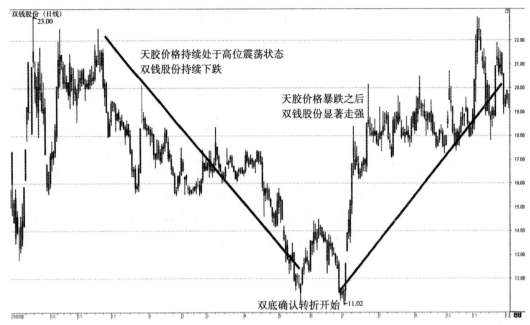

图 14-55　双钱股份业绩和股价受到天胶价格影响

除了轮胎股受到了天然橡胶价格走势的影响，传送带行业也受到很大影响。传送带板块的上市公司有三力士、双箭股份和宝通带业等，其中宝通带业在煤矿传输带上具有显著的优势。2011 年上半年宝通带业的营业收入同比增长，但是净利润却同比下降了 33.14%，综合毛利率下降到了 15.05%，主要原因就是天然橡胶和合成橡胶的价格持续处于高位（见图 14-56）。两种橡胶原料占了这家公司成本的 30%~40%。由于宝通带业的产品主要是煤矿传输带，而煤矿利润一直处于较高水平，因此橡胶价格下滑带来的成本优势不会因为产品销路而被抵消。

通过上面的例子我们已经直观地知道了天然橡胶期货价格与橡胶股、轮胎股和传输带股有着密切的关系，做短线的时候可以关注天胶价格变动带来的股市机会。为了很好地做到这点，我们必须对影响天然橡胶变化的因素有一定的了解。

追踪天然橡胶价格走势的最佳途径是观察上海商品交易所的天然橡胶主力合约走势，大家可以通过博易大师或者文华财经等软件查看。通过观察天然橡胶期价和基本面因素的进展我们可以更好地掌握天然橡胶未来的趋势。影响天然橡胶价格的因素有很多，其中最为重要的是供求因素。1998 年天然橡胶期货在上海商品交易所上市，一直到 2001 年基本上都处于一个区间内运行，这与当时的国内外经济形势有关，东南亚经济危机使得中国还处于恢复阶段。从 2002 年开始，国内的汽车工业高速发展，轮胎

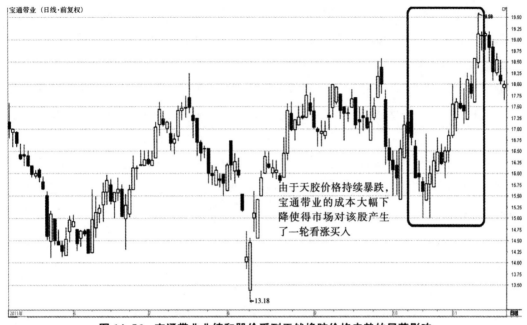

图 14-56　宝通带业业绩和股价受到天然橡胶价格走势的显著影响

由于天胶价格持续暴跌，宝通带业的成本大幅下降使得市场对该股产生了一轮看涨买入

制造对天然橡胶的需求持续显著增加，天然橡胶主力合约的价格从 2002 年 8 月的 6755 元/吨上涨到了 2004 年 7 月的 16800 元/吨。此后，天然橡胶进入到了活跃时段，大涨大跌是家常便饭。在这些大涨大跌中，供求因素影响最大、最直接。

供给因素下面有产量、进口量、库存三个主要子因素。另外，关税政策、进口配额等也会影响进口量。而需求因素当中汽车产销量和国内经济形势则是最为重要的子因素。天然橡胶具有农产品的特征（产量受气候影响较大），又有工业品的特征（需求量受经济周期影响较大），因此在分析的时候需要多听听现成的正反两面分析报告，自己对既有的分析进行 T 字表格归纳，将利多的基本面因素逐条列在左边，利空的基本面因素逐条列在右边。做完这个工作，思考一下这些因素的逻辑关系，找出相互作用机理，最后找出阶段行情决定因素，这样你就能对未来天然橡胶走势有一个明显的判断了。橡胶股主要受天胶价格影响，比起轮胎股和传输带股更加容易分析，短线操作之前更容易判断。关于天然橡胶分析更加详细的技巧和策略可以参考《期货短线交易的 24 堂精品课》，作为系列教程这里不再赘述。

BDI 与航运股的关系也是宏观板块套利的一个重要方面。BDI 全称为 Baltic Dry Index，前面的课程已经对这个指数有一定的介绍了。这个指数是由波罗的海航交所发布的。BDI 指数是由几条主要航线的即期运费加权计算而成，是目前世界上衡量国际海运情况的权威指数。

2003 年之后，由于中国和印度的经济快速发展也带动了全球经济的复苏，全球对于原材料的需求大大增加，导致了海运的快速繁荣。中国和其他国家的贸易以及对于全球初级原材料的需求是导致国际海运价格上涨的主要原因。而该指数上涨的同时我们也确实可以看到海运价格的上涨和目前商品市场上几个大宗原料的价格上涨的曲线是一致的。所以，作为很多商品期货市场的战略投资者来说，对于该指数的关注程度不言而喻。

航运股的走势与 BDI 高度相关，但有时候会出现背离，也就是 BDI 上涨而航运股却没有反应，此后航运股都会补涨，这就给短线交易者提供了窗口期。通过关注 BDI 的走势可以发掘航运股的中短线交易机会。我们来看一个实例，2011 年 8 月至 10 月 5 日，由于澳洲货物量突然上升，而上半年放空闲置的船只前往澳洲需要时间，使得此间该航线的运力局部紧张，同时内外矿价差扩大也对此有影响，由此导致 BDI 出现了连续两个月的上涨，从 1253 点上涨到 2127 点，累计涨幅为 79%。但是，航运股并没有跟随上涨，而是在此后出现了补涨（见图 14-57）。在 BDI 指数上涨的这段时间里，中国远洋的股价更是最低跌到了 6.12 元，跌破了 2008 年的最低点，创下上市以来的最低点。

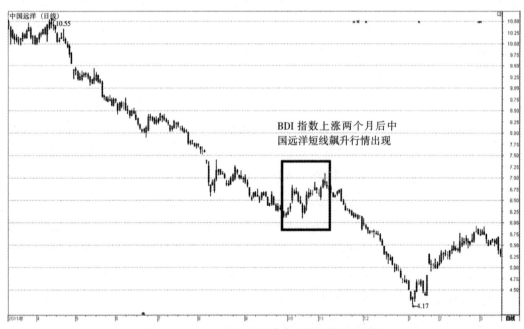

图 14-57　BDI 持续上涨带动中国远洋股价补涨

那么影响 BDI 走势的因素有哪些呢？第一个因素是商品需求，主要靠工业产品和能源的需求来确定。如果商品需求走强，则不论这些商品的现货价格是多少，BDI 价

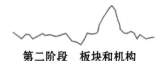

格均将增长，已按照现货价格签署合约的公司将通过付出更多原材料运输费用而体现出商品的强劲需求。当中国需要越来越多的煤和钢铁时，则其干散货运价也随之上涨。第二个因素是船舶供应，这个靠可用船舶的数量、载货能力和使用率来确定。另外，船队的平均船龄将决定船舶在其生命周期中所处的位置。船舶的平均寿命是25年，如果平均寿命接近该数值，船舶供应将会在短期内下降，而船舶的供应在很大程度上取决于新船的交付。第三个因素是季节性的压力，天气状况对于需求和物流有着非常重要的影响。对于需求，寒冷天可能会增加煤和其他能源型原材料的需求，而对于物流，寒冷天气可能会产生堵塞港口的冰以及降低河流的水位从而降低通航性。这两种原因均导致BDI上扬。相反，在寒冷水域出现暖冬或冰层提早解冻现象均将导致BDI下滑。中国农历春节放假影响钢厂正常生产，也会导致BDI在春节前后走低。第四个因素是燃料价格，燃油系指船舶用作燃料的油类，船舶燃料成本约占船舶营运成本的1/4~1/3，高油价将反映到高BDI价格上，正如高油价会压榨航空公司的利润一样，同样也会压缩干散货航运公司的利润空间。第五个因素是航路"瓶颈"，全球将近一半的石油必须穿越一些狭窄的航路，这些航路包括霍尔木兹海峡、马六甲海峡、博斯普鲁斯海峡、苏伊士运河和巴拿马运河。这些航路"瓶颈"必然影响着船舶的有效供应，也就是说，每天可以通过这些航路的船舶是确定的数量，如果一些事件破坏了这些航路的正常通行，BDI指数将上涨。

BDI的即时走势可以从两个网站获得：中国海事服务网和航运信息网。

BDI与航运股深度分析则可以通过 www.microbell.com 查询，输入关键词BDI就可以查到相关的深度分析报告（见图14-58）。

图14-58 迈博汇金查询BDI相关深度报告

除了上述在私募圈中较为"出名"的宏观板块套利领域之外，白糖期货与糖业股（见图14-59~图14-62）、白糖期货与食品饮料股（见图14-63~图14-65）、锌期货与锌业股（见图14-66~图14-68）、豆粕期货与饲料股（见图14-69）等宏观套利领域也值

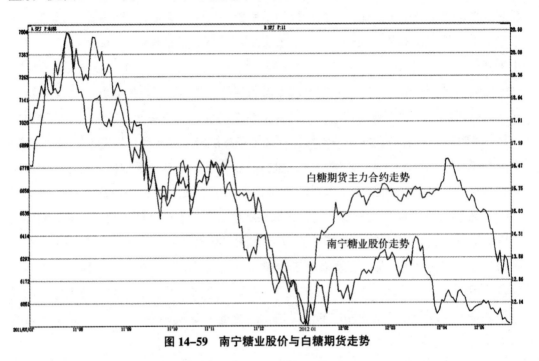

图14-59 南宁糖业股价与白糖期货走势

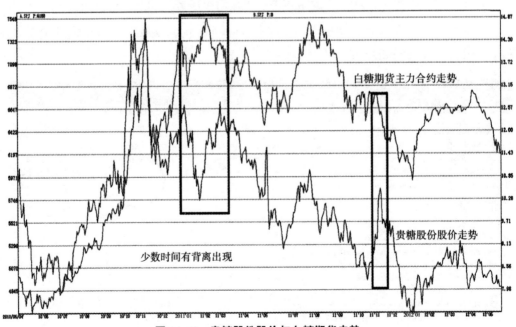

图14-60 贵糖股份股价与白糖期货走势

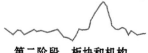

得重视关注，这里就不再赘述，相关期货走势的分析方法参考《期货短线交易的 24 堂精品课》。

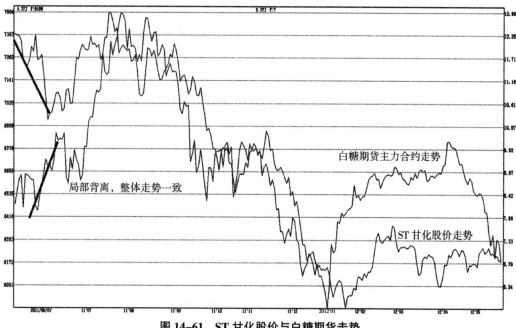

局部背离，整体走势一致

白糖期货主力合约走势

ST 甘化股价走势

图 14-61　ST 甘化股价与白糖期货走势

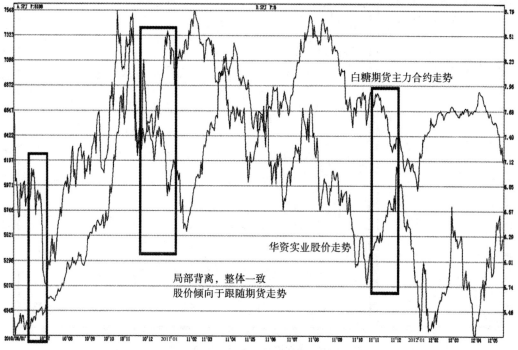

白糖期货主力合约走势

华资实业股价走势

局部背离，整体一致
股价倾向于跟随期货走势

图 14-62　华资实业股价与白糖期货走势

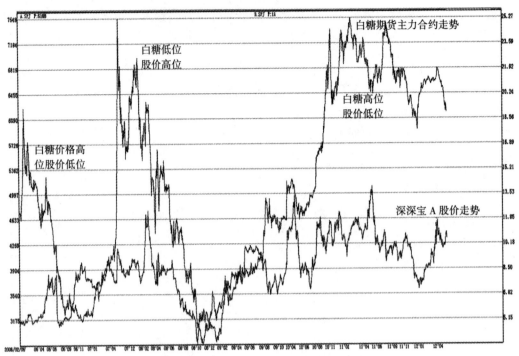

白糖低位
股价高位

白糖期货主力合约走势

白糖高位
股价低位

白糖价格高
位股价低位

深深宝 A 股价走势

图 14-63 深深宝 A 股价与白糖期货走势

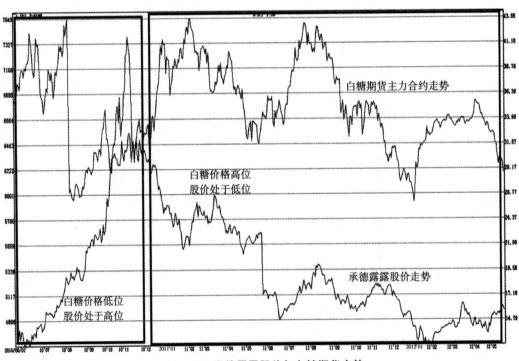

白糖期货主力合约走势

白糖价格高位
股价处于低位

承德露露股价走势

白糖价格低位
股价处于高位

图 14-64 承德露露股价与白糖期货走势

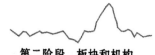

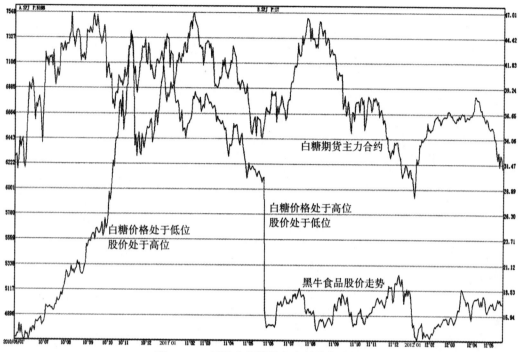

图 14-65 黑牛食品股价与白糖期货走势

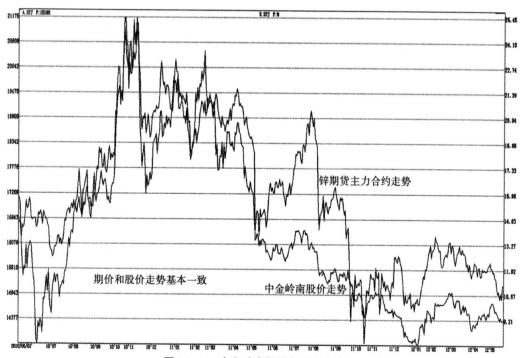

图 14-66 中金岭南股价与锌期货走势

图 14-67 驰宏锌锗股价与锌期货走势

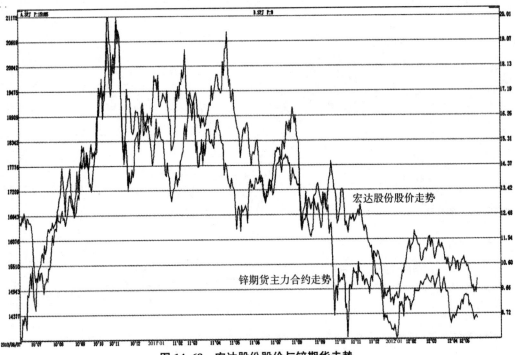

图 14-68 宏达股份股价与锌期货走势

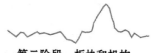

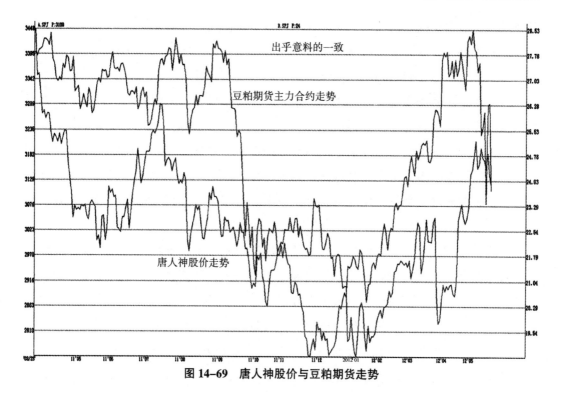

图 14-69　唐人神股价与豆粕期货走势

　　在全球化的今天，没有企业能够"独善其身"，产业链越来越长，越来越复杂，相互交错，宏观要素的波动也会显著地影响相关上市板块。比如房地产市场低迷的话就会影响到产业链上下游非常多的相关行业，具体而言上游会影响到钢材行业、铁矿石行业、船运业，向下会影响到家电行业、装修行业等。**在进行短线交易的时候，顺势产业链条上下理一理，可以帮助我们找到很好的短线套利机会。**毕竟很多私募基金也在这么做，而后者会加速行业的波动幅度，提供更大的盈利空间。本课前面的部分只是提供一些思路，大家可以自己按照产业链条进行分析，通过股票软件的 F10 功能参看上市公司的利润构成，业务范围，同时关注本课提供的各种价格指数，在两者大幅背离或价格指数大幅波动的时候寻找短线进出时机。

　　板块宏观相关性套利其实是以周期性股票为主要对象展开的，我们认识很多江浙一带的大户高手以及私募基金都擅

钛白粉概念股、猪概念股等，也是板块宏观套利的常见题材。不光是做期货的要关注猪周期，做股票的也要关注。猪周期与 CPI 密切相关，CPI 与货币政策密切相关，货币政策与整个股市密切相关，所以不仅是板块的问题，还是指数的问题。

长于从这类股票中攫取低风险的高额利润，每个操作周期为半年到3年，属于中短期股票交易思路。这种做法适合绝大多数交易者，但是必须能够对抗来自大众的极端情绪，非常节约时间，而且利润也能够达到2倍以上。这种方法在我们的操作框架中仍旧属于介于短线和中线的方法，作为一本介绍短线操作方法的教程有必要将这种低风险（如果你能很好地关注宏观数据的话）高收益的方法介绍给大家。

据说股票市场上最好的发财方式和最差的发财方式都是操作周期性股票，这说明这类个股的收益很高，风险也很高（如果你缺乏必要的周期分析能力的话）。周期性股票是指那些对经济大环境特别敏感的公司股票，比如本课介绍的钢铁、有色金属、航运等。

板块宏观相关性套利主要是做周期性股票，比起价值投资这类中长线操作更加容易掌握一些，相对而言对公司本身的研究不用太深入，关键是对宏观影响因素的掌握要透彻。周期性股票不像成长性股票那样需要依靠自己的竞争优势才能借助于大势脱颖而出，周期性股票更多的是凭借时势，这就好比羽毛一样，全靠风。周期性股票是私募最爱狙击的对象，因为一般的公募基金在周期性股票处于低谷的时候不能重仓持有，这样就无法分享此后远超大盘的涨幅了。而在顶部的时候，由于最低持仓的限制不能完全卖出，这样就只能被迫承受大幅下跌的亏损。而对于私募基金和个人交易者而言，周期性股票是非常好的中短线品种。对于中短线交易者而言，除了利用宏观因素波动制造的题材来做短线之外，还可以利用经济的周期性从事介于短线和中线的交易，其实按照我们的分类2年以内的交易都应该算作短线操作。我们可以在周期性公司业绩上升到顶峰（一般是滞胀阶段，这个大家可以结合前面介绍的美林投资时钟来理解）之前全仓卖出，在业绩跌到谷底（一般是衰退末期）附近全仓买入。当然，这里的全仓是指所有的资金都介入周期性板块，而不是全压在某一只个股上。彼得·林奇在操作周期性股票上很有一套，而这也为他的高投资收益率贡献了不少力量。

从2006年1161点到2007年6124点的大牛市中，上证指数上涨幅度是427%，而周期性行业的上涨幅度是680%，消费性行业的上涨幅度是400%。进一步地分析发现，周期性行业中的有色板块涨幅为1137%，机械板块涨幅为733%，房地产板块涨幅为670%。从这里可以发现，周期性行业在牛市的收益率远远超过大盘和其他板块。

那么在熊市中周期性板块是不是如我们之前提到的那样更差呢？从6127点到1664点的大熊市中，周期性行业的平均下跌幅度超过80%，而上证指数的跌幅为73%。从这里可以发现，在熊市周期性股票的收益率是最大的。当然，如果不能融券做空，那么你就应该避免所有股票，特别是周期性股票。

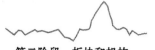

　　一般而言，周期性股票在牛市中的涨幅是其他股票的 2~3 倍，在熊市中它们却是跌得最差的股票。周期性板块是与宏观因素密切相关的上市板块，美国基金经理人 Keith Walter 和 Bill Miller 相当重视这个板块的个股，因为他们认为在经济繁荣时涨得最凶，现在跌得最凶的周期性板块往往是在新一轮经济启动时的高收益资产。Bill Miller 指出："股票市场存在一条规律，那就是之前回报最差的板块往往是现在最好的投资标的。"这句话有些偏颇，如果能够明确排除科技类板块，那么就相当正确了。

　　板块宏观相关性套利的重点是周期性股票，这是我们上面陈述的重点，同时我们在本课的主体部分也介绍了主要的周期性板块。下面我们详细地就自己的操作经验谈一谈如何选择周期性个股。行业板块很多，远远超过我们前面介绍的这些，在茫茫大海中如何找到恰当的周期性个股呢？一般而言，强周期性个股处于产业链的中游，对上游和下游产业都非常依赖。当一家公司的下游需求大幅增加的时候，这家公司的产品价格就会大涨，但是这个时候这家公司的上游公司还没有涨价，这时候就会出现位于产业链中游公司利润的暴涨。反过来，如果上游企业也开始涨价了，而下游企业的需求却开始回落，这时候中游的企业面临高成本和低收益，业绩大幅下滑就是必然的。另外，还有一些周期性公司处于产业链的下游，而且这类公司往往是高财务杠杆公司，比如房地产、航空和汽车制造类公司。当经济出现波动的时候，高财务杠杆类公司受到的影响最大，这就好比期货交易亏损的时候比股票交易更大的情况。杠杆是一把"双刃剑"，在形势不利的时候会加速恶化。还有一些处于产业链上游的周期性公司，比如资源类公司，这是我们在本课当中提得比较多的一类周期性公司。即使这类公司通过整合来提供自己在产业链中的地位，但也仍旧无法避免大幅的波动，因为这类企业扩产的时间一般超过 4 年，往往要 7 年左右。所以，当经济繁荣的时候，产能往往来不及扩展，所以价格会上涨很高，而当衰退时因为产能不能大幅关闭所以产品价格会跌得很低。但是根据我们的经验来看，资本密集型行业往往是周期性行业，而与所处产业链位置没有必然的关系。

　　周期性公司的业绩波动主要受到以下三个因素的影响：

　　第一个因素是销售净利润率，也就是净利润与销售收入的比值。如果这个比值非常小，那就意味着毛利润率微小的变化就可以导致同比增速大幅上升。当经济进入景气阶段的时候，它们就会有非常好的表现，比如 2003 年的扬子石化，从 5 元左右的价格上涨到 16 元。为什么会出现这么大幅度的股价上涨呢？这是因为当时扬子石化的主打产品是 PTA，在经济衰退期间，这家公司的利润率非常低，以至于随着经济复苏 PTA 的价格出现涨价时可以让它的利润率增速非常高。

第二个因素是行业壁垒和产能扩张周期。如果行业壁垒很高，那么供给的刚性就很大，面对行业景气度周期性变化时就不能很高地调整产能，这就会加深公司收益水平的波动。比如，钢铁公司的高炉一旦停火只能爆发，这也解释了为什么钢材价格可以跌破成本价很多，钢铁公司仍旧很难把供给降下去。行业壁垒与产能扩展周期也有一定关系，行业壁垒高，那么产能扩展所需要的时间就更长，而产能扩展周期越长则行业越难控制自己的供给水平，因此就会造成公司利润的陡升陡降。

第三个因素是每股销售收入。每股销售收入越大，则这家公司业绩变动的幅度也就越大，比如电解铝、水泥和汽车行业的情况。而钢铁股相对于汽车股而言，其每股销售收入就比较小，因此每当经济开始复苏的时候，钢铁股的上涨要晚于汽车股，这是因为钢铁股的每股销售收入远低于汽车、造船的行业，业绩弹性也就相对较小，自然股价波动也就相对较小。

除了根据本课主体内容去跟踪和分析主要周期性板块之外，我们还要通过上述三个指标去剖析具体的板块和个股，有了这些基础还不够，大家还需要知道"进场"和"出场"的时机问题。

交易落实于"进出加减冲"中，对于股票买卖而言，就是"进场"和"出场"。倘若不考虑做空交易，对于周期性股票而言，进场就是买入，出场就是卖出。周期性股票的买卖根据三个指标，记住上面的销售净利润率、行业壁垒（以及产能扩展周期）和每股销售收入三个指标是用来选择周期性个股的，而这里的三个指标是用来帮助我们确定具体的买卖时机的。第一个买卖择时指标是市净率；第二个买卖择时指标是产能利用率；第三个买卖择时指标是潜在市场容量。

先来看第一个择时指标——市净率，这个指标可以很方便地从股票行情软件中看到，也可以从股票网站查到，你用股价除以每股净资产就能得到这个数值，你也可以利用股票软件的排序功能，里面有按照"市净率"排序的功能，我们之前已经介绍过大盘市净率的意义和功能。价值投资在估值的时候比较注重市盈率和市净率两个指标，我们这里做周期性股票的交易也比较重视这两个指标，但是在使用上存在一些差别，所以大家不能按照中长期投资的思路去使用它们。价值投资会选择市盈率低的时候买入被低估的个股，而周期性股票在价值被低估的时候反而具有很高的市盈率。因为在经济不好的时候，也就是流动性较差的时候，这个时候绝大多数周期性公司的盈利能力都比较差。虽然股价已经经过了大幅下挫，但是盈利水平下降得更快，以至于市盈率仍旧具有非常高的水平，所以我们选择周期性个股的买入时机时不能看市盈率是否足够低。另外，某些周期性公司的业绩波动幅度很大，因此利用市盈率来选择买卖点不太科学。所以，我们在买入周期性股票的时候往往看市净率是不是足够低。由于周期股的净资产相对稳定，不像每股收益那样大幅起伏，所以可以帮助我们更好地确定股价的相对高低。通过市净率指标，我们可以大致看出周期股股价的相对高低点，选择相对的低点介入，一般而言低于1倍市净率就要查看是否出现了技术上的买入信号（这方面的知识和技巧可以查看本书第三阶段的内容）。当然，整个大盘的估值水平也是我们选择买入点的关键因素，任何时候都不要脱离大盘，这是本书传授的一个核心观点。同时，市盈率超过两倍的时候就要根据大盘情况和技术形态开始跟进止损了（见图14-70）。

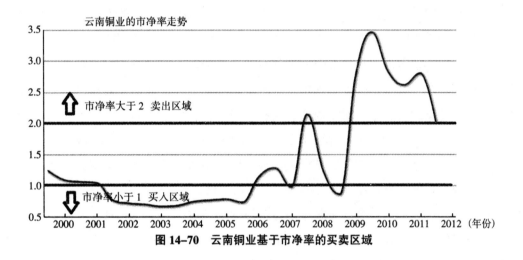

图14-70　云南铜业基于市净率的买卖区域

第二个择时指标——产能利用率，这个指标在市净率的基础上帮助我们进一步确定买卖时机。产能利用率衡量的是实际生产能力运作的比率，这个指标可以作为总量指标，用来衡量整个经济的状况，利用汽车、纺织品行业的产能利用率能够提前判断经济拐点。整个经济的产能利用率走势与PMI指数差不多，所以可以相互验证。行业的产能利用率与行业利润率直接相关，而股票的投资价值又直接依赖于利润率水平。因此，各行业板块股票的走势与该行业的产能利用率之间也表现出关联性。不同行业在经济周期的调整阶段，相应的产能利用率下降幅度差异巨大。食品行业的产能利用率降幅最小，汽车制造的产能利用率降幅最大。总体而言，非耐用品行业的产能利用率在经济调整阶段的降幅约为耐用品的一半，而半加工品行业的产能利用率降幅大于成品，也大于未加工品。产能利用率可以用来辅助判断大盘走势，这点并不是这里的重点，我们是想通过产能利用率来进一步确定周期性股票的买卖点。一般而言，产能利用率处于历史低位的时候是周期性股票的买入点，产能利用率处于历史高位的时候

是周期性股票的卖出点。比如，汽车类公司的产能利用率低于 70% 的时候，也就是汽车行业经营最艰难的时候，这时候公司的收益也处于最差水平，相应的个股是很好的买入时机，而汽车类上市公司的产能利用率高于 90% 的时候往往也是公司利润的顶峰，每股收益的顶峰，此后股价就缺乏进一步上涨的基本面支撑了，所以这时候是相应个股的卖出时机。

周期性股票能够涨多高，我们可以通过看第三个指标来判断，这就是潜在市场容量。如果一项周期性行业不是震荡上升的行业，如果一项周期性行业没有足够的潜在市场容量，那么它就很难涨到上一轮周期繁荣时的高点之上。

在利用上述三项指标的同时还应该考虑到本课前面详细介绍的宏观因素，比如大宗商品价格对周期性行业的直接影响，这样就能在周期股的起伏中高抛低吸了。

另外，国家发展和改革委员会的调价行为对于板块走势也有直接的影响，比如扩大直购电试点和上调火电企业上网电价对于电力板块有较大影响；公布农产品最低收购价格和农业新政策的出台对于农业板块有较大影响；调整航油价格对于航空板块有极大的影响。我们来看一个具体的例子，比如 2007 年 2 月 28 日国家发改委对 278 种中成药的零售价格进行了调整，其中主要涉及内科用药，中药板块受到这次调价行为的直接影响，其中的个股片仔癀借机上调了产品价格，消息公布当天该股涨停。另外，由于国家发展和改革委员会主导着中国经济体制的整体走向，因此对于大盘和板块都有显著的影响，所以我们要随时关注其重要动向，这意味着我们作为股票短线交易者要时刻关注国家发展和改革委员会的官方网站（http：//www.sdpc.gov.cn/），特别注意"政策发布"这一栏目下的更新内容（见图 14-71）。

图 14-71　国家发展和改革委员会网站

【关于"板块套利和周期股"的经典论述】

对于"板块套利和周期股",许多知名市场人士都有过精辟的阐述,下面摘录如下,与本课内容可以相关参照,以便进一步思考:

1.……本人就做一件事了,专心研究周期股……投资方法也从之前的单纯只看产品涨价判断买入时机到现在的七种情形判断买入时机,而确定性最大的又是三种买入时机……**第一种判断买入时机是行业内具有绝对成本优势的巨头公司出现亏损或者微利时**……如果具有绝对成本优势的巨头公司都开始亏损了,那么很多中小企业已经亏损很久了,中小企业因为抗风险能力比较弱,一旦出现一段时间的亏损则必然减产或者退出市场,而作为需求端除非发生比较大的经济危机,否则一般不会出现萎缩,那么在可预见的未来供求关系必然得到改观,产品涨价已是箭在弦上了,出现反转的可能性比较大(对于有国储的农产品还需要考虑国储情况)。例如,2018 年 8 月 15 日,养猪行业龙头 002714(牧原股份)中报公告亏损,养猪行业在 2018 年 8 月 20 日整个行业达到低点,之后是轰轰烈烈的上涨,002124(天邦股份)、002157(正邦科技)、

002714（牧原股份）分别开启3倍到5倍的上涨。**第二种判断买入时机是经销商屯货时**。经销商作为厂家和终端客户的桥梁，对厂家的情况和市场销售情况都比较了解，一旦发现市场货物紧张就会认为制造更加恐慌的情绪，大量囤货以推高卖价（而这其实是很多经销商真正的利润点，平常利润都不高），而厂家往往也是愿意配合，这个时候产品价格往往是跳涨，反映到股市里上市公司的价格也是暴力拉升。例如，2016年9月到10月的600230（沧州大化），9月经销商开始囤货，价格缓慢上涨，国庆期间囤货发酵，产品价格从1万多元直接跳涨到3万多元，国庆开盘后公司股价连续一字板涨停。**第三种判断买入时机是行业比较大的企业出现安全事故时**……较大企业发生安全事故必将造成产量短缺，而一些关键的产品产能（尤其中间体）基本都是固定的。例如2017年维生素A行业的巨无霸巴斯夫发生火灾，造成柠檬醛供应下降40%，维生素A从200元/公斤左右最高涨到了1400多元/公斤，绝对龙头股002001（新和成）拥有1万吨的产能，柠檬醛也是能自给自足（国内维生素企业只有它能生产，这和现在的染料行业只有浙江龙盛拥有间苯二胺是一样的），这样的公司收益最大（石木见）。

2. 关于周期股的投资，逻辑无非是大宗商品的涨价，并由此产生的相关企业业绩改善的预期，是一个相对确定的事情。在实战中有两种博弈的分析方法，分别是：第一，**产业链内部传导**。以近期市场炒作比较明显的玻璃行业为例作一个解读。市场第一波炒作往往偏向于上游原材料……本轮玻璃行业炒作中，是以原材料纯碱涨价为主逻辑的鲁西化工、山东海化率先爆发，而后随着市场的进一步挖掘以及价格的传导，后面玻璃行业也出现了明显的提价，所以此时旗滨集团、南玻A以及福耀玻璃就成为了新的方向。这种方法要求大家非常熟悉产业链的上中下游……第二，**涨价横向传导机制**。资金非常喜欢挖掘还未启动但有强烈涨价预期的、同属性的板块。例如，在2017年7~9月的周期行情中，钢铁期货不断涨价，相关钢铁股中报业绩公布后非常亮眼，凌钢股份、方大特钢、ST华菱等率先启动并带动整个板块集体爆发，此时，很多资金还未反应过来，随后挖掘了有涨价预期，但还未爆发的电解铝板块，于是我们看到，电解铝又被炒了一波（证券之星金融研究所）。

3. 行业周期对周期股公司来说绝对收益第一投资重点，周期判断对了，周期股投资就对了一大半。而且估值对周期股来说意义不大……把握行业周期拐点最为重要……**周期的拐点，有些是看产能利用率见底回升**（加工行业、航运业），有些是行业潜在供求关系达到极点（不再扩产能、需求降至最低限），有些是因为政府行业政策（如证券行业开始一轮上升周期、银行业开始一轮下跌周期），有些则是资源价格见底回升（如能源、金属、农产品等）。周期股投资，一定不能在周期向下时投资……**一般都得在周**

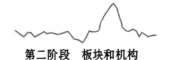

期拐点之后开始入手投资……周期股讲究的是暴涨暴跌。那么，行业高低峰的供求失衡度就决定了你挣钱的空间大小，而行业趋势的改变快慢就决定了你挣钱的效率……切忌买到慢周期股，有些公司所处行业是在谷底，但走出谷底需要数年时间，盈利一直慢慢悠悠地上涨，不温不火，你不可能看到其明年盈利是今年的 2~3 倍——这是周期股投资的大忌！所以**一般得选毛利率低的行业**，这类行业，平时净利率就在五六个点，如果行情好，完全可能达到 20% 的净利率，那就是业绩数倍的暴增！**周期股投资一般都需要分散化**，个股持仓比例不能超过 20%，不太赞成有些人重仓甚至满仓单个周期股……当然，衰退周期越长，去产能越彻底，未来成长周期一般也越长，涨幅也会超预期。同时，周期行业的估值要结合过往周期的股价来看，根据此轮猪周期的供求失衡状况和以往周期的失衡状况来进行对比。对价值股来说，过去的股价没太大意义，而对周期股来说，却是十分重要的估值参考。总结起来就一句话：**一定要大致了解行业周期得多少年，以及改变的速度有多快！**……周期股，把握对了周期，都能挣钱；但挣多挣少，则在于你最终的选股是否更有专业性，同类型上市公司的比较是否更彻底……行业波动大，个股波动更大才是更好的投资标的。哪些周期类公司的波动更大呢？简要看如下指标：**销售净利率低（业绩容易暴涨暴跌）、主营业务收入大（加大周期股业绩杠杆因素 1）、财务杠杆高（加大周期股业绩杠杆因素 2）、产能扩张刚完成，且行业需求有大增潜力？且这个时间有多长？（加大周期股业绩杠杆因素 3）……**（tiesto 股海寻道）

暴利板块之重组股攻略

政府对公司并购重组的强烈干预一度强化了公司的"壳"资源，其结果造成了"壳寻租"现象。

——杨华

我从来不依据内幕信息去投资重组股，我只依靠三点：公开信息、合理推测、组合投资。很多股票是否会重组、谁来重组、如何重组，其实已经有足够多的公开信息了，我相信如果提出质疑的人花工夫去仔细研究一下这些公开信息，也差不多能做出同样的投资判断，只可惜他们很少这样做。如果公开信息不够充分怎么办？我就加上合理的推测。那么怎样推测才合理呢？通过换位思考。经济学里有理性人的假设，重组方和被重组方都有各自的利益诉求，他们怎么想？会怎么做？这些问题看似涉及内幕信息，但实际上你根本无须打探什么内幕信息，只要换位思考一下，假设你是他们，会怎么想、怎么做，很多疑问都将迎刃而解。

——王亚伟

重组板块一直是股市暴利神话诞生的地方，我们在本课就来揭开这个神话背后的种种机制和手法。重组按照字面意思就能够得到绝大多数交易者的关注和追捧，而重组股是大股东进行资产重组，更换资产的股票，实质上是对资源的重新配置。广义而言，重组包括资产的重组和资本的重组，资产的重组其实是一种资产的置换行为，而资本的重组则主要是指公司控制权的更替，即我们常说的收购兼并。当然，从更深的层面来分析的话，重组其实是一种利益的重新组合。当前国内重组股的原动力基本上都是因为亏损而引起的，因此在二级市场中，很多市场参与者甚至把重组板块狭义地理解为亏损板块甚至带 ST 的板块。重组的诱因有时也是出于强强联合的考虑，所以不

随着退市制度和重组制度的完善，对于重组的炒作将有新的变化，大家需要与时俱进。

能一味地从 ST 股票的角度去理解。重组股给被重组公司带来新的机遇，并引导了资源在股市的优化配置。对我国当前的股市来说，重组股的一个现实而深远的意义在于，它把市场外的优质资源体面地嫁接到市场内部来，给股市带来了巨大的新的生命力。

资产重组的类型主要有以下四类：第一类是资产注入型，比如将矿产、土地、项目、现金注入上市公司中，这类资产重组往往产生投资暴利；第二类是资产置换型，比如变更主营业务等；第三类是资产收购型，比如通过购买其他公司来延伸产业链等，这里资产重组有利于公司的中长期发展；第四类是资产剥离型，比如通过出售一些业务来优化债务，获取一次性收益等，这类业务在国外往往与"秃鹫投资"有关。

重组股能够在短期内带来暴利，同时也要承担非常高的风险，对于中短线交易者而言，重组股是一个不得不重视的板块，这个板块往往为短线交易者提供了丰富的机会。那么，狙击重组股有什么高效策略吗？

狙击重组股的策略根据介入的时段不同而有一些差异，以停牌为时点，停牌之前介入潜在的重组股，停牌之后则是介入实质的重组股。因此狙击重组股的策略分为两个基本类型：第一类是**潜在重组股狙击**；第二类是**实质重组股狙击**。

无论是狙击潜在重组股还是狙击实质重组股都要遵循一些操作上的通行原则。

第一个原则是采用格雷厄姆式的**分散资金介入法**，特别是介入潜在重组股时更应该避免孤注一掷，要"组合投资"。交易者参与重组股的时候应该采取分散投资的方式进行。可考虑选择多只重组股和同一只重组股在不同价位分批买入的手法。上市公司的重组行为能否成功，往往意味着股价大幅上涨或者下跌，采取类似风投的分散性介入模式，比较容易获得更相对稳定的收益。

第二个原则是**避免高位买入**，毕竟无论是潜在重组股还是实质重组股，它们的不确定性都比较大。参与重组股时限制风险的最佳手段之一就是尽量逢低介入。无论你多么看好一只潜在或者实质重组股票，如果这只股票的价格在短期内出现大幅上涨，获利盘的存在就意味着风险的增加。你必须限制住风险，然后让利润奔跑，这是介入重组股的一个重要前提，不能只看利润不顾本金。

第三个原则是**有必要的耐心，这是狙击重组股的前提**，毕竟重组的实施需要董事会、股东大会及相关行政部门的审批，部分上市公司的重组时间要以年计，因此对于重组股的操作要有充分的耐心。当然，市场的风险和收益之间是等量关系的，重组进程所花的时间越长，重组后股价的升幅也越大，这就是"横有多宽，竖有多高"的另外一种演绎。

第四个原则是重组狙击者应**顺应重组过程中不同阶段的特征**。通常情况下，在重组预案出炉之后，股价的涨幅非常大，有时甚至会提前走完重组后期的预期。关于不同阶段的波动情况和超额收益分布情况，我们将在后面的部分详细地加以介绍。

第一类策略是潜在重组股狙击。找到那些很可能重组的个股在重组宣布之前介入，这就是潜在重组股狙击。要找到这些可能的重组股，必须知道它们**容易出现的板块、共同的特征，要进行换位思考、合理推测**。我们要告诉大家的是重组可以通过系统分析抓住，多看公告和相关报告、新闻，像侦探破案一样抓住重组股。

（1）我们要知道重组股一般出现在什么板块。记住一句话，**要想钓鱼，你就要知道鱼塘在哪里？**资产重组的集中板块具有时代特征，现在主要集中于四大板块：第一个板块是资源类，比如煤炭、有色金属等；第二个板块是整体上市，比如央企、军工等；第三个板块是上海国资委整合类，比如上海本地股等；第四个板块是借壳类，比如ST股、亏损股等。

以整体上市中的央企个股为例，这个鱼塘中的鱼有什么共同特征呢？第一个特征是**主导重组的层面越高，重组的可能性越大**，比如以国资委主导的基于国有经济布局和结构调整的央企重组可能性最大，而以央企主导的基于提升企业竞争力的重组可能性稍小，以资产经营公司主导的基于不良资产处置的重组可能性最小；第二个特征是**符合国家战略要求、产业结构调整升级方向的行业**将是央企重组的主要领域，伏击与此相关的上市公司更容易成功命中暴利重组，**要注意"政策导向"**；第三个特征是**央企关联上市公司中"大集团小公司"类型和"科研院所控股公司"类型**在重组中往往更有可能获得显著超额收益。

（2）我们还需要知道潜在重组股的一些特征。

第一，属于近期容易重组的板块，行业的选择也会影响重组股的表现，这就要求

所处行业受政策影响整体重组预期强烈，如以前的军工板块、上海国资委板块等。

第二，关注集团核心主业，对于那些**主业定位清晰的集团**，整合进程相应会更快，整合预期也更加强烈。

第三，**符合集团主业规划来进行重组，以及与国资委产业政策契合度高的上市公司，重组确实能够提高绩效**，在优良资产注入后，未来经营业绩提升的可能性大。

第四，"大集团小公司"容易出现重组。这个跟上面央企板块中容易重组的特征基本一致，也就是集团只有唯一的上市公司，而且集团资产远远大于上市公司，有非常多的资产可注入。

第五，**股价要低**，市场价格最高不超过 15 元。再好的重组股假如价钱过高，也没有投资价值。

第六，**股本小**，流通股本最大不超过 10 亿股。在有优质资产注进时，小股本等于增厚业绩，受到市场的追捧。

第七，**股权结构单一**，最好大股东能够控股，并且**大股东最好是国有企业**，可以规避各种法律问题。

第八，企业所在地政府对于资本市场非常重视。假如当地有很多具备优势的企业没有上市，而且还有壳资本要出售的话，政府往往会促进借壳上市。

第九，基本面很差，市场关注度非常低。

第十，**此上市公司控股股东实力强劲**，有众多同质资产，为避免同业竞争或者为整合业务，市场有资产注入或资产置换的预期。

（3）我们还要进一步知道个股可能重组的一些先兆。这些提示信号分为两类：第一类是基本面的；第二类是技术面的。

即将进行资产重组的基本面提示信号有：第一，出现比较大幅度的人事调整，主要是**高管的变更**。第二，**解决以往的历史遗留问题**，如债务、法律诉讼等问题。第三，公司**业绩出现较大幅度变化**。第四，股改实施的资产注入或重组承诺。第五，**上市公司实际控制人变更**，比如此上市公司前期有股权无偿划拨或者股权转让等行为，大股东发生了变更，且已完成了股权划拨手续和证监会要约收购豁免。第六，上市公司控股股东改制（主要是央企）。第七，**定向增发预案**（待批）。第八，**有较大规模的资产出让或受让行为**，公司分批出售旗下盈利不佳的子公司。上述基本面提示信号的时间间隔越短越好，一方面表示上市公司重组意愿迫切，急于解决问题重组；另一方面也表明重组的能力越来越强。第九，社保新进持股且不少于流通股本的 1%，越多越好。社保基金对政策和政府决策更加敏锐，听消息不如找社保，社保基金的动作比较靠谱，

因此**社保基金进驻**某些个股也是值得关注的提示信号。

　　即将进行资产重组的技术面提示信号如下文所示，同时我们可以利用这些技术图形来选择重组前的买入时机。**重组股盘面整体特征是主力控盘程度较高，盘面的具体表现是股价波幅较小，呈现横盘整理状态，特立独行不随大盘整体走势，经常走出独立逆势行情。**在分时线上看，经常有类似于大盘股那样的不活跃走势。还有一些潜在重组股在前期横盘时间很长，然后几根缩量阴线快速跌破平台，后在低位突然出现放量大阳线时是比较好的买点；主力意图是在停牌前迅速洗盘或者是消息泄露有人在停牌前潜入。从 2011 年 7 月到 2012 年 1 月，科学城的股价从 11.85 元下跌至 4.26 元，跌幅逾 60%。2012 年 1 月 4 日，银泰投资通过大宗交易卖出 1100 万股，成交金额 4895 万元。1 月 9 日，银泰投资再次通过大宗交易卖出科学城 1082.74 万股，成交金额 4255.17 万元。2012 年 1 月 4 日和 9 日，银泰投资通过大宗交易将 2182.74 万股科学城股票转让给了韩学高（科学城大股东银泰投资的副总裁）。对于这笔大宗交易（见图 15-1），银泰投资声称这是给韩学高的"股权激励"。1 月 17 日，也就是银泰投资第二

【2.股东变化】

截至日期:2012-03-31　十大流通股东情况　股东总户数:52593

股东名称	持股数（万股）	占流通股比（%）	股东性质	增减情况（万股）
中国银泰投资有限公司	21471.99	34.47	A股 公司	-2182.74
广州凯得控股有限公司	2666.02	4.28	A股 公司	未变
韩学高	2182.74	3.50	A股 个人	新进
重庆新禹投资（集团）有限公司	689.98	1.11	A股 公司	未变
阮京虹	564.21	0.91	A股 个人	1.51
三峡证券有限责任公司	268.56	0.43	A股 证券公司	未变
郑志宙	194.90	0.31	A股 个人	-113.84
中国对外经济贸易信托有限公司 －新股C17	163.26	0.26	A股 公司	-0.22
余女开	143.88	0.23	A股 个人	未变
姜彬	143.51	0.23	A股 个人	未变

截至日期:2011-12-31　十大股东情况　股东总户数:51245　户均流通股:12156

股东名称	持股数（万股）	占总股本比（%）	股份性质	增减情况（万股）
中国银泰投资有限公司	23654.73	37.97	无限售A股	未变
广州凯得控股有限公司	2666.02	4.28	无限售A股	未变
重庆新禹投资（集团）有限公司	689.98	1.11	无限售A股	-471.34
阮京虹	562.70	0.90	无限售A股	102.71
郑志宙	308.74	0.50	无限售A股	新进
中国银河证券股份有限公司客户信用交易担保证券	300.11	0.48	无限售A股	新进
三峡证券有限责任公司	268.56	0.43	无限售A股	未变
中国对外经济贸易信托有限公司 －新股C17	163.47	0.26	无限售A股	新进
余女开	143.88	0.23	无限售A股	新进
姜彬	143.51	0.23	无限售A股	新进

图 15-1　科学城大股东变化

资料来源：通达信软件。

次通过大宗交易减5日后，科学城公告称由于银泰投资正在就与本公司有关的重大事项进行磋商，公司需对有关情况进行核查，遂从1月17日起停牌（见图15-2和图15-3）。2011年7月，科学城公布过一次资产重组预案。当时，控股股东银泰投资拟以

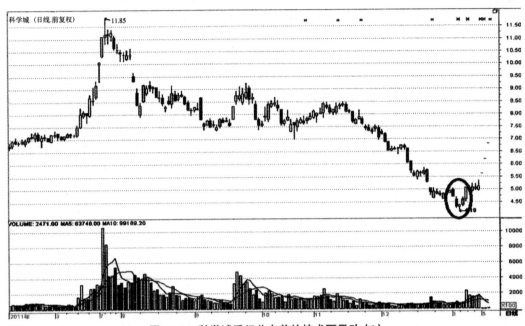

图15-2 科学城重组公布前的技术面异动（1）

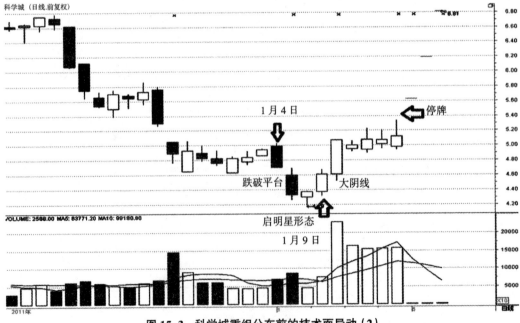

图15-3 科学城重组公布前的技术面异动（2）

现金购买科学城持有的北京银泰酒店管理有限公司 100% 股权，同时科学城以现金及增发股份的方式，购买岳阳市富安矿业有限公司 100% 股权。从而实现主营从酒店业变更为矿产业。2 月 1 日，科学城发布公告称由于各种不利因素，科学城与富安矿业的相关重组终止，将继续寻找矿产资源领域的投资机会，积极推进重组。在等待了三个多月后，2012 年 5 月 4 日，科学城公布了最新的重组预案。

第二类策略是实质重组股狙击。所谓实质重组股是指已经披露了重组方案，公司未来的发展路径相对可见的股票。相对于潜在重组股而言，狙击实质重组股的成功把握性要大一些，而要狙击实质重组股就必须搞清楚重组的程序。

因此，我们先从重组的程序讲起，这是大家要记住的。2008 年 5 月 18 日起实行的《上市公司重大资产重组管理办法》，规范了上市公司重组的每步进程及相应披露的信息及公告。可以说，尽管重组并不是一个新兴事物，但真正规范的重组是从 2008 年才开始。根据这个管理办法，重组进程主要有以下几个重要步骤：

第一步，**重组停牌**。上市公司及重组方认为重组条件成熟，按规定向交易所申请股票停牌，筹划重组事宜，通常停牌时间不超过 30 个交易日。我们需要注意的是，事实上，很多重组事件很难杜绝内幕交易，在股票尚未停牌时股价出现异动，按照交易所规定需要股票停牌并发布澄清公告，而很多公司此时重组条件尚不成熟，因此被迫公告重组或承诺未来 3 个月内不会筹划相关重组事宜。

第二步，董事会通过**重组预案**。股票停牌期间公司董事会召开重组会议，审议通过初步方案后，股票复牌，发布初步的董事会重组预案。资产重组预案中我们要关注的因素有注入资产的价值（比如矿山、土地），以及大股东实力和背景（如资产规模、资源储备），重组后主营业务变化（比如是否主流行业）等。

第三步，董事会通过资产**重组报告书**（草案）。重组预案公告后，重组双方将进行审计、评估等工作，并编制资产重组报告书（草案），董事会通过后拟召开临时股东大会。

第四步，**股东大会**审议通过。发布初步的董事会预案后，公司将聘请财务顾问、会计师事务所、资产评估公司等相关机构对重组双方进行审计、评估工作，并编制重组草案提交董事会二次审议，二次董事会通过后报股东大会审批。一般重组预案到股东大会的时间间隔要求不超过 6 个月。

第五步，并购重组委员会审核。股东大会通过后，公司备好相关重组材料上报证监会，证监会并购重组委员会召开会议，如无异议将发布**有条件通过公告**。

第六步，**证监会核准**。在证监会并购重组委员会发布有条件通过的公告后，进一

步上报，如通过将获得证监会核准的批复。

方正证券研究所周伟研究员对上述六步进行了统计，得出了每个步骤的平均时间（见图15-4），并且他对每个关键事件前后的交易日超额收益状况进行了统计分析，这个统计数据对于狙击实质重组股而言非常有价值（见图15-5~图15-16）。

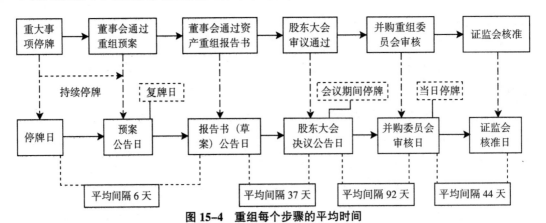

图15-4　重组每个步骤的平均时间

资料来源：周伟：方正证券研究所。

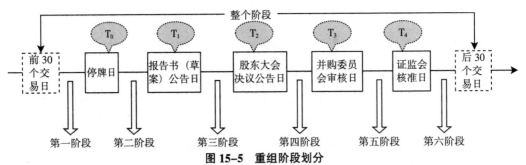

图15-5　重组阶段划分

资料来源：周伟：方正证券研究所。

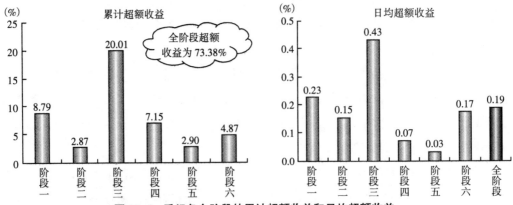

图15-6　重组各个阶段的累计超额收益和日均超额收益

资料来源：周伟：方正证券研究所。

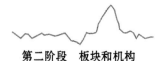
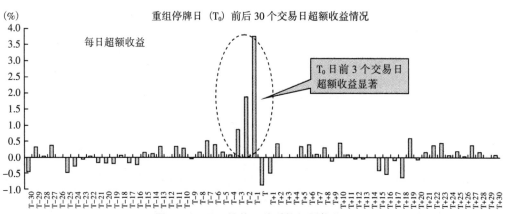

图 15-7　重组停牌日前后的超额收益

资料来源：周伟：方正证券研究所。

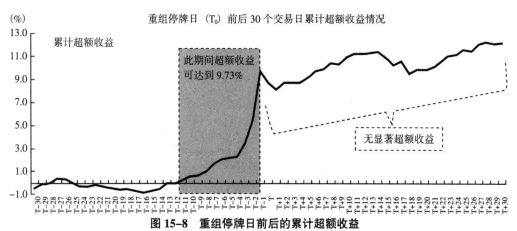

图 15-8　重组停牌日前后的累计超额收益

资料来源：周伟：方正证券研究所。

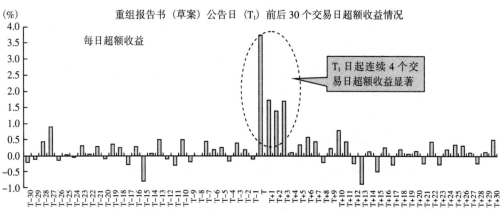

图 15-9　重组报告书公告日前后的超额收益

资料来源：周伟：方正证券研究所。

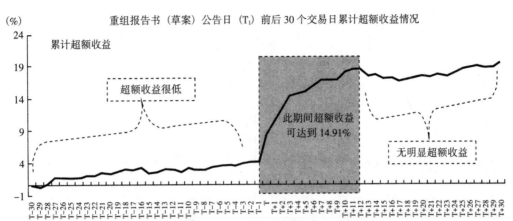

图 15-10　重组报告书公告日前后的累计超额收益

资料来源：周伟；方正证券研究所。

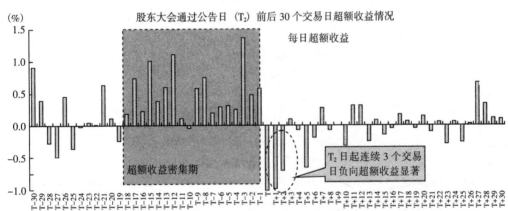

图 15-11　股东大会通过公告日前后的超额收益

资料来源：周伟；方正证券研究所。

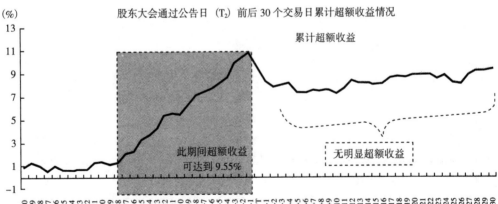

图 15-12　股东大会通过公告日前后的累计超额收益

资料来源：周伟；方正证券研究所。

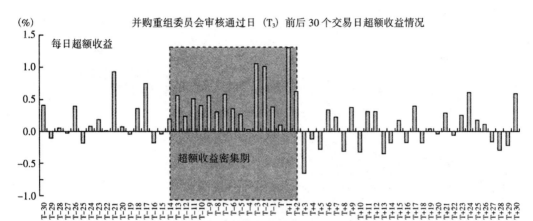

图 15-13　并购重组委员会审核通过日前后的超额收益

资料来源：周伟：方正证券研究所。

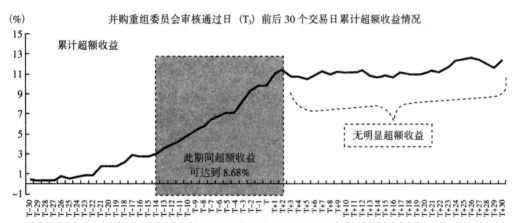

图 15-14　并购重组委员会审核通过日前后的累计超额收益

资料来源：周伟：方正证券研究所。

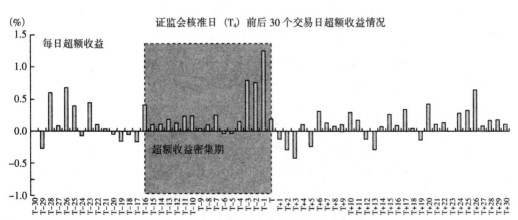

图 15-15　证监会核准日前后的超额收益

资料来源：周伟：方正证券研究所。

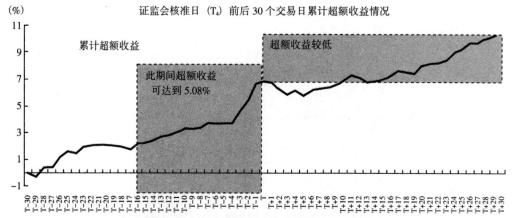

图 15-16　证监会核准日前后的累计超额收益

资料来源：周伟：方正证券研究所。

从上述的统计数据中我们可以发现，整个重组阶段都存在超额收益，在这个进程中报告书公告日到股东大会决议公告日的超额收益最为显著（见图 15-17）。

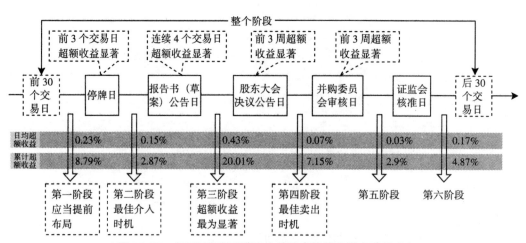

图 15-17　方正证券重组研究人员给出的重组买卖理想时点

资料来源：周伟：方正证券研究所。

当然，由于统计样本存在差异，其他一些研究机构得出了不同的重组步骤持续时长。例如华泰证券联合研究所根据其并购重组样本库中收录的 369 个相关案例，按照不同进程的平均间隔时间来看，重组停牌到重组预案是 57 天，重组预案到股东大会阶段是 82 天，股东大会通过到证监会并购重组委有条件通过是 141 天，证监会有条件通过到证监会核准是 62 天（见图 15-18）。通常情况下，证监会有条件通过到证监会核准的概率在 99% 以上，因此可以简单地把证监会有条件通过视作重组审批成功的标志。

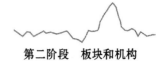

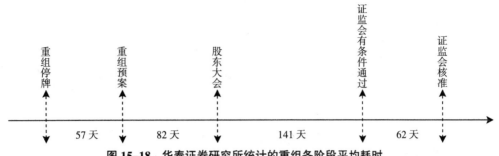

图15-18　华泰证券研究所统计的重组各阶段平均耗时

资料来源：华泰证券联合研究所。

　　进一步来看，比较重要的重组进程为4个事件点：重组停牌、重组预案、股东大会通过、证监会通过。华泰证券联合研究所分析师冯伟和戴爽以事件公告日前后30个交易日为分析期，分析各事件公告日前后股价的变动，以及事件公告日前后的超额收益分布（见图15-19~图15-26）。

　　相比较而言，股东大会通过公告日前及证监会通过日前的一段交易日具有明显的超额收益。预案公告日后及重组停牌前的几个交易日也具有较明显的超额收益，但市场参与度较低。

　　按照他们分析数据得到的统计结论，可以推断如果不考虑驱动面因素，则在股东大会通过公告日后介入，证监会有条件通过后卖出不失为一种相对较好的投资策略（见图15-27和图15-28）。

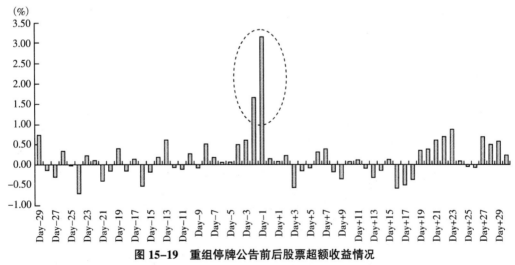

图15-19　重组停牌公告前后股票超额收益情况

资料来源：华泰联合证券研究所。

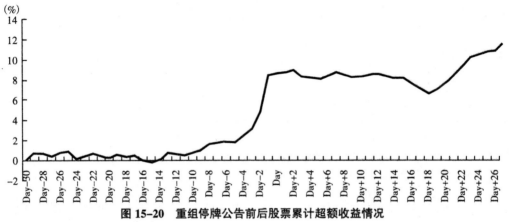

图 15-20　重组停牌公告前后股票累计超额收益情况
资料来源：华泰联合证券研究所。

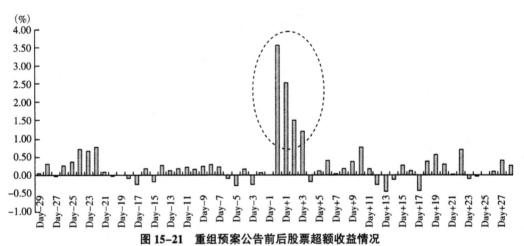

图 15-21　重组预案公告前后股票超额收益情况
资料来源：华泰联合证券研究所。

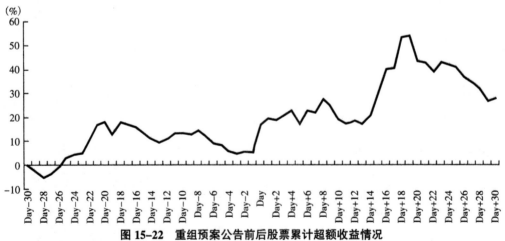

图 15-22　重组预案公告前后股票累计超额收益情况
资料来源：华泰联合证券研究所。

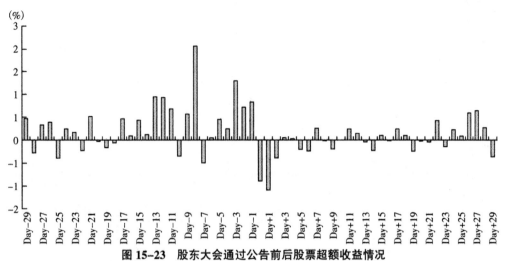

图15-23　股东大会通过公告前后股票超额收益情况

资料来源：华泰联合证券研究所。

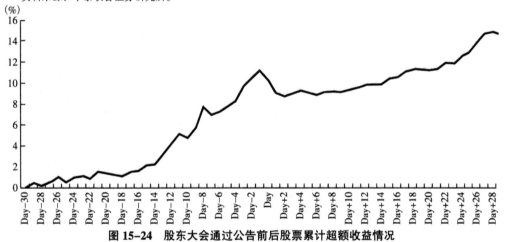

图15-24　股东大会通过公告前后股票累计超额收益情况

资料来源：华泰联合证券研究所。

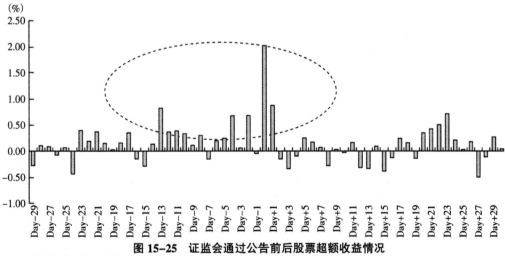

图15-25　证监会通过公告前后股票超额收益情况

资料来源：华泰联合证券研究所。

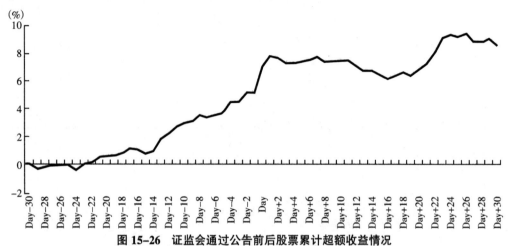

图 15-26　证监会通过公告前后股票累计超额收益情况

资料来源：华泰联合证券研究所。

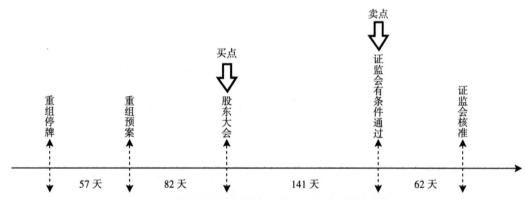

图 15-27　华泰证券重组研究人员给出的重组买卖理想时点

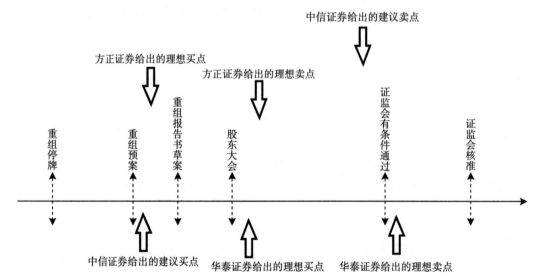

图 15-28　三大证券公司的重组研究给出的理想买卖点

　　方正证券研究人员和华泰证券研究人员可能由于选择的样本存在差异，因此得出的买卖点也存在差异，不过从他们的研究中我们发现整个重组阶段存在超额收益，无论是牛市还是熊市都能在当年跑赢大盘。另外，中信证券研究部在《从市值增长冠军看重组股的投资逻辑》研究报告中"建议投资者积极参与从预案公告到股东大会之间的交易机会，以及证监会通过前的交易机会"。

　　综合这三者的研究，我们认为**如果要介入实质重组股的话，大致应该在重组预案公布后买入，在证监会有条件通过前卖出**（见图 15-29）。

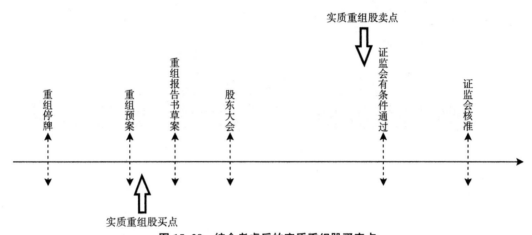

图 15-29　综合考虑后的实质重组股买卖点

　　我们来看一个比较具体的实例，山煤国际（600564 原中油化建）的重组过程及股价走势（见图 15-30 和图 15-31）。这只个股重组的进程如下：

2008 年 11 月 20 日公布重组消息，停牌前股价 7.41 元。

2008 年 12 月 23 日复牌涨停，股价 8.15 元。

2008 年 12 月 24 日开盘涨停，收盘跌 3.19%。股价由开盘 8.97 元回到 7.89 元。

2008 年 12 月 25 日收盘跌 5.20%，股价 7.48 元。

2008 年 12 月 26 日收盘跌 2.01%，股价 7.33 元。

2009 年 1 月 8 日收盘股价 6.59 元。其后震荡走高。

2009 年 2 月 3 日公布国资委同意消息。涨 4.88%，股价 8.31 元。其后震荡走高。

2009 年 6 月 26 日公布股东大会通过重组消息。收盘涨停，收盘股价 19.93 元。

2009 年 9 月 9 日公布证监会有条件通过重组消息。收盘涨停，股价 25.97 元。

2009 年 9 月 30 日公布证监会通过重组核准。股价 23.06 元。

2009 年 11 月 20 日公司名称拟由中油化建变更为山煤国际。收盘股价 32.48 元。

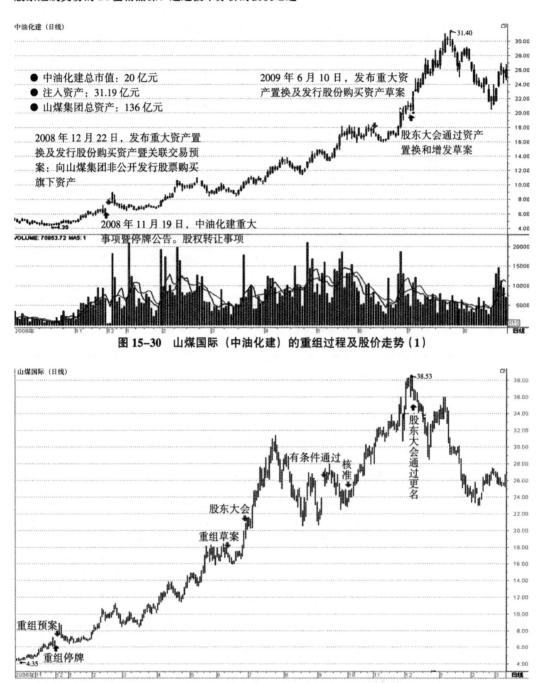

中油化建（日线）

● 中油化建总市值：20 亿元
● 注入资产：31.19 亿元
● 山煤集团总资产：136 亿元

2009 年 6 月 10 日，发布重大资产置换及发行股份购买资产草案

2008 年 12 月 22 日，发布重大资产置换及发行股份购买资产暨关联交易预案：向山煤集团非公开发行股票购买旗下资产

股东大会通过资产置换和增发草案

2008 年 11 月 19 日，中油化建重大事项暨停牌公告。股权转让事项

图 15–30　山煤国际（中油化建）的重组过程及股价走势（1）

山煤国际（日线）

38.53

股东大会通过更名

有条件通过

核准

股东大会

重组草案

重组预案

重组停牌

图 15–31　山煤国际（中油化建）的重组过程及股价走势（2）

2009 年 12 月 8 日公司名称由中油化建变更为山煤国际在股东大会通过。收盘股价 38.44 元。随后股价到达最高价 38.53 元。

这次重组从公布重组消息（停牌）到证监会通过重组核准，历时 10 个多月，股价

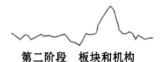

从 7.41 元到更名最高时 38.53 元，涨幅达 500%。

　　从上面的走势图可以看到，重组预案公布后是比较好的买点，而有条件通过之前是比较好的卖点。但是大家注意到没有，"有条件通过"到"正式更名"也存在一波显著上涨。从有条件通过到正式更名这段往往也存在一波行情，被称为**"重组更名行情"**。如 ST 昌河发动的"重组更名行情"就是最典型的例子，该股的重大资产重组方案在 2 月有条件通过，5 月底正式更名（见图 15-32）。

图 15-32　ST 昌河的重组更名行情

　　要做重组股，关键是注意上市公司的公告，先看提示信号，先找征兆，有了征兆再回过头去看个股上市公司是不是符合一般的重组股特征。有了这些准备，就可以分仓入手了。狙击潜在重组股除了看公告之外还需要平时多看一些与重组有关的专业网站。这里推荐两个网站：第一个网站是 http：//www.wlstock.com/。当然其中的收费项目我们不做评价，主要是这个网站提供了重组研究板块，这个相当难得，进入网站后，点击"重组研究"（见图 15-33）。这个栏目下面有非常多的有关重组的信息和资料，可以作为很好的参考，但是切忌当作现成的买入信号。第二个网站是 http：//www.volstock.com/，进入主页后点击"重组概念股"，进去后下面有很多子栏目，比如"央企重组概念股"等，另外，其中的"重组股最新进展汇总"也需要定期关注（见图 15-34 和图 15-35）。

图 15-33　万隆证券网的重组频道

图 15-34　概念股票网的重组栏目（1）

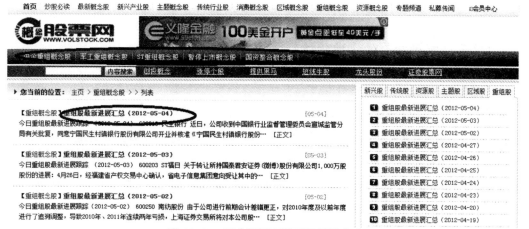

图 15-35　概念股票网的重组栏目（2）

　　虽然狙击重组股的预期收益很高（见表 15-1），但是狙击重组股面临很多风险，这是要在强调利润之后提醒大家的，因为重组进程具有很大的不确定性，重组成功与否本身具有很大的不确定性，重组不成功将面临较大的亏损风险。不过，重组后业绩难以预测，因此一般只在重组当年存在超额收益，所以重组股不宜久留，利好出尽，甚至利好基本兑现就要卖出。这就是重组股归为短线操作重点对象的原因，毕竟重组股还不能完全属于价值投资的范畴，更不能当作中长期投资来做。除了掌握上述要领之外，

表 15-1　近年来的重组暴利股

证券代码	证券名称	最低价日	最高价日	涨幅（%）	备　　注
000631	顺发恒业	2009-5-21	2009-7-23	3453.69	2009 年 3 月资产重组复牌，涨 20 倍
600252	中恒集团	2008-10-30	2010-12-15	2815.68	
002168	深圳惠程	2008-10-28	2011-3-30	2651.54	
000703	ST 光华	2008-11-4	2011-4-19	2532.87	2010 年资产重组，2010 年 1~2 月翻倍
200596	古井贡 B	2008-10-28	2011-4-13	2333.20	
600703	三安光电	2008-6-26	2010-8-4	2286.26	2008 年资产重组涨近 3 倍，后面又涨近 10 倍
600187	国中水务	2008-8-22	2011-3-29	2117.90	资产重组，2009 年 4 月复牌，涨 10 倍
600537	海通集团	2008-11-4	2011-3-21	1836.55	
002190	成飞集成	2008-11-4	2010-9-9	1700.48	
002106	莱宝高科	2008-10-16	2010-11-22	1675.49	
600111	包钢稀土	2008-11-7	2011-4-8	1647.94	
600562	*ST 高陶	2008-11-4	2010-11-8	1632.02	2009 年 4~6 月资产重组涨 3 倍
002006	精功科技	2008-11-4	2011-3-28	1594.63	
002013	中航精机	2008-10-28	2010-11-9	1567.57	2010 年 9~11 月涨 3 倍
600773	西藏城投	2008-10-30	2011-3-28	1560.60	2008 年 12 月至 2009 年 2 月接近翻倍，2010 年 8~9 月接近翻倍，2010 年资产重组：药业变地产

还要认真阅读《上市公司重大资产重组管理办法》，重点是第三章和第四章，详见附录。

【关于"重组股"的经典论述】

对于"重组股"，许多知名市场人士都有过精辟的阐述，下面摘录如下，与本课内容可以相关参照，以便进一步思考：

1. 现在的很多妖股，按公开财报来看，有的业绩不好，有大部分业绩都是平平……但为什么有些科技股不涨？因为他们没新的增长点。如近一年科技大妖股——韦尔股份。PE高，业绩财报也没见怎么样，为什么妖呢？因为它几年前买了个新产业子公司，这个产业现在爆发，子公司身价飞天，推动了它股价的大涨特涨。如果你只看财报，看不出什么鬼。就是这样，如果你细研究会发现，**好多妖股都是子公司爆发了，推动了母公司的飞涨**（黄斌汉）。

2. ……重组股的炒作之风似乎大有收敛，根本的原因在于随着注册制等新股发行改革的推行、退市政策的完善，优质资产上市比过去更容易快捷，绩差股退市风险骤增……具体来说，现在选重组投资标的，**第一首选的应该是国资背景，最好是央企**。**第二股权最好相对集中**，单一大股东谈判决策相对容易，家族企业股权过于分散的统一意见比较难，少碰。**第三多关注资产优良又有上市公司的企业集团**，集团资产注入相对简单。**第四重视与新兴产业业务关联、资产关联、股权关联强的企业**等。一句话，**必须选资产质量尚可又有想象空间的公司**……（证券市场红周刊）

3. **资产剥离是大量重大资产重组停牌的前兆**，把资产剥离到相当的程度，比如70%、80%或更多，基本上停牌时间就很快了。所以我做重组股大量观察资产剥离的程度，一旦发现剥离充分的时候，在发现盘面高度控股就会去压停牌。万事都有规律，一旦发现大股东转让后，然后资产大幅剥离到几近净壳，停牌就会在很短时间内发生。逻辑是什么呢？①为何大佬要花大价钱买上市公司股权？融资和变现资产是目的。②为何大幅剥离原有资产？新大股东对原有资产经营没有任何兴趣，它是要注入新鲜血液的。③剥离到超过50%停牌时间为何就不远？剥掉50%离再剥离剩下部分就很快，而且战略意图充分暴露。离注入资产时间就不远！剩下的就是选买点，在大盘暴跌或该公司出重大利空的时候，股价会有低点的时候买……（王炜）

暴利板块之涨停股攻略

知道什么更重要总是人生中的一项珍贵本领。我们得做出判断，明确什么是最重要，最需要加以关注的，不能面面俱到。要把精力放到对分析科目影响最大的关键变量上。

——文森特·凯特兰诺

"甜点"就好比打网球时，球落在球拍的中央，这时的手感是最舒服的，就是下单时让你感到很放心、很舒服的一个点位，换而言之就是一个风险比较小，收益率比较高的一个点位，是一个爆发前的触发点，打破平衡的突破口。

——丁洪波

涨停板是股票市场中最为耀眼的现象，涨停板的出现往往与机构交易者的操作有关。进一步来讲，涨停板是市场异动的典型特征之一，而"异动"本身和背后都存在重大的获利机会。关于涨停板的技术主要集中在两个方面：

第一方面涉及涨停板预判策略，也就是说交易者需要在涨停板完成之前就能够判断出股价将出现涨停，这种策略探讨的资料较少，但却是本课的重点内容。在涨停板出现之前就能够及时介入，其实这类技术是短线暴利技术，并不能保证介入的个股一定出现涨停，只是涨停的可能性较大而已，与"题材投机"类的做法非常一致，大家可以参考这方面的专著。

第二方面涉及涨停之后继续上涨的预判策略，这方面的成功操作实例体现在所谓的"涨停敢死队"上，通俗而言就是所谓的"追涨停"。这类操作方法的核心是围绕涨停后股价是否能够继续上涨展开的，从2000年开始这类方法在沪深两市大放异彩。这一年的2月15日，《中国证券报》在头版发表了题为《涨停敢死队》的文章，这篇文章

全面介绍了宁波解放南路营业部的"涨停敢死队"。早期的"涨停敢死队"其实是指"解放南路的三个火枪手"，也就是小吴、小徐（徐翔）和大徐三人。小吴出生于1970年，为人处世较为低调，对自己操作的资金量和业绩一贯保密。小徐出生于1976年（又说1978年），从20世纪90年代中期开始入市炒股，当时只是一个高中生，家境非常普通，入市时只有几万元启动资金。小徐现在掌管着知名的私募基金泽熙投资，当年做短线的时候出手果断。小吴和小徐都没有经过正规的科班教育，十几岁的时候就进入股市操作，"经验值"在当时基本超过10年了，平均算下来一年1000个小时的操作经验，10年下来在1万个小时左右。大徐出生于1975年，大学的时候便开始炒股，算得上是有科班背景的人士。1997年从北京商学院毕业后，结识了小徐，担任后者的助手。

最初的"涨停敢死队"其实就是以这三个人为核心的宁波大户。他们的操作策略就是"追涨停"，平均操作周期是3天，持股一周的话就算长线了。在绝大多数情况下，他们都是今天进场，明天就出场，纪律非常严明。根据统计，他们的胜率是非常高的，超过80%，一般而言他们都做强势股和龙头股。他们常常专注于操作一只股票，特别是中小盘股，因为盘子小，所以容易涨停。2006年之前，宁波的"涨停敢死队"资金都不大，但是经过2006~2007年的牛市，基本上这些大户的资金额都超过1亿元了，所以在市场中的生存能力大为提高，很难破产。他们在分析股票上投入的时间非常多，基本上没有太多时间来干其他事情，熬夜也是家常便饭。小徐强调："投资没有那么简单，只靠交易就能赚钱。**交易只是投资中很小的一部分，除此之外还要做很多工作。**"

2007年之后，"追涨停"这种技术开始在江浙为主的地区流传开来，上海、杭州、广州和深圳都出现了"涨停敢死队"。其中比较有影响力的"涨停敢死队"有"杭州湖墅南路的东吴证券营业部敢死队"、"深圳泰然九路国信证券营业部敢死队"、"上海宝庆路东方证券营业部敢死队"、"上海江苏路国

徐翔这个人物是有争议的，但是早年作为一个普通散户能够积累亿万身家，靠得主要还是自己的思考能力。

泰君安证券营业部敢死队"等。

2009 年，小徐创办了上海泽熙投资管理有限公司，该公司有投研管理人员 3 名，行业研究员 30 人以上。小徐从此开始了阳光私募的职业生涯。泽熙投资的第一期产品泽熙瑞金 1 号成立于 2010 年 3 月，初始规模 10 亿元。该产品成立之初即赶上 A 股市场大跌，但是产品净值逆市走高，两个月跑赢大盘近 50 个百分点，泽熙投资由此名震江湖。2011 年 7 月，小徐接受了《中国证券报》的专访，其间他强调："一句话，止损要坚决。投资一定要设定止损线，一旦股票走势触及止损线，要坚决止损。根据个股的弹性不同，止损线的标准也不同。如果对公司的基本面没有太大把握，可容忍的浮亏就很小；如果对公司的基本面非常有信心，即使出现较大下跌，也会持续持有。"即使到目前，泽熙投资仍旧被认为是"涨停敢死队"的代表，比如这篇题为《私募泽熙"敢死队"现身 *ST 大地大考前上涨》的文章就是如此描述的（见图 16-1）。大家可以尝试关注一下这只基金的相关新闻，不时有一些相关采访和统计出来，大家也可以从中学习到最为直观和有效的中短线交易经验。

私募泽熙"敢死队"现身 *ST大地大考前上涨

2012年05月03日15:31　财新网[微博]　曹文姣　我要评论(0)　　　字号: T | T

【财新网(微博)】（记者 曹文姣）私募泽熙投资再次扮演"敢死队"角色，目前已成为 *ST大地的十大股东之一。后者所涉的*ST大地案定于5月7日再度开庭，并且自5月4日开市起，该公司股票将被实施退市风险警示。

4月26日，*ST大地公布2012年一季度报告，报告显示，一季度归属上市公司股东净利润为-133.21万元，同期增长90.68%。山东省国际信托有限公司－泽熙瑞金1号名列十大股东之一，持股数140.92万股。

4月25日，*ST大地收盘报10.98元。一季度报公布后，4月27日，*ST大地跳空高开报11.82元，随后震荡走低报11.70元。5月2日，ST板块受退市制度征求意见打击整体下跌，*ST大地低开高走，收盘报11.75元。5月3日，ST板块跌势依旧，但*ST大地低开后震荡上扬，逆市上涨。截至10点30分，报价11.80元，涨幅0.43%。

图 16-1　私募泽熙的相关新闻

根据当前各家阳光私募影响力和业绩情况，《财商》筛选归纳出三大主要风格派系，分别是以但斌、李驰和郑晓军等为首的纯粹价值投资派，以罗伟广、石波、田荣等为代表的庞大的趋势投资派，以刘睿、廖黎辉、徐翔等为代表的以"快"制胜的交易派。泽熙投资的徐翔从 2010 年成立第一只产品之后，其狙击牛股的方式也让其业绩迅速提升，连续两年徐翔管理的产品均进入阳光私募产品业绩前十名。因此，大家也可以偶

尔关注 www.zexifund.com，这是泽熙投资的官网，从中可以查到旗下基金的运行情况和
一些经验访谈和介绍（见图16-2）。

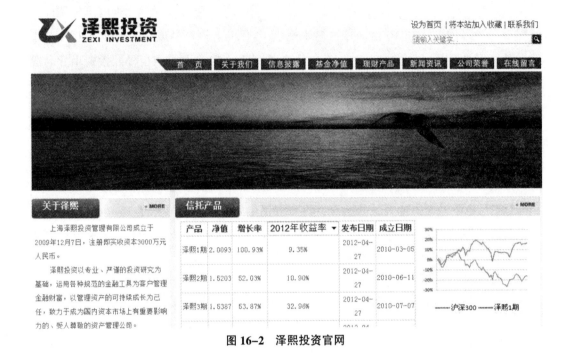

图16-2　泽熙投资官网

我们将第一类策略简称为**"抓涨停策略"**，第二类策略简称为**"追涨停策略"**，这
样大家就能对两者进行准确的区分了。在很多时候，这两类策略也是相互联系的，比
如当我们根据抓涨停策略"幸运地"捕获了第一个涨停板时，接下来就需要运用第二
类策略来预判后续市场是否还有继续上涨的可能性。

无论是抓涨停技术还是追涨停技术都面临三个方面的研判，它们分别是驱动面涨
停研判、资金面涨停研判和行为面涨停研判，下面我们分别介绍给大家，按照这一思
路去剖析涨停的前兆和涨停本身，可以帮助我们更好地捕捉到市场机构和板块带来的
利润。毕竟，很多时候涨停都是与机构和市场热门板块联系在一起的。

驱动面研判无论对于抓涨停技术还是追涨停技术都是非常重要的环节。与绝大多
数散户想象的相反，**游资在制造涨停板的时候往往更加注重基本面（驱动因素）而不
是技术面（价格行为）**。在驱动面研判方面我们需要关注一些比较重要的信息渠道，这
些渠道往往被游资用来作为制造对手盘的工具。游资不可能随意地在个股上介入，它
必须确保介入某只个股后可以借助于某些外部的利好来吸引跟风盘，从而在相对高位
将自己的筹码派出去，这个过程就是"利用对手盘"的过程。所谓的"趁低吸纳，逢

高派发"。

　　如何做到"趁低吸纳"？你要让别人把那些此后将上涨的个股筹码心甘情愿地低价拱手相让，凭什么呢？这里面也存在一个"利用对手盘"的策略问题。在低价位把筹码让给你，在更高的价位再接回来，你必须在低价位找到卖家，在高价位找到买家。**这个低价位的卖家是对手盘，你要利用对手盘的恐慌。同样，你在高价位的买家也是对手盘，你要利用他的乐观。**为什么他会在相对低价位恐慌，那是因为外部氛围让他恐慌，比如双汇出问题后股价狂跌，但是游资利用这种恐慌制造的卖家对手盘拿到了廉价筹码。为什么他会在相对高价位乐观，那是因为外部氛围让他乐观，比如重庆啤酒乙肝疫苗高唱凯旋曲的时候，游资利用这种"形势一片大好"的极度乐观将昂贵筹码甩给了买家对手盘。

　　短线操作，无论是本课专门介绍的涨停技术还是其他任何策略其实都是**"利用对手盘的非理性"**。说得远一点，价值投资其实也是利用对手盘的非理性，没有对手盘的非理性，巴菲特怎么能够在安全空间极大的时候获得好筹码；没有对手盘的非理性，谁会将可口可乐的筹码在当年甩给巴菲特；没有对手盘的非理性，巴菲特怎么能够在中石油上低吸高抛（见图 16-3）。

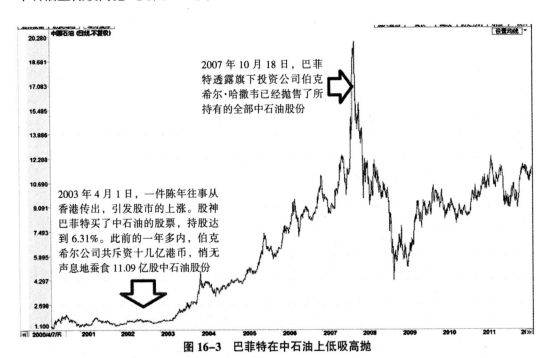

图 16-3　巴菲特在中石油上低吸高抛

　　资料来源：东方财富通软件；巴菲特买卖中石油记。

可以毫不夸张地说，**交易的一切问题归根结底都是如何战胜对手盘的问题**，搞懂了如何利用对手盘的非理性，就搞懂了如何在股票交易中获利。这么多人愿意花天价与巴菲特共进午餐，无非就是想要请教巴氏利用对手盘的诀窍（见图 16-4）。

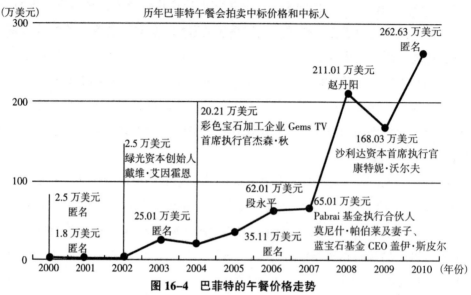

图 16-4　巴菲特的午餐价格走势

资料来源：《新财富》杂志。

那么，驱动面和我们抓涨停和追涨停有什么关系呢？利用对手盘的非理性与我们这里的涨停驱动面研判有什么关系呢？驱动面的变化导致了对手盘的非理性状态出现，导致了资金面和心理面的极端变化。**作为主力，你在市场上要找到非理性的对手盘，你需要关注的肯定是导致非理性状态出现的主要因素，这就是驱动面，**也就是通常俗称的"基本面"。

为什么我们不说"基本面"，这是因为这个词有误导性，就好比"技术面"一样，这种称呼具有误导性。好像技术分析真是某种具有"科学性"和"技术性"的东西一样。拉一个涨停板还是拉两个涨停板，甚至连续涨停，主力必然考虑对手盘能够在哪个价位接盘的问题，而这个问题其实与对手盘的非理性程度直接相关。只有疯狂的人才会在天价上接盘，这就好比当年荷兰郁金香投机热潮时一样，要在天价的位置接盘，必然是一群非理性到极致的人。

1593 年，郁金香传入荷兰。17 世纪前半期，由于郁金香被引种到欧洲的时间很短，数量非常有限，因此价格极其昂贵。在崇尚浮华和奢侈的法国，很多达官显贵家里都摆有郁金香，作为观赏品和奢侈品向外人炫耀。1608 年，就有法国人用价值 3 万法郎的珠宝去换取一只郁金香球茎。不过与荷兰比起来，这一切都显得微不足道。当郁金香开始在荷兰流传后，一些机敏的投机商就开始大量囤积郁金香球茎以待价格上涨。不久，**在舆论的鼓吹之下**，人们对郁金香表现出一种病态的倾慕与热忱，并开始竞相抢购郁金香球茎。

1634 年，炒买郁金香的热潮蔓延为荷兰的全民运动（见表 16-1）。当时 1000 美元一朵的郁金香花根，不到一个月后就升值为 2 万美元了。1635 年，一种叫 Childer 的郁金香品种单株卖到了 1615 弗罗林（florins，荷兰货币单位）。如果你想搞清楚这样一笔钱在 17 世纪早期荷兰的经济中是什么价值，你只需要知道 4 头公牛（与一辆拖车等值）只要花 480 弗罗林，而 1000 磅（约 454 公斤）奶酪也只需 120 弗罗林。可是，郁金香的价格还是继续上涨，第二年，一株稀有品种的郁金香（当时的荷兰全境只有两株）以 4600 弗罗林的价格售出，除此以外，购买者还需要额外支付一辆崭新的马车、两匹灰马和一套完整的马具。但是，所有的金融泡沫正如它们在现实世界中的名称所喻示的一样脆弱，随着流动性衰竭，当人们意识到这种投机并不创造财富，而只是转移财富时，总有人会清醒过来，这个时候，郁金香泡沫就该破灭了。在某个时刻，当某个无名小卒卖出郁金香或者更有勇气卖空郁金香时，其他人就会跟从，很快，卖出的狂热将与此前购买的狂热不相上下。于是，价格崩溃了，成千上万的人在这个万劫不复的大崩溃中倾家荡产。

表 16-1　投机泡沫期间的部分郁金香价格变化

单位：弗罗林

品　种	1637 年 1 月 2 日	1637 年 2 月 5 日	1739 年
Admirael de Man	18	209	0.1
Gheele Croonen	0.41	20.5	0.025
White Croonen	2.2	57	0.2
Gheele ende Roote van Layden	17.5	136.5	0.2
Switsers	1.0	300	0.5
Semper Augustus	2000	6290	0.1

资料来源：Garber，"Tulipmania"，IMT Press，68，1994。

明白了驱动面研判对抓涨停和追涨停的意义，我们就有必要介绍一下驱动面研判的具体内容和工具。

驱动面主要是针对大盘、板块和个股三个层次展开的。而**要抓涨停就必须精于算计大盘次日的大致走向、板块的热点和个股的背景**。对于追涨停而言，同样也要注意这三个方面的问题。

那么，抓涨停和追涨停从哪些渠道了解驱动面的变化呢？更深入一点地讲要从这些渠道大致掌握一些什么东西呢？

第一个渠道是央视 1 套和 2 套节目。游资要炒作的题材必须在"点破"后能够让整个市场参与群体有"理所当然"的感觉。要找到这样的题材只能到大众都能广泛接触的媒体中去找，而且必须是"比较权威和官方"的媒体。在圈里认识不少专门做题材的游资大佬，他们有些文化还没有达到可以看懂 BBC 或者路透和彭博英文站点的程度。即使其中一小部分谋划者外语水平很高，也不敢贸然对国内人未接触到的题材进行介入。

那么，圈里面的游资大佬们最为关注的"题材池"是什么呢？这就是 CCTV1 和 CCTV2，这两档频道是他们最为关注的。题材股还没有开始发动之前，CCTV1 和 CCTV2 往往也就对相关题材进行报道了。比如，什么会议要召开了，世界某重要资源产地出现自然灾害了，什么产业规划正式出台了，什么行业曝出质量丑闻了等。比如，2012 年 4 月，央视 2 台消费者权益类节目"3·15"曝出江浙一带用工业明胶充当食用明胶，游资马上意识到正规的食用明胶生产商在理论上是受益者，因为随着食品监管的加强，市场对食用明胶的需求量增加。此后，青海明胶这家上市公司被看好，连续大涨，不亦乐乎。其实，这种题材为什么带动相关股票上涨，并不是说最后相关上市公司真的会因为这类事件导致每股收益出现显著变化，而是说存在一条可以"台面上"说得通的逻辑。**要抓涨停板，你光是盯着技术面去分析，那是傻子，真的是傻子。**此后，由于青海明胶下属公司也查出可能涉及铬元素超标，此后应声下跌，真的是过山车式的表现，其中的驱动因素无非是一种消息经过主力和大众加工后的预期而已（见图 16-5）。

为什么这样讲呢？涨停板与题材或者主题密切相关，股价的运动好比狗的影子，要想明白影子的运动路线，不能从影子本身入手，而必须从光源和狗本身的运动入手。各种驱动面因素，包括题材和主题就是光源，而市场参与者的行为就是狗，而涨停与游资行为密切相关，**你如果没有搞懂题材和游资两者，你怎么可能抓到涨停板。**如果涨停板存在所谓简单规范的价量统计特征，那么掌握这一规律的人肯定不止一个。而任何一个掌握这一规律的人都会吞掉整个金融市场和人类所有财富，而后者是不可能的，所以这样的人根本就不存在。即使存在涨停统计上的征兆也是不稳定的，只能持续很短时间，当你意识到存在这样的统计特征之后，这些特征也很快就消失了，以至于你根本没有时间来运用你的统计。

光源照射角度和移动对于影子的影响非常大，甚至超过"狗"本身。那么，什么是最为重要的光源呢？对于股票短线交易者，特别是涨停板猎手而言，最为重要的光源就是我们在第一个渠道中提到的央视 1 台和 2 台节目。

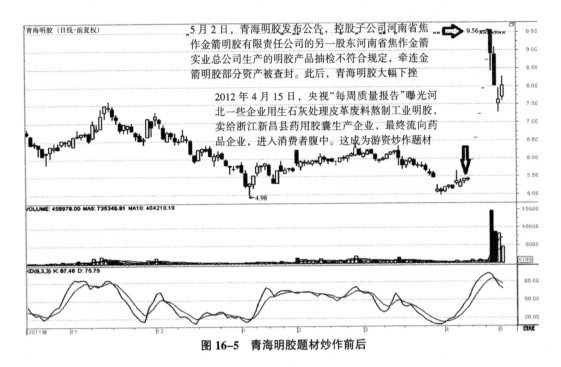

青海明胶（日线·前复权）

5月2日，青海明胶发布公告，控股子公司河南省焦作金箭明胶有限责任公司的另一股东河南省焦作金箭实业总公司生产的明胶产品抽检不符合规定，牵连金箭明胶部分资产被查封。此后，青海明胶大幅下挫

2012年4月15日，央视"每周质量报告"曝光河北一些企业用生石灰处理皮革废料熬制工业明胶，卖给浙江新昌县药用胶囊生产企业，最终流向药品企业，进入消费者腹中。这成为游资炒作题材

图16-5　青海明胶题材炒作前后

央视1套哪些节目是非常重要的呢？游资关注的主要是**新闻联播**和焦点访谈，除此之外还会适当关注朝闻天下和新闻30分，下面是某游资周一至周日关注的央视1套重要节目：

星期一至星期五

06：00：00　　　朝闻天下

12：00：00　　　新闻30分

19：00：00　　　新闻联播

19：38：00　　　焦点访谈：用事实说话

星期六和星期日

19：00：00　　　新闻联播

19：38：00　　　焦点访谈：用事实说话

央视2套哪些节目是非常重要的呢？游资关注的主要是非交易时间的节目，比如"经济半小时"和"经济信息联播"，以及"环球财经连线"是非常重要的关注点。下面是某游资周一至周日关注的央视2套重要节目：

星期一至星期五

重点关注节目：

20：30：00　　　经济信息联播：把握经济脉搏

21：20：00　　　经济半小时：观经济大势

22：30：00　　　环球财经连线

偶尔看的节目（观察市场情绪）：

07：00：00　　　第一时间：资讯唤醒每一天

09：00：00　　　交易时间

11：50：00　　　环球财经连线

14：00：00　　　交易时间

17：30：00　　　市场分析室

星期六

20：30：00　　　经济信息联播：把握经济脉搏

21：20：00　　　经济半小时：观经济大势

21：55：00　　　中国财经报道：打开经济问号

星期日

20：30：00　　　经济信息联播：把握经济脉搏

21：20：00　　　经济半小时：观经济大势

　　通过观察上述节目，再结合本教程的相关课程，大家可以对隔日的大盘走势以及板块资金流向有较为准确的判断，在此基础上进一步分析个股的心理面和技术面走势就可以在涨停板操作上有的放矢。那么，央视1套和2套上述节目观看过程中我们需要注意些什么热点或者说重要信息呢？我们结合本书的课程结构在这里回到这个实践性很强的问题上。在第一课我们向大家传授了跨市场分析这个工具，这个工具让大家能够结合经济周期来选择相应的交易标的。如果新闻提到CPI同比处于下降中，那么你就应该到网上查看CPI同比走势（见图16-6）。如果不光是最近一次数值下降，CPI同比走势一直处于下降趋势（这个你可以像看股价走势那样去度量CPI的趋势，比如高点越来越低，低点也越来越低或者说从最高点下来非常显著的幅度），那么经济可能处在衰退或者复苏两个阶段中。如果新闻还提到GDP增速或者说工业产值增速同比下降，结合CPI提供的通胀数据就应该大致推断出经济处于衰退阶段。衰退阶段大致处于CPI高点和GDP低点之间，而股市在这个阶段处于大盘筑底阶段。债券的表现要比股市好，同时股市中的防御性板块相对抗跌。你在中央2套中会看到相当多的通胀和增长新闻，你就可以结合本教程第一课的内容进行解读，从而更好地转化为投资决策。衰退阶段，原材料价格大幅下跌，这是商品期货市场的主要特征，而这会引发相关个股的运动，在短线选股的时候就应该注意这点，这也与第一课和第十四课的内容密切相关。

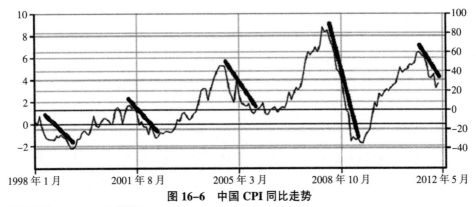

图 16-6　中国 CPI 同比走势

资料来源：Value500 价值黄页。

在第二课中我们介绍了流动性分析，涉及美联储的货币政策和中国人民银行的货币政策。央视 2 套里面的新闻也会涉及诸如美联储政策变化、央行货币政策委员会讲话等涉及流动性的内容，这些不仅对大盘指数有深远影响（短期市场可能通过跳空开盘的方式吸收，但是长期必然对持续的货币政策有反应），对于相关个股影响也非常大，比如银行板块和高负债率板块。另外，A 股市场的政策变化对于大盘也有非常大的影响，比如全流通股改政策、IPO 政策、退市制度、交易费用等。在 2012 年 4 月末到五一假期这段时间，证监会和交易所推出了多项改革政策（比如大幅降低交易费用、强化退市制度等），这些肯定是对股市有长远影响的（虽然短期内不一定看出来，但是短期内对相关个股和板块肯定是有影响的，这就涉及短线操作的思路）。

中央 1 套和 2 套最新报道的重大事件对相关板块和个股此后的走势也会有立竿见影的影响，这里面常常出短线涨停板块和个股。

中央 1 套和 2 套最新报道的区域政策、产业政策等变化对相关板块和个股此后的走势有显著影响，这个大家只要经常关注这两个台的上述节目就可以发现。

国内除了央视 1 套和 2 套还有许多其他电视台，在财经方面还有东方财经电视台等，为什么要单单选择央视 1 套和 2 套呢？这是因为央视 2 套在大势和深度分析上远胜于其他国内财经频道，国内其他财经频道大多花了太多篇幅纠缠于当下行情的变化，缺乏预见性，同时由于覆盖范围相对不大，因此很难成为行情引领的工具。而央视 1 套作为观察国家重大政策的窗口，对于那些参与政策性显著的 A 股市场的交易者而言，必然是极其重要的工具。**炒股要听党的话**，这是中国 A 股市场不得不提到的一句至理名言。为什么汇金和社保基金做得比较好，一个重要的原因是它们能够在市场情绪极端的时候不为市场本身所干扰，能够听懂政府的政策意图。

作为交易者，必然在时间利用上做到高效率，因此也不太可能随时盯着电视机，讲求信息吸收效率是所有成功交易者的共同特征。那么，如何提高观看这两个电视频道的效率呢？第一，仔细品味三档节目——"经济信息联播"、"经济半小时"、"中国财经报道"，从中寻找隔日板块和个股资金流向的线索，布局可能大幅上涨的个股和板块，这里面往往都有涨停个股出现；第二，尽量不要在交易时间观看所谓的实时点评，特别是证券分析师的点评，这些都是"跟着行情屁股的点评"，除了助涨助跌之外没有任何价值。**市场运行期间，不要查看任何主观的点评**，只看数据，比如热门板块涨跌排行、资金流向等。除了客观性的事件和数据，在操盘期间一概不予理会，这时候任何一个分析师的"狗屁观点"都可能影响到你的主观判断，哪怕在事后看来这个观点多么的幼稚和缺乏证据支持。我们一般会在网上看央视1套和2套的相关节目，这样能够掌握一些主动性，另外相关重要新闻也能够一览无余，便于筛选，这里推荐中国网络电视台（见图16-7）。

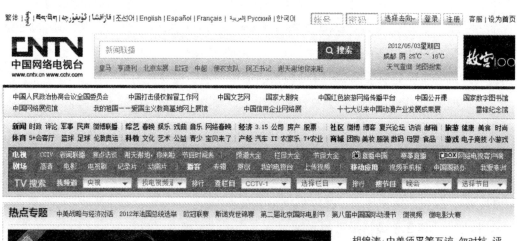

图16-7　中国网络电视台

第二个渠道是四大证券报，分别是《中国证券报》、《上海证券报》、《证券时报》和《证券日报》。报刊主要分为杂志和报纸两类，**对于追逐涨停的短线交易者而言，报纸**

要比杂志更加贴近行情的发展。 在财经类报纸中，专门与股票相关的报纸要么是具有官方色彩的四大证券报，要么是贴近民间"草根"类的报纸。民间"草根"类的报纸以《金融投资报》为代表，其周末版广受追捧。毕竟，中国股市仍然具备了一定的政策市特征，因此我们需要注意那些"官方色彩"的证券类报纸的动向。而四大证券报对于股市政策面和基本面的报道、解读以及评论往往隐含了监管层的意图。在股票运行的敏感阶段，比如价值被严重低估的阶段或者股价处于严重泡沫化的阶段，这四大证券报都会有显著的指示作用。另外，报纸也会涉及一些热点问题，而这往往与大资金走向密切相关，进而与涨停板有关，因此我们一定要非常注意这四大报纸的头版。其中，《中国证券报》是新华通讯社主办的全国性证券专业日报，是中国证券监督管理委员会指定披露上市公司信息报纸、中国保险监督管理委员会指定披露保险信息报纸、中国银行业监督管理委员会指定披露信托公司信息报纸（见图 16-8）。

图 16-8 中国证券报

　　《上海证券报》于 1991 年 7 月 1 日诞生于黄浦江畔，由上海证券交易所创办并主管，后为新华社上海分社收购，成为新华社下属报刊（见图 16-9）。它是新中国第一张以提供权威证券专业资讯为主的全国性财经类日报，是中国证监会、中国保监会和中国银监会指定的相关行业信息披露媒体。在新浪网关于对财经媒体的浏览和阅读取向两项调查排名中，《上海证券报》均高居第一。从各类纸质媒体、广播电视和各类网站转载财经报道的数量来看，《上海证券报》的报道被转载率名列前茅。

图 16-9　上海证券报

《证券时报》创立于 1993 年，是人民日报社主管主办的全国性财经证券类日报，也是中国证监会指定披露上市公司信息、中国保监会指定披露保险信息的报刊。它以报道证券市场为主，兼顾经济金融信息，面向国内外公开发行（见图 16-10）。

图 16-10　证券时报

股票短线交易的 24 堂精品课：超越技术分析的投机之道

《证券日报》于 2000 年 10 月 18 日创刊，是由经济日报报业集团主管主办，中国证监会、中国保监会和中国银监会指定的信息披露媒体，每日八版，周六为周末版，周日出创业周刊（见图 16-11）。

图 16-11　证券日报

四大证券报可以通过下列官方网址查阅，最为重要的部分是浏览其头条，并就感兴趣的部分进行阅读：

《中国证券报》（http：//www.cs.com.cn/）；

《上海证券报》（http：//www.cnstock.com/）；

《证券时报》（http：//www.secutimes.com/）；

《证券日报》（http：//zqrb.ccstock.cn/）。

四大证券报对上市公司的报道非常专业，往往也有一些独家报道，这些对个股有显著的影响，在我们分析个股热点的时候需要意识到这一点。另外，四大证券报还会对上市公司的当日公告进行摘要和解读，这是其他一般财经类报纸所欠缺的优势。某些地方财经媒体，无论是证券频道还是证券报纸一般都从四大报纸入手来采编相关的上市公司公告，这也是大家需要知晓的一个流程。**我们要搞清楚谁是第一手信息的来源，谁是第二手。**毕竟，涨停板的操作属于时效性很强的操作，我们必须从第一手信息入手，等第二手信息出来的时候，往往只是起到验证作用，甚至应该作为走势结束的标志。

除此之外，与板块相关的信息，比如，行业新闻、各部委新政策和措施都是四大证券报的关注因素，更为重要的是在相关报道中它们会清楚地阐释这些行业新闻和政策与股市板块之间的关系，这样对于经济学和金融学功底不是很好的短线客而言是非常重要的解读工具。

正因为四大证券报是官方的喉舌，也是证券市场最新动态的指南针，因此机构投资者包括私募基金基本都会定时查看其最新内容，**所谓的纯技术派"涨停敢死队"在这个市场根本不存在，所以你想要成为一个成功的股票短线交易者就应该每天关注这四大报纸的动向。**

要在开盘之前完成这些任务，有一个简单的办法，那就是直接浏览某些网站整理过的四大证券报纸的头条。四大证券报纸会在前一天晚上把值得关注的公告做成新闻或者摘要，这样股票交易者浏览时就比较方便了。这四大报纸关注的要

比赛不是盯着比分就能取胜的。

501

点基本一致，因此可以相互验证，以便得出真正影响市场的潜在因素。这里有一个"四大证券报头条"的查阅网址：http://www.ccstock.cn/meiribidu/sidazhengquan-baotoutiao/。

这个网址将每日的四大证券报的头版头条加以浓缩，便于我们在开盘前迅速浏览相关重要信息，在昨日收盘作业的基础上进行些许的补充，便于我们进一步认清今天可能出现资金大规模净流入的板块和个股（见图16-12）。另外，我们在阅读四大证券报头条的时候，也需要动用我们在整本教程，特别是在前面部分学习到的关于识别大盘走向的驱动面内容以及第二部分学到的关于产业和区域板块的相关研判策略。

3月28日四大证券报头版头条内容精华摘要

文章来源：中国资本证券网　更新时间：2012-03-28　09:52

中国证券报

北京银行（行情，资讯）完成118亿元再融资

北京银行28日公告，该行再融资已顺利完成。此次非公开发行共筹集资金118亿元，所筹资金在扣除相关发行费用后，全部用于补充公司的核心资本金。华泰汽车、中信证券（行情，资讯）、泰康人寿（微博）等九家投资者参与了此次认购。

万科精装修战略遭受考验

万科正在经受着一场危机。在深圳龙岗区坂田万科第五园第六期精装修房的部分柜体中，万科被质疑使用了"纸板"。虽然万科对此表示否认，但从业内广泛关注的"毒地板"到如今的"纸板门"，万科至少有4个住宅项目出现质疑之声，这些质疑几乎都与万科多次宣称的精装修战略有关。

石基信息（行情，资讯）机构打出阶段新高

尽管本周二沪深大盘依然表现低迷，午后甚至一度出现跳水走势，但石基信息却逆市走高，尾市以涨停价报收，且股价创出本轮反弹以来新高。公开交易信息显示，两家机构专用席位昨日买入该股近1500万元。

上海证券报

巴菲特旗下企业拟进军中国公务机市场

图16-12　四大证券报头版头条摘要

第三个渠道是隔夜欧美主要股市的动向。在第一阶段的课程中我们已经对市场间的联动有了深入的了解，在这里结合本课的狙击涨停板需要再谈一下。A股与海外市场出现紧密联系基本上是在2007年之后，**如果欧美股市上涨，那么第二天A股容易高开，如果欧美股市下跌，那么第二天A股容易出现低开。无论高开还是低开，开盘后的走势往往会根据A股自身面临的大背景运行。抓涨停也需要看欧美主要股市的涨跌**

情况，因为如果外盘出现下跌，当内盘的基本面还不错，那么我们就应该预计个股会低开然后高走，有了这样的估计就能够等待一个低价买入的机会。当然，某些强势个股可能不会跟随大盘低开，而是直接平开甚至高开高走。那么，如何查看欧美主要股市的隔夜走势呢？我们通常采用金牛财顺这款软件，当然博易大师和文华财经也提供了类似功能，另外诸如一些国外的财经大站，比如路透网和彭博网也提供了欧美股指的走势图。请参照如下演示图，下载安装好"金牛财顺"软件之后，点击"股指"一栏，然后出现下拉式菜单，里面有"北美指数"和"欧洲指数"这两个子项目，我们可以分别点击进去（见图16-13）。"北美指数"中我们主要关注美国的三大股指，它们是"道琼斯指数"、"纳斯达克指数"和"标准普尔500指数"（见图16-14）。在"欧洲指数"中，主要查看"巴黎CAC40指数"（法国股市重要指数）、"金融时报指数"（英国股市重要指数）和"法兰克福指数"（德国股市重要指数），它们代表了西欧三大股指（见图16-15）。

第四个渠道是美元指数的动向。美元对全球的流动性都有非常重要的影响，美元币值的走势，美元对人民币价值的变化，都会影响到A股和A股相关板块和个股的走势（可以参考第二课和第十四课的内容）。你要狙击涨停就要判断大盘走势和板块走势，诸如航空等外币负债较多的板块，以及铜等以美元计价的大众商品板块与美元走势相关。这些在前面的课程已经详细介绍过了。我们来看对于一般交易者如何查看美元指数的走势吧，很多期货公司都采用了博易大师，可以点击软件界面下方的"全球

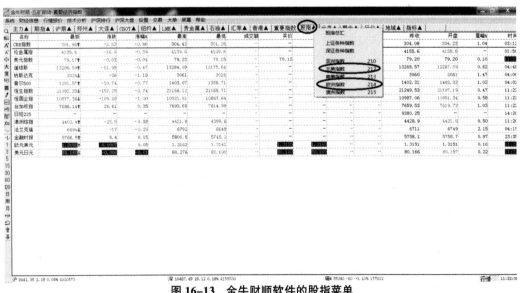

图16-13　金牛财顺软件的股指菜单

资料来源：金牛财顺。

图16-14 美国三大股指

资料来源：金牛财顺。

图16-15 西欧三大股指

资料来源：金牛财顺。

指数"，里面有"美元指数"一栏（见图16-16），点击进去就可以看到美元指数的分时走势。作为A股交易者，我们只需要关注日K线走势即可，因此转换成日K线走势图（见图16-17）。另外，金牛财顺行情软件也提供了美元指数的走势图，点击"重要指数"一栏，可以看到下面有美元指数的数据，可以点进去看详细走势（见图16-18）。

名称	最新	涨跌	开盘	最高	最低	幅度%	成交量	时间
恒生指数	21079	-171	21107	21168	21073	-0.80	21983532	11:16:32
日经指数	----	----	----	----	----	----	0	08:00:00
道琼指数	13206.59	-62.14	13267.59	13284.09	13175.64	-0.47	102060000	11:15:50
纳斯达克	3024.30	-35.55	3061.13	3061.38	3016.20	-1.16	471180000	11:15:50
标普500	1391.57	-10.74	1402.32	1403.07	1388.71	-0.77	25437	11:15:50
CRB指数	546.47	-4.13	551.26	551.68	546.17	-0.75	25437	11:15:50
美元指数	79.16	-0.06	79.19	79.23	79.15	-0.08	0	11:15:50
美　指03	----	----	----	----	----	----	0	08:00:00
美　指06	79.23	-0.04	79.24	79.30	79.22	-0.05	237	11:16:32
美　指09	----	----	----	----	----	----	0	11:16:40
美　指12	----	----	----	----	----	----	0	11:15:50
道琼连续	13152	2	13152	13152	13134	0.02	0	11:16:32
道琼　03	----	----	----	----	----	----	0	11:15:50
道琼　06	13152	2	13152	13152	13134	0.02	0	11:16:32
道琼　09	----	----	----	----	----	----	0	11:15:50
道琼　12	----	----	----	----	----	----	0	11:15:50
纳指连续	2693.50	1.50	2695.25	2696.00	2692.00	0.06	10	11:16:32
纳指　03	----	----	----	----	----	----	0	08:00:00
纳指　06	2693.50	1.50	2695.25	2696.00	2692.00	0.06	10	11:15:50
纳指　09	----	----	----	----	----	----	0	11:15:50
纳指　12	----	----	----	----	----	----	0	08:00:00
纳指S 连	2695.25	-0.50	2695.25	2696.75	2692.25	-0.02	2777	11:16:32
纳指S 03	----	----	----	----	----	----	0	11:15:50
纳指S 06	2695.25	-0.50	2695.25	2696.75	2692.25	-0.02	2780	11:16:36
纳指S 09	----	----	----	----	----	----	0	11:15:50
纳指S 12	----	----	----	----	----	----	0	11:15:50
标普连续	1386.30	0.20	1386.60	1387.40	1385.10	0.01	53	11:15:50
标普　03	----	----	----	----	----	----	0	08:00:00
标普　06	1386.30	0.20	1386.60	1387.40	1385.10	0.01	53	11:15:50
标普　09	----	----	----	----	----	----	0	11:15:50
标普　12	----	----	----	----	----	----	0	11:15:50

图 16-16　博易大师美元指数查询

资料来源：博易大师。

图 16-17　博易大师美元指数日 K 线

资料来源：博易大师。

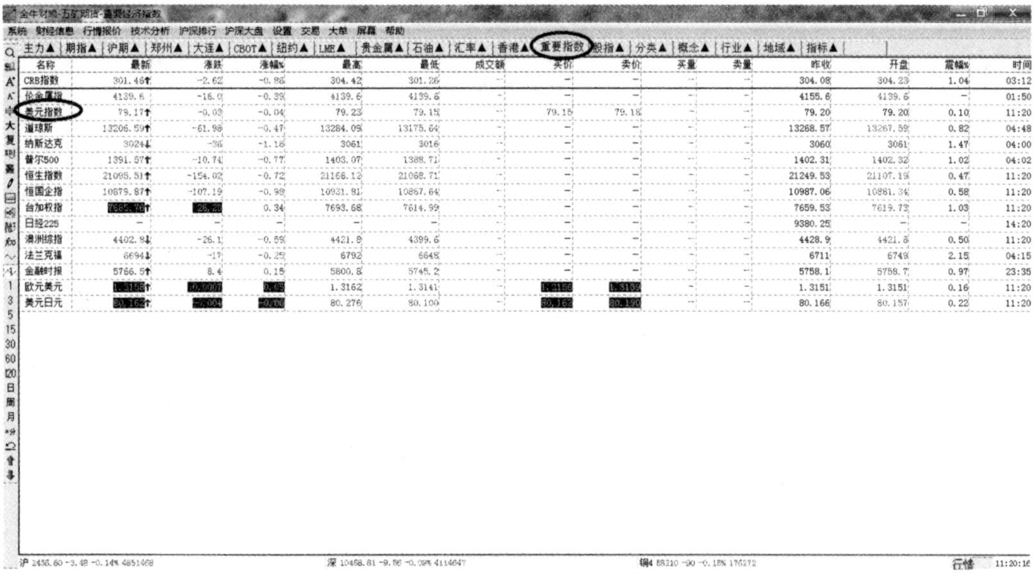

图 16-18　金牛财顺的美元指数行情

资料来源：金牛财顺。

　　第五个渠道是欧美商品期货市场的动向。大宗商品期货的走势与 A 股相关板块有直接关系，A 股上市公司要么是这些大宗商品的生产商，要么是这些大宗商品的加工商，又或者是这些大宗商品的贸易商等。因此，大宗商品价格隔夜的迅速变化，往往会对相关板块和个股形成显著影响，这往往成为游资炒作的题材。我们认识一个在 2006~2010 年专门做黄金类 A 股板块的江浙游资高手，他就是每天查看国际金价的走势以及美元指数的走势，然后结合国内 A 股大盘走势来做黄金类个股，比如，山东黄金、紫金矿业和中金黄金等。查看大宗商品的走势也可以采用前述的博易大师和金牛财顺，至于与相关板块的作用逻辑大家可以参考本书前面的部分（第十四课）。

　　第六个渠道是行业信息网站。私募是怎么做的？并不是盯着股价走势做图形和指标分析就做成功的，需要看大量的材料，这其中比较重要的就是行业信息。抓住涨停很让人羡慕，当然**功夫不在股价走势本身，而在股价走势背后，这就是行业信息为主的驱动因素。**值得推荐的一个股票类黄页网站是价值 500 网站，网址是 http：// value500.com/，其中专门有一栏是行业网站，收集了主要行业的门户网站（见图 16-19）。抽时间浏览一下相关新政策或者新闻涉及的行业板块，可以帮助我们更好地甄别潜在的涨停个股。

　　另外，还推荐 http：//www.okokok.com.cn/ 这个网站，是行业研究的权威网站，其中的"数据中心"栏目提供很多免费的行业数据图表，便于我们快速地找出相关行业

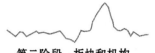

数据走势，进而使得我们对行业趋势有直观的把握（见图16-20）。当然，这个网站没有必要天天看，可以根据自己的需要，结合央视1套和2套涉及的"题材"有针对性地检索一下行业图表和信息。如果你操作的资金量比较大的话，而且已经对某一重大产业政策有兴趣的话，可以购买相关行业的深入分析报告，这时候也不可能做今天买明天卖的超级短线，而至少是以几个月为操作跨度，这个与狙击涨停关系不大。

▶ **行业网站**

我的钢铁网	中国化工网	中国纺织网	中国医药网	中国国际海运网	中国水泥网
中怡康家电研究	中国商务部	中国农业网	中国建材价格网	国家药监局	中国黄金网
第一食品网	中国能源网	中国电力网	中国水泥网	煤炭网	搜房网
中华环保联合会	中国家电在线	中国公路网	中国纸业网	中国汽车网	全球矿权网
中国制造网	中国食品工业网	中国联合钢铁网	中国医疗器械网	中国农业信息网	中国海事服务网
米内网	投资中国网				

图16-19　价值500黄页的行业网站列表

图16-20　佐思数据中心

中国经济网有一个主要产业景气度指数，简称"中经产业景气指数"，可以查看家电等十大产业周期走势，某些擅长操作周期性股票的公募基金也经常关注这类信息。所谓业绩拐点类操作也是一些阳光私募的操作手法，在这些业绩拐点类个股走强的过程中涨停板也夹杂其中。查看上述景气指数的网址是 http：//www.ce.cn/cysc/ztpd/zszl/

index.shtml，网页的左边是相关产业指数的列表（见图 16-21），点击后就可以看到该产业本身和上下游的景气走势，非常直观，比某些券商报告中对这些产业的片面评论更加有用。

图 16-21　中经产业景气指数

第七个渠道是重要的政府网站。A 股市场从诞生开始就是为"经济建设和国家需要"服务的，因此政府对 A 股的影响可谓深远而直接。央视 1 套和 2 套经常涉及一些相关政策，而这些政策的具体内容和意义需要我们直接到相关部门和地方政府的网站上查询，以便深入地判断这一政策对 A 股板块和个股的影响方式和程度，这时候就可以从中央政府门户网站 http：//www.gov.cn/ 进入。首页右边有"部门地方链接"，点击进去后可以看到中央部门和地方政府的网站链接排列，然后找到相关部门和地方政府网站进去即可（见图 16-22）。比如，"非典"期间为了随时掌握这次疫情对经济和股市的影响，就可以登录卫生部的网站了解最新的情况和官方的态度和政策。又比如高铁建设一度成为股票市场持续关注的热点，对于这一主题/题材的进展有很大影响的铁道部网站就是我们需要关注的对象。

在所有这些部门网站中，最为重要的是商务部网站。为什么这样说呢？因为商务部与经济生活密切相关，通过商务部网站 http：//www.mofcom.gov.cn/ 我们可以查询到许多比较直观和微观的经济数据，比如各种产品的价格走势等。进入商务部网站后，

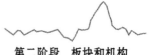

其中有一栏关于"市场监测、统计数据、分析报告"的内容可以详细查看（见图16-23）。其中一些产品价格的走势与上市公司的成本和利润密切相关，某些炒作中药材和农产品的游资也经常关注商务部的这些数据。

图16-22　中华人民共和国中央人民政府官网

图16-23　商务部网站

第八个渠道是板块热点统计工具。这里简要介绍与短线操作，特别是狙击涨停操作密切相关的工具，因为之前的课程我们已经详细介绍了这类工具。**板块热点统计工具是为了便于我们确认自己盘前预期的热点与实际热点的吻合程度。**比如，此前新闻中得到了一个重大政策涉及物联网板块，如果开盘后不久这个板块就名列涨幅板前3名，那么对于狙击涨停的炒家而言就算初步确认了盘前的判断了。热门板块分析是一个可以很好地帮助我们确认盘前预判的工具，通达信和大智慧等软件都有这个功能，我们以通达信为例。打开通达信行情软件之后，点击"报价"，出现下拉式菜单，其中有一项"热门板块分析"（见图16-24和图16-25）。

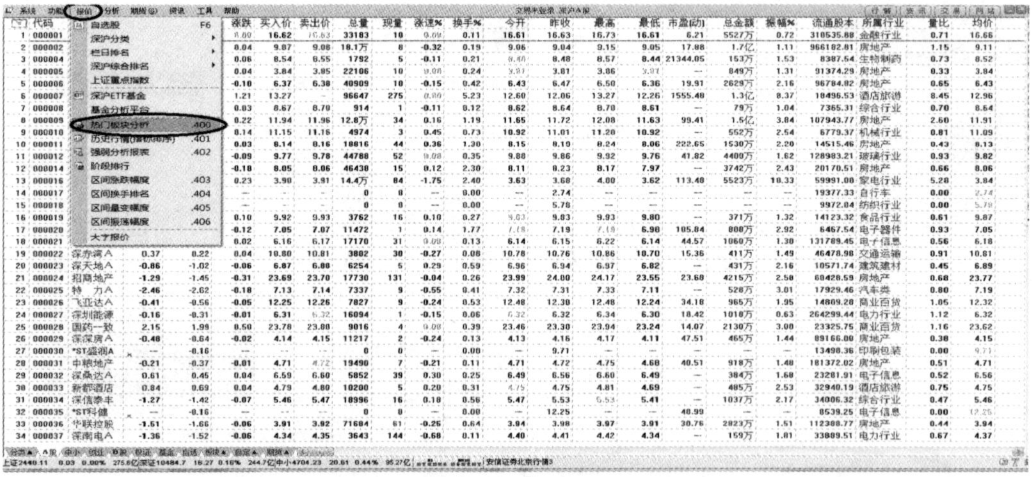

图 16-24　通达信热门板块分析查询（1）

资料来源：通达信行情软件。

除了通过板块实时涨幅来确认盘前对热点的研判，还可以通过资金流向来确认。这里以东方财富通软件为例，下面是资金流向监控界面（见图16-26）。如何进入这个界面呢？打开"东方财富通软件"，然后点击"资金流向"，在下拉式菜单中选择"全部板块"（见图16-27）。

看资金流向并不是以此来做直线预期，而是要搞清楚现在资金为什么这样流动，主导的题材是什么，题材生命力如何。

	热门板块分析-所有板块 今日:2012-05-04.五 点右键进行操作 F8重新计算								
	板块名称	均涨幅(%)	权涨幅(%)	总成交(亿元)	市场比(%)	换手率(%)	市盈(动)(%)	领涨股票	涨股比
1	环保行业	4.82	3.09	10.3	0.20	1.38	39.82	巴安水务	17/17
2	云计算	1.72	1.36	9.8	0.19	0.46	73.86	远光软件	33/35
3	触摸屏	1.45	1.41	2.9	0.05	0.61	73.82	欧菲光	11/12
4	电子信息	1.37	0.61	35.4	0.67	0.39	70.62	荣之联	159/199
5	内蒙板块	1.29	1.44	27.1	0.51	0.74	23.78	东宝生物	12/21
6	稀土永磁	1.25	1.15	32.5	0.62	0.93	24.79	DR包钢稀	20/24
7	创业板指	1.24	1.25	8.8	0.17	0.67	47.81	中青宝	78/100
8	卫星导航	1.17	0.85	2.1	0.04	0.40	83.86	国腾电子	15/20
9	传媒娱乐	1.11	1.01	5.4	0.10	0.63	34.63	皖新传媒	19/26
10	仪器仪表	1.06	0.62	5.0	0.09	0.42	37.54	先河环保	31/41
11	循环经济	0.99	0.86	23.9	0.45	0.36	34.86	菲达环保	30/49
12	电子支付	0.99	0.86	3.4	0.06	0.51	55.70	晶源电子	17/21
13	12月29日	0.96	1.01	3958	0.01	0.37	42.87	山东如意	4/5
14	低碳经济	0.94	1.20	36.4	0.69	0.37	24.65	DR包钢稀	42/57
15	三网融合	0.93	0.16	7.2	0.14	0.21	61.27	北纬通信	35/46
16	次新股	0.92	0.27	51.7	0.98	2.31	28.30	巴安水务	163/234
17	智能电网	0.87	0.77	3.5	0.07	0.33	153.42	延华智能	18/29
18	电子器件	0.86	0.57	13.4	0.26	0.35	104.29	环旭电子	89/129
19	巨潮科技	0.86	0.63	47.2	0.90	0.24	32.69	DR包钢稀	71/100
20	陕西板块	0.85	0.73	13.8	0.26	0.70	65.87	烽火电子	26/37
21	酒店旅游	0.83	0.96	3.4	0.07	0.30	43.34	零七股份	17/32
22	ST板块	0.75	0.70	12.1	0.23	0.71	0.00	*ST能山	69/141
23	科技100	0.74	0.66	14.6	0.28	0.36	40.18	汇川技术	73/100
24	北京板块	0.73	0.08	50.9	0.97	0.05	8.73	荣之联	123/203
25	江西板块	0.70	0.29	6.3	0.12	0.33	25.00	泰豪科技	22/32
26	物联网	0.66	0.81	3.1	0.06	0.33	46.97	怡 亚 通	18/23
27	3G概念	0.64	0.17	11.3	0.22	0.25	55.15	华胜天成	27/42
28	其他制造	0.64	0.56	3256	0.01	0.38	97.78	姚记扑克	6/9
29	钢铁行业	0.64	0.79	10.2	0.19	0.17	0.00	凌钢股份	36/53
30	深圳板块	0.63	0.11	29.7	0.56	0.23	16.49	零七股份	100/177
31	山东板块	0.63	0.52	24.8	0.47	0.38	27.01	得利斯	85/146

所有板块 / 自定义板块 / 地区板块 / 行业板块 / 概念板块 / 组合板块 / 证监会行业板块

图 16–25 通达信热门板块分析查询（2）

资料来源：通达信行情软件。

序	代码	名称	最新	涨幅%	主力净流入	集合竞价	Level-2实时超大单统计				Level-2实时大单统计				Level-2实时中单统计				Level-2实时小单统计			
							流入	流出	净额	净占比%	流入	流出	净额	净占比%	流入	流出	净额	净占比%	流入	流出	净额	净占比%
1	BK0549	深圳特区	7393.35	0.11	1.17亿	5529	4.12亿	-2.78亿	1.34亿	4.89	6.97亿	-7.14亿	-1707万	-0.62	8.61亿	-9.62亿	-1.01亿	-3.68	7.19亿	-7.35亿	-1619万	-0.69
2	BK0447	电子信息	4592.28	1.20	7551万	6625	1.57亿	-1.05亿	5154万	2.04	5.47亿	-5.23亿	2397万	0.95	9.49亿	-9.91亿	-4209万	-1.67	8.07亿	-8.40亿	-3342万	-1.32
3	BK0506	创投	5646.40	0.42	5849万	5785	1.80亿	-9880万	8180万	4.09	4.80亿	-5.03亿	-2331万	-1.17	6.89亿	-7.41亿	-5200万	-2.60	5.92亿	-5.99亿	-658万	-0.32
4	BK0164	山东板块	5440.75	0.47	5468万	5786	1.58亿	-1.27亿	3120万	1.35	6.23亿	-5.99亿	2347万	0.86	10.04亿	-10.49亿	-4478万	-1.65	8.77亿	-8.86亿	-998万	-0.36
5	BK0551	创业板	826.40	1.15	5445万	4766	1.37亿	-5955万	7760万	2.81	5.11亿	-5.34亿	-2315万	-0.84	11.04亿	-11.13亿	-947万	-0.34	9.62亿	-10.07亿	-4498万	-1.63
6	BK0427	公用事业	3122.90	0.03	4682万	2980	1.05亿	-6836万	3627万	2.83	3.09亿	-2.99亿	1055万	0.82	4.67亿	-4.92亿	-2491万	-1.95	3.69亿	-3.91亿	-2191万	-1.71
7	BK0512	化工原料	7183.85	0.74	4680万	699	5504万	-4221万	1283万	1.55	2.41亿	-2.07亿	3397万	4.11	2.05亿	-3.26亿	-4074万	-4.93	2.39亿	-2.45亿	-605万	-0.73
8	BK0153	广东板块	7918.31	0.05	4488万	9280	6.54亿	-5.45亿	1.09亿	1.87	13.50亿	-14.14亿	-6428万	-1.10	19.92亿	-20.93亿	-1.01亿	-1.74	17.36亿	-16.80亿	5643万	0.97
9	BK0585	合同能源	737.87	0.59	3874万	1239	4007万	-1031万	2977万	5.93	1.01亿	-9242万	897万	1.79	1.76亿	-2.02亿	-2645万	-5.27	1.73亿	-1.85亿	-1229万	-2.45
10	BK0456	家电行业	4006.17	1.06	3834万	323	6814万	-4306万	2508万	4.29	1.44亿	-1.30亿	1325万	2.27	2.07亿	-2.13亿	-531万	-0.91	1.63亿	-1.96亿	-3303万	-5.65
11	BK0511	ST概念	3459.32	1.09	3666万	7579	1.29亿	-8973万	3906万	3.46	2.45亿	-2.48亿	-241万	-0.21	3.73亿	-3.87亿	-1410万	-1.25	3.06亿	-3.29亿	-2256万	-2.00
12	BK0538	化工行业	6369.90	0.40	3351万	4006	7840万	-6238万	1602万	0.85	3.91亿	-3.74亿	1749万	0.93	6.98亿	-7.62亿	-6417万	-3.40	6.77亿	-6.47亿	3067万	1.63
13	BK0161	辽宁板块	8692.90	0.43	3323万	2285	9535万	-3830万	5705万	5.87	1.88亿	-2.12亿	-2382万	-2.45	3.26亿	-3.53亿	-2679万	-2.76	3.40亿	-3.46亿	-644万	-0.66
14	BK0493	新能源	4724.75	0.33	3092万	1408	6889万	-4682万	2207万	1.80	2.36亿	-2.27亿	885万	0.72	4.55亿	-4.96亿	-4091万	-3.33	4.55亿	-4.45亿	998万	0.81
15	BK0492	煤化工	5272.77	0.47	2999万	667	3247万	-1861万	1386万	3.93	8899万	-7286万	1613万	4.58	1.19亿	-1.45亿	-2603万	-7.39	1.05亿	-1.09亿	-396万	-1.12
16	BK0526	分拆上市	4329.27	0.67	2680万	934	7773万	-3925万	3848万	4.59	1.93亿	-2.05亿	-1157万	-1.39	3.00亿	-3.23亿	-2317万	-2.76	2.58亿	-2.62亿	-364万	-0.43
17	BK0481	汽车行业	7103.26	0.42	2598万	1899	7882万	-7079万	804万	0.73	2.53亿	-2.35亿	1794万	1.63	3.97亿	-4.14亿	-1682万	-1.53	3.53亿	-3.63亿	-916万	-0.83
18	BK0448	通讯行业	4283.23	0.18	2479万	1349	4913万	-3240万	1672万	1.70	2.09亿	-2.01亿	807万	0.82	3.63亿	-3.80亿	-1691万	-1.72	3.46亿	-3.54亿	-708万	-0.80
19	BK0508	3G概念	4274.67	0.28	2384万	3409	5516万	-5123万	392万	0.32	2.92亿	-2.73亿	1911万	1.57	4.44亿	-4.72亿	-2824万	-2.32	3.91亿	-3.85亿	521万	0.43
20	BK0598	IPV6	844.15	0.94	2228万	373	2831万	-903万	1928万	4.21	1.17亿	-1.14亿	300万	0.66	1.63亿	-1.79亿	-1607万	-3.51	1.46亿	-1.53亿	-621万	-1.35
21	BK0494	节能环保	5493.83	1.03	2129万	3914	1.11亿	-7781万	3297万	2.03	3.60亿	-3.71亿	-1168万	-0.72	6.13亿	-6.28亿	-1491万	-0.92	5.00亿	-5.06亿	-638万	-0.39
22	BK0581	智能电网	574.17	0.74	1999万	1180	3636万	-1816万	1820万	3.34	1.03亿	-1.02亿	179万	0.33	1.94亿	-2.15亿	-2078万	-3.81	1.99亿	-1.98亿	88万	0.15
23	BK0476	木业家具	4661.08	0.93	1930万	1225	3605万	-1018万	2586万	11.99	3618万	-4273万	-656万	-3.84	6760万	-7625万	-865万	-4.81	6366万	-7431万	-1065万	-4.94
24	BK0570	预亏预减	870.31	0.15	1833万	4610	1.32亿	-1.02亿	2995万	1.49	4.25亿	-4.36亿	-1162万	-0.58	7.20亿	-7.65亿	-4501万	-2.28	6.02亿	-5.64亿	2740万	1.37
25	BK0146	黑龙江	4580.29	0.25	1818万	1499	2841万	-1575万	1266万	3.04	9819万	-8467万	552万	1.32	1.41亿	-1.62亿	-2090万	-5.01	1.41亿	-1.39亿	272万	0.65
26	BK0579	云计算	700.61	1.30	1779万	2764	4221万	-3187万	1033万	0.90	2.40亿	-2.33亿	746万	0.65	4.42亿	-4.58亿	-1620万	-1.41	4.01亿	-4.03亿	-159万	-0.14
27	BK0580	LED	769.59	0.85	1572万	639	2302万	-1181万	1120万	1.88	1.26亿	-1.21亿	452万	0.76	2.37亿	-2.44亿	-656万	-1.19	2.02亿	-2.11亿	-916万	-1.54
28	BK0457	输配电气	8781.48	1.12	1511万	957	2126万	-1388万	738万	0.88	1.61亿	-1.54亿	773万	0.92	3.27亿	-3.43亿	-1663万	-1.98	3.20亿	-3.18亿	152万	0.10

2440.85 ▲0.77 +0.03% 39911291454 257.6亿 深 10488.66 ▲20.29 +0.19% 84211411516 227.1亿 沪深300 2694.69 ▲3.17 +0.12%

图 16–26 板块资金流向统计界面

资料来源：东方财富通行情软件。

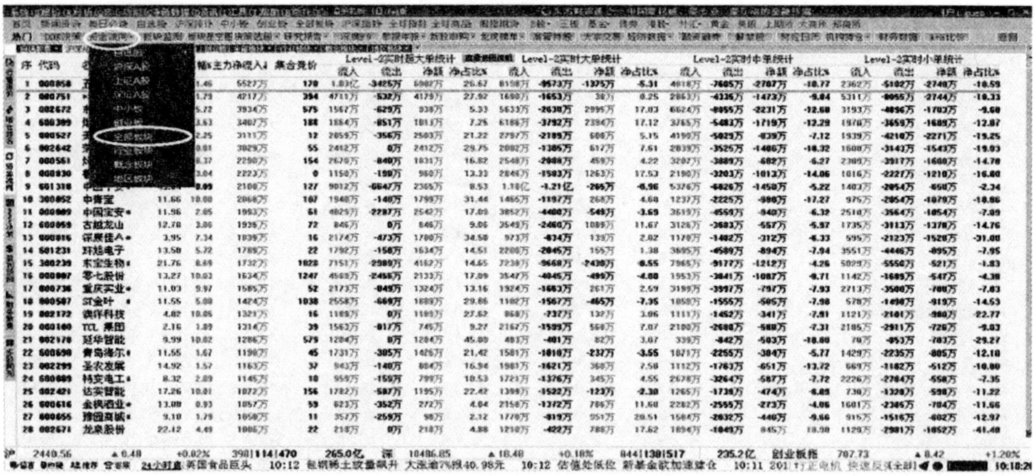

股票短线交易的 24 堂精品课：超越技术分析的投机之道

图 16-27 进入板块资金流向统计界面

资料来源：东方财富通行情软件。

驱动面分析中为什么要用板块涨幅和资金流向来确认呢？这是因为只有经过市场认可的题材才能最终产生上涨，甚至涨停。**要抓涨停股，除了大胆假设之外，我们还需要小心求证。**大胆假设部分我们主要从央视 1 套和 2 套入手，而小心求证部分我们则需要从资金流向、心理面、资金面以及行为面（技术面）来确认。驱动面最后的分析有点类似于心理面和资金面分析，所以上述这个板块涨跌幅实时排行和资金流向实时排行应该算作是驱动面分析和心理面分析的过渡环节。

本课讲如何抓涨停和追涨停，重点在于如何抓涨停，觉得多数个人投资者都认为涨停是在技术层面上被制造出来的。在早期的 A 股市场中，主力可以凭借掌控舆论和庞大的资金来主宰个股，但是吕梁和德隆系坐庄失败之后大家都进行了深刻反思。基本上，从那以后，主力在个股上操作也需要注意天时、地利、人和，没有背景这个杠杆，要想低吸高抛无疑是难上加难。游资在操作个股的时候不得不借力于驱动面，而公募基金甚至社保基金也需要遵循驱动面的指引，否则就是逆势而为，往往事倍功半，最后往往还不容易全身而退。既然这些大的资金都不能忽视驱动面这个背景，那么作为个体投资的绝大多数市场参与者而言，就更不能忽视驱动面这个要素了。市场为什么会运动，绝不是主力想当然地让它怎么动就怎么动，主力也是需要"好风凭借力"。所以，个股之所以出现涨停走势，必然离不开驱动面这个天时、地利，主力也是在这个利好的大背景下才愿意把个股从低位拉起来，才能够在高位把筹码派发给散户。讲到这里，应该强调一下，无论你是作为机构交易者还是散户交易者，**要想在涨停板市场上分一杯羹，就不得不关注驱动面的异动，而这些异动是有章可循的，每天盘后和**

512

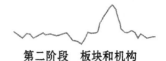

盘前关注一下上述几大渠道提供的重大新信息，然后加以筛选就可以得出可能出现
涨停的个股。

　　驱动面与行为面（股价）的互动通常有两种非典型的情况：第一种情况是利好兑现，这时候股价是往下走的，比如威孚高科（见图16-28）和重庆啤酒（见图16-29）的例子；第二种情况是利空出尽，这时候股价是往上走的，比如紫金矿业（见图16-30）和双汇发展（见图16-31）的例子。这两种典型情况下股价往往都有持续而极端的表现，而涨停往往出现在利空出尽以后的持续拉升中。

　　下面我们接着介绍从心理层面如何抓涨停和追涨停的要素，大家可能更加急于技术方面的内容，其实技术是最后的东西，而且是一个辅助的确认工具。虽然价格的涨跌与我们的账面盈亏直接相关，但是要想挣到钱还是需要从价格之外着眼，正应了一句老话：功夫在诗外！

　　资金面和心理面研判在"抓涨停"和"追涨停"操作上都是非常重要的。**对市场**
参与大众心理的超常把握是涨停板捕捉的关键所在。涉及涨停板预判和狙击的短线游资在研究市场心理方面的能力非常出众，十分擅长通过观察驱动面和价格的相互作用来捕捉重大题材，并且还会对这些题材进行重要程度的排序，最终才会选择狙击的个

图16-28　威孚高科送股行情

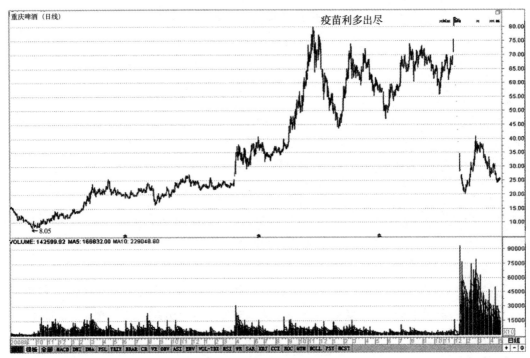

图 16-29　重庆啤酒与乙肝疫苗

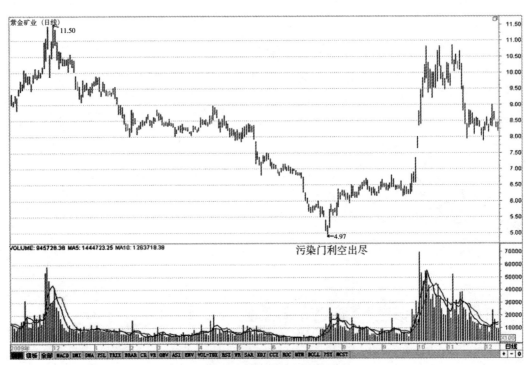

图 16-30　紫金矿业与污染门

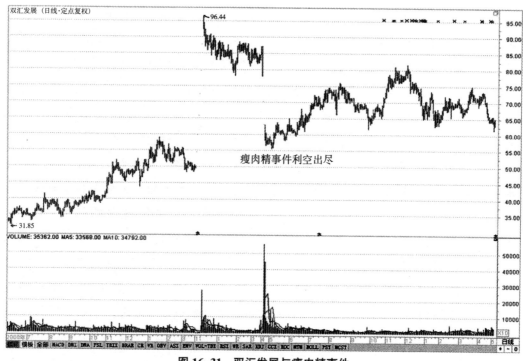

图 16–31　双汇发展与瘦肉精事件

股。当然，除了筛选可操作个股，也要注意大盘的走势，同时个股的选择往往是立足于板块的动向之上。作为交易者，你必须搞懂你的对手盘，什么是对手盘，说简单一点就是你的交易对手或者说同一只股票的其他参与者。对于想要抓涨停或者是追涨停的短线交易者而言，游资是需要注意的首要对手盘。

涨停股往往是游资深度参与的股票，要想在这类个股上赚钱就必须搞清楚游资的心理特征。游资选择的炒作股票必须能够在拉高之后有大量跟风盘来接手，也就是说，必须在获利出手时存在足够的对手盘。这就有两个要求：第一个要求**不能有其他机构已经潜伏其中**（可以通过 F10 等工具来查询有无太多机构持股），否则就帮别人做嫁衣了；第二个要求必须在**拉高后有利好能够吸引大量散户来接盘**。其实，游资拉涨停的个股必然要存在足够的高位对手盘才行，因此我们在狙击涨停股的时候就必须考虑到游资的这些心理特征。

驱动面通过心理面驱使资金面出现波动，而资金面的波动最终体现为股价的波动，而股价的波动则属于行为面的变化。驱动面的变化往往通过心理面引发资金流向相应的板块，所以心理面和资金面的分析往往与板块分析紧密联系。比如，隔夜南美发生大地震，促使世界主要铜出口国生产受到影响，这是一个驱动面的重大变化（至少短

期内是一个可以炒作的题材），游资知道这个消息后，一看铜业板块前期没有出现入驻机构大幅获利的情况，决定介入。A 股早盘一开盘，铜业板块就有资金涌入，这个从热门板块排行就看得清楚。比较具体的例子是 2010 年 2 月 27 日智利发生里氏 8.8 级强地震，市场担心此次地震会影响这个全球最大产铜国的铜矿采掘和出口，国内外铜价均出现大涨。开盘 14 分钟，江西铜业报 37.90 元，涨 2.86 元，或 8.16%，之前最高增至 38.53 元，涨幅达 9.96%。精诚铜业、云南铜业、铜陵有色等铜业股均有 7% 以上的涨幅。

这就是驱动面引发心理面和资金面变化的典型案例之一。当然，还有区域产业政策、流感、环保政策等往往都能引发相关板块异动。大家印象最为深刻的应该是稀土产业方面的政策，由于这个驱动面因素具有很强的持续性和很深的影响程度，所以导致稀土相关个股出现了持续上涨，在上涨过程中出现涨停也是必然的。

从上面的扼要剖析中，我们基本可以发现涨停的心理面和资金面分析应该包括三个方面：第一是对游资心理和手法的分析，特别是所谓的"涨停敢死队"，他们往往是制造和利用涨停板的市场主力。第二是对市场题材和热点演化阶段的理解，题材开始酝酿和萌芽的时候往往是主力介入的时候，题材开始发酵时是个股大幅上涨的时候，这时候涨停板往往镶嵌其中，市场通过这样的快速运动来避免绝大多数市场参与者及时参与其中。等到题材成熟时，也就是题材达到高潮时，市场大众开始抢筹，这时候主力开始派发筹码。这个狂热的阶段也是涨停出现的阶段，不过往往跟着急剧的下跌，让散户在犹豫间已经深套。第三是资金对板块热点的追逐，这个其实就是讲以板块分析为枢纽，这样才能抓住涨停板，对于涨停后能否继续上涨的个股也才能做到心里有数。下面我们就从这三个角度对涨停板的心理和资金面要素进行剖析。

第一是对游资心理和手法的分析。**题材引导资金**，这点要树立起来，否则你去看资金流向图就会发现一天一个样，好像市场的主力和散户都是墙头草。当然，懂了题材，就能懂游资的心理和手法。

第二是对市场题材和热点演化阶段的理解。市场题材有生命力，这就意味着有"生老病死"，有生命的周期和阶段性，这也意味着我们要在这个题材最鼎盛的时候将筹码卖出去兑现。涨停背后有资金进来，而且不是小资金，是大资金，有机构的资金，有游资的资金，也有散户一拥而上的资金。主力资金的涨停究竟处在哪个阶段呢？是刚刚建仓完毕，还是拉升途中，又或者是逢高派发中呢？这就要看主题和题材的生命力阶段了。前面我们已经区分了主题和题材，其实也就是生命力长度不同而已，较长时间的驱动信息为主题，较短时间的驱动信息为题材。我们这里就不同时提两者了，一律以题材泛指。

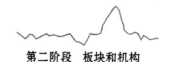

　　在第二阶段的第十三课，我们已经详细介绍了市场中题材的生命问题。主力低位吸纳的筹码不能在高位派发出去，那只是账面富贵而已，就像吕梁当年坐庄中科创业一样，费了九牛二虎之力把股价抬上去，最后高位没有了对手盘来接筹码，这就是说题材早早耗尽，没有新题材能够吸引足够的高位接盘者。由此看来，判断涨停后能不能追，你要看主力是不是已经赚够了，准备制造眼球效应吸引接盘者，是不是题材已经有点熟烂透了，前期涨幅如何？即使低位涨停也要看这个涨停是由于众所周知的短期事件引发，还是说此后这个事件对应的题材还有发展性。

　　事件有好几种，脉冲式的和阶梯式的是两种最为常见的。**脉冲式的利好**，股价见了这种利好，往往是一日游，接下来还是回到既有的趋势。还有一种是阶梯式的，层层推荐，逐步释放。比如，重庆啤酒与乙肝疫苗，这个应该算是主题了，持续的时间很长，每个试验阶段都是一个阶梯，股价逐渐被推高，在临门一射之前就有一些阳光私募先行出逃了，人家聪明啊。大家可以去网上查一下没有被套在重庆啤酒高位上的阳光私募是哪一只，人家不是有内幕，而是精通"题材的生命阶段"。联系其他知识点，**所谓的利空出尽，利多兑现**，也是指题材生命力耗尽的阶段而已。

　　脉冲式事件导致的涨停，往往这个涨停都是些散户挤进去造成的，所以后续一般很难持续上涨。**追涨停要看题材生命阶段**，这是要点，你要吃透，多去揣摩，慢慢就能得心应手了。

　　那么抓涨停呢，捕捉可能的涨停板需要看题材的生命阶段吗？如果说**追涨停是判断一个既有题材的"后半生"**，那么抓涨停则是预判题材的"前半生"。以我们在第十三课学的模型而论，题材能够提供上涨动力的阶段是 D 到 A 和 A 到 B 这两个阶段（弧线段），抓涨停往往针对第一个涨停板，所以抓涨停是瞄准 AD 段，而追涨停则可以近似地看成是在 AB 段干的事情（见图 16-32）。无论如何，如果一个涨停出现在 B 点附近，那么就能追。还有一些题材生命力很短，脉冲式的，这种题材从被关注到成为焦点，到过气，恐怕只有一天的时间，因此这类题材带来的涨停也不能去追。

　　这里扼要总结一下，**两类涨停不能追：第一类是脉冲式题材带来的涨停；第二类是熟烂透题材带来的涨停。可以追的涨停主要是阶梯式题材带来的涨停。**脉冲式的题材比如 2010 年智利 8.8 级大地震对江西铜业的影响（见图 16-33，地震并未对铜矿生产和出口造成影响），阶梯式题材比如国家稀土产业规范政策的逐步实施对包钢稀土的影响（见图 16-34）。

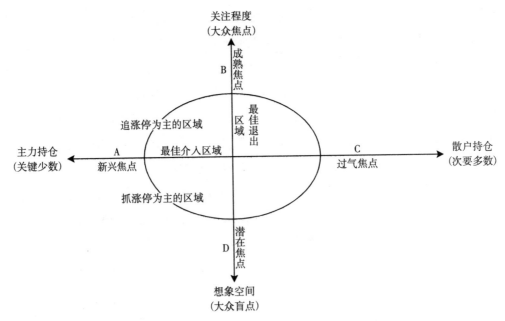

主力　AD　前瞻思维　　　　　　散户　BC　后顾思维

图 16-32　抓涨停与追涨停的题材生命阶段

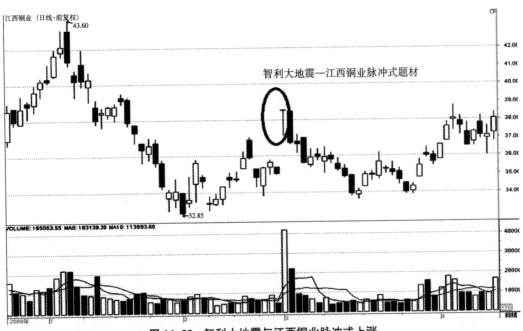

图 16-33　智利大地震与江西铜业脉冲式上涨

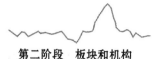

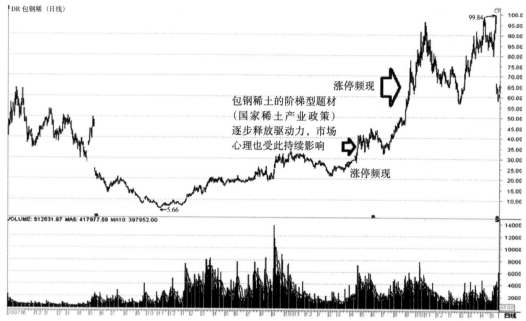

图 16-34　稀土政策与包钢稀土阶梯式上涨

第三是资金流向与板块热点关系的掌握。我们在第二阶段的前几课已经较为详细地传授了这类知识和技巧，大家可以到这几课进行复习，并且针对涨停股进行研究。其实，抓涨停股只能说介入最可能涨和涨幅可能最大的股票，不一定介入的股票一定就涨停，而且也不是一介入就涨停。更为可能的情况是在持仓的过程中出现了一个到多个交易日的涨停。

对于追涨停而言，资金是否持续流入是非常关键的，而这又涉及题材和主题的可持续性。像稀土政策就比核污染海盐这类题材具有更强的持续性，这其实也是可以从事件和政策本身的影响程度和持续时间判断得出来的。如果一只股票今天涨停了，那么明后天还能上涨吗？怎么判断，这里面不是说仅凭技术分析就能看出个所以然来，必须结合驱动面和心理面，而且这两者比技术面更为重要。你只看技术面，肯定不知道这一个涨停板后面怎么发展，你只能去猜，毕竟价格就两个方面，有 50% 概率猜对，那还需要分析干啥。

虽然很多研究都说个股运动是有惯性的，也就是说强势股很可能还强，涨停股明天继续上涨的可能性很大，但这是概率上的东西。对于具体个股而言，要么上涨，要么下跌。如果你能结合驱动面和心理面就能把这个追涨停做到极致，这个方法基本上宁波一带的"敢死队"还在用，具体套路不一样，但是程序和原理还是一致的。首先，今天涨停的个股明天涨不涨，要受明天大盘的影响，明天的大盘怎么走要受外盘和国

内宏观政策面近期内最重要因素的影响，这个判断方法本教程第一阶段已经教给大家了。大盘和涨停是什么关系？要明白这个问题，首先要明白主力为什么要封涨停，注意是"封涨停"而不是"拉涨停"。涨停的战术意义大于战略意义。涨停是一根标杆，是主力号召大户和散户的一面旗帜，同时是主力实力的温度计。**主力封涨停有几个目的：一是在最快的时间出货；二是在最快的时间拉高股价；三是在最快的时间进货。**那么主力在什么时候最容易封涨停呢？无疑是在大盘短期趋势向好且分时瞬间趋势上行的时候。这就回答了"为什么抓涨停更需要知道大盘短期走势和盘中瞬间动量"的问题。

但是，为什么有些个股在大盘短期趋势下行甚至暴跌的时候要涨停呢？因为：一是股票已经走到了战略位置，非涨停无法挽回下行趋势；二是主力在逆市收集低价筹码；三是主力用涨停打广告为后期做铺垫。由此可见，逆市涨停分为被动涨停和主动涨停，都不是出于"最快的时间拉高股价"的目的。逆市封涨停的"费用"全部要对手盘来埋单，跑得慢的那个人一定是"付账"的。

同样，有些个股在大盘短期趋势上行甚至大涨的时候为什么要冲涨停却不封涨停呢？因为：一是股票还没有走到战略位置，若涨停需要耗费太大的能量；二是主力在顺势卖掉低价筹码；三是主力用涨不停杀尾盘来吓退跟风盘。由此可见，**顺势不封涨停都是主动涨不停，都是以时间来换取"空间"。**不封涨停的"费用"同样要对手盘来埋单，拉高时进得慢的那个人一定是"付账"的，这是顺势抓涨停需要预防的隐形炸弹。

你要看今天涨停个股的板块明天会怎么走，这个涉及板块资金流动和热点轮动的判断，在本阶段课程是重点介绍的内容。再者，你要判断这只股票本身的热点有没有可持续性，**热点有没有持续性要看是不是能参与的人都进来了，是不是报纸和媒体都在报道**，这些就是心理层面的东西，也就是第二方面谈到的"市场题材和热点演化阶段"。如果这只个股的热点已经流传了很久，很多媒体也在议论，在股吧有一大堆这类的观点，大家满怀信心，股价此前也上涨了很长一段时间了，这时候出个涨停，估计就是做给傻子看的，后面一溜烟主力就把货倒给你了。这种涨停，你还敢追？那你真成傻子了。

当然，这是驱动面和心理面的分析，你还要看资金流向，比如是不是放出天量了，分时成交明细有没有可疑之处，这些可以结合本教程第三阶段的"价量盘察异法"来判断。异常就是陷阱，异常就是机会，主力进出能没有异常吗？股价的顶部和底部能没有异常吗？

你知道"察异"了，你就是股市中的小糊涂仙，小处糊涂，大处不糊涂。很多交易者在小处不糊涂，比如技术分析，熟悉上百种指标，一打开行情软件，叠加了无数指标，这些都是细节，哪怕盘口你看得再仔细那也是细节，你不能整体去看，看大局，也是糊涂地亏钱而已。要大处不糊涂，你就要看整体，看异常，**异常背后有黄金啊**。为什么天量要注意？为什么地量要注意？为什么大阳线要注意？为什么大阴线要注意？为什么涨停板要注意？这些都是异常啊，异常背后有"关键的真相"。为什么说关键啊？因为这是你赚钱还是亏钱的关键决定因素。记住一句话：**价量无英雄，异常有真相！**

价量分析上是不分伯仲的，关键是通过价量看出异常，结合市场题材和大众心理，你才能发现真相，有了真相你才有正确的操作，才能赚钱。绝大多数人迷信的价量分析，应该称为金融巫术，糊糊涂涂想把钱挣了，可能吗？妄想而已。

涨停股票的行为面有什么典型特征呢？股票在涨停之前要么处在绝对低点，要么处在相对低点，绝对低点就是第一起涨点，而相对低点就是第二起涨点。**对于游资而言，除非是利空出尽型个股，否则往往会选择第二起涨点，也就是阶段性低点介入。**关于第一起涨点和第二起涨点的具体含义和相关策略我们将在个股部分，也就是本书的第三阶段课程中详细地传授给大家，我们这里只就涨停板操作中涉及的相关内容进行讲解。

即使游资选择在利空出尽处介入，也不会急于拉高，所以在第一起涨点附近出现涨停不是很常见，这么急于亮相要么是游资拉高建仓的鲁莽之举，要么是故意做一把超级短线吸引散户介入，又或者是散户本身群体性地杀入导致股价一日冲高。当然，并不是非最低点附近的涨停板就不会出现一日游的情况，比如2011年3月日本大地震后盐业股的涨停，注意其中的天量涨停而且价格此前已经上涨了一大段，此处的涨停更像是此前低位进入的主力借助地震核事故污染海盐这个题材大力派发筹码（见图16-35）。这里有个技术要点，那就是相对高位天量加上涨停，而且题材没有可持续性。**天量是成交量的异常，涨停是价格的异常，价量都异常，你就要注意了，要认真分析了。**异常要么是大机会，要么是大陷阱。天量，卖出的是谁，买入的是谁，如果两方都是散户，肯定后续有回调，因为散户持仓不齐心，一上涨的话浮筹就出来了，抛压重。如果卖方是散户，买方是主力呢？在这种人人抢盐的疯狂背景下，股市上的散户不会集体做多吗？这极其不符合群体心理学啊！况且主力反而跟抢盐大众一般，认为这个题材能够持续下去吗？当时中央政府和产业界人士已经出来科学理性地分析海盐污染这个问题了，盐荒已经被证明是恐慌而已。既然这样，就只剩下一种可能了，那就是买入的是散户，卖出的是主力。既然主力都跑了，这样的涨停你还敢追吗？

一个天量加上涨停板所处的价位水平，以及题材是否可持续，我们就能够大致推

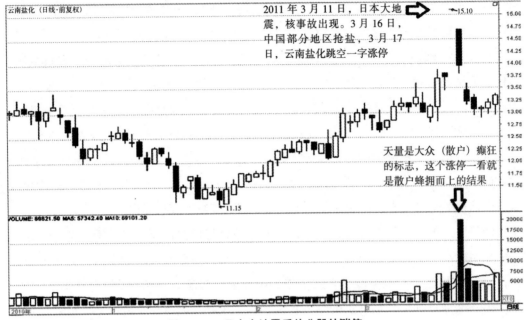

图16-35　日本大地震后盐业股的涨停

断出一个涨停板能否追，后市上涨的可能性有多大。这个过程现在看起来还有点复杂，等你能够融合技术面（行为面）到驱动面和心理面的时候就会发现，只要按照这个思路静下心来多花时间去做，肯定能够成功看出市场参与者的底牌。

上面以云南盐化为例简单讲一下追涨停的技术特征研判，例子比较典型，但是并不全面。我们这里综合讲解一下抓涨停的技术特征研判和追涨停的技术特征研判。

潜在的涨停板往往是三种因素综合爆发的结果，这三种因素是驱动因素、心理（资金）因素和行为（技术）因素。单纯从技术角度捕捉短期内可能出现的涨停板不太现实，在我们认识的私募和游资人士中，乃至于大户高手中也没有见到过纯粹靠技术分析吃饭的。但是，抓涨停也绝对不能忽视技术走势，前面已经提到过抓涨停，也就是捕捉潜在的涨停（针对最近时期的第一个涨停板），要么选在利空出尽处来捕捉，要么选择阶段性底部（次低点，第二波上涨起点段）来捕捉（见图16-36）。

利空出尽后的涨停要捕捉，你要看有没有出现V字反转，而且是有利的V字反转，比如下影线很长，一字跌停次日跳空低开然后大幅拉高收盘等，但是最为关键的是看驱动面是不是出现了利空出尽，可以参考紫金矿业和双汇发展的例子。只看技术面没有指引作用，只能起到确认的作用。因为**驱动面没有拐点，没有好的题材，主力主观要拉很高，也不理性，因为这时候拉高无疑为别人出逃创造机会了，拉高了也出不了货，没有利好谁来接货**。这种V字形反转有人尝试从纯技术的角度，比如盘口买卖单

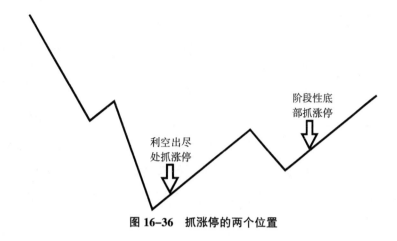

图 16-36　抓涨停的两个位置

挂单来分析，其实这也只能部分起作用，而且要到极高的水平才行，即使盘口解读能力非常高，但是靠这个能力也难以持续赚钱。最好的情况就是走大牛市的时候，靠着盘口找到龙头热点，一遇到大盘不行了，这一套往往自废武功。

　　盘口只能告诉你发生了什么，即使一只个股今天的盘口表明都是些散户在玩，盘子很散，但不能表明未来就没有主力介入。很可能今天是死气沉沉的"闷股"，因为一个政府产业政策，或者大事件，马上就有主力介入，一下子盘口就体现出主力吸货和操纵的特征了。记住，**主力跟着主题和题材走，而不是主题和题材跟着主力走**。今天再聪明的主力也很难凭空制造多少题材：一是违法成本高了；二是这类题材持久性太差，要持续制造这样的题材成本太高，反而不如顺势而为，顺着大众的声势，顺着既有的题材去操作，让大众的题材来造福自己的交易。

　　利空出尽后的题材风险高，技术面角度主要看是否出现过地量，K 线有无反转形态，盘口有无主力护盘和吸货的迹象，关于这方面的细节都比较教材化，反转 K 线就那些。盘口说白了，讲得稀里哗啦的，真正用起来也只能是"捕风捉影"，真正要搞透市场还是要像下棋这样，去琢磨对手怎么想的，用博弈的思想，搞定对手盘。这个可不是"简单的几根线就能框住"的，别让什么画线法把你框住了。**市场怎么可能让趋势线去指示它怎么走，涨停板怎么可能让技术指标来预告它。要搞清楚技术走势背后的参与者，通过价量盘看透参与者的动机和能力**。多了大家也糊涂了，如何从图形看出所以然来，一个词——"察异"，**看有没有什么异常走势，这才是关键**。我们要**捕捉第一起涨点附近的涨停**，落脚就在"利空出尽"四个字。有了利空出尽，再用心理面来确认，大众是不是绝望了，看看"个股贴吧"，看看资金流向，是不是散户在净流出，主力在净流入。最后，技术面确认，是不是有反转的 K 线，价量关系已经表现出

上涨了吗？盘口的买卖对决谁占优势？大资金倾向于买还是卖呢？

第一起涨点附近的涨停板怎么捕捉，要领给大家了，接着需要自己琢磨，复盘，实践起来，每天找几只股瞅瞅，慢慢琢磨心法和手法，下面讲在第二起涨点附近抓涨停的方法。其实，这个方法在《短线法宝》一书里面提到过，简单了，好些人不愿意看。这就奇怪了，难道抓涨停一定要几百个公式加起来才能行吗？技术上面的复杂就能够帮助我们抓涨停吗？其实这是一种谬论。涨停板只能用渔网去捕捉，捕捉上来大多数不是涨停板，你要想每只都是涨停板，除非自己有资金往里砸，即使如此你也玩不了几个涨停板就歇菜了，你抬轿人家就坐轿，别人玩够了一脚踹了你，你亏的钱就是别人赚的钱。所以，涨停板是可以努力的，但是不能强求，因为你这只股票买进去上涨的话是个大概率，而且不一定能赚，至于能够涨多少，只能等待。**利润是市场给的，更是对手给的，你聪明不能保证赢钱，你能够赢多少，要看对手有多笨。但是你要赔多少，就看你自己多聪明了**。涨停板是努力的方向，但不强求，这里讲的抓涨停也是心向往之，踏实努力而已。

回到第二起涨点附近抓涨停这个问题上，我们的方法简单，这样才能便于验证，使用起来才具有适应性。你看网上有些提供的抓涨停方法，几十条，什么KDJ数值要怎么样，MACD又要怎么样，K线要怎么样，成交量均线又要怎么样，你真要比照这个去选股，什么都捞不上。这些都是自以为是的人用来糊弄以为世界上真有摇钱树的人。

在第二起涨点抓涨停，其实就是从市场最根本的结构——N字结构入手。市场无论怎么变，你都要以N字来运动，一旦驱动因素给个股点阳光，无论它怎么灿烂，必定以N字的形式向上突破。第一波上涨往往是因为大众下不了手砍仓了，浮筹轻了，这时候供给大幅减少，但是需求大体不变，仍旧低迷，这样价格上升了，成交量却不见增加，主力看见这种情况就要进来了。也有些情况是主力把下跌尾段的筹码给接了，利用大众的恐慌，捡了便宜货，这种情况下你会发现尾段放量下跌。既然放量，那么卖盘肯定是恐慌性群体，而买家则理性，这个买家不可能是散户，散户在两波下跌之后很难继续保持群体理性，此前接盘的都被套住了，这时候胆子都小了，哪还敢去买。到这个时候，忍不住的散户们夺路而逃，主力进场了，这就是利用对手盘的恐慌捡便宜。这是第二种情况，无论是下跌尾段接货，还是下跌结束后供给减少导致企稳后主力吸货，都必然在吸货基本结束后进行一次调整。**这次调整是将尾段买入的人震出去，同时是为了迷惑旁观者，让他们认为这不过是反弹而已**。这个调整结束点就是第二起涨点，或者说阶段性底部。这后面往往成为最陡的上升浪，按照艾略特波浪理论而言是第三浪，是主升浪，涨停板当然也容易出现。而且最容易出现在这一段，这段行情

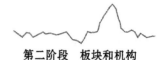

走得要快，像热刀过黄油，一下子就过去。涨势猛烈后散户就不敢追，每个价位停留时间短，成本价被抬高，浮动筹码少。所以，**第二起涨点附近抓涨停的秘诀就在于：等到价格 N 字和成交量 N 字出现，看驱动面是否有持续题材或潜在热点。**

　　当然，你也不能遗漏了本书其他要素，比如大盘、板块，当然这些可以放到后面来复查，这些都是系统的工作，不可能说存在一招鲜吃遍天的简单机械公式。简单，但是不能过于简单！这是爱因斯坦的名言。下面一个例子是江山化工的日线。估计从 6 元多上涨，形成第一波，然后回调（见图 16-37）。回调后成交量逐步缩小，说明调整到了极限了，要爆发了。这个成交量阶段性地量其实就是一个"异象"，等待股价再度昂头向上的时候，你查看一下驱动面，有什么题材，个股的，板块的，大盘的，有的话这时候就可以进去等着股票涨了，涨的过程中出现了涨停板一般很自然。你只需要顺其自然即可，不要强求什么进去就非得涨停。**分析工作和准备过程很重要，没有这个，你持股的时候再怎么努力都没用。**关键是前期的分析，**报最大的希望，尽最大的努力，作最坏的打算。**最大的希望就是抓到涨停板，最大的努力就是做好分析工作，驱动面的分析，心理面和资金面的分析，价量盘方面的分析和确认。最坏的打算就是你要分仓，你要设定止损点。止损点怎么设是一门艺术，也是一门科学。在支撑位下方是一个大原则，不过你也要考虑主力的成本和意图。

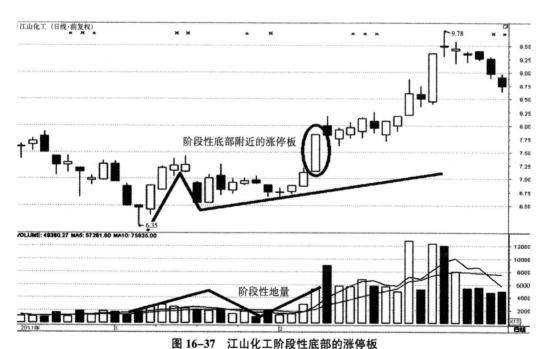

图 16-37　江山化工阶段性底部的涨停板

抓涨停你在什么时候进去呢？你预计要涨停的这天开盘就进去，开盘在什么位置的时候可能会涨停呢？这涉及涨停股票在涨停这天当中运行的规律：**涨停个股的开盘幅度为1.5%左右。** 如果开盘就直接封涨停了（或者开到4%以上风险也大了，利润空间小），或者开盘就下跌，你都不能介入，这时候个股封涨停的概率很小。据我们了解，绝大多数游资和私募都在2%~3%涨幅的时候介入个股，这表明如果开盘涨幅就超过了4%，那么短线风险就比较大了。有一种比较快速的盘中甄别方法，这种方法需要将资金分散，开盘后涨幅在1.5%左右的个股分仓介入。当然这些数字都是大数经验，不是死板规律，任何经验都离不开背景，都有局限性。

另外，**收盘能够封住涨停的个股其在盘中最大跌幅很少超过2%**，这点要注意。如果一只个股现在已经下跌了2%，那么你指望它涨停的概率非常小，这时候就应该放弃介入了，不过这些都是统计数据，股票市场最大的规律就是凡事都有例外。关于涨停股票的统计规律还有：涨停股票在涨停前两天成交量逐步放大，涨停当日成交量为前一日的两倍，这样就意味着**抓涨停股必须在成交量已经出现逐步放量两日的基础上进行。** 涨停股票当日所放出的成交量不可太大，一般为前一日的2倍为宜，操作时可在当日盘中简单算出。

讲了抓涨停的技术要领，我们接着讲追涨停的技术分析特征和要领。这个要领和特征必须是建立在透彻了解了题材的基础上，**没有题材就没有买卖**，没有题材就没有涨停，牢记这些话，**没有无缘无故的涨停，也没有无缘无故的跌停**，你要把原因找出来，你才能知道这个涨停和跌停是不是会持续下去。做股票，大家最大的损失就是钱，之所以大家基本都是亏钱就是因为被"技术专家们"忽悠了，给你一大堆技术指标和形态，好像秘密工具，内部的原理，为什么有效都说不清，**不求甚解是大家学习技术分析的普遍问题，盲目实践是大家运用技术工具不断亏钱的罪魁祸首。有了题材，你再考虑当下这个涨停的技术面特征，这是个要领。跟你从绝大多数"专家"和书籍上学到的不同，你可能会抵触，但是正因为这样，我们才能成为赢家。**

股票追涨停分为两种基本情况：第一种情况是收盘的时候仍旧是封住涨停；第二种情况是盘中涨停然后又被打开，收盘没有在涨停价位，比如万向德农的例子（见图16-38和图16-39）。

收盘为涨停的个股通常才能进入追涨停炒家的考虑范围。所谓的涨停板一般也是指收盘在涨停价位的交易日。涨停后的个股有可能在之后继续上涨，也可能转而下跌。追涨停就是要区分这两种情况，避免介入第二种情况。

我们来做一些技术统计方面的分析，便于大家遵循一些可行的规则。

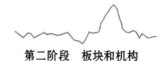

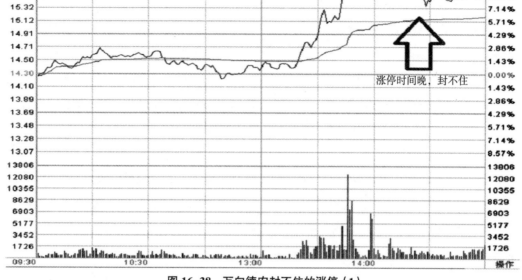

图 16-38　万向德农封不住的涨停（1）

图 16-39　万向德农封不住的涨停（2）

第一个规律是根据摩根士丹利华鑫基金金融工程部刘钊的统计发现：**涨停股票次日高开的概率将近 70%，越早涨停的个股，第二天高开的概率越高。个股涨停时间离开盘越近则次日走势越佳，如果在收盘前涨停，其次日走势往往不理想。**为什么越早涨停的个股高开的概率越高呢？这其中反映了主力的意图和能力，个股越早打到涨停，

则为了维持这个涨停需要的资金就越多，因为剩下的交易时间相对较长。有些主力为了制造出眼球效应，但是又不想花太多资金，更不想让市场筹码集中到自己手中，就会选择尾盘的时候突然打上涨停，这种涨停从K线上往往看也是大阳线，但是你从分时线上去看，从成交明细上看就不是那么回事了。这就是主力做给散户看的涨停，目的是引诱你跟进，是为了拉高出货。这个涨停规律在操作上很具有指导意义，很多书花了大量篇幅去介绍如何追涨停，其实**最关键的是分析当下这个涨停体现了主力什么意图**，搞清楚了这个涨停的性质，就能搞清楚该不该追。

个股比较容易涨停的时间段有三个：

第一时间段是9:30~9:45这个开盘阶段，这时候涨停的个股都是机构为了抢筹或散户为了抢筹造成的居多，背后往往有利好支撑。当然，这个利好题材的生命力也是决定涨停后续走势的关键，这个是我们反复提醒的地方。不能因为有统计数据就将概率性的规律当作必然规律来对待了。这种涨停只要能够封住到收盘，第二天高开和继续上涨的幅度往往都会比较大。不过，有时候如果大盘往下走，或者板块走势往下，这样的话个股走势就堪忧。如果能够强势逆袭，背后又能找到很高的支撑因素（题材或者主题，是主题更好），那么反而这种个股算得上"强者恒强"那类，可以在次日开盘介入（追涨停）。

第二时间段是10:45以后，这时候市场可能从外盘和短期多空消息的影响中恢复到趋势走势中，这时候个股拉到涨停更多是因为大环境的影响，因此其中主力的实力和个股的题材强弱也非常一般。

第三时间段是14:00以后，这个时段的涨停可靠性最差，除非是有什么突发信息。这时候搞突袭的主力较多，用很少的筹码把股价做上去，给大家看。

第二个规律是大规模样本统计得出的，有好几个不同渠道的机构做过这个统计，所以也有必要列出来。这个规律是：**涨停次日以开盘价买入，收益正期望值的概率最高**。通过对出现过涨停的股票进行分析，涨停次日最高点平均涨幅为5.92%，按次日收盘价计算平均收益为2.86%。一般而言，股票涨停后第一个交易日收盘不要买入股票，而应该在这个交易日的开盘买入。

第三个规律是无量涨停后市继续上涨的概率最高，但是一旦量充足到可以买得进去的时候，往往也是上涨停滞甚至转而下跌的时候。

第四个规律是涨停股次日走势与其股价高低之间的关系：涨停股次日走势与其股价高低有着密切关系，可以发现，7元以下涨停股的次日收盘平均涨幅在4%以上，远远高于2.86%的平均收率，因此，**介入低价涨停股的投资收益会更高**。

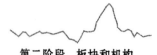
第五个规律是涨停股次日走势与其流通盘大小之间的关系：**流通股本在3000万到10000万股间的股票次日走势较好**，其平均涨幅远高于平均值。这个道理比较好懂，因为中盘股和超大盘股因盘子太重，继续拉升有一定难度。因此，介入中小盘子的涨停股，收益率较高。

从上面五个规律我们可以得出结论：**追涨停应该以选择低价股票为主，流通盘以中小盘作为首选对象。最好是开盘后20分钟内涨停的**，在大盘指数一般的情况下，可延长至30分钟。如果该股处于上涨阶段的初期，涨停时间可延长至上午11点前，但当天的指数最好收阳线（买入时）。开盘到涨停这段时间应该注意有无对倒现象：如果是先放量再拉高而不是先拉高再放量则意味着对倒，如果单笔成交基本都是大单也意味着对倒。**对倒的涨停不碰。**

以涨停价开盘的股票有三种走势：第一种情况是直涨停至收盘，即使报单，也很难买上，因为在集合竞价时庄家已在涨停价上堆积了大量的买盘，所以抛盘都给了庄家。第二种情况是开盘后即使被打开，下跌至7%~8%时又迅速上升至涨停（下跌不超过3%）。此种股票符合第一种的情况可考虑购买，由于庄家手法非常凶悍，因此，要注意有一定的风险性。第三种情况是开盘即被打开并一路下跌不止，此种股票坚决不碰。

大部分个股涨停后在盘中总会有一次打开涨停板的机会，**如果要在涨停当日买入，那么最佳介入时间应为再次封涨停的瞬间。打开涨停板的时间最好不多于1分钟。**一定是快要再度涨停，未达到涨停时（差一分也不行）不要追，一旦发现主力有持续打单向涨停板打进立即追进，动作要迅速。

如果等到以涨停价收盘后买入，则选择次日开盘。

归纳一下追涨停的两个买点：第一个是再次封涨停的瞬间；第二个是涨停次日开盘。当然，这两个买点也必须契合其他要素要求，比如次日开盘不能超过5%，又比如不能是下午才首次封涨停，然后打开，这时候就是看见快要再度封涨停了也别去买。

追涨停重要的是要注意大盘走势，在极强的市场中尤其是每日都有8只左右股票涨停的情况下，可以大胆追涨停板。极弱的市场切不可追涨停板，概率相对偏小一些。**一段行情低迷时期无涨停股，一旦强烈反弹或反转要追第一个涨停的个股**，后市该股极可能就是"领头羊"，即使反弹也较其他个股力度大很多。

追涨停也要随时关注板块排行，这点是我们本课前面铺垫部分谈到的。板块启动的涨停个股最好，要追先涨停的即"领头羊"，在大牛市或极强市场中更是如此，要追就追第一个涨停的。

更为重要的首先是追涨停板要选择有题材和概念的股票，其次是选股价长期在底部盘整，未大幅上涨而涨停的（第一起涨点），最后是选强势股上行一段时间后强势整理结束而涨停的（第二起涨点）。

另外，已经是第二天再次涨停的股票一般不作追涨停考虑。不过第一个涨停放出巨量，而第二个涨停如果缩量厉害的话（考虑背后的原因），可以考虑追进。买点上要避免一个陷阱，那就是**股评人士在周末点评，而在周一涨停的股票一般不买**。

上面讲的是买入的部分，下面介绍追涨停卖出的基本策略。涨停股应以短线操作为主，主要视第二天走势情况而定，**一般获利 3% 以上都可以卖出。如果第二天 30 分钟左右又涨停的则大胆持有**。如果不涨停，则上升一段时间后，股价出现调整时则予以抛出，也可第二天冲高抛出。**追进后的股票如果三日不涨，则予以抛出，以免延误战机或深度套牢**。

抓涨停或者是追涨停后如何判断该股是否有连续涨停的可能呢？连续涨停的股票有什么特征呢？根据我们多年的操作和分析，并且与同行交流后认为有以下四个特征与持续涨停有关：

第一个特征是**股价低和前期超跌**是首要条件。所谓反弹行情中的翻番股，无不来自这两大范围，即使这些个股连封几个涨停也没有达到市场大众的解套位置，所以抛压很小。

第二个特征是**有阶梯型题材和想象空间**的品种。短线投机资金一旦搜集到低廉成本的筹码，就会借助或有或无的主题和题材大肆直拉涨停，因为题材充足所以高位容易找到对手盘。典型的情况是股价处于低位徘徊，上市公司突然公布重大利好消息，股价复牌后持股者惜售，持币者急于买入，往往以涨停价格参与集合竞价，结果股价一开市便涨停，随后以涨停价格排队的埋单越来越多，大量踊跃的埋单常常意味着第二个交易日该股仍呈强势。

第三个特征是主力控盘程度越高的品种，上涨力度越大。通常这样的个股经过连续的小阳推高后，筹码基本为主力控制，第一个涨停往往不需要什么量，即使在随后的突破重要技术位置时，一些获利盘禁不起震仓逃跑，主力对抛盘全数没收，并强力再封涨停，随后还继续**缩量涨停**。

第四个特征是底部上行突破的时候，有大阴砸盘的品种，在随后以大阳线涨停对前一个交易日的阴线果断吞没。这是大主力介入的庄股，常常连续涨停。**底部涨停大阳吞掉大阴**表明主力洗盘完成，往往会形成第二个涨停板或第三个涨停板直线上涨。

【关于"涨停股"的经典论述】

对于"涨停股",许多知名市场人士都有过精辟的阐述,下面摘录如下,与本课内容可以相关参照,以便进一步思考:

1. 追求技术的量化,曾经让我花了大量的时间钻这个牛角尖,并且还是有太多的人执迷于此,炒股若是这样可行的话,那些基金经理们应该比炒手们更有优势了。**除了成交量,基本什么指标都不看。成交量,主要是看成交量的变化。追板,主要看市场环境、热点。成交量再结合价格的变化,揣摩场内和场外人心的变化**(炒股养家)。

2. 二板定龙头,一板能看出来个毛。**没爆量的都不能说是龙头**,既然是领袖,必须爆量,接受群众的检验。先预测,后跟随。**大龙头都是多点共振的结果,题材派、龙头派、技术派都认同。筹码供不应求,越走越轻,加速。不少纯打板战法,过分看重分时板的质量,打的是分时板,而不是日线板**(赵老哥)。

3. 确认是追涨时,先进半仓,当天涨停,次日继续加仓到全仓,让其利润最大化。当天不能涨停,次日择高点先出,等回调做守株待兔。做守株待兔时,也是先半仓,获利后出局不加仓,失利后止损不加仓。任何时候,只有半仓操作的股票迅速盈利的情况下,才能动用另半仓资金……这些招式只是给大家提供了一些思路而已,大量的求证此招式的细化操作过程都需要大家去实盘体会,任何未经过其本人反复在一年当中多种周期情况下实盘尝试过的招式,都不可能为其本人真正掌握。说白了,想要学好炒股本领,你就拿出钱来,对着人家介绍你比较喜欢的那一招(不论中、短线),**一次次地实盘验证,并写下每一次实盘过程的想法**,最少经过一年牛熊行情的更替,你就会初步掌握;再经过一年只此一招的训练,两年后在这招上你肯定就是好手了,好了,前两年的亏损第三年可能轻松就赚回来了。可惜这句话多数人听起来以为只是垃圾,其实却是最精华之处(Asking)!

4. 围绕市场的热点、涨停做文章,是我的交易系统的选股策略……我的看法是换手决定高度。很多游资股票都是靠板板换手前进的。一般起来时有充分换手的,后面走得远,人气也足。大凡大牛板块,或者大牛连板股,一定都是换手上去的板(即天天有人接力)。**只要量能不缩,但最好不要放暴量,一般可看成趋势继续。板块上攻时出现大批一字板的品种后,成本出现断层,换手接力盘面临缺失,极易出现衰竭**(龙飞虎)。

第三阶段
个股和公司的竞争优势

公司之间的激烈竞争降低了行业平均的盈利能力。

——沙伦·奥斯特

任何模型如果不注重价格的态势，只强调其他因素，即使包含了基本面因素，这个模型也有致命缺陷。

——杰克·阿布林

股价的中长期走势与每股收益高度正相关。

——拉瑞·威廉姆斯

AIMS框架对于我们进行股票交易而言是一个高效的思维工具，在前面的十六课当中主要围绕M和I展开，现在我们着重围绕A展开第三阶段的课程。对于股票交易者而言，仅仅识别出大盘和板块的趋势和热点还不够，还需要着手个股的判断。个股的判断其实就是要选择出龙头个股，因为大盘弱，龙头强，大盘强，龙头更强，选择较好的个股可以帮助我们降低大盘带来的风险，同时更好地利用大盘带来的系统性收益。

基本上绝大多数股票交易书籍都是围绕个股的选择展开的，这一方面说明了大家对个股选择的重视，另一方面也说明了大家对大盘和板块的忽视。为什么这么多书籍都重视个股而忽略大盘和板块呢？第一，绝大多数书籍都是围绕技术分析展开，对于纯技术分析者而言，个股的走势已经包含了大盘走势的信息，没有必要再增加一层分析来干扰自己的分析；第二，散户在买卖的时候往往不会顾及系统性的信息，所以，这些迎合散户需要的书籍往往也作了这样的安排；第三，这类书籍往往出自散户之手，与机构交易者和职业交易者没有什么关系，自然其视角就倾向于关注个股而不注重大

盘和板块；第四，事实是账户的盈亏与个股波动直接相关，而人类的天性与动物没有什么差别，比较注重现在和直接的关系，所以对个股非常注重也就没有什么奇怪的了，而那些与账户盈亏没有直接关系的大盘和板块因素自然也就不受待见。为了克服这种倾向，我们在利用AIMS进行分析的时候，需要牢记大盘和板块分析的必要性。同时，为了让大家一上来就有系统意识，我们特意将大盘分析和板块分析放在了个股分析之前。在实际分析中，每个人的习惯可能不同，先大盘再板块后个股是一般思路，而某些成功的短线交易者则可能反其道而行之。但是，我们遇见的每一个成熟股票交易者都不会忽略其中任何一个层次，而最终落实于个股层次。本阶段开始我们就要介绍个股层次的分析和交易策略，下面先介绍每一课的大致内容。

第十七课我们介绍的是"双强模式"，双强模式就是个股在技术走势上的优势，所以本课其实是介绍短线交易中判断个股优势A的最重要技巧。双强模式其实就是强于大盘和强于自己，强于大盘通过叠加大盘就可以直观地看出来，这个策略为很多成功的股票交易者所采用，基本上身边所见的成功股票短线交易者也是使用这一方法为主。那么，强于自己如何去衡量呢？其实就是向上N字结构，对这一结构的重视和运用最终可以追溯到杰西·利弗摩尔所谓的枢纽点。那么，"双强模式"这个技术性形态如何与我们所谓的AIMS框架结合起来呢？第一，双强模式指出了个股的技术性优势，这与AIMS框架中的A有关；第二，双强模式里面有一点是强于大盘，而这与AIMS框架中的M和I有关，并且在选择个股的时候我们肯定要关注大盘和板块的走势，并且将个股走势放到这两大背景之下进行考量；第三，双强模式其实讲的是个股强势的表现，相当于是"果"，而题材S则很可能给出了"因"，我们做交易需要"因果并重"，搞不清楚股价强势的原因就要搞清楚结果才能参与，同时如果我们推断出了一个强势的潜在理由但是股价并没有苗头，也就是说股价没有初步确认题材，那么我们就不能抱着期望入场，这话就是短线交易的精髓点之一。当然，价值投资的思路与此有一点区别，很多价值投资者并不需要技术信号来确认自己的基本面判断。不过，**对于股票中短线交易者而言，任何基本面和心理面的判断都应该在得到技术面的初步确认之后才能作为交易依据**。这里的重点是"初步确认"，为什么不去掉"初步"两个字呢？一般而言，第一个N字结构的出现是一个信号，如果已经有顺向的基本面或者心理面判断，那么这个N字结构就是一个初步确认信号。比如，如果我们抓到一个刚开始发酵的利多题材S，而此时股价在长期下跌走势之后出现第一个向上N字，那么这个时候就是技术面初步确认了基本面和心理面的判断，如果排除其他因素在简单情况下就应该入场尝试性买入了。对于"确认"二字的重要性也有必要提一下，往往纯技术分析者取笑基本面短线交易者的一个重要原因就是基本面短线交易者往往没有等到价格有所确认就匆忙入场，所以经常在下跌过程中过早买入，而在转势下跌过程中过迟卖出。短线交易是一局棋，下好这局棋就需要从各个角度同时进行判断，纯技术交易者不少，绝大部分是失败者，**纯基本面分析者不多，其中失败者比例也很大，最大的弱点在于完全忽略了技术面的确认**。因此，第十七课介绍的"双强模式"是我们在进行短线交易的时候不可忽视的"进出场点确认工具"，这个东西很简单，比起绝大多数技术交易者所采纳的工具要简单得多，但却是我们多年来使用心得的最好沉淀之一。

第十八课其实是一个补充，着重从基本面的角度来介绍个股的优势，所以也属于 AIMS 框架下对于 A 的全面分析。第十七课是从技术面的角度介绍个股的优势判断，而第十八课则是从基本面的角度介绍个股的优势判断。那么，本课介绍的优势与题材 S 有什么关系呢？其实，两者着重点存在差别，本课介绍的优势主要是指上市公司的持续竞争优势，这与巴菲特的价值投资存在较大的相关性，而题材其实与上市公司的持续竞争优势没什么直接关系，题材就是"烟花"，持续时间肯定没有上市公司的持续竞争时间那么长。对于中短线交易者而言，还是有必要了解基本面上真正的优势，而不是仅仅针对题材进行操作。严格意义上的股票短线交易的持股时间从几个月到隔夜不等，而某些强势的短期走势可能持续数月时间，这往往是由于市场开始大幅纠正对某家公司持续竞争优势的判断引发的。如果说题材是务虚，那么第十八课介绍的内容更多的是务实。随着机构投资者不断发展壮大，题材个股逐渐往中小盘集中，而基于上市公司持续竞争优势的价值重估成为蓝筹股中短线行情的主要动力。另外，AIMS 框架其实也适合于价值投资者，其中的 A 就是上市公司的持续竞争优势，而 S 则是安全空间（Safety Margin），与估值有关，而 I 则主要与行业有关，毕竟某些行业其实更加具有竞争壁垒，M 则还是经济大势和大盘。

第十九课介绍了我们最常用的盘口分析方法，盘口是市场参与者行为最直接的体现，如何从中看出散户群体和主力的行为以及意图是关键所在。一般的技术分析方法没有着眼于洞悉参与者意图和能力，而仅仅是机械地分类各种形态和参数值，企图找出必涨和必跌形态，这误导了绝大多数股票交易者。而且，盘口信息量太大，不可能对每一个信息进行分析，**最有价值的信息是那些"异常"的信息**，这点与所谓的身体语言心理学类似，发现"偏离基准的异常行为"是身体语言分析的关键。双强模式里面也隐含了"察异"的思路，大盘下跌，某只个股却横盘不跌，甚至逆势上涨，这就是"异常"，**异常背后必有重要的真相**。盘口分析无非三个渠道，那就是价、量、盘，第十九课就是从这三个方面入手来捕捉信息的。本课的方法不仅与个股优势 A 有关，

其实也与洞察主力 I 有关，所以本课其实是基于 AIMS 框架对 A 和 I 的分析。

第二十课介绍了两类比较重要的短线买点，这两个买点风险报酬率非常高，也就是说潜在报酬幅度相对于潜在亏损幅度而言非常高。这两个买点其实与 N 字结构关系较为密切，一般而言我们会选择在第二类买点介入，也就是所谓的"第二起涨点"介入。而第一类买点也就是"第一起涨点"其实蕴含着非常多的基本面和心理面判断技巧，需要我们从利空题材耗尽和主力介入角度去进行多重判断，单靠技术面的胜算率不高。这里要提一个区别，也是本教程与其他书籍的一个区别：无论我们在本书中谈论的是什么，都是基于 AIMS 这个框架，也就是说没有所谓纯技术分析的视角。因此，在学习和运用第一起涨点和第二起涨点的时候，一定要结合基本面和心理面的判断，一定要学会从 AIMS 框架的角度去判断，这样才能真正做到将胜算率和风险报酬率提高。"第一起涨点"对于新手吸引力很大，而且新手也倾向于从 K 线组合和技术指标的角度去把握这类买点，实际效果肯定是不行的，走入了死胡同，因此要有效把握第一类买点就必须结合本教程的其他内容，具体而言就是第十三课的内容和第十九课的内容，当然也离不开大盘和板块的判断，只是这两课的内容相对而言较为重要而已。

第二十一课介绍了股票短线交易中两种流传甚久的有效策略。第一个策略被称为"趋势跟踪"，这个策略广为人知，但是实际上个人交易者圈子中通晓和采纳这一策略的人相当少，真正在持续用这个策略的人基本都是市场中的赢家。趋势跟踪并不是通常意义上的所谓长线策略，这与大众的认识存在差别，为什么呢？因为趋势跟踪如果有强劲的趋势可能就是中长线，如果一进场就止损了就是短线，如果进场不久就出场了就是短线。趋势是否出现，趋势的持续时间决定了持仓的时间。对于股票而言，趋势往往持续数周到数月的时间，因此趋势跟踪在股票交易中往往体现为中短线交易。趋势跟踪在海龟交易者那里得到了最充分的体现，不过此后的衰落也是因为忽略了驱动面和心理面因素的考量，纯粹以技术面作为趋势跟踪的要点。要成为一个成功的趋势跟踪交易者就必须结合我们所说的 AIMS 框架。第二个策略被称为"波段闪击"，这个方法则往往倾向采用**调整进场，高潮卖出**（阶段性成交量高点或者是价格大幅波动之后），采纳这个方法的交易者往往也对于板块波动有深入的研判，对题材更有独到的见解。波段交易者不仅要能够识别趋势，而且还要对调整有相当的敏感度，而这离不开对盘面和题材的解读能力，因此与第十三课和第十九课的内容关系相当密切。

第二十二课其实是对市场结构要素的全面介绍，便于大家更透彻地了解技术面的根本要点，走出具体技术指标和工具的樊篱，认识技术分析的本质，不要迷信任何具体的技术工具和手段。我们在步入这个市场的时候，往往面临技术分析流派的"狂轰滥炸"，记得笔者中的一位朋友接触技术分析还是在刚进大学的时候，那时候专门准备了一个笔记本将所有接触的技术指标都记录了下来，试图从这里面筛选出最有效的"终极组合"，结果可能是不了了之。经历了多年的学习和实践操作后终于明白，所谓市场分析的技术圣杯其实并不存在，而要想从技术分析的角度对市场有高效的了解其实并不需要多么复杂的工具组合。随着交易经验的持续增长和逐步稳定盈利，我们越发地感受到市场的最根本结构，那就是所谓的"势、位、态"三要素。这个东西可以应用于交易策略的分析，也可以用于任何交易品种的分析，我们在外汇交易中广泛使用这一要素体系，在期货交易和黄金交易中也是如此，当然在股票市场中也没有例外。"势、位、态"三要素博大精深，同时非常具有实践价值，并不是一个抽象得毫无用处的东西，如果大家从"势、位、态"的角度去理解和剖析市场，那么就能"提纲挈领"，更容易战胜对手盘。当然，"势、位、态"只是价格运动的解剖，是对现象的把握，要想真正做好交易，更需要把握本质，而这就需要对参与者和背景有真正的把握。

第二十三课介绍了一种股票短线交易的有效方法，这种方法运用了本阶段课程的一些关键要点。知道了"势、位、态"，我们还需要一个基于这个原理的具体方法，因此我们选择了一个小时图 N 字结构操作法来具体介绍"势、位、态"的运用，同时也尽量将本教程其他内容的运用囊括其中。不过，大家要牢记"纲举目张"的道理，不要拘泥于具体的方法，而要把握"势、位、态"的精神，自然就可以做到"运用之妙存乎一心"。

第二十四课则是对本教程所学内容的一次全面梳理，大家可以在本课的基础上进入股票短线交易的实践领域。AIMS 贯穿整个授课过程，因此对整个课程进行整体性的讲解将有利于大家在接下来的实际操作中有的放矢，毕竟此前的二十三课都着重介绍了某一个方面的东西，大家可能容易迷失在某一部分或者某一课程当中。比如，学了第二十课之后就只知道从技术形态上寻找买点，而不注重基本面和心理面分析，更不注重卖点的确定。

优势之相对强弱指数（双强模式）

在查看个股走势图的时候，如果我们看到价格上涨，可能觉得这是一个好现象，买入这只股票是正确的做法。就其本身而言，这种看法可能没有错误，但是如果观察这只股票的走势相对于某种基准的强弱，则我们可以做得更好。

——马丁·普林格

不管什么时候，只要我看到某只股票表现强于市场，就会立刻查看同行业其他股票的表现，如果它们的表现也不错，我就会找出这个行业的龙头股，也就是表现最强劲的股票。我想如果买到这样的股票都不赚钱，那么这一行业的其他股票肯定也赚不了钱。

——尼古拉斯·达沃斯

从本课开始技术分析的内容会逐渐增加，关于技术分析的策略也会逐步呈现出来。但是从我们自身的经验出发，不得不让大家看清"技术分析的本质"。到目前为止，除了以价格特征统计和高频交易为主的领域之外，其他技术分析和交易工具绝大多数并没有经过严格的科学检验。以讹传讹是技术分析领域的普遍现象，技术分析一度被职业交易者定义为**"金融巫术"**。期货市场上的很多交易者采用价格走势来判断行情，但是成功的期货交易者在使用技术分析的时候基本不是大家平时热衷的那些指标和形态，他们往往只看价格成交量和盘口，对于主流的技术指标往往没有什么热情，因为效果实在跟扔硬币差不多。

所谓的技术分析三项基本假定，其实应该重写，否则很

技术分析有没有用？有用的前提是关键看你怎么用！按照绝大多数人那样的用法，肯定没用，反而祸患无穷。拿着一个或者几个指标和趋势线就能指挥市场怎么运动吗？

容易误入歧途而不自知，南辕北辙是这个市场中绝大多数参与者的真实写照。第一条"市场行为包容所有影响价格的因素"应该改为"市场行为**逐步**包容所有影响价格的因素"；第二条"价格沿着趋势变动"应该改为"价格**可能**沿着趋势变动"；第三条"历史将会重演"应该改为"**逻辑**将会重演"。现代技术分析的奠基人被认为是查尔斯·道，但是查尔斯·道本人却说："我的理论并不是用来预测股市的……"道氏理论的正式确立者是罗伯特·雷亚，他进一步指出："道氏理论是提升股票投资者能力的工具，但是该工具的使用并不能脱离经济基本条件和市场背景。"由此可见，所谓的技术分析鼻祖并不是一个纯技术分析者，只是约翰·迈吉这类技术分析理论家凭空提出了技术分析三个假定而已，约翰·墨菲这类理论家则继续将这些东西作为公理宣扬给广大散户。技术分析并不神奇，是我们将它看得过于神奇了。如果完全依靠技术指标就能赚钱，那么很多计算机专家就可以完全躺着让机器为自己赚取源源不断的利润了。技术分析不要复杂，只是一个手段，越简单的技术分析工具越容易适应各种市况，也容易为交易者所使用。

在股票市场中，我们见过很多成功的短线交易者和私募基金经理，大家基本局限于价量盘三个维度，对于基于价量盘数据进行加工的指标很少涉及，最多看看布林带和震荡指标。毕竟，**技术分析的精髓不在于几何地推断市场，而在于解读市场的预期和资金的流向**。技术指标是我们洞悉对手盘的工具，而不是进行所谓"市场物理学"研究的对象。市场就是人性，一切都要围绕这两个字展开，拿掉了人性，机械地比较，企图运用"复杂而纯粹的市场几何学"只是误人误己而已。所谓的"市场物理学"或者"市场几何学"不过是一种理论研究而已，单靠这个去应对市场绝对是要吃大亏的。市场如果存在物理学和几何学一样的规律，那么绝大多数参与者都能获利，结果就是市场崩溃。在赌场中，**如果绝大多数人都能获利，那么利润从哪里来呢？**

还未盈利的交易者热衷技术指标和比较复杂的形态理论（如江恩理论和艾略特波浪理论），他们倾向于提高胜算率，对于进场点十分在意。就股票市场而言，他们往往很在乎买哪只股票，对于在什么位置买没有明确的概念，更不用说对卖点的把握。技术分析指标简单上手，但是却让人觉得"学海无涯"，你永远都不会觉得是技术指标的问题，而是认为自己还没有掌握其中的要领，而这正是它害人的地方。

我们只能从两个角度去看待技术分析：第一个角度是**统计的角度**，这就涉及概率问题。但问题是有几个人在使用技术分析的时候明确了这个前提？有些人在证券市场努力了多年，但基本上都是在寻找"神奇指标"，一般而言这个过程要持续到第4年才能结束，这个时候你才有恍然大悟的感觉。你会"体会"到**技术指标只不过是市场的**

体现，**而不是市场的法则**。第二个角度是**对手盘的角度**，本教程不停地念叨"对手盘"，就是怕大家在做股票的时候走偏了，就是怕大家不知道核心所在。真传可能就是这三个字，但是要体悟到这三个字，将这三个字贯彻到每一次分析和操作过程中，那真的是需要几年的工夫。

基本分析是瞄准器，技术分析则是枪；基本分析是分析物体本身，技术分析是分析物体的影子；基本分析找原因，技术分析看结果，所谓"菩萨重因，凡人重果"。基本分析是难学易精好用，技术分析是易学难精难用。早期的内地股市场参与者年龄偏大，基本面分析较为吃力，技术分析容易上手，而且由于人的选择性注意倾向使得大众误认为技术指标非常有效（忽略了无效的信号）。股票的走势和形态不可能存在机械重复，如果是机械重复，那么程序和人都能够很快发现，而且同时有不少人发现。越是简单和显而易见的重复结构越是如此，只有在高频数据中才有人无法直接观察到的某些特征，但是计算机可以很快识别出来。职业交易者没有花太多时间去琢磨纷繁复杂的技术指标，你用十个震荡指标得到的交易绩效与一个震荡指标没有差别，但是你却花了 10 倍于后者的精力。

纯技术分析的效果很难稳步提高，根据当代西方交易界的统计验证发现，交易绩效的大部分是由品种的选择决定的，只有很小一部分是由择时决定的。**一个没有大行情的品种，你技术分析功底再高，仓位管理再科学也难以出成绩**，"巧妇难为无米之炊"就是这个意思。纯技术分析的趋势跟踪者只能"等待市场给利润"，因为他也不知道哪个品种在哪个时刻会开始走单边走势，只能静以待之。

技术分析也是一门看起来容易，用起来很难的工具。对技术分析懂得越多的人会采用最简单的技术分析工具，对技术分析越是了解的人越是会看淡技术分析的作用。**最简单的技术分析工具就是价量盘，在某些金融交易标的上则是价格本身**。而且分析这些价格走势的时候没有多少复杂的指标辅

基本分析和技术分析的落脚点是心理分析。

541

助，也不会画多少线去"规定"和"预测"价格应该怎么走。价格只是告诉你过去和当下，所以这样的分析已经不属于典型的技术分析了。而典型的技术分析极少在职业交易者中看到，偶尔在某些职业短线客那里看到用技术指标的，也局限于均线和布林带这样的简单统计性指标。

技术分析容易让人误入歧途，浪费青春，但并不是技术分析本身不好。要解决上述问题就**必须将技术分析与基本分析结合起来，最为关键的是通过心理分析将两者结合起来。心理分析直接着力于对手盘，而基本分析和技术分析则是辅助心理分析的工具。**不建议大家一开始就在技术指标上贪多求大，也不建议大家一来就琢磨江恩理论和波浪理论，这些只能当做"锦上添花"和"餐后甜点"。

技术分析真正的时间应该花在K线、成交量、盘口走单的分析上。将个股的价量与指数和板块的价量进行强弱比较，这就是本课的主题之一，这是横向比较，**比较中能够找到真相。**除此之外，个股自己的价量盘异常也是寻找真相的职业方法，这个将在第十九课详细介绍。个股走势的异常其实是跟常数值的相对比较，属于纵向比较。

首先是观念，其次是态度，最后是方法。大家先要把念头转过来，不要迷信技术分析，没有神奇的指标。给予技术分析恰当的位置，不要过度拔高它。我们不忽略它，但也没必要把它像神仙一样供起来。技术分析可以帮助我们提高分析的效果和科学地管理仓位，但是技术分析用不着大家想象中的那么多时间。我们应该把80%的时间用于心理分析和基本分析，15%的时间用于仓位管理，剩下5%的时间用于技术分析即可。

按照我们的交易经验，技术分析围绕"势、位、态"展开即可，三个因素都能大致给出分析意见，然后将这三方面的看法与心理分析和基本分析相互验证才是重点。鉴别趋势的一个重要手段就是强弱比较，通过纵向和横向的比较我们就能够"去伪存真，透过现象看本质"。强弱比较是一个简单但是高手们基本都在用的工具，横向比较和纵向比较中都显示出强势特征就被称为"双强模式"。

下面我们就着重介绍"双强模式"，这是一种个股走势的"异象"，也是我们发掘个股的优势A以及主力踪影I的一个框架。双强模式表明强势股的一种特点，那就是比大盘强和比自己强（强于此前），大盘跌的时候，它抗跌，大盘上涨的时候，它涨得比大盘还要猛，这种个股后面往往还有不小的行情。关于这个模式有很多人提到过，国外比较著名的有马丁·普林格等，国内比较著名的有吴迪、潘伟君和弈樊等。这个模式只能作为一种分析的角度，并不足以构成充分的交易结论，因为这只是一种异象，而不是一种理由。

从本质上来讲，"双强模式"是AIMS框架中个股优势A的分析，但是这一分析必

然要结合大盘 M 与主力 I。为什么这样说呢？首先，"双强"不仅要求跟自己比，不仅仅要求形成上升 N 字结构，更为重要的是与大盘相比更加强势，这就必然涉及大盘 M。其次，"双强模式"之所以能形成最终还是要靠"坚定的重量级参与者"，毕竟散户是一团散沙，作风就是"锦上添花而非雪中送炭"，所以"双强模式"必然与主力 I 有关。所以，本课的内容必然要与第一阶段课程和第二阶段课程的内容结合起来使用才能发挥应有的效果，简单地按照"双强模式"选股就成了一种"保险精算式"的概率投机了。

本课的主标题是相对强弱，副标题是"双强模式"，其实说的都是一个东西，那就是个股与自己比较的走势强弱，个股与大盘（板块）比较的走势强弱。当然，广义的相对强弱比较有很多形式，具体而言有板块之间的强弱比较、个股和板块之间的强弱比较、板块和大盘之间的强弱比较、个股和大盘之间的强弱比较、市场间的强弱比较（如上证指数与恒生国企指数等）、品种间的强弱比较（如原油与黄金比较）。当然，本教程的相对强弱比较主要是讲个股与大盘之间的比较，也涉及个股与板块之间的比较，或者是板块与大盘以及板块之间的比较。所谓的"双强"就是"比过去强，比大盘强"。

如果个股的高点越来越高，低点也越来越高，那么就是强于自己，如果个股的高点越来越低，低点也越来越低，那么就是弱于自己。对于"自相比较"的强弱度可以通过大周期的相对强弱指标 RSI 来看（见图 17-1），也可以通过 N 字结构来定义：出

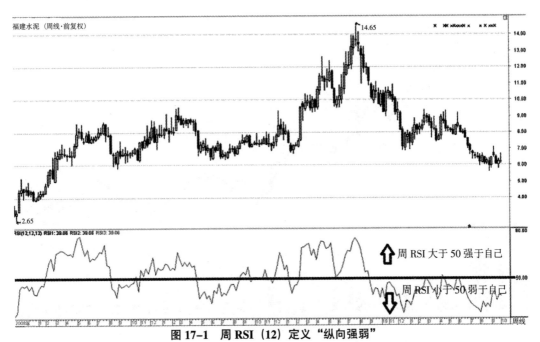

图 17-1 周 RSI（12）定义"纵向强弱"

现向上的 N 字，代表强于自己（见图 17-2）；出现向下的 N 字，代表弱于自己（见图 17-3）。

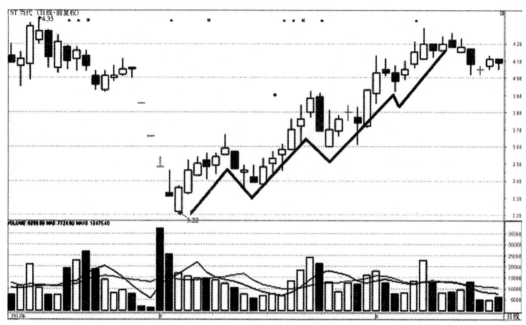

图 17-2　向上 N 字定义"强于自己"

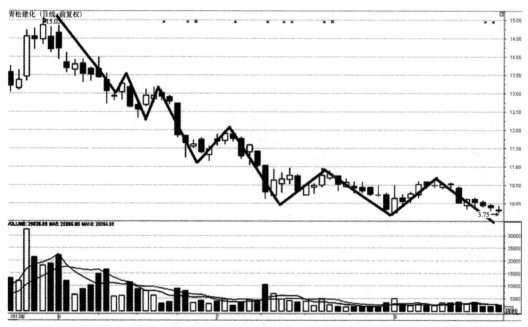

图 17-3　向下 N 字定义"弱于自己"

如果个股横盘或者上涨，而大盘下跌或者横盘，则表明个股强于大盘；如果个股横盘或者下跌，而大盘上涨或者横盘，则表明个股弱于大盘。相对于大盘的强弱度可以通过 A 股行情软件都有的 QR 指标来确定，QR 指标（强弱指标）实体柱在上则个股强于大盘，实体柱在下则个股弱于大盘，也可以直接通过该指标的读数来查看当下的强弱（见图 17-4）。

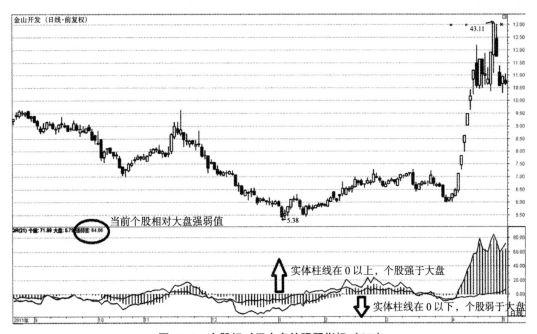

图 17-4　个股相对于大盘的强弱指标（QR）

相对大盘的强弱也可以将"背离"方法用到个股和大盘的并列行情图上：个股的低点越来越高，大盘的低点却越来越低，这就是个股强于大盘（见图 17-5）；个股的低点越来越低，大盘的低点却越来越高，这就是个股弱于大盘。如果个股要做空的话，就需要延伸出"双弱模式"，这里就不赘述了（见图 17-6）。

为什么要从"双强模式"的角度去分析个股呢？一般散户进行分析的时候往往都会打开行情软件直接从 K 线图入手，然后从中找到某个自己熟悉的股价形态或者指标形态，然后根据这一形态确定未来的涨跌，接着买进或者卖出。这里的最大问题有三个：第一，没有搞清楚对手盘，特别是主力的意图和动向，这就跟作战一样，怎么可能在没有搞清楚对手意图和实力的情况下，仅仅根据表象就做出了机械的部署，这样怎么可能取得胜利。第二，忽略了大盘这个大氛围对个股的影响，没有从整体和系统的角度去审视个股的走势，这样也就不会知道什么是"异常"，什么是"正常"了。大

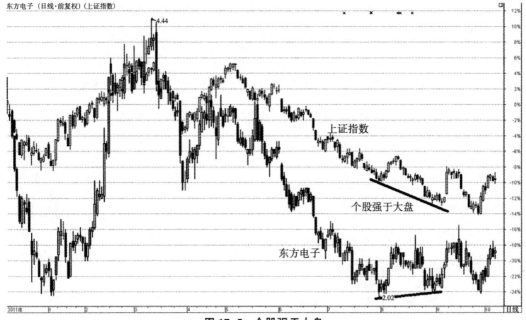

图 17-5　个股强于大盘

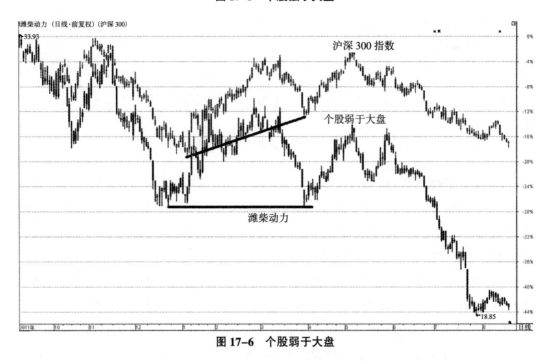

图 17-6　个股弱于大盘

盘提供了一个基准线，便于我们在这个基准线上发掘板块和个股的异常。当然，个股
此前的走势也可以得出一条基准线，这就是两条用来"察异"的基准线。提到基准线，
不得不多说两句，现代测谎技术的根本基础就是"基准线"，无论是仪器测谎还是行为

分析都是基于"观察和分析被试对象偏离基准线的程度和频率"。**我们要搞清楚主力的真实意图，就需要看价量盘偏离基准线的程度和频率，而基准线有两条：一是大盘；二是个股历史行情正态分布。**但是，绝大多数散户在分析个股走势的时候都忽视了第一条基准线。第三，忽略了消息面 S 对个股的影响，主力运作个股基本上要借助于消息面的发展，要借助于题材的发展，因此单纯看技术走势就会搞不清楚主力运作的阶段。

"双强模式"给予我们一个角度来看待个股，那就是结合大盘走势 M 和个股走势 A。当然，"双强模式"也可以从个股与板块指数的走势比较中得到演绎。无论你采用大盘指数还是板块指数，都是因为客观事实：**个股的走势会受到大盘走势的影响，只不过程度不同而已，但却不能否认这种影响。**有时候我们因为持有的个股上涨而欣喜，殊不知其实个股只是跟随大盘上涨而已，而且涨幅趋于指数水平，并未有特别表现，那么其实你只是碰上了"好光景"而已，并非选股技术有多高明。而且你的盈利往往很难落袋为安，因为你其实并不知道当下的盈利完全源于大盘走势，而你对大盘毫无所知。对于股票短线交易者而言，强于大盘的个股才是最佳的标的，这样的标的必然是主力参与的题材板块和个股。一旦股价强于大盘，特别是在大盘下跌的时候也是如此，那么个股一定受到了来自题材 S 和主力 I 的支撑，否则必然跟随大盘一起下跌。我们就是先找到强于大盘，具有优势的个股（A），然后分析这背后的原因，往往就是主力 I 基于或者是等待 S 进行运作。个股受到 S 和 I 的支撑，可能是主力在建仓，也可能是在阶段性增仓，以及维护股价或者是散户见利好短期涌入，确认是哪种情况非常重要，这就要利用第十三课和第十九课的技巧去判断。

如何基于双强模式去分析个股呢？第一是从日线走势图上去分析，可以叠加大盘走势到个股日线走势上，也可以采用两股同列的方式。这其实才是我们平时进行价量分析的正确道路——**任何时候都要在大盘的背景下分析个股的走势。**个股自身比较强弱则可以直接从走势图上看出来，这个比较容易。第二是从分时盘口上去分析，可以叠加指数到个股分时走势图上（见图 17-7）。也可以从分时图上比较自身的强弱，方法与 K 线走势上的类似，就是看高点和低点是否存在抬升现象。

运用双强模式分析有一个关键，那就是找到双强现象只是开始，重点是找出背后的原因，具体而言就是**什么在支撑个股的双强。**相对强弱指数只是告诉我们是什么，我们还需要知道为什么，散户止步于前者，赢家则要一探究竟。**任何交易的盈利不是来自你知道什么，而是来自你知道为什么。**我们来看具体的剖析，比如股价分时走势强于大盘是有原因的，具体而言如果大盘下跌而股价盘整，那么这个原因关乎我们的分析结论是否正确，我们就来分情况剖析这背后的原因。第一种情况是盘中出现较大

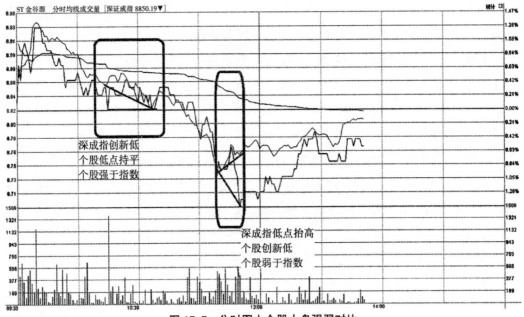

图 17-7　分时图上个股大盘强弱对比

的买单支撑了股价，而这一买单可能来自大户或者机构主力。大盘下跌肯定会带来散户的大量抛盘，但是个股却横盘不跌，如果这时候成交量放大，而股价却不跌，那就意味着主动供给增加的同时，主动需求也增加了。这种情况下我们可以确认有主动性大买单，却无法仅凭这一信息断定大买单是主力还是大户的。第二种情况是该股目前有利好消息支持，持仓的散户们惜售，而主力可能在其中也可能不在其中，所以这种股票后续的发展存在变数。这种情况要排除，关键要从 AIMS 框架中的 S 进一步去分析。第三种情况是该股此前已经经历过了长期大幅度下跌，卖出意愿不高，浮筹不多，因此没有跟随大盘下跌。这种情况要从历史价量走势进一步去分析。不管有无主力在其中，如果大盘反弹，这类股票容易跟随上涨，因为浮动筹码不多，上涨压力较轻，也不排除主力已经潜伏其中或者准备进入。第四种情况就是主力在建仓或者阶段性增仓，又或者是在护盘，这个就要根据此前的价量盘走势来确定了。上述四种情况，如果单凭价量盘或者是技术走势是很难确定的，需要结合其他一些信息，这就是本教程提倡综合研判的原因所在，"四诊合参"是科学分析行情的一个基础，AIMS 框架就是这个"四诊合参"的主题：A 是个股优势（短线交易主要看价量走势优势，也就是 N 字结构），I 是机构和板块，M 是大盘，S 是题材或者主题（短线交易主要看板块和个股的题材）。

【关于"个股强势"的经典论述】

对于"个股强势",许多知名市场人士都有过精辟的阐述,下面摘录如下,与本课内容可以相关参照,以便进一步思考:

1. 强势股在上升一段时间后,如果出现一些调整,其回落幅度也不会超过前面上升波段高度的一半。一般是回调到前面上升波段高度的 1/3 位置比较常见。而且,在震荡过程中,一般不采取深幅大阴线砸盘的方法,而是横向震荡的方式居多。此外,即便出现了短线的深幅下探,也会在短时间内怎么跌就怎么涨回来。总体上看,仍然是保持箱体横向运行(磊洺论股)。

2. ……第一步,当大盘还在下跌趋势时,这时要重点选择股价强于大盘,而又能领先于大盘止跌企稳的个股,将它们列为重点关注对象。第二步,当大盘止跌企稳时,要对第一步选择出的个股进行复选,选择那些能够在形态上成功构筑小型底部形态的个股。个股的企稳时间要明显长于大盘的企稳时间,个股的走势最好要独立于大盘。第三步,对复选后的股票再进一步选择其中那些底部成交量能温和放大的个股。第四步,等待大盘已经确认止跌企稳并有转强迹象时,如果前三步选择出的股票出现放量的强势拉升行情,可以确认为短线买入信号,及时跟进买入(汇古特)。

3. **强势股的主要表现特征为:题材 + 资金增量 + 技术强势 + 抗跌性。**所以在选择强势股时,一般会遵循上述四个重点加以研究与选择……在行情回调或下跌过程中,股票价格体现出很强的抗跌性,抗风险能力很强,回撤率与波动率往往低于大盘,这一类的股票风险系数低,价格相对稳定,容易跟涨不跟跌,这些都是强势股的主要特征(馨月,1967)。

优势之持续竞争优势（不对称局势）

历史数据显示股息其实是追得上通货膨胀的，而且还可以在投资者的整体回报中扮演一个重要的角色。

——吉尔·阿莫尔

柔道有三条原则：移动、平衡、杠杆借力。这三条原则运用到商战中有不同的战略内涵：移动使对手失去平衡并压制他们的最初优势；平衡帮你与对手交战并躲开攻击；杠杆借力能帮你将对手打倒。当三条原则一起发挥效用时，它们会帮你击败任何规模的对手。

——大卫·B.尤费

不对称局势，是指挑战者利用强大对手所固有的弱点而采取的一系列战略行动，让后者无法做出有效的反应而形成的有利于挑战者、不利于强大对手的非竞争局势。

——吴振海

对于投资来说，关键不是确定某个产业对社会的影响力有多大，或者这个产业将会增长多少，而是要确定所选择的一家企业的竞争优势，而且更重要的是确定这种优势的持续性。我在投资时考虑的最重要一点是我一定要理解该公司所在行业的经济动力机制。

——沃伦·巴菲特

要赢得明天，企业不能靠与对手竞争，而是要开创"蓝海"，即蕴含庞大需求的新市场空间，以走上增长之路。

——W.钱·金

前面一课讲的是技术面的优势，我们本课要介绍基本面的优势，所谓的"不对

称"，其实就是上市公司在某个方面具有竞争优势，严格地讲是持续的竞争优势。这种**持续的竞争优势往往是股价中长期持续上扬的动力**。无论你是做投资还是做投机，如果明白这样的趋势，那么在做交易的时候就会"胸有成竹"，因为你自己处于"潮流之中"。所以，不要以为价值投资才看上市公司的竞争优势，**题材投机一样需要关注上市公司的竞争优势**。香港投资大师林森池曾经说过："生意分为两种：过度竞争的生意和拥有市场性专利的生意，巴菲特就擅长于寻找那些具有市场性专利的公司，择机买入，然后长期持有。"而所谓的市场性专利，按照帕特·多尔希的话来讲，就是"持续竞争优势"，他进一步指出："识别企业的竞争优势是投资准备工作的最关键之处。"**知道了市场性专利对我们做交易有啥帮助呢？你能够看清楚最大的趋势是什么**，这个东西无论是你做投资还是投机其实都是一个最重要的前提条件。

更加具有持续竞争优势的公司相对于其他公司而言，其股价表现整体要好得多。所谓具有持续竞争优势的企业其直接的表现就是每股收益和净利润增长更多。我们来看四个不同长短时间段内那些跑赢大盘和跑输大盘股票的统计特征。第一个时间段是2000年2月28日到2008年11月4日，在这两个时点上证指数都在1700点附近（见表18-1）；第二个时间段是1999年5月17日到2005年5月17日，在这两个时点上证指数都在1000点附近（见表18-2）；第三个时间段是2004年2月17日到2008年11月4日，在这两个时点上证指数都在1700点附近（见表18-3）；第四个时间段是2006年9月26日到2008年11月4日，在这两个时点上证指数也都在1700点附近（见表18-4）。这四个时间段分别持续9年、7年、5年和2年。可以发现，时间越长，股价越是能体现公司的业绩和竞争优势。没有持续竞争优势支撑的个股，其股价很难持续战胜大盘指数。没有持续竞争优势的个股只能作为题材短炒个股，这样的个股没有安全空间（Safety），因此只能靠题材（Story）来运作。

表 18-1　跑赢大盘和跑输大盘股票的统计特征（1）

年　份		1999	2000	2001	2002	2003	2004	2005	2006	2007	2008
逊于大盘个股的业绩表现（281只个股合计）	净利润（亿元）	250.86	308.04	307.87	342.42	468.78	626.69	622.86	831.28	1511.74	1111.37
	较1999年增长（%）	0	22.79	22.73	36.5	86.87	149.82	148.29	231.37	502.62	343.02
强于大盘个股的业绩表现（591只个股合计）	净利润（亿元）	331.97	306.95	60.7	18.89	71.81	10.36	-180.65	-4.68	397.67	-103.21
	较1999年增长（%）	0	-7.54	-81.72	-94.31	-78.37	-96.88	-154.42	-101.41	19.79	-131.09

资料来源：Wind。

表18-2　跑赢大盘和跑输大盘股票的统计特征（2）

年份		1998	1999	2000	2001	2002	2003	2004	2005
逊于大盘个股的业绩表现（170只个股合计）	净利润（亿元）	133.29	173.15	226.83	235.34	266.15	348.72	501.1	460.55
	较1998年增长（%）	0	29.9	70.18	76.56	99.68	161.63	275.95	245.52
强于大盘个股的业绩表现（629只个股合计）	净利润（亿元）	317.38	328.4	310.05	77.05	36.33	131.44	24.47	-88.32
	较1998年增长（%）	0	3.47	-2.31	-75.72	-88.55	-58.59	-92.29	-127.83

资料来源：Wind。

表18-3　跑赢大盘和跑输大盘股票的统计特征（3）

年份		2003	2004	2005	2006	2007	2008
逊于大盘个股的业绩表现（455只个股合计）	净利润（亿元）	774.92	1131.14	1336.35	1819.45	2978.52	2663.96
	较2003年增长（%）	0	45.97	72.45	134.79	284.36	243.77
强于大盘个股的业绩表现（765只个股合计）	净利润（亿元）	450.6	404.41	97.37	331	852.16	-128.05
	较2003年增长（%）	0	-10.25	-78.39	-26.54	89.12	-128.42

资料来源：Wind。

表18-4　跑赢大盘和跑输大盘股票的统计特征（4）

年份		2005	2006	2007	2008
逊于大盘个股的业绩表现（568只个股合计）	净利润（亿元）	1266.25	1789.72	3138.32	2507.21
	较2005年增长（%）	0	41.34	147.78	98
强于大盘个股的业绩表现（777只个股合计）	净利润（亿元）	611.38	979.07	1525.1	811.24
	较2005年增长（%）	0	60.14	149.45	32.69

资料来源：Wind。

持续的高利润率来自市场性专利，市场性专利就是企业具备可以建立持续竞争优势的因素，比如区域内垄断，或者具有某些独有的技术或者商誉，这些东西在很长时间内都不太可能为竞争者获得，甚至根本不可能出现竞争者。拥有市场性专利的企业都拥有一个利基市场，也就是在此市场上，该企业具有某种统治力和排他性。市场性专利一词是由香港

> 竞争优势也是有生命力周期的，这个世界上没有永恒的竞争优势。

投资大师林森池先生根据 Franchise 意译过来的，有人翻译为特许经营权，但是这与其真正意义不那么贴切，甚至容易让人产生误解。其实，市场性专利就是一种经济商誉，也就是那些股权回报率长期超过平均水平的公司所具有的一种因素，巴菲特本人也对这一东西定义不那么准确，但是根据其年报和传记作家的解释，林森池先生用"市场性专利"一词来概括应该更加准确和易用掌握。

市场性专利分为两类，此前没有人这样细分，但是我们觉得要用好"市场专利"法则选股就必须细化其类型。一家公司拥有法定之外的长期"垄断性"，要么是拥有某些配方，比如可口可乐、五粮液；要么是拥有某些地域垄断性，比如地方性报纸和旅游景点。

大致了解了市场性专利的类型后，我们这里利用晨星公司的方法来测试一家公司是否具备市场性专利。通常而言，市场性专利的测试需要通过三个步骤。毕竟市场性专利是稳定成长性公司长期保持高于平均水平利润的保障，同时也是高速成长公司维持高成长性避免引入竞争者的防御体系。总之，**市场性专利使得公司避免了惨烈的竞争，从而保证了较高的利润率和较高的成长速度**。巴菲特主要利用了前者，而彼得·林奇则主要利用了后者，所以一般人认为巴菲特是狭义价值投资的代表，因为他主要投资于那些稳定成长的高利润率公司，比如可口可乐公司和吉列公司；而林奇则是成长性投资的代表，因为他热衷投资于那些高速成长的高利润公司，比如一些刚起步的旅馆和服饰店等。

市场性专利（持续竞争优势）是否在一家公司身上存在，也就是说，一家公司是否具有市场性专利，通常需要经过以下三个步骤测试才能确定：

第一，市场性专利存在的证据，主要从财务数据来分析；

第二，市场性专利的来源，主要根据业务特点和市场性专利的既有两种类型来判断；

第三，市场性专利的持续性，不同的市场性专利具有不同的有效期限，通常而言，价值投资应该选择那些具有二三十年以上市场性专利的企业，如果一个企业的竞争优势持续期限不能达到 10 年以上，那么这通常不能称为市场性专利，顶多看作是一个暂时的竞争优势而已。

下面，我们依次来看看这三个步骤的具体内容。

第一步，寻找市场性专利存在的证据。通常而言，一个拥有市场性专利的企业一定在收益上存在明显的优势，这可以从财务数据中得到，如果一家企业在好几年的时间内都没有出色的回报率水平，那么这样的企业拥有市场性专利的可能性几乎为零。

很多时候，投资者会随意地认定某家企业具有某种持续的竞争优势，但是这家公司的财务状况一直没有卓越的表现，投资者直观的认识和财务的定量出现了矛盾，这样的情况一般是投资者判断出现了错误。对于市场性专利是否在某家企业身上存在，需要从两方面进行考察：一是产业和企业运营的层面，可以根据直观感受和理论推理来判断一家公司是否拥有市场性专利；二是从企业的财务报表上判断一家公司是否具有市场性专利。第一种途径是直接去找，而第二种途径则是根据一些表征来推断。两者要结合起来才能准确地推断一家公司是否具有市场性专利。比如一家零售公司，其在某地区具有垄断性，但是其各类回报率并不看好，这时候虽然从直观上看这家公司具有市场性专利，但是财务分析却并不支持这类看法，这时候很可能是这家公司并不具有某种可以保障长期超额利润的因素，也就是根本不具有市场性专利。另外，如果一家公司在最近几年财务回报率不佳，但是却具有某种受人欢迎的饮料配方专利，通过深入研究发现该公司之所以最近几年回报率不佳主要是介入其他行业所导致的，目前该公司已经在回归主业了，那么这家公司应该是具有市场性专利的。直接判定法只需要根据市场性专利的定义操作即可，我们这里主要讲解财务分析法。

具有竞争优势的企业长期来看一定能够维持超过平均水平的回报率，所以我们主要从收益的角度来寻找那些可能具有市场性专利的企业。通常而言，通过单个指标来达到这一目的存在相当大的困难，甚至可以说是不可能的，所以，我们就结合四个指标来查看一家公司的收益水平是否长期超平均水平，这个平均水平是类似企业或者整个行业的，比较范围可以根据需要缩放。

第一个指标是自由现金流这一财务指标。巴菲特最喜欢那些可以产生大量现金流的公司，他认为产生大量现金流的公司代表公司的机体是健康的，也代表利润是真实的。自由现金流等于经营性现金流扣除资本支出，表明了公司在正常运营之外还剩余的资金。另外，还可以把自由现金流除以销售收入，如果这个比率超过5%则是一个非常好的兆头。强大的自由现金流是一个企业强盛的标志。

第二个指标是股东权益回报率。净利润除以所有者权益就得到了股东权益回报率，一般英文简写为ROE，在股票投资分析中经常可以在表格栏中看到这一缩写。股东权益回报率可以利用财务杠杆加以提高，也就是企业可以通过举债来提高其股权收益率，而很可能资产收益率维持不变。虽然股东权益回报率存在这些弊端，但是，如果一家企业股权回报率能够5年以上维持在超过15%的水平，则这家公司很可能具有市场性专利。

我们可以将上述两个指标综合起来在一个框架内考察一家公司是否可能具有市场

性专利，这就是利用晨星公司发明的"股权回报率—自由现金流"矩阵。那些同时具有持续较高股权回报率和自由现金流的公司很可能具有某种市场性专利。

第三个指标是净利润。净利润和现金流分别从两个不同的角度衡量了公司的经营状况，净利润好比一个人产生能量的多少，而现金流则代表一个人的呼吸水平。一个呼吸正常，而且体温正常的人应该说基本是健康的。净利润是销售额，或者说销售收入的某个百分比，这个财务指标告诉了投资者该公司在每一美元的销售额上产生了多少利润。自由现金流需要从现金流量表上面查看，而净利润水平则需要从损益表上面查看，通常而言，一家公司的正常净利润率应该在15%以上。在考察一家公司是否具有市场性专利的时候，自由现金流和股权回报率以及利润率分别代表了一个不同的角度，这对投资者而言，好比通过不同的手段验证同一特征。

第四个指标是资产回报率。这是用净利润除以公司拥有的整个资产，在这个指标中公司的实际盈利水平是以所有资产作为基础来考量的，这就避免了因为采用过多负债，或者说过高财务杠杆制造出过高股权回报率引起的过高评价。资产回报率反映了一家企业将资产增值的能力，通常而言，7%以上的资产回报率可以看作企业经营良好的象征。

中医讲究"望、闻、问、切"，我们在上面给出了四个财务指标用于甄别那些具有市场性专利的优质公司。利用这些财务指标进行考察的时候一定要坚持所有价值投资大师的考察原则，那就是至少采用5年以上的时间框架来考察年度数据。无论是格雷厄姆还是巴菲特，以及彼得·林奇，所有这些人都是以5年以上作为考察期限的，如果仅仅是考察一两年的数据就断定一家公司具有市场性专利那是非常可笑的，毕竟市场性专利是建立在长期性的基础上的，一个仅仅一两年超过平均收益水平的公司是不具备市场性专利所要求的最主要特征的，那就是持续的竞争优势。

除了考察期限要在5年以上，还要注意企业在考察期内的表现是否稳定，也就是说，那些起伏太大的公司很值得让人怀疑。除了与同行业和同板块进行比较，更为重要的是与自己的历史比较。在价值分析中，一个很重要的手段是纵向比较，但是这却经常被人所忽视，另外横向比较的范围应该适当，不要过大，或者将一家公司与另外一个不相关的行业进行比较。通过自由现金流、股权回报率、净利润水平和资产回报率，你可以大致看出一家公司是否具有市场性专利，当然像费雪父子则非常重视销售额，所以你也可以加入这一指标或者相关的指标进行判断，要知道无论是菲利普·费雪，还是肯尼斯·费雪都具有寻找成长股的爱好，菲利普·费雪著的《寻找成长股》一书以销售额和利润以及企业经营为主要考察对象，而其子肯尼斯·费雪则著有《超级强势股》一书，以市销率和研发比率作为主要的考察对象，而林奇也非常注重直观和定量方面的销售状况，三个人都比巴菲特更偏向成长性，那么我们也应该在晨星公司的基础上加入销售额相关的指标。

第二步，寻找市场性专利的来源，主要根据业务特点和市场性专利的既有两种类型来判断。市场性专利的来源主要有两大类：一是由于地域垄断带来的；二是由于具有某种配方专利。我们已经找到了那些持续领先于其他企业利润水平的公司，现在我们需要进一步求证，看看这样的企业是否真正具有可以持久的竞争优势，通常而言，这需要我们进行定性化的分析。巴菲特从费雪和其他几个研究市场性专利的投资大师那里学到了相应的分析技巧。林奇认为，那些热门的行业通常很难诞生持续竞争优势的企业，因为这类行业由于吸引了过多的实业投资者，所以竞争会越来越激烈，而热门行业通常缺乏持续的竞争壁垒，所以那些曾经辉煌的领袖企业免不了遭受没落的命运。相形之下，很多持续高成长的企业都扎根于那些并非热门的行业，比如零售业等。著名的股市历史学家西格尔统计了美国 60 多年来的企业盈利状况，他发现只有卫生保健业、日常消费品行业和能源行业一直给股东带来了超越市场平均水平的回报，这些行业一般不是高科技寄生的地方，自然很少成为热门行业。

在寻找市场性专利的来源的时候最为重要的是询问**为什么这家企业可以保持长期高于平均水平的收益状况**，通过提问模式，我们往往可以找到关键所在。迈克尔·波特认为竞争优势来自低成本和差异化，其实事情远远没有那么简单，低成本的优势很多时候是不可持续的，这样的企业很难具备所谓的市场性专利，因为降低成本的行为通常会被同行业的人士所追随，最后企业会在某个成本水平下放慢速度。同样，市场性专利也不可能依靠于科技水平，因为技术很容易就成为明日黄花，通常而言，价值投资大师是不碰那些高科技企业的，格雷厄姆如此，巴菲特更是如此，连彼得·林奇和索罗斯也对高科技企业不感兴趣，要知道后面两位大师的投资范围和投资数目都远远超过格雷厄姆和巴菲特。

通常而言，那些拥有市场性专利的企业都具有某种产品差异，特别是那些具有配方型市场专利的企业，比如可口可乐、吉列刮胡刀等。通常而言，恰当的定位是这类优势的基础，但是仅仅凭借与众不同的产品和服务并不能保证企业拥有持久的竞争优势。如果一个特征不能保证一家企业拥有持久的生命力，则这家企业就不是一个拥有市场性专利的企业。如果一样产品差异很容易被对手所模仿，那么这样的优势是脆弱的，大多昙花一现。很多信息技术主导下的产品可以带来更好的性能，也可以制造出其他设备没有的特色，比如 MP3 和 MP4 的发明、可以摄像的手机，但是这些特色很快

就在整个行业扩散开来。所以，具有显著的特色，实行差异化战略并不能保证企业拥有持久的竞争优势，既然竞争优势不能持久，那么就不应该算作具有市场性专利。

迈克尔·波特只注意到了那些具有竞争优势的企业所实现的战略，但是他却忽视了竞争优势的持久性，**如果一项竞争优势是短暂的，那么对于企业的长期生存和发展没有太大意义，这时候可以带来的是股价中短期飙升**。技术类的企业不能给企业股东带来持久的良好回报，虽然他们一直在不断进行创新，提高产品性能和增加新的功能，但是仍旧面临竞争对手的你追我赶，其竞争优势表现出极其脆弱的一面。想想 IBM 的回报率和可口可乐的回报率，IBM 曾经是热门企业的"领头羊"，但是现在却不断面临利润下降和创新"瓶颈"的问题，即使像苹果这样起死回生的企业，也一定会面临新的激烈竞争。苹果创始人乔布斯重回苹果公司后，利用 iPad 和 iPhone 重新打开了市场，这两项产品极具差异化，但是不可否认的是在一两年内很快就有竞争者跟上来。

所以产品差异化本身并不能保证持续的竞争优势，也就无从谈起市场性专利的存在。除了那些实物形态的差异化，还有一种品牌差异化，这更是与定位理论相关，大量的日常消费类企业利用了此项战略，那些服饰品牌，比如耐克、阿迪达斯和 LV 这些品牌就利用了品牌差异化战略，当然也可以认为可口可乐和百事可乐运用了这一战略，不过后两者却具有不可为外人复制的配方专利，这就好比中国的东阿阿胶和云南白药，以及五粮液和茅台这些品牌一样。西格尔统计出那些日常消费品企业通常拥有超乎平均利润的收益状况看来还是有一定原因的，这类企业的定位优势通常不是依靠低成本优势，也不是依靠实物形态的显著差异，而是依靠巴菲特称为"经济商誉"的东西。很多服装品牌、饮料品牌以及其他并非依靠技术和低成本优势的品牌都具有很高的商誉。我们以蒂凡尼公司和索尼公司为例进行说明，前者是经营珠宝的公司，而索尼则是以电器生产为主的公司。两个公司似乎都有良好的定位和品牌，但是蒂凡尼公司的品牌并非基于技术和成本，这使得它具有较好的持续竞争优势，而索尼公司则几乎依赖技术和成本优势，这使得它与松下以及其他同类公司的竞争非常激烈。判断那些具有品牌的公司是否具有持久的竞争性优势，应该看品牌本身是否能够让消费者支付一个溢价，也就是品牌产品卖出了远远高于同类产品的价格。

还有一类优势就是低成本，这也是迈克尔·波特提出的竞争优势，这类优势通常更难持久，不过如果这类优势是建立在组织形式或者盈利模式之上的，则可以维持较长的一段时间。比如，美国西南航空公司的点对点飞行模式，使得该公司的利润水平大大超过了其他航空公司，这种优势持续的时间也很难预料，所以通常很难称作商誉，毕竟航空业还是涉及技术和大量资本支出的行业，技术和大量资本支出都是巴菲特最为讨厌的特征。低成本的企业通常没有配方型专利，像西南航空公司这类企业可能具有某些地域性垄断专利，但是由于其基于技术和大量资本支出之上，所以很难想象其未来的竞争能力。像联邦快递之类的大物流公司，似乎也具有某些地域性优势，但是这些都是建立在技术和大量资本支出之上的，所以也很难令人信服地将它们归纳为市场性专利类公司。

规模经济效益，也就是规模越大带来越低的成本水平，这可能造就一个显著的竞争优势，但是当规模达到一定水平时，规模效益就停滞了，甚至开始下降了。像沃尔玛这类企业，当它的扩展达到边界时，其收益将稳定在某一水平。这时候它成为一个在位厂商，新的破坏性创新厂商可能会通过另外的组织形式颠覆沃尔玛的地位，这就像沃尔玛以前通过小镇战略颠覆了西尔斯等巨头一样。这类竞争优势通常都是不稳定和短暂的，很难达到巴菲特所要求的年限，通常需要能在 15 年甚至 30 年以上的预见范围内保持竞争优势。**对于短线交易者而言，一个持续越久的竞争优势能够带来越长时间的单一盈利机会。**

还有一类厂商是通过某种形式的转换成本来锁定消费者，举个简单的例子，一家宽带接入服务商在新修的楼层预先安装好了宽带接入插口，同时其他服务商如果再介入的话则面临"双输"局面，这时候居民将因为很高的转换成本而不得不接受预装了宽带接入插口的服务商。如果专为其他宽带接入商，则居民将花费很大的精力和更多的金钱。

高转换成本是厂商具有的某种竞争优势，但是这类优势是否能够持久也取决于高转换成本是否能够持续。在中国内地，20 世纪 90 年代，除了接入电信的固定电话服务，一般家庭很难选择其他的通话服务商，那时候使用移动通信将面临很高的转换成本，不过从 2001 年开始，大量的人群由固定电话转向移动电话，特别是在 2007 年，中国电信和中国网通每月要损失很多客户，而中国移动和中国联通则不断有大量的新客户涌入。往日的高转换成本不复存在，这使得中国电信的独家垄断优势一去不复返。所以，高转换成本通常可以经由技术进步和管制变迁而发生改变，由于技术进步是非常迅速的，所以高转换成本通常也是不能持续的。不论是规模效应还是高转换成本，以及前面提到的低成本和有形差异化都与技术有密切关系，只要与技术进步有密切关系的行业和企业都不可能具有持续的竞争优势，当然也无从谈起具有市场性专利。

还有一类的竞争优势来自法律上的专利，如制药厂获得的专利；某一技术公司获得的专利，或者政府给予的专利和专营权，如烟草等。这类专利基于管制而存在，所以法律和政府行为对这类专利起了很多的影响。那些医疗保健类的企业，比如辉瑞制药等，通常享有这类竞争优势，西格尔的统计也表明了这类企业具有持续竞争优势，

所以制药类企业可以重点关注。

还有一种竞争优势来自网络效应，比如 B2B 网站，以阿里巴巴为例子，又或者是 C2C 以易趣和淘宝为例子。很多现在的投资分析家，包括晨星公司在内都认为这类企业具有持续竞争优势，因为这类公司的网络外部性使得用户增多带来更多的用户，这样形成了良性自加速循环。但是，想想以前的邮政系统和电报以及固定电话系统就知道，这类企业的成长性也在很大程度上取决于技术和与之相关的成本。具有网络效应的企业百年前就已经出现，但是其竞争优势并不持久，所以它们很难具备巴菲特所要求的市场性专利。

第三步，市场性专利的持续性。不同的市场性专利具有不同的有效期限，通常而言，短线交易者只需要寻找一个具有持续性的机会，这就是趋势性交易的机会，至于多长并无严格要求。而价值投资应该选择那些具有二三十年以上市场性专利的企业，如果一个企业的竞争优势持续期限不能达到 10 年以上，那么这通常不能称为市场性专利，顶多看作是一个暂时的竞争优势而已。在巴菲特看来，市场性专利应该在 15 年以上才算勉强合格，那些不能保证 10 年后还能维持超额利润的企业，根本不在巴菲特市场性专利的范畴之内。市场性专利的程度与利润率有关，一个企业的产品溢价越高，则其市场性专利的程度越深。同时，市场性专利的持续程度也很重要，那些日用消费和医疗保健类企业通常具有很长时间的竞争优势，而那些技术和大量资本支出的企业则非常短命，即使活下来也在一个令人觉得勉强的收益水平上挣扎。

根据巴菲特的市场性专利原则，再结合我们自己的操作实践，我们发现药品、旅游景点、饮料、服饰、报纸是很多市场性专利公司的滋生地。如果你要乘上最大的个股趋势，并从中获利，那么就需要关注这些行业。那些依赖大量资本的企业通常也是依赖于技术的，因为资本就是技术的物质化载体，技术本身是不断变化的，所以依赖大量资本的企业本身也是不断变化的，这导致了不确定性增强的风险。从格雷厄姆利用财务定量技术分析公司，到费雪通过定性因素分析公司，所有价值投资的核心都是寻找那些确定性的因素，只有确定性的因素才能在"能力范围"之内，才可以设定"安全边际"或者说"安全空间"。**具有市场性专利的公司就比其他类型的公司具备更多的确定性**，所以这是巴菲特对价值投资的进一步发展，价值投资的每一步发展都是为了扩大确定性范围，同时界定确定性的边界。

现在我们再来温习一下确定市场性专利的三个步骤：

第一，确定一家企业是否可能存在市场性专利；

第二，确定市场性专利的来源；

第三，确认市场性专利的可持续时间长度。

总体而言，不依靠技术、低成本、大量资本支出而具有竞争优势的企业应该重点关注，它们很可能具有市场性专利。

持续竞争优势除了可以从市场性专利的角度思考，也可以从"不对称优势"的角度思考，**拥有不对称优势的上市公司可以给股价带来上升，上升的幅度和持续时间取决于这种"不对称优势"持续的时间**。吴振海先生根据克里斯坦森的"破坏性创新"框架提出了关于创造商业竞争不对称优势格局的五种模式：

第一种模式是**信息不对称格局**，是指挑战者和强大对手之间"我知道你，你不知道我"的非竞争局势。创造这种局势，挑战者能够躲在"对手的雷达扫描半径之外"，在资源和能力相对薄弱的情况下，获得宝贵的生存发展机会。

第二种模式是**认知不对称格局**，是指挑战者利用强大对手现有的成功模式这副"有色眼镜"蕴含的认知盲点，选择强大对手不会玩的新游戏，或者在竞争中创造属于自己并且让强大对手看不明白或不认可的全新游戏规则，来达到摆脱竞争的目的。沃尔玛就创造了这种认知不对称局势。

第三种模式是**优先级不对称格局**，是指挑战者和竞争对手之间对同样一个市场机会的重要性，给予不同的优先顺序从而形成不对称局势。通过选择对手看不上眼、优先级别低的领域，让对手不重视，挑战者就可以避免和对手过早地发生正面冲突，同时找到自己生存发展的空间。

第四种模式是**动机不对称格局**，是指挑战者利用强大对手"避害"的理性动机弱点，通过采取进攻性的战略行动，让强大对手因为自身的既得利益而陷于两难困境：如果不做出反应就会让挑战者发展壮大或自己丢失份额；如果采取反击行为则会影响自己的既有业务收入或者是让现有资产精神折旧。因为喜欢不对称局势，在进入 MP3 时代后索尼把市场领导位置拱手让给了苹果公司。MP3 技术对索尼来说易如反掌，但是，如果索尼推出 MP3 播放器，就意味着对其唱片业务构成伤害。因此，索尼迟迟不能顺应市场大势，不肯推出自己的 MP3 播放器，从而错失了战略机遇。

第五种模式是**能力不对称格局**，是指利用强大对手在发展壮大、建立成功模式的过程中所形成的能力上的内在弱点，做对手做不了或者做不好的事情。佳能成功就是通过选择小型桌面复印机这个全新的市场，从而让施乐的优势能力不能在新的战场上发挥出来。

任何公司股票价格的显著上扬其实都是因为市场预期其已经具有持续的竞争优势或者是即将具备竞争优势，如果缺乏竞争优势，那么股价往往出现哪里来哪里去的走

题材生命力和竞争优势生命力决定了持股时间。

势。因此，识别竞争优势对于把握股价的上升可持续性具有很大的实践意义。一旦认清了股价上升的可持续程度，我们就能更好地调整持股策略。

【关于"竞争优势"的经典论述】

对于"竞争优势选股"，许多知名市场人士都有过精辟的阐述，下面摘录如下，与本课内容可以相关参照，以便进一步思考：

1. 当前，甚至是未来很长一段时间，A股核心资产必须满足以下八个特征。第一，行业空间向上，或者至少未来十年市场空间都不会收缩；第二，市场空间受经济周期或者技术创新影响相对较小，或者该公司已经是该行业创新引领的龙头；第三，**行业龙头之一或之二**；第四，估值合理，尽可能不超过20倍，未来空间较大的可适当放宽（一个20倍公司永续不增长全部利润分红的分红收益率是5%）；第五，现金流相对稳定，负债率相对较低；第六，分红率高或者未来分红潜力大；第七，经营法律风险较低；第八，主要依靠内生增长（招商证券）。

2. 经常有朋友问我如何看公司的基本面。我既看不懂财务报告，也从来不去上市公司调研。哥是男人中的炒股宅男，我就宅在家里，坐等公司公告和分析师预测报告。我最喜欢看公司公告的业绩是不是超越了分析师的一致预期。这就是我看公司基本面的最重要的绝招，不知道您能不能体会得到……总之，机构喜欢下面这样的股票：利润不断创造惊喜，收入和净利润增幅不断加大，利润率升高，每股净利润有突破性增长，年度每股净利润明显转好，具有加速仍会继续的信号……（陶博士，2006）

3. 在这里竞争优势和人们说的护城河和行业壁垒是相一致的，护城河和壁垒是竞争优势的结果，竞争优势是护城河产生的原因，有护城河和壁垒是竞争优势的结果……有护城

河的企业总是由于它先有竞争优势，是一个成长股出现的条件，可以简单地描述为
"在一个长期经济特征有优势的行业里，形成竞争优势的公司往往会成为成长股"（否极泰董宝珍）。

4. 绝大多数人干的事情是看技术图形、听消息、追热点，少部分机构投资者知道看一下最近两季度的财报，挖空心思想一想下一个财报有没有"靓丽"的地方。而**只有绝少部分人会想，一家企业的长期竞争优势在什么地方？有什么点是它的对手所无法战胜的**（陈嘉禾）？

5. 对于科技行业的研究，我认为应该从两个维度进行思考。**第一个维度，用户需求。**无论是 To C 模式还是 To B 模式，最终目的是要解决用户需求的问题。用户都是用脚投票的，无非是说解决 To B 的企业需求相对容易，而对于 To C 的企业来说，用户需求更为动态多样化，所以分析变得更为复杂。但是，所有的产品本质都是为了满足用户需求……**第二个维度，数据体系。**在今天，我们反复强调所有的科技企业，无论是电子的、通信的、终端的、零部件的，还是计算机的、互联网的，本质上都是一个数据体系。这个数据体系由三部分构成，一是怎么拿到数据，二是怎么处理数据，三是怎么转化输出数据。成功企业的秘诀在于这三个环节中至少某一点，或者是某两点极为卓越，甚至是三个点上形成了"三剑合一"的模式。不成功的企业就在于它没有解决三个点中的某一点。无论我们分析的是什么行业和企业，其实本质上都是从这两点深入思考（赵晓光）。

第十九课

盘口分析核心：价量盘察异法

技术分析有多么流行，就有多么错误。

——本杰明·格雷厄姆

财富来来去去，股市起起落落，华尔街永远没有改变，因为人性永远都不会改变。

——杰西·利弗摩尔

大资本之所以成为大资本，在于它同时也是聪明的资本，所以大资本交易者的行为是非常值得关注的。

——约翰·布林格

盘口分析的核心不在于 A = B，而是找出盘口体现的各类参与者（对手盘）的意图和能力。股票市场如果只是简单的"A 模式，然后 B 模式"，就不会有这么多的输家了。可见，股票市场中"机械的方法"、"非逻辑性推理的方法"都很难让我们持续在市场中盈利。如果死板地将价量盘出现了 A 特征作为买入或者卖出的信号，那实在是误人子弟。但是，市面上这种做法流传甚广，绝大多数股票交易书籍都是围绕这一形式展开的，其实明白"现象"背后的"本质"才是最重要的。一句"为什么"比"怎么样"对于交易者解读盘口更有价值。**盘口只是另外一扇让我们观察对手盘的窗口而已，并不是买卖信号自动发生装置。透过这扇窗口去观察对手盘的意图和实力，而不是止步于窗口本身。**

我们这次授课不单单讲技术分析，也不单单介绍基本分

为了节约能量，我们懒惰；因为懒惰，我们偏好纯粹的技术分析。

析，更多的是想围绕心理分析和对手盘展开，所以希望大家理性对待盘面分析，以综合分析的态度来对待每一种工具。**"四诊合参"**是中医的精髓，也可以用来指导我们的股票交易。

就技术分析而言，最为重要的三个分析对象是价量盘，也就是股价、成交量和盘口走单，而技术分析的根本要素则是"势、位、态"，这是我们在后面的第二十二课要介绍的内容。股票短线交易的核心体系是 AIMS，而要洞悉其中的 I（主力和板块），主力交易者就必须学会解读盘口，而最为重要的盘口就是以分时走单为主的技术窗口。

价量盘中的"盘"是超级短线客，特别是权证炒手的专攻对象。身边有几位权证和大盘股短线客就对解读盘口走单非常擅长，他们可以从中读出散户和主力的行踪来。当然，只是看盘口也是不够的，他们对于热点的把握也非常到位，而后者肯定不是完全靠盘口解读技术就能做到的。

价量盘的异常背后往往隐藏着最有价值的对手盘信息，这是本课最为重要的一句话，你把这句话落实到技术分析的实处则可以超过绝大多数技术分析者。**"异象背后必有真相"**，背离是一种异象，利多不涨是异象，利空不跌是异象，脉冲式放量是异象，地量是异象，涨停板是异象，跌停板是异象，**异常的信息是最有价值的信息。非自然状态的交易背后往往都有主力的身影。**

不能正确地解读这些信息就不能在股市靠短线交易为生，没有正确掌握价量盘解读技能的短线客注定是别人的猎物。通过这些异常信息我们能够大致推断出市场各参与群体的持仓情况和意图，而这就为个股和进出点位的选择打下了坚实基础。

但是，单凭技术面做盘是很难判断是否应该继续持仓的，毕竟盘口上显示的大多是短线情绪，破位之后是否继续持仓，第一个涨停板后是否继续持仓等，都需要结合其他层面进行判断，并且大资金肯定不会单凭技术面做盘。资金量大了以后，技术面本身就成了自我实现效应的因素，这就是所谓的"回波效应"。由于主力对单一品种的参与程度过大，进出将不可避免地影响到股价的自然运行格局，而且出于最大化自身利益的考虑，主力就会在避免触及法律的情况下对股价进行运作和干预，在借势的情况下进行局部调整以误导散户和其他机构参与者。而价量盘可以帮助我们识别对手盘的意图和能力，仅此而已，并不是"神器"，并不能应对一切市场和一切交易。

由于技术分析门槛很低，所以那些"见 A，就会有 B"类的技术指标和形态教条传播得很快，即使最初有效，现在随着越来越多的新手使用这些指标和形态也会失效。认识一个以前在海南做操盘手的人，他主要负责按照上面的意思把价格和指标做到某一数值。那时候 A 股市场刚兴起不久，由于看 KDJ 这个指标的人比较多（当时大家没有自己的电脑，同时大屏幕上能看到的指标很少，所以股票大厅行情屏幕上往往只显示有限的技术指标），所以他往往会利用散户对 KDJ 的某些教条认识来做盘。其实，这里反映出了技术指标的可操纵性（这种**可操纵性随着时间框架增大而递减**），也就是技术指标的结果可以被人为地制造出来。毕竟，市场上被散户关注的技术指标没有几个，只要操盘手精通这几个指标的计算公式，加上一定的下单实践就很容易掌握"愚弄"散户的伎俩。站在散户的角度来看，如果单靠技术指标就能够获利，那么股票市场肯定成了人人向往的提款机了。

"察异"是我们从技术走势上洞悉主力行为和意图的原则。所谓的"异常"，也就是不自然的状态，也就是不同于大多数情况的"非典型"，也可以说是正态分布之外的情况。"异常"背后往往隐藏着主力不想告诉我们的信息，而这些信息比那些显而易见的信息更有价值。盘口分析的第一步就是要找到异常信息，然后进行区分，对信息进行定性。市场的信息无非两种：第一种是市场本身的信息，这就是所谓的表象；第二种则是主力透露的信息。而第二种信息又包括三种：一是主力想告诉我们的真实信息；二是主力不想告诉我们的信息；三是主力故意透露出来误导我们的信息。所谓兵不厌诈，就是这个道理。

在股市的博弈当中，主力往往采取"计谋"来误导其他交易者，或者借力于其他交易者。既然金融市场是一个"下棋"的过程，我们就不能死板地"照本宣科"，机械地按照主流技术分析教科书去认识市场，而应该站在"对手盘"的角度去思考。推理成为解读盘口信息、洞悉主力意图和能力的关键手段。简而言之，**"察异"是盘口解读法的原则，而"博弈推理"则是盘口解读法的手段**。整个博弈推理的对象就是散户的心理和主力的心理，因为对于个股而言，对手盘可以简单地划分为这两者。无论我们是以小额交易者还是以大额交易者的身份加入其中，都必须搞清楚这两位参与者当前的

异常背后必有重大真相！

心理和意图。

　　盘口主要以分时走单为主，当然并不局限于此，我们还需要综合考虑日线的价量走势。传统的图形和指标分析就是基于日线的价量走势展开的，但是其核心在于找到并且确认具有涨跌意义的图形或者参数值，然后在未来的行情走势中利用这些图形或者参数值来预测行情涨跌。但实际上，你稍微根据某一图形或者形态的意义进行数次研判和交易就会发现具有明确涨跌的情形很少出现，利用这种形而上学的技术分析跟扔硬币来决定交易得到的结果差不多。

　　传统的技术分析为什么在对价量盘信息解读的时候缺乏足够的效力，最为关键的原因有：第一是忽略了对手盘的存在，特别是市场主力的存在；第二是前提条件很多，市场中符合这些条件的情况太少，以致不得不勉强地使用；第三是不注重非技术因素的影响，一味认为单纯从技术走势可以解读一切。股票市场与外汇市场存在很大差别，但又有很多的共同之处，技术分析掩盖了这其中的差别，同时也通过所谓的共同之处误导了使用者。**对手盘解读是个股交易的灵魂所在，对手盘中的主力则是重点之中的重点。**而主力往往会借力于大盘和题材，以及个股优势 A，因此要高效地解读个股走势就不得不重视题材 S 和大盘，还有个股技术或者基本面优势以及主力本身 I。本书提倡的 AIMS 法将传统技术分析放在一个参考的问题，因为我们要通过这些传统的方法搞清楚散户的分析思维，毕竟散户基本就是根据这套东西来操作的。AIMS 框架除了重视 N 字形态之外，没有其他什么特别形态或者指标，我们提倡以个股的价量盘"异常"信息来推断背后的主力动向，这就是本课的主要内容。从本课大家可以进一步发现：交易是不能偷懒的，没有死板的方法可以让你一劳永逸。

　　我们首先来介绍集合竞价时的盘面分析。每个交易日 9:15~9:25 这个时段交易者按照自己心里能够接受的价格自由地申报，交易所主机系统会对这些有效委托进行一次集中撮合处理，这就是集合竞价（见图 19-1）。9:20 之前的委托可以撤单，9:20~9:25 递进去的单子则不能撤单。在这个时段内未成交的单子则自动进入 9:30 开始的连续竞价。

　　只是查看目标个股的集合竞价过程并不够，我们还需要关注板块以及指数在集合竞价阶段的表现。关注集合竞价之前应该有一个充分的盘前准备工作，比如隔夜外盘的走势，主要看欧美股市期货和美元指数。**如果外盘上涨，那么今天高开的可能性很大，如果外盘是下跌的，那么今天低开的可能性很大。**但是，只看外盘还不够，还要看国内情况，**如果国内情况不好，那么就是低走，如果国内情况好，那么就是高走。**这里就有四种组合了：高开高走（见图 19-2）、高开低走（见图 19-3）、低开高走（见

图 19-4)、低开低走（见图 19-5)。要分析行情大致可能怎么走，就要从国内外情况去分析。

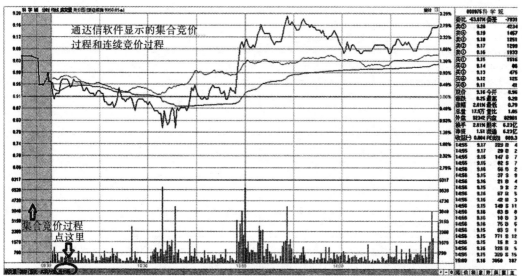

图 19-1　集合竞价过程

资料来源：通达信。

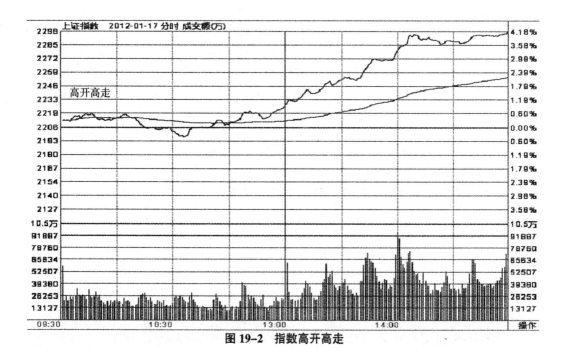

图 19-2　指数高开高走

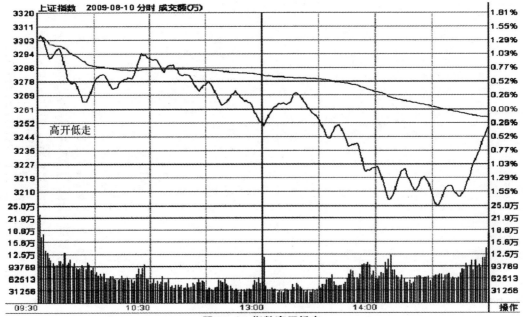

图 19-3 指数高开低走

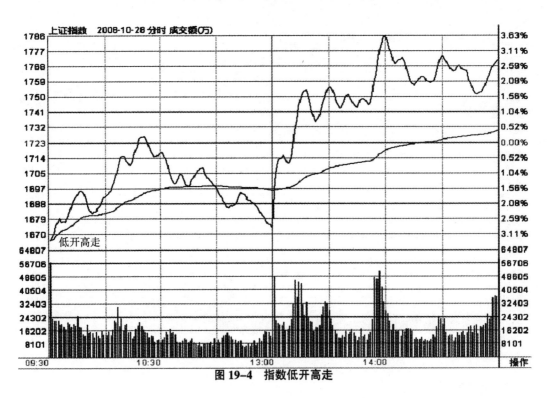

图 19-4 指数低开高走

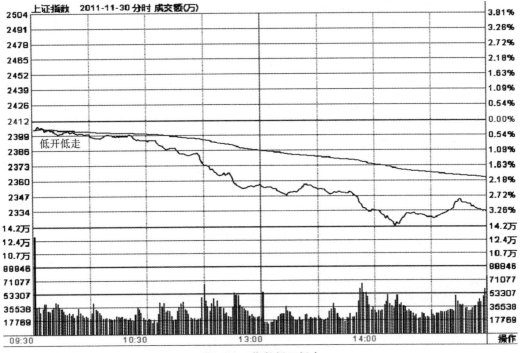

图 19-5 指数低开低走

外盘走势直接看行情软件就可以知道了，国内情况往往就要根据我们第一阶段课程提到的内容进行判断。开盘还与消息的性质有关，如果出了利好消息，这个利好消息是短期利好，但中期来看是确认利空的，那么就是高开低走。**开盘与消息短期性质有关，之后的走势与这条消息的中期性质有关。**比如 2012 年 6 月 7 日晚间中国人民银行决定，自 6 月 8 日起分别下调金融机构人民币存贷款基准利率，其中一年期存贷款基准利率分别下调 0.25 个百分点。这是央行时隔三年半来首次降息。第一次降息表明经济进入了下降通道，一次降息也不可能扭转经济走势，往往还有数次降息。吉姆·罗杰斯就认为"三次降息之后才会见底"，所以短期来看降息降低了企业运行成本，刺激了消费和投资，但从中期来看却表明经济已经步入下降通道，当然也就进入了降息周期。短期看多，中期看空，那就是高开低走了（见图 19-6）。

判断指数盘面走势，我们有两条方法：第一，**从国内外情况入手，国外情况管高开还是低开，国内情况管低走还是高走**；第二，**从单一消息的性质入手，短期性质影响开盘，中期性质影响集合竞价之后的走势**。这个真有点收益率曲线的意味，好比债券收益率曲线，前端与近期相关，远端与远期有关（见图 19-7 和图 19-8）。

图 19-6 消息短多长空导致指数高开低走

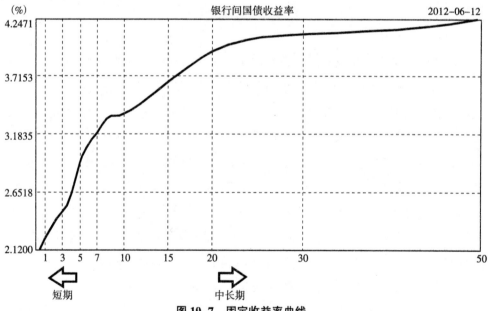

图 19-7 固定收益率曲线

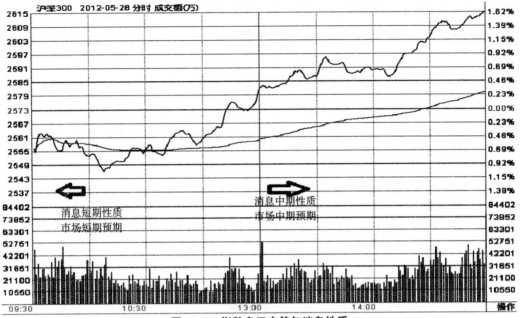

图 19-8　指数盘口走势与消息性质

这里分两个表总结我们对指数日内走势的分析框架，见表 19-1 和表 19-2。在对指数盘口进行解读的时候，一定要谨记这两个分析框架。

表 19-1　外围和国内表现与指数盘口

	外围市场/经济表现	国内经济和流动性趋势
利好	高开	高走
利空	低开	低走

表 19-2　消息中短期性质与指数盘口

	消息短期性质	消息中期性质
利好	高开	高走
利空	低开	低走

谈到集合竞价不得不介绍一下指数开盘，所以上面我们费了不少笔墨，这里继续回到集合竞价上来。单从集合竞价来分析热点题材和板块并不可靠，还是需要"盘前功夫"。"**盘前功夫**"重点在于找准市场近期的主线，这个并不是集合竞价分析擅长的方面。集合竞价阶段只是帮助我们确认和修正

盘后搞清楚为什么，盘前搞清楚主线，盘中确认和修正此前的观点。

573

盘前的分析而已，充分理解过去交易日发生一切的背后原因是集合竞价分析的基础。

集合竞价阶段就是在盘前分析的基础上确认热点和情绪氛围。集合竞价分析有五个要点：第一，查看个股的涨跌幅榜；第二，查看板块涨跌和资金流向排行榜（第十二课的内容）；第三，大盘股指数、中小板指数和创业板指数的权重股表现如何；第四，开盘是否符合预判，所谓的预判主要就是围绕表19-1和表19-2展开的，如果符合的话，那么今天接下来的走势就比较好把握了；第五，**任何局部信息都要放到整体信息中去理解**，这点是所有交易成功的基础所在，**集合竞价这15分钟的信息要放到盘前准备得到的趋势性中去理解**，这样才能在短线交易中"动而不乱，举而不迷"。

集合竞价是一个反映主力动向的重要时间窗口，但是并不是唯一的窗口，我们还可以通过分时盘口与日线走势来洞悉主力的意图和动向。在这些操作中，最为关键的就是价量异常的分析。

价量异常分析的第一步就是要看**成交量异常放大**是否出现。主力可以通过对倒来增加成交量，如果成交量非常小，那么这样的量一定是真实的。**成交量非常小就是有以下两种情况：第一种情况是散户成交意愿不强；第二种情况就是主力控盘程度很高。**简而言之，主力很容易做大成交量，但是要缩小成交量就必须主力高度控盘或者散户的无意配合了，所以**成交量大幅度萎缩是市场真实的信息**。

主力是否出入某只股票，最简单但却有效的方法是看这只股票日线走势和分时走势中是否出现了放大量的异常情况。具体而言，就是看半年之内成交量有没有几天成倍放大。如果没有这种异常放量，那就初步断定这是一只散户扎堆的股票，即使上升也走不远。有异常放量也未必一定有主力，这个就要具体情况具体分析了，但是我们还是可以给出一个具有操作意义的思路给大家。

找到异常放量之后，要分情况。如果这些成交量放得并不是很大，也就是异常程度不太显著，**同时大盘也在放量，那么这种放量可能更多是大环境造成的**。这里大家就用到了M分析，由此看来AIMS是一个整体，分析I也不能忘了结合M来分析。另外，**如果放量这几天恰好有什么市场广泛知晓的重要信息，比如业绩公布利好或者利空等，这样的情况下也可能是散户涌入导致的放量**，如果这是利好兑现时的放量，那很可能主力跑了或者没有主力，这就是结合S来分析I。如果放量的时候走势异于大盘，大盘走弱它能走强，也就是我们第十七课介绍的"双强模式"，那就意味着这里面有主力的可能性几乎接近于百分之百，当然这也要结合S来分析，同时也结合M。而**双强模式中的强于大盘本身就是一种异常，这就是个股技术上的一种优势，属于AIMS分析框架中的A。**切记我们不要奢望按照一个死板的细节来得出关乎操作得失的结论，

本课最后我们将提供一些相关的具体推理案例。

价量异常分析的第二步就是要看**地量和天量**。地量是极端低的量，一般定义为半年以上的成交量低点，天量则是极端高的量，一般是半年以上成交量的高点。当然，这些定义并不严格，你完全可以根据自己的实践进行调整。关于地量和天量的意义我们在第四课已经提到过了，虽然那里针对的是指数大盘，但是绝大部分结论仍旧适合个股分析。地量和天量在指数中含义更加稳定，在个股中则不那么稳定。一般情况下，地量显示了个股交易极端清淡，此前如果个股持续大幅下跌则有可能个股已经处于底部，反弹或者反转的可能性很大，但是，如果是无量或者缩量上涨则表明主力控盘程度高，或者是持股方普遍惜售。天量则较可能是对个股的热情参与开始启动（股价此前并没有大幅上涨时更是如此），又或者是个股处于重大顶部（股价此前已经出现了大幅上涨时更是如此）。

价量异常分析的第三步就是要看**大阳线和大阴线**。阶段性最大的阳线和阴线也是非常重要的价量盘异常，这背后存在非常重要的信息，有可能是大盘导致的系统性上涨，也可能是短期题材导致的短暂性上涨，还可能是主力进出导致的，又或者是主力引导市场预期的行为。我们先来看阶段性大阳线，这是指一段时间内最大的阳线，直观的感觉就是涨势很强劲，那么原因是什么呢？**阶段性大阳线背后的原因搞清楚了才能知道未来的股价倾向**。现在比较流行的大阳线分析基本上是孤立的，不考虑 AIMS 中的任何一个因素，这种方法为散户广泛使用，最多结合成交量和前后一日的 K 线进行分析，或者是加上阻力支撑分析。分析大阳线，要把视野拓宽一些，**如果大盘当天也是一根阶段性大阳线，那就是 M 导致的，个股本身的作用可能要小得多**，这种情况下你选择这只个股还需要进一步的考量。即使个股比大盘涨得更多，但是成交量没有异常放大，也就是说这种放量在个股近期走势不是极少见，那么也表明这根大阳线其实没有太大指示意义。但是，如果个股出现阶段性大阳线的时候，大盘却显著下跌，这种情况表明主力建仓期可能早就过了，哪个主力有必要在弱势中主动性扫单，为什么不利用大盘下跌的恐慌性卖出逢低建仓，而要以更高的成本去建仓。还有一种情况，那就是**出现了短暂的利好，个股拉出大阳线，如果这种利好属于脉冲式的，非台阶式的，没有可持续性，那么这样的大阳线往往是散户集体杀入的结果，往往就是一个一日游行情**。当然，大阳线的分析应该更细致化一些，看一下大阳线形成当日的分时盘口和盘口统计，看看有无主力的明显动作。总而言之，分析个股的大阳线，要看大盘 M，要看题材 S，要看主力动向 I。不能死板地按照 K 线理论中的什么芙蓉出水、一柱擎天、早晨十字星去解读，而应该基于 AIMS，从博弈的角度去解读。

接着分析阶段性大阴线，大阴线显示了市场急剧的下跌，但是这只是表象，关键是背后的本质是什么？**散户容易为表象引导，而主力正是利用这一点来完成对散户的围猎。**大阴线可能在主力建仓的时候出现，也可能在主力洗盘的时候出现，前者是为了市场给出更多卖盘便于主力逢低建仓，而后者是为了提高市场的换手率和平均持仓成本便于主力推高股价。大阴线还可能在阶段性的顶部出现，这个时候往往是天量，因为恐慌性卖盘杀出，而且是群体性的出逃。**股价低位出现大阴线则意味着有大量的仓位愿意在低位卖，也有大量的资金愿意在低位买。**如果此前股价大幅下跌，目前市场已经度过了急剧下跌时期，而且股价基本没有什么反弹，意味着获利筹码基本没有，而且大幅下跌让大部分盘子都亏损严重，按照散户的心理，低位大量卖出的可能性非常小。在低位卖出的就不太可能是以散户为主，这时候往往有可能是主力在制造对倒盘，企图吸引市场的关注，目的则需要从这个角度去分析。**如果是上涨幅度不大后出现的大阴线，而且没有外部利空预期出现，大盘也没有大幅下跌，那么就可能是主力洗盘。**如果上涨幅度很大，而且股价已经有过至少一次较大幅度的调整，那么这时候出现大阴线则很可能是主力最后的疯狂出逃，完全不顾盘面和形态走坏。对于大阴线的分析不要局限于什么黄昏之星、乌云盖顶等，而**要搞清楚背后的状况，搞清楚是谁在卖，是谁在买，主力是卖家还是买家，主力的意图是什么，散户怎么看，这些才是技术分析的真正目的。**

价量异常分析的第四步就是要看**异常的影线**。影线的形成与盘中极端价格运行有关，冲高回落导致上影线，探底回升导致下影线，主力有时候会通过盘中价格来诱多或者诱空，有时候则是通过盘中价格来试探场外的卖压和买压。

价量异常分析的第五步就是要比较**股价波动幅度**。比较股价与指数，或者是个股与个股之间的波动幅度可以看出一些问题来。如果在同一段时间内某只个股的波动幅度远较板块指数或者其他个股的大，要么是股价已经吸收了大部分预期，要么是主力在其中挣扎，这类股票要小心处理，一般只能轻仓介入或者是避免介入。我们一般倾向于波动幅度相对较小的个股，这类个股表明主力要么还在建仓要么还处于阶段性增仓状态，而且题材往往还有很大的可释放空间，预期并未完全被股价吸收。

集合竞价和日线的价量异常我们都已经了解了，下面我们深入分析分时盘中走单异常，大家掌握了这些典型异常盘口的推理思路就能够将这些方法运用于 AIMS 框架中，帮助我们识别主力 I 的意图和动向。分时盘中走单的异常其实是建立在主力的一些特征之上的，那就是主力对于散户的习惯性思维非常熟悉，对于散户使用的技术指标和形态非常熟悉。更为重要的是，主力对上市公司的情况和题材非常熟悉，同时主力具备对敲交易的能力，通过在多家营业部开设多个交易账号来规避检查，另外主力还善于在盘口挂单上"愚弄"散户。在这场博弈中，散户处于劣势的一个关键就是缺乏博弈思维，总是将股票交易看成是做数学题而不是下棋。解答数学题的思维坑害了散户，**我们要以下棋思维替代答题思维。**

　　现在的主力很少还有强势做盘的，往往都善于借势于公司题材和主题的演进，善于基于大盘来运作。"飓风起于青萍之末"，主力往往能够在题材或主题萌发的时候介入，随着题材和主题的演进而不断推高股价，最终在高潮处将筹码派发给散户，这就是现在主力做盘的主流模式，而这类模式下的个股涨幅都非常显著，所以我们做股票短线交易的重点就是这类股票。

　　主力对题材或者主题的把握往往先于个人交易者，因为主力处于信息流的上游，并且资金雄厚。**即使个人交易者发现了某些有价值的信息，如果没有主力的即时介入也无法在短期内出现股价的显著上涨，因此我们要比主力更会借力的话，就必须同时关注题材的起始与主力的介入。**如果发现了一个潜在题材或者主题，那么我们就要关注是否有主力初始介入的迹象，怎么看？这就是价量盘有无异常，透过这些异常表象能发现主力的身影。有些人会说，主力不是可以伪装吗？主力不是可以操控价量盘吗？照这样说我们怎么能够发现主力的动向呢？其实，**只要主力有所行动，必然在价量盘上留下痕迹。**这就好比人说谎一样，只要有任何言行就会留下马脚，无论你如何误导和掩饰，你都在给对方以信号，关键是对方如何解读这些信号。主力想让散户知道的信息其实都是对散户不利的信息，比如给出一个上涨的信息，可能是为了让散户来拉升，借力于散户，又或者是为了同时提高散户的换手率和持仓成本，还有可能就是吸引散户来接盘。因此，关键不在于现象本身而在于现象背后行为者的意图。

　　价量盘技术的发展形成了两个相互割裂的区域：一个是散户区域，以约翰·墨菲以及约翰·迈吉为主要导师的散户们认定价量盘这个表象具有规律性；另一个则是主力区域，这个圈子的人都明白价量盘只是表象，不去探究背后的本质，而只是企图对现象本身进行几何统计和数学分析，这就很容易陷入其中而找不到关键所在。

　　下面我们就介绍一些盘中交易的典型异常情况，之前我们已经介绍过了盘前的集合竞价以及日线上的价量异常，下面我们就从盘中实时交易的开盘价讲起。开盘异常主要就是量放得太大，比如平时 900 万股左右交易量的个股开盘就砸出了 100 万股的量。开盘成交量异常放大，这是一个总的情况，我们还要对情况进行分类，并且再对每一情形背后的参与者动机进行推断。本教程在涉及价量盘分析的时候有两个较为重要的思想：第一个是**"情景分类"**；第二个是**"参与者的动机"**。

我们首先对**开盘成交量异常放大**进行情景分类：

第一种情况是**放大量大幅高开或者放大量大幅低开**。其实，这里面有四种可能性：

第一种可能性是隔夜欧美股市涨势很大，那么今天可能大盘大幅高开，这时候就可能是市场情绪突然变好导致个股成交量纷纷放大，大幅高开；相反情况下则是隔夜欧美股市跌幅巨大，那么今天可能大幅低开，这种情况下可能是市场情绪突然变化导致个股成交量纷纷放大低开。这种情况下的个股成交量异常放大高开或者低开其实是由大盘 M 因素引起的，属于系统性运动，可持续性往往是由大盘走势决定的，个股分析很难把握这种走势的后续发展，应该着重分析大盘 M。

第二种可能性是个股出现了短期脉冲式利好，一些短期内的新闻热点可能会引发这种情况，比如日本地震之后盐业股的情况就是如此，这种成交量异常放大高开或者低开往往都只是爆发性强的消息引起的，对个股的影响取决于该题材的可持续性，不过这种题材往往可持续性较差。这种情况属于爆发性强的题材 S 引发的，因此着重从题材 S 的可持续性角度去分析为宜。

第三种可能性则是主力的利益输送，也就是主力与另外一个认识的对手盘进行交易。大量高开是为了对手的筹码兑现，大量低开是为了向对手低价输送一些筹码。为什么不在开盘后再进行呢？这是因为盘中进行容易为其他市场参与者跟进，使得利益相关人的单子无法成交。这种情况下我们知道了存在利益输送，大量低开意味着输送利益给对手，所以后市上涨的可能性更大。当然，确定第三种可能性就必须排除前面两种可能性。

第四种可能性就是主力自己在对敲，高开是为了吸引买盘，低开的情况就比较复杂了。高开吸引买盘可能是为了借力拉高，也可能是为了提高换手率和散户平均持仓成本，或者是为了逢高派发。究竟是哪一种情况，需要借助其他因素进行排除，什么是其他因素？本教程提到的 AIMS 框架下的各种因素。

开盘成交量放大的第二种情况是**平开**，也就是在昨天收盘价附近开盘，伴随异常大的成交量。这种情况下有可能是大户之间的协议交易，也可能是主力与利益相关者的协议交易，还可能是主力自己对敲制造成交量吸引眼球。如何区分这三者呢？如果主力想要通过成交量放大来吸引眼球，往往会在开盘后继续做这件事，因为单靠开盘来做成交量显得不太自然，因此必然在盘中也会对敲来继续这些工作，以避免开盘时的成交量太过于突兀。因此，我们可以通过此后盘中的交易情况进行观察就可以区分前两种可能和后面一种可能。

平开之后出现放量上行的情况也需要我们注意，这种情况一般是 10 点之前成交量就达到了日均成交量，这种情况比较典型。第一种情况是大盘也在同时放量上行，这就是可能是 M 的因素了。第二种情况是对应该股的上市公司公布了一条利好消息，但市场对此有一个认识过程，因此并不是大幅高开而是高开后才放量上冲，这种情况就涉及题材 S 因素了。第三种情况是主力处于维护股价的目的，在开盘之初就将股价拉上去这样可以稳住部分潜在抛盘者的信心，同时自己耗费的力量也较少。维护股价只表明主力不在建仓时期，但是究竟处于拉升期还是出货期则需要其他信息来综合判断，这时候大家可以看看日线价量，看看个股价格对题材的吸收程度、题材未来的发酵空间、大盘的走势等。我们这套短线交易的方法围绕 AIMS 这个框架展开，大家时时都不要忘记 AIMS，要多用博弈思维去推理，多问几个为什么，这样才能战胜你的对手盘。我们这本教程适合短线交易者，无论你是游资交易员还是个人交易者，都能从中学到制胜之道，简单而言就是围绕 AIMS 的博弈思维。

我们之前已经介绍过了开盘价，最后介绍下收盘前后的异常情况。收盘异常情况主要是收盘前迅速拉高的走势，除非尾盘有利好消息公布，否则主力做收盘价的可能性就非常大了。那么，主力为什么要做收盘价呢？根据我们本课前面的介绍，加上推理思维，你应该能够得出一个经得起推敲的个人结论，这个就作为本课的思考题让大家自己完成，结论并不重要，重要的是推理过程，因为每一种形态都没有死板的结论，唯有放到整体背景下才能得出接近真相的答案。

第一个盘口解读的例子拓日新能，拓日新能出现了一个上涨 N 字（见图 19-9），如果单纯按照 N 字结构来讲，这是一个价量配合完美的向上 N 字，意味着趋势向上。但是这种判断仅是单纯的价量判断，随着我们研判能力的提高最好能够深入其内部，通过分时盘口进一步地确认。起涨这天的阳线分时走势图（见图 19-10）显示，涨停是午盘开始的。如果一早就拉涨停，除非抛盘少，否则主力面临很多的护盘压力，所以越是临近收盘的涨停越是有可能做给市场看的。通过通达信软件的分时区间统计功能可以看到买卖单的价位分布（见图 19-11），可以看到高位卖出的单子很多，逢高卖出迹象明显。再来看买卖单的比率分布（见图 19-12），主卖大单明显大于主买大单，而主买小单明显大于主卖小单，这表明这根阳线中主力是在卖出为主，散户买入为主。综合以上信息分析，大致我们就可以得出一个结论：这个上涨 N 字不太可能是继续上涨的信号。此后，拓日新能的股价果然一路下跌（见图 19-13）。当然，我们这里仅仅着重从价量盘的角度来推理，如果能够结合本教程提出的其他信息渠道进行判断则更好。比如，看看这个上涨 N 字形成时的个股题材 S，或者大盘走势 M 等。

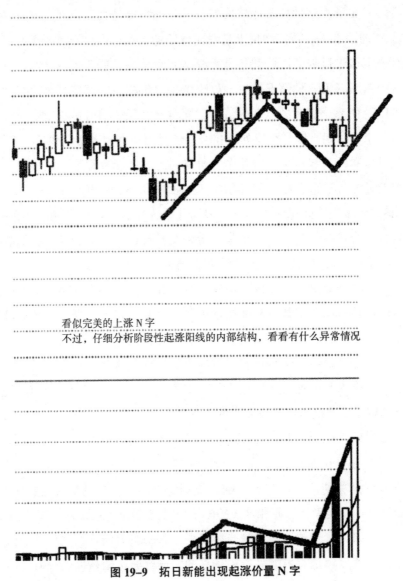

看似完美的上涨 N 字

不过，仔细分析阶段性起涨阳线的内部结构，看看有什么异常情况

图 19-9　拓日新能出现起涨价量 N 字

资料来源：通达信。

　　第二个盘口解读的例子是大洋电机，该股长期下跌之后出现了巨量（见图 19-14）。之前的课程告诉我们巨量是一种异常，所以我们应该仔细看看当日的盘口走势。通过通达信软件的分时区间统计功能，可以发现大埋单集中于低位（见图 19-15），而且这些埋单敲进的时间相当集中（见图 19-16），同时其分时走势出现了股价受控的"一"字走势（见图 19-17），这表明很可能是同一主力而为，既然是长期下跌后的巨量买入，那么意味着主力应该不是护盘了，更不是拉高出货了，只能说是逢低吸纳。此后，大洋电机的股价应该有相当显著的涨幅。

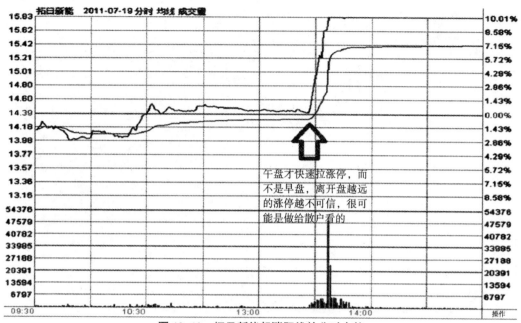

图 19-10 拓日新能起涨阳线的分时走势

资料来源：通达信。

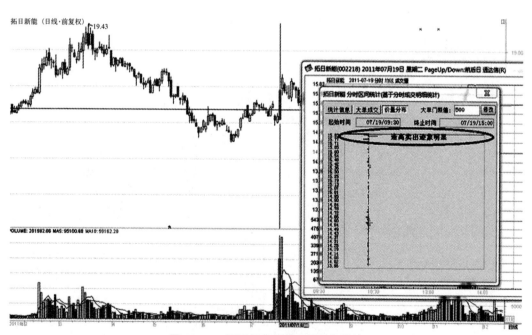

图 19-11 拓日新能起涨阳线区间统计

资料来源：通达信。

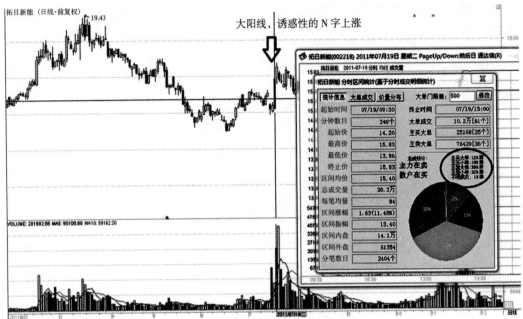

图 19-12　拓日新能的买卖单分布

资料来源：通达信。

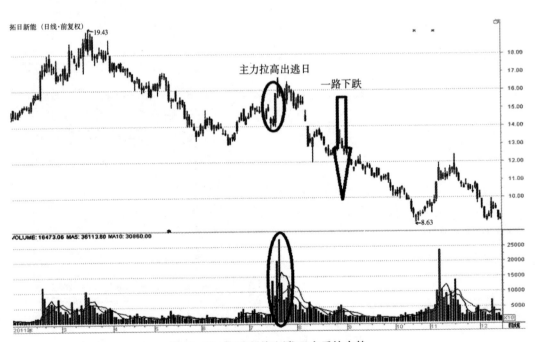

图 19-13　拓日新能上涨 N 字后的走势

资料来源：通达信。

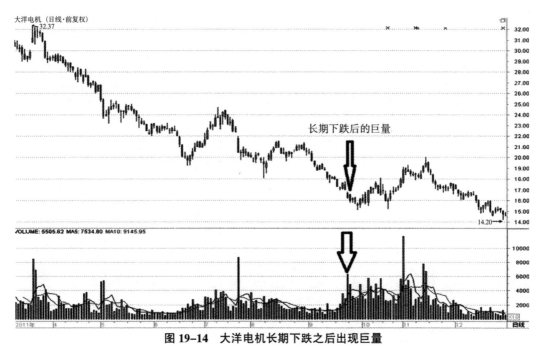

图19-14　大洋电机长期下跌之后出现巨量

资料来源：通达信。

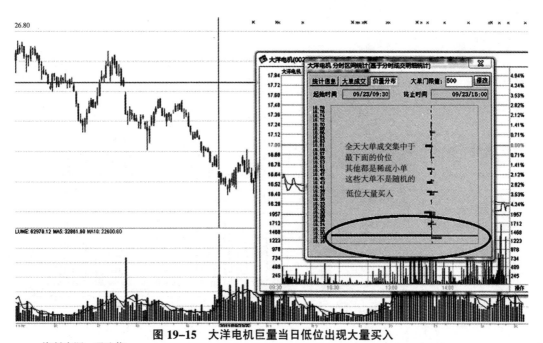

图19-15　大洋电机巨量当日低位出现大量买入

资料来源：通达信。

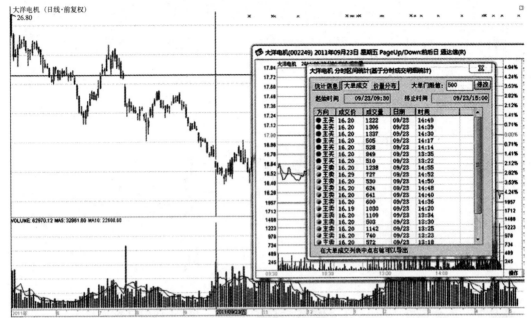

图 19-16　大洋电机巨量当日主买单子时间上靠近

资料来源：通达信。

图 19-17　大洋电机巨量当日出现横线走势

资料来源：通达信。

　　第三个盘口解读的例子是万邦达，该股大幅下跌之后成交量持续放大，这是一个异常现象（见图 19-18 和图 19-19）。同时下跌后出现天量这个交易日也存在异常，其

分时走势存在一笔巨单，这笔巨单是高位砸出的（见图 19-20 和图 19-21）。这个单子出现之后，个股分时走势就与指数走势背离了，大盘上涨，个股走势却是下降的（见图 19-20）。从上面这些异象可以初步认为有主力在低位打压吸筹，而且应该是一个做

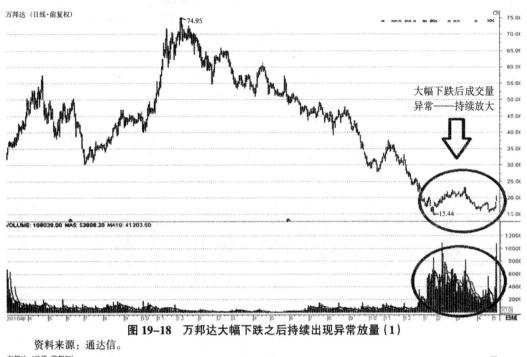

图 19-18　万邦达大幅下跌之后持续出现异常放量（1）

资料来源：通达信。

图 19-19　万邦达大幅下跌之后持续出现异常放量（2）

资料来源：通达信。

股票短线交易的24堂精品课：超越技术分析的投机之道

中线的主力，并不是短线捞一把就跑的类型。

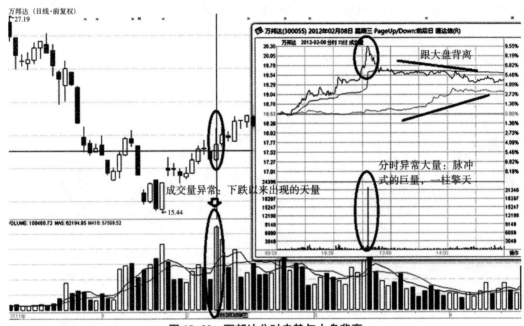

图 19-20　万邦达分时走势与大盘背离

资料来源：通达信。

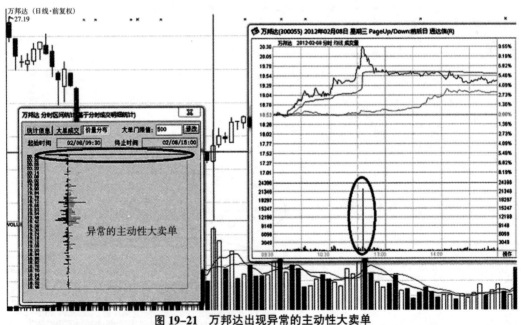

图 19-21　万邦达出现异常的主动性大卖单

资料来源：通达信。

　　第四个盘口解读的例子是长航凤凰，这只个股出现了涨停（见图19-22），是起涨

点还是下跌中的反弹呢？看涨停当日的分时走势图，收盘前半个小时才涨停的（见图 19-23），做这样一个涨停需要的力量相对较小，也就是说主力不愿意拿出真金白银，

图 19-22　长航凤凰的价量异常——"涨停陷阱"

资料来源：通达信。

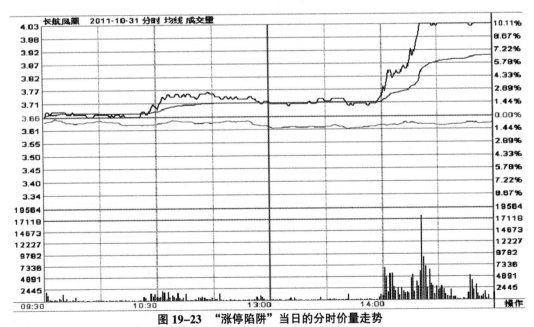

图 19-23　"涨停陷阱"当日的分时价量走势

资料来源：通达信。

那就只能解释为"诱多"。

由于篇幅所限，不能列举太多例子，也不能举太多复杂的例子，以后有机会会出一本这方面的专著，传授更加全面的盘口解读策略，列出更多的例子。本课介绍一种"圈内"常用但是散户不常用的盘口解读方法，这就是基于博弈推理的方法，目的是帮助交易者判断市场主力参与者的意图和实力。不过，股票交易与棋局一样，不确定性较高，因此谁也无法保证接下来一定发生什么。因此，在运用这套方法的时候要注意几点：第一，尽量将一种异常的所有可能性都先列出来，**然后再根据其他信息逐步排除和确认**；第二，**要在 AIMS 的框架中采用这套盘口推理方法**，不能单单依靠盘口推理来解读 I 这个因素，同时也要在考虑到 A、M、S 的情况下来理解 I、大盘、题材，个股的技术面和基本面情况也要考虑进来，与盘口综合考虑；第三，盘口解读属于行情分析范畴，必须加上恰当的仓位管理方法才能最终获利；第四，盘口解读无论如何综合和拓展，毕竟无法解读所有信息，因此必须抱着概率对待的态度，要用风控来应对意外情况。简单而言，就是**凡事都要留一手**。

学习完本课大家应该更加明白一个道理：只有改变我们的习惯性思维才能看到真正的成功之路。**我们轻视的常识往往是真理，而我们重视的常识则往往是谬误**，让我们以博弈推理的思维来分析股价走势，从中获取对手盘的意图和动向。

【关于"盘口和价量异常值"的经典论述】

对于"盘口和价量异常值"，许多知名市场人士都有过精辟的阐述，下面摘录如下，与本课内容可以相关参照，以便进一步思考：

1. 如果一个板块题材，**在竞价阶段，龙头低开，板块无资金去做其他小弟助攻，基本宣判主流游资就放弃这个题材了**。如果集合竞价有资金去攻击板块小弟，那就好了，这个题材还没有死（激情打板的考拉）。

2. A 股市场现时规模很大，单个投资者或单个机构个体交易对市场的影响是非常有限的。但对于个股而言一个大户或一个机构的大量交易可以非常明显地影响它的阶段性表现。这种影响可以是正面的也可以是负面的。例如，一个大户或机构快速买入可能引领该股快速上升，一个大户或机构快速卖出可能令该股出现快速跳水。因此，**看盘时重点关注大资金的进出很重要**，大资金主体动作能影响或引领他所活动的目标价格升跌、加速，甚至扭转升跌方向（飞蛾扑萤火）。

3. 在市场极度活跃、三天内成交量极高的状态下，清除我们已有的仓位——**在出**

现极高成交量的交易日的次日，应立即清除我们的一半仓位，之后两天内再清除掉另外一半。此后，我们应该等待进一步的信号，为下次可能的建仓做准备（《华尔街的幽灵》）。

第一起涨点和第二起涨点

没有任何技术分析方法、形态信号或者交易策略能够做到每次都成功。

——罗伯特·C.迈奈

当这轮运动开始的时候……伴随着价格的逐渐上涨，放出较大的成交量。接着，将发生我所谓的正常回撤。在这个过程中，成交量远远小于前几天上升时期……一到两天之后，上涨重新开始，成交量随着增加。如果这是一个真正上涨趋势的开始，那么在短时间内市场会收复回撤时丢失的地盘，股价将在新高领域内运行。

——杰西·利弗摩尔

在本书的第一部分我们介绍了最为重要的大势剖析方法，这些方法着重于剖析系统性的风险和收益趋势。这些方法虽然与个股操作没有直接的关系，但却是我们在进行股票分析和交易时最为重视的策略。本课介绍的起涨点问题看起来是与个股直接相关的东西，但实际上只有在充分地把握大势的基础上才能恰当地运用本课的技巧。**如果忽略了市场这个"天地大背景"，我们就会犯下战略上的错误。**

绝大多数散户基本上对于大盘的分析都非常马虎，甚至根本没有大盘分析，因为他们认为个股才与自己挣不挣钱直接相关。其实，任何个股都不能幸免大盘的影响，只不过某些股票非常强劲，以至于在大盘下跌的时候仍旧很好地消化系统性下跌风险，因此表现出上升态势。但这并不表明个股不受大盘影响，而只是表明个股本身抵消了大盘的不利影响。

知天知地，胜乃不穷。

抓住主要矛盾，而不是眉毛胡子一把抓，这样才能感到轻松自信。

起涨点的分析必须建立在大盘分析的基础上，同时也应该建立在个股趋势分析的基础上。**搞清楚个股每一阶段的逻辑主线，搞清楚个股波段运行的题材以及阶段趋势的主题是每个股票短线高手的首要任务。** 个股的第一个起涨点必然与逻辑主线上的转换有关，比如利空出尽，个股开始出现持续利好等。如果没有搞清楚这种逻辑主线，没有搞清楚驱动因素，没有搞清楚到底是谁在开始介入，我们就会被表象所迷惑。比如，有时候可能是因为某项暂时利好公布促使散户大规模进场，出现一日游式的脉冲行情，但是我们却可能因为局限于技术面的解读而贸然入场。

起涨点的分析是多维的，并不是"甲骨文式的解读"，试图仅仅从价格形态和技术指标读数的角度去捕捉和利用起涨点是愚蠢的行为。这种行为好比是守株待兔和刻舟求剑，即使市场有这样的"可靠形态"，往往也会因为更多市场参与者发现而失效。所以，真正有用的东西并不是"死板的形态和指标"，而是背后的分析思维。**市面上绝大多数关于起涨点的书籍都是误导性的，它们宣称存在各种各样长期有效的固定起涨形态和结构，** 这种主张非常有吸引力，而且书上的例子全是成功的，一旦实践却出尽洋相，"例外"不断出现。

进行短线操作，由于操作风格和资金份额的差异使得交易者在选择进场时机上存在差异，我们在第二十二课将详细剖析几种最具代表性的进场方法。站在起涨点的角度来看，有些交易者选择在起涨点出现之前就开始吸筹，这种交易者往往是价值交易者，属于先知先觉类型，也有可能是资金量较大的机构。而另外一些短线游资的快速吸筹可能会导致起涨点的出现。当然，更多的交易者会选择在起涨点出现之后介入。总体而言，我们需要了解起涨点本身的内在逻辑，同时根据市场结构管理好风险，这样就可以灵活地根据具体情况选择恰当的介入点位和时机。

任何事物的发展都是曲折的，但都存在一个趋势，这与市场的运行方式非常类似。**市场中任何形态都有可能失效，**

都有可能是临时的，只有 N 字结构必然存在，因为任何事物的运动都是以曲折前进的方式呈现的。起涨点具体而言就是上升波段和趋势的起点。一般而言，趋势的起点我们称为**第一起涨点**，第一起涨点出现之后股价会出现一次调整，这次调整的结束往往被看作是**第二起涨点**。起涨点的一般模型正是基于这样的市场结构建立起来的，这个模型没有任何复杂和多余的假设，符合"奥卡姆剃刀原理"。但是，很多复杂和玄妙的东西其实在这个模型中是有体现的，比如菲波那契比率、艾略特波浪理论等。起涨点的一般模型给我们一个方向感，同时也让我们的注意力能够明确需要关注的特征。

在第一起涨点出现之前股价必然呈现出下降趋势，趋势中必然有回调，在下降趋势中反弹是必然的现象。一个波段之所以被定义为反弹而不是反转，除了从幅度的角度来定义外，通常也是根据是否创出新高和新低来判断的。**价格在大幅下跌之后出现回升，如果回升中突破了此前的高点，并且再次回落时没有创出新低，这往往被定义为反转而不是反弹。**当然，市场行情并不像纯技术分析人士认为的那样机械，我们需要明白的是：**不是趋势线决定趋势，而是趋势决定趋势线。**下跌趋势什么时候结束，如果从技术的角度来定义通常都是事后的：第一种方法是根据回升幅度来决定下跌趋势结束与否；第二种方法则是根据是否出现 N 字底，也就是说，根据是否出现"回调不创出新低，但是创出新高"的结构来判断。第二种方法与我们要介绍的起涨点一般模型非常相关，无论是杰西·利弗摩尔还是道氏专家们都擅长利用 N 字来判断底部（"下跌趋势结束，上升趋势上升"的最简单有效表征）。

我们从"起涨点一般模型"开始介绍（见图 20-1）。我们用来构建起涨点模型的要素非常简单，只有价格和成交量。为什么只采用这两个要素呢？第一，这两个要素是其他技术指标和形态的基础，**绝大多数技术分析工具都源自对价格和成交量的某种加工。**更为关键的是现在绝大多数的这种加工，看起来似乎与统计学有某种关系，其实都与统计学的科学方法和精神相去甚远。因此，**与其采用这些人为扭曲过的复杂数据，倒不如直接观察市场的原始数据。空杯的心态可能更有助于交易者解读股市的技术走势**，这也是我们见过的绝大多数成功股票和期货交易者的共同观点。第二，按照西方微观经济学的观点，**观察市场最为有效而简单的方法是从供求关系这个角度**，而典型供求关系图的横轴就是商品数量，而纵轴则是商品价格。随着价格上涨，供给意愿和能力在上升，而需求意愿和能力在下降，两者的动态均衡就得到了真正成交的价格和数量。我们只从价格和成交量来观察股票的起涨点结构也是出于这样的考虑，从这两个基本维度出发可以更简单有效地观察起涨点结构。

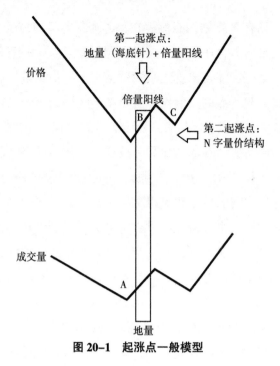

图 20-1　起涨点一般模型

　　起涨点模型是建立在 N 字底部结构上的，懂得了 N 字结构，就明白了第二十二课要传授的市场根本结构——"势、位、态"三要素，对于技术分析和仓位管理也变得游刃有余，能够将 AIMS 操作法落实于具体运用中。股价涨跌的具体情况不处于你能力范围之内，也就是你无法确定具体的情况，但是股价的根本结构可以帮助你在能力范围之内把握股价的短线走势，这就是在**"不确定性的世界中寻找确定性的因素"**。

　　股票走势与外汇走势存在差别，因为股票中的主力因素更为重要，如果你忽略掉了所谓的"主力"和大盘，则你几乎不可能在个股短线买卖中立足。为什么会这样呢？第一，股价的短线走势主要受到大资金的主宰，博弈参与者的行为因素有很大的影响，所以短线买卖中需要关注市场人气、资金流向、热点转换以及盘口买卖档、主动性买卖档、成交量变化等，而这些因素最终基本可以归结为主力的动作；第二，个股交易量远逊于外汇交易量，所以个股的走势更加容易受到人为因素的作用，而不是基本面因素的作用，主力行为对个股而言是最重要的行为因素；第三，A 股市场作为新兴市场，投机性高带来的高波动性与其他新兴市场一样，主力投机性的制造者，股市制度完善也不能消灭掉大资金对个股的强大作用。主力的影响对个股走势而言应该构成了最重要的因素，其次才是大盘，**主力的影响最终会导致股价出现最稳定的结构**，这就是股价走势的根本结构。主要主力存在这个结构就不会被打破，主力操纵，甚至股价本身必然要以这种形式展开才能导致股价以有利于主力和市场的形式运动。**有利于主力和市场**

的运动必然导致绝大多数参与者亏损，这就是金融市场存在和主力获利的必然要求。

　　股价如何运动才能让绝大多数人亏损呢？主力如何操作股价才能让绝大多数人亏损呢？**股价必须以曲折的方式前进才能让正确持仓的炒家过早兑现盈利**（误将回调当反转向下），**同时让错误持仓的炒家放大亏损**（误将反弹当反转向上）。**股价曲折前进的方式体现在股价运动的根本结构上**，也就是我们定义的 N 字结构，你可以用吸筹—洗筹—拉升来看待这一结构，也可以利用"推动—调整—推动"来解读，更可以从辩证法"肯定—否定—否定之否定"规则来理解它，如图 20-2 所示。

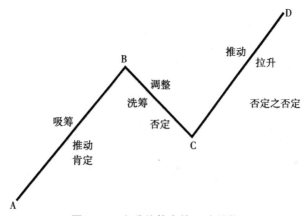

图 20-2　上升趋势中的 N 字结构

　　股价在阶段性上涨一般会分为以下两个步骤：第一个步骤是一些交易者吸筹推动了股价上涨，进而确定了股价运动的趋势方向；第二个步骤是通过调整让大部分先前进场正确的炒家卖出筹码，同时促使新买家在更高位置买入，这**减小了市场参与大众的获利程度，缩小了市场参与大众的获利范围**。市场通过步骤二吸筹，暂时否定了上涨作为趋势方向，这使得绝大部分炒家开始怀疑此前的判断，他们中的绝大多数会在此调整走势中过早结束多头仓位，主升浪展开的抛压大大减轻了。当真正的上升开始时，市场开始重新确认上涨的趋势，这时候多头持仓的阻力是最小的，因为主力和市场往往站在你这一边。个股走势中的 N 字结构的特殊性很强，有时候也不是那么清楚，当一个主力操作股价时可能会弄出一些非标准的 N 字结构。当然，你想驾驭住这些非标准的 N 字结构则必须经历较长时间的临盘实战，在掌握较为标准的 N 字结构基础上进行足够的练习。我们先来看看个股上涨走势中比较标准和容易辨认的 N 字结构，见图 20-3，这是七喜控股的日线走势图，当然你可以在 1 小时图上寻找类似的走势结构。

　　如果你看过我们的《黄金高胜算交易》一书，就应该明白 N 字结构其实是"正向发散—收敛—正向发散"的一种典型形态，这是趋势发动和持续的重要标志。N 字结构并不仅是股票价格的根本结构，同时也体现在成交量变化中，如图 20-4 所示。这是皖通高速的日线成交量，可以发现成交量也呈现收敛和发散的交替，成交量由收敛到发散，接着收敛，再发散，这就是一个典型的成交量 N 字结构。在上升走势中，第一个

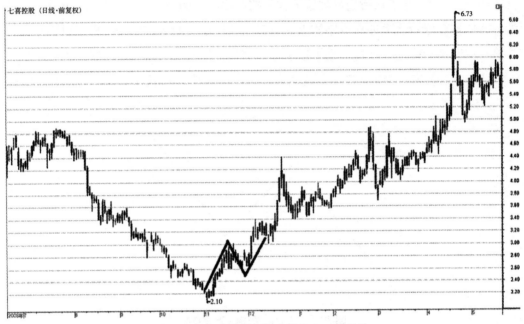

图 20-3　七喜控股走势中的向上 N 字结构

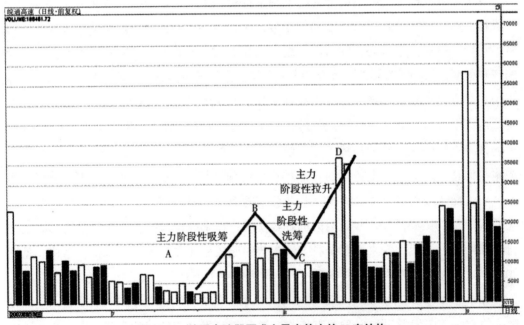

图 20-4　皖通高速股票成交量走势中的 N 字结构

发散往往是主力阶段性吸筹的表现，当然你可以看作是买家势力强于卖家的表现，接着的收敛是主力阶段性洗筹的表现，当然你可以看成是不坚定买家获利回吐，但是大部分筹码仍然坚定持仓。第二个发散则是主力阶段性拉升的表现，当然你可以看成是多头惜售，空头减少的表现。成交量可以为我们捕捉到主力的进出以及市场大众的心理状态，通过成交量和价格的交互验证，短线个股炒家可以极大地提高胜率。

当然，个股上涨的 N 字结构为做多交易者提供了非常好的短线投机机会，而个股下跌的 N 字结构则为做多交易者发出了可靠性极高的短线空仓信号，如图 20-5 所示，这是天龙光电日线走势图，当然如果可以融券做空的话，这应该是一个不错的机会。

图 20-5　天龙光电走势中的向下 N 字结构

下面我们对两个起涨点的技术结构进行剖析，并介绍一些简单的实例，以便大家在实际操作中有所参照。第一起涨点技术结构如图 20-6 所示，股价持续下跌，在这个下跌过程中可能伴随着成交量的萎缩（但这并不要求呈现非常理想的不断萎缩状态，更可能的情况是成交量处于较低的状态）。在

地量是异常、倍量是异常、天量是异常，搞清楚每个异常背后的具体原因更为重要。

股价企稳前后成交量出现地量（阶段性地量，一般要求至少20个交易日内阶段性成交量低点）。在地量出现附近往往会出现下影线较长的小实体K线，我们称为"海底针"。最为关键的是在地量和"海底针"出现不久之后，股价出现中阳线或者大阳线，对应的成交量出现倍量（也就是成交量比之前一天高出2倍左右，甚至更多）。这里需要做一个区分，地量和"海底针"不要求在同一日出现，但是此后的中阳线（或者大阳线）要与倍量一起出现。

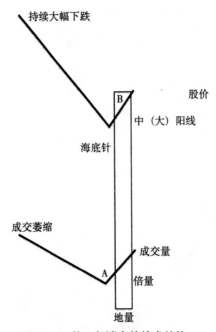

图 20-6　第一起涨点的技术结构

"海底针"意味着向下突破的力量得到了宣泄，同时表明其失败，"海底针"的典型日内走势如图20-7所示。最低价远离开盘价和收盘价，而开盘价和收盘价比较接近，这样就形成了"海底针"结构。当然，第一起涨点的地量未必一定与"海底针"一同出现，有可能与早晨之星等看涨反转K线一同出现。这个"海底针"其实就是后面要提到的"前置K线"，也就是"位于起涨点之前的K线"。

所谓第一起涨点具体而言就是"倍量阳线"，为什么"倍量阳线"具有显著的起涨点效应呢？地量不久之后出现倍量阳线意味着新需求成倍增加（见图20-8），这种需求是从哪里来的呢？此前市场对该只股票的兴趣很少，现在突然增加，而且是成倍增加，一般情况下散户是不太可能在持续低迷后突然群体涌入的（为了排除这种可能性有必要看一下个股题材S和大盘M）。地量到倍量是一种"异常"，在大多数情况下都不是散户所为。

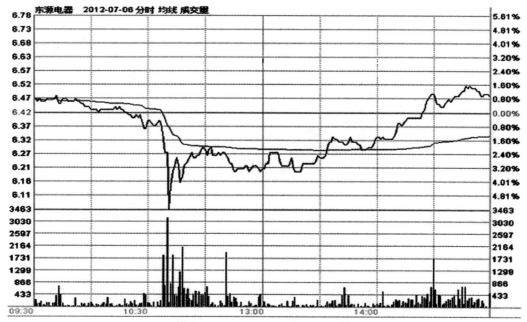

图 20-7 "海底针"的典型日内走势

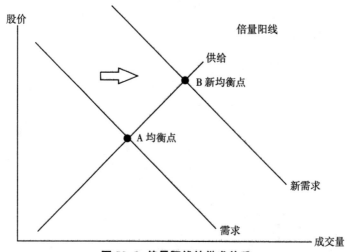

图 20-8 倍量阳线的供求关系

我们来看一些第一起涨点的实例，第一个例子是华力创通（见图 20-9）。股价此前有大幅下跌，地量先出现，次日就是"海底针"。地量出现的当日是一根上影线很长的 K 线，开盘和收盘接近，意味着杀跌动量不足，市场尝试反弹。"海底针"的出现进一步确认了杀跌动量不足，多头愿意在这一水平持续买入。"海底针"次日就是倍量阳线，这就进一步证明了多头加码买入的意愿和能力。第一起涨点之后的第二起涨点不是很明显，因为调整是由一根日 K 阴线完成的。

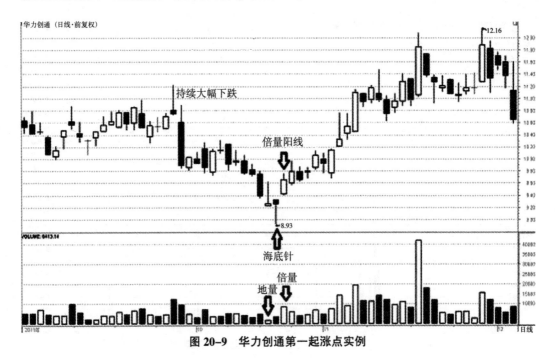

图 20-9　华力创通第一起涨点实例

第二个例子是台基股份（见图20-10），股价持续下跌，地量先出现，但是并未完全止跌，又过了两日才出现"海底针"，"海底针"出现后股价企稳几日，然后出现倍量阳线。台基股份第一起涨点之后的第二起涨点也很明显。

图 20-10　台基股份第一起涨点实例

　　第三个例子是万邦达（见图 20-11），这个例子中海底针先出现，接着才是地量，最后倍量阳线出现导致第一起涨点完全形成。海底针出现后股价处于企稳状态，在第一起涨点中这是一个普遍规律。第一起涨点之后的第二起涨点较为明显，只是调整缩量还不够低，再低一些就更具爆发力了。

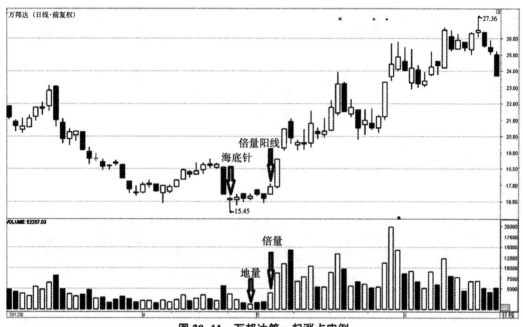

图 20-11　万邦达第一起涨点实例

　　第四个例子是东方财富（见图 20-12），股价此前从 16 元左右大幅下跌到 12.3 元左右。地量形成当日就是"海底针"，这是一个地量和"海底针"完全重合的实例。地量"海底针"次日就是倍量阳线，股价上涨由此拉开。第一起涨点之后的第二起涨点不是非常明显，因为回调基本上是日内完成的。

　　第五个例子是黑猫股份（见图 20-13），这个例子中地量也是最先出现的，接着是"海底针"，最后是倍量阳线开始上涨。第一起涨点之后的第二起涨点也很明显。

　　第一起涨点的驱动面因素主要是利空出尽型和潜在重大利好隐现型两类，大家可以结合第十三课的内容来分析，对于第一起涨点的运用最好能够结合驱动面和心理面、单纯技术面的分析至少也要从博弈的角度去揣摩市场主力。

　　接着我们介绍第二起涨点的技术结构，见图 20-14。股价经过第一次上涨（涉及第一起涨点）之后出现了缩量回调，然后再度放量上涨，并且突破前高，这就是整个第二起涨点的结构，但是具体的第二起涨点其实是"第一根再度放量上涨的中阳线（大阳线)"。这根第二起涨点阳线有可能突破前高，也有可能没有突破前高，我们不一定要等待突破后才介人。

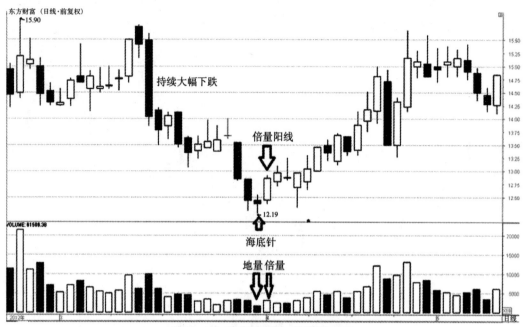

图 20-12　东方财富第一起涨点实例

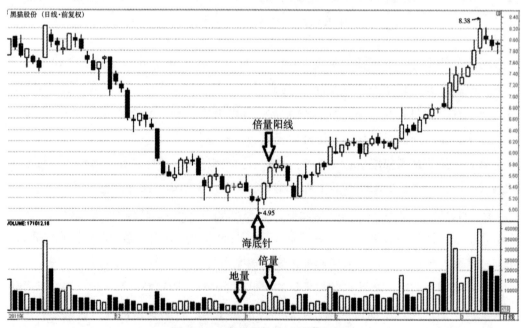

图 20-13　黑猫股份第一起涨点实例

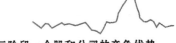

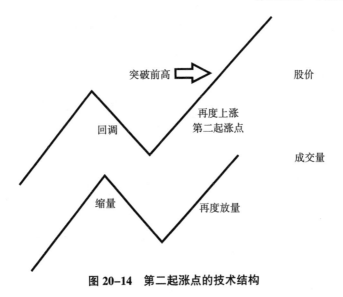

图 20-14　第二起涨点的技术结构

　　我们来看一些第二起涨点的实例，相对于第一起涨点而言，第二起涨点更加具有共同点，因为第一起涨点未必出现理想的地量，更多的时候可能是阶段性成交量低点，第一起涨点也未必出现"海底针"，有时候也会以星体（小实体 K 线）为主，只是出现地量和"海底针"提高第一起涨点的可靠性。而第二起涨点的要求则没有第一起涨点这么细，关键在于"缩量调整后再度出现放量上涨阳线"。第一个实例是三花股份，见图 20-15。三花股份的第一起涨点出现了阶段性成交量低点，而"海底针"并未出现，

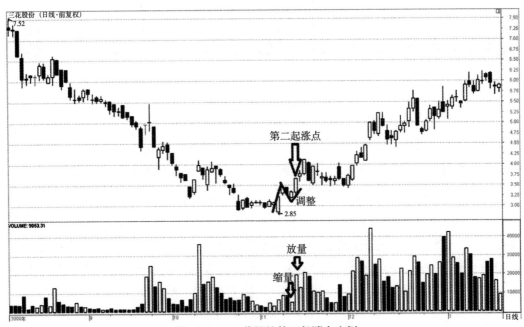

图 20-15　三花股份第二起涨点实例

倒是不少星体出现了。作为第一起涨点的"倍量阳线"出现了，此后股价出现第一轮上涨，持续了两天就开始调整，这时候缩量了。然后再放量上涨，这根放量上涨的阳线就是第二起涨点。

第二个实例是轴研科技，见图20-16。这个例子的第一起涨点就不太符合理想的模型了，有很长的下影线（但却不是理想的"海底针"），也有阶段性地量，只是阳线没有"倍量"。第二起涨点则较为标准，股价调整的时候缩量了，缩量后第一根放量上涨的阳线标志着第二起涨点的出现。

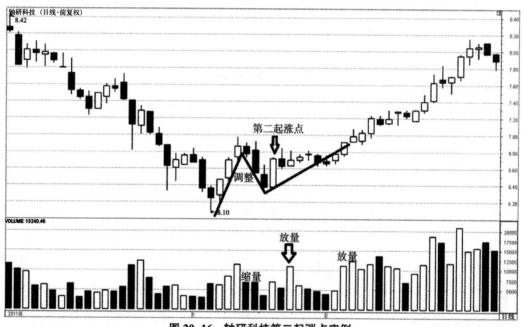

图20-16　轴研科技第二起涨点实例

第三个实例是中工国际，见图20-17。第一起涨点的地量很明显，"海底针"却没有出现（星体代替），但是"倍量阳线"却很显著。第二起涨点处于一个小型双底右侧，股价在缩量调整后放量上涨的第一根阳线就是中工国际这波上涨的第二起涨点。

第四个实例是景兴纸业，见图20-18。第一起涨点的地量、"海底针"和倍量阳线结构都出现了。第二起涨点也非常完美，调整的末尾是一个早晨之星，第二起涨点其实也是一个"倍量阳线"。重复一遍，找起涨点技术方面我们只看价量，有时候也看分时盘口，另外起涨点的确立尽量要琢磨驱动面的因素，也就是说，技术性起涨点只是个股的优势A，还需要考虑AIMS框架下的其他因素，特别是S因素和I因素。

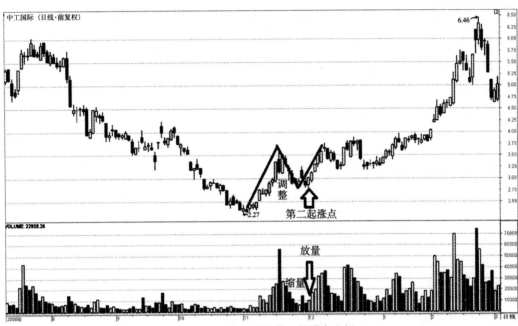

图 20-17　中工国际第二起涨点实例

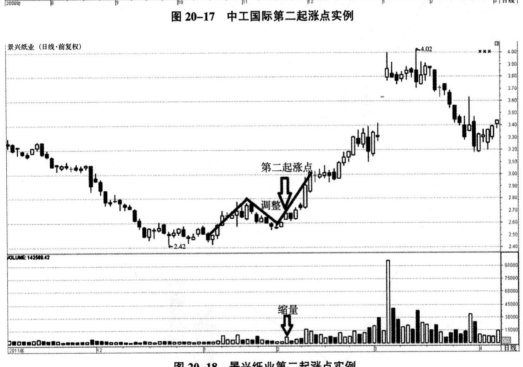

图 20-18　景兴纸业第二起涨点实例

第二起涨点驱动面因素主要是利多题材逐渐明朗，所以能够抵住回调再度上扬，这点大家可以结合第十三课和下一课的内容进行研习和运用。

在本课结尾我们谈两个问题：第一个问题是"起涨点与前置 K 线"。什么是"前置

K线"？所谓的"前置"就是处于起涨点之前的意思。第一起涨点的前置K线一般为"海底针"，实际上只要是实体很小的K线都可以作为第一起涨点的前置K线（见图20-19），一般实体很小的K线都被称为星体。第一起涨点本身是一根"倍量阳线"，这个一般都要求满足，虽然也有一些第一起涨点不是倍量，但为了提高我们的研判准确性，一般都要求倍量，除非你能增加驱动面的可靠性。第二起涨点的前置K线一般也是小实体或者下影线很长的K线（当然"海底针"更好），而第二起涨点本身则是放量阳线（最好是中阳线或者大阳线，如果是小实体阳线，那技术面的胜算率就太低了），见图20-20。其实，第一起涨点和第二起涨点的前置K线都是反转看涨K线，或者是反转看涨K线的一部分（与起涨点当日K线结合起来往往构成一个完整的看涨K线组合，比如早晨之星等）。

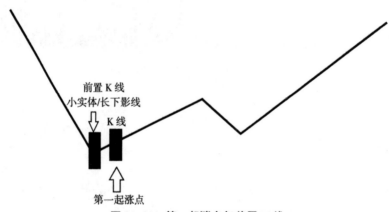

图 20-19　第一起涨点与前置 K 线

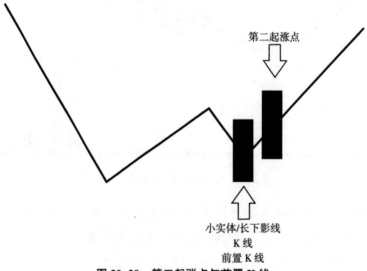

图 20-20　第二起涨点与前置 K 线

第二个问题是"起涨点与中继 K 线"。中继 K 线指的是起涨点之后的 K 线，往往都是上涨 K 线或者是上涨 K 线组合，无论是第一起涨点还是第二起涨点都是如此（见图 20-21 和图 20-22）。第一起涨点之后常见的持续 K 线有三个白兵等，第二起涨点之后常见的持续 K 线有光脚阳线等。

K 线放到驱动面/基本面的大背景中去看，会看得更加明白。

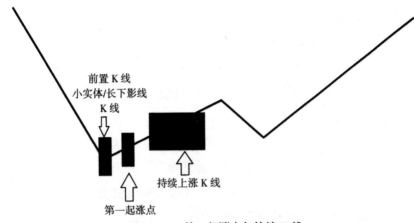

图 20-21　第一起涨点与持续 K 线

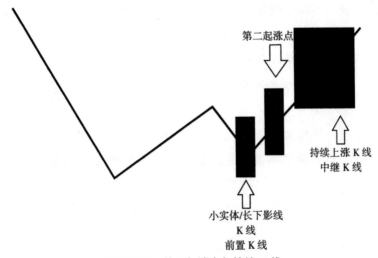

图 20-22　第二起涨点与持续 K 线

起涨点结构属于行为面（技术面）的东西，我们简明扼要地总结了其根本特征，即使如此仍旧需要基于 AIMS 框架，兼顾驱动面和心理分析，本书的任何一课都不孤立使用。虽

然孤立使用也能产生一些效果，但那不是我们的风格和本意，也不符合长期战胜市场的原则。

【关于"起涨点"的经典论述】

对于"起涨点"，许多知名市场人士都有过精辟的阐述，下面摘录如下，与本课内容可以相关参照，以便进一步思考：

1. 次新股操作要有大波段目标，次新股走势通常具有大起大落的波浪特征，它们从新股开始暴涨，然后中间会有一段时间的暴跌，然后一旦大盘企稳，进入中级反弹周期，次新股是最容易爆发乃至翻番的品种……**次新股是最容易中线实现翻番的投机对象**……次新股操作要审时度势，次新股操作最佳时机是在大盘由弱转强的反弹周期中进行，大家通常会看到在一波中级反弹的市场环境中，次新股通常会是涨幅较大的一个板块。这个板块会在短时间内涌现出一批翻番牛股。因此，次新股操作由于要对大盘的状态和阶段有清晰的把握，**不能在大盘中级调整时去交易次新股，唯有大盘开始由弱转强时，而次新股的表现会远远强于大盘**（周顺）。

2. 如果一个公司在某个季度业绩远超机构预期，那么在未来几个季度仍然会继续超预期，可以说**业绩不断超预期才是股价主升浪的关键驱动因素**……创造跳空缺口的当天，除去高开低走影响人气的走势之外，日内上升或震荡走势的同时，交易量明显放大，或突破阶段新高，或日内强势涨停等迹象可以断定这是一个强势的**"净利润断层"**，可以看高一线，如果叠加所有因素，同时突破阶段新高后的放量涨停，效果就更理想了（澄泓财经）。

3. 双突破的核心是基本面的变化，质优，**绩优超预期**。这样的企业才会出现真正最好的上涨波段。**技术面的突破只是结果，目前我们的重点都放在基本面的判断上**（启明）。

市场赢家的策略大检阅：从趋势跟踪到日内波幅

为什么你需要一个策略？答案很简单：为你提供优势。策略的主要目的是让你使用认为有效的规则来交易，让你摆脱愚蠢交易或者过度交易。

——马赛·林克

从长远来讲，从概念来讲，从过来人的眼光来讲，从历史的总结来讲，趋势交易的概率会比短线交易高很多。

——于海飞

基本面主要考虑大的方向，技术面是帮助寻找买卖时机的。

——丁洪波

上市公司不断提高的盈利能力或者预期将会不断推升股价。为了做到这点，我把技术分析和基本分析结合起来使用。我根据股票在市场上的技术表现选出标的股票，但是只有当基本面分析揭示该股票的盈利能力在提高时我才买进。

——尼古拉斯·达沃斯

我们可以直接介绍所谓的趋势跟踪和波动闪击交易策略，但是为了让你对这两种方法更有信心，能够更加恰当地运用它们，最好是让大家对交易盈利模式和相应的代表人物进行一定了解。为什么要了解盈利模式呢？盈利模式是被证明了能够盈利的模式，这与市面上大多数股票书东拉西扯臆造出来的方法有根本区别。很多书的作者自己都没有用这套方法盈利，你又怎么能够轻易相信他们介绍的方法呢？相反，**如果你想要找到真正的盈利模式，就必须看看身边或者历史上**

分解卓越行为，复制卓越行为，完善卓越行为。

是否有某些人持续盈利，然后想办法弄清楚他操作方法的大概。即使你得不到详细的操作流程和分析方法，也能少走不少弯路，因为你知道大概什么样的方法是能够持续盈利的。那些持续盈利的人无论在世还是离世都是后来交易者的灯塔和指南针，没有他们我们可能永远在错误的方向上行走，而这正是绝大多数散户目前的状态。**看看真正持续赚钱的人在做什么，而不是被市面上那些未经实践证明的理论所蛊惑。**这个市场中只有赢家有说服力，专家只是像那么回事，往往不能给你带来实质的收益。所以，**交易要想成功，对于初学者而言关键是找到"盈利模式"。**市面上的各种技术指标不能称为盈利模式，除非你见到某个人真正用这套东西在赚钱，而不是他说这个指标如何有效。如果一套指标真的有效，那么有可能很快就会失效，因为让人偷懒的分析工具很快就会被更多人发现和传播。踏踏实实寻找那些一直被证明有效的盈利模式才是正道，而这些模式往往看起来并不耀眼，显得朴实，往往需要使用者的"辛勤劳作"。

在正式介绍盈利模式之前，我们不得不提一个问题：为什么人要很不容易才能找到交易盈利模式？那是因为我们的天性决定了错误的选择，**天性不太容易让我们选择正确的东西。**我们与动物一样短视，容易受到环境影响，**我们并非理性，更多的是本能反应。**在市场中我们很难从整体来看待行情的发展，我们盯着账户的盈亏，心情随之起伏，**是账户的盈亏控制着我们接下来的反应，而非我们对行情的理性分析。**仓位决定了心态，而心态决定了行为，这样的行为并非出自分析，而是由于外在的仓位盈亏变化导致的本能反应。你的心态和行为模式决定了你的命运，只有逐步打破这些模式你才能找到恰当的模式。**无数交易员的成功之路都可以归结为打破天性模式，走向适应市场的模式。**如果你不能得到一些东西打破此前的某些观点和态度，那么你就无法成功。

金融市场100多年的发展涌现了无数大师，这些人的盈利方法可以归结为简单的几种，见表21-1。我们逐步介绍这些盈利模式，你可以选择适合自己的，就本书而言我们推荐两种盈利模式——趋势跟踪和波段闪击。

表21-1　金融交易盈利模式

1	顺势加码（趋势跟踪）	理查德·丹尼斯　林辉太郎　杰西·利弗摩尔
2	周期股	彼得·林奇
3	逆向投资	邓普顿
4	重组和定向增发	国内重量级的投资机构和投资者
5	追涨停	宁波"涨停敢死队"
6	题材投机	杨永兴
7	炒单（高频交易）	咏飞

8	动量交易	汪向阳 李永强
9	价值投资（市场性专利）	巴菲特
10	风投（破坏性创新）PE	黑石基金 KKR
11	信贷循环边缘	索罗斯 保尔森
12	大牛股特征归纳	威廉·欧奈尔
13	内幕交易和操纵	吕梁
14	日内波幅	威廉姆斯

先以海龟之父理查德·丹尼斯为例谈谈顺势加码（趋势跟踪）这种盈利模式。在美国金融市场中，理查德·丹尼斯是一位颇具传奇色彩的人物，平均每年都从市场赚取5000万美元以上的利润。丹尼斯赚取的巨额利润并不依赖准确地抓住大市的顶点或底部，其95%的利润来自5%的交易，他深信**让利润充分发展**的道理。他曾把自己神奇的做单方法通过培训期货交易员传授出去。丹尼斯花了两周时间培训，毫无保留地教授他们期货交易的基本概念，以及他自己的交易方法和原则。课程结束后，他给每位学生一个10万美元的账户进行实战练习。在接下来的4年中，23名学生有3人退出，其余20人都有上乘表现，平均每年收益率在100%左右，而他付给这些学生20%的分红总额就超过3000万美元。"海龟"的名声也越叫越响。这表明成功的交易者是可以通过训练与学习而得的，这无关乎聪明才智，全在于交易者的方法、原则。丹尼斯教导学生追求趋势，先分析决定市场是多头还是空头，进场交易时必须做好资金管理，适当控制买卖单量，并选择时机获利出场。

在1987年股灾中，丹尼斯遭受重挫。旗下基金损失近半，个人账户也遭到同样败绩。次年，丹尼斯退出交易界，留下一座传奇丰碑。后来，他再度出山，但是绩效不佳，反倒是他培养的少部分学生战绩卓著。而**这部分绩效持续保持优良的学生都从纯技术交易者发展成为兼顾基本面（甚至心理面）的趋势跟踪交易者。**

顺势加码（趋势跟踪）方法的关键在于"顺势"和"加码"，这个方法在保证金交易市场更加有效。这个方法的真正鼻祖应该是杰西·利弗摩尔，此人早于理查德·丹尼斯，他出生于1877年7月26日（狮子座），于1940年11月28日去世，直到今日仍旧是华尔街的传奇，也是顺势加码交易者的最杰出代表。他是那个时代最花哨的亿万富翁，今天的人们一般称他为"J. L."，杰西·利弗摩尔有一头金黄色头发，蓝眼睛，身材瘦削。他不修边幅，西装总是皱巴巴的，领带歪打着。他是金融巨子中少有的非犹太裔，这个英格兰人的后代嘴里总是叼着雪茄，一天要抽掉10支哈瓦那雪茄。在1929年那场"美国股市大崩溃"中，他做空净赚了1亿美元。他的影响力达到了前所未有的高

度，不过从此以后开始走下坡路，直到十年之后他杀死了自己。

杰西·利弗摩尔的最大贡献有两个：第一个是**顺势逐步加仓**；第二个是破位进场（后位出场），也就是所谓的突破进场和**跟进止损**。他在落魄时写过一本小册子，名为《如何交易股票》，这本书在当时并未被人注意。但是，在他去世后这本书被许多大师级的交易者反复阅读。在国内这本书被翻译为《股票大作手操盘术》，影响力要远逊于《股票作手回忆录》这本别人代笔的传记。其实，《股票作手回忆录》对于具体的操作手法没有什么系统和详细的介绍，而《股票大作手操盘术》却是杰西·利弗摩尔对自己交易方法的详细揭露。杰西·利弗摩尔的成功建立在严格遵守这些方法的基础上，而他的失败也是因为违背这些方法本身。

我把十来年阅读这两本书所作的 20 多万字笔记与亲自精心翻译的原文集结成册了，可以与其他译本比照一下，从中汲取有益的养分。其中更多的是站在一线交易者的经验角度来谈实践，而不是简单作为一个译者进行纯粹的翻译工作。

理查德·丹尼斯晚于杰西·利弗摩尔出生很多，因此很难证明丹尼斯没有受到后者的影响。由此可以大致认为，杰西·利弗摩尔是趋势跟踪方法的鼻祖，是他在正式文献中明确提出了区分主要运动和次级折返的标准，这就是波动幅度。**更为重要的是，他对于如何顺势给出了具体的方法，这就是"盈利后逐步加仓"和"及时止损"。**

下面我们就介绍一下源于杰西·利弗摩尔的经典语句，这些名句历久弥新，代表了趋势跟踪这种盈利模式的独特风格。趋势跟踪并不是简单地让止损跟进和死板持有头寸，更不是只看价格等技术走势。**杰西·利弗摩尔一直被人们所误解，认为他是一个纯交易技术者，这也是对趋势跟踪的最大误解。**杰西·利弗摩尔在《如何进行股票交易》一书中指出："就我个人的观点而言，图表从来就没有多少吸引力。"同时，他进一步指出：**"某只股票继续运动并不是因为我的操作，而是因为它背后的这股力量如此强大。"**杰西·利弗摩尔在书中也提到了自己做空时对宏观经济的一些预判，而这些预判成功地帮他建立了顺应趋势的头寸。由此看来，杰西·利弗摩尔并不是一个纯技术分析的狂热分子。

杰西·利弗摩尔指出："你可以赢得一场赛马，但是不可

能赢得所有赛马，股票交易也是同样的道理……我们必须对某只股票的下一步动向形成自己的判断，**投机其实就是预判即将到来的市场运动**。为了形成恰当的预判，我们必须构建一个坚实的基础。"从这段话中可以看出杰西·利弗摩尔相当注重选择"**自己具有优势的格局**"，也就是选择一个自己容易把握的行情和个股。

同时，他也认为预判在交易中非常重要（当然，他并没有说过要你固执己见。正确的做法是**预判并等待市场初步确认，然后才是采取行动**）。我们来看一个具体的例子，比如图 21-1 中科学城的例子，基本面出现了异常，涉及股权变更和重组等内容，不久之后股价出现了向上 N 字结构，这就是技术面对基本面进行了确认。

杰西·利弗摩尔指出："**在公布某则新闻后，你必须站在市场的角度，独立地分析这则新闻对市场可能造成的影响。你需要尽力地去预期这则消息在大众心目中的心理效果。如果你从市场的角度预判这则新闻具有看跌或者看涨的效果，千万不要急忙地据此进场交易，你应该等待市场本身的变化初步印证你的预判。**"如果市场运动并未按照你设想的方式开始，那么你就应该遵循市场放弃自己的意见。要从市场运动出发，耐心观察其演化是否初步符合预判，如果符合就可以进场，如果不符合就应该重新分析和继续观察等待。通过将新闻与行情结合起来分析，我们可以更好地推断趋势能否形成，能否持续以及什么时候结束。图 21-2 示范了如何将新闻与行情结合起来，这种方法并非主流，但却是成功交易者们共同的思维习惯，只不过有些人有意识地这样做，有些人下意识地这样做。

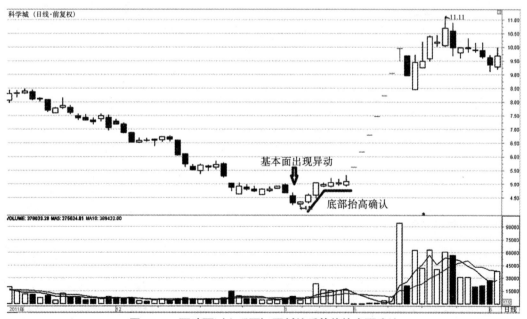

图 21-1　驱动面（心理面）预判然后等待技术面确认

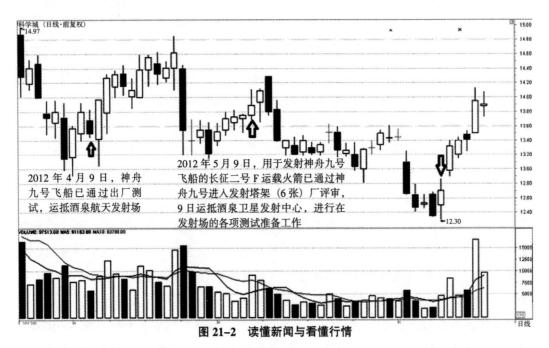

图 21-2　读懂新闻与看懂行情

趋势跟踪的具体做法是"截断亏损，让利润奔腾"，而杰西·利弗摩尔有一句类似的名言："利润总是能够自己照顾好自己，而亏损则不会自动了结。"他进一步指出："当一只股票开始下跌的时候，没有人能够确定底部具体在哪里（见图 21-3），而在上涨过程中，也没有人能够确定顶部具体在哪里（见图 21-4）……绝不要因为股票价格

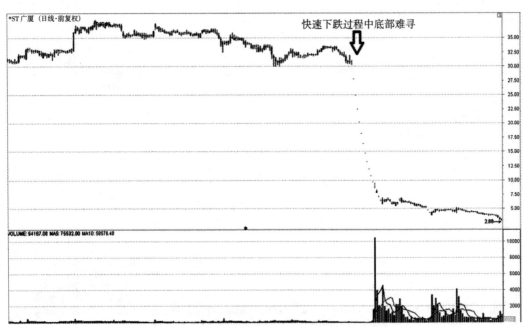

图 21-3　杰西·利弗摩尔认为下跌中底部难寻

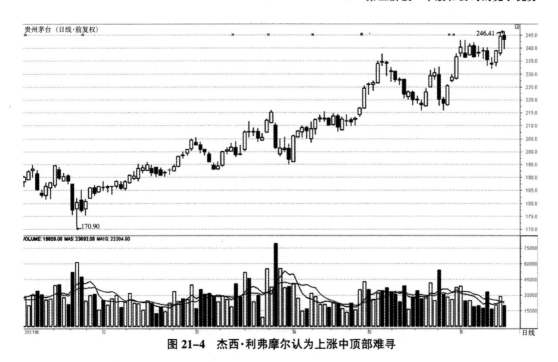

图 21-4　杰西·利弗摩尔认为上涨中顶部难寻

看起来很高就选择卖出，也绝不要因为股票价格看起来很低就选择买入……"

　　在股票趋势跟踪交易中，如何利润最大化，亏损最小化？关键还是在大盘看对的情况下选择恰当的个股。**如果选择了驱动无力的个股，则无论多么高超的分析和交易能力都无法让利润奔腾起来。**如京东方这只个股，盘子大，业绩差，缺乏题材和游资介入，你怎么能够寄希望于它走出强劲大单边呢（见图 21-5）？而巴安水务则是具有题材的小盘个股（见图 21-6），这就很容易走出强劲单边。

　　杰西·利弗摩尔之所以被称为趋势跟踪，主要是因为他主张抓大放小："每年仅有寥寥可数的数次机会，可能只有四五次……在上述空档期间，你应该逐步让市场酝酿下一场大幅运动……**市场上绝大多数人都对次要的市场运动全神贯注，反倒错过了大幅的市场运动。**当大幅度的市场运动发生时，这些人总是持有相反方向的头寸。那些坚持从日内波动获利的投机客永远不能捕捉到重大的获利机会……我对次要的市场变化视而不见，我喜欢躲在一旁静心思考……**真正的行情不会在一天之内就开始走到结束**……从此之后，我决定忽略掉所有微小的运动……通过持续关注行情走势和保持行情记录，我终于发现如果要对即将到来的重大运动形成正确的判断，则需要关注时间要素……我打算搞清楚自然回撤……因此，我开始测算价格波动的幅度……了解构成回撤行情的波动幅度……如果你打算利用重大运动中的微小波动来盈利，那么我这套方法不会有什么帮助。我这套方法是为了捕捉重大市场运动，把握重大行情的开始和

615

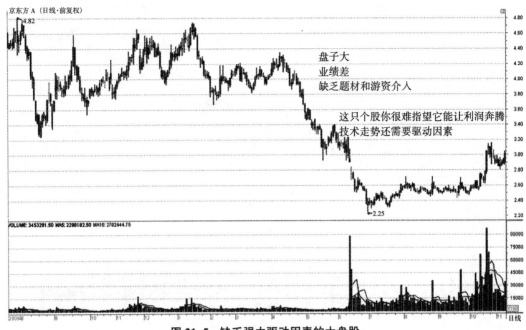

图 21-5　缺乏强力驱动因素的大盘股

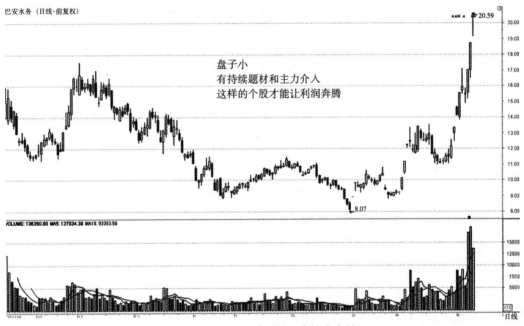

图 21-6　具备强劲驱动因素的小盘股

结束……如果你抱着这个目的来采用这套方法，那么就会发现它的价值非凡……"

　　介绍了杰西·利弗摩尔的一些重要观点，我们来看一下他对于具体操作的介绍。杰西·利弗摩尔是典型的 N 字结构操作法（我们之前涉及了这个内容，后面的课程还会详

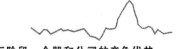

细介绍），这个方法也被我们广泛地运用于外汇、股票和期货交易中，这是一个极其简单但是高效的方法。杰西·利弗摩尔是这样描述他的进场方法的："当我观察到股票上升展开后，等待股价出现正常幅度的向下回撤，然后股价创出新高，我就立即买进。做空的时候，我采用类似的方法……"（见图 21-7 和图 21-8）。

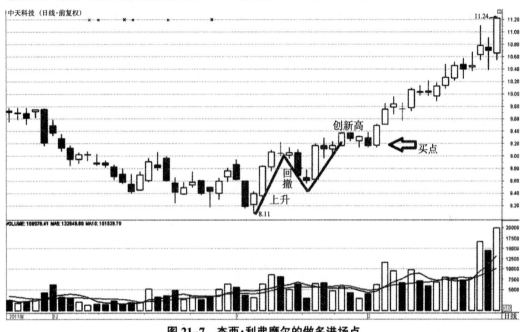

图 21-7　杰西·利弗摩尔的做多进场点

图 21-8　杰西·利弗摩尔的做空进场点

在进场点的选择上杰西·利弗摩尔还提到了所谓"关键点"，他指出："无论何时，只有耐心等待市场达到所谓的关键点后才介入，我就总能从交易中获利……在这种情形下，我选择的正是行情启动的时机……**如果没有在行情开始后不久就入市，那么就很难从这轮行情中获取足够的利润，因为如果没有及时介入，就会失去一大段行情带来的丰厚的利润，而这部分利润是我们应付回撤行情时勇气和耐心的源泉……**"杰西·利弗摩尔所谓的"关键点"，其实就是 N 字结构中前期高点或者低点，也就是后来交易界广泛引用的"轴心点"。杰西·利弗摩尔进一步指出："如果交易者能够确定某只股票的关键点，并且运用关键点来解释市场的运动，那么就能够有很大的概率在趋势之初就建立起盈利的头寸……"

另外，他也指出了成交量的 N 字结构如何与价格 N 字组合出现："一轮趋势开始的时候，开头几天你会发现随着价格的逐步上涨，形成了较大的成交量……随后将出现我所谓的正常回撤，在这个回撤的过程中成交量远远小于前几天上涨的时候……一天或者两天之后上涨重新开始，成交量随着增加。如果这是一个真正的上涨趋势，那么市场就收复此前下跌的价位，并且在新高区域运行。这个过程应该在今天之内维持强势，仅有小规模的日内回调……任何股票都会按照此类自然的方式演进……"这个价量 N 字结构我们之前就详细介绍过了，这里给大家一个实例，见图 21-9，ST 狮头就呈现了较为标准的向上价量 N 字结构。

图 21-9　杰西·利弗摩尔所谓价量 N 字结构的实例

如何持仓和获利出场呢？**杰西·利弗摩尔认为如果出现缩量上涨往往意味着行情将加速上扬：**"……你将发现此时的成交量并不像趋势刚开始那样庞大，这个股票的浮动筹码减少，持有的人不太愿意卖出，想买的人只能不断增加价格来吸引卖家。如果这样的情况出现的话，那么趋势运动将加速……你必须保持耐心，但是也不要让耐心变成约束思路的框框，以至于忽略了危险的信号……此时此刻突然出现不自然的回落，这里所谓的不自然是指在同一天内价格先向上形成了新的极端价格，然后向下大幅回落了很多……这样的信号在上涨过程中并未出现，一旦发生不正常的情况意味着危险来临……在这个股票自然上涨的过程中，你耐心持股，现在一定要果断地卖出……"**股价缩量上涨往往是好事，表明惜售心理很强，特别是无量涨停**（见图21-10）。而杰西·利弗摩尔给出的顶部信号类似于K线中的流星形态（见图21-11）和高开大阴线（见图21-12），这其实也是A股市场稍微有点经验的交易者都熟悉的危险信号，但是这类信号不能死板去对待，关键还是看每个信号背后对应的驱动面和心理面动向。有能力的技术分析者还应该在价量之外查看盘口，单独的K线解读并无准确的含义。

在出场时杰西·利弗摩尔也非常重视关键点的运用，他指出："在运用关键点来分析市场运动的时候，有一点必须谨记，那就是如果股价在突破关键点之后没有继续运动，就是一个密切关注的危险信号……"具体而言在**股价创出新高后如果又快速回落到前期高点之下，那么这很可能是一个上升趋势终结或者要进行大调整的信号**（空头

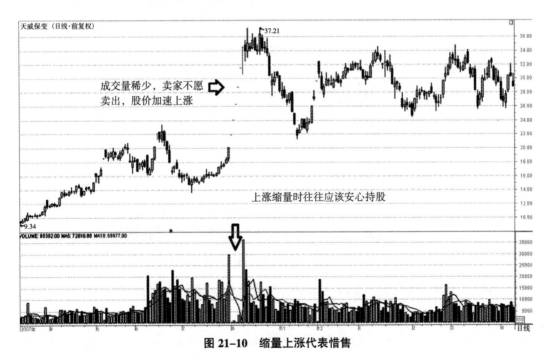

图21-10　缩量上涨代表惜售

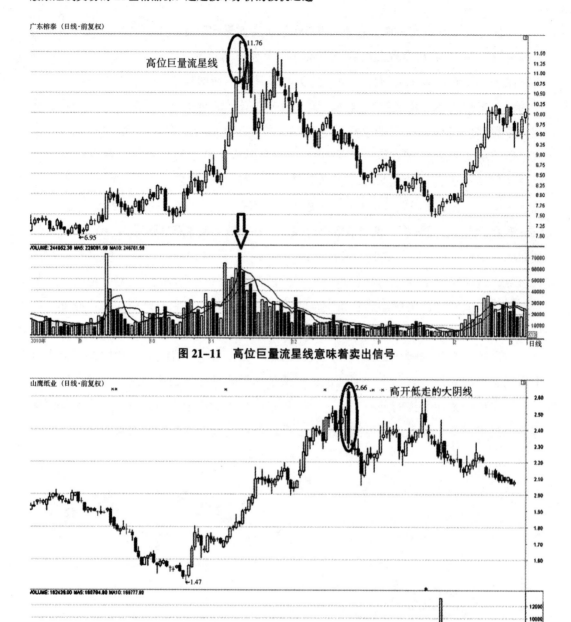

图21-11　高位巨量流星线意味着卖出信号

图21-12　高位高开低走巨量大阴线代表着卖出信号

陷阱，败位）。这种情况下，杰西·利弗摩尔也会选择了结头寸或者减少头寸。

　　在趋势跟踪交易中，如何处理兑现的利润呢？杰西·利弗摩尔认为："交易者应该在每一笔盈利丰厚的交易平仓了结的时候取出一半的利润，储存到保险箱积蓄起来。

交易者唯一能从华尔街赚到的钱就是这一半取出来的利润……当一个交易者有足够好的运气将本金增长一倍后，应该立即将利润的一半提出来，放在一边作为储备……"

就股票投机而言，兑现利润的最佳时期取决于题材的生命力。

周期股的盈利模式其实我们在第二阶段第十四课就已经大致介绍过了，彼得·林奇善用这招，国内不少游资其实也是这种策略的高手，这里不再赘述，参考前面的课程即可，这种策略偏向于中线策略，当然你可以长线短做，在一波周期走势中做短线。

逆向投资最为成功的代表是邓普顿，我们在大势和题材发展阶段的判断上也经常用到这种思维，本教程的第一阶段课程中的第四课和第十课，以及第二阶段课程中的第十三课与这个策略关系较为密切，这里不再赘述。

重组和定向增发投资策略是资本市场大佬们的暴利游戏，我们在本书第二阶段的第十五课中对此有扼要的介绍，大家可以参考该课程，这里不再赘述。

追涨停策略是狙击强势股的一种惯用伎俩，我们在第二阶段的第十六课中对此有深入而详细的介绍，大家可以参考这一课，以便对这一策略有所了解。

题材投机策略其实贯穿于本教程中，AIMS 框架中本来就有题材 S 这个因素，虽然有不少人单独利用这一方式，但是我们还是将其作为策略的一个要素，而不是唯一要素。我们在本书第二阶段的第十三课对题材有较为全面的介绍和运用，大家可以回过头去温习一下。

炒单属于高频交易的初级形式，这并非本书的内容，大家可以参考这方面的专著，即所谓的"高频交易"类专著，现在国内也引进了几本比较权威的高频交易书籍，大家可以找来看看。

动量交易与题材投机有时候并不严格，唯一的区别在于动量交易基本上是纯技术性的策略，而题材投机则需要倚重于驱动面和心理面。动量交易与高频交易也有重叠的部分，只能说动量交易针对的波动在幅度上往往大于高频交易。

　　价值投资（市场性专利）策略的书籍很多，主要是估值的问题，比较出名的代表是沃伦·巴菲特。价值性投资在实际操作中往往需要借助于市场情绪的极端悲观化来完成进场，这点一般没有被主流的估值理论所强调。另外，价值投资与成长性投资的区分其实并无太大意义，这点巴菲特也是认同的，所以价值投资与风投有时候也无严格的界限。

　　风投 VC 与股权投资 PE 是新兴的投资手段，但是这个策略并不是才提出来的，只是最近几十年才得到了高速发展。这两种策略其实主要针对破坏性创新企业，也就是那些可能几百倍增长的企业。关于价值性投资和风投，本书也有一课与此关系密切，那就是本书第三阶段课程的第十八课，大家可以回过头去翻阅一下。

　　信贷循环边缘策略与我们在本书第一阶段第一课和第二课讲到的内容密切相关，同时大家可以直接阅读《金融炼金术》的相关内容以便了解这一策略。

　　大牛股特征归纳这种思路在国内外被广泛使用，但是最为严谨和成功的当属威廉·欧奈尔的分析体系，大家可以直接阅读他的相关著作。

　　内幕交易和操纵属于非法的东西，虽然我们在本书的第十三课彻底地剖析了相关问题，但是大家还是打消走这条路的想法，因为这条路越来越窄了。

　　日内波幅策略是拉瑞·威廉姆斯正式提出来的一个方法，我们在外汇交易中经常应用这一方法，在股票市场则要变通使用，这不是本书的内容，所以这里就不展开了。

　　在 AIMS 框架下，我们对上述策略进行了筛选和组装，得出了"趋势跟踪"和"波段闪击"两种策略。股票市场往往没有杠杆，即使有杠杆也不高，因此不能利用盈利加码，这点是股票市场上的趋势跟踪与期货市场上的趋势跟踪两者之间的最大区别。趋势与主题有关，波段与题材有关，什么是主题，什么是题材？我们在前面的课程做过区分，不知道大家还记得不。其实，主题就是中长期的驱动因素，而题材则是中短期的驱动因素。无论是主题还是题材都可以看成是 AIMS 框架下的 S 因素。一个主题往往贯穿多个连续的题材，做趋势跟踪就是抓住一个主题不放，做波段闪击则是做完一个题材就跑。

　　我们来看一个具体的例子，莱茵生物走势中的主题与题材，以及如何做到趋势跟踪和波段闪击。莱茵生物走了一波大单边上涨走势（见图 21-13），这就是当时猪流感主题驱动的，如果你抓住了这一主题，明白了当时环境下这一主题的可持续性，你就可以采用趋势跟踪的策略，那就是一路做多持有，直到这一主题衰竭。具体如何做趋势跟踪？第一，你要判断猪流感这个因素影响的持续性；第二，你要看价格对此是不是已经有了充分反应（大幅上涨），开始反应（刚形成一个上涨 N 字）还是没有任何反应（没有任何价格上涨，市场对消息没有确认）。如果你判断猪流感有持续影响，那么就要去价格上确认，如果已经充分反应那一般就放弃了，如果开始反应那就是确认了进场信号，如果是没有任何反应那就是未确认进场信号应该继续谨慎观察。

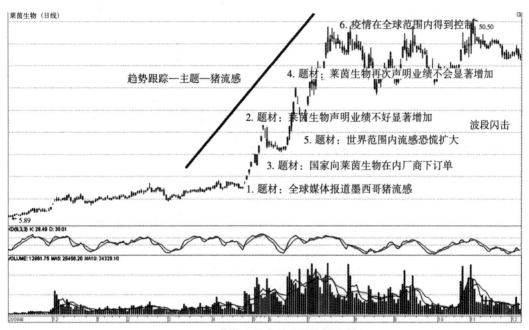

图 21-13　莱茵生物走势中的主题和题材

当然，更为安全的办法可能是做一波算一波，打游击做波段闪击，这就是根据题材轮动进出腾挪。在上涨过程中，莱茵生物一共受到了 6 个题材的影响，其中 3 个看涨，3 个看跌。

如何利用题材做波段闪击呢？我们还是看这个例子，第一个上涨题材是猪流感开始报道（见图 21-14）。看到了这一题材，你就要看价格是不是有初步反应了，这时候价量刚刚形成向上 N 字图片，你完全可以进入狙击一下就走。第二个上涨题材出现的时候（见图 21-15），股价下跌到前一上涨波段的 0.382 回撤处企稳，同时出现阶段性地量和震荡指标超卖，这就是技术面确认了题材，你又可以进入狙击一下就走。第三个上涨题材出现的时候（见图 21-16），股价下跌到前一个上涨波段的 0.5 回撤水平企稳，阶段性地量出现，这就是技术面确认了题材，你第三次波段闪击。波段闪击技术运用了 N 字结构操作法和斐波那契四度操作法，这是我们做波段的时候采用的两种方法。当然，至于出场点在本书其他部分也能找到答案，这个问题就留给大家仔细学习后来解答。

623

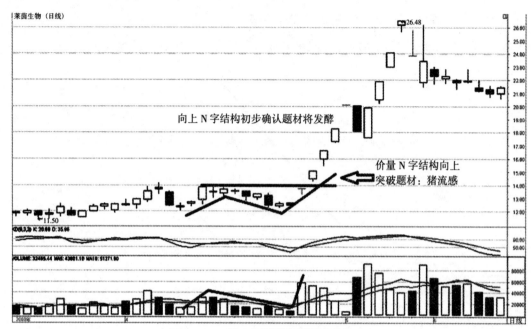

图 21-14　第一个看涨题材的波段闪击

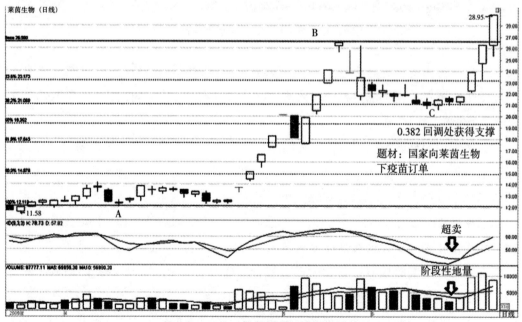

图 21-15　第二个看涨题材的波段闪击

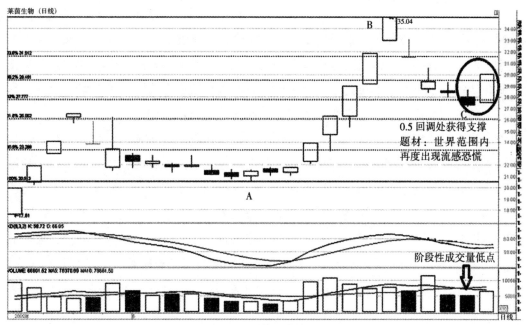

图 21-16　第三个看涨题材的波段闪击

推荐大家在中短线交易中采纳趋势跟踪和波段闪击两类策略，当然在 AIMS 框架下，我们**要选择适合自己的盈利模式**，在自己的领域之外，你永远不可能在任何生意上取得成功。

【关于"趋势跟踪"和"短线溢价"的经典论述】

对于股票的"趋势跟踪"和"短线溢价"，许多知名市场人士都有过精辟的阐述，下面摘录如下，与本课内容可以相关参照，以便进一步思考：

1. ……**无序的震荡可能会连续地把你止损出去，市场根本就不尊重我们，所以迅速移至成本非常的重要。**设计和优化系统一定从最坏的情况来考虑，不要老想着怎么多赚。赔得少自然就多赚了。**以小周期的止损，博大周期的止盈。趋势的发展都是从小周期开始，逐渐发展壮大，一级一级向上发展，最终发展成大趋势。**选择的入场周期越小，就越能节约止损，节约了止损也就降低了成本（Jason）。

2. 打板是为了获取板后次日的溢价，因此打板交易的成败关键在于如何判断"什么样的涨停板溢价最大"。要弄懂这个问题，**首先要将涨停板分类，长期观察总结哪些类型的涨停板次日溢价最大**（游资捉妖）。

3. 很多时候大盘岌岌可危，空头强盛之后急剧衰竭，**在市场极度弱的时候突然有一只股票站出来，带领了指数进行了大反攻，全市场都在看着他带领指数和千军万马逆袭，没错，你要参与的就是这样指数溢价的票**……大家都喜欢做龙头其实就是享受题材板块的溢价空间。不过这个要分阶段，有些人喜欢做龙头分歧的时候，有些人喜欢做一致的时候看每个人的理解和喜好了，我个人喜欢**刚分歧转一致的时候参与**……**要有大局观了，提前预判氛围**……大家体会一下市场氛围不一样的结果，氛围好再烂的板都可以高开，氛围不好一字涨停次日都会跌停……涨停板的溢价区分，对于学习打板的人来说至关重要。当你打一个板时，首先想到的是当天能否封住，其次是第二天的溢价有多少。因为打板是在全天的最高价买入一只股票，当天上涨没有空间，下跌的空间却有 20%，承担的风险也是低吸和追涨选手中最大的。**指数的溢价，板块的溢价，市场情绪和启动时间的溢价，这三种溢价需要灵活结合来看**……（李小禾）。

4. 这 12 年来（2007 年到 2019 年），A 股市场发生了巨大的变化……虽然指数上表现不佳，但是仍然有 11 只个股在 6124 点后上涨了 10 倍以上，也就是"10 倍牛股"。"10 倍牛股"中有 4 只是 TMT 行业，还有几只是生物医药行业。由此可见，**决定上市公司股价长期上涨的是其业绩**……机构投资者已逐步主导 A 股市场，机构普遍偏向于基本面研究……**建议大家一定要认识到市场生态的深刻变化，转变投资理念**（杨德龙）。

市场的根本结构：势、位、态

设计出的工具越多，使用工具的人就得越聪明。

——沃伦·巴菲特

以我的观点来看，图表从来就没有什么吸引力。

——杰西·利弗摩尔

技术分析的作用在于确认判断和管理仓位，技术分析的关键要素则是势、位、态，短线交易也不能忽略趋势的存在。

——魏强斌

一些道氏理论的学习者偏执地将其应用于日内交易，结果总是不断遭受资金的损失。

——罗伯特·雷亚

能看透复杂是聪明，能在此基础上做到简单是智慧。伟大的投资家都是高明的简化家，能够神奇地化繁为简。聪明的人能够把简单变成复杂，而智者才能让复杂回归简单。甚至在一切事业中，能够做到化繁为简，才是真正成功的开始。如果复杂跟简约进行竞赛，最终胜出的一定是简约。

——刘军宁

对于绝大多数炒家而言，最为简单的方法是通过股价本身的走势来把握进场和出场的机会。毕竟，相对于基本分析而言，技术分析更为简单。但是，正是因为看起来简单，反而**依靠纯技术分析不太容易赚到钱**。技术分析属于易学难精的工具，而基本分析则属于难学易精的工具。一个成功的股票交易者必须兼备这两种工具，所谓"高超股票短线交易者从来只看股价走势、不听消息、不看基本面"的说法纯粹是骗人的。

股票短线交易的24堂精品课：超越技术分析的投机之道

但是，我们也不能走入另外一个误区，那就是技术分析无用论。

对于短线交易者而言，技术分析是一个必要的组成部分，是不可或缺的，只是对不同的操作风格而言，所需要的成分不同而已。我们当中有依靠追逐题材和短期热点为生的动量交易者，也有依靠把握大盘人气和流动性拐点而生的趋势交易者，还有依靠把握个股重组和异动为生的波段交易者，身边也不乏各类股票短线高手，比如专门琢磨涨停等价量异动模式的短线炒家等。这些人对于技术分析的需要程度是不同的，有些人需要的多一些，有些人需要的少一些，极端情况下的短线炒家可能暂时只看价格（或许加上一点成交量）。不过，他们的共同特点是绝不可能少了技术面之外的分析，比如基本面（驱动因素）和心理面（预期和资金因素）的分析。

技术面对于绝大多数股票短线客而言是不可或缺的，但是也没有必要像市面上那些"宝典"和"秘籍"一样写得云里雾里，千奇百怪。技术面分析无非就是三个范畴：第一个范畴是价格形态，小的形态是 K 线形态和竹节线形态，大的形态则是诸如双顶和双底之类的形态。第二个范畴是成交量（包括基于成交量的指标），**成交量的形态一般为市场大众研究得很少，所以这方面的特征一般可靠性更高，大家可以从这个角度入手。但是也不要走偏了，相信只靠死板的成交量形态分类就可以看出哪只股票铁定涨停，那纯粹是误人子弟的做法。**假如有这么简单的暴利方法，早就被市场中的"技术原教旨主义者"发现了，到现在也不可能有效了。第三个范畴则是基于价格的技术指标，这是绝大多数初学者热衷的方向，也是基本上无效的方向，这个可以称为"金融巫术"。除了布林带之外，绝大多数技术指标都没有科学的依据，基本都没有经过全面彻底的绩效统计，而且其中一些经过国外权威统计的技术指标其有效率接近 50%，也就是说与扔硬币差不多。

为什么会出现这种情况呢？最为重要的一个原因是基于价格的技术指标其实分为两类：第一类是趋势指标，比如移

势、位、态是技术分析的三个要素，关于这三个要素的系统分析方法，本来想专门谈一下，但是因为《外汇交易三部曲》已经详细展开，所以没有必要再费笔墨。所有的技术分析如果没有囊括这三个要素，那么就是不完整的，也是不系统的，效果自然大打折扣。

动平均线、MACD 等；第二类是震荡指标，比如 KDJ、RSI 等。而市场的行情其实也分为两类：一类是单边走势，这时候趋势指标有效，而震荡指标失效；另一类则是震荡走势，这时候震荡指标有效，而趋势指标失效。技术分析本身无非是告诉交易者过去的走势是单边还是震荡。**既然你从技术分析的角度无法区分当下和未来的走势是单边还是震荡，那么你怎么知道现在和未来应该采用哪一类的技术指标呢？既然不知道采用哪一类技术指标有效，你怎么能够单凭技术分析就获利呢？**

上面这段话大家应该多读几遍，为什么技术分析想要解决的最大问题是它本身注定无法解决的？**技术分析想要解决的最大问题就是能够在当下或者事前区分当前的行情性质，是单边还是震荡。但是，这个问题却是纯技术分析手段无法做到的。**所以，绝大多数散户在这个市场中之所以失败，最关键的就是想要用一个不能解决特定问题的手段去解决这个特定问题。怎样才能有效地运用技术手段？需要觉悟啊，**只有你知道这个手段的局限性，你才能真正用好这个手段。**巴菲特讲能力范围之内选股投资，他就是觉悟了个人理性的局限性。而**我们要做好短线，就是要清楚地知道基本分析、心理分析和技术分析三者的局限性。**

在本课，我们主要围绕技术分析的局限性和要素展开。不要将技术分析看成是科学，更不要将技术分析看成是神学。如果你将技术分析看成是科学，那么你就会成天收集各种技术指标，想要找到市场的圣杯；如果你将技术分析看成是神学，那么你就要希望自己能够像江恩和艾略特一样，用神奇的手指预先点明市场每一个高点和低点。无论你采取上面哪种极端态度，你在这个市场上都是输家。为什么呢？**炒股与战争最像**，你想想看，你能够按照机械的指标来操作战争取胜吗？你能够寄希望于神奇的力量来取胜吗？**现在的技术分析是靠迷信来维系的，只有破除这一光环才能建立起科学的技术分析。科学的技术分析必须基于统计的角度，在逻辑上也能站住脚，每种形态背后的心理意义得到合理的解释**等。这些工作在国外已经展开，围绕着行为金融学这个核心进行，但是我们看看国内的同行们呢？大多还在巩固迷信的堡垒，制造新的更多的光环。这让我们想起了四大发明，在古老的土地上成了维系迷信的工具，在欧美列强那里却发展成为强大的武器。今天，同样的情况发生在了技术分析领域，要想金融强国，就必须破除对技术分析的迷信，以科学的态度和符合逻辑的框架来研究技术分析。

科学地研究技术分析，这是一项浩大的工程，需要每一个人添砖加瓦，本教程也不能有革命性的创举，只是希望大家在认真学完本课之外，离这个目标更近一些。虽然在理论上我们不能让大家一日千里，但是希望这堂课让大家能够在股票市场上开启

真正持续的盈利之旅。所以，本课就从股票市场的根本结构谈起，为什么要谈这个主题呢？原因很简单，无论你采用多少种技术指标，无论你看价格还是量，对市场的把握水平都取决于你是否把握了市场的根本结构。纲举目张，做股票不要太烦琐，市面上那些介绍几十种，甚至上百种技术指标和形态的书其实误导了绝大多数交易者。

在我们初入市场的时候，也曾经想收集所有的技术指标，一是认为其中必定有"神奇的圣杯"，二是认为"越多越好"。其实，这就忽略了"抓住关键"这一成事的规律。当我们想要通过最复杂的模型和工具来解读和把握某一对象时，路已经走偏了。所以，**最成功的股票交易者并不是拥有最多指标和最复杂模型的人，相反他是抓住了极少数关键因素的人**。只有抓住市场的最根本的结构，我们才能战胜其他交易者，短线交易就是"显而易见的零和博弈"，我们所赚就是他人所亏的部分（当然，市场组织者和中介机构还要从所有人那里分一杯羹）。

战胜这个市场上的其他参与者首先是靠眼光，其次是靠勤奋。什么是眼光？抓得住最关键的能力就是眼光！什么是勤奋？勤奋绝不是逐一研究某一种指标和形态，绝不是眉毛胡子一把抓，更不是建立囊括一切因素的完美模型，**勤奋是在最关键的因素上努力**。劲要用在刀刃上，这个最浅显的道理在股票市场上被绝大多数人忽视和违背了。

那么什么是市场的根本结构呢？如果用一个字来概括就是"N"，如果说得更详细一点就是"势、位、态"。可以毫不客气地说，如果你把这个结构搞清楚了，市面上绝大多数股票书，在你看来都是门外汉骗门外汉的产物。真传一句话，假传万卷书，真理就隔着一层窗户纸而已，关键看你觉悟到这一层窗户纸没有。觉悟有时候就是一宿的事情，起来你就把这层窗户纸捅破了，见光了，感觉原来这么简单。众里寻他千百度，那人却在灯火阑珊处。为道日损，为学日增，你要在股票交易中悟道，就要不断删掉那些无用的东西，剩下的才是精髓。精髓可以是一句话，最多也不会超过一张 A4 纸。而要把这精髓讲透彻恐怕也非一书之功，更非一日之功。

股票交易的技术很多，穷其一生你也不可能学完，这是具有必然性的事件。但是股票交易技术的核心其实是极其有限的，**抓住这个核心就相当于对所有股票交易技术都有所了解**。股票分析技术是股票交易技术中的重要组成部分，**股票分析技术和仓位管理技术结合起来就构成了股票交易技术的主体**。股票分析技术是仓位管理技术的基础，通过股票技术分析我们可以明了各个价位下进场和出场的期望值分布，所以分析技术提供了仓位管理技术所需要的基础。本课就是围绕这个基础来讲，围绕这个基础中的核心来讲，这就是"N"字结构，这就是"势、位、态"。你搞懂了这个核心，就不用到处找新技术来学，天天找方法，但却无法坚持下去，这就像到处打井，却没有

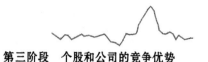

一口井见水。

下面我们就从"势、位、态"结合着"N"字结构开始讲解技术分析的核心和要点。"势、位、态"是技术分析的三个要素，如表 22-1 所示。趋势的最为简单的结构就是"N"字结构，这个结构同时涵盖了"位"和"态"。

表 22-1　行情技术分析的三个要素

势	位	态
宏观信息	中观信息	微观信息
主要工具为 N 字法则	主要工具为斐波那契分割线	主要工具为 K 线

对股价走势进行技术分析，要把握三个要素，这就是上述的"势、位、态"三要素。**趋势就是市场运动的主要方向**，而不是次要方向，**位置则是进场和出场可以凭借的特别价位**，比如阻力位和支撑位，一般而言股票进场做多可以凭借支撑位"见位做多"，凭借阻力位"破位做多"，这些是后面会提到的内容（由于技术分析并非本书的主旨，所以更为详细的介绍请参考《股票交易进阶》这本书）。而**"态"则是确认趋势和位置有效的工具**，股价的 K 线形态是最常用的"态"分析工具。在"势、位、态"三要素分析中，"N"字结构基本上综合这三个方面，如图 22-1 所示。

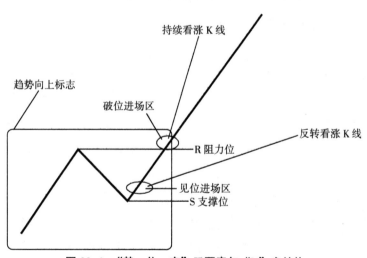

图 22-1　"势、位、态"三要素与"N"字结构

"势、位、态"的第一要素是"势"，这个要素在所有交易者眼中都具有最为重要的意义。**趋势是持续性的**，这是趋势的最本质特征，否则我们按照"顺势而为"的原则去操作就毫无意义了。这种持续性从交易巨擘杰西·利弗摩尔开始就被不断强调，直到今天仍旧被奉为圭臬，但是大众之所以无法接受这一观念的原因有两个：第一个原

因就是刚才提到的**方向和趋势的混淆**，股票短线炒卖的参与大众往往将当下的走势当作趋势，追涨杀跌是否是顺势而为的最好注脚；第二个原因是**趋势是持续性的，但是更是稀缺性的**，而大众追求高胜率的倾向使得他们往往无法忍受趋势的这种稀缺性，在没有明显趋势的走势中，顺势而为者会有不断的亏损，这就要求交易者采取"试探—加码"操作法，如果没有趋势，则交易者的亏损都被限定在试探性的轻仓上，但是一旦碰到真的趋势，则价格走势不会很快完结，也就是说趋势具有持续性，所以趋势给了加码天然的机会，只有具有趋势的走势才会给交易者加码的机会。

趋势是全局性的、持续性的、稀缺性的，这就决定了顺势而为必须是采用整体观念，采用"试探—加码"操作手法。

在纯技术分析者眼中，趋势被看作是"公理"的一部分，也就是认为趋势是不可能预测，同时是先验的东西，他们固执地认为市场倾向于有趋势地运动。其实，**每一次新的趋势，都是新的主题在推断股价运动**。无论是价值投资者，还是短线投机客都要首先把市场的这一状态搞清楚。谈到趋势，不得不提到巴菲特，巴菲特是价值投资者的典范，这是一个长期以来形成的"陈词滥调"，是所有金融界人士的口头禅，但实际上巴菲特所下的无非是三步棋：**第一步棋是找出那些每股收益具有持续上升趋势的个股**。为了做到这一步他选择了那些**具有持续竞争优势的公司**，而这种持续竞争优势的来源往往是所谓的"**市场性专利**"（参考第十八课的内容）。就连短线大师拉瑞·威廉姆斯都知道每股价格最终是收敛于每股收益的，所以如果找到了预期每股收益率持续上升的个股就能获得股价的持续上升。从这点出发大家就可以看出巴菲特是一个"趋势性交易者"，他通过每股收益趋势来把握盈利机会。**第二步棋是等待股价因为恐慌而大幅偏离每股收益趋势**，这就是所谓的"安全空间"充足时地买入。按照我们本课要介绍的进场方法，这其实是**见位进场策略**，也就是回调买入法。做过股票技术交易的炒家都明白假如你预期价格目前是上升趋势中的回调，那么就可以在回调的时候买入，只不过绝大多数技术交易者都是根据趋势线等技术工具来判断股价趋势的，而巴菲特是利用每股收益趋势（或者说是利用公司持续竞争优势）来判断股价趋势的。纯技术交易者可能在股价回调到斐波那契支撑线或者上升趋势线附近买入，而巴菲特则会等股价回调到离内在价值足够远的位置附近买入，简而言之就是"回调买入"（上升走势中见位进场）。**第三步棋则是寻找股价超越趋势（长期价值线）后的卖出机会**。这里需要注意的一点是巴菲特绝不是一个"买入—持有"策略的典范，他其实是"**持有—不断审视**"（管理）策略的典范。之所以有几家公司一直持有，是因为这几家公司还具有持续竞争优势，其每股收益趋势仍旧是向上的。

　　国内的股票交易者绝大部分都是失败的，赚的可能都是小钱，一亏就成了套。他们之所以成了这个市场的"羔羊"，之所以成了"猎物"，基本是因为两种思路：第一种思路是基本不看趋势，这就是短线抢进抢出，或者道听途说，不做深入研究。这类人即使讲趋势其实也很狭义，往往局限于纯技术分析，没有很好地结合驱动因素和主力因素的深入分析，不看"国家队"的动向，不看货币政策的方向，不管股市制度的变化趋向。第二种思路就是"死扛"，在放掉了几只大牛股之后，扼腕叹息，或者是在"盲目割肉"后无比后悔，最终就认为"会炒股不如会捂股"。市场上往往流传极少数无意"捂住牛股"的例子，比如谁买了深发展压箱底后来翻了多少倍啊，谁当初买了万科和五粮液现在还没有卖啊，诸如此类的。其实，这个市场上股票被"捂死"的例子却往往被大众忽略了，因为大家在这个市场上有个虚荣心理，一旦赚了，到处宣传，生怕别人不知道自己是个"股神"；但如果亏了，被套了，就会避而不提伤心事。久而久之，虽然大家屡买屡亏，但仍旧跃跃欲试，为什么呢？因为这个市场从来都是流传"英雄和神话"的地方，"一将功成万骨枯"的道理没人懂。这种"死扛"的做法也是忽略了股价趋势的做法，没有看公司是否有持续竞争优势，也没有看目前股价的市盈率水平高低，而且还可能连最单纯的技术趋势都不看，最终结果可想而知。

　　趋势非常重要，你做交易，**不管是趋势跟踪交易，还是波段闪击，或者是其他交易模式，趋势都是你必须先花最大精力搞懂的问题**。如果你没有完成这一步，后续的步骤都是"竹篮打水一场空"；相反，如果你很好地完成了这一步，那么后面的两个要素也能够"拨云见日"，做到"信手而为"。趋势的分析非常重要，但是也非常考交易者的功夫，这个不像位置分析和形态分析，**趋势分析要做得好绝不是纯技术分析能够完成的**。见过太多的股票交易高手，无论是价值投资，还是价格投机，无论是中长线还是短线，都绝不是单单依赖所谓的几根线和各种技术指标就把趋势搞明白的。技术指标在分析趋势的时候往往是"事后无比清楚，事前万分糊涂"，所以从我们的实践出发，**如果想要做好对"势"的分析，必须超越单纯的技术分析**。

　　很多学员可能会认为大名鼎鼎的杰西·利弗摩尔不是纯粹靠技术分析来判断趋势吗，道氏理论的创始人不是靠纯粹的技术分析来判断趋势吗？其实，这正是国内以讹传讹造成的后果。约翰·墨菲是真正的技术分析研究者，他提出了技术分析的三个原则，其实并不符合实际，我们身边随处可见违背这三个原则的成功交易者，而且非常奇怪的是那些天天亏损的炒家死抱着这三个原则不放。

　　约翰·墨菲对技术分析的总结是全面的，但也是机械的。杰西·利弗摩尔是趋势跟踪交易的代表人物，是理查德·丹尼斯之前最为重要的趋势跟踪交易者，他提出了**金字**

塔顺势加仓法。这是一个交易界最为天才的发明，因为它在降低风险的同时利用了复利原理，利用浮动利润加仓，这就能够造成资金的指数化增长。当然，目前A股融资交易还不方便，利用持股的浮动盈利加仓是不可能的，所以顺势加仓的方法并无太大优势，反而可能造成资金利用不充分。

杰西·利弗摩尔并不是一个纯技术交易者，他有时候会在价格拐头的地方进场，这并不符合趋势交易中纯技术分析者那种"不做两头，只吃中间"的策略。他为什么会这样做，看看他的《如何进行股票交易》（往往被翻译为《股票大作手操盘术》）就可以发现他很多时候的进场其实是考虑了经济大背景的，绝不是只看指数和价格走势就进场的做法。因此看来，杰西·利弗摩尔的趋势分析方法绝不是单纯的看价格等技术指标。这里不得不提的一点是，杰西·利弗摩尔首倡了"顺势而为"的思想，并且将其具体化为"截短亏损，让利润奔腾"。当然，他的这个思想是正确的，而在具体化方面有一定的局限性，**毕竟利润不是在任何行情和时间框架中都能奔腾起来的。**

另外一位技术分析的奠基人，道氏理论的创始人查尔斯·道也并没有认为自己的理论可以用来预测股市本身的走势，而且他的分析方法也是结合了群体心理和经济周期的。大家看看罗伯特·雷亚关于道氏理论的书就可以发现这方面的内容。国内宣传道氏理论的人大多对这个理论的精髓并不了解，曾经有一个在2007年风靡大江南北的所谓私募人士在其书中竟然称"道琼斯先生"创立了道氏理论，然后还对道氏理论进行了不着边际的阐述。看到他书中的这段不得不笑出声来，连道氏理论的创始人都没有搞清楚，竟然把道琼斯公司扯过来当了先生，真够"浑水摸鱼"。在这里我们需要强调的一点是道氏理论所提出的市场三重结构，也就是**"主要运动、次要折返和日内杂波"**其实对于我们把握市场趋势非常有意义，对于实际操作更是意义非凡。**如果你把趋势跟踪的方法用在日内杂波上，往往都要吃大亏，而如果你把"赚了就跑"之类的策略用在主要趋势上，则只能赚小钱，**然后"干瞪着眼"面对市场的继续发展。道氏理论告诉我们无论是什么时间结构上的行情都存在方向，但是**只有日线上的走势才有所谓的趋势可言，**所谓的"顺势而为"必然是着眼于顺应日线上才能找到的这个"趋势"。

除了道氏理论之外，江恩理论也非常注重趋势，主要体现在两个方面：第一个方面是希望通过市场几何学找出市场主要运动和次级折返的衔接点，这方面可以作为参考，但是**完全依赖这套东西去操作，又不设定合理止损的话，最终结果是很难看的。**第二个方面是在具体进场方面，提供了几种具体的模式，比如双底进场等。

从上面诸多角度来看，趋势在任何交易中都占据了显著的位置，但是其定义太过广泛，而且含混不清，趋势几乎成了交易界不证自明的公理。正是这种不可明说的做法，让趋势成了入门者永远的伤痛。**如果不能对趋势的本质进行透彻的说明，我们如何能够在交易中判断和初步确认出趋势呢？** 现在通行的做法要么是在趋势已经结束的时候来确认它，要么就是将趋势等同于价格运动的惯性。前者就好像是某些数浪专家的马后炮，看起来理所当然，其实实践起来根本不是那么回事，这是一种事后完美解释的"理论派消遣"而已。后者就好像是给市场运动制定轨道的神仙，就算有过几次成功，接下来也往往会错得离谱，追涨杀跌成了这一认识的直接做法。所以，**我们不能简单地认为趋势是由历史价格决定的**，这种思想已经害死不少人，但是这种错误认识的"趋势"还有继续的势头。

波浪理论和趋势线理论本来没有问题，错就错在使用者认为趋势是由历史价格运动决定的。做股票的个人交易者天天都在看历史股价走势图，罔顾基本面和心理面，**如果股价真是由历史决定的，电脑程序早就能够从股票上市的一刻起算出此后股价的所有趋势了。**

其实，**趋势之所以形成，是因为一个较为持续的信息群因素在驱动。** 如果信息散乱或者持续性不强，那么趋势（震荡走势并不是狭义上的趋势）都很难形成。**市场运动方向的改变往往是因为既有信息能效释放完毕或者是相反信息开始发挥强力作用。** 个股价格走势的趋势其实是由目前整个大势 M（政经大背景、大盘走势等）、上市公司竞争优势 A 以及题材 S 还有板块 I 等因素共同决定的。在缺乏新外力的作用下，股价总是倾向于沿着既定的方向运动，或者是处于静止状态，简单而言就是震荡。**当我们分析大盘和个股趋势的时候，重点不在于技术走势，而在于准确抓住阶段性的关键因素，技术手段在于帮助我们确认。** 我们将那些持续性很强的关键因素称为主题，将那些持续性较弱的关键因素称为题材，如果没有特别的区分我们会用题材泛指题材和主题。**股价或者指数之所以能够较为稳定地形成趋势，一定有某种稳定的因素在驱动，这种因素往往是台阶式发展的事件，价格逐步对其进行吸收，因而形成了价格趋势。** 比如苏宁电器和华菱钢铁单边走势就是因为一个持续的因素发酵（见图 22-2 和图 22-3）。要想抓住趋势，就必须找出那些能够对股价形成持续作用的台阶式事件，对于脉冲式事件要谨慎对待，因为后者往往会被价格马上吸收，进而形成一日游行情。

基本面（驱动面）才是研究温度变化的原因本身，而技术面（行为面）只是温度计而已，千万不要迷信"玄学式的技术分析"，我们身边成功的股票交易者当中没有一个是依靠这类分析持续盈利的。

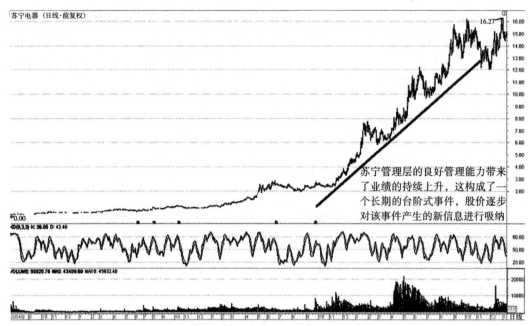

图 22-2　苏宁电器股价单边上扬背后的台阶式事件

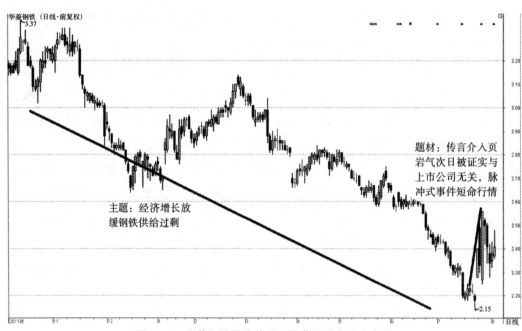

图 22-3　华菱钢铁股价单边下挫背后的台阶式事件

大家可能对技术分析非常痴迷，以致还是相信技术走势吸纳一切信息的鬼话，其实技术走势在长期来看肯定是会吸纳一切信息，这种吸纳有一个相当长的过程，况且**突发信息导致的价格波动往往会突然导致价格走势形态走坏，一下子将此前的技术判**

断完全推翻。

在一个阶段当中，一般都只有一个因素对市场运动形成决定性影响，这是因为**市场对信息的吸纳往往做不到同时吸纳很多信息，因为市场参与者具有从众性**，所以市场参与者主体们往往很难做到各自选择信息独立吸纳。这一点与经典金融学关于有效市场的假设不相符，而且与理性人的假设也不相符。**金融市场中的参与者与日常生活中的人一样**，往往在一个时刻或者时段当中只能注意一个信息。因此，市场在某一阶段当中往往会集中吸纳某一信息，如果是台阶式发展的事件就容易产生连续的新信息，从而作用于参与者心理，进而使得参与者调动资金行动，这样价格就对信息进行了持续不断的吸纳，最终形成了价格趋势。这个价格对信息的吸纳过程其实与我们的三个分析是匹配的，见图 22-4。

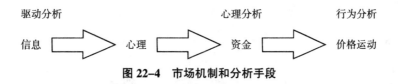

图 22-4　市场机制和分析手段

记住，**市场群体在对信息做出反应的时候遵循最近最重要的唯一原理**，也就是说一次（一段时间内）只能对一个信息进行反应，同时往往对最近最重要的信息做出反应（见图 22-5）。这个原理不仅在判断大盘走势上有重要作用，在判断个股走势上也有显著的实战价值。比如，这周要公布汇丰 PMI（中国）数据，这是近期最为重要的数据，那么市场就会对此有预期，因此行情就会按照这个预期来走。一个月后有一个重要的数据是信贷额，但是目前行情肯定不会对此有反应，因为市场一次只能吸纳一个信息。而且在信贷额这个数据公布之前这一个月时间当中还有其他重要数据要公开，而且可能发生很多意外的事情，因此就算主力再聪明也不敢这时候对一个月以后的数据进行过早的反应，市场上的散户更是如此，因为市场参与者是群体性短视。

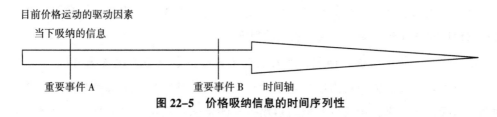

图 22-5　价格吸纳信息的时间序列性

个股趋势的运行受到的驱动因素很多，有时候某些个股没有什么直接影响因素，但是也会受到大盘的强劲影响，在这个时候 AIMS 框架下的 M 分析就显得最为重要，这时候大盘的关键驱动因素就是我们分析的重点。大盘每个阶段也有一个题材或者主题在驱动（见图22-6），这个是我们做交易的时候一定要先确定的，一个阶段内大盘的这一驱动因素是稳定地在发挥作用。

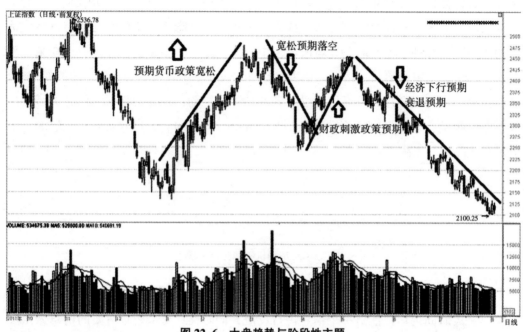

图 22-6　大盘趋势与阶段性主题

"趋势的确认"可以用技术手段（千万注意"确认"两者，"确认"非"预判"，"预判"在前，"确认"在后），比如移动平均线（见图22-7）、趋势线（见图22-8）、MACD等技术指标（见图22-9），我们经常使用N字结构，或者加上N期规则和N%规则，本书主要介绍高效而简单的N字结构，因此大家可以在本教程中看到许多与N字结构相关的运用。

除了从技术行为上确认趋势，更为重要的做法是观察信息与价格之间的互动，这才是高手的做法。如果说趋势分析有什么秘诀的话，可能就是**观察市场预期（关键信息）与价格对此预期（关键信息）的吸纳程度**。

第一步是要找出市场的预期，或者说找出关键信息（主题或者题材）。方法有两种：第一种是从技术面（行为面）入手反过来找出关键信息；第二种是从基本面（驱动面）直接入手找出关键信息，然后再用技术面来初步确认。这两种方法其实都包括了预判趋势和确认趋势两个步骤，只不过顺序相反而已。

图 22-7 移动平均线

图 22-8 格力电器趋势线

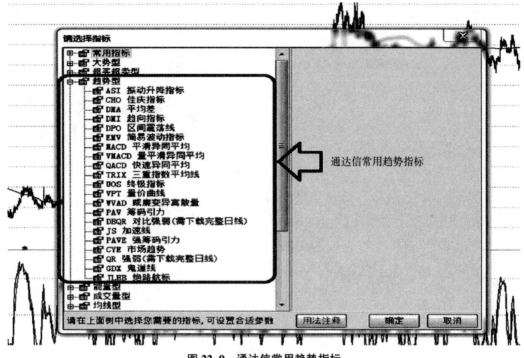

图 22-9　通达信常用趋势指标

先来看第一种方法，也就是从市场行为面入手反过来找出关键驱动信息。价格走势或者涨跌幅排行出现了某些特征之后，我们就会反过来看看相关板块和个股是不是出现了驱动面的重大变化。具体而言，比如，如果个股盘面出现了异常，主力似乎有入驻的迹象（参考本教程第十九课的内容），那么就应该反过来查看个股和相关板块有什么潜在或者新兴题材。又比如，如果个股出现了双强模式（参考本教程第十七课的内容），我们同样需要反过来确认驱动因素是什么。再比如，我们通过涨跌幅排行找出排名前三的板块（参考本教程第十二课和第十三课的内容），这时候我们就要**找出是什么因素在驱动这些板块，这些因素的可持续性如何，目前被市场吸收了多少**（通过涨幅可以判断吸收的程度，这就是高手长年累积的最宝贵经验之一）。

不少初入股市的人都认为赚钱的秘密在于某种有形的走势或者是具体的指标，其实真正赚钱的东西就是我们提供的这些策略和技巧。你在市面上很难发现撇开技术分析来介绍股票短线交易的书籍，大多数书籍都在围绕 RSI、MACD、移动平均线、KDJ、SAR、布林带和 K 线等技术面的东西在翻来覆去地介绍和讲解。你稍微动动脑子就能明白，既然市面上这么多材料都是介绍技术面的东西，可见**这个市场中懂技术分析的绝对是最多的**（仅次于此的就是普通老百姓打听内幕的）。反过来，你再想想这个市场中亏损的人也是最多的，那么这两者之间是不是基本重叠呢？这里面可能有些武断了，但这种反思对于成长却绝对是有百利而无一害的。

接着来看第二种方法，也就是从驱动面直接入手找出关键信息，然后再用行为面来确认。还要找出指数和大盘的关键驱动信息，就必须密切关注政经的重大变化，这涉及指数的变化，同时还要关注事关个股的重大因素变化。指数相关重大因素变化的研判可以从本教程的第一课、第二课、第六课、第七课、第八课和第十课的相关技巧入手。个股相关重大因素的变化可以从第十一课、第十二课、第十三课、第十四课、第十五课和第十八课入手。找到了重大因素的潜在或者新兴变化还不够，还需要通过技术面来确认，指数层面的确认可以参考第三课、第四课、第五课和第九课的内容，个股层面的确认可以参考第十七课、第十九课、第二十课和第二十三课的内容。这里就没有必要重复了，大家谨记本教程是一个整体即可，而将整个课程统一为系统的框架就是 AIMS。

由于信息因素的效力不同，可持续性不同，因此我们将决定股价趋势的关键信息称为核心信息。所谓的核心信息就是在相当长的一段时间内主导股价趋势的信息因素。**核心信息导致股价要么持续向上，要么持续向下，只有缺乏核心信息因素的时候才会出现震荡走势**。核心信息因素被充分吸纳之后，趋势可能出现停滞情况，但是这个时候的市场参与者大众，具体而言是散户和股评师可能还沉浸在该信息因素的指引下，因此这个时候可能出现所谓"利空出尽跌势反转"或者"利多出尽涨势反转"的情况。这里涉及价格对信息的吸纳程度问题，下面我们会进行详细的介绍，这是区分短线高手和平庸者的关键点。利空出来不跌，利多出来不涨，分为两种情况：第一种情况是信息与目前的趋势相反，而且信息不太重要，自然为市场所忽略了，这样就会出现利空不跌、利多不涨的情况，这属于信息等级的问题；第二种情况是关键的核心信息已经被完全吸纳了，再出现顺向消息对市场没有继续的推动能力，这时候也会出现利空出来不跌，因为主要利空已经兑现，利多出来不涨，因为主要利多已经兑现了，这属于**信息吸纳程度**问题。第一种情况与第一步有关，第二种情况则与下面的第二步有关。简言之，**利空不跌和利多不涨分两种情况：第一是信息等级低；第二是关键信息已经被充分吸纳**。

第二步是判断价格对关键信息的吸纳程度。一个较为关键信息逐步释放其能力的过程，其实就是市场参与者将注意力集中在该信息上的过程，在这个过程中市场参与者往往对其他因素不够关注。这还是涉及之前我们介绍的那个原因，人的大脑不能同时对两个问题进行有意识的处理。在股票市场中，参与者很难恰当地同时对多条信息

进行价格吸纳，所以**股价和指数在一个阶段内总是对最近最为重要的单一信息进行吸纳**。在任何一个时间段内，参与者总是关注一条信息，这个单一因素（信息）就是市场的焦点，它驱动市场往单一方向运动，并且让市场参与者忽略其他相反的信息。"任何一个时间段内"提示我们**任何信息对于股价的影响时间都是有限的，当股价已经按照这个信息的方向大幅运动之后，我们就必须降低该信息的未来驱动能力，而不是提升其未来驱动力，除非该信息得到进一步的升级**。股票交易中短线交易者应该对市场关注的焦点进行分析，只要能够找到主导市场走势的焦点，那么就能够对其影响力进行较为恰当的评价，难点就在于找到这个焦点。

能否更坏，能否更好，这关系到行情能否继续。

找到了焦点就要评估其被市场吸收的程度，核心焦点主导股价的趋势，围绕这个核心焦点来推断指数和个股的运行态势。在上升趋势中，如果有新的利好公布，股价能够继续走高，说明此后该股股价继续上升的可能性很大。在下跌趋势中，如果有新的利空公布，股价能够继续走低，说明此后该股价继续下跌的可能性很大。

在上升趋势中，如果有新的利好公布，股价高开低走，说明股价大幅调整的可能性很大，甚至是反转的开始（一般当日或者次日收大阴线），这就是**"利好兑现效应"**，也就是说，趋势方向的关键利好已经被价格充分吸收了。在下跌趋势中，如果有新的利空公布，股价低开高走，说明大幅反弹的可能性很大，甚至是反转的开始（一般当日或次日收大阳线），这就是**"利多兑现效应"**，也就是说趋势方向的关键利空已经被价格充分吸收了。

关键的核心信息与普通信息之间有相互作用的关系，这一点也是我们在进行股票中短线分析时需要掌握的内容，这里有几个分析要点：**第一，与核心信息同向的新信息有延续趋势的作用**。比如上海家化经历了一次长期的上涨，之后进入整理状态（见图22-10）。在回落期间，2012年2月15日发布一则新信息——"刊登关于获得高新技术企业认定的公告"，内容如下：

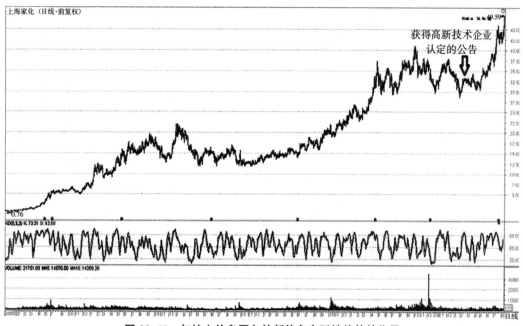

图 22-10　与核心信息同向的新信息有延续趋势的作用

公司接由上海市科学技术委员会、上海市财政局、上海市国家税务局和上海市地方税务局颁发的《高新技术企业证书》，证书编号为 GF201131000239。根据有关规定，企业获得高新技术企业认定资格后三年内（含 2011 年），公司所得税税率按 15% 的比例征收。此次获准高新技术企业认定资格后，本公司从 2011 年开始继续按 15% 的税率缴纳企业所得税（2008~2010 年公司按 15% 的税率缴纳企业所得税）。

这种新信息提供了新的上涨动力，此后估计继续上扬，不断创出新高。

第二，与核心信息同向的老信息没有延续趋势的作用，因为已经被价格充分吸收。比如，苏宁电器在 2012 年上半年持续下跌，到了 2012 年 7 月 30 日公布半年报，显示 2012 年 1~6 月公司营业总收入较上年同期增加 6.69%，利润总额、归属于上市公司股东的净利润分别较上年同期下降 34.70%、29.49%，业绩虽然如预期一样不佳，但是股价反而企稳了（见图 22-11）。

第三，与核心信息反向的一般新信息对趋势有调整作用。比如，贵州茅台受到业绩和行业板块的持续驱动处于上涨趋势，但是 2012 年 3 月初有政协委员提出来禁止公款消费茅台引起股价调整（见图 22-12）。题外话：巴菲特其实精于此类信息带来的买点。

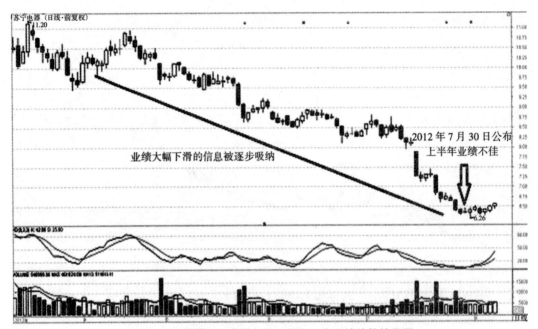

图 22-11　与核心信息同向的老信息没有延续趋势的作用

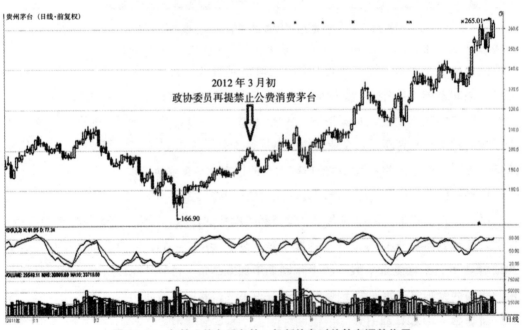

图 22-12　与核心信息反向的一般新信息对趋势有调整作用

第四，新的反向核心信息将取代那些已经为市场大幅运动所吸纳的老核心信息发挥主导作用。比如，美的电器股价的 V 字反转就是这类情况（见图 22-13）。

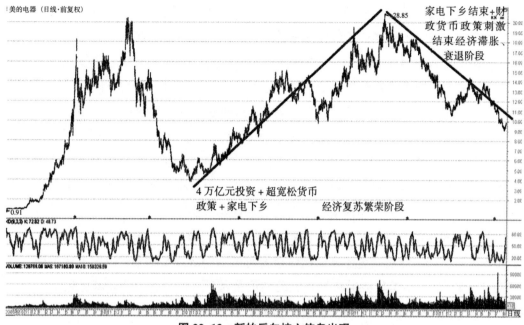

图 22-13　新的反向核心信息出现

　　"势、位、态"的第二要素是"位"，确立了趋势之后，就要确定进出场点的依托。股价回调到支撑线处可以买入，股价突破阻力线处也可以买入，前者被称为见位进场，后者被称为破位买入。股价跌破支撑点卖出则被称为后位出场，股价升至阻力点卖出则被称为前位出场。"位"是否有效往往需要"态"来确认，比如股价回调到支撑线处出现了看涨 K 线，那么就表明此处支撑有效，作为见位进场的可靠性大大提高了。那么，如何筛选可能的支撑线和阻力线呢？前期高点或者低点价位，前期成交密集区，斐波那契比率点位等。筛选出潜在的"位"之后，就要等待市场走势的"态"来确认，然后你才能扣动进出场的扳机。

　　"势、位、态"的第三要素是"态"。广义的形态涉及价格形态和成交量形态，而价格形态则又分为 K 线形态和竹节线形态，两者有很多相同的地方，而且 A 股行情分析软件大多以 K 线为主，所以我们这里就着重介绍 K 线形态。

　　那么，K 线与趋势有什么关系呢？K 线之所以被西方部分技术交易者忽略，其中一个很重要的原因是经典的 K 线教科书把 K 线的反转信号当作全局性顶底来教授，而在实际运用中不少西方技术交易者发现 K 线的反转信号往往会使交易者与趋势对着干。其实，K 线是微观信号，是局部信号，而不是关系整个市场顶底的信号，在日内交易时间结构上更是如此。但是，足够数量的 K 线可以告诉我们一些关系趋势的信息，比如阳线相对于阴线的数量，阳线实体相对于阴线实体的大小，不过这些方法的主观性

较强，而且少些复杂，比起用移动平均线和趋势线来厘定趋势，这种分析方法的效率较低。**K线是趋势的载体，是价格走势的血肉。**无论是趋势还是方向都是由K线来表达的，但并不是一根K线，而是许多根K线。

K线的相关书籍很多，比较好的主要是斯蒂夫·尼森的相关著作，国内的证券K线书籍大部分都是将典型的K线组合加以例证，改换更通俗的名称而已，比如"空方炮"和"仙人指路"这类称呼可以看成K线的"汉化版本"而已。

学习K线的时候一般是理想定义出发，比如出现"流星线"意味着什么，看空还是看多等。这是比较机械的方法，刚开始有这样一个过程。但是，我们要逐渐往两个要求上努力。第一个要求是**搞清楚形态背后的博弈含义，**为什么这个形态会有特定的多空意义，**多问几个为什么，而不是死板地记住"涨跌归类"。**第二个要求是**要将K线与驱动分析、心理分析结合起来，同时也要将K线与成交量和盘口结合起来推断。**记住是"推断"，并不是死板地按照书上的结论去对号入座。刚开始推断的时候缺乏方法，坚持一两个月就会有通透感，对行情的走势并不局限于简单地类比，而是通过价量盘信息结合基本面去推断背后力量的消长，最终搞清楚对手盘的意图和实力。

对于不想涉及基本面太多的交易者而言，将K线与成交量以及盘口结合在一起分析是必需的。但是，市面上很少有涉及结合三者一起分析的，绝大多数都是着墨于K线本身，成交量随带分析一下。而且，这些书的K线分析基本停留在比附上，其实K线不仅告诉我们已经发生的涨跌，更多地告诉我们各种博弈主体的意图和持仓变化。实际运作中的**主力会利用散户熟识的K线形态来引导他们，**所以死板照搬K线分析往往会落入主力的陷阱，如图22-14所示。

要能通透"势、位、态"这些样书也就进入了真正短线读盘高手的境界，这个需要时间去累积，大家可以结合本课和第十九课的内容多加学习和发挥。

【关于"趋势与位置"的经典论述】

对于股价波动的"趋势"和进场的"位置"，许多知名市场人士都有过精辟的阐述，下面摘录如下，与本课内容可以相关参照，以便进一步思考：

1. 趋势代表一股大潮流，是不可违的，茅台有价值吧，曾经有几次跌幅达30%~50%……大趋势来了，不管是绩优股还是绩差股，都会一江春水向东流。价值之父格雷厄姆、费雪等，在1929的大萧条中逆势买的都是价值股，亏得裤子都没了。**大趋势能够告诉你什么时候危险了好规避风险。**技术派的大成者利弗摩尔可做空一国，厉害

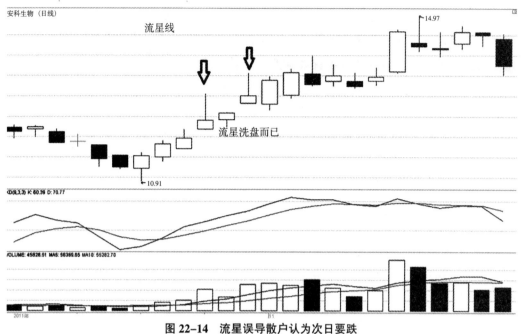

图 22-14　流星误导散户认为次日要跌

吧，可终究是水中月。高频炒单者也是牛人辈出，技术可以说做到了极致。技术可以小富，但难以大成……**选一个中小盘的绩优龙头股，一定时期看定趋势不断做 T**，从理论是可行的。从一定程度上避免了被市场题材概念情绪调动，**建立一个稳定的模式，固定自己的地盘，利用市场的投机力量、情绪，低吸高抛，反复的收割是可以期待的**，游资题材的介入就是意外地红利了而不能寄托希望在这上面（鲲鹏九万里）。

2. 个股有分歧到一致，板块也有分歧到一致。分歧到一致，再分歧，弱转强，强变更强，或者强转弱，弱再转强，为个股和板块运作规律。**一致为缩量，分歧为放量，放量还能板，那就是分歧转一致，为弱转强**。板块当天启动，龙头次日缩量涨停，为强转更强，是一致加速。但是如果跟风不行或者大盘氛围不行容易加速失败，为强转弱。为啥加速失败？其实乃板块走向分歧并转弱，或者龙头一致性太强，为强转更强，盛极必衰。个股有分歧一致的强弱转换，那么板块也有分歧一致的强弱转换。板块分歧研究更是大局观，龙头分歧研究服务于板块分歧（打板神咖）。

3. 龙头股战法的本质是"三个正确"：**选择正确的股票，在正确的位置，做正确的事儿**。首先是正确的股票。当然是龙头，而且必须是龙大。其次是在正确的位置，这个很关键。也就是说，**如果不在正确的位置，龙头无论怎么表现，你都不要买**。这是龙头的风控体系和否决权。最后是做正确的事儿。就是可以打板，但不限于打板。也即是说，可以分歧转一致的时候买，但如果看明白逻辑，不转一致的时候也可以买，

比如低吸，比如半路，比如点火。**把买点仅仅局限在转一致，其实是画地为牢，把龙头战法教条化。**上述"三个正确"中，**大家最容易犯的错误就是正确的位置。**很多人做龙头，天天信仰不离嘴边，这种人是没有龙头否决系统的，没有风控体系。很多人抱怨做龙头大起大落，其本质就是他没有龙头否决系统。**否决系统的核心就是位置否决权**（拈花成佛）。

小时图 N 字结构操作法

你不可能在每一个新高处买进，并非所有的向上突破都会产生相同的结果。

——杰夫·库佩

技术分析讨论的只是可能性，绝非百分之百确定的事情。

——马丁·普林格

在股市中，历史总是一再重演，这是因为人性是不变的，供求规律更是这样。过去那些强势股的价格形态当然也可以成为你以后筛选的典范。在分析是否应该买入某只股票的时候，你可以观察一下它是否具有某些典型的形态。

——威廉·欧奈尔

短线交易难度大，从纯技术角度去进行短线交易必输无疑，我们来看一个上海证券交易所给出的统计数据，如表 23-1 所示，统计时段从 1990 年 12 月 19 日到 2009 年 12 月 31 日，统计的是不同操作周期长度下的盈亏特征。

表 23-1 不同周期长度下的盈亏特征

操作周期长度	每天交易一次	每周交易一次	每月交易一次	每年交易一次	每三年交易一次	每五年交易一次	每十年交易一次	每二十年交易一次
盈利概率	22%	41%	51.5%	60%	87.5%	72%	100%	100%
亏损概率	78%	59%	48.5%	40%	12.5%	28%	0	0
盈亏水平	每天亏损1%	每周亏损0.5%	每月盈利1.5%	每年盈利31%	每三年盈利118%	每五年盈利137%	每十年盈利400%	每二十年盈利3300%

短线交易的难度很大，这是你从事短线交易需要明白的第一个问题。但是，如果你能够综合地使用本教程传授的内容，那么就能够降低这种难度，前提是你的努力程度够的同时方法还得有效。什么是有效的股票短线交易方法呢？第一个要求是必须将

AIMS 框架置于你分析的核心地位，有了这个分析框架，你就能找出适当的时期和目标发动攻击；第二个要求是你有一个便于控制风险的框架，这就是第二十三课和第二十四课要谈到的东西了。说白了，第二十三课的方法如果你单独使用肯定没有置于 AIMS 框架下使用的效果好。

第二十三课的方法其实也可以看作边缘介入法的一个具体策略，主要围绕 60 分钟 K 线图来操作个股，这种方法是用来训练入门级交易者的，对于大资金的交易员这个方法肯定是不行的。**随着你的资金增加，随着你对 AIMS 框架的透彻体悟，你将自然而然地发展出新的具体策略置于 AIMS 框架下进行实际操作**，AIMS 可以看成是"道"，而具体策略可以看成"术"。悟道而驾术，悟道而忘术，"以无法为有法，以无限为有限"的前提是你先要有法和有限，通过这个最初的有法和有限体悟到真正的"道"，然后才是无法和无限。最初的有限和有法是梯子，不可能没有梯子就能达到无限和无法的境界，李小龙也忽略了这一点，所以其截拳道比起咏春拳能够带出的厉害徒弟就少了很多。

AIMS 就是我们传授的"道"，这个道其实介于术和道，有一定的可操作性，但是还不是具体的策略，具体的策略我们可以给你示范，你也可以自己构造，或者你也可以改造和组合别人的方法，**只要你心中有 AIMS，就能变化无穷而无不有利**。

小时图 N 字结构操作法是我们示范的一个具体策略，这个策略与《短线法宝：神奇 N 结构盘口操作法》介绍的策略基本一致，但是这个策略是基于个股 60 分钟 K 线走势图，而不是基于日 K 线图。另外，小时图 N 字结构操作法增加了辅助工具 MA60，即 60 期移动平均线。当然，更为重要的区别是，将这个方法置于 AIMS 框架下采用，你必须判断大盘走势 M 向上，至少处于震荡，同时你所选的个股处于恰当的板块和行业 I，同时该个股具有一定的新型题材 S，另外该股具有基本面或者技术面上的优势 A。当然，其中的 A 也可以狭义地

术的数量是无穷的，有效性是局限性的，关键是以术承载道，这才是与时俱进的关键。

定义为具备 60 分钟 K 线走势图上的技术优势信号。

简单地讲，小时图 N 字结构操作法包括以下要素：大盘向上（M）、新兴题材（S）、个股小时出现图 N 字结构，同时股价在 MA60 以上（A）。

我们首先介绍小时图 N 字操作法的进场分析和操作，然后介绍出场分析和操作。需要提醒大家的是，第二十三课传授的方法不需要大家死板地采纳，重点是明白为什么要这样做？结合本书前面二十多课的讲解理解策略和步骤背后的原因，这才是最为重要的。要理解背后的理由就需要**立足博弈的思维、概率的思维以及 AIMS 这个框架，**你能够严格按照这句话去消化、运用以及扩展本书的内容和策略就可以在股票交易中获得真正的持续成功。

我们先来看小时图 N 字结构操作法的进场策略和步骤。首先要让大家对进场的大致步骤有较为全面的了解，接着我们会给出一个进场分析框架。为了初学者更好地理解和运用这个框架，我们采用了打分的方式，不过大家需要明白的是这是一个权宜之计，为的是避免大家遭遇无从下手的窘境。当你真正明白其中的原理之后，当你积累起足够的操作经验之后，你完全可以抛开这个框架，发展出自己的东西，这其实就是一个"先死后活"的问题，从"有限到无限，有法到无法"的过程。这个机械的框架就是"梯子"，一旦你通过"梯子"到达彼岸，继续前行就不需要这个梯子了，但是你不能因此认为"梯子"是无用的，所以"有法"是"无法"的基础，"有限"也是"无限"的基础。给出了进场分析框架之后，我们会给出一些利用这一框架的简单例子，大家可以直观地看看如何利用机械的东西掌握进场分析的关键。

进场之前我们要分析个股的走势和整个市场的氛围，下面从第一步开始，这就是进行 MA60 分析（A）。这个分析属于 AIMS 框架下 A 要素的研判，首先我们快速浏览个股的 60 分钟走势图，从上千只个股中选出那些符合 MA60 要素要求的个股，这样可以排除大部分个股。所谓的 MA60，其实是 60 期移动平均线的简写，由于我们是在小时图上进行分析和操作，因此 60 期移动平均线其实就是 60 根 K 线（每根 K 线代表一个小时）的移动平均值连线。

MA60 要素的分析是要排除那些不符合 MA60 和股价相对位置关系要求的个股，最先排除的是那些目前股价处于 MA60 下方的个股。我们来看一些具体的实例。

第一种情况是股价到目前为止一直处于 MA60 之下运行，这种个股基本不考虑操作，除非能够形成上升 N 字，而且可以有很强的题材支撑，见图 23-1。在通常情况下，我们在初选中就会淘汰这类个股，除非我们是从题材开始进行初选。既然我们将 MA60 这个条件作为第一步，那么就必须严格按照要求来操作。

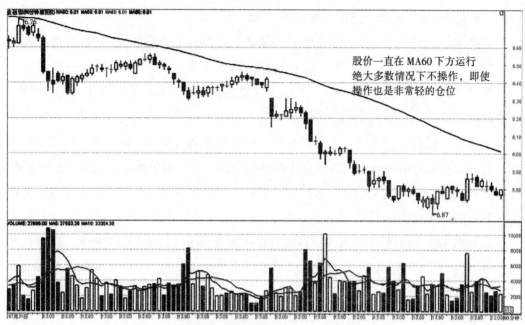

图 23-1　股价在 MA60 下方运行

　　第二种情况是股价此前涨到远离 MA60 的位置，目前又跌到了 MA60 附近，见图 23-2。这种情况下很可能是股价上涨题材（驱动因素）已经耗尽，处于无驱动因素的震荡阶段或者是跟随大盘继续下行的阶段，这类个股也是要剔除掉的。

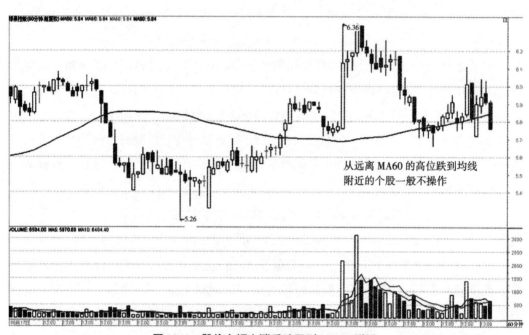

图 23-2　股价大幅上涨后跌回到 MA60 附近

第三种情况是股价近期出现过一波上涨，而最近已经跌到 MA60 以下，如图 23-3 所示，这种情况下个股与图 23-2 所示的情况很可能是由于相同原因造成的，在没有新兴利多题材的前提下这种个股是完全没有什么希望的，因此也要剔除。

图 23-3 股价跌到 MA60 以下

第四种情况是股价在 MA60 以上长时间运行并且涨幅巨大，这表明股价对于题材（驱动因素）有了非常大的吸收，只有极少情况下还有很大的上涨空间，对于短线交易者而言不碰那些短期可能调整的个股，如图 23-4 所示。这类个股一般也处于排除行列，除非题材上还有继续发酵的新看点，而且个股出现了显著的调整，所以这也是要综合研判的，**绝不存在必涨必跌的技术形态**，这一点大家要牢记于心。

第五种情况是股价在 MA60 附近长时间地做震荡运动，这表明个股缺乏驱动因素，上下两难，往上没有题材可以推动和支持，但是也没有利空预期足以推动持仓者大规模卖出，见图 23-5。这类个股就是所谓的"双杀股"，对于传统的突破而做交易者而言绝对是"钝刀割肉"的感觉。对于习惯于高抛低吸的交易者而言，也容易造成麻痹思想，稍不注意，新的题材出现，马上走出单边。所以，技术分析这个东西分析的是影子，而不是物体和光源本身。对于这种震荡个股，如果将 MA60 作为第一筛选条件的话，只能放弃，如果你有耐心也可以等待出现新兴重大驱动因素的时候再来选择介入机会。

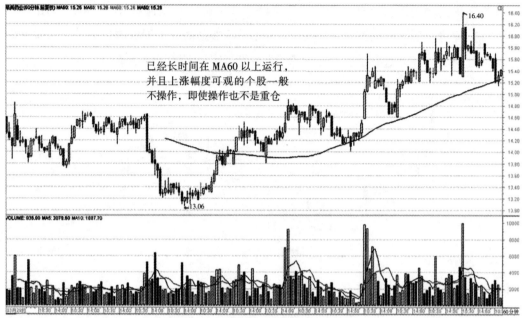

已经长时间在 MA60 以上运行，并且上涨幅度可观的个股一般不操作，即使操作也不是重仓

图 23-4　股价长期在 MA60 以上运行

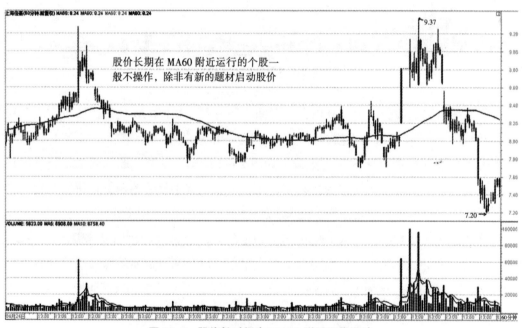

股价长期在 MA60 附近运行的个股一般不操作，除非有新的题材启动股价

图 23-5　股价长时间在 MA60 附近环绕运动

　　第六种情况属于我们偏好的类型，那就是此前股价大幅下跌，目前股价刚刚上穿 MA60（最好是以 N 字结构上穿的），见图 23-6。第一步，找到这种类型的个股之后，我们就需要再进一步增加筛选条件来提高胜算和报酬率，减少待投标的数量。

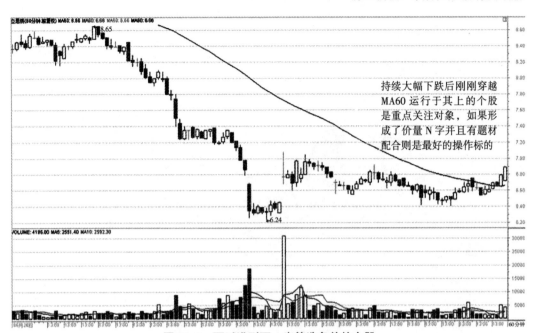

持续大幅下跌后刚刚穿越MA60运行于其上的个股是重点关注对象，如果形成了价量N字并且有题材配合则是最好的操作标的

图 23-6 可以进到下一步筛选条件的个股

接下来我们要做的是本操作策略的核心分析，这就是价量N字的分析。第二步是价格N字结构分析（A），这个分析步骤也是围绕AIMS框架下的A要素展开的，其重要程度其实超过了MA60要素的分析。上一步我们筛选出了立思辰，因为目前股价位于MA60之上，现在我们看股价是不是以向上N字的方式发展，见图23-7。显而易

图 23-7 价格目前位于 MA60 之上同时形成了向上 N 字

见，股价以 N 字向上突破，这就符合了第二步的筛选条件（见图 23-8）。

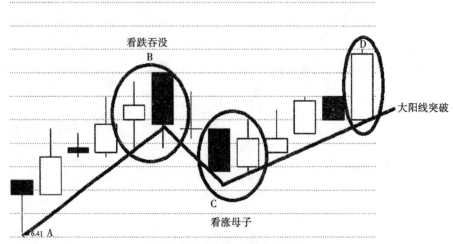

图 23-8　向上 N 字的放大形态

　　价格找到了 N 字，意味着关键的 A 因素分析通过。第三步是查看对应的价格 N 字是否有成交量 N 字结构（A），这也属于 AIMS 框架下 A 要素的分析。接着分析立思辰的例子，见图 23-9。股价上涨的时候，成交量跟随放大，这就是通常所谓的"价涨量增"。接着股价回调，但是并没有创新低，与此同时成交量相应地缩小，这表明需求暂

图 23-9　立思辰成交量相应形成 N 字结构

时休整，但是供给并没有增加，所以"价跌量缩"。最后，股价再度上涨并且突破前高，而相应的成交量放大，又是"价涨量增"，这表明需求再度扩展，供给相对不变，这些过程都可以通过微观经济学的供给和需求曲线来推理。价量的 N 字同时出现表明个股技术优势明显（见图 23-10），这一点需要大家很好地予以重视，因为在第二十三课传授的方法中，AIMS 框架下的 A 要素主要是通过价量向上 N 字来定义的。

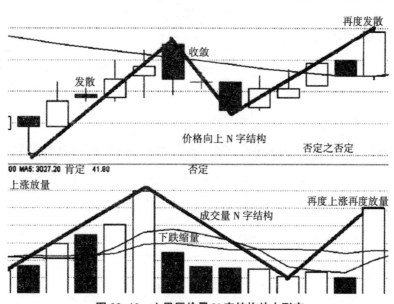

图 23-10　立思辰价量 N 字结构放大形态

　　我们再来看一个例子，回天胶业在长期下跌之后目前也位于 MA60 之上，而且以价量 N 字向上突破（见图 23-11 和图 23-12）。从这个例子来看，回天胶业也符合了小时图 N 结构操作法的 A 要素条件，可以进一步分析和筛选。

　　第四步涉及"盘口解读"（A）。这基本上算是个股优势 A 方面的考量，当然其中也夹杂了对主力行为的东西，因为盘口分析就是围绕着主力是否出现、主力意图如何、主力实力如何来进行的。盘口分析需要很深的功夫，这对于初学者而言任务较重，而且对于小时图 N 字结构操作法而言并不是重要的步骤，因此我们这里就略掉了，主要还是依靠价量 N 字结构来定义 A 要素相关的条件。在 AIMS 框架下，我们对个股优势 A 和主力 I 的洞悉可以借助于盘口语言的解读，这方面的相关技巧已经在第十九课中有所述及，这里就不再赘述具体技巧了。我们提醒大家三点：第一，盘口解读只是辅助工具，想要完全通过盘口解读来了解主力动向是不可能的，这只是一个观察窗口，况且主力也分为成功的和失败的，没有一定的功力你也无法事先判断出主力成败，那就

图 23-11　回天胶业价量 N 字结构向上突破 MA60

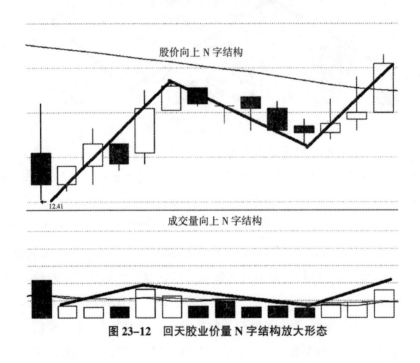

图 23-12　回天胶业价量 N 字结构放大形态

更谈不上跟随成功主力和利用成功主力了。市面上许多主力解读的书籍其实都比较牵强附会，圈子里坐庄的人其实都知道，盘口解读比身体语言解读更难。而且，就算你解读出了主力的行为也未必能够确认主力能够胜利，因为主力也有水平高低，随着证券市场的不断发展规范，主力也越来越理性，主力"硬拉硬扯地做股票，不顾大趋势，不顾借力，一味地靠坑散户"的策略是行不通的。因此，**与其琢磨主力怎么走，不如琢磨主力脚下的路，因为再强大的主力也需要借力于形式，所谓时势造英雄而已。**

第二，**盘口解读的基本原则就是一个"察异"，从异常背后洞悉真相，本身没有长期有效的固定招式，因为这个市场本来就是"攻守共同进步"的博弈竞技台。当一个特征被固定地解读后，主力肯定会利用这种解读，这样这种解读就无效了，**所以除了原则是持续有效的之外，其他都是"浮云"，甚至不排除哪一天"察异"这条原则被市场广泛流传，主力故意制造"异常"引导大家走向陷阱，这就好比诸葛亮的空城计。当然，主力要赚钱还是要让股票有大幅度运动才行，这就必然以 N 字结构的形式展开才行，这跟人的天性密切相关，**以 N 字结构前进可以制造"围城效应"，提高散户平均持仓成本。**

第三，盘口解读需要占用大量时间，在初步筛选的时候采用这个手段效率不高，一般用于持仓阶段的研判。盘口最大的作用在于帮助我们观察主力的意图和动向，有时候主力题材解读能力未必有我们强，或者资金有限，不可能每个题材都及时跟进，因此完全对主力亦步亦趋意义不大，通过 AIMS 框架我们不仅可以更好地跟随主力，重要的是，我们也可以先于主力行动。**AIMS 讲的是一个大道，这就是"杠杆"，**水天下至柔却能因地制流，纵横天下。你不懂得借力，不懂得趁势，一味蛮力，必然灭亡，宇宙之道在于让大家越来越能"精力善用"，善于与他物共处，相互借力，证券市场何尝不是如此。回到盘口这个问题上，不是一定要主力进驻某股我们才进入，就算你的资金量还不够资格成为主力，你也要明白做到先主力一步，预判主力动向的能力。某些题材兴起的时候，凭经验和推理其实你就知道肯定会有主力介入，这时候你守着盘口看几个小时意义不大。**对于初学者而言，盘**

盘口解读技术可以锦上添花，但是独木难支。

口耗时效率低，不如去琢磨题材和 N 字结构，然后站在主力的角度想想借力于题材和大盘。综上所述，我们在小时图 N 结构盘口操作法中不提倡花精力于盘口解读上，当然学有余力的朋友可以试着加上这一步。

第五步是所属板块分析（I）。这就是从个股往中观层次上走的过程了，我们以前强调了股票分析的两个枢纽：一个是心理分析，它联结着驱动分析和行为分析，也就是所谓的基本分析和技术分析；另一个是板块分析 I，它联结着大盘分析 M 和个股分析 A。通过快速浏览个股走势图，我们选出了若干符合 A 要求的个股，接着就要看这些个股涉及的板块是个什么状态了。比如，立思辰这个例子，如果你是使用通达信股软件那么可以打开右键菜单（见图 23-13），点击"所属板块"一项，这样你就看到个股所属的板块有哪些了（见图 23-14）。当然，如果你使用的是东方财富通股软件，那么主界面的右下角就可以看到个股所属的板块了（见图 23-15）。

明白了个股所属的板块，那你接下来就需要对板块最近的涨幅排行、资金流向排行以及板块题材所处阶段有一个全面而细致的了解了，这个方面的技巧和步骤我们在第二阶段的课程中就已经较为详细地介绍给大家了，重点参考第十一课、第十二课和第十三课以及第十四课的内容。板块分析有时候与题材分析是重叠的，而且我们认为就简单流程的短线策略而言，可以将这步省略掉或者简化掉放到题材分析去做。

图 23-13　通达信查询个股所属板块（1）

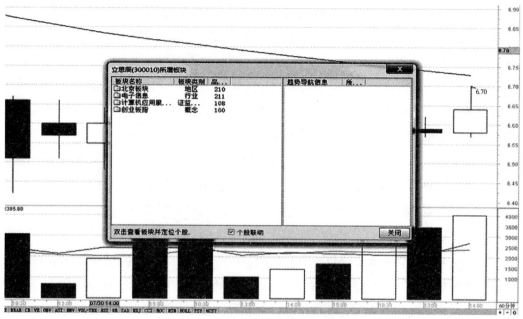

图 23-14　通达信查询个股所属板块（2）

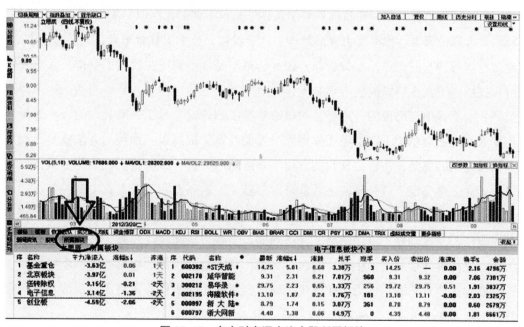

图 23-15　东方财富通查询个股所属板块

第六步是大盘走势分析（M）。这是非常关键的，如果说小时图 N 结构操作法的三大支柱是什么的话？可以说：**一是价量向上 N 字；二是题材；三是大盘态势**。为什么大盘这么重要呢？因为任何个体都处于系统的影响之中，个股也不例外，一个明智的

主力也会因应大盘的变化，大盘对我们交易个股产生了系统性的影响，可能提高我们整体的收益，也可能降低我们整体的收益，还可能提高我们整体的风险，也可能降低我们整体的风险。借力之道在于题材和大盘，当然对于散户而言还有主力，所谓呈现优势的技术走势其实也无非植根于题材、大盘和主力三者，所以 AIMS 框架内部的联系是很紧密的。大盘分析很重要，**短线交易者最忌讳的是短线做成短视，因为短线所以短视。看长做短，这才是短线交易疆界的帝王之术。**

大盘分析在第一阶段的课程中有较为详细的描述，这个可以从第一课到第十课挨个琢磨实践，里面其实就是一个主要思想：大盘的转势如何确定。这个在主流技术分析界，也就是散户接触的这块是非常忌讳和反对的，其实真正圈子里的高手哪个不是围绕这个思想展开实践的，知道了转势就知道了大势。立思辰这个例子通过了 A 要素和 I 要素的考察，那么就要分析这个时期大盘的态势了，关键不在于看历史，而在于通过历史展望未来，交易是做预期，这个预期从哪里来，不是凭空而来的。市场情绪悲观到极点就不能再悲观了，经济增长低迷到极点就不能再坏了，贷款增速低到不能再低了，那就要起来了，这些就是预期了。用纯技术分析工具去预测价格趋势，用价格去预测价格趋势，至少在目前的科学条件下是行不通的，所以只能跟随，这个没错，所以技术理论家告诉你不要去预测趋势，这个没错，技术工具做不到，只能通过尝试、通过仓位管理。但是，基本分析和心理分析是不是做不到呢？我们不争辩，其实大家可以接触一下真正持续盈利的那些人，看他们是不是只用技术分析。当然，这个持续盈利肯定不是他自己说的，不是公司里那些赚了到处说、亏了三缄其口的人。如果预期未来大盘不会单边下跌，那么你操作个股的胜算又提高了，预判的方法就是我们第一阶段介绍的那些，注意是预判的方法不是跟随的方法。跟随我们在个股上做就可以了，大盘上你确定了转势阶段之后就可以跟随了。最高点和最低点其实就一个点，但是就这一个点周围还有好多"打掩护"的点，所以判断起来不是那么容易，你最好多角度定位，从流动性、市场情绪、经济周期、金融市场间联动序列、技术走势等角度入手，这样准确度就高了很多。同时，如果你将大盘的顶部和底部看作一个区域，那么判断起来更有把握，也为操作提供了弹性，对于个股操作而言将大盘顶部和底部看作一个点还是区域其实区别不大。

第七步查看个股涉及题材（S）。这个可是关键步骤，多数时候比看大盘都重要很多，你也可以先看题材再看个股优势和大盘，这样其实是从驱动面入手初选，如果你从价量向上 N 字结构开始筛选，那么就是从行为面入手初选。这个看个人偏好了。从个股优势 A 入手刚开始可以少动脑袋，从题材入手刚开始就要多花脑子，但是后面就

要轻松一点。题材分析的框架主要围绕第十三课、第十四课、第十五课来展开，进行本步骤的时候主要按照这三课。**题材分析的原则在于明白题材被股价吸收了多少，目前题材处于什么阶段，成熟阶段的题材绝对不追，题材被估价充分吸收，大幅度持续上涨又缺乏新题材的绝对不追。题材分析的核心在于：一是参与主体的预期；二是价格对预期的吸收程度。**把握这个核心你就能做好短线交易所需要的分析，而要**做好短线交易的操作就要掌握"试探—加仓"的仓位管理策略。**

立思辰通过了前述步骤的筛选，那么就要看看其是否具备新兴题材可以推动股价继续上升了，在东方财富通股软中我们通过下方的"新闻资讯"和"研报和公告"来初步了解（见图23-16），当然其他股软也有类似的功能，我们只是举一反三而已。不过这还远远不够，你还可以按照本教程第二阶段的课程内容进行更加广泛而深入的思考，重点就是看立思辰是不是有新兴题材可供主力运作，这个很关键，刚开始你可能没什么经验做不好，但是坚持多分析几个例子慢慢就有感觉了，这一点很重要，再好的理论框架也代替不了实践。

题材投机分析过程基于"九宫格"模型，可参考《题材投机》一书。"内举不避亲"，我们认为，将《题材投机》、《股票短线交易的24堂精品课》、《短线法宝》和《高抛低吸》四本书深入理解，再经过两年左右的认真实践，综合起来运用，足以胜任股票投机。

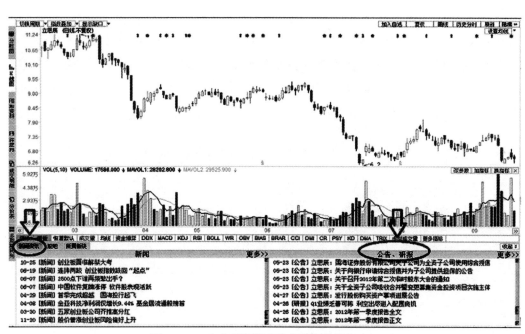

图 23-16 东方财富通查询个股相关最新资讯

但是，好的理论框架充当了黑夜中灯塔的角色，指引你们到达股票短线交易的成功彼岸。

从上面的简单演示和全面讲解中，大家对于小时图 N 字结构操作法已经有了较为全面的了解，我们进一步给出一个分析计分表格用来管理进场决策（见表 23-2）。

表 23-2　小时图 N 字结构操作法进场框架

要　素		域　值	取　值	备　注
A 个股技术优势	价格位于 MA60 以上	【0，12】		
	价格呈现 N 字结构	【0，12】		
	成交量呈现 N 字结构	【0，12】		
	盘口呈现主力可能继续拉升迹象	【0，3】		
I　板块短期内的预期热度		【0，3】		
M　大盘走势		【0，6】		
S　个股题材		【0，12】		
累计取值				
累计取值/满分=仓位控制比率		【　　　】/ 60 =		

如何利用这个框架进行进场管理呢？其实就是计分的方法，满分是 60 分，我们用累计得分除以 60 总分就得到了一个比率，这就是仓位控制比率。仓位控制比率乘以 1/3 就得到了我们可以用来操作这只股票的资金比率。我们来看一些示范，让大家看看究竟如何利用这个进场框架。见表 23-3，这是第一个实例。MA60 这第一项，不符合的话得分是 0，形态最符合要求的话得分是 12，在这个例子中假定取值为 10。第二项涉及价格 N 字结构，没有出现向上 N 字结构的话就取值为 0，如果出现了较为完善的 N 字结构就取值为 12，在这个例子中假定取值为 12。第三项是成交量 N 字结构，假定出现了较为完善的向上 N 字成交量结构，取值为 10。第四项是盘口特征，假定没有观察到主力继续拉升的征兆，取值为 0。第五项是板块短期内的预期热度，根据第十二课的

表 23-3　小时图 N 字结构操作法进场框架实例（1）

要　素		域　值	取　值	备　注
A 个股技术优势	价格位于 MA60 以上	【0，12】	10	
	价格呈现 N 字结构	【0，12】	12	
	成交量呈现 N 字结构	【0，12】	10	
	盘口呈现主力可能继续拉升迹象	【0，3】	0	
I　板块短期内的预期热度		【0，3】	3	
M　大盘走势		【0，6】	5	
S　个股题材		【0，12】	10	
累计取值		50		
累计取值/满分=仓位控制比率		【 50 】/60 = 0.83		

指南我们判断其取值为 3。第六项涉及大盘走势的判断，假定趋势较为强劲向上的可能性很大，取值为 5。第七项是个股题材，根据第十三课的指南我们判断其取值为 10。这样累计取值为 50，仓位控制比率大约为 0.83，再乘以 1/3，达到最终的仓位动用约为 0.278，也就是动用大约 27.8% 的资金来操作这只个股。

第二个例子见表 23-4，累计取值为 55，仓位控制比率约为 0.916，最终的动用资金比率为 30.5%。

表 23-4 小时图 N 字结构操作法进场框架实例（2）

要　素		域　值	取　值	备　注
A 个股技术优势	价格位于 MA60 以上	【0，12】	12	
	价格呈现 N 字结构	【0，12】	12	
	成交量呈现 N 字结构	【0，12】	12	
	盘口呈现主力可能继续拉升迹象	【0，3】	1	
I　板块短期内的预期热度		【0，3】	1	
M　大盘走势		【0，6】	5	
S　个股题材		【0，12】	12	
累计取值		55		
累计取值/满分 = 仓位控制比率		【 55 】/60 = 0.916		

第三个例子见表 23-5，累计取值为 47，仓位控制比率约为 0.78，最终的动用资金比率约为 26%。

表 23-5 小时图 N 字结构操作法进场框架实例（3）

要　素		域　值	取　值	备　注
A 个股技术优势	价格位于 MA60 以上	【0，12】	10	
	价格呈现 N 字结构	【0，12】	11	
	成交量呈现 N 字结构	【0，12】	10	
	盘口呈现主力可能继续拉升迹象	【0，3】	0	
I　板块短期内的预期热度		【0，3】	0	
M　大盘走势		【0，6】	6	
S　个股题材		【0，12】	10	
累计取值		47		
累计取值/满分 = 仓位控制比率		【 47 】/60 = 0.78		

第四个例子见表 23-6，累计取值为 30，仓位控制比率约为 0.5，最终的动用资金比率约为 16.7%。

表 23-6　小时图 N 字结构操作法进场框架实例（4）

要　素		域　值	取　值	备　注
A 个股技术优势	价格位于 MA60 以上	【0，12】	8	
	价格呈现 N 字结构	【0，12】	10	
	成交量呈现 N 字结构	【0，12】	8	
	盘口呈现主力可能继续拉升迹象	【0，3】	0	
I　板块短期内的预期热度		【0，3】	0	
M　大盘走势		【0，6】	2	
S　个股题材		【0，12】	2	
累计取值		30		
累计取值/满分=仓位控制比率		【 30 】/60 = 0.5		

　　得到了最终的资金动用比率，我们就可以在隔日买进，买进可以分批进行，要逐步掌握"分仓"的思维，资金动用比率强调的是个股之间的分配，这是一种分仓，属于超边际分析，而介入（或者退出）某只个股的时候还需要进行分批操作，这也是一种分仓，属于边际分析。符合上述进场管理条件之后，隔日开盘后分批买进即可。当然，日内分时走势图上"逐浪而行"毕竟是一种美好的愿望而已，我们在把握趋势的前提下，尽量符合市场呼吸节奏，但是不可能做到神一般的准确。

　　做交易最忌讳的是不知道出场条件的时候就进场，对于新手而言往往醉心于进场，对于出场基本没有什么思考，更谈不上什么系统的安排。其实，最后决定盈亏的还是出场决定，只有你出场之后才能评估一笔交易的盈亏状况。新手将焦点放在进场是不是完美上，这点其实是误区。第二十三课介绍的小时图 N 字结构盘口操作法当然必须具有最基本的交易流程，那就是"进出"。其实任何交易都是一个动态的仓位管理过程，这个过程我们称为"进出加减"。对于初学者而言就没有必要过于复杂了，但是最基本的进场和出场管理是一定要有的。**AIMS 主要涉及特定时间跨度内交易对象的选择，至于仓位的管理或者说进出加减还是需要注重价格本身给出的信息。**可以进行一个简单的比喻，如果 AIMS 涉及选择一批赛马，那么仓位管理就涉及如何骑上这匹马到达终点。

　　出场管理包括两个部分（见表 23-7）：一是初始出场点，也就是在盈利之前就出场了，即所谓的止损点，这个点主要起到保护本金的作用。二是涉及保护盈利的问题，这就是盈利后出场的问题了，这部分我们采用两个出场点，分别是半仓出场点，也就是先兑现一半盈利仓位，以及全仓出场点，也就是无论如何将持有的所有仓位平掉。

　　我们来看一些例子，看看出场框架究竟怎么运用。如图 23-17 所示，南玻 A 在进场后将初始止损设定在进场 N 字的 C 点处。进场之后股价并没有按照预先的情况上扬而是逐步下挫，最终跌破初始止损点，于是平掉一切仓位（见表 23-8）。

表 23-7　小时图 N 字结构操作法出场框架

出场点类型	出场条件	备注
初始出场点	跌破进场 N 字 C 点	
半仓出场点	天量 + 看跌反转 K 线（巨阴、阴流星等）	
	收盘跌破新向上 N 字低点	
全仓出场点	收盘跌破 MA60	

图 23-17　南玻 A 跌破进场 N 字的 C 点处全部止损出场

表 23-8　小时图 N 字结构操作法出场框架实例（1）

出场点类型	出场条件	备　　注
初始出场点	**跌破进场 N 字 C 点**	南玻 A 形成向上 N 字之后进场然后股价跌破 N 字调整低点 7.4 元
半仓出场点	天量 + 看跌反转 K 线（巨阴、阴流星等）	
	收盘跌破新向上 N 字低点	
全仓出场点	收盘跌破 MA60	

　　第二个例子涉及盈利后半仓出场的问题，有两个条件都是充分条件，先看第一个条件，如果在盈利后股价出现了反转看跌 K 形态，比如流星线、看跌吞没、黄昏之星等，相应的成交量为天量，那么就应该平掉一半的仓位，剩下的一半仓位留待股价跌破 MA60 后再平。来看一个例子，胜利股份进场后股价持续上扬，然后在高位出现了天量巨阴（见图 23-18），然后我们就应该在隔日开盘时平掉一半仓位（见图 23-19 和

表 23-9）。

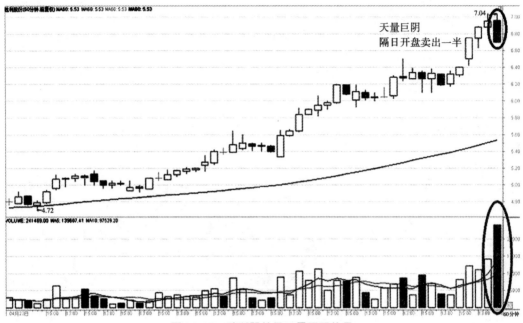

图 23-18　胜利股份见天量巨阴信号

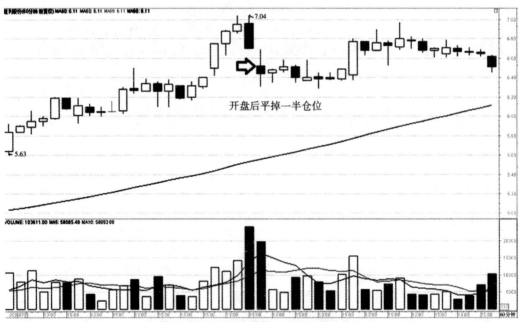

图 23-19　开盘后平掉一半胜利股份仓位

表 23-9　小时图 N 字结构操作法出场框架实例（2）

出场点类型	出场条件	备　注
初始出场点	跌破进场 N 字 C 点	
半仓出场点	**天量＋看跌反转 K 线（巨阴、阴流星等）**	胜利股份出现天量巨阴，隔日开盘平掉一半仓位
	收盘跌破新向上 N 字低点	
全仓出场点	收盘跌破 MA60	

　　见到另外一种信号也要平掉一半，那就是进场后新形成的向上 N 字的低点如果被此后的收盘价跌破也要平掉一半，剩下的一半留待 MA60 被跌破时平掉。我们来看一个具体的例子，持有国金证券盈利后股价从高位 13.55 处下挫，收盘价跌破最近 N 字的调整低点，这时候就应该平掉一半的国金证券头寸（见图 23-20 和表 23-10）。

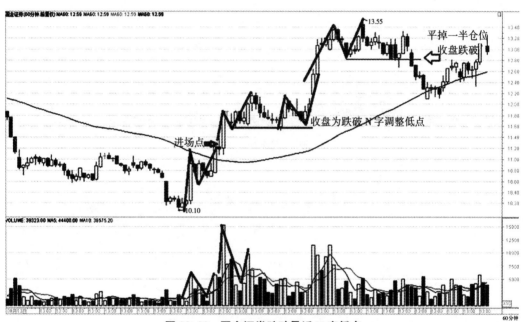

图 23-20　国金证券跌破最近 N 字低点

表 23-10　小时图 N 字结构操作法出场框架实例（3）

出场点类型	出场条件	备　注
初始出场点	跌破进场 N 字 C 点	
半仓出场点	天量＋看跌反转 K 线（巨阴、阴流星等）	国金证券跌破向新向上 N 字低点 12.82 元，平掉一半仓位
	收盘跌破新向上 N 字低点	
全仓出场点	收盘跌破 MA60	

　　下面介绍盈利后全部平仓的出场点，不管在之前是否出现了半仓出场点，如果盈利后的股票收盘价跌破了 MA60，那么就应该将手头该股的全部头寸清空。比如此前的

胜利股份和国金证券在继续持有剩下半仓的情况下股价收盘跌破 MA60（见图 23-21、图 23-22 和表 23-11），这时候就应该将胜利股份和国金证券的所有头寸都清理掉。

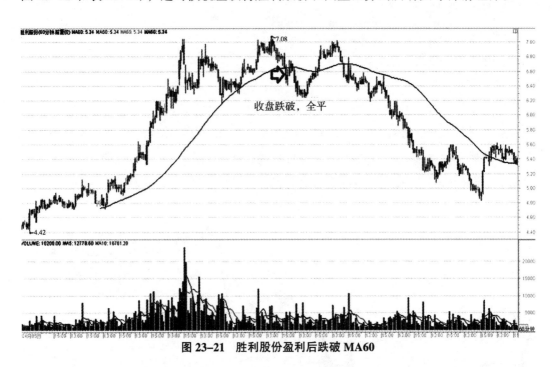

图 23-21　胜利股份盈利后跌破 MA60

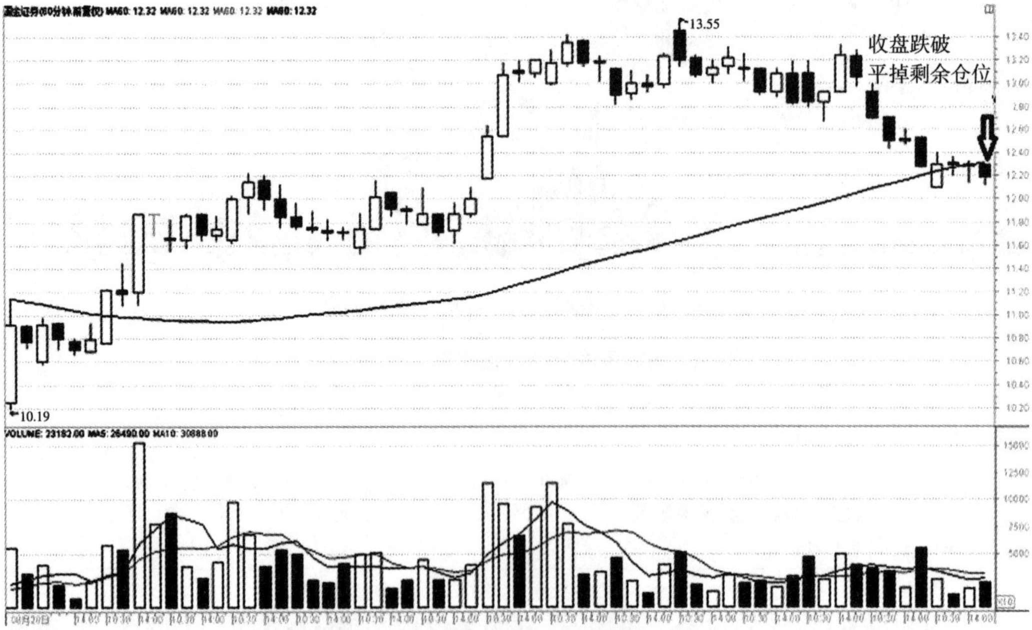

图 23-22　国金证券盈利后跌破 MA60

表 23-11　小时图 N 字结构操作法出场框架实例（4）

出场点类型	出场条件	备 注
初始出场点	跌破进场 N 字 C 点	
半仓出场点	天量 + 看跌反转 K 线（巨阴、阴流星等）	
	跌破新向上 N 字低点	
全仓出场点	**收盘跌破 MA60**	胜利股份和国金证券跌破 MA60，平掉剩余持仓

小时图 N 字结构操作法的关键在于具有强劲新兴题材的个股，这样仓位管理才好做，而**仓位管理中最为重要的是出场。出场才是赢家和输家的真正差别，在进场之前你都应该清楚地明白自己出场的条件，无论你是纯技术交易者还是综合分析交易者。**另外，大家不要忘记的一点是，这个操作方法只是一个示范，在熊市中或许很难有满足条件的个股，而在牛市中这样的个股又会让你应接不暇，这反映了 M 的力量。所以，无论如何不能死板地照搬已经为世人了解的具体方法，应该把握 AIMS 这个道，去发展适合你自己的术，小时图 N 字结构操作策略只起到一个抛砖引玉的作用而已，切不可拿砖当玉。策略背后的原理是关键，是决定能否盈利的关键，因为它是关于市场和交易者最根本的观点，如果这个观点是错误的，那么由此发展出来的策略不管多么精致也是无效的。策略的主要目的是让你摆脱盲目性和冲动性，让原理具有指导意义和可操作性。心理学家肖恩·埃克尔曾经说过：**"不管你曾经听过哪些激动人心的演讲，伸手就想够着星星的想法注定失败。"**交易的策略也是这个道理，这些只能提供借鉴，只有你根据原理和实践发展出适合自己特点的策略才是最有效的策略，而这是别人临摹不来的（所谓机械交易系统其实也要与交易者匹配才行）。

【关于"盈亏与仓位"的经典论述】

关于"盈亏与仓位"，许多知名市场人士都有过精辟的阐述，下面摘录如下，与本课内容可以相关参照，以便进一步思考：

1. **即使是最顶尖的超短交易者，月收益绝大多数处在 5%~20%，这是一个收益的常态分布。**高于 20% 或低于 5% 的月收益都比较少。偶尔也会有达到 30% 的月收益，但极少，是非常态……其实，无论是在实盘赛还是在实盘贴中，但凡是出现过 100% 月收益的，最后的结局基本都不太好，突然如彗星般升起，就很快如流星般坠落。这种情况不是一个两个的特殊性，而是具有普遍性；不是偶然性，而是其中有必然性。为什么会这样？因为没有一个交易系统或交易模式可以支撑这样的高收益。取得这样的收

益，基本有两种情况：第一，纯粹靠运气，这个不必多说了；第二，确实是交易系统在某一段时间起作用，但这个交易系统必然内含巨大的漏洞与风险，总有一个时点这些漏洞与风险会爆发，将交易者打入深渊（涨停柚子）。

2. 本人理论体系的核心思想是基于对市场情绪的揣摩，进而判断风险和收益的比较，并指导实际操作，故暂名曰心法。**高手买入龙头，超级高手卖出龙头。别人贪婪时我更贪婪，别人恐慌时我更恐慌。敢于大盘低位空仓，敢于大盘高位满仓。心中无顶底，操作自随心。永不止损，永不止盈。只有进场，出局。买入机会，卖出不确定。出局就是出局，不管止损止盈。得散户心者得天下，人气所向，牛股所在**（炒股养家）。

3. 稳定盈利的外在表现，一般很少1个月翻倍，而是一个月30%左右，3个月翻倍（我自己的经历，其他人或多或少略有差异）。**平时资产呈现小碎步缓慢爬升，积累一定利润后再加速爆发，然后再恢复到小碎步爬升，如此循环**。其实这还是有其内部原因的，因为是稳定盈利，所以操作手法以有把握为准则，这必然导致手法偏保守。因此资产暴涨较少，但是大幅回撤几乎为0。但是操作5次、10次后总会遇到某个牛股（因为都是精心挑选的股，必然有潜在牛股），所以，外在表现就是碎步积累利润后再资产大幅增长。稳定盈利的前提是心态稳定，只有心态稳定才能发挥正常的炒股水平。一般而言，最好每天自己账户内的股票没有绿盘的，全部是红盘收盘，也就是说无论是低吸也好追涨也好（打板除外），当天最好有一些浮盈，这样第二天有一定的腾挪空间，这点对于稳定盈利非常重要。在买股的时候不能以"即使套了也不怕"来安慰自己，买点必须精心选择，买的时候要确信自己买了当天就能浮盈。就我自己而言，已经很久没有收盘时持有浮亏股票的现象了（瑞鹤仙）。

股票短线交易的万法归宗：AIMS 和边缘介入法

永远不要孤注一掷。

——乔治·索罗斯

任何不能永远发展的事物，终将消亡。风险是因为你不知道自己在做什么。

——沃伦·巴菲特

一套真正有效的交易策略，应该覆盖严谨而健全的经济基本面分析，以及对于个股的评估方法，再纳入根本的技术分析精髓。

——维克托·斯伯兰迪

首先，确定市场处于长期上扬趋势，也就是主要牛市。接着，分析大约 80 个行业板块的技术面情况，从中选出比较具有吸引力的板块。最后，把焦点集中在某个行业的个股上。

——马丁·普林格

当你听到一个新的资讯时，不妨多听一个反对的声音，在有了比较之后，你才选择要不要相信。

——李民杰

我们的交易方法由两个部分构成：第一个部分是 AIMS，这是一个分析体系；第二个部分是边缘介入法，主要是 N 字结构操作法。AIMS 告诉我们首先评估市场整体的走势，其次评估板块的走势，最后挑选潜在的交易个股。

第二十四课主要是对前面所学内容的整理，而 AIMS 就是整本书的精髓所在，AIMS 框架中每个要素的含义如下：

● A：Advantage。个股基本面或者技术面上的优势，基本面上的优势主要为每股

收益趋势向上，技术面上的优势为 N 字结构以及强于大盘。

● I：Institution 和 Industry。主力和板块。

● M：Markets 和 MainTrend。大盘和大势。

● S：Safety 和 Story。安全空间和题材。

我们先从 A 开始总结，这涉及个股优势问题，个股的优势有技术面，也有基本面。技术面的优势主要以"双强模式"为代表（见第十七课），基本面的优势则是上市公司的持续竞争优势（见第十八课）。作为短线交易书籍，我们以技术面优势为重点，兼顾基本面的优势。技术面优势，我们非常强调"双强模式"，而"双强模式"中隐含的 N 字结构其实最简单有效。很多人不断收集技术指标及相应的各种用法，其实这些都是"贪多嚼不烂"的表现。所有技术指标的用法其实基本上不外乎四种，如表 24-1 所示，背离和离度是用得较少的两个技巧，而交叉和区间则是用得较多的两个技巧，正因为这样，背离和离度的效果更好一些，而交叉和区间的效果要差一些。背离我们在第一阶段的课程中专门介绍过，当然技术指标的背离那就往往仅限于价格与指标的背离了，更加狭义。

表 24-1　技术指标四大用法

1	背离	顶背离	底背离
2	交叉	金叉	死叉
3	区间	超买	超卖
4	离度	乖离	适离

技术指标的具体用法有成千上万种，但是，如果你能够从上述四个角度去掌握，则所有的技术指标用法都能融会贯通，这就是所谓的"技术指标万法归宗"，而更加全面和权威的技术分析指南可以参考《外汇交易三部曲》。**技术指标的这四种用法最终则可以归结到 N 字结构上**，这个需要大家更高的悟性，既然技术指标与股价一样，也能够归结到 N 字结构上，则可以说明 N 字结构真的是股票走势的根本结构。不管是股价数据本身，还是经过加工的股价数据（技术指标）都体现了 N 字结构，这就证明了我们一直高举的一个论点：N 字结构是股价走势的根本结构。**最简单的 AIMS 框架下，所谓的 A 可以狭义地理解为出现了第一个向上的 N 字价量结构**。别小瞧了这一个判断，杰西·利弗摩尔的顺势进场点和加码点的精髓就在这里，道氏理论交易者的研判和操作精髓也在这里。

AIMS 中的 I 具体而言就是主力和板块，首先说说主力。本教程中涉及主力的章节主要有第六课（介绍政府这一市场最大博弈者的政策性手段对股市的影响）、第七课

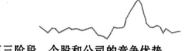

（介绍代表政府对股市进行直接影响的"国家队"资金）、第十三课（介绍主力资金利用题材的群运动进行获利的原理）、第十九课（介绍如何通过分析价量盘的异常，从技术的角度洞悉主力的行踪和意图）。这里需要补充的一点是**主力往往运作以板块为中心的股票群**，有时候也会运作指数和单一股票，下面我们就来看看主力在这三个层面运作的一些实例。

第一层面是指数层面，这类主力需要的资金以百亿元计，往往通过操纵权重股来推动市场极端情绪，凭借这种情绪获得足够的对手盘，低买高卖。我们来看一个具体的例子，2007年10月15日，主力大幅拉升中国石化、中国联通、长江电力和宝钢股份（见图24-1~图24-4），让这些大盘股出现集体涨停，大盘指数因此顺利突破6000点，收盘于6030点附近。而媒体则有意无意地配合主力的行动，上证指数万点论甚嚣尘上，这样就在高位为主力制造了大量的对手盘，主力得以高位出货。10月16日，散户蜂拥而入抢筹码，这样就将上证指数推高到6124点（见图24-5）。此后主力加速出货，在最初的下跌中散户一直认为是正常的回调，是低位买入的好机会，散户加速入场，主力加速出货，在形成顶部N字结构后下降趋势正式形成了。

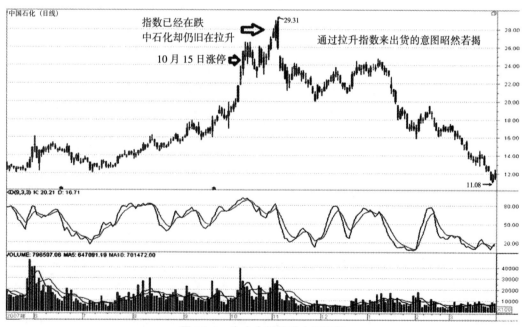

图24-1　主力大幅拉升中国石化

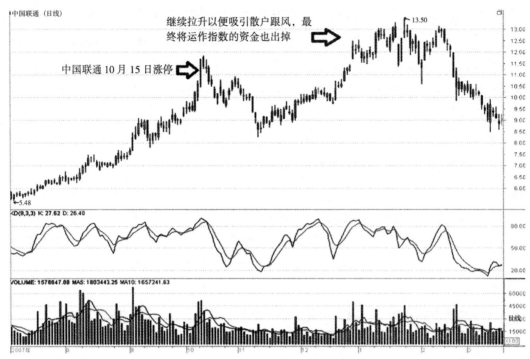

继续拉升以便吸引散户跟风，最终将运作指数的资金也出掉

中国联通 10 月 15 日涨停

图 24-2　主力大幅拉升中国联通

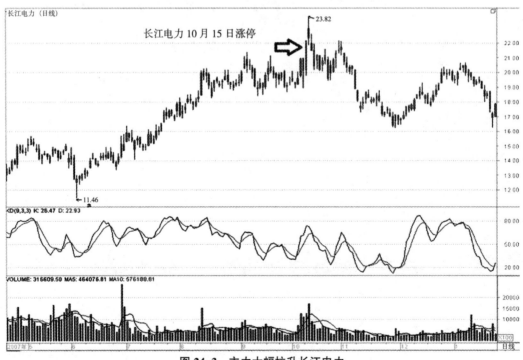

长江电力 10 月 15 日涨停

图 24-3　主力大幅拉升长江电力

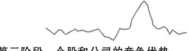

图 24-4　主力大幅拉升宝钢股份

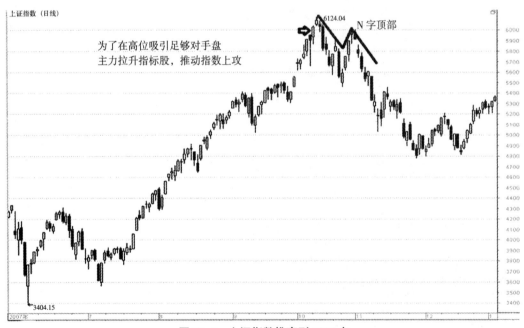

图 24-5　上证指数推高到 6124 点

第二层面的运作是板块，板块的运作是主力盈利的枢纽层次。主力以主题和题材为背景来制造足够的对手盘，而主题和题材则主要是以板块为载体。我们来看一个例子，2008 年 11 月，主力借助于"4 万亿元投资"的主题/题材运作水泥板块，该板块的个股轮番涨停，短期内走出了大幅上涨的行情（见图 24-6），其中的龙头非太行水泥和海螺水泥莫属，太行水泥在 12 个交易日之内拉出 10 个涨停，而海螺水泥则走出慢牛行情（见图 24-7）。

图 24-6　水泥板块指数持续上涨

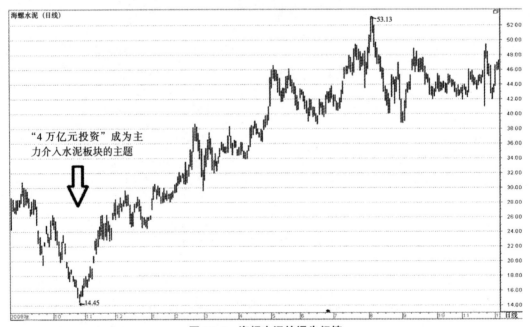

图 24-7　海螺水泥的慢牛行情

第三层面的运作是个股，其实第一层面和第二层面的运作也需要落实到一系列个股。而所谓的第三层面运作其实就是操作单一的个股，这类运作在以前比较常见，2001 年前很多庄家都习惯于此类运作。2001 年之后的单一个股运作一般是集中于中小盘股，中短线主力更加常见。这类案例较多，现在创业板市场上很多这类个股，所以也就不再多举例了。要洞悉个股的走势就要对大盘、板块和主力以及题材进行全面的分析，而其中主力又是对手盘的关键所在。**散户是主力的对手盘，主力也可能是主力的对手盘，毕竟主力本身也不是铁板一块和整齐划一的。**作为本书的最后一课，我们有必要对散户之外的博弈主体进行一次全面的理解，因为他们都应该算得上是主力。相对于散户而言，他们在信息和资金等方面的优势非常显著，要做好股票，要真正实践 AIMS 就必须对主力阵营进行一次较为深刻的扫描，有必要简单而扼要地谈一谈股市中的博弈参与者们，让大家从中开启自己的股市博弈分析之路，这才是最有效的法宝和秘密，超乎一切具体的指标和方法，这就是我们的心法所在。

监管者是股市博弈的最强大参与者，我们必须注意这一参与者的一言一行，抓住其主要意图，判断其实现意图的能力，这样我们就让自己站到了规则制定者的一方，这种优势是可以为我们所创造的。政策对股市有直接的影响，比如 IPO 总量和进度控制、印花税变化、货币政策等。**任何股市都可以被定义为某种程度上的"政策市"，从发达市场到新兴市场，任何股市的最大参与者都是政府。**因为政府是规则的制定者，政府还可以通过机构直接或者间接参与股票市场的交易。对于 A 股市场而言，监管者的影子更加明显可见。打开 A 股指数走势图，在每次市场重大拐点的背后都可以看到政府调控的影子。A 股市场的 20 年发展历程其实是围绕几条线索展开的，这几条线索都是政府意图的体现。第一条线索是股市逐步向其本质发展，也就是说 A 股市场始终是围绕着为实体经济发展融资这个目的展开的，不管是国有企业改制还

某些题材会引发大资金的共鸣，游资和大户会蜂拥而入，这个时候交易所会给营业部打电话要求大资金撤单。

679

是中小企业以及创业板上市都是如此。第二条线索是促进 A 股市场往更加规范的方向发展。美国股票市场经历了超过 200 年的发展，直到 20 世纪上半叶才走向比较规范的道路。中国 A 股市场的发展其实是用 20 年的时间走完美国股票市场 200 年走完的历史，在规范这条路上 A 股其实走得很快。第三条线索是 A 股市场在经济和金融体系中越来越受重视，影响越来越大，货币政策和产业政策都要考虑 A 股市场的情况。总而言之，A 股市场的发展是服务于经济改革的大局的，每年中央经济工作会议的主题也彰显了监管层对 A 股的战略意图。更为重要的是，监管层也想将股市变得更加规范，这样才能吸引更多的投资者，进而更好地完成经济改革和发展的战略任务。我们做股票交易，无论是中长线还是短线都必须看懂监管层和政府的意图和能力，这样才能顺应趋势。

上市公司是股市中另外一个重要参与角色，上市公司肯定存在自身利益最大化的强烈动机，而且由于 A 股市场的监管和惩罚力度还不够，因此短期利益最大化是上市公司的显著标志。通过 IPO 和增发尽量多的圈钱，与游资联手维护和操纵股价，这些都是不少见的行为。因此，上市公司管理者和大股东的买卖行为，以及上市公司的资产重组迹象都是值得我们关注的重点。上市公司的管理者和大股东愿意真金白银大手笔地增持该公司的股票，至少表明他们本身对公司未来的发展是看好的。目前产业资本与游资联手在资产实质重组上谋取重大利益也是一种新的坐庄方式，这点我们可以从第十五课的相关内容中得到指导。

证券公司主要还是靠经纪业务来赚取利润，由于目前的 A 股交易机制问题，券商主要还是从鼓吹做多中赚取手续费，因此券商的研报整体以乐观为主。券商与主力有时候也存在灰色的关系，因此在阅读券商报告的时候要独立而理性，兼听则明偏信则暗，这是大家要注意的。这个市场的绝对赢家是券商，券商是这个市场信息的枢纽，无论是基金的信息，还是监管当局的信息，或是散户的信息，它能够较除信息发出者之外的市场参与者更迅速地接收到。券商在信息上具有优势，不仅如此它们也处于市场中占优势的位置，无论参与者盈亏如何都不会直接影响它们的收入。**唯一对它们不利的是股市热情程度以及券商间相互的竞争。**所谓的券商就是证券公司的俗称，在基金公司还没有成长起来之前，券商就是这个市场的频繁现身的庄家。这类庄家是证券市场上早期要案和大案的制造者，它们的操作更多是将散户作为对手盘，很少考虑借力于外部环境和题材。当时监管制度不到位是造成券商成为市场主力的重要原因。随着证券市场制度的不断完善，券商大张旗鼓运作个股的风气不再，但很多手法改头换面后仍旧存在于市场上。券商的主要业务有经纪业务、证券承销和保荐业务、投资咨询和财务顾问业务、证券资产管理、证券自营、基金代销、融资融券等。其中，经纪业务是主要的业务，是收入的主要来源之一，因此券商必然极力想办法让客户增加交易额。为了达到这一目的，券商就会频繁向客户传递各种信息，这样客户自然就坐不住了，频繁地买卖。所以，目前的格局下，券商要最大化自己的利益就是通过频繁发布信息就可以达到。任何人都会对信息有反应，只不过程度强弱罢了，券商就利用这一点盈利，这就是当下券商的主要盈利模式，我们称为**"频繁信息促使频繁交易盈利模式"**。为了避免为券商做"嫁衣"，就需要时刻采取**"正反两方面看问题"**的策略，深思熟虑。经常可以听到券商有意误导投资者的消息，从这一点来讲，我们作为交易者应该对券商发出的消息和发布的报告持批判的态度，**不仅要看结论，更要揣摩其动机**。

公募基金是 A 股市场重要的直接参与者，但是其整体行为更像是散户所为。1998年 3 月，第一家公募基金被批准成立，但是直到今天公募基金都无法成为稳定市场的中坚力量，追涨杀跌成了其习惯性做法。有时候为了维护某只股票的价格，公募基金之间会采取订立攻守同盟的方式，抱团取暖，共同维护股价。比如 2003 年末，虽然大盘趋势向下，公募基金则采用共同作战的方式推升钢铁、石化、银行、电力和汽车板块，产生了所谓的"五朵金花"行情。

公募基金跟散户行为基本相似，存在"羊群效应"，其集体行为往往是市场的反向指标。公募基金的少数基金经理与极少数散户一样，属于独立分析的交易者，因此要另当别论。但是，公募基金的整体表现与散户基本一致，重大的顶部可以看到公募基金的高仓位，而重大的底部则可以看到公募基金的低仓位。所以，我们在分析当中一般把公募基金与散户当作性质类似的反向指标，当这两个群体的参与者出现高比例行为时，我们可以认为市场反转的可能性很大。公募基金经理的最保险策略就是与其他基金经理采用相同或者类似的行动，这样就能保证自己的排名不垫底或靠后。散户的特点就是容易为市场氛围所影响，当绝大多数散户都被市场氛围影响的时候就会出现"羊群效应"。散户容易被最近的行情涨跌影响，最近涨了就敢于买入，最近跌了就会观望，如果已经持有的股票被套了，就会越跌越买；如果已经持有的股票赚了，往往不敢加仓，倾向于尽快兑现利润。这样的行为使得散户亏损很大，盈利很少，主力往往利用散户这种心理出货和拉升。因为散户越套越买，所以主力就会一下子让散户套住，然后利用散户越低越买的心理继续出货。因为散户不敢继续持有盈利头寸，所以主力就会震荡上行，让持有盈利头寸的散户急于出场，然后快速拉升，让散户不敢再度进场。

公募基金的仓位水平可以从相关网站看到，我们可用作为反向指标使用，这点在

第十课已经介绍过了。另外，还需要注意的是公募基金在特定个股的持仓规模可以作为选股时的重点考量，因为**短线快速上攻的个股一般不可能有公募基金的大规模持仓**，而且盘子较小，因为短线游资不可能为公募基金抬轿子。

游资也分很多种，但是基本上就是做散户的对手盘，利用题材来引导散户行为，低买高卖。私募基金最初以游资为主，善于借力于题材做短线，规模较小，因此进出快速，随着部分优秀的公募基金经理转战私募，同时也随着游资规模不断扩大，私募基金也逐渐分化出了不同的操作风格。第一类仍旧以题材做短线为主；第二类以主题做中线投资；第三类以价值投资为主。私募基金是市场中最善于利用对手盘的主力，也是最善于借势的主力。当然，私募基金也是良莠不齐，一些早前在理财公司当分析师的人也开始打着各种名号募集资金做私募基金，他们的操作往往与真正在市场中久经考验的私募存在较大的差别。**对于短线交易者而言，私募基金是甄别个股的关键，汇金、保险资金、社保基金和 QFII 往往是大盘的正向指标，而公募基金则往往是大盘的反向指标。**

接着，我们来总结一下其他主要参与者。汇金和社保金等"国家队"系列我们在第七课已经有详细的介绍，这里就概括一下保险资金和 QFII 这两大主力的特点。**保险资金对本金安全特别重视，而且不用像公募基金一样担心短期业绩不佳会被赎回的问题。保险资金的性质决定了它眼光长远，不会追涨杀跌，因此对于指数的运行有很好的稳定作用和指示作用。**社保基金属于保险资金中比较特殊的一个群体，属于"国家队"，在信息上有显著的优势。在 A 股市场上，这个群体曾经三次成功逃顶：第一次是躲过 2007 年 5 月 30 日的暴跌；第二次是躲过 6124 点的牛转熊；第三次是 2008 年 5 月躲过中国工商银行个股的顶点（见图 24-8）。不过，**随着市场大众普遍开始关注"国家队"的动向，这些主力可能会利用这点引导市场预期，通过少许筹码和资金进出来引导市场预期**，而不是真的要买进或者卖出。要区分两种情况，其实比

不要被行为迷惑，而要搞清楚意图。

较简单，那就是看投入的资金量，资金量少往往是在引导市场预期，资金量很大则可能是其真实意图的表现。

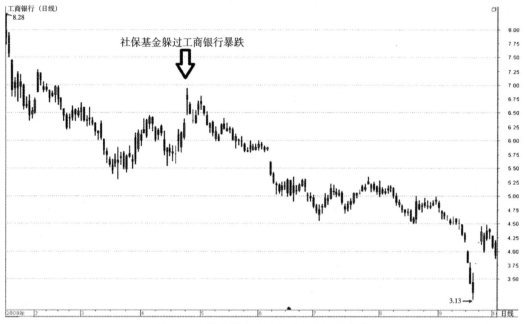

图 24-8　社保基金成功出逃工商银行顶点

QFII 全称为 "Qualified Foreign Institutional Investors"，是 "合格境外机构投资者" 的简称，QFII 机制是指外国专业投资机构到境内投资的资格认定制度，实际上就是对外资有限度地开放本国的证券市场。2003 年 7 月 9 日，备受瞩目的 QFII 正式登上中国证券市场大舞台。另外，RQFII 指人民币境外合格机构投资者，也属于广义上 QFII 的范畴。

QFII 规模只有公募基金的几十分之一，但是却**具有信息上的优势**，并且对于 **A 股市场的舆论有很大的引导能力**。A 股市场的价值评估体系往往为外资所掌握，国际投行的研究报告和评级对国内机构投资者，甚至监管层有显著的影响力。另外，**外资机构具有强大的公关能力和情报收集系统，因此对决策层的意图了如指掌**。我们来看一些例子，2005 年 4 月，QFII 急于争取更多的投资额度，2005 年 6 月 6 日 A 股市场见底，此后 QFII 继续争取更多投资额度。2008 年 10 月，QFII 大胆入市，再次抄底 A 股市场（见图 24-9）。对于 QFII，我们仍然要区分它怎么说的与怎么做的，一般散户喜欢听 QFII 说了什么，其实这往往正中了 QFII 的下怀，**我们应该看 QFII 的行动，而提防其舆论**。投行的目的是自己能够低价买入，高价卖出，所以买入之前肯定不会告诉你，反而要恐吓你，卖出之前也不会告诉你，反而要引诱你。这个可以从博弈论的角度得到最简单的解释，投行就是要盈利，散户没有给它半点咨询费，它为什么要告诉你能够盈利的机会而自己却不采用呢？**搞清楚动机和底牌你才能胜出！**

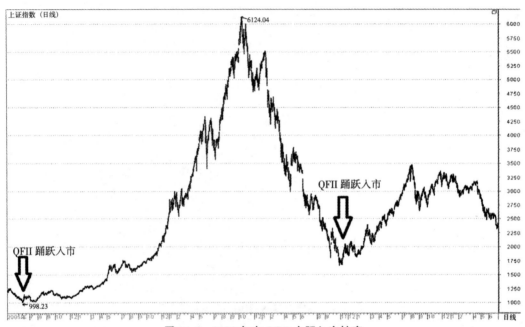

图 24-9　2008 年末 QFII 大胆入市抄底

媒体也是一个股市的重要参与者，散户往往在潜意识里假定媒体在股市中没有利益。其实，不管媒体在股市中有无利益，媒体都对行情产生了重要的影响，因为**媒体是题材的传播者**，而主力需要借助于题材来制造对手盘。媒体对于市场波动而言绝不是中性的，因此我们需要客观地看待媒体报道，**不能正着看，也不能反着看，要侧着看，站在旁观者的角度来解读媒体报道**。媒体报道的动机有两个：一是利益输送，这就是帮助非散户利益主体从股市获利，一般是媒体与主力的结合；二是吸引眼球，这就是迎合散户投资者的需要。吸引眼球有通过真本事的，也有通过从众噱头的，这个就需要投资者自己去区分了。看了报道可以想想这篇**报道背后的动机是什么？**在股票市场无论是听消息、看报道、看量价走势，都要问一句：**背后隐藏着什么动机？当你带着疑问步入股市，当你带着博弈的思维步入股市，胜利必然属于你。了解参与各方的利益所在，就能看懂股价的涨跌**，也就能找到机会，然后坚持分仓操作，股票短线交易并不困难。

那么，主力具体如何运作个股呢？前面各课已经有过具体讲解，这里总结一下。

主力要运作个股基本上就是按照"题材+N 字结构"这个简单机制进行的，当然个股运作除了要借助于题材和股价 N 字运动之外还需要考虑大盘，**所有这些最终都围绕"对手盘"展开**，也就是说我们要运作一只个股，必然要有题材配合才是最省力的做法，也是最安全的做法，有了题材才能进行有效的吸纳和派发。而**股价要以最省力的方式上升到派发的区域就必须提高散户的平均持仓成本**，也就是说在股价上升过程中持股的散户急于卖出，持币的散户急于买入，这就要求主力必须制造"围城效应"（见图 24-10）。其实，这套东西不仅在股票市场上能看到，在全球任何金融市场上都能看到，外汇市场和大宗商品市场也很明显。**主力并不是一个强拉硬扯的暴力分子，而是一个审时度势，善于借力，循循善诱的柔道高手。**市面上那些介绍主力的书基本都是没有做过主力的人写的，写的主力好像都是肆意妄为地操控股价和处心积虑地玩弄散户，其实主力也只是比散户更好地利用"势"而已。失败的主力也不少，因为他们如果违反了题材和 N 字的运行规律，忽视了大盘和对手盘也会身陷囹圄。主力和散户在本教程中都可以看出自己需要的东西，无非就是大盘 M、题材 S、主力 I 和个股优势 A（技术优势由 N 字结构确认），整本教程都在介绍 AIMS 框架下的股票短线交易策略。

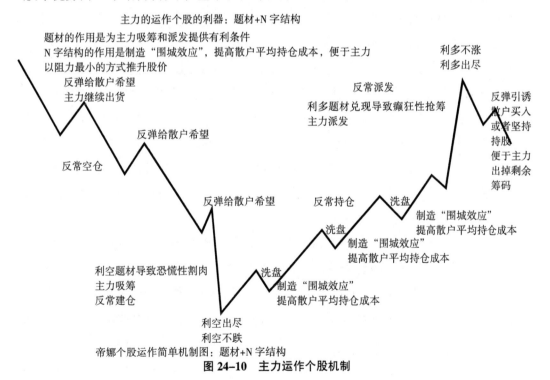

图 24-10　主力运作个股机制

主力介绍完了，大家也知道金融市场的凶险了，一句话就是"要听其言，观其行"，要看透主力的意图，而不是单凭主力的表面言行来判断指数、板块和个股。

AIMS 中的 M 很多人都很忽视，佛家有句精辟之言："凡有所相皆是虚，见诸相非相即将如来"，如来就是实相。"相"就是局部和噪声，"实相"就是整体和真实的信号。股市中的噪声太多，只有把握大势才能处于优势地位。如何把握大势？具体而言就是要对大盘洞若观火，本教程的第一课到第十课都在讲大盘和大势，而且基本不是从纯技术分析这种老路子来讲的。出其不意你才能战胜对手盘，少有人走的路才是成功的路，在大盘分析上最忌讳纯技术分析，这一点大家实践的时候一定要切记。

AIMS 中的 S 具体而言就是 Story 和 Safety，本教程重点介绍 Story 也就是题材，关于 Safety 可以参考价值投资类读物，主要使用市净率、市盈率和市销率几个指标来评估安全空间（Safety）。对于短线操作而言，我们通过恰当的仓位管理来确保 Safety，所以大家可以从本课后面的部分来掌握仓位管理的技巧。

AIMS 中的 S 是一个难点，也是短线交易必须把握的重点。**一个能够让我们处于优势地位的交易机会往往可以从题材中找到**，我们在第十三课中已经深入地介绍了主力资金运动与题材的关系，同时也介绍了一些分析框架和实务。这里我们想专门围绕通俗意义上的题材来讲一下可以快速上手的分析方法。这个比较通俗的题材分析和交易框架建立在题材分类的基础上，同时兼顾了本教程的大部分内容和技巧。大家可以从这个框架入手逐步来整合本书其他部分的知识和技巧，这样就可以避免无从下手的困局。**要想尽快在短线交易中上手盈利，就必须关注题材，通过持续关注题材和股价的互动就能够培养出识别持续性题材和相应行情的能力，而后辅以简单而有效的仓位管理技巧就能很快持续盈利。股票短线交易的秘诀是什么？搞清楚题材和股价怎样互动，分仓进出而已**。本教程的精髓就在这里，你看到了最后一课，所以也算有毅力的人，那就要按照这句话的指点开始**持续观察以板块为枢纽的题材和行情表现。板块分析和心理分析是两个枢纽**，是我们这套方法的重要工具，**无论是板块分析还是心理分析都是围绕题材变化和股价对题材的吸收展开的**。

强拉硬拽式的坐庄肯定是找不到对手盘的，因此主力参与个股的运作必然借助于事件，所以**题材必然是由事件引发的**，2007 年底暴涨的西单商场就是因为奥运会事件的炒作。同时，由于题材往往与行业或者地域有关，因此**题材与板块有天生的紧密联系**。这就告诉我们抓题材不能忘了从板块的角度分析和确认，做个股也不能忘了从相关板块进行分析，看看是不是有某个题材在驱动着行情，这个题材被价格吸收了多少，行情还有多少空间等。当然，我们不能忘了大盘 M 和主力 I，行情还有多少空间除了题材还有多少"效果"之外，还应该查看主力行踪，这个就要看价量盘的异常了，**主力不可能在价量盘上不留下蛛丝马迹的异常**。

题材可以影响一个板块，但是并不是这个板块中每只个股的表现都会一样，**大盘股和机构重仓股很难成为题材热门股**，所以做股票短线尽量回避这类个股，可以从板块中其他股票入手来做题材行情。

从上面的初步介绍中，大家应该明白把握题材股的两个要素：**第一个要素是事件；第二个要素是可操纵性**，这个要求盘子小，不会为别的主力抬轿子。

要做好股票短线，就要以题材股为狙击目标，而要找到题材股就要围绕题材股的两个要素展开。一个题材股是不是具有可操纵性，是不是可能被主力操纵，可以从 F10 的相关数据中查找，同时还应该结合价量盘的分析，这个可以从第十九课中学习到，**价量盘分析的重点在于"察异"**。

可操纵性的分析问题我们解决了，接下来解决"事件要素"问题。对于一个股票短线交易者而言，往往习惯于从技术面入手选择短线个股，其实这样的做法往往是"非职业"的。技术走势只是过去的走势，代表过去和当下发生了什么，而我们要找到的是未来要大幅上涨的个股。如果过去能够很好地预测未来，那么只用计算机就行了。技术走势可以"画给散户看"，这是圈内早年坐庄的人经常挂在嘴边的一句话。主力经常为散户"画饼充饥"，但是散户却念念不忘，当然也就是心甘情愿地输钱给主力了。关于为什么技术分析不能作为核心的道理本书讲了很多，这里不再赘述。如果你认为单纯的技术分析能够持续盈利，那你就坚持。其实何必这么傻，如果纯技术分析真的有效，那电脑就能完全代替人脑，你躺着数钱就可以了。

职业的短线交易者是从事件出发去选择板块和个股的，即使有一些短线交易者先浏览个股再查看是否有相关题材也属于少数。技术分析是为了初步确认选股是否有效，并且提供潜在的仓位管理价位。因此，**股票短线交易者应该将尽可能多的精力放在对"事件"的把握和分析上，这就是 S 的主要意义**。大盘 M、机构和板块 I、个股优势（短线主要看技术走势的优势）A 都要围绕 S 展开才行。那么，如何简单而高效地找出"事件"呢？这个就要求我们能够识别出那些可能引发题材股行情的事件。要做到这一点，就需要对这类事件有一个直观的了解，最好的办法就是粗浅地对事件分类。

第一类事件是重要会议或者社会活动。比如奥运会、世博会、亚运会、全国环保会议等，2011 年最流行的题材股操作之一就是"炒会"。比如 2008 年奥运会的题材股操作就非常显著。按照我们的题材股两要素来看，事件是有了，而且是一个足够大的事件，能够引起散户跟风，有足够的想象空间。可操纵性方面的考虑肯定要找小盘股了。而且炒作时间上肯定不能在奥运会开始后才进行，这样就不能利用事件高潮来出货了。2007 年 11 月 20 日全聚德作为小盘股上市，这给了主力一个很好的题材股操作

机会。全聚德符合了题材股两要素：事件＋可操纵性，该股从34元附近启动，10多个交易日之后涨到77.76元，涨幅接近130%（见图24-11）。短线交易赚钱可以很快，快就快在题材股给了我们机会，但是你愿意花精力坚持天天分析各种事件的可炒作性吗？

图24-11　全聚德的题材行情

又比如2009年9月11日传感器网络标准工作组成立大会在北京举行，这一会议成为"物联网"题材炒作的引爆点，与"物联网"相关的个股纷纷上涨，短期上涨幅度在30%左右，持续性稍差（见图24-12~图24-14）。

第二类事件是资产重组，这也是本教程第十五课的专题内容。资产重组并不是简单的ST股淘金问题，这是大家要注意区分的。资产重组概念可以说是炒作，但也往往带有实质性的利好，因此资产重组股往往能够带来显著的中短期回报。比如，ST长控（更名"浪莎股份"）重组复牌之后从5.74元上涨到85元，但此后股价快速下跌，这就是典型的资产重组题材炒作（见图24-15）。资产重组股这类事件题材的发掘和把握比较特殊，大家可以仔细地阅读第十五课的相关内容，并且分仓操作。

第三类事件是高配送，这类题材股的炒作有逐渐式微的迹象，不过仍旧占据了题材股的显著位置。高配送本质上是一种迎合市场心理的概念炒作，与上市公司业绩预期没有实质的联系，唯一的变化就是持有的股数增加了，股价下跌了。高配送股票介入分为除权前的抢权以及除权后的填权，也就是说两个介入时机。可能成为高送转的

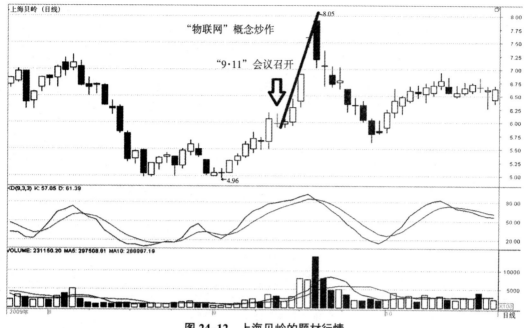

图 24-12　上海贝岭的题材行情

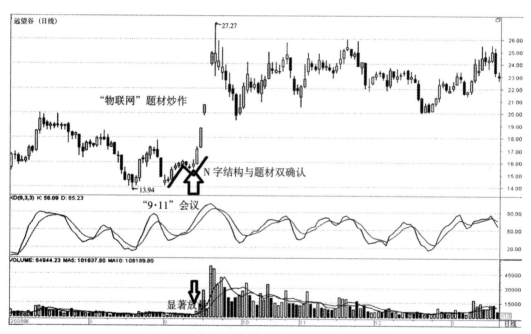

图 24-13　远望谷的题材行情

个股要具备一些特征：**首先是每股公积金和每股未分配利润较高；其次是股本规模相对不大。**一般而言，中小盘股中的高成长公司比较容易符合这两个特征。高送转题材一旦炒作起来具有持续性，其中的龙头股涨幅往往很大。我们来看一个具体的例子，

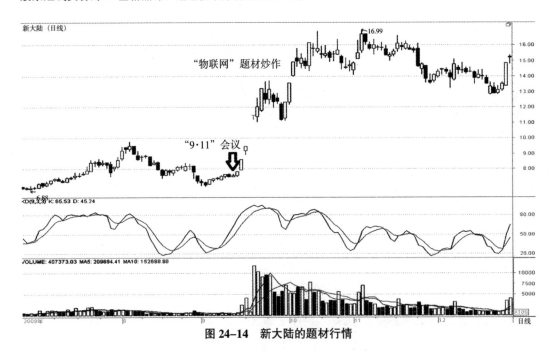

图 24-14　新大陆的题材行情

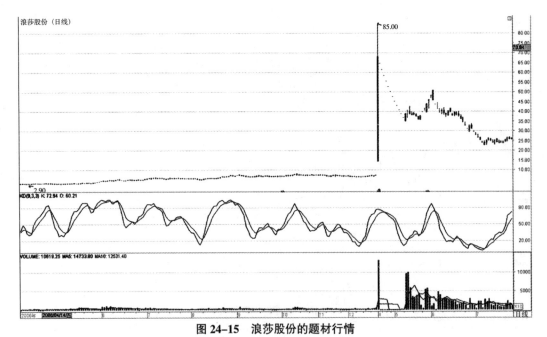

图 24-15　浪莎股份的题材行情

2009 年 5 月 19 日大洋电机以资本公积金实行 10 股转增 10 股的分配方案，这是比较典型的高送转方案。市场此前已经预期到了该高送转方案。因此，该股从 2008 年 11 月开始上涨，从 11 元附近涨到 64 元以上，耗时也就仅仅半年的时间而已（见图 24-16）。

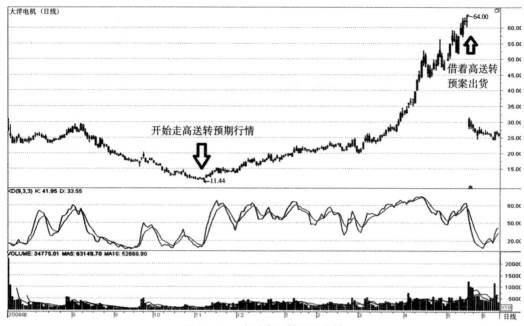

图 24-16　大洋电机的题材行情

　　第四类事件是大宗商品价格走势。绝大多数上市公司都与原材料有着上下游的关系，要么是原材料生产者，要么是原材料加工者，要么是原材料使用者。像原油、煤炭、黄金、铁矿石、农产品等大宗商品价格的大幅变化或者趋势性变化都会导致 A 股市场上相关板块个股的题材炒作。比如 2008 年末到 2009 年上半年，黄金从 700 美元上涨到 1000 美元，与此同时 A 股市场上炒作黄金板块个股，如山东黄金、中金黄金、紫金矿业、恒邦股份等（见图 24-17~图 24-20）。从这个例子也可以看出大盘的推动作用，因为当时大盘也在 4 万亿元和超级宽松的货币政策下持续上涨。由此可以看出，题材股也离不开大盘的系统性影响。我们注重 AIMS 中的 S 的同时，也要注意 M 的影响。

　　第五类事件是公司业绩报告出炉和业绩预增，短期业绩的大幅变化往往也容易成为市场的热点题材。这类题材的运作很容易得到市场其他参与者的跟风和配合，短期内具有相对合理的基本面支持。因此，**主力往往打着所谓价值投资的旗号对业绩预增进行炒作**，等待上市公司业绩报告出来时兑

重大政策主导的题材和主题的生命力最强！最值得参与！一年参与一波足矣！

691

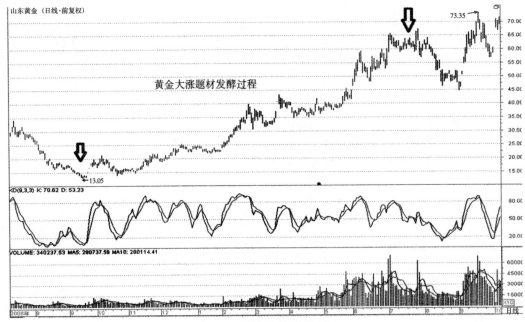

图 24-17　山东黄金的题材行情

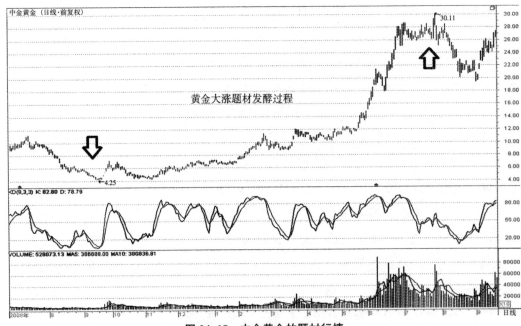

图 24-18　中金黄金的题材行情

现筹码。从这个角度来看业绩作为题材具有很强的欺骗性，这就是让散户心甘情愿在高位接盘而丝毫不觉危险的陷阱。根据上市公司信息披露的相关规则，上市公司要发布定期报告，具体为季报、中报和年报，因此**每次业绩报告出炉的前后往往是主力运**

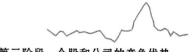

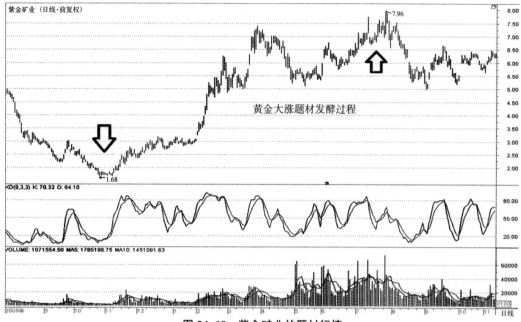

图 24-19 紫金矿业的题材行情

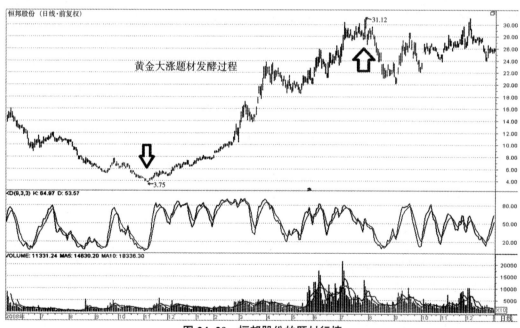

图 24-20 恒邦股份的题材行情

作**题材股的关键窗**口。一般情况下，市场会对业绩预增进行炒作，如果股价在业绩报告出来之前已经大幅上涨，那么在临近业绩报告公布时就要提高警惕了，要通过查看个股散户论坛和盘口，以及股评来分析散户和主力的心理与行踪。如果盘口出现了主

力数日出货的迹象，同时股评和散户却热情高涨，那么就应该果断清仓或者大部分减仓。有时候，上市公司的业绩报告会出现超出市场预期的情况，如果股价此前对此没有反应，这时候就可以考虑买入，但是也要考虑业绩炒作的可能性和持续性。一般而言，市场习惯于炒预增，这样的上涨容易把握，有主力在其中，高位有散户接盘。如果是实际业绩超出预期，后续的上涨往往是散户行情，很难持久，主力即使看好该股此后的业绩持续性，也不会立即入手帮散户抬轿子。业绩报告出炉往往是主力出货的较好时机，因此我们**作业绩报告应该从"预增"入手**，算定某些板块和个股会出现业绩大幅增加，在股价还没有对此明显反应的时候，瞄准盘口主力动向，跟随其入场。如果在业绩报告发布之前，股价就有了显著的上涨，这表明股价对业绩预增有了充分的吸收，那就意味着当业绩报告正式发布时，股价已经很难有较大的上涨空间，而这时候公布的利好往往成为主力出货的幌子。比如，2007年初，上市公司的会计准则发生了重大变化，允许将上市公司的股权盈利计入当期业绩当中，那些参股了券商股的上市公司肯定会出现业绩预增行情，业绩报告也必然会相当出色。当时参股中信证券的上市公司有两面针、南京高科和雅戈尔，随着大盘上涨，这三只股票的业绩大幅预增题材得到了发酵，平均涨幅远远超过了同期指数涨幅（见图24-21~图24-23）。这三

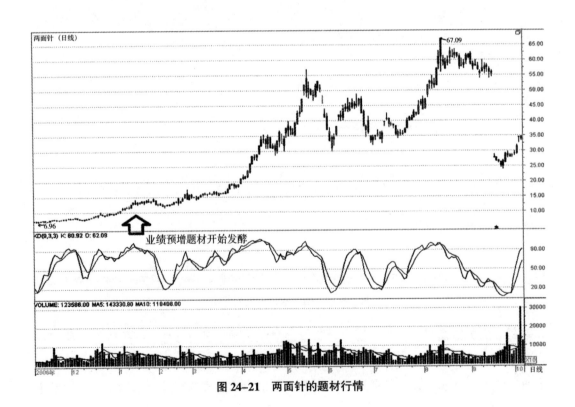

图24-21　两面针的题材行情

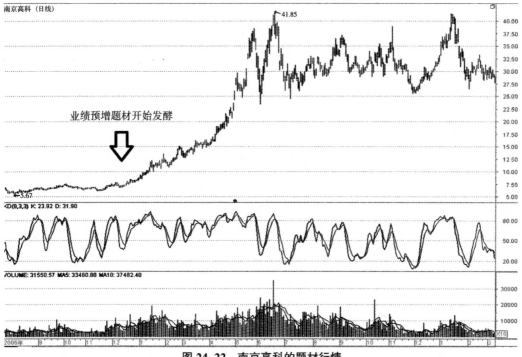

图 24-22　南京高科的题材行情

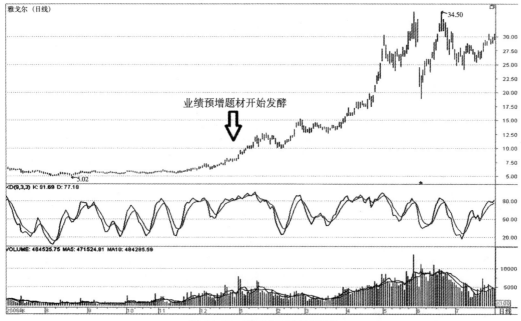

图 24-23　雅戈尔的题材行情

只股票的题材其实就是业绩大幅预增，搞清楚这些，在股价开始反应的时候就能大概明白行情的持续时间。

第六类事件是股市新政策和新制度。股市中但凡推出一些新品种都会得到市场的炒作，比如中小板、权证、创业板等。**资本市场的发展必然要求不断推出新政策和新制度，而这些必然成为市场主力运作的题材。**散户对新制度和新政策一般理解肤浅而有限，往往只会从股价对此的初步反应来推断利空还是利好，主力借用散户认知上的模糊性，出其不意地做多，将价格拉升到非常显著的位置，吸引散户跟风，然后择机出货。股市每次重大的改革和创新都会引发概念股的炒作，比如股改政策产生了全流通题材股，创业板推出产生的创投题材股，股指期货推出产生的期货题材股。这类题材的持续性比较强，不会像某些突发事件引发的题材持续时间短，但是这类题材出现的概率并不像后者那么频繁。我们来看这类事件题材的具体例子，2008年3月，证监会发布了"创业板上市管理办法"，创业板的筹备工作正式拉开序幕，创投题材股开始启动，这个题材板块中最为出名的个股当属鲁信高新（更名为"鲁信创投"），该股从最低的3.47元开始启动，最高上涨到30元附近，涨幅高达8.6倍（见图24-24）。这里有一个细节，那就是鲁信高新是2008年11月才开始上涨的，而政策是2008年3月就启动了的。为什么此前没有上涨，而是2008年11月才开始上涨，这里面有两个因素需要考虑：第一是M，也就是大盘，大盘此前一直下跌；第二是I，即机构没有介入这一题材，还没有开始运作，机构也要顺应大盘，这样才能事半功倍。所以，我们做题材股，除了要注意S，还要注意M和I，如果想要抓大题材中的龙头股，那就还需要注

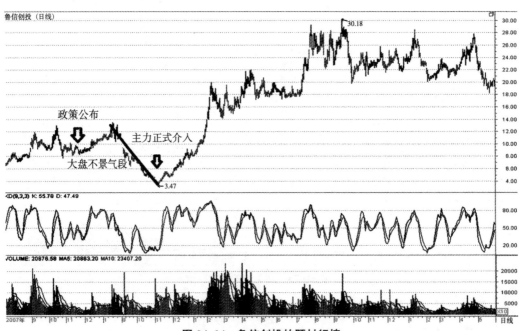

图24-24 鲁信创投的题材行情

意 A，也就是个股的基本面和技术面优势。另外，要想抓住这类题材就必须关注四大证券报的相关政策报道，**最好的题材是最具有持续性的题材**（其实就是主题了），**而最具有持续性的题材往往与重大政策和制度有关。**

第七类事件是节假日。这类题材完全就是靠主力的"智慧"来运作，行情持续时间一般不长，而且**主力为了避免散户跟风，往往会选择出人意料的节假日题材操作。**五一、十一、春节存在短期的题材操作，消费题材股会有一些表现，但是大盘走势对相关板块影响更大。某些比较特殊的节假日往往能够引起主力运作的兴趣。比如，2009 年的国庆节，由于该年是新中国成立 60 周年，天安门要举行盛大的阅兵式，而相关题材板块和个股就有了持续炒作的背景和基础。当时的熊猫烟花与国庆节庆祝关系密切，因此成为国庆题材股中的佼佼者，2009 年 7 月开始启动，两个月内上涨了 130%（见图 24-25）。从这只股票的走势可以看出几个特征：第一，**节假日题材的炒作必然是在节假日之前就进行的**，这就意味着我们的介入时点应该距离节假日有一定时间。第二，题材类个股的共同点，那就是盘子要小，这是主力入驻的一个必要前提条件。主力并不是"国家队"，资金量与整个市场和板块比起来不过沧海一粟而已，因此必须量力而行。从这点来讲，**主力比散户更加清楚自己的能力范围。**

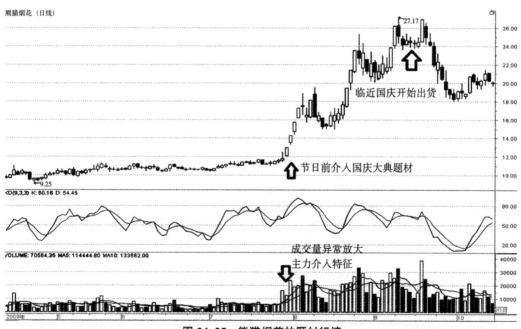

图 24-25 熊猫烟花的题材行情

　　第八类事件是公共突发事件，比如"非典"、洪水、地震、罢工、海啸、核泄漏等。这类事件引发的题材板块往往具有轮动的特点，随着事态的发展，热门板块也会轮动引领题材的炒作。这类题材几乎每年都有，大家要注意把握，有时候会与大宗商品高度相关，比如智利地震影响全球铜供应，比如地震增加了对 PTA 的需求等。这类事件的持续程度是题材持续程度的决定性因素，主力如果强推硬拉股价，最终就会因为事态没有升级而无法找到对手盘。成功的主力是顺势而为的高手，他们赚钱不是靠主观地制造行情，而是利用事件，**借力于外方能成功**，这就是成功交易者的典型。因此，我们可以说成功的交易者都是"柔道高手"，如何借力是主力第一要思考的问题。**主力借政府的力**，**借政策的力**，**借各种事件的力**，**也借散户的力**，不懂得借力之道，不要说交易，就是生活中一点小事也可能事倍功半。一句话，识时务者为俊杰！我们来看一个公共突发事件的例子，2009 年 4 月北美流感大面积暴发，并且很快传入东亚地区。2009 年第二季度末，WHO 将疫情级别提高到最高等级，A 股市场上流感疫苗板块闻风大涨，主力介入其中，利用事态的不断发展拉高相关个股，上涨较为显著的个股有海王生物、华兰生物、达安基因等（见图 24-26～图 24-28）。不过，这些个股和相应的板块其实也借助了大盘走势的力量，所以任何短线交易，任何题材股交易都不能离开 AIMS 这个整体框架。

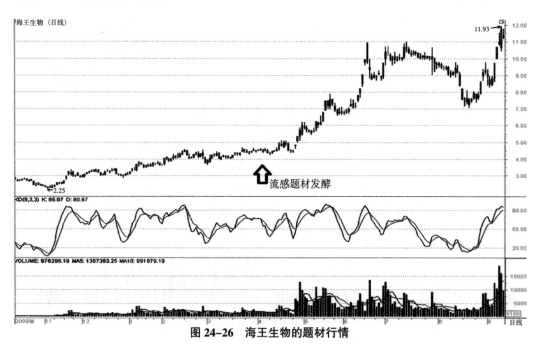

图 24-26　海王生物的题材行情

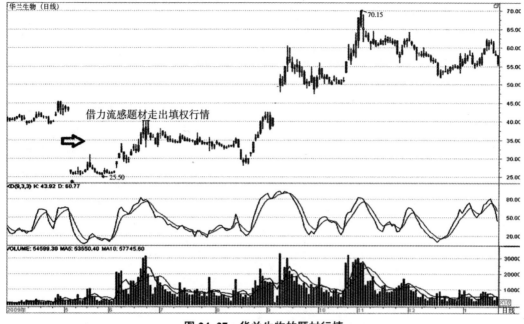

图 24-27　华兰生物的题材行情

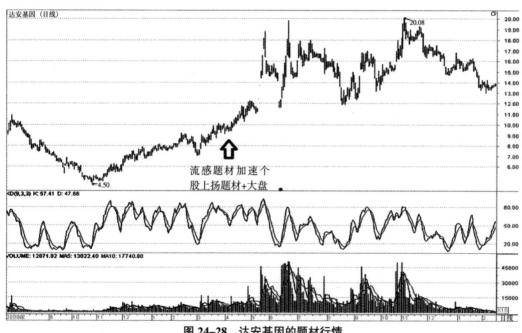

图 24-28　达安基因的题材行情

　　第九类事件是政策动向，比如财政政策、货币政策、区域政策、产业政策等。A股市场中最大的博弈者是政府。不仅如此，由于现在国有大中型企业占经济比重很高，因此政府也是实体经济中的最大博弈者。既然政府是经济和股市中的最大博弈方，那

么我们就不能不借力于它，而最为直接的方式就是**"跟着政策做题材股"**。2008 年 11 月，国务院推出 4 万亿元的经济刺激计划，重点就是基建，因此水泥、铁路、港口等板块全线上涨，比如祁连山（见图 24-29）。当然这次上涨还有货币政策的强大助力，所以不能只认为是财政政策的作用。

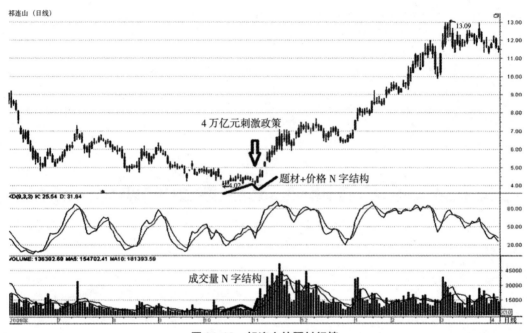

图 24-29　祁连山的题材行情

又比如国家推出的一些区域政策引发的相关板块题材炒作，最近几年最为出名的应该是海南区域政策。2010 年 1 月，国务院发布了推进海南国际旅游岛建设的若干意见，此后一个月，海南板块整体大幅上涨，其中的龙头个股就是罗牛山（见图 24-30）。

第十类事件是大型工程和项目，如航天工程、探月工程、高铁工程等。

第十一类事件是裙带概念，比如苹果题材股、迪士尼概念股等。裙带概念主要是指受益于国外著名公司和品牌的内地上市公司题材，这与中国作为世界最大代工厂的地位密切相关。我们来看迪士尼概念股的例子，这对于大家把握类似的题材有所帮助。2009 年 1 月，沃特·迪士尼公司声称与上海市政府共同拟定了在上海建立迪士尼主题乐园的申请报告交中央政府审批，与此沾点皮毛的个股纷纷上涨，比如海博股份（见图 24-31）。

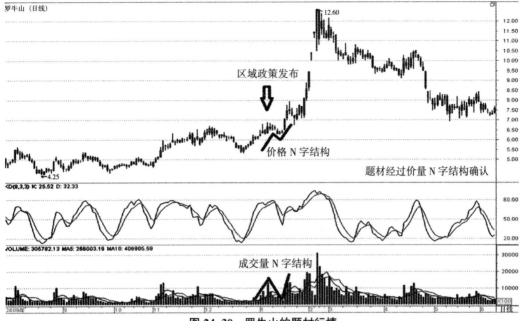

图 24-30 罗牛山的题材行情

图 24-31 海博股份的题材行情

AIMS 主要涉及行情分析和操作对象选择，具体如何操作呢？现在我们来讲边缘介入法，搞清楚什么是边缘才能找到短线交易盈利的秘诀。市场中短线赢家很多，但是持续的赢家极其少，为什么呢？因为短线操作者没有找到某种让自己处于优势的市场

点位，再聪明的交易者如果没有找到这样的点位也很难战胜对手。真正成功的短线交易者必然会在最有利于自己取胜的位置参与博弈，这就是所谓的边缘。股价在边缘或者说临界点附近的行为最具有确定性，在远离边缘的区域内价格的走势具有很大的随机性，最聪明的短线炒家也无法处理这种随机性。**边缘也可以称为临界点，股价从这里开始加速上涨或者加速下跌，又或者是反转。**股票的交易成本其实要比期货更高一些，因此需要提高单次交易的盈利幅度，而基于边缘进场和出场则能够满足这种要求。其实，第二十课介绍的内容就是我们边缘介入法的要点，有了 AIMS 这个框架，我们就会等待一个起涨点来确认之前的分析，这样的介入让我们处于主动的地位，盈利空间很大，止损幅度较小。所谓的边缘，广义而言其实就是一个重大的支撑位或者阻力位，这个支撑位和阻力位往往都是驱动面、心理面和行为面的极点，你从这里进场能够获得"极高的利润"，而只需要承担"极小的风险"。

股票短线交易中，仓位管理和风险控制也是非常重要的环节。绝大多数交易者往往不是因为看涨而持仓，也不是因为看跌而空仓，相反无论指数在什么点位，持仓者往往倾向于看涨，而空仓者往往倾向于看跌，不是我们的分析决定仓位，而是仓位决定了我们的分析，这就是股票交易中存在的普遍现象。在前言当中，我们给出了股票短线交易最为重要的三个要素，那就是"预期、资金流向和仓位"。本书的绝大部分都是在谈论预期和资金流向，对于仓位介绍得较少，这并不意味着仓位是不重要的因素，相反它非常重要。毕竟，你的分析再好如果没有仓位也是空谈而已，如果没有仓位的恰当配合，你无法规避风险和赚取利润。**股票分析师往往擅长于分析市场预期和资金流向，但最不擅长的却是"仓位管理"。**一般的交易者都将注意力集中在技术指标数值上或者是简单的 K 线组合上，对于仓位管理缺乏应有的重视。仓位管理不需要太复杂，分仓是仓位管理最为根本的原则。日本交易大师立花义正精于股票和期货操作，他深刻地指出：**"分批交易是登顶的出发点。只要你的路是分批交易法，你就不必担心会迷路或失败。分批交易是所有操作的基础。"**在股票市场中，分批买进有助于你对行情发展进行"感受"和"试探"，你可以在降低的风险暴露水平下确认趋势。分批卖出则可以减轻交易的心理压力，让交易者在面对市场波动的时候具备轻松的心态，而这是理性分析的基础。**分批买进和卖出隐含一个观点：人对于市场的认识是不完备和渐进的。**分仓（批）买卖是高手区分于亏损大众最为明显的特征之一。

仓位管理的模型很多，也比较复杂，过于复杂的东西在实际操作中往往因为太理想而没有回旋的余地，缺乏足够的弹性。大家只要简单地分仓即可，不要让仓位集中在非常接近的价格上进出，这是分仓的基本要求，也是我们多年实际操作中关于仓位的最简单心得，也是最实用的心得。无论是股票交易，还是外汇交易，又或者是期货交易，分仓都是持续成功的前提。期货市场的短线炒家从来不缺乏快速盈利者，但面孔总是在不停地换，稍微能够长久者资金都长期在一个水平上，赚点取点，不敢扩大规模。**交易市场不缺明星，缺寿星**。之所以"短命鬼"特别多，关键在于没有分仓。重仓者始终走在危险的边缘，技巧再高也不可能次次都化险为夷。

有了分仓这个基础就能够很好地控制风险和追逐利润，对于股票交易者而言融资交易目前并不普遍，因此股票交易者不能利用杠杆来追加仓位。即便如此，股票交易仍旧需要分仓。如果是单边走势的话不会两三天就结束，因此你能够将仓位加到最大，而震荡走势则不会让你有加仓的机会，因为市场不会让你的试探仓位有足够的盈利就会反转，自然也就不会有加仓的条件。分仓也便于你不会被某一只个股短线走势所羁绊，这相当于有后备军，可以应对其他战场的需要。一般而言，将资金分仓 3 分为宜，当然你也可以分为 4 分或者 5 分，但是应不少于 3 分。股票投机鼻祖杰西·利弗摩尔对此也有相同的看法："从事投机的交易者在每一次冒险过程中只应该投入金额有限的一份资本……某些投机者永远不会满足，他们孤注一掷，将所有资金投注到一个地方，然后问题就出现了，不可预料的毁灭性事件发生，账户爆仓……太多的交易者由于冲动而买进或者卖出，几乎把所有的头寸都堆积在同一个价位上，而不是拉开战线，这是一种危险的做法……"

无论是趋势跟踪还是波段闪击，股票短线交易中除了分仓这个最基本要求之外，仓位管理中还需要注意不要越亏越买，除非你是价值投资者或者是事先计划了一个下跌买入区间。杰西·利弗摩尔强调道："我曾经提出过警告，对于亏损头寸不能在低位加码买进，这样看起来摊低了成本，实际上却让自己处在相当不利的位置……不过，这恰恰是大众最常见的做法之一……"如果你手中持有的个股处于浮动亏损状态，你不要总是想这只股票会不会反弹，能不能弥补我的损失。你应该用另外一种想法来替代这种想法，你应该去思考为了避免更大的损失，在我卖出这只股票并且得到一笔资金之后，能不能找到一只买进后更快更强上涨的个股。

止损对于短线股票交易者而言是一个非常重要的自我保护工具，在 AIMS 操作法中，S 有 Safety（安全）、Stop Loss（止损）和 Story（题材）等几个含义，这里我们着重从安全和止损的角度讲解。止损点的设定需要考虑很多问题，如果你仓位过重，那么止损点只是亡羊补牢的方法，所以止损点是最后的武器，如果没有看准趋势和建立恰当的仓位，止损也无法挽救"颓势"。止损的作用是保护性的，帮助你应付潜在的大幅反向单边走势。股票的买卖需要提前预备好最坏情况的出现，你要在股市中长期生

存，就必须在趋势刚开始发动的时候就站对面，而不是拖到实在无法承受的时候才"割肉"。这时候你往往就采取了与绝大多数交易者一样的行动，你无法承受浮动亏损的时候往往也是其他交易者无法承受的时候，你们一起割肉，市场释放了最后一股做空力量，股市往往就在这里筑底了。股票市场中众多参与者的止损点往往处于长期大幅下跌之后，这与期货以及外汇保证金市场存在重大区别。股票市场中的绝大多数参与者的止损点，也就是所谓的"割肉点"往往都是大幅下跌后交易者下意识出场的地方。而期货和外汇保证金市场的止损点则不会等待这么大幅度的反向运动出现之后才出现。

AIMS和边缘介入法只是一个简单的分析和交易框架而已，我们在实际交易中应该以博弈论为基础去推断行情的发展和微调仓位。**股市与人世间的一切没有什么区别，也是一个利益分配的场合，因此学会从利益驱动的角度去研究股市。**坚持从这个角度出发就可以比绝大多数人看得更深和更远，当然也就会在这场博弈中获取丰厚的利益。股市是一个大棋局，参与其中的博弈者不仅有上市公司、经纪机构、机构投资者、散户，还有监管者和媒体等，这些参与者其实是在特定的AIMS背景下来进行博弈，所以我们也不要犯一个错误，那就是从纯技术分析走出来，跌入到AIMS的机械范畴中。**对股市和个股的任何准确分析都离不开对其中参与者的全面而深入分析，**任何分析模型如果没有将参与者置于核心都是低效甚至无效的模型。

【关于"博弈"和"对手盘思维"的经典论述】

关于"博弈"和"对手盘思维"，许多知名市场人士都有过精辟的阐述，下面摘录如下，与本课内容可以相关参照，以便进一步思考：

1. 交易的本质是群体博弈，追根溯源的话，首先，就是随时衡量场外的潜在买入者的钱的数量和买入倾向与场内筹码的数量和卖出倾向，当前者大于后者就买入，当后者大于前者就卖出。买入倾向的推理，大多来自赚钱效应，卖出倾向的推理，大多来自亏钱效应。其次，再结合大盘、主流热点，进行瞬间的操作判断，操作是瞬间的，判断是动态的。**股票走势本质是持币者与持筹者的博弈产生，应该多揣摩两者之心，让自己站在主动的这一方即可**（炒股养家）。

2. 高水平的游资是万里挑一的。最重要的就是对市场的理解力和控制力。市场如战场，信息瞬息万变，投资者要有非常强的理解力，**对市场情绪、题材的理解，比如为什么打这个板，什么时候打。**只有极少数人能准确把握市场的脉搏，能赚到钱，能实现稳定盈利。做短线，重要的就实现稳定盈利，但很多人做不到稳定，所以成长不起来（李奥）。

3. **龙头总是在犹豫中产生**。因为犹豫，场内资金并无明确的对象，在资金博弈的角度上，无疑增加了多方的筹码，**一旦连板效应产生，会有连续的犹豫资金进场**。然而龙头的产生具备资金博弈的必然性，然而同时也具备偶然性。龙头一旦确立，板块效应形成，低位跟风的上板，场内的犹豫资金越来越少。市场，在阶段性的时间内，总是一个存量市场，资金总量的局限性，决定了支撑不了整个板块的高度。随着获利盘的回吐，犹豫资金的匮乏，分化必然出现。韭菜的命运从一开始就注定了。打分化板的资金继续追逐龙头，这是龙头能多活一天的玄机，然而也就是这仅仅一天的时间。剩下的时间里，龙头的高度具备了偶然性，不再具备必然性，也就是确定性。**龙头的高度，依然取决于犹豫资金的体量。股市的本质永远是群体博弈、群体筹码、资金博弈。在打板的世界里，分歧后的确立是每个板客追寻的目标，如何避免必然性的分歧炸板是核心所在**。如何避免呢？那些跟随龙头上板，交易量一天一个台阶的，从开始就注定了……在存量资金博弈下，炸板与好板具备争夺资金的一个关系，如果炸板量非常多，那么留下的好板会因为获利资金的回吐而更加牢靠（皓月饮孤狼）！

4. 股市大跌时，媒体经常危言耸听，两市市值又蒸发了多少多少。其实这是一个陷阱。市值从来就不代表真正的资金。**其实很多所谓的繁荣，必须看清背后的资金，才能明白这个游戏是个什么套路。对任何一种经济现象，有心人去追溯一下资金的流动，会发现很多有趣的东西**……不能停留在概念上。任何一个概念的立足，都是有条件的。如果对概念的理解点到为止，概念就会成为别人蒙蔽你的道具（影子）。

5. 传统技术指标一般都是滞后的，它反映的是现在的状况，而不代表未来。资金流动的过程，导致最后的结果反映到指标上。而且很多指标之间相互矛盾，到底看哪一个也是一个问题，会让您处于盲人摸象的状态。**如果我们只研究指标，而不去研究本质的资金流动，是不是有点本末倒置了**。我们研究均线、研究图形，图形不能只是为了看图形而找图形，而是**要找图形背后的资金流动，那才是本质。一方面买卖要站在主力的思考角度**，另一方面在你决定买卖点位的时候，要清楚你的博弈对象也就是对手盘是谁，他们在这个点位的是什么心理状态，他们的预期是什么……**主要是要研究市场资金的动作，以及市场内亏钱效应和赚钱效应的相互转化，背后反映出市场上最活跃资金的态度**……如果市场一切都在不断地变化，那么能够不变的就只有这种**赚钱效应和亏钱效应的不断转换周期**（作手阿见）。

择业的模型

——激励未来的以交易为生者

永远不要放弃！永远不要放弃！永远不要放弃！

——温斯顿·丘吉尔

小赌注是他们用来发现的工具和手段，借此行动产生那些可以分析的见解。小赌注是用来发现、测试和发展那些可行又承担得起的想法和思路，从而采取具体行动。使用试验的方法和途径达到创新并实现创意成果已经被人们长期忽略。

——彼得·西姆斯

当你能够每天取得一点小小进步的话，那最终巨大的胜利一定会出现。

——奇普·希斯

当一次失败之后，不要沿着同一路线或者采用同一形式再发动攻击。心里永远记着你的目标，选择一条期待性最少的路线，扩张一条抵抗力最弱的路线，计划和部署必须具有弹性，以适应实际的环境。

——利德·哈特

太多的投机者听凭冲动买入或者卖出，几乎把所有的头寸都堆积在同一价位上，而不是分仓进出，这种做法是错误而危险的。

——杰西·利弗摩尔

如果用一句话概括我们这群交易者的人生哲学，那就是**"试探—加码"**，无论是格斗还是战争，无论是交易还是人生，无论是生意还是政治，你在学习和实践的道路上都需要遵循"试探—加码"的法则，否则你还没有迎来成功就已经倒下了。

为什么选择交易为生？这个问题其实非常不平常，与另外一个问题密切相关，那

就是为什么通常情况下成绩好的学生不太容易做出一番事业来，往往成了高级打工者而已。道路已经选择，如果对此满怀信心，那么成功绝对是指日可待的。选择以交易为生其实就是选择自己创业，选择自己做一门生意，只不过这门生意不是那么有形而已。正因为这样，我们就从选择上班和创业的角度来看看有什么是出乎我们常识之外的。

　　除非你家境殷实，对于绝大多数高等院校毕业的人而言，都存在零起点创业还是零起点上班的选择。对于学校中的佼佼者而言（也包括父母关系资源丰富者），获得一个好工作的期望值要大于学校中经常垫底的那些人，好工作的前景非常确定，风险很小，起点显著高于创业（除非你家里能给你一笔丰厚的起始资金，这对于绝大多数人而言是不可能的）。创业的近期前景不确定性更高，起点也低（试想有几个可以找到好工作的人会选择从摆地摊之类的生意起家）。因此，对于绝大多数学校佼佼者而言，选择创业的近期机会成本更高，这意味着放弃一个高的起点而选择一个较低的起点。由于普遍的短视效应和风险厌恶，学校中的佼佼者往往会选择工作，因为他们有能力也有意愿来选择工作。为什么有能力呢？因为他们自己有资源获得一个好工作，同时工作相对于就业的近期前景更加乐观和确定使得他们有动机选择工作。当然，这是一般的分析框架，针对绝大多数人，要知道学校中的佼佼者也有可能摆脱短视，看到更加长远的前景，通过延长观察的时段从而改变自己对创业和就业的期望值。但是绝大部分学校中的佼佼者都会选择就业，特别是家庭背景为一般白领和工薪阶层的毕业生更是如此。

　　那么，哪些人会选择创业呢？很可能是那些没有机会进入高等院校或者是在高等院校中不起眼的人，为什么会这样呢？答案是他们找不到好工作，自身没有资源而且家庭又无背景。既然找不到工作，那就只有自己做生意了。这就是动机上的不对称使得他们不得不选择创业这种起点较低的方式，这使得从起跑线上来看创业的人好像是输家。因为创业的人开始的时候收入往往都低于找到好工作的人，而且风险极不确定，通常不是一次创业就能成功的。如果这类创业者违背了"试探—加码"策略就会导致创业失败，从而退回到就业的路径，而这种退回往往导致长期的低水平收入。关于创业过程中的"试探—加码"策略，我们后面会详细谈到，这里就搁置一下，继续讲"学校优秀者"（准确地讲应该是"就业资源丰厚者"，包括那些大学中掌握了有利于就业技能的人以及家世背景可以提供就业资源的人）和"学校后进者"（准确地讲应该是"就业资源贫乏者"，就业上缺乏禀赋和关系渠道的人）在择业上的动机不对称。当然，这是一个除去例外因素的模型，肯定有"就业资源丰富者"选择零起点创业的，但这是少数，风险偏好分布在正态曲线以外的"极少数另类"，这类人要么眼光长远，看到了下面我们所说的增长模式差异（见下图）；要么是风险偏好异于常人，能够容忍很大的风险和不确定性。

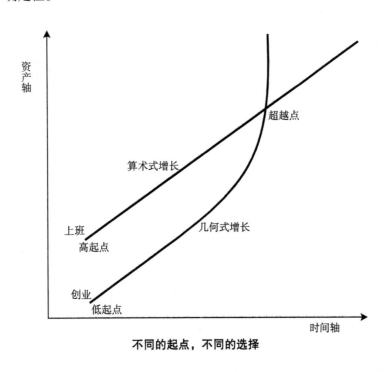

不同的起点，不同的选择

"就业资源丰厚者"和"就业资源贫乏者"如果仅仅是选择不同，那么故事也就太平淡了，一个不经意的选择其实注定了这两类人此后命运的巨大差异。在就业和创业的初期，整体而言，就业的人的收入水平高于创业者，但是一旦创业步入可盈利轨道，那么创业的人的收入水平将在某个时点超越就业者，为什么会这样呢？因为就业是算术式增长，而创业是几何式增长。算术式增长可以用一根斜率为常数的射线来表示，这是绝大多数"上班族"收入的真实写照，虽然理想化了一点儿，但是实际情况与此差不多。而几何式增长则斜率越来越大，步入了盈利轨道的创业者便是如此。为什么就业者是算术式增长呢，除非你是高分红式的合伙企业，比如律师行业和风投行业等（这类行业其实相当于创业），否则你单位时间内的产出其实是有一个明确上限的，而且这个上限相对于创业者的收入水平而言是较低的。比如，假如你是一位翻译，那么你单位时间内能够翻译的信息量是有一个确定上限的，而你能够用来翻译的时间也是有一个确定上限的，而翻译费也是有确定上限的。因此，随着你技能的成熟，你只能通过追加工作量来提高收入，而工作量不可能持续增加。所以，上班的人的资产只是

沿着一条近似的斜线在增长。创业的人一旦步入盈利模式，伴随着利润再投入，便相当于是"复利模式"，其资产的增长必然是几何式（指数化）的了，这就近似一条曲线。在某个时间点，当这条曲线向上穿越斜线的时候，创业者就开始快速拉开与就业者的资产水平了，这个点往往戏剧化地出现在毕业后 10 年的同学会召开之前。这时候典型的场景就是那些当年在学校里呼风唤雨的风云人士，以及毕业时靠关系找到一份不错工作的"拼爹"人士忽然发现当年在学校里混得不怎么样，或者是出校门找不到工作的"同窗"，现在却风头正劲，资产十分可观。

其实，这种财富上的差距早在毕业的抉择时已经奠定了，而毕业的抉择其实也是以择业的机会成本不同而决定的。所以，到底是我们在选择，还是我们在被选择呢？

金融交易也是一项类似于创业的过程，一旦你成功就会沿着几何增长的模式上升，这是一般就业根本无法比拟的。但是，金融交易比起一份好的工作风险更高，前景更不确定。你要如何把握呢？这里就涉及一个现实：不是所有的创业者都能成功。那么，如何在选择了创业模式（金融交易也算是创业）之后能够顺利步入盈利状态呢？这就需要区分两种策略：第一种是"试探—加仓"策略，在创业之初在自己可承担范围之内进行尝试；第二种则是"重仓"策略，也就是以自己不能承担的风险进行创业。上面这种区分可能比较抽象，我们举两个身边的例子进行说明。第一位创业者是最后一批高分读中专学生中的一员，毕业后恰好遇到中专生就业市场不景气，因而不得不转而寻找其他谋生的途径。因为他自有资本非常有限，所以不得不从摆地摊开始。他从某个服装批发市场买进一批廉价的时装，花费也就 2000 元不到，当时的国有企业月收入均在 500 元左右。即使这笔买卖全亏了，也就 2000 元，最多半年就能通过其他工作挣回来，所以这种失败对于他而言是能够承担的。为了试探市场最喜欢什么样的服装，他采取每种主要品种都进几件的做法。根据连续两天的城郊夜市摆摊实践，他大致了解了什么样式的服装好卖，然后通过换货和利润再投入的方式增加在这类服装上的采购量。经过两年多的发展，他很快积累了充足的资金，然后开始租铺面。现在，半条街都是这位仁兄的铺面和生意了。第二位创业者是笔者之一当年读高中时身边的一个真实例子，这个创业者是笔者高中学校一位老师的老公，其当兵退役后一心想做大生意。当时十分流行各种饮料生意，于是他东拼西凑，再加上从银行贷款 150 多万元，一共 200 万元的资本中有 90% 是借来的。这位创业者花了 200 万元建了一个饮料厂，其实他此前对此既没有经验，而且也无法承担亏损 100 多万元的损失。退伍后他的家庭年收入不到 5 万元，假如这次投资失败，那么这个家庭需要超过 10 年的时间才能还清本金。况且这些资金有一部分还是高利贷，即使是银行贷款也要计算利息。最后，由于缺乏必要的渠道和管理经验，该饮料厂成了一个烂摊子，这家人也陷入了无休止的被讨债生活中，艰难度日。

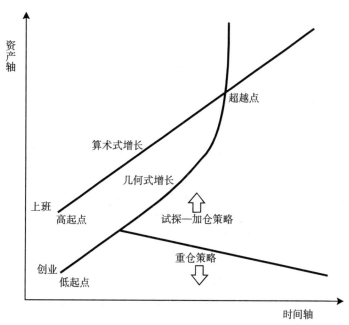

"试探—加仓"策略与重仓策略

做生意与做交易是一个道理，如果采用重仓策略，可能因为无法控制亏损或无法承担亏损额而"破产"。相反，如果采用"试探—加仓"策略则能很好地提高胜算率和报酬率。如上图所示，说到这里，不得不提一个非常著名的例子，这就是德隆系创始人唐万新的故事，这个人的崛起是因为"试探—加仓"策略，而这个人的陨落则是因为重仓策略。1986年，唐万新与六名中学和大学时期的同学合伙承包了一家名为"朋友"的彩扩部，从此开始了其商人的生涯。由于创业之初采取了合伙制，而且彩扩部需要的资金总额也不算很大，唐万新创业时投入的资金较小，因此承担的风险也不大。随着彩扩生意逐步兴隆，唐万新将经营业务扩展到了服装，并且成立了天山商贸发展公司。彩扩生意给唐万新带来了60万元的利润，这在20世纪80年代是一个不小的数目。随后，唐万新开始了一系列新的创业以便扩大经营规模，增加利润额度，在这些尝试中他基本上采用了"试探"策略，并没有在某一笔生意中重仓。这些生意包括自行车锁、宾馆、人造毛、电脑打字、名片复印、贸易、小化工厂、服装店等。虽然连续失败，但是唐万新并没有一蹶不振，因为他即使在最困难的时候手头也还有3万元的现金。1990年，唐万新前往海口市建立出国留学咨询中心，不到一年就挣了30多万

元。此后由于经营执照问题，被迫返回乌鲁木齐经销电脑，一口气挣了150万元。可以发现，唐万新并没有在"单笔交易"中承担无法接受的风险，在多次"试探"后终于找到了可以"加仓的方向"。从电脑开始，唐万新逐步进入了"一段上升趋势的不断加码过程中"。多年以后，德隆系的失败却也恰恰是因为"重仓"的原因。

重仓策略不一定会失败，但是只要你持续采用重仓策略则必然会导致破产；"试探—加仓"策略也不一定就能成功，但是只要你持续采用"试探—加仓"策略，那么最终必然会成功。在《外汇短线交易的24堂精品课》一书中，我们详细地介绍了所谓"市场的随机强化"问题。你做错的时候，不一定亏钱，你做对的时候，不一定赚钱，市场在短期内对交易者呈现出了随机强化的特征，这使得交易者不能快速地形成正确的应对能力。这样讲或许有些抽象，那我们就用一个孩子的成长过程来比喻。假如一个孩子有时候在做对了事情的时候没有得到家长的表扬，反而得到了批评，同时有时候在做错了事情的时候没有得到家长的批评，反而得到了表扬，那么这个孩子就会迷惑，不知道怎样做是正确的，怎样做是错误的。在金融市场中，我们也面临了相同的困境，而这种困境我们称为随机强化。与此相对的是"一致强化"，所谓"一致强化"就是你做对了一定得到表扬，做错了一定得到惩罚，也就是说反馈是前后一致的，这样主体学习起来就非常快，因为反馈一致而明确，毫不含糊。但是金融市场上的反馈却不是这样的，所以绝大多数人在金融市场中不知道到底什么策略可以持续赚钱，什么策略不能持续赚钱。但是，中长期而言市场会告诉什么样的做法和行情能够赚钱，什么样的做法和行情不能赚钱。之所以采用"试探"作为先导是因为我们需要逐步确认做法和行情的持续有效性和可靠性，只有在先前的做法被证明是有效之后才投入后面的资金。而重仓策略则完全忽视了市场的复杂性，这种策略假定市场是简单的，市场接下来的行为一定符合自己的预期。

现在让我们重新回到这篇文章的主题，这就是以交易为生与一般工作的相比最大的优势是什么？交易是一种特殊的创业形式，如果大家遵循正确的策略，那么就能步入几何式的财富增长路径，这样就会远远地将上班族（包括所谓的职业经理人）甩在后面。但是为什么这么多的交易者并没有成功呢？其实，他们往往在交易之初就投入过多的资金，在交易中也往往采取重仓策略。除非你因为意外的原因见好就收，并且永远退出这个市场，否则重仓策略最终都会导致破产（亏掉个人或者家庭大部分的资产），而这对交易者的心灵将形成巨大的创伤。在培养出盈利能力之前，已经铩羽而归了。那些成功的交易者可能在最初也会破产，但是他们还有继续交易的资金，而最为聪明的成功者则会在学习阶段用数份小资金来积累"经验值"，在找到了可持续盈利的

模式后再投入资金的主体部分进行正式的操作。同时，在具体的操作过程中，这类交易者也会采取"试探—加仓"的策略。

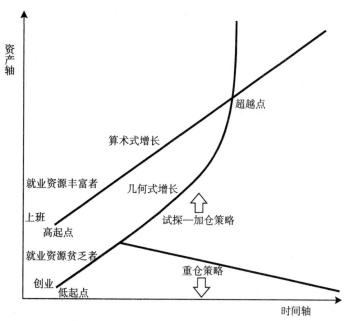

就业资源丰富者与就业资源贫乏者的选择

最初，由于就业资源的多寡造成了等待就业者的动机差异，就业资源丰富者往往选择上班，因为起点高，风险小，而就业资源贫乏者则往往会选择创业，因为门槛低，但是风险大。上班这条路对应的财富增长模式往往是算数式增长，而创业这条路对应的潜在财富增长模式则是几何增长。不过，创业能够成功还取决于创业者是否采取了恰当的策略，这就是所谓的"试探—加仓"策略，如果创业者在发觉盈利模式的过程中谨慎行事，那么往往就能迈上真正的财富几何增长之路。但是，如果相反地采用了重仓策略，孤注一掷，那么很可能就会迈向财富的几何减少之路。从这个模型中（见上图），我们可以发现，选择交易往往选择了看似门槛低但实际上风险极大的一条路，这条路往往不容易走下去。为什么呢？主要是很多交易者一来就采取重仓的做法，将全部钱一下子都用来交易，还没有等到"经验值"充足就已经没有了本金。所以，我们这里要告诫本教程的学习者们，交易可以让你的财富呈现几何式增长，这是一个美好的未来，你可以抱有最大的希望。但同时，也希望你能够尽最大的努力去度过最初的漫长学习阶段，此时你需要做最坏的打算。为了能够度过让绝大多数人放弃的征途，你需要这样划分资金：第一份应该尽量小，然后再将第一份分作数份，每一小份作为一段"市场课程"的"学费"。无论是股票市场，还是其他金融市场，要真正成功都必

然有一段"交学费"的过程。我们唯一能够做到的就是尽量减少所交学费的数额，但是却很难减少所交学费的次数。

希望大家在股票交易的道路上谨慎自勉，不断进步！**要想做挣钱的极少数，就必须学会与绝大多数人的思维保持差异**。同时，大家需要记住的是：**再微弱的积极情绪也能够带来重要的竞争优势！**正如肖恩·埃克尔所说："如今我们牺牲快乐来换取成功，结果却降低了成功的概率。快乐在先，成功在后，快乐是成功的先锋，而不仅仅是结果。地球绕着太阳转，成功围绕着快乐转。快乐不仅是一种良好的感觉，它也是成功不可分割的一部分。"成功追随着快乐，要从交易中找到除金钱之外的乐趣你才能真正成功地交易。

我们只是社会财富的分配器，并不创造财富本身。财富最终还是应该取之于民，用之于民，我们不仅要战胜人性，更要超越人性本身，这才是登顶者的心量和智慧。

上市公司重大资产重组管理办法（2020年修订）

2014年7月7日中国证券监督管理委员会第52次主席办公会议审议通过；根据2016年9月8日中国证券监督管理委员会《关于修改〈上市公司重大资产重组管理办法〉的决定》修正；根据2019年10月18日中国证券监督管理委员会《关于修改〈上市公司重大资产重组管理办法〉的决定》修正；依据2020年3月20日《中国证券监督管理委员会关于修改部分证券期货规章的决定》（中国证券监督管理委员会令第166号）修正。

第一章 总 则

第一条 为了规范上市公司重大资产重组行为，保护上市公司和投资者的合法权益，促进上市公司质量不断提高，维护证券市场秩序和社会公共利益，根据《公司法》《证券法》等法律、行政法规的规定，制定本办法。

第二条 本办法适用于上市公司及其控股或者控制的公司在日常经营活动之外购买、出售资产或者通过其他方式进行资产交易达到规定的比例，导致上市公司的主营业务、资产、收入发生重大变化的资产交易行为（以下简称重大资产重组）。

上市公司发行股份购买资产应当符合本办法的规定。

上市公司按照经中国证券监督管理委员会（以下简称中国证监会）核准的发行证券文件披露的募集资金用途，使用募集资金购买资产、对外投资的行为，不适用本办法。

第三条 任何单位和个人不得利用重大资产重组损害上市公司及其股东的合法权益。

第四条 上市公司实施重大资产重组，有关各方必须及时、公平地披露或者提供信息，保证所披露或者提供信息的真实、准确、完整，不得有虚假记载、误导性陈述或者重大遗漏。

第五条 上市公司的董事、监事和高级管理人员在重大资产重组活动中，应当诚实守信、勤勉尽责，维护公司资产的安全，保护公司和全体股东的合法权益。

第六条 为重大资产重组提供服务的证券服务机构和人员，应当遵守法律、行政法规和中国证监会的有关规定，以及证券交易所的相关规则，遵循本行业公认的业务标准和道德规范，诚实守信，勤勉尽责，严格履行职责，对其所制作、出具文件的真实性、准确性和完整性承担责任。

前款规定的证券服务机构和人员，不得教唆、协助或者伙同委托人编制或者披露存在虚假记载、误导性陈述或者重大遗漏的报告、公告文件，不得从事不正当竞争，不得利用上市公司重大资产重组谋取不正当利益。

第七条 任何单位和个人对所知悉的重大资产重组信息在依法披露前负有保密义务。

禁止任何单位和个人利用重大资产重组信息从事内幕交易、操纵证券市场等违法活动。

第八条 中国证监会依法对上市公司重大资产重组行为进行监督管理。

中国证监会审核上市公司重大资产重组或者发行股份购买资产的申请，可以根据上市公司的规范运作和诚信状况、财务顾问的执业能力和执业质量，结合国家产业政策和重组交易类型，作出差异化的、公开透明的监管制度安排，有条件地减少审核内容和环节。

第九条 鼓励依法设立的并购基金、股权投资基金、创业投资基金、产业投资基金等投资机构参与上市公司并购重组。

第十条 中国证监会在发行审核委员会中设立上市公司并购重组审核委员会（以下简称并购重组委），并购重组委以投票方式对提交其审议的重大资产重组或者发行股份购买资产申请进行表决，提出审核意见。

第二章 重大资产重组的原则和标准

第十一条 上市公司实施重大资产重组，应当就本次交易符合下列要求作出充分说明，并予以披露：

（一）符合国家产业政策和有关环境保护、土地管理、反垄断等法律和行政法规的规定；

（二）不会导致上市公司不符合股票上市条件；

（三）重大资产重组所涉及的资产定价公允，不存在损害上市公司和股东合法权益的情形；

（四）重大资产重组所涉及的资产权属清晰，资产过户或者转移不存在法律障碍，相关债权债务处理合法；

（五）有利于上市公司增强持续经营能力，不存在可能导致上市公司重组后主要资产为现金或者无具体经营业务的情形；

（六）有利于上市公司在业务、资产、财务、人员、机构等方面与实际控制人及其关联人保持独立，符合中国证监会关于上市公司独立性的相关规定；

（七）有利于上市公司形成或者保持健全有效的法人治理结构。

第十二条　上市公司及其控股或者控制的公司购买、出售资产，达到下列标准之一的，构成重大资产重组：

（一）购买、出售的资产总额占上市公司最近一个会计年度经审计的合并财务会计报告期末资产总额的比例达到50%以上；

（二）购买、出售的资产在最近一个会计年度所产生的营业收入占上市公司同期经审计的合并财务会计报告营业收入的比例达到50%以上；

（三）购买、出售的资产净额占上市公司最近一个会计年度经审计的合并财务会计报告期末净资产额的比例达到50%以上，且超过5000万元人民币。

购买、出售资产未达到前款规定标准，但中国证监会发现存在可能损害上市公司或者投资者合法权益的重大问题的，可以根据审慎监管原则，责令上市公司按照本办法的规定补充披露相关信息、暂停交易、聘请符合《证券法》规定的独立财务顾问或者其他证券服务机构补充核查并披露专业意见。

第十三条　上市公司自控制权发生变更之日起36个月内，向收购人及其关联人购买资产，导致上市公司发生以下根本变化情形之一的，构成重大资产重组，应当按照本办法的规定报经中国证监会核准：

（一）购买的资产总额占上市公司控制权发生变更的前一个会计年度经审计的合并财务会计报告期末资产总额的比例达到100%以上；

（二）购买的资产在最近一个会计年度所产生的营业收入占上市公司控制权发生变更的前一个会计年度经审计的合并财务会计报告营业收入的比例达到100%以上；

（三）购买的资产净额占上市公司控制权发生变更的前一个会计年度经审计的合并

财务会计报告期末净资产额的比例达到100%以上；

（四）为购买资产发行的股份占上市公司首次向收购人及其关联人购买资产的董事会决议前一个交易日的股份的比例达到100%以上；

（五）上市公司向收购人及其关联人购买资产虽未达到本款第（一）至第（四）项标准，但可能导致上市公司主营业务发生根本变化；

（六）中国证监会认定的可能导致上市公司发生根本变化的其他情形。

上市公司实施前款规定的重大资产重组，应当符合下列规定：

（一）符合本办法第十一条、第四十三条规定的要求；

（二）上市公司购买的资产对应的经营实体应当是股份有限公司或者有限责任公司，且符合《首次公开发行股票并上市管理办法》规定的其他发行条件；

（三）上市公司及其最近3年内的控股股东、实际控制人不存在因涉嫌犯罪正被司法机关立案侦查或涉嫌违法违规正被中国证监会立案调查的情形，但是，涉嫌犯罪或违法违规的行为已经终止满3年，交易方案能够消除该行为可能造成的不良后果，且不影响对相关行为人追究责任的除外；

（四）上市公司及其控股股东、实际控制人最近12个月内未受到证券交易所公开谴责，不存在其他重大失信行为；

（五）本次重大资产重组不存在中国证监会认定的可能损害投资者合法权益，或者违背公开、公平、公正原则的其他情形。

上市公司通过发行股份购买资产进行重大资产重组的，适用《证券法》和中国证监会的相关规定。

本条第一款所称控制权，按照《上市公司收购管理办法》第八十四条的规定进行认定。上市公司股权分散，董事、高级管理人员可以支配公司重大的财务和经营决策的，视为具有上市公司控制权。

创业板上市公司自控制权发生变更之日起，向收购人及其关联人购买符合国家战略的高新技术产业和战略性新兴产业资产，导致本条第一款规定任一情形的，所购买资产对应的经营实体应当是股份有限公司或者有限责任公司，且符合《首次公开发行股票并在创业板上市管理办法》规定的其他发行条件。

上市公司自控制权发生变更之日起，向收购人及其关联人购买的资产属于金融、创业投资等特定行业的，由中国证监会另行规定。

第十四条 计算本办法第十二条、第十三条规定的比例时，应当遵守下列规定：

（一）购买的资产为股权的，其资产总额以被投资企业的资产总额与该项投资所占股权比例的乘积和成交金额二者中的较高者为准，营业收入以被投资企业的营业收入与该项投资所占股权比例的乘积为准，资产净额以被投资企业的净资产额与该项投资所占股权比例的乘积和成交金额二者中的较高者为准；出售的资产为股权的，其资产总额、营业收入以及资产净额分别以被投资企业的资产总额、营业收入以及净资产额与该项投资所占股权比例的乘积为准。购买股权导致上市公司取得被投资企业控股权的，其资产总额以被投资企业的资产总额和成交金额二者中的较高者为准，营业收入以被投资企业的营业收入为准，资产净额以被投资企业的净资产额和成交金额二者中的较高者为准；出售股权导致上市公司丧失被投资企业控股权的，其资产总额、营业收入以及资产净额分别以被投资企业的资产总额、营业收入以及净资产额为准。

（二）购买的资产为非股权资产的，其资产总额以该资产的账面值和成交金额二者中的较高者为准，资产净额以相关资产与负债的账面值差额和成交金额二者中的较高者为准；出售的资产为非股权资产的，其资产总额、资产净额分别以该资产的账面值、相关资产与负债账面值的差额为准；该非股权资产不涉及负债的，不适用第十二条第一款第（三）项规定的资产净额标准。

（三）上市公司同时购买、出售资产的，应当分别计算购买、出售资产的相关比例，并以二者中比例较高者为准。

（四）上市公司在 12 个月内连续对同一或者相关资产进行购买、出售的，以其累计数分别计算相应数额。已按照本办法的规定编制并披露重大资产重组报告书的资产交易行为，无须纳入累计计算的范围。中国证监会对本办法第十三条第一款规定的重大资产重组的累计期限和范围另有规定的，从其规定。交易标的资产属于同一交易方所有或者控制，或者属于相同或者相近的业务范围，或者中国证监会认定的其他情形下，可以认定为同一或者相关资产。

第十五条 本办法第二条所称通过其他方式进行资产交易，包括：

（一）与他人新设企业、对已设立的企业增资或者减资；

（二）受托经营、租赁其他企业资产或者将经营性资产委托他人经营、租赁；

（三）接受附义务的资产赠与或者对外捐赠资产；

（四）中国证监会根据审慎监管原则认定的其他情形。

上述资产交易实质上构成购买、出售资产，且按照本办法规定的标准计算的相关比例达到 50% 以上的，应当按照本办法的规定履行相关义务和程序。

第三章　重大资产重组的程序

第十六条　上市公司与交易对方就重大资产重组事宜进行初步磋商时，应当立即采取必要且充分的保密措施，制定严格有效的保密制度，限定相关敏感信息的知悉范围。上市公司及交易对方聘请证券服务机构的，应当立即与所聘请的证券服务机构签署保密协议。

上市公司关于重大资产重组的董事会决议公告前，相关信息已在媒体上传播或者公司股票交易出现异常波动的，上市公司应当立即将有关计划、方案或者相关事项的现状以及相关进展情况和风险因素等予以公告，并按照有关信息披露规则办理其他相关事宜。

第十七条　上市公司应当聘请符合《证券法》规定的独立财务顾问、律师事务所以及会计师事务所等证券服务机构就重大资产重组出具意见。

独立财务顾问和律师事务所应当审慎核查重大资产重组是否构成关联交易，并依据核查确认的相关事实发表明确意见。重大资产重组涉及关联交易的，独立财务顾问应当就本次重组对上市公司非关联股东的影响发表明确意见。

资产交易定价以资产评估结果为依据的，上市公司应当聘请符合《证券法》规定的资产评估机构出具资产评估报告。

证券服务机构在其出具的意见中采用其他证券服务机构或者人员的专业意见的，仍然应当进行尽职调查，审慎核查其采用的专业意见的内容，并对利用其他证券服务机构或者人员的专业意见所形成的结论负责。

第十八条　上市公司及交易对方与证券服务机构签订聘用合同后，非因正当事由不得更换证券服务机构。确有正当事由需要更换证券服务机构的，应当披露更换的具体原因以及证券服务机构的陈述意见。

第十九条　上市公司应当在重大资产重组报告书的管理层讨论与分析部分，就本次交易对上市公司的持续经营能力、未来发展前景、当年每股收益等财务指标和非财务指标的影响进行详细分析。

第二十条　重大资产重组中相关资产以资产评估结果作为定价依据的，资产评估机构应当按照资产评估相关准则和规范开展执业活动；上市公司董事会应当对评估机构的独立性、评估假设前提的合理性、评估方法与评估目的的相关性以及评估定价的公允性发表明确意见。

相关资产不以资产评估结果作为定价依据的，上市公司应当在重大资产重组报告书中详细分析说明相关资产的估值方法、参数及其他影响估值结果的指标和因素。上市公司董事会应当对估值机构的独立性、估值假设前提的合理性、估值方法与估值目的的相关性发表明确意见，并结合相关资产的市场可比交易价格、同行业上市公司的市盈率或者市净率等通行指标，在重大资产重组报告书中详细分析本次交易定价的公允性。

前二款情形中，评估机构、估值机构原则上应当采取两种以上的方法进行评估或者估值；上市公司独立董事应当出席董事会会议，对评估机构或者估值机构的独立性、评估或者估值假设前提的合理性和交易定价的公允性发表独立意见，并单独予以披露。

第二十一条 上市公司进行重大资产重组，应当由董事会依法作出决议，并提交股东大会批准。

上市公司董事会应当就重大资产重组是否构成关联交易做出明确判断，并作为董事会决议事项予以披露。

上市公司独立董事应当在充分了解相关信息的基础上，就重大资产重组发表独立意见。重大资产重组构成关联交易的，独立董事可以另行聘请独立财务顾问就本次交易对上市公司非关联股东的影响发表意见。上市公司应当积极配合独立董事调阅相关材料，并通过安排实地调查、组织证券服务机构汇报等方式，为独立董事履行职责提供必要的支持和便利。

第二十二条 上市公司应当在董事会作出重大资产重组决议后的次一工作日至少披露下列文件：

（一）董事会决议及独立董事的意见；

（二）上市公司重大资产重组预案。

本次重组的重大资产重组报告书、独立财务顾问报告、法律意见书以及重组涉及的审计报告、资产评估报告或者估值报告至迟应当与召开股东大会的通知同时公告。上市公司自愿披露盈利预测报告的，该报告应当经符合《证券法》规定的会计师事务所审核，与重大资产重组报告书同时公告。

本条第一款第（二）项及第二款规定的信息披露文件的内容与格式另行规定。

上市公司只需选择一种符合中国证监会规定条件的媒体公告董事会决议、独立董事的意见，并应当在证券交易所网站全文披露重大资产重组报告书及其摘要、相关证券服务机构的报告或者意见。

第二十三条 上市公司股东大会就重大资产重组作出的决议，至少应当包括下列事项：

（一）本次重大资产重组的方式、交易标的和交易对方；

（二）交易价格或者价格区间；

（三）定价方式或者定价依据；

（四）相关资产自定价基准日至交割日期间损益的归属；

（五）相关资产办理权属转移的合同义务和违约责任；

（六）决议的有效期；

（七）对董事会办理本次重大资产重组事宜的具体授权；

（八）其他需要明确的事项。

第二十四条　上市公司股东大会就重大资产重组事项作出决议，必须经出席会议的股东所持表决权的 2/3 以上通过。

上市公司重大资产重组事宜与本公司股东或者其关联人存在关联关系的，股东大会就重大资产重组事项进行表决时，关联股东应当回避表决。

交易对方已经与上市公司控股股东就受让上市公司股权或者向上市公司推荐董事达成协议或者默契，可能导致上市公司的实际控制权发生变化的，上市公司控股股东及其关联人应当回避表决。

上市公司就重大资产重组事宜召开股东大会，应当以现场会议形式召开，并应当提供网络投票和其他合法方式为股东参加股东大会提供便利。除上市公司的董事、监事、高级管理人员、单独或者合计持有上市公司 5% 以上股份的股东以外，其他股东的投票情况应当单独统计并予以披露。

第二十五条　上市公司应当在股东大会作出重大资产重组决议后的次一工作日公告该决议，以及律师事务所对本次会议的召集程序、召集人和出席人员的资格、表决程序以及表决结果等事项出具的法律意见书。

属于本办法第十三条规定的交易情形的，上市公司还应当按照中国证监会的规定委托独立财务顾问在作出决议后 3 个工作日内向中国证监会提出申请。

第二十六条　上市公司全体董事、监事、高级管理人员应当公开承诺，保证重大资产重组的信息披露和申请文件不存在虚假记载、误导性陈述或者重大遗漏。

重大资产重组的交易对方应当公开承诺，将及时向上市公司提供本次重组相关信息，并保证所提供的信息真实、准确、完整，如因提供的信息存在虚假记载、误导性陈述或者重大遗漏，给上市公司或者投资者造成损失的，将依法承担赔偿责任。

前二款规定的单位和个人还应当公开承诺，如本次交易因涉嫌所提供或者披露的信息存在虚假记载、误导性陈述或者重大遗漏，被司法机关立案侦查或者被中国证监

会立案调查的，在案件调查结论明确之前，将暂停转让其在该上市公司拥有权益的股份。

第二十七条　中国证监会依照法定条件和程序，对上市公司属于本办法第十三条规定情形的交易申请作出予以核准或者不予核准的决定。

中国证监会在审核期间提出反馈意见要求上市公司作出书面解释、说明的，上市公司应当自收到反馈意见之日起 30 日内提供书面回复意见，独立财务顾问应当配合上市公司提供书面回复意见。逾期未提供的，上市公司应当在到期日的次日就本次交易的进展情况及未能及时提供回复意见的具体原因等予以公告。

第二十八条　股东大会作出重大资产重组的决议后，上市公司拟对交易对象、交易标的、交易价格等作出变更，构成对原交易方案重大调整的，应当在董事会表决通过后重新提交股东大会审议，并及时公告相关文件。

中国证监会审核期间，上市公司按照前款规定对原交易方案作出重大调整的，还应当按照本办法的规定向中国证监会重新提出申请，同时公告相关文件。

中国证监会审核期间，上市公司董事会决议撤回申请的，应当说明原因，予以公告；上市公司董事会决议终止本次交易的，还应当按照公司章程的规定提交股东大会审议。

第二十九条　上市公司重大资产重组属于本办法第十三条规定的交易情形的，应当提交并购重组委审核。

第三十条　上市公司在收到中国证监会关于召开并购重组委工作会议审核其申请的通知后，应当立即予以公告，并申请办理并购重组委工作会议期间直至其表决结果披露前的停牌事宜。

上市公司收到并购重组委关于其申请的表决结果的通知后，应当在次一工作日公告表决结果并申请复牌。公告应当说明，公司在收到中国证监会作出的予以核准或者不予核准的决定后将再行公告。

第三十一条　上市公司收到中国证监会就其申请作出的予以核准或者不予核准的决定后，应当在次一工作日予以公告。

中国证监会予以核准的，上市公司应当在公告核准决定的同时，按照相关信息披露准则的规定补充披露相关文件。

第三十二条　上市公司重大资产重组完成相关批准程序后，应当及时实施重组方案，并于实施完毕之日起 3 个工作日内编制实施情况报告书，向证券交易所提交书面报告，并予以公告。

上市公司聘请的独立财务顾问和律师事务所应当对重大资产重组的实施过程、资产过户事宜和相关后续事项的合规性及风险进行核查，发表明确的结论性意见。独立财务顾问和律师事务所出具的意见应当与实施情况报告书同时报告、公告。

第三十三条　自完成相关批准程序之日起 60 日内，本次重大资产重组未实施完毕的，上市公司应当于期满后次一工作日将实施进展情况报告，并予以公告；此后每 30 日应当公告一次，直至实施完毕。属于本办法第十三条、第四十四条规定的交易情形的，自收到中国证监会核准文件之日起超过 12 个月未实施完毕的，核准文件失效。

第三十四条　上市公司在实施重大资产重组的过程中，发生法律、法规要求披露的重大事项的，应当及时作出公告；该事项导致本次交易发生实质性变动的，须重新提交股东大会审议，属于本办法第十三条规定的交易情形的，还须重新报经中国证监会核准。

第三十五条　采取收益现值法、假设开发法等基于未来收益预期的方法对拟购买资产进行评估或者估值并作为定价参考依据的，上市公司应当在重大资产重组实施完毕后 3 年内的年度报告中单独披露相关资产的实际盈利数与利润预测数的差异情况，并由会计师事务所对此出具专项审核意见；交易对方应当与上市公司就相关资产实际盈利数不足利润预测数的情况签订明确可行的补偿协议。

预计本次重大资产重组将摊薄上市公司当年每股收益的，上市公司应当提出填补每股收益的具体措施，并将相关议案提交董事会和股东大会进行表决。负责落实该等具体措施的相关责任主体应当公开承诺，保证切实履行其义务和责任。

上市公司向控股股东、实际控制人或者其控制的关联人之外的特定对象购买资产且未导致控制权发生变更的，不适用本条前二款规定，上市公司与交易对方可以根据市场化原则，自主协商是否采取业绩补偿和每股收益填补措施及相关具体安排。

第三十六条　上市公司重大资产重组发生下列情形的，独立财务顾问应当及时出具核查意见，并予以公告：

（一）上市公司完成相关批准程序前，对交易对象、交易标的、交易价格等作出变更，构成对原重组方案重大调整，或者因发生重大事项导致原重组方案发生实质性变动的；

（二）上市公司完成相关批准程序后，在实施重组过程中发生重大事项，导致原重组方案发生实质性变动的。

第三十七条　独立财务顾问应当按照中国证监会的相关规定，对实施重大资产重组的上市公司履行持续督导职责。持续督导的期限自本次重大资产重组实施完毕之日起，应当不少于一个会计年度。实施本办法第十三条规定的重大资产重组，持续督导的期限自中国证监会核准本次重大资产重组之日起，应当不少于 3 个会计年度。

第三十八条 独立财务顾问应当结合上市公司重大资产重组当年和实施完毕后的第一个会计年度的年报，自年报披露之日起 15 日内，对重大资产重组实施的下列事项出具持续督导意见，并予以公告：

（一）交易资产的交付或者过户情况；

（二）交易各方当事人承诺的履行情况；

（三）已公告的盈利预测或者利润预测的实现情况；

（四）管理层讨论与分析部分提及的各项业务的发展现状；

（五）公司治理结构与运行情况；

（六）与已公布的重组方案存在差异的其他事项。

独立财务顾问还应当结合本办法第十三条规定的重大资产重组实施完毕后的第二、三个会计年度的年报，自年报披露之日起 15 日内，对前款第（二）至（六）项事项出具持续督导意见，并予以公告。

第四章 重大资产重组的信息管理

第三十九条 上市公司筹划、实施重大资产重组，相关信息披露义务人应当公平地向所有投资者披露可能对上市公司股票交易价格产生较大影响的相关信息（以下简称股价敏感信息），不得有选择性地向特定对象提前泄露。

第四十条 上市公司的股东、实际控制人以及参与重大资产重组筹划、论证、决策等环节的其他相关机构和人员，应当及时、准确地向上市公司通报有关信息，并配合上市公司及时、准确、完整地进行披露。上市公司获悉股价敏感信息的，应当及时向证券交易所申请停牌并披露。

第四十一条 上市公司及其董事、监事、高级管理人员，重大资产重组的交易对方及其关联方，交易对方及其关联方的董事、监事、高级管理人员或者主要负责人，交易各方聘请的证券服务机构及其从业人员，参与重大资产重组筹划、论证、决策、审批等环节的相关机构和人员，以及因直系亲属关系、提供服务和业务往来等知悉或者可能知悉股价敏感信息的其他相关机构和人员，在重大资产重组的股价敏感信息依法披露前负有保密义务，禁止利用该信息进行内幕交易。

第四十二条 上市公司筹划重大资产重组事项，应当详细记载筹划过程中每一具体环节的进展情况，包括商议相关方案、形成相关意向、签署相关协议或者意向书的

具体时间、地点、参与机构和人员、商议和决议内容等，制作书面的交易进程备忘录并予以妥当保存。参与每一具体环节的所有人员应当即时在备忘录上签名确认。

上市公司预计筹划中的重大资产重组事项难以保密或者已经泄露的，应当及时向证券交易所申请停牌，直至真实、准确、完整地披露相关信息。停牌期间，上市公司应当至少每周发布一次事件进展情况公告。

上市公司股票交易价格因重大资产重组的市场传闻发生异常波动时，上市公司应当及时向证券交易所申请停牌，核实有无影响上市公司股票交易价格的重组事项并予以澄清，不得以相关事项存在不确定性为由不履行信息披露义务。

第五章　发行股份购买资产

第四十三条　上市公司发行股份购买资产，应当符合下列规定：

（一）充分说明并披露本次交易有利于提高上市公司资产质量、改善财务状况和增强持续盈利能力，有利于上市公司减少关联交易、避免同业竞争、增强独立性。

（二）上市公司最近一年及一期财务会计报告被注册会计师出具无保留意见审计报告；被出具保留意见、否定意见或者无法表示意见的审计报告的，须经注册会计师专项核查确认，该保留意见、否定意见或者无法表示意见所涉及事项的重大影响已经消除或者将通过本次交易予以消除。

（三）上市公司及其现任董事、高级管理人员不存在因涉嫌犯罪正被司法机关立案侦查或涉嫌违法违规正被中国证监会立案调查的情形，但是，涉嫌犯罪或违法违规的行为已经终止满3年，交易方案有助于消除该行为可能造成的不良后果，且不影响对相关行为人追究责任的除外。

（四）充分说明并披露上市公司发行股份所购买的资产为权属清晰的经营性资产，并能在约定期限内办理完毕权属转移手续。

（五）中国证监会规定的其他条件。

上市公司为促进行业的整合、转型升级，在其控制权不发生变更的情况下，可以向控股股东、实际控制人或者其控制的关联人之外的特定对象发行股份购买资产。所购买资产与现有主营业务没有显著协同效应的，应当充分说明并披露本次交易后的经营发展战略和业务管理模式，以及业务转型升级可能面临的风险和应对措施。

特定对象以现金或者资产认购上市公司发行的股份后，上市公司用同一次发行所募集的资金向该特定对象购买资产的，视同上市公司发行股份购买资产。

第四十四条　上市公司发行股份购买资产的，可以同时募集部分配套资金，其定价方式按照现行相关规定办理。

上市公司发行股份购买资产应当遵守本办法关于重大资产重组的规定，编制发行股份购买资产预案、发行股份购买资产报告书，并向中国证监会提出申请。

第四十五条 上市公司发行股份的价格不得低于市场参考价的90%。市场参考价为本次发行股份购买资产的董事会决议公告日前20个交易日、60个交易日或者120个交易日的公司股票交易均价之一。本次发行股份购买资产的董事会决议应当说明市场参考价的选择依据。

前款所称交易均价的计算公式为：董事会决议公告日前若干个交易日公司股票交易均价＝决议公告日前若干个交易日公司股票交易总额/决议公告日前若干个交易日公司股票交易总量。

本次发行股份购买资产的董事会决议可以明确，在中国证监会核准前，上市公司的股票价格相比最初确定的发行价格发生重大变化的，董事会可以按照已经设定的调整方案对发行价格进行一次调整。

前款规定的发行价格调整方案应当明确、具体、可操作，详细说明是否相应调整拟购买资产的定价、发行股份数量及其理由，在首次董事会决议公告时充分披露，并按照规定提交股东大会审议。股东大会作出决议后，董事会按照已经设定的方案调整发行价格的，上市公司无需按照本办法第二十八条的规定向中国证监会重新提出申请。

第四十六条 特定对象以资产认购而取得的上市公司股份，自股份发行结束之日起12个月内不得转让；属于下列情形之一的，36个月内不得转让：

（一）特定对象为上市公司控股股东、实际控制人或者其控制的关联人；

（二）特定对象通过认购本次发行的股份取得上市公司的实际控制权；

（三）特定对象取得本次发行的股份时，对其用于认购股份的资产持续拥有权益的时间不足12个月。

属于本办法第十三条第一款规定的交易情形的，上市公司原控股股东、原实际控制人及其控制的关联人，以及在交易过程中从该等主体直接或间接受让该上市公司股份的特定对象应当公开承诺，在本次交易完成后36个月内不转让其在该上市公司中拥有权益的股份；除收购人及其关联人以外的特定对象应当公开承诺，其以资产认购而取得的上市公司股份自股份发行结束之日起24个月内不得转让。

第四十七条 上市公司申请发行股份购买资产，应当提交并购重组委审核。

第四十八条 上市公司发行股份购买资产导致特定对象持有或者控制的股份达到法定比例的，应当按照《上市公司收购管理办法》（证监会令第108号）的规定履行相

关义务。

上市公司向控股股东、实际控制人或者其控制的关联人发行股份购买资产，或者发行股份购买资产将导致上市公司实际控制权发生变更的，认购股份的特定对象应当在发行股份购买资产报告书中公开承诺：本次交易完成后6个月内如上市公司股票连续20个交易日的收盘价低于发行价，或者交易完成后6个月期末收盘价低于发行价的，其持有公司股票的锁定期自动延长至少6个月。

前款规定的特定对象还应当在发行股份购买资产报告书中公开承诺：如本次交易因涉嫌所提供或披露的信息存在虚假记载、误导性陈述或者重大遗漏，被司法机关立案侦查或者被中国证监会立案调查的，在案件调查结论明确以前，不转让其在该上市公司拥有权益的股份。

第四十九条 中国证监会核准上市公司发行股份购买资产的申请后，上市公司应当及时实施。向特定对象购买的相关资产过户至上市公司后，上市公司聘请的独立财务顾问和律师事务所应当对资产过户事宜和相关后续事项的合规性及风险进行核查，并发表明确意见。上市公司应当在相关资产过户完成后3个工作日内就过户情况作出公告，公告中应当包括独立财务顾问和律师事务所的结论性意见。

上市公司完成前款规定的公告、报告后，可以到证券交易所、证券登记结算公司为认购股份的特定对象申请办理证券登记手续。

第五十条 换股吸收合并涉及上市公司的，上市公司的股份定价及发行按照本章规定执行。

上市公司发行优先股用于购买资产或者与其他公司合并，中国证监会另有规定的，从其规定。

上市公司可以向特定对象发行可转换为股票的公司债券、定向权证、存托凭证等用于购买资产或者与其他公司合并。

第六章 重大资产重组后申请发行新股或者公司债券

第五十一条 经中国证监会审核后获得核准的重大资产重组实施完毕后，上市公司申请公开发行新股或者公司债券，同时符合下列条件的，本次重大资产重组前的业绩在审核时可以模拟计算：

（一）进入上市公司的资产是完整经营实体；

（二）本次重大资产重组实施完毕后，重组方的承诺事项已经如期履行，上市公司经营稳定、运行良好；

（三）本次重大资产重组实施完毕后，上市公司和相关资产实现的利润达到盈利预测水平。

上市公司在本次重大资产重组前不符合中国证监会规定的公开发行证券条件，或者本次重组导致上市公司实际控制人发生变化的，上市公司申请公开发行新股或者公司债券，距本次重组交易完成的时间应当不少于一个完整会计年度。

第五十二条　本办法所称完整经营实体，应当符合下列条件：

（一）经营业务和经营资产独立、完整，且在最近两年未发生重大变化；

（二）在进入上市公司前已在同一实际控制人之下持续经营两年以上；

（三）在进入上市公司之前实行独立核算，或者虽未独立核算，但与其经营业务相关的收入、费用在会计核算上能够清晰划分；

（四）上市公司与该经营实体的主要高级管理人员签订聘用合同或者采取其他方式，就该经营实体在交易完成后的持续经营和管理作出恰当安排。

第七章　监督管理和法律责任

第五十三条　未依照本办法的规定履行相关义务或者程序，擅自实施重大资产重组的，由中国证监会责令改正，并可以采取监管谈话、出具警示函等监管措施；情节严重的，可以责令暂停或者终止重组活动，处以警告、罚款，并可以对有关责任人员采取市场禁入的措施。

未经中国证监会核准擅自实施本办法第十三条第一款规定的重大资产重组，交易尚未完成的，中国证监会责令上市公司补充披露相关信息、暂停交易并按照本办法第十三条的规定报送申请文件；交易已经完成的，可以处以警告、罚款，并对有关责任人员采取市场禁入的措施。构成犯罪的，依法移送司法机关。

上市公司重大资产重组因定价显失公允、不正当利益输送等问题损害上市公司、投资者合法权益的，由中国证监会责令改正，并可以采取监管谈话、出具警示函等监管措施；情节严重的，可以责令暂停或者终止重组活动，处以警告、罚款，并可以对有关责任人员采取市场禁入的措施。

第五十四条　上市公司或者其他信息披露义务人未按照本办法规定报送重大资产重组有关报告或者履行信息披露义务的，由中国证监会责令改正，依照《证券法》第一百九十七条予以处罚；情节严重的，可以责令暂停或者终止重组活动，并可以对有关责任人员采取市场禁入的措施；涉嫌犯罪的，依法移送司法机关追究刑事责任。

上市公司控股股东、实际控制人组织、指使从事前款违法违规行为，或者隐瞒相

关事项导致发生前款情形的，依照《证券法》第一百九十七条予以处罚；情节严重的，可以责令暂停或者终止重组活动，并可以对有关责任人员采取市场禁入的措施；涉嫌犯罪的，依法移送司法机关追究刑事责任。

第五十五条 上市公司或者其他信息披露义务人报送的报告或者披露的信息存在虚假记载、误导性陈述或者重大遗漏的，由中国证监会责令改正，依照《证券法》第一百九十七条予以处罚；情节严重的，可以责令暂停或者终止重组活动，并可以对有关责任人员采取市场禁入的措施；涉嫌犯罪的，依法移送司法机关追究刑事责任。

上市公司的控股股东、实际控制人组织、指使从事前款违法违规行为，或者隐瞒相关事项导致发生前款情形的，依照《证券法》第一百九十七条予以处罚；情节严重的，可以责令暂停或者终止重组活动，并可以对有关责任人员采取市场禁入的措施；涉嫌犯罪的，依法移送司法机关追究刑事责任。

重大资产重组或者发行股份购买资产的交易对方未及时向上市公司或者其他信息披露义务人提供信息，或者提供的信息有虚假记载、误导性陈述或者重大遗漏的，按照第一款规定执行。

上市公司发行股份购买资产，在其公告的有关文件中隐瞒重要事实或者编造重大虚假内容的，中国证监会依照《证券法》第一百八十一条予以处罚。

上市公司的控股股东、实际控制人组织、指使从事第四款违法行为的，中国证监会依照《证券法》第一百八十一条予以处罚。

第五十六条 重大资产重组涉嫌本办法第五十三条、第五十四条、第五十五条规定情形的，中国证监会可以责令上市公司作出公开说明、聘请独立财务顾问或者其他证券服务机构补充核查并披露专业意见，在公开说明、披露专业意见之前，上市公司应当暂停重组；上市公司涉嫌前述情形被司法机关立案侦查或者被中国证监会立案调查的，在案件调查结论明确之前应当暂停重组。

涉嫌本办法第五十四条、第五十五条规定情形，被司法机关立案侦查或者被中国证监会立案调查的，有关单位和个人应当严格遵守其所作的公开承诺，在案件调查结论明确之前，不得转让其在该上市公司拥有权益的股份。

第五十七条 上市公司董事、监事和高级管理人员未履行诚实守信、勤勉尽责义务，或者上市公司的股东、实际控制人及其有关负责人员未按照本办法的规定履行相关义务，导致重组方案损害上市公司利益的，由中国证监会责令改正，并可以采取监管谈话、出具警示函等监管措施；情节严重的，处以警告、罚款，并可以对有关人员采取认定为不适当人选、市场禁入的措施；涉嫌犯罪的，依法移送司法机关追究刑事责任。

第五十八条　为重大资产重组出具财务顾问报告、审计报告、法律意见、资产评估报告、估值报告及其他专业文件的证券服务机构及其从业人员未履行诚实守信、勤勉尽责义务，违反中国证监会的有关规定、行业规范、业务规则，或者未依法履行报告和公告义务、持续督导义务的，由中国证监会责令改正，并可以采取监管谈话、出具警示函、责令公开说明、责令定期报告、认定为不适当人选等监管措施；情节严重的，依法追究法律责任。

前款规定的证券服务机构及其从业人员所制作、出具的文件存在虚假记载、误导性陈述或者重大遗漏的，由中国证监会责令改正，依照《证券法》第二百一十三条予以处罚；情节严重的，可以采取市场禁入的措施；涉嫌犯罪的，依法移送司法机关追究刑事责任。

存在前二款规定情形的，在按照中国证监会的要求完成整改之前，不得接受新的上市公司并购重组业务。

第五十九条　重大资产重组实施完毕后，凡因不属于上市公司管理层事前无法获知且事后无法控制的原因，上市公司所购买资产实现的利润未达到资产评估报告或者估值报告预测金额的80%，或者实际运营情况与重大资产重组报告书中管理层讨论与分析部分存在较大差距的，上市公司的董事长、总经理以及对此承担相应责任的会计师事务所、财务顾问、资产评估机构、估值机构及其从业人员应当在上市公司披露年度报告的同时，在同一媒体上作出解释，并向投资者公开道歉；实现利润未达到预测金额50%的，中国证监会可以对上市公司、相关机构及其责任人员采取监管谈话、出具警示函、责令定期报告等监管措施。

交易对方超期未履行或者违反业绩补偿协议、承诺的，由中国证监会责令改正，并可以采取监管谈话、出具警示函、责令公开说明、认定为不适当人选等监管措施，将相关情况记入诚信档案。

第六十条　任何知悉重大资产重组信息的人员在相关信息依法公开前，泄露该信息、买卖或者建议他人买卖相关上市公司证券、利用重大资产重组散布虚假信息、操纵证券市场或者进行欺诈活动的，中国证监会依照《证券法》第一百九十一条、第一百九十二条、第一百九十三条予以处罚；涉嫌犯罪的，依法移送司法机关追究刑事责任。

第八章　附　则

第六十一条　中国证监会对证券交易所相关板块上市公司重大资产重组另有规定

的，从其规定。

第六十二条 本办法自 2014 年 11 月 23 日起施行。2008 年 4 月 16 日发布并于 2011 年 8 月 1 日修改的《上市公司重大资产重组管理办法》（证监会令第 73 号）、2008 年 11 月 11 日发布的《关于破产重整上市公司重大资产重组股份发行定价的补充规定》（证监会公告〔2008〕44 号）同时废止。